바이블 매트릭스

바이블매트릭스

7

「다니엘」과 「요한계시록」을 과학적 관점으로 해석

예수님의 재림시기(c.AD 10740~), 천년 왕국(c.AD 11800~), 새 하늘과 새 땅(c.AD 12900~)

차원용 지음

B I B L E M A T R I X

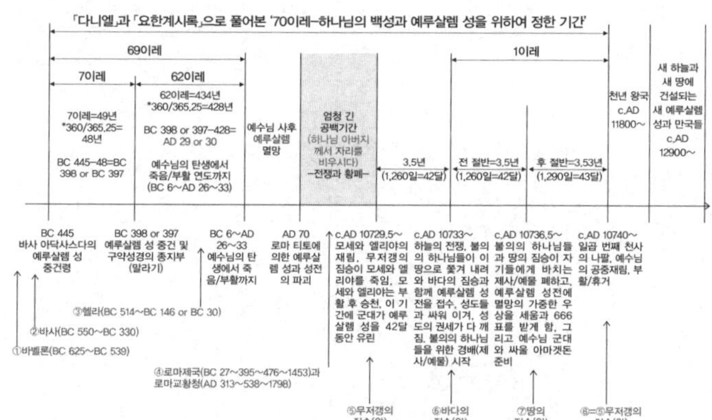

갈모산방

이 책을 바칩니다
감사의 글과 용서의 글

구원과 영생을 약속해 주시고, 지식(지혜)과 사랑으로 인도해 주신 예수님 하나님께 감사를 드리며 이 책을 바칩니다. 하나님 아버지의 말씀과 예수님의 새로운 언약을 정확하게 증거하기 위해, 「다니엘」과 「요한계시록」을 과학적인 접근으로 해석함에 있어서, 잘못 해석한 부분이 많을 줄 압니다. 죄를 다 용서하여 주시고 예수님의 생명책에 이름을 기록하여 주시옵고 삭제하지 말아 주옵소서! 이 세상을 살면서 지은 죄를 다 용서하여 주시고, 동 시대에 같이 살았던 사람들에게 제가 지은 죄를, 그 사람들이 다 용서할 수 있도록 권면하여 주시고, 저도 또한 그들을 다 용서하게 하소서! 하나님 아버지와 예수님 하나님과 성령님의 이름으로 기도합니다. 아멘^^

이 책을 성경과 함께 읽는 모든 분들의 이름을 생명책에 기록하여 삭제하지 말아 주시옵고, 구원과 영생의 축복이 함께 하시기를, 하나님 아버지와 예수님 하나님과 성령님의 이름으로 기도합니다. 아멘^^

차원용

차례

1부

「다니엘」을 과학적/역사적인 관점으로 해석하기

들어가기 전에

하루(일일)=주야, 이레(일주일), 1,260일=42달=3.5년=한 때 두 때 반 때란?

「다니엘」과 「요한계시록」은 예언서로 역사적으로 볼 때 과거-현재-미래가 다 포함되어 있어 그만큼 이해하기가 난해하다. 게다가 하루(일일)인 주야(evening and morning)[1]를 그냥 1일로 계산해야 하는지 아니면 1년으로 계산해야 하는지에 따라 과거-현재-미래가 왜곡될 수 있다. 또한 1,260일=42달=3.5년이 등장하고 한 때 두 때 반 때(a time, times, and half a time)와 이레(One seven=one week)가 등장한다. 이들 기간을 지구의 하루로 계산해야 하는지 지구의 일년으로 계산해야 하는지, 아니면 천상의 하루를 말하는 것인지, 또한 1,260일=42달=3.5년과 한 때 두 때 반 때와 한 이레는 어떤 관계인지에 따라 과거-현재-미래가 왜곡될 수 있다. 필자도 이것을 이해하는 데 상당한 시간이 흘렀다. 정확히 말하자면 2015년 3월 15일에 주야와 이레의 정확한 뜻을 이해하였다.

그 맥락을 이미 『바이블 매트릭스』 6권 『부활/휴거, 예수님의 재림 시기 예측(c.AD 10740년)과 재림의 목적/방법』의 2부 3장인 "이 세대(this generation)의 예수님 재림 시기 예측"의 2절인 "예수님의 재림시기(c.AD 10740년)와 재림 전

1 유대 민족의 하루는 저녁 때부터 시작하여 다음 날 아침까지가 하루임.

후에 일어날 일들"의 2-5의 "한 때 두 때 반 때=42달=1260일=3.5년이란?"과 2-10의 "1,260일은 지구의 1,260일인가? 아니면 1,260년으로 해석해야 하나?"에서 소개했지만, 이와 더불어 주야와 이레가 더 추가되므로 필자는 어떤 로직으로 이들 기간을 해석하고 계산했는지, 이것을 먼저 소개하기로 한다. 단, 필자가 틀릴 수도 있을 것이다. 그럴 경우 독자들이 피드백을 주신다면 무척이나 감사할 것이다.

☞ 하루(일일)=주야는 지구의 하루인가? 일년인가? 1,260일, 1,290일, 1,335일? 2,300주야?

하루(일일), 즉 주야는 지구의 하루인가? 지구의 일년인가? 1,260일은 그냥 지구의 1,260일인가 아니면 1,260년으로 해석해야 하나? 1,290일은? 1,335일은? 2,300주야(일)는? 왜냐하면 구약에서는 하루(일일)를 일년으로 환산하는 사례가 있었기 때문이다. 이스라엘 12지파가 40일간의 가나안 탐지 보고에서 가나안은 꿀과 젖이 흐르지 않는 땅이라고 잘못 보고한 죄로 40일이 40년의 광야생활로 바뀐다. 또한 여호와 하나님께서 에스겔에게 남유대(다) 왕국(BC 931~BC 586)의 멸망을 예언하면서 예루살렘이 유린되는 기간이 40일, 즉 40년이 된다.

「민수기」 14:34 - 너희가 그 땅을 탐지한 날수 사십 일의 하루를 일년으로 환산하여 그 사십 년간 너희가 너희의 죄악을 질찌니 너희가 나의 싫어 버림을 알리라 하셨다 하라(For forty years--one year for each of the forty days you explored the land--you will suffer for your sins and know what it is like to have me against you.')(NIV)

「에스겔」 4:6 - 그 수가 차거든 너는 우편으로 누워 유다 족속의 죄악을 담당하라 내가 네게 사십 일로 정하였나니 일 일이 일 년이니라("After you have finished this, lie down again, this time on your right side, and bear the sin of the house of Judah. I have assigned you 40 days, a day for each year.)(NIV)

그러나 「민수기」 14장 34절과 「에스겔」 4장 6절은 특이한 경우이다. 분명 "하루를 일년으로 환산하여"라와 "일 일이 일 년이니라"와 같이 계산하는 방법을 가르쳐 주신 것이다. 그러나 다른 예언에서는 이와 같이 "일 일은 일 년으로 계산하라"는 지시가 없다는 것이다. 예를 들어 홍수 직전의 7일 후에와 40일의 강우 예언(「창세기」 7:4)에서는 1일을 1년으로 계산하라는 특별 지시가 없으며, 실제 7일 후에 40일간의 홍수로 예언이 성취되었다는 점이다.

「창세기」 7:4 - 지금부터 칠 일이면 내가 사십 주야를 땅에 비를 내려 나의 지은 모든 생물을 지면에서 쓸어 버리리라(Seven days from now I will send rain on the earth for forty days and forty nights, and I will wipe from the face of the earth every living creature I have made."(NIV)

7:10 - 칠 일 후에 홍수가 땅에 덮이니(And after the seven days the floodwaters came on the earth.)

7:12 - 사십 주야를 비가 땅에 쏟아졌더라(And rain fell on the earth forty days and forty nights.)

또한 아브라함(Abram, Abraham, BC 2166~BC 1991) 자손들의 400년간의 이집트의 노예생활(BC 1806년~BC 1406년=400년) 예언에서도(「창세기」 15:13) 1일을 1년으로하여 성취되지 않고 실제 400년으로 성취되었으며, 떡 굽는 관원장(the Baker)과 술 맡은 관원장(the Cupbearer)의 3일간의 꿈(「창세기」 40:12~20)의 예언도 실제 3일에 성취되었으며, 바로(Pharaoh)의 7년간의 기근 예언(「창세기」 41:25~31)도 7년간으로 성취되었으며, 70년간의 바벨론 포로 기간(Babylonian Captivity or Babylon Exile, BC 605~BC 538)의 예언도(「예레미야」 25:11) 실제 70년으로 성취되었다는 점에서, 이러한 예언들에는 1일을 1년으로 계산하라는 특별한 지시가 없었다는 점이다.

「창세기」 15:13 - 여호와께서 아브람에게 이르시되 너는 정녕히 알라 네 자손이 이방에서 객이 되어 그들을 섬기겠고 그들은 사백 년 동안 네 자손을 괴롭게 하리니(Then the LORD said to him, "Know for certain that your descendants will be strangers in a country not their own, and they will be enslaved and mistreated four hundred years.(NIV)

「예레미야」 25:11 - 이 온 땅이 황폐하여 놀램이 될 것이며 이 나라들은 칠십 년 동안 바벨론 왕을 섬기리라(This whole country will become a desolate wasteland, and these nations will serve the king of Babylon seventy years.)

또한 천상의 하루는 지구의 1,000년이라는 기록도 있다. 이는 하루가 일년이라는 앞의 내용보다는 다소 구체적인 것이다. 그러나 이것은 천상의 관점에서 지구를 바라보았을 때의 지구의 연수인 것이다.

「시편」 90:4 - 주의 목전에는 천 년이 지나간 어제 같으며 밤의 한 경점 같을 뿐임이니이다

「베드로후서」 3:8 - 사랑하는 자들아 주께는 하루가 천 년 같고 천 년이 하루 같은 이 한 가지를 잊지 말라

천상의 하루가 지구의 1,000년이라 해도, 예수님의 재림시기를 예언하는 「다니엘」과 「요한계시록」을 볼 때, 이미 하나님 아버지의 보좌가 천상을 출발하여 화성과 목성 사이의 소행성대(The Asteroid Belt)에 진입했다는 사실에 주목할 필요가 있을 것이다. 화성과 목성 사이의 소행성대라는 것은 우리 태양계로 들어오셨다는 것으로, 태양계의 달력, 즉 하루는 지구의 하루라고 보아야 할 것이다.

따라서 다음과 같이 가정을 두기로 한다. (1) 예언서의 내용을 해석할 때, 문맥을 파악하여 하루(일일)를 일년(1년)으로 계산하라는(Day-year principle)[2] 특별한 지시가 있으면 일년으로 환산하기로 한다. (2) 만약 일 일을 일년으로 환산하라는 특별한 지시가 없는 것은 모두 지구의 하루, 즉 일일로 계산하기로 한다. 더 나아가 「요한계시록」은 먼 미래에 이 땅-땅속-바다에서 일어날 일들을 기록한 것이므로 태양계와 지구관점에서 하루는 지구의 하루로 간주하기로 한다.

☞ 1,260일=42달=3.5년=한 때 두 때 반 때란?

「다니엘」 7장 25절과 12장 7절과 「요한계시록」 11장~13장에는 한 때(a time) 두 때(times) 반 때(half a time or an half)인 42달, 1,260일, 즉 3.5년이 기록되어 있다. 「다니엘」에 두 번, 「요한계시록」에 다섯 번 기록되어 있는데, 이것을 깨닫는 데 수십 년이나 걸렸다. 아니 정확히 말하자면 2015년 2월에 이 뜻을 깨달았다. 어떻게 깨달았는지 이제부터 설명해보기로 한다.

「다니엘」에는 과거를 다룬 7장 25절과 미래의 끝날을 다룬 12장 7절에 '한 때 두 때 반 때'라고 두 번 언급되지만, 「요한계시록」에는 사건의 시간차로 두 번이나 언급되어있다. 「요한계시록」의 순서로 보면 여섯 천사의 여섯 나팔 심판이 끝나고 일곱 번째 천사가 나팔을 불기 전에, 「요한계시록」 11장에는 두 증인인 모세와 엘리야가 이 땅에 내려오셔서 42달인 일천이백육십 일(1,260일=3.5년) 동안 증거하는 동안, 예루살렘이 42달 동안 불의의 이방인 군대들에게 유린당한다고 첫 번째로 언급이 되어 있고(「요한계시록」 11:2~3), 두 번째는 「요한계시록」 12장에 등장하는 하늘의 전쟁이 끝난 후 불의의 하나님들, 즉 용/뱀/마귀/사단과 휘하 천사들이 이 땅으로 쫓겨 내려와, 예수님을 낳으신 여자

2 http://en.wikipedia.org/wiki/Day-year_principle

를 핍박하는 지라, 여자가 의로운 하나님이 미리 예비하여 두신 곳인 광야로 도망해서 거기서 일천이백육십 일(1,260일=3.5년), 즉 한 때와 두 때와 반 때 동안 보호를 받으며라고(「요한계시록」 12:6 & 14) 계시되어 있으며, 같은 기간에 다른 사건인, 용이 바다 짐승(왕)에게 권세를 주어, 바다 짐승(왕)과 땅의 짐승(왕)이 42달 동안 성도를 이길 권세를 받는다라고 계시되어 있다(「요한계시록」 13:5).

특히 「요한계시록」 12장 6절의 "그 여자가 광야로 도망하매 거기서 일천이백육십 일 동안 저를 양육하기 위하여 하나님의 예비하신 곳이 있더라"에서 알 수 있듯이, 과거로 접근하는 경우, 이것은 하나님께서 마리아와 요셉을 애굽으로 피신하도록 하셨다는 의미이며, 헤롯왕(Herod I, Herod the Great, 헤로데, 헤로데스, 통치 BC 47~BC 40 & BC 37~BC 4)이 죽은 후에 어린 예수님과 함께 나사렛 마을로 돌아와 생애하셨다는 뜻이다. 이 때의 일천이백육십 일(42달=3.5년)이라는 것은 예수님께서 BC 6년에 태어나시고, 이집트로 피신하셨다가, 헤롯왕이 죽은 BC 4년에 애굽에서 돌아오신 기간인 1,260일=42달=3.5년을 말하는 것이다. 따라서 2부인 「요한계시록」에서 설명하겠지만, 먼 미래를 계시하는 「요한계시록」 12장은 일일이 일년이 아니라 일일이 지구의 일일이라는 것을 알 수 있다.

「요한계시록」 12:6 - 그 여자가 광야로 도망하매 거기서 일천이백육십 일 동안 저를 양육하기 위하여 하나님의 예비하신 곳이 있더라(The woman fled into the desert to a place prepared for her by God, where she might be taken care of for 1,260 days.(NIV)

그리고 「다니엘」 12장과 「요한계시록」 11장~13장을 수 차례 정독하면서, '한 때 두 때 반 때'가 그 다음에 나오는 '일천이백육십 일(1,260일=3.5년)', 즉 42달과 같다는 것을 깨달았다. 따라서 한 때(a time)란 1년을 말하는 것이고, 두 때(times)란 2년을 말하는 것이며, 반 때(half a time or an half)란 0.5년을 말하는 것으로 3.5년이라는 뜻이다.

따라서 시점으로 말하면 「요한계시록」 11장의 두 증인인 모세와 엘리야가 먼저 내려오시고, 그 다음 42달(3.5년)이 지나서, 「요한계시록」 12장의 여자와 용(The Woman and the Dragon)과 13장의 용이 바다 짐승(왕)에게 권세를 주어 42달(3.5년) 동안 성도를 이기게 되는 이른 바 '성도의 권세가 다 깨지게' 되는 것이다. 또한 그 다음의 '멸망의 가증한 것이 예루살렘에 세워지고' 또 다른 3.5년(1,290일)이 지나서야(「다니엘」 12:11) 예수님이 하늘의 아버지 보좌로부터 별도의 보좌(거대항공모함 우주선)을 타시고 이 땅에 공중재림하시게 되는 것이다.

따라서 「다니엘」 12장 7절의 '한 때와 두 때와 반 때'와 「요한계시록」 11장 2절의 '42달'과 11장 3절의 '일천이백육십 일(1,260일=3.5년)은 모두 같은 기간인 3.5년=42달=1,260일에 일어나는 것이며, 그 후에 일어나는 「요한계시록」 12장 6절의 '일천이백육십 일(1,260일=3.5년)'과 12장 14절의 '한 때와 두 때와 반 때'와 13장 5절의 '42달'도 같은 기간에 일어나는 것이다.

이를 정리하면 다음과 같다.

1) 군대가 예루살렘을 에워싸기 시작하는 시기와 모세와 엘리야의 재림 시기는 같고, 마치는 기간은 3.5년=42달=1,260일임. 따라서 「다니엘」 12장 7절의 '한 때와 두 때와 반 때' = 「요한계시록」 11장 2절의 '42달' = 「요한계시록」 11장 3절의 '일천이백육십 일(1,260일=3.5년)은 모두 같은 기간에 일어나는 것임.

「다니엘」 12:7 - "…하늘을 향하여 영생하시는 자를 가리켜 맹세하여 가로되 반드시 한 때 두 때 반 때를 지나서…"

「요한계시록」 11:2 - "이방인에게 주었은즉 저희가 거룩한 성을 42달 동안 짓밟으리라"

「요한계시록」 11:3 - "두 증인에게 권세를 주리니 저희가 굵은 베옷을 입고, 1260일을 예언하리라"

2) 성도의 권세가 다 깨짐을 나타내는 「다니엘」 12장 7절의 '한 때와 두 때와 반 때를 지나서' = 「요한계시록」 12장 6절의 '여자가…1260일 동안' = 「요한계시록」 12장 14절의 '한 때와 두 때와 반 때' = 「요한계시록」 13장 5절의 '42달'은 모두 같은 기간에 일어나는 것임.

「다니엘」 12:7 - "한 때, 두 때, 반 때를 지나서, 성도의 권세가 다 깨어지기까지"

「요한계시록」 12:6 - "그 여자가 광야로 도망하매, 거기서 1260일 동안 저를 양육하기 위하여 하나님의 예비하신 곳이 있더라"

「요한계시록」 12:14 - "그 여자가 큰 독수리의 두 날개를 받아 광야 자기 곳으로 날아가 거기서 그 뱀의 낯을 피하여 한 때와 두 때와 반 때를 양육받으매"

「요한계시록」 13:5 - "또 짐승이 큰 말과 참람된 말하는 입을 받고, 또 42달 일할 권세를 받으니"

☞ 한 이레(One seven=one week)=7.08년, 한 이레의 절반은 3.5년(42달)과 3.53년(43달)

「다니엘」 9장 24절~27절에는 칠십 이레(Seventy 'sevens' or 'weeks')가 등장한다. 내용을 보면 우선 일곱 이레(Seven 'sevens')와 육십이 이레(Sixty two 'sevens')가 연속적이고, 즉 연속적인 69이레가 지나고, 엄청 긴 공백기간이 한참 있은 후에, 연속적인 마지막 한 이레(One 'seven')가 등장한다.

우선 기간의 간격이 꽤나 길다는 것을 설명하기로 한다. 「다니엘」 9장 26절을 보면 한 왕의 백성이 와서 예루살렘 성읍과 성소(the city and the sanctuary)를 거의 전부 훼파(파괴)한다. 성읍과 성전이 완전 파괴되는 것이다. 이것은 과거의 역사를 볼 때 예수님 사후[AD 26(B) 또는 AD 33)] 이후의 예루살렘의 멸망(AD 70)을 의미하는 것이다. 한 왕(the ruler)이라는 것은 로마제국의 플라비우스 왕조(Flavian Dynasty, AD 69~96)[3]의 초대 황제인 베스파시아누스(Vespasian, Titus Flavius Vespasianus, 통치 AD 69~79)[4]를 말하는 것이고, 한 왕의 백성이라는 것은 그의 아들 티토(Titus, Titus Flavius Vespasianus)가 이끄는 로마군을 말하는 것이다. 티토가 이끄는 로마군은 AD 70년에 예루살렘을 침략해 많은 유대인을 죽이고 예루살렘 성전[5]을 완전히 파괴하여 오늘날에 이르게 되었다. 이 성전 파괴는 예수 그리스도에 의해 이미 예언되어 있었다(「마태복음」 24:1-2, 「마가복음」 13:1-2, 「누가복음」 21:5-6). 현재의 통곡(痛哭)의 벽(Wailing Wall)은 제3성전 서쪽 벽의 남은 잔해에 해당하며 동쪽 벽도 잔해에 불과하다. 그만큼 완전히 파괴되었다는 뜻이다.

「다니엘」 9:26 - 육십이 이레 후에 기름 부음을 받은 자가 끊어져 없어질 것이며 장차 한 왕의 백성이 와서 그 성읍과 성소를 훼파하려니와 그의 종말은 홍수에 엄몰됨 같을 것이며 또 끝까지 전쟁이 있으리니 황폐할 것이 작정되었느니라(After the sixty-two 'sevens,' the Anointed One will be cut off and will have nothing. The people of the ruler who will come will destroy the city and the sanctuary. The end will come like a flood: War will continue until the end, and desolations have been decreed.(NIV)

그런데 「다니엘」 9장 27절을 보면, 마지막 한 이레가 등장하는데, 내용을 보면 그 이레의 절반에 그(He)가 제사와 예물을 금지하고 예루살렘 성전에 미

3 플라비우스 황조(Flavian Dynasty, AD 69-96) -http://en.wikipedia.org/wiki/Flavian_dynasty
4 베스파시아누스(Vespasian, Titus Flavius Vespasianus, AD 69-79) -http://en.wikipedia.org/wiki/Vespasian
5 http://en.wikipedia.org/wiki/Temple_of_Jerusalem

운 물건, 즉 우상(Image or statue)을 세운다고 예언되어 있다는 점이다. 지금은 완전히 파괴된 예루살렘 성전에서 제사와 예물을 금지한다? 이것은 69이레와 마지막 1이레 사이에 엄청난 간격이 있음을 의미하는 것이고, 마지막 한 이레는 정한 종말(until the end)이라는 것을 의미한다. 따라서 먼 미래의 어느 시점에 다시 새로운 예루살렘 성전이 재건됨을 의미하는 것이다. 역사는 반복된다고 했다. 지금의 파괴된 예루살렘 성전이 언제인가 복구 재건될 것이고 하나님 아버지의 충실한 성도들이 제사와 예물을 드릴 것임을 시사하는 것이다. 그래야만 먼 미래에 불의의 군대들이 다시 예루살렘 성전을 에워싸고 42달 동안 유린할 것이고, 연속해서 42달 동안 예루살렘 성도들과 싸워 이기게 된다. 이 때 제사와 예물을 금지하고라는 것은 하나님 아버지께 드리는 제사와 예물을 폐지하고 금지하는 것이 아니라, 불의의 하나님들에게 바치던 제사와 예물을 폐하고 금지한다는 뜻이다. 그리고 곧바로 예루살렘 성전에 우상을 세우게 된다. 단, 역사는 반복되기 때문에, 과거에서 현재까지 세 번의 예루살렘 성전 건축과 파괴가 아니라 예수님 재림시까지 여러 번의 성전 건축과 파괴가 반복되어 일어날 것으로 필자는 보고 있다.

「다니엘」 9:27 - 그가 장차 많은 사람으로 더불어 한 이레 동안의 언약을 굳게 정하겠고 그가 그 이레의 절반에 제사와 예물을 금지할 것이며 또 잔포하여 미운 물건이 날개를 의지하여 설 것이며 또 이미 정한 종말까지 진노가 황폐케 하는 자에게 쏟아지리라 하였느니라(He will confirm a covenant with many for one 'seven.' In the middle of the 'seven' he will put an end to sacrifice and offering. And on a wing of the temple he will set up an abomination that causes desolation, until the end that is decreed is poured out on him."(NIV)

그런데, 「다니엘」 9장 27절은 「다니엘」 12장 11절과 같은 내용이고, 「요한계시록」 13장과 같은 내용이다. 특히 「요한계시록」 13장 11절~18절은 마지막 한 이레의 후반 절반에 해당하는 기간에, 예루살렘 성전에 멸망의 가증한 미운 물건, 즉 우상을 세우는 일로, 하늘에 쫓겨 내려온 불의의 하나님들(용/뱀/마귀/사단)과 불의의 천사들과 땅에서 올라오는 짐승(왕)이 예루살렘 성전을 접수하고 멸망의 가증한 것, 즉 우상(image or statue)을 세우고, 모든 인간들로 하여금 그 우상에게 경배하게 하며 666표를 받게 한다. 그 다음 「다니엘」 12장 11절에는 기간이 나오는데, 이 멸망의 가증한 것이 예루살렘에 세워지고 또 다른 3.53년=1,290일=43달이 지나서야 예수님이 소행성대의 하나님 아버지 보좌로부터 별도의 보좌로 이 땅에 공중재림하시게 되는 것이다.

「다니엘」 12:11 - 매일 드리는 제사를 폐하며 멸망케 할 미운 물건을 세울 때부터 일천이백구십 일을 지낼 것이요("From the time that the daily sacrifice is abolished and the abomination that causes desolation is set up, there will be 1,290 days.(NIV)

「요한계시록」 13:15 - 저가 권세를 받아 그 짐승의 우상에게 생기를 주어 그 짐승의 우상으로 말하게 하고 또 짐승의 우상에게 경배하지 아니하는 자는 몇이든지 다 죽이게 하더라(He was given power to give breath to the image of the first beast, so that it could speak and cause all who refused to worship the image to be killed.(NIV)

13:16 - 저가 모든 자 곧 작은 자나 큰 자나 부자나 빈궁한 자나 자유한 자나 종들로 그 오른손에나 이마에 표를 받게 하고(He also forced everyone, small and great, rich and poor, free and slave, to receive a mark on his right hand or on his forehead(NIV)

이보다 앞서 일어나는 일이 「요한계시록」 13장 4절~7절의 하늘에서 쫓겨 내려오는 불의의 하나님들과 불의의 바다의 짐승(왕)과 불의의 인간들의 예루살렘 성전 침략과 성도들을 죽임으로, 이는 42달=3.5년=1,260일 동안 일어난다.

「요한계시록」13:5 - 또 짐승이 큰 말과 참람된 말 하는 입을 받고 또 마흔 두 달 일할 권세를 받으니라(The beast was given a mouth to utter proud words and blasphemies and to exercise his authority for forty-two months.(NIV)

13:6 - 짐승이 입을 벌려 하나님을 향하여 훼방하되 그의 이름과 그의 장막 곧 하늘에 거하는 자들을 훼방하더라

따라서 「다니엘」 9장 27절의 '이레의 절반(in the middle of 'seven')이라는 것은 앞의 절반인 42달=3.5년=1,260일과 뒤의 절반인 3.53년=1,290일=43달을 의미함으로 한 이레는 약 7.08년임을 알 수 있다. 대략 7년으로 보면 된다. 영문성경 Good News는 아예 7년(seven years)이라 표현하고 있다.

처음 접하시는 분들은 뭐가 뭔지 이해하기가 어려울 것이다. 그러나 다음부터 「다니엘」을 먼저 소개하고 그 다음 「요한계시록」을 소개하면서 장과 절에 따라 보다 자세히 설명하고자 하니, 꾸준히 읽어보시길 바란다. 건투를 빌면서…^^

필자가 보기엔 구약의 「다니엘」과 신약의 마지막 권인 「요한계시록」은 밀접한 관계가 있다. 「다니엘」 2장과 7장에는 네 짐승(왕)이 등장하는데, 이는 「요한계시록」 11장의 무저갱(abyss)에서 올라오는 짐승, 「요한계시록」 13장의 바다와 땅에서 올라오는 짐승과 「요한계시록」 17장에 다시 등장하는 무저갱의 짐승과 밀접한 관계가 있다.

「다니엘」 8장 11절~13절과 11장 31절에는 이방의 군대들이 예루살렘에 쳐들어와서 예루살렘 성소를 더럽히며, 그 결과 성도들의 권세가 다 깨지고, 하나님께 드리는 제사를 폐하고(abolish the daily sacrifce), 멸망케 하는 미운 물건(멸망의 가증한 것)을 세운다는(set up the abomination that causes desolation) 내용이 나온다. 남의 나라 군대가 쳐들어오면 그 나라의 성스러운 것을 다 폐하고 그 곳에 자기 나라의 신당과 왕이나 황제의 상(Image or statue)을 세워 경배하게 한다는 것인데, 역사적으로 볼 때 과거나 지금이나 다 그렇게 해왔다. 이들 내용은 바로 「요한계시록」 11장의 이방인 군대들이 42달 동안 예루살렘 성전을 유린하고, 「요한계시록」 13장의 42달 동안 성도들과 싸워 이김으로써 성도들의 권세가 다 깨지고, 마침내 예루살렘에 멸망케 하는 가증한(이물) 물건들인 우상과 하나님 아버지와 예수님을 대적하는 우주선기초가 세워지고 666을 받게 한다는 내용과 밀접한 관계가 있다.

단, 「다니엘」 9장 27절과 12장 11절의 "제사를 폐하고"는 나중에 보시면 아시겠지만, 제사와 예물을 드리는 대상이 다르다. 하나님 아버지께 제사와 예물을 드려 경배하는 것이 아니라 「요한계시록」 12장의 하늘의 전쟁에서 패한 용/사단/마귀/뱀의 불의의 하나님들이 이 땅에 쫓겨 내려와 자기들이 진짜 하나님 아버지와 예수님이라고 가장하고 제사와 예물의 경배를 받다가 시간이 없자 경배를 폐한다는 의미이다. 경배를 폐하는 대신 바다 짐승의 우상을 만들어 세우고 우상에게 경배하도록 한다는 것이다.

따라서 「요한계시록」을 과학적인 관점과 역사적인 관점으로 보기 전에, 「다니엘」을 살펴볼 필요가 있다. 「요한계시록」이 다소 시계열로 미래 관점으로 정리되어 있다면, 「다니엘」은 역사적으로 과거-현재-미래가 다소 복잡하게 기록되어 있어 그만큼 이해하기가 어렵다. 그래서 다니엘도 이상(vision)을 깨닫지 못하여 혼절하고 수일을 앓았다(「다니엘」 8:27). 필자의 경우 「요한계시록」과 「다니엘」을 반복하여 읽고 비교분석을 통해서야 「다니엘」을 이해하였다. 단, 「다니엘」 1~12장 중 「요한계시록」과의 관련 내용만 살펴보도록 한다.

1장
「다니엘」 1장의 배경, 선지자인 다니엘

다니엘(Daniel)은 구약의 「다니엘」을 쓴 선지자이다. 본절을 이해하기 위해서는 당시의 상황을 살펴보아야 한다. 신아시리아 왕조를 멸망시킨 신바빌로니아 왕조(BC 625~BC 539)의 느부갓네살 2세(네부카드네자르 2세, Nebuchadnezzar II, 통치 BC 605~BC 562)는 예루살렘을 정복하고 솔로몬 왕(통치 BC 970~BC 930)이 세운 장엄하고 아름다운 예루살렘 성전(Temple of Jerusalem)을 파괴하고 남유대(다) 왕국(BC 931~BC 586)을 BC 586년에 멸망시켰으며, 유대인들을 노예로 끌고가 바벨론에 70년간 유폐시켰다(「열왕기하」 24장 & 25장; 「역대하」 36:18~19; 「예레미야」 52:13-14). 이 때부터 유대 민족의 바벨론 유수(Babylonian Captivity or Babylon Exile, BC 605~BC 538)가 시작된 것이다.

「다니엘」 1장 1절~2절의 내용은, 남유대왕국이 완전히 멸망되기 전의 일로, 이 때 남유대 왕국 마지막 세 번째 왕이 여호와김(Jehoiakim, 통치 BC 609~598)인데, 여호와김이 왕에 오른 지 3년, 즉 BC 606년에 바벨론 왕 느부갓네살 2세가 예루살렘에 이르러 성을 에워싸고 야훼 하나님의 과학통신 기구들을 약탈해 바벨론의 마르둑(Marduk) 신전에 두었다. 이것을 성경에는 "주께서 유다 왕 여호야김과 하나님의 전 기구 얼마를 느부갓네살의 손에 붙이시매"라고 표현하고 있다.[1] 이 때 느부갓네살 2세는 다니엘을 비롯한 세 소년을 바벨론으로 끌고 갔다.

그 이후 BC 586년에 남유대왕국은 완전 멸망하고 바벨론 유수가 본격화된다. 하지만 이 바벨론 유수에 종지부를 찍은, 즉 구원의 손길을 준 나라가 페르시아의 아케메네스(Achaemenes) 혹은 아케메니드제국(Achaemenid Empire, BC 576~BC 330)이었다. 페르시아(성경의 '바사')제국의 1대 왕인 키루스 대왕(Cyrus the Great, Cyrus II of Persia, 통치 BC 559~BC 530, 성경의 '고레스')이 세를 남쪽으로 확장시켜 바빌론 성을 무혈점령하고, 신바빌로니아 왕조를 멸망시킨 후(BC 539), 키루스 대왕의 바벨론 통치 원년인 BC 538년에 고레스 칙령을 발표해 1차 포로 귀환이 이루어졌다(「역대하」 36:20~23, 「에스라」 1장). 1차 포로귀환은 BC 538년에 스룹바벨(Zerubbabel)의 인도로, 제2진은 BC 458년에 에스라(Ezra)의 인도로, 제3진은 BC 445년에 느헤미야(Nehemiah) 총독의 인도로 귀국했다.

다니엘은 처음에는 바벨론의 궁정에서 시동(侍童)으로 일했으나, 시종일관 조국의 복권을 기원하며 이교(異教)의 권력과 박해에 대항해 싸웠다. 바벨론에 잡혀가서는 느부갓네살왕의 꿈을 해몽해 준 일로 인하여 명예로운 지위에 올랐다. 그러나 고레스가 유대인(人)들의 귀환을 허락한 때는(BC 538) 이미 노인이 되어 제1차 포로교환에는 동행하지 못했다.

그 이후 다니엘은 바벨론에 남아 페르시아 아케메니드제국의 5대 왕인 다리우스(Darius King of Persia, Darius I, 성경의 '다리오', 통치 BC 522~BC 486)가 통치를 할 때에도 형통하였는데(「다니엘」 6:28), 전국 120 방백 위의 3인 총리 중 한 사람이 되었고, 다시 그중에서도 가장 뛰어나 수상에 등용되려 했으나, 다

---

1 자세한 것은 『바이블 매트릭스』 4권 『하나님들의 과학기술과 우리가 창조해야 할 미래(상)』의 1부 3장인 "'야훼께서 자리를 비우시다'와 '손에 붙이시다'의 의미"를 참조하라.

른 총리 2인과 방백들의 모함으로 사자(獅子) 굴에 던져졌다. 그러나 천사들의 도움으로 입을 봉한 사자는 그를 해치지 않았으며(「다니엘」 6:22), 그 까닭으로 다리우스 왕은 다니엘의 야훼 하나님을 찬미하였다(「다니엘」 6:25~27). 또한 6대 왕인 크세르크세스 1세(Xerses I, 통치 BC 485~BC 465, 성경의 '아하수에로')의 아들, 즉 8대 왕인 다리우스 2세(Darius II, BC 423~BC 404)의 통치 원년에도 선지자의 역할을 했다(「다니엘」 9:1).

결국 다니엘은 소년의 나이로 BC 606년에 바벨론으로 끌려가 신바벨로니아 왕조가 끝나는 BC 539년을 거치고, 페르시아의 고레스 대왕의 통치가 끝나는 BC 530년을 거쳐, 아하수에로의 아들 다리우스 2세까지 대략 BC 606~BC 423년에 걸쳐 선지자의 역할을 했다고 볼 수 있다.

2장

「다니엘」 2장의 첫째~넷째 나라, 그리고 마지막의 영원한 하나님 아버지의 나라

「다니엘」의 예언서를 해석할 때 반드시 고려해야 하는 것이 있다. 그것은 과거-현재-미래가 다 포함되어 있다는 점이다. 어떤 것은 과거의 역사와 딱 맞아떨어져서 그 예언이 이미 성취되었다고 볼 수도 있으며, 어떤 것은 먼 미래의 일이라 예언이 아직 성취되지 않았다고 볼 수도 있다. 그러나 「요한계시록」 21장~22장의 새로운 하늘과 새 땅은 AD 12900년경에 이루어질 것이라는 점을 감안하면 아직도 이 시대는 엄청긴 공백기간에 있다는 것을 알 수 있다. 그만큼 한참 멀었다는 것이다. 또한 먼 미래의 기간에 역사는 반복된다는 점을 감안하면, 과거에 일어났던 것이 현재에도 미래에도 다시 일어난다는 것이다. 이러한 관점에서 「다니엘」을 과거-현재-미래로 접근하여 해석하되 각 장과 절의 내용을 중심으로 과거의 역사와 현재와 미래의 의미로 해석해보기로 한다.

1절 첫째 나라 - 금: 신바빌로니아 왕조(BC 625~BC 539)

☞ 「다니엘」 2:1 - 느부갓네살이 위에 있은 지 이 년에 꿈을 꾸고 그로 인하여 마음이 번민하여 잠을 이루지 못한지라(In the second year of his reign,

Nebuchadnezzar had dreams; his mind was troubled and he could not sleep.(NIV)

☞「다니엘」2:38 - 인생들과 들짐승과 공중의 새들, 어느 곳에 있는 것을 무론하고 그것들을 왕의 손에 붙이사 다 다스리게 하셨으니 왕은 곧 그 금머리니이다(in your hands he has placed mankind and the beasts of the field and the birds of the air. Wherever they live, he has made you ruler over them all. You are that head of gold.(NIV)

「다니엘」2장 1절에는 신바빌로니아 왕조(BC 625~BC 539)의 느부갓네살 2세(네부카드네자르 2세, Nebuchadnezzar Ⅱ, 통치 BC 605~BC 562)가 통치한 지 2년인 BC 603년에 그가 꿈을 꾸고 그로 인하여 마음이 번민하여 잠을 이루지 못한다.

이에 다니엘이 나아가 다음과 같이 꿈을 해석한다(「다니엘」2:38~40). 모든 것을 느부갓네살 2세 왕의 손에 붙였으니 왕은 금머리라는 것이다. 이것은 바벨론이 금머리란 뜻이다. 따라서 금은 바벨론을 의미한다. 이것은 역사적으로 보았을 때 과거에 일어났던 신바빌로니아 왕조를 말하는 것이 분명하다.

2절 둘째 나라 - 은+진흙: 페르시아의 아케메니드제국(BC 550~BC 330)

☞「다니엘」2:39 - 왕의 후에 왕만 못한 다른 나라가 일어날 것이요 세째로 또 놋같은 나라가 일어나서 온 세계를 다스릴 것이며("After you, another kingdom will rise, inferior to yours. Next, a third kingdom, one of bronze, will rule over the whole earth.(NIV)

그런데 느부갓네살 2세 왕 다음에, 즉 신바빌로니아 왕조(BC 625~BC 539) 다음에 느부갓네살 2세 왕만 못한 나라가 일어난다는 것이다. 이것은 역사적으로 볼 때 신바빌로니아 왕조를 멸망시킨 메대(Media)와 바사(Persia)를 중심으로 하는 페르시아의 아케메네스(Achaemenes) 혹은 아케메니드제국(Achaemenid Empire, BC 550~BC 330)을 말하는 것이다. 이 제국을 상징하는 것이 바로 은(silver)과 진흙(baked clay)이다. 신바빌로니아 왕조인 금보다 못한 나라라 했으니 그것은 은이다.

지금 이란 남서부 팔스(파르사, 파르스, Parsa) 지방에 있는 페르세폴리스(Persepolis, 페르시아의 도시)가 아케메네스 왕조의 수도였는데, 이는 BC 518년에 다리우스 1세(Darius I)가 세운 수도로, 이 수도뿐만 아니라 거의 모든 도시가 모두 진흙으로 지어진 성채였다. 페르세폴리스, 밤 지역 경관(Bam and its Cultural Landscape) 등 17개의 페르시아 아케메네스 시대의 궁전과 도시들이 현재 유네스코(UNESCO)의 세계유산으로 등재되어 있다.

페르세폴리스를 페르시아인들은 파르사(Parsa)라고 부른다. 파르사는 파르스에서 유래했는데, 파르스 지방 또는 파르스 지방에 사는 사람들을 말한다. 페르시아제국은 파르스에서 시작되어, 파르사는 제국의 이름이면서 동시에 수도로 사용되었다. 따라서 이는 역사적으로 보았을 때 과거에 일어났던 페르시아제국을 말하는 것이 분명하다.

3절 셋째 나라 - 놋: 그리스(헬라)의 마케도니아 왕조(BC 514~BC 146 or BC 30)

☞「다니엘」2:39 - 왕의 후에 왕만 못한 다른 나라가 일어날 것이요 세째로 또 놋같은 나라가 일어나서 온 세계를 다스릴 것이며("After you, another kingdom will rise, inferior to yours. Next, a third kingdom, one of bronze, will rule over the whole earth.(NIV); And after thee shall arise another kingdom inferior to thee, and another third kingdom of brass, which shall bear rule over all the earth.(KJV)

그 다음인 세 번째 나라는 놋(bronze or brass) 같은 나라가 일어나서 온 세계를 다스릴 것이라는 것이다. 이것은 페르시아제국을 멸망시킨 그리스(헬라)의 마케도니아 왕조(Kingdom of Macedonia, BC 691 or 514~BC 146 or BC 30)를 말하는 것이다. 페르시아제국은 마케도니아 왕조의 알렉산더 3세(Alexander III, 통치 BC 336~BC 323), 즉 알렉산드로스(알렉산더) 대왕의 동방원정에 의해 BC 330년에 멸망되었다. 이 때 놋은 그리스를 의미하는 것이다. 따라서 이는 역사적으로 보았을 때 과거에 일어났던 그리스(헬라)제국을 말하는 것이 분명하다.

4절 넷째 나라 - 철+진흙: 로마제국(Roman Empire)과 로마제국의 분리

1. 공화정시대/제정시대의 로마제국(BC 509~BC 27/BC 27~AD 394)

☞ 「다니엘」 2:40 네째 나라는 강하기가 철 같으리니 철은 모든 물건을 부숴뜨리고 이기는 것이라 철이 모든 것을 부수는 것 같이 그 나라가 뭇나라를 부숴뜨리고 빻을 것이며(Finally, there will be a fourth kingdom, strong as iron--for iron breaks and smashes everything--and as iron breaks things to pieces, so it will crush and break all the others.(NIV)

그 다음 네 번째 나라는 강하기가 철 같으며, 철은 모든 물건을 부숴뜨리고 이기는 것이며, 철이 모든 것을 부수는 것같이 그 나라가 뭇나라들을 부숴뜨리고 빻을 것이라는 것이다. 이것은 역사적으로 볼 때 그리스의 마케도니아 왕조를 멸망시킨 로마제국(Roman Empire, 공화정시대, BC 509~BC 27)을 의미하는 것이다. 철을 의미하는 이탈리아에서 처음 출발한 로마제국은 놋의 그리스, 은과 진흙의 페르시아, 금의 바벨론 영토까지 괴멸시키고 그 세를 확장하였다.

이 당시 로마제국(공화정시대)은 그리스 마케도니아 전쟁(Macedonian Wars)에서 승리함으로써 BC 146년에 그리스(c.BC 1100~C 146)와 마케도니아(BC 691 or 514~BC 146) 모두 로마제국(공화정)에 편입됨에 따라, 이때부터 로마제국은 이집트와 이스라엘을 비롯하여 거의 모든 유럽을 지배하게 된다. 또한 알렉산더 대왕이 죽자 그의 부하들이 이집트에 세운 프톨레마이오스 왕조(Ptolemies Dynasty, BC 305~BC 30)가 로마의 지배를 받기 시작하는 BC 30년에 그리스의 마케도니아 왕조는 완전히 멸망되었다. 이로써 로마제국은 아프리카 북부까지 영토가 확장되었다. 따라서 이는 역사적으로 보았을 때 과거에 일어났던 로마제국을 말하는 것이 분명하다.

2. 서로마(AD 395~476)/동로마제국(AD 395~1453)으로 분열

☞「다니엘」2:41 - 왕께서 그 발과 발가락이 얼마는 토기장이의 진흙이요 얼마는 철인 것을 보셨은즉 그 나라가 나누일 것이며 왕께서 철과 진흙이 섞인 것을 보셨은즉 그 나라가 철의 든든함이 있을 것이나(Just as you saw that the feet and toes were partly of baked clay and partly of iron, so this will be a divided kingdom; yet it will have some of the strength of iron in it, even as you saw iron mixed with clay.)(NIV)

2:42 - 그 발가락이 얼마는 철이요 얼마는 진흙인즉 그 나라가 얼마는 든든하고 얼마는 부숴질 만할 것이며(As the toes were partly iron and partly clay, so this kingdom will be partly strong and partly brittle.)

2:43 - 왕께서 철과 진흙이 섞인 것을 보셨은즉 그들이 다른 인종과 서로 섞일 것이나 피차에 합하지 아니함이 철과 진흙이 합하지 않음과 같으리이다(And just as you saw the iron mixed with baked clay, so the people will be a mixture and will not remain united, any more than iron mixes with clay.)

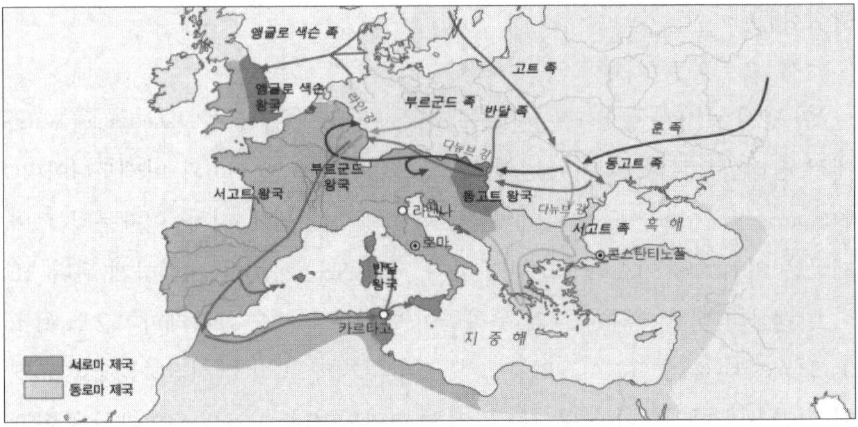

게르만족의 이동과 서로마제국의 멸망. 375년 훈족(Huns)에 쫓긴 서고트족이 다뉴브 강을 건너자, 로마제국과 게르만 부족들 간에 긴장이 흘렀다. 유능한 군인 테오도시우스 황제가 재빠르게 사태를 수습하였지만 잠시뿐이었다. 그가 죽고 나서 로마는 동 · 서로 분열되었고, 게르만족들은 경제 침체로 이미 무너져내리던 서로마제국으로 밀려들었다. 북아프리카와 갈리아 등지에 게르만 왕국들이 들어서면서 서로마제국은 결국 멸망하고 말았다(AD 476). 사진 : [네이버 지식백과] 천 년의 제국, 비잔티움(『살아있는 세계사 교과서』, 휴머니스트, 2011. 9. 5.)[1]

「다니엘」 2장 41절~43절의 내용은 철처럼 강한 로마제국도 발가락처럼 분열될 것이라는 예언이다. 철과 진흙이 합하지 않음과 같이 서로 다른 인종이 합하지 않음과 같이 거대한 집단의 통일된 로마제국도 나뉜다는 것이다.

로마제국은 정복지의 문화와 신을 인정하는 다문화와 다신교 정책으로 제국의 통합과 번영을 누렸다. 그리고 하나로 통합된 거대 경제권을 형성하면서 많은 교역이 발생하여 도로와 항구가 발달하였다. 제정이 성립된 이후 로마의 평화(Pax Romana=Roman Peace)가 이루어지던 시대의 다섯 명의 오현제 시대(Five Good Emperors)가 있었는데, 네르바(Nerva, 96~98), 트라야누스(Trajanus, 98~117), 하드리아누(Hadrianus, 117~138), 안토니누스 피우스

1 [네이버 지식백과] 천년의 제국, 비잔티움(『살아있는 세계사 교과서』, 휴머니스트, 2011. 9. 5.) http://terms.naver.com/entry.nhn?docId=1582665&cid=47323&categoryId=47323

(Antoninus Pius, 138~161), 마르쿠스 아우렐리우스(Marcus Aurelius, 161~180) 등 다섯 명의 황제를 말한다.

그러나 제정시대에 등장한 네로(Nero, 통치 AD 54~68)와 카라칼라(Caracalla, 통치 AD 211~217) 등의 황제는 무수한 사람을 학살하며 큰 오점을 남겼고 로마제국의 황제 권위가 실추되었다. 이에 무력을 가진 군인들이 제위를 차지하면서 황제들은 권력다툼으로 단명하게 되었고, 군인들의 충성을 얻기 위해 남발된 재정은 국가를 위기로 내몰았다. AD 235년부터 284년까지 50년 동안 황제는 26번이나 바뀌었는데, 대부분 2년도 채 못가서 암살당했다. 이 시기를 군인 황제시대(Military Anarchy)라고 한다.

그러다가 가이우스 디오클레티안 혹은 디오클레티아누스(Gaius Aurelius Valerius Diocletianus, 통치 AD 284~308)가 황제가 되면서 군인 황제시대를 종식시키기 위해 로마제국을 4등분하여 4제통치(四帝統治, Tetrarchy, 293~313)를 시작했는데, 제국이 너무 크기 때문에 1명의 황제가 통치하기에 너무 크고 복잡하다는 이유였다. 그러다가 콘스탄티누스 1대제(Constantine I, 통치 AD 306~337)는 AD 330년에 수도를 동쪽의 콘스탄티노플(비잔티움, Byzantium, Constantinople)로 정하고 주로 콘스탄티노플에 거주하였다. 이로써 서쪽의 수도는 로마가 되었고 동쪽의 수도는 콘스탄티노플로 나뉘게 되었으며, 결국 AD 395년에 테오도시우스 1세 혹은 대제(Flavius Theodosius, 통치 347년~395년)가 죽으면서 자신의 두 아들에게 제국을 양분하여 물려줌으로써, 로마제국은 서로마(West, AD 395~476)와 동로마제국(East, AD 395~1453)으로 분열되었다.

따라서 "나라가 나누일 것이며"라는 것은 역사적으로 보았을 때 과거에 일어났던 서로마제국과 동로마제국을 말하는 것이 분명하다.

5절 마지막 영원한 나라 = 「요한계시록」의 천년 왕국→새 예루살렘(c.AD 12,900)

1. 다섯째가 아닌 이 열왕의 때에, 하나님의 나라를 세워

☞ 「다니엘」 2:44 - 이 열왕의 때에 하늘의 하나님이 한 나라를 세우시리니 이것은 영원히 망하지도 아니할 것이요 그 국권이 다른 백성에게로 돌아가지도 아니할 것이요 도리어 이 모든 나라를 쳐서 멸하고 영원히 설 것이라("In the time of those kings, the God of heaven will set up a kingdom that will never be destroyed, nor will it be left to another people. It will crush all those kingdoms and bring them to an end, but it will itself endure forever.(NIV)

그런데 다니엘은 '다섯 번째'라 기록하지 않고 "이 열왕(열국의 왕)의 때에 하늘의 하나님이 한 나라를 세우시리니(In the time of those kings the God of heaven will set up a kingdom)"라고 기록했다는 점이다. 분명 순서로 보면 다섯 번째라 기록했어야 하는데, 그게 아니라는 점이다. 다섯 번째라 기록했다면, 하나님의 나라가 왔어도 벌써 왔을 것인데, 예수님의 재림이 벌써 왔을 것인데, 그게 아니라는 점이다.

그래서 많은 성도들이 「다니엘」 2장을 보고 동로마제국이 끝나는 시점인 AD 1453년 이후에 예수님께서 재림하실 것이라 믿었는데, 사실은 오시지 않자, 크게 실망하는 했다는 점이다. 그래서 성도들의 인내가 필요한데, 그 이유 때문에 이 『바이블 매트릭스』 시리즈를 쓰는 것이다. 이는 분명 넷째인 로마제국, 즉 서로마와 동로마제국 이후에 긴 공백기간이 있다가 갑자기 먼 미래에 일어날 하나님의 나라가 분명한 것이다.

2. 이는 마지막 나라 =「요한계시록」의 천년 왕국→새 예루살렘

분명「다니엘」2장 44절에는 한참, 정말 한참 건너뛰어 "하늘의 하나님이 한 나라를 세우시리니 이것은 영원히 망하지도 아니할 것이요 그 국권이 다른 백성에게로 돌아가지도 아니할 것이요 도리어 이 모든 나라를 쳐서 멸하고 영원히 설 것이라"라고 기록했다는 점이다. 이것은 바로「요한계시록」20장~22장을 말하는 것으로, 이 모든 나라를 쳐서 멸하고 이 땅에서 이루어지는 천년 왕국을 거쳐, AD 12900년경에 영원히 서는 새 하늘과 새땅에 건설될 새 예루살렘과 만국들(the nations)을 창조한다는 것을 의미하는 것이다.

3. 예수님→모든 정사와 권세와 능력을 멸하고, 나라를 하나님 아버지께 바침

"이 모든 나라를 쳐서 멸하고 영원히 설 것"이라는 것은 예수님께서 재림하셔서 이 땅의 모든 정사와 권세와 능력을 멸하시고, 나라를 하나님 아버지께 바친다는 것을 의미하는 것이다. 이는「요한계시록」4장~22장에서 예언된 내용과 같이, 예수님께서 화성과 목성 사이의 소행성대에 재림하셔서 일곱 봉인 심판과 일곱 천사의 나팔 심판을 하시고, 다시 공중으로 재림하셔서 일곱 천사의 일곱 대접 심판을 통해 이 세상의 모든 정사와 모든 권세와 능력을 모두 멸하시는 것을 의미하는 것이다.

「고린도전서」15:24 - 그 후에는 나중이니 저가 모든 정사와 모든 권세와 능력을 멸하시고 나라를 아버지 하나님께 바칠 때라(Then the end will come, when he hands over the kingdom to God the Father after he has destroyed all dominion, authority and power.(NIV)

4. 산에서 뜨인 돌(rock)로 철+진흙+놋+금+은의 나라들을 멸해

☞ 「다니엘」 2:45 왕이 사람의 손으로 아니하고 산에서 뜨인 돌이 철과 놋과 진흙과 은과 금을 부숴뜨린 것을 보신 것은 크신 하나님이 장래 일을 왕께 알게 하신 것이라 이 꿈이 참되고 이 해석이 확실하니이다(This is the meaning of the vision of the rock cut out of a mountain, but not by human hands--a rock that broke the iron, the bronze, the clay, the silver and the gold to pieces. "The great God has shown the king what will take place in the future. The dream is true and the interpretation is trustworthy."(NIV)

어떻게 이 모든 나라들을 멸하는가 하면, 사람의 손으로 깎은 돌이 아니라, 산에서 떨어져 나온 돌로 금의 신바빌로니아 왕조, 은과 진흙의 페르시아 제국, 놋의 그리스(헬라)제국, 철과 진흙의 로마제국을 다 부숴뜨려 멸망시킨다는 것이다.

사람의 손으로 깎은 돌이 아니라 산에서 뜨인 돌이라는 것은 하나님 아버지께서 직접 멸하신다는 것을 강조하신 것이다. 천상에서 가지고 오신 돌이나 이 땅의 돌로도 인간들이 만든 돌로 쌓은 성들(도시들)을 다 멸할 수 있는 능력을 강조하신 것이다. 이렇게 장래일을 하나님께서 느부갓네살 2세 왕에게 꿈을 통해 보여주었다는 것이다. 그러니 느부갓네살 2세 왕의 꿈이 참되고 다니엘의 해석이 확실하다는 것을 강조하는 것이다.

6절 결론 - 이 세대가 가기 전에 무수히 많은 나라들의 흥망성쇠, 역사는 반복

이런 역사적인 관점에서 본다면 다니엘이 본 첫째~네 번째 나라는 신바빌로니아-페르시아-그리스-로마제국과 로마제국의 서로마와 동로마제국의 분열까지이며, 그 다음 점핑해서, 다시 말해 엄청난 미래의 역사를 생략해서, 마지막 때인 먼 미래의 「요한계시록」의 20장~22장의 내용을 예언했다고 볼 수 있을 것이다.

이 책을 읽는 몇 분들은 필자가 그 사이에 엄청난 연대를 끼워 넣어 c.AD 12900년에 짜 맞춘다고 생각할 수도 있으나, 다 근거가 있다. 그것은 예수님께서 "이 세대가 가기 전에 다 이루리라"고 하셨는데, 이에 대해서는 『바이블 매트릭스』 6권 『부활/휴거, 예수님의 재림시기 예측(c.AD 10740년)과 재림의 목적/방법』의 2부 3장 1절 1-3의 "이 세대(BC 13020~AD 12900년)가 가기 전에 다 이루리라"를 참조하시라.

그러나 먼 미래의 「요한계시록」의 천년 왕국과 새 예루살렘이 오기까지, 그 사이에도 무수히 많은 제국들과 나라들이 하나님 아버지께서 정한 기간에 흥망성쇠를 거듭할 것이라는 것이다. 역사는 반복되는 것이다. 아니 속성은 반복되되 문화와 과학기술 수준만의 차이가 존재할 뿐이다. 성도들의 인내가 그래서 필요한 것이다.

7장

「다니엘」 7장의 네 짐승 이상 (Daniel's Dream of Four Beasts)

1절 네 짐승 이상(Dream & visions), 바다에서 나오는 각각의 모양이 다른 네 짐승

1. 「다니엘」 7장 네 짐승 이상(Dream & visions) 요약

「요한계시록」 11장의 무저갱(abyss)에서 올라오는 짐승(왕), 「요한계시록」 13장의 바다와 땅에서 올라오는 짐승(왕), 그리고 「요한계시록」 17장의 다시 올라오는 무저갱의 짐승을 자세히 이해하려면 「다니엘」 7장을 살펴보아야 한다. 왜냐하면 「다니엘」 7장에는 큰 짐승 넷이 바다에서 나오기 때문이다.

신바빌로니아 왕조(BC 625~BC 539)의 마지막 왕인 나보니두스(Nabonidus, 통치, 556 BC~539 BC)와 그의 아들인 벨사살 왕(Belshazzar, Balthazar, 공동통치, BC 553~BC 539)이 공동통치를 할 원년(BC 553)에 다니엘이 그의 침상에서 꿈(Drean)을 꾸며 뇌 속으로 이상들(visions)을 받고 그 꿈을 기록하며 그 일의 대략을 진술한다(「다니엘」 7:1).

「다니엘」 7:1 - 바벨론 왕 벨사살(Belshazzar) 원년에 다니엘이 그 침상에서 꿈을 꾸며 뇌 속으로 이상을 받고 그 꿈을 기록하며 그 일의 대략을 진술하니라(In the first year of Belshazzar king of Babylon, Daniel had a dream, and visions passed through his mind as he was lying on his bed. He wrote down the substance of his dream.(NIV); Earlier, during the first year of King Belshazzar's reign in Babylon(1), Daniel had a dream and saw visions as he lay in his bed. He wrote down the dream, and this is what he saw. / (1)The first year of Belshazza's reign (who was co-regent with his father, Nabonidus) was 556 b.c. (or perhaps as late as 553 b.c.) (New Living).

「다니엘」 7장은 앞에서 살펴본 「다니엘」 2장에 과거에 나타났던 대제국들의 흥망성쇠와 하나님의 백성들의 운명을 좀더 상세히 설명해 주고 있다. 동일한 역사적 시기에 나타난 대제국들을 네 개의 다른 짐승으로 반복 설명하고 있으며, 특히 넷째 짐승에 대하여 구체적인 역사적 사실로 설명하고 있다. 그리고 먼 미래에 하나님 아버지의 백성들과 짐승들로 표현된 세상의 대제국들이 어떻게 하나님 아버지를 적대시하며 동시에 대제국들을 통하여 자신의 의도를 이루려고 시도하는 사단의 계획들이 적나라하게 묘사되어 있다.

「다니엘」 7장 1절~14절까지는 꿈을 진술 기록한 것이고, 「다니엘」 7장 15절~28절까지는 천사에게 물어 꿈을 해석한 것이다.

2. 짐승(beast)/바다(sea)/뿔(horn)/머리(head)란? 과거-현재-미래의 나라

☞ 「다니엘」 7:3 - 큰 짐승 넷이 바다에서 나왔는데 그 모양이 각각 다르니 (Four great beasts, each different from the others, came up out of the sea.(NIV); And four great beasts came up from the sea, diverse one from another.(KJV); Then four huge beasts came up out of the water, each different from the others.(New Living)

큰 짐승(beast) 넷이 바다(sea or water)에서 나오는데 모양이 각각 다르다. 이 때 짐승과 바다란 무엇을 말하는 것일까?

우선 짐승부터 살펴보자. 짐승의 정의는 「다니엘」 7장 17절과 23절과 「요한계시록」 17장 11절을 보면되는데 짐승(beast)이란 나라(kingdom)이며 왕(king)이라고 풀이되어 있다. 이 때 왕은 어떤 나라의 왕이라는 뜻이다. 따라서 큰 짐승 넷이란 시대별로 등장하는 제국들의 왕들을 의미하는 것이다. 또한 「다니엘」 7장 17절에는 다니엘이 꿈을 천사에게 말하고 천사가 꿈을 해석해주는데 네 큰 짐승은 세상에 일어날 네 왕이라고 한 것으로 보아 네 짐승은 세상을 다스릴 네 제국들의 역사적 흥망의 순서를 상징한다는 것을 알 수 있다.

「다니엘」 7:17 – 그 네 큰 짐승은 네 왕이라 세상에 일어날 것이로되('The four great beasts are four kingdoms that will rise from the earth.(NIV)

7:23 – 모신 자가 이처럼 이르되 네째 짐승은 곧 땅의 네째 나라인데 이는 모든 나라보다 달라서 천하를 삼키고 밟아 부숴뜨릴 것이며("He gave me this explanation: 'The fourth beast is a fourth kingdom that will appear on earth. It will be different from all the other kingdoms and will devour the whole earth, trampling it down and crushing it.(NIV)

「요한계시록」 17:11 – 전에 있었다가 시방 없어진 짐승은 여덟째 왕이니 일곱 중에 속한 자라 저가 멸망으로 들어가리라(The beast who once was, and now is not, is an eighth king. He belongs to the seven and is going to his destruction.)(NIV)

그렇다면 바다(the sea)와 물(the waters)이란 무엇일까? 그 정의 또한 바로 「요한계시록」 17장 15절을 보면 되는데, "또 천사가 내게 말하되 네가 본 바 음녀의 앉은 물은 백성과 무리와 열국과 방언들이니라(Then the angel said to me,

"The waters where the prostitute is ruling represent masses of people of every nation and language)"(NIV)고 계시되어 있다. 그러므로 이 짐승은 많은 사람들이 살고 있는 지역에서 많은 사람들의 지지를 받으면서 일어나는 실체라고 해석할 수 있다. 따라서 많은 분들이 유럽지역에서 나오는 짐승(왕)이라고 해석한다. 과거를 보면 맞는 해석이다. 따라서 과거를 보면 바벨론→페르시아(성경의 바사)→그리스(헬라)→로마제국과 로마 교황권을 말하는 것이기 때문이다.

그러나 역사는 돌고 도는 것이다. 한번의 역사가 아니라 역사는 비슷하게 되풀이 된다. 바벨론→페르시아→그리스(헬라)→로마제국→로마 교황권과 같은 세력이 다시 나타나지 않으리란 법이 없다. 다만 문화와 과학기술과 하나님 아버지께서 정한 기간의 수준차이만 있을 것이다. 따라서 모든 예언서들은 과거-현재-미래로 해석을 같이 해야 한다고 필자는 생각한다.

그 이유는 이렇다. 필자는 이미 『바이블 매트릭스』 6권 2부 1장 1절 "나라들의 개편, 「요한계시록」의 땅/하늘/바다/땅속의 나라들과 짐승들(왕들)"에서 먼 미래에는 땅 위의 나라들만 존재하는 것이 아니라, 하늘/땅속/바다/바닷속의 에너지와 자원을 확보하기 위해 실제로 바다와 바닷속의 나라가 등장하게 될 것이라고 했다. 먼 미래인 c.AD 8580~c.AD 10740년에 일어날 것을 생각해보라. 특히 「다니엘」과 「요한계시록」은 과거-현재-미래가 다 포함되어 있다. 과거에도 「다니엘」과 「요한계시록」은 존재했고 현재에도 존재하며 미래에도 존재하는 하나님 아버지와 예수 그리스도의 계시이시다.

또한 뿔(horn)과 머리(head)의 의미를 알아야 하는데, 그것은 「다니엘」 7장과 「요한계시록」 17장에 기록되어 있는데, 일곱 머리는 일곱 왕들을 말하는 것이고, 열 뿔이란[1] 아직 나라를 얻지 못했으나 짐승과 더불어 임금처럼 권세를 누릴 10개의 왕들을 말하는 것이다. 곧 일어날 왕이란 뜻이다. 「요한계시록」의 일곱 머리의 일곱 왕들은 구체적으로 과거의 바벨론제국, 페르시아(바사)제국, 그리스 헬라제국, 로마제국과 로마 교황청과, 먼 미래에 등장할 무저갱제국(나라)과 바다제국(나라)과 땅의 제국(나라)을 말하는데, 이에 대해서는 2부인 「요한계시록」 17장에서 자세히 다루기로 한다.

「다니엘」 7:24 - 그 열 뿔은 이 나라에서 일어날 열 왕이요 그 후에 또 하나가 일어나리니 그는 먼저 있던 자들과 다르고 또 세 왕을 복종시킬 것이며

「요한계시록」 17:3 - 곧 성령으로 나를 데리고 광야로 가니라 내가 보니 여자가 붉은 빛 짐승을 탔는데 그 짐승의 몸에 참람된 이름들이 가득하고 일곱 머리와 열 뿔이 있으며

17:9 - 지혜 있는 뜻이 여기 있으니 그 일곱 머리는 여자가 앉은 일곱 산이요

17:10 - 또 일곱 왕이라 다섯은 망하였고 하나는 있고 다른이는 아직 이르지 아니하였으나 이르면 반드시 잠간 동안 계속하리라

17:11 - 전에 있었다가 시방 없어진 짐승은 여덟째 왕이니 일곱 중에 속한 자라 저가 멸망으로 들어가리라

17:12 - 네가 보던 열 뿔은 열 왕이니 아직 나라를 얻지 못하였으나 다만 짐승으로 더불어 임금처럼 권세를 일시 동안 받으리라

3. 첫째는 사자+독수리 : 신바빌로니아 왕조(BC 625~BC 539)

☞ 「다니엘」 7:4 - 첫째는 사자와 같은데 독수리의 날개가 있더니 내가 볼 사이에 그 날개가 뽑혔고 또 땅에서 들려서 사람처럼 두 발로 서게 함을 입

---

1 『바이블 매트릭스』 4권 『하나님들의 과학기술과 우리가 창조해야 할 미래(상)』의 2부 3장 2절인 "또 다른 의미 - 이스라엘을 멸망시킨 네 뿔들"에서 살펴본 바와 같이 뿔(horn)은 하나님들의 온 땅을 두루 살피는 통신시설을 주로 의미하지만, 「스가랴」의 뿔은 열국=나라=왕국=왕을 의미하는 것이다.

었으며 또 사람의 마음을 받았으며("The first was like a lion, and it had the wings of an eagle. I watched until its wings were torn off and it was lifted from the ground so that it stood on two feet like a man, and the heart of a man was given to it.(NIV); The first was like a lion, and had eagle's wings: I beheld till the wings thereof were plucked, and it was lifted up from the earth, and made stand upon the feet as a man, and a man's heart was given to it.(KJV)

고고학과 역사학적인 관점에서 볼 때, 바벨론은 사자(lion)를 국가의 상징물로 사용하였다. 2,400년이 지난 지금도 바벨론의 성벽에는 사자가 조각되어 있으며, 거대한 돌사자가 앉아 있는 모양을 볼 수 있다. 「다니엘」 2장에서 바벨론이 모든 금속 중의 왕인 금(gold)으로 표상되었던 것처럼, 7장에서는 바벨론이 모든 동물들의 왕인 사자와 모든 새들의 왕인 독수리(eagle)로 표현하고 있다. 그러나 세월이 흐르면서 바벨론은 공격적이고 사납던 사자와 독수리의 기질을 잃어버리고, 연약한 '사람의 마음'을 지니게 된 이후, 역사에서 사라지게 되었다.

실제로 느브갓네살 왕 이후의 바벨론 왕들은 모두 연약한 기질을 가진 왕들이었던 사실을 역사에서 확인할 수 있다. 그들은 정치와 군사에 관심을 갖는 대신에 문화와 종교에 관심을 집중시킴으로써 국가는 점점 쇠약해져만 갔다. 신바빌로니아 왕조(BC 625~BC 539)의 마지막 왕인 나보니두스(Nabonidus, 통치, 556 BC~539 BC)와 그의 아들인 벨사살 왕(Belshazzar, Balthazar, 공동통치, BC 553~BC 539)이 공동통치를 할 때에는 문치주의와 주색에 빠진 타락한 생활로, 날개가 뽑혀 날 수가 없어 땅에서 들려서 사람처럼 두 발로 서게 된 독수리와 같이 국력이 쇠약해져갔다. 하나님 아버지께서 정한 기간에 역사의 주인이 바뀌는 시간이 되자, 한때 그토록 강력한 패권을 휘둘렀던 바벨론도 메대(Media)와 바사(Persia)의 연합군에 의해서 BC 539년에 힘없이 무너지고 말았다.

4. 둘째는 곰 : 페르시아의 아케메니드제국(BC 550~BC 330)

☞「다니엘」 7:5 - 다른 짐승 곧 둘째는 곰과 같은데 그것이 몸 한편을 들었고 그 입의 잇사이에는 세 갈빗대가 물렸는데 그에게 말하는 자가 있어 이르기를 일어나서 많은 고기를 먹으라 하였으며("And there before me was a second beast, which looked like a bear. It was raised up on one of its sides, and it had three ribs in its mouth between its teeth. It was told, 'Get up and eat your fill of flesh!'(NIV); Then I saw a second beast, and it looked like a bear. It was rearing up on one side, and it had three ribs in its mouth between its teeth. And I heard a voice saying to it, "Get up! Devour the flesh of many people!"(New Living)

사자의 위엄을 갖추지는 못했지만, 끈질기고 물러설 줄 모르는 용맹과 잔인한 특징을 가지고 있는 곰은 메대(Media)와 바사(Persia)를 중심으로 하는 페르시아의 아케메네스(Achaemenes) 혹은 아케메니드제국(Achaemenid Empire, BC 550~BC 330)을 말하는 것이다.

한번 제정하면 영원히 변경할 수 없는 메대와 바사의 미련한 법의 성질은 곰의 특성에 잘 부합된다. '곰은 잇사이에 세 갈빗대(three ribs)가 물렸는데'라는 것은 메대-바사제국이 서쪽으로는 바벨론, 북쪽으로는 리디아(Lydia, 터키), 남쪽으로는 애굽(이집트) 등 세 나라를 점령할 것에 대한 예언이다. '곰이 몸 한편을 들었고'라는 것은 메대제국이 먼저 일어나고 그 후에 바사제국이 건설되었지만, 뒤에 나타난 바사제국이 주도권을 잡을 것을 예언한 것이다. 메대와 바사는 둘다 인도-유럽계의 형제지간의 나라였다. 역사의 초기에는 메대가 주도권을 잡았으나, 페르시아의 키루스 대왕(Cyrus the Great, Cyrus II of Persia, 쿠루쉬, Kurush, 통치 BC 559~BC 530, 성경의 '고레스')이 일어나면서 메대는 페르시아에게 흡수되고 말았다. '일어나서 많은 고기를 먹으라'라는 것은 바벨론-리디아-이집트를 침략해서 많은 사람들을 죽인다는 의미이다.

그러나 하나님 아버지께서 정해진 시간이 되자, 그리스(헬라) 문화지역에서, 놀라운 맹장이 세계의 재패를 꿈꾸며 그리스(헬라)의 마케도니아 왕조(Kingdom of Macedonia, BC 514~BC 146 or BC 30)가 나타났는데, 마케도니아 왕조의 알렉산더 3세(Alexander Ⅲ, 통치 BC 336~BC 323), 즉 알렉산드로스(알렉산더) 대왕의 동방원정에 의해 페르시아제국은 멸망되었다. 페르시아의 마지막 왕인 다리우스 3세(Darius Ⅲ, 통치 BC 336~330)는 알렉산더의 침공을 대비하여 막강한 군사를 육성했으나 알렉산더와의 치열한 전투에서 참패함으로써, 그토록 강력한 힘을 가졌던 페르시아제국도 BC 330년에 역사의 현장에서 사라지게 되었다.

5. 셋째는 표범 : 그리스의 마케도니아 왕조(BC 514~BC 146 or BC 30)

☞ 「다니엘」 7:6 - 그 후에 내가 또 본즉 다른 짐승 곧 표범과 같은 것이 있는데 그 등에는 새의 날개 넷이 있고 그 짐승에게 또 머리 넷이 있으며 또 권세를 받았으며("After that, I looked, and there before me was another beast, one that looked like a leopard. And on its back it had four wings like those of a bird. This beast had four heads, and it was given authority to rule.(NIV)

표범은 체구는 작지만 빠르고 용맹한 맹수이다. 게다가 신속한 행동을 표상하는 날개를 달았음은 표범과 같이 기민성을 강조하고 있는데, 이러한 기민성은 알렉산더 대왕이 이끄는 그리스(헬라)의 마케도니아 왕조(BC 514~BC 146 or BC 30)를 말하는 것으로 가장 짧은 시간에 가장 넓은 땅을 점령했던 역사적 사실과 일치한다.

20대에 왕위에 오른 알렉산더는 삼만 오천 명의 기마부대와 70달란트 밖에 안되는 군자금과 일개월분의 군량만을 가지고 페르시아제국과 소아시아(터키 일대)를 정복하였다. 그는 동쪽으로는 인도까지 점령하였는데, '등에는 새의 날개 넷이 있고'라는 것은 동서남북을 새처럼 빠르게 움직이면서 가장 짧은 시간에 거대한 땅을 손안에 넣는다는 뜻이다.

2절 넷째 짐승 : 로마제국(BC 27~395~476~1453)과 로마 교황청(AD 313~538~1798)

자, 이 넷째 짐승의 해석은, 다니엘이 꿈에서 본 이상을 기록한 부분인 전반부(「다니엘」 7:1~14)와 그 꿈에 대해 천사가 해석해주는 이상 해석(The Interpretation of the Dream)을 다룬 후반부(「다니엘」 7:15~28)를 동시에 보아야 꿈을 해석하고 이해할 수 있기 때문에, 절의 순서가 아니라 같은 또는 보다 자세히 해석하는 내용을 동시에 보기로 한다.

다니엘은 특히 이 네째 짐승에 대해 근심하며 번민하다가 곁에 모신 자 중 하나인 천사에게 묻는다. 이에 천사가 그 뜻을 해석해준다(「다니엘」 7:15~16).

1. 이=철, 발톱=놋 : 로마제국→열뿔 : 서로마제국(AD 395~476)의 열나라로 분리

☞「다니엘」 7:7 - 내가 밤 이상 가운데 그 다음에 본 네째 짐승은 무섭고 놀라우며 또 극히 강하며 또 큰 철 이가 있어서 먹고 부숴뜨리고 그 나머지를 발로 밟았으며 이 짐승은 전의 모든 짐승과 다르고 또 열 뿔이 있으므로 ("After that, in my vision at night I looked, and there before me was a fourth beast--terrifying and frightening and very powerful. It had large iron teeth; it crushed and devoured its victims and trampled underfoot whatever was left. It was different from all the former beasts, and it had ten horns.(NIV)

7:19 - 이에 내가 네째 짐승의 진상을 알고자 하였으니 곧 그것은 모든 짐

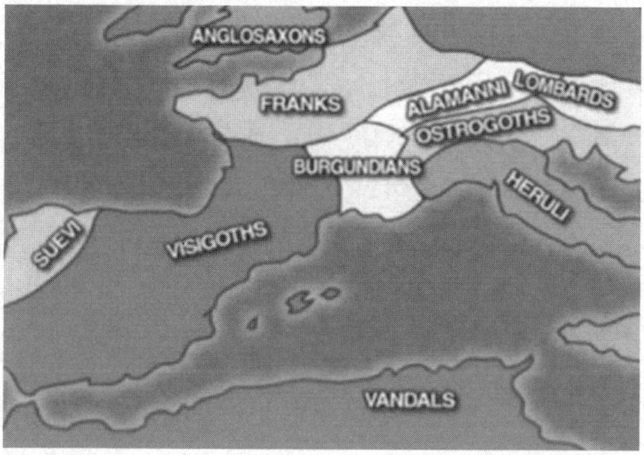

10개의 나라로 쪼개진 서로마제국. Image Credit : 존 매너.[2]

승과 달라서 심히 무섭고 그 이는 철이요 그 발톱은 놋이며 먹고 부숴뜨리고 나머지는 발로 밟았으며("Then I wanted to know the true meaning of the fourth beast, which was different from all the others and most terrifying, with its iron teeth and bronze claws--the beast that crushed and devoured its victims and trampled underfoot whatever was left.(NIV)

7:23 - 모신 자가 이처럼 이르되 네째 짐승은 곧 땅의 네째 나라인데 이는 모든 나라보다 달라서 천하를 삼키고 밟아 부숴뜨릴 것이며

이는 「다니엘」 2장에서 살펴본 대로 그리스의 헬라제국을 멸망시킨 철과 놋과 진흙의 로마제국(Roman empire, BC 509~BC 27/BC 27~AD 394)을 말하는 것이다. 로마제국은 AD 395년에 서로마(AD 395~476)와 동로마제국(AD 395~1453)으로 분리된다. '열 뿔'이라는 것은 이중에서 로마를 중심으로 했던 서로마제국이 10개의 나라(왕조)로 분리된 것을 의미하는 것이다.

로마를 수도로 정한 서쪽의 서로마제국(AD 395~476)은 이탈리아와 이베리

2 http://blog.daum.net/oilking7/17426309

아 반도와 북아프리카를 지배했지만, 북유럽 발트해 연안의 게르만 민족이 인구증가와 식량부족으로 로마 영토로 이동하기 시작했다. 군사력이 약한 서로마는 게르만 민족을 용병으로 활용하였다. 그러나 이들 세력이 점점커져 게르만 용병대장인 오토아케르(Odoacer)가 서로마의 마지막 황제인 로물루스 아우구스투스(Romulus Augustus, AD 475~476)를 폐위시키면서 서로마는 476년에 멸망하고 말았다.

그 결과 서로마 제국은 열 나라로 분리된다. 여기서 발(feet)은 로마제국, 즉 서로마제국을 의미하며 발가락(toes)은 열 개의 나라를 의미하는 것이다. 열 개로 분리된 나라는 AD 351년에 알라마니(Alamanni→독일)와 프랑크(Franks→프랑스), AD 406년에 부르군도/벌건디언(Burgundlans→스위스)와 수에비(Suevi→포르투칼)와 반달(Vandals→아프리카), AD 408년에 서고트(Visigoths→스페인), AD 409년에 앵글로 색슨(Anglo-Saxon→영국), AD 453년에 롬바르드(Lombrads→이탈리아)와 동고트(Ostrogoths→이탈리아), AD 476년에 헤룰리/헤룰라이(Heruli→이탈리아) 등이다.

2. 천년의 동로마제국(AD 395~1453)은 AD 1453년에 오스만 제국에 멸망

지금의 터키 서쪽 보스포러스(Bosphorus) 해협 입구에 위치한 콘스탄티노플(Constantinople)을 수도로 하여 마케도니아(그리스) 및 소아시아 지역을 지배했던 비잔티움제국(동로마제국, AD 395~1453)은 천년을 지속했다. 그러나 1453년에 술탄(sultan) 메흐메트 2세(Mehmet II)가 이끄는 오스만(Ottomans) 터키인들이 콘스탄티노플을 점령하여 이슬람 제국인 오스만제국의 수도로 삼고 콘스탄티노플을 이스탄불(Istanbul)이라 부름으로써, 동로마의 천년의 향기가 꺼지게 되었다.

따라서 오스만제국이 지배하던 지역의 종교는 이슬람교에 인해 억눌리기도 했다. 그러나 오스만제국도 18세기 이후 쇠퇴하여 그 영토는 다른 나라에 점령되거나 독립하여 20세기 초반에 마침내 마지막에 남은 영토안 아나톨리아(소아시아)로부터 새롭게 건국되어 나온 국민 국가인 터키 공화국이 되었다.

3. 열뿔 중 세 나라를 없앤 작은 뿔인 로마 교황청의 등장(AD 313~)

3-1. 세 나라를 뽑아버린 작은 뿔인 로마 교황청(AD 493~538)

☞ 「다니엘」 7:8 - 내가 그 뿔을 유심히 보는 중 다른 작은 뿔이 그 사이에서 나더니 먼저 뿔 중에 셋이 그 앞에 뿌리까지 뽑혔으며 이 작은 뿔에는 사람의 눈 같은 눈이 있고 또 입이 있어 큰 말을 하였느니라("While I was thinking about the horns, there before me was another horn, a little one, which came up among them; and three of the first horns were uprooted before it. This horn had eyes like the eyes of a man and a mouth that spoke boastfully.(NIV); I considered the horns, and, behold, there came up among them another little horn, before whom there were three of the first horns plucked up by the roots: and, behold, in this horn were eyes like the eyes of man, and a mouth speaking great things.(KJV)

7:20 - 또 그것의 머리에는 열 뿔이 있고 그 외에 또 다른 뿔이 나오매 세 뿔이 그 앞에 빠졌으며 그 뿔에는 눈도 있고 큰 말하는 입도 있고 그 모양이 동류보다 강하여 보인 것이라(I also wanted to know about the ten horns on its head and about the other horn that came up, before which three of them fell--the horn that looked more imposing than the others and that had eyes and a mouth that spoke boastfully.(NIV)

7:24 - 그 열 뿔은 이 나라에서 일어날 열 왕이요 그 후에 또 하나가 일어나리니 그는 먼저 있던 자들과 다르고 또 세 왕을 복종시킬 것이며(The ten horns are ten kings who will come from this kingdom. After them another king will arise, different from the earlier ones; he will subdue three kings.(NIV)

이것은 앞서 「다니엘」 2장에서 살펴본 대로 서로마제국이 열 나라(열 뿔)로 분리되는데, 이 중 세 나라를 없앤 작은 뿔인 로마 교황청의 등장을 의미하는 것이다. 이 세력은 종교적이면서도 국가적인 세력이었는데, 이 작은 뿔의 세력은 바로 교황권을 가리키는 것이다.

AD 70년에 예루살렘 성전을 멸망시킨 로마제국은 그 전과 같이 그리스도교를 핍박하기 시작했다. 로마제국의 디오클레티안 황제(Diocletian, Gaius Aurelius Valerius Diocletianus, 통치 AD 284~305)는 기독교를 몹시 박해하였는데, 박해 정책의 일환으로 기독교인들의 성경을 없애는 작업을 진행하였다. 기독교 박해는 이교도였던 콘스탄티누스 1대제(Constantine I, 통치 AD 306~337)가 그리스도교로 개종하고, 최초로 종교의 자유를 합법적으로 공인한 밀라노 칙령(Edict of Milan)을 반포한 313년까지 지속되었다.

로마제국의 심장부인 이탈리아 반도의 로마 시에서 일어난 로마가톨릭은 313년 밀라노 칙령에 의하여 공인된 이래 영향력을 계속 확대하여, 정치세력인 로마제국과 타협하기 시작했다. 그러는 와중에 콘스탄티누스 1대제는 AD 330년에 수도인 로마를 떠나 본인 이름을 딴 동쪽의 콘스탄티노플(비잔티움, Constantinople)로 새로운 수도를 정하고 주로 콘스탄티노플에 거주하였으며, 로마가톨릭에 서쪽의 로마를 실제로 지배하는 권한을 위임했다. 따라서 로마 교황청은 로마의 군사권과 외교권을 마음대로 사용하게 되었다.

콘스탄티누스 1세를 이은 테(데)오도시우스 1세(Theodosius I, 통치 AD 347~395)는 392년 그리스도교(기독교)를 국교로 선포하였다. 콘스탄티누스 1세 황제가 많은 종교들 가운데 하나로 기독교의 자유를 인정하였다면 데오도시우스 1세 황제는 로마제국의 유일한 신앙으로 기독교를 선포한 인물이다. 이로써 로마가톨릭은 절대권력으로 부상하게 되었으며 정치와 종교의 타협시대가 본격적으로 열리게 된다. 서로마제국의 멸망으로 서로마 지역은 10나라로 분리되었지만 로마 교황청은 그대로 존재했다. 교황권은 서로마제국이 열 나라로 분열된 476년 이후에 강력한 세력으로 등장하였다.

10개로 분리된 나라 중 다음 세 나라는 교황권을 매우 강력하게 견제하고, 유일한 머리는 예수 그리스도라고 하며 이를 반대하자, 그때 로마의 교황은 군대를 풀어서 이 세 민족을 치기 시작하여, 헤룰리/헤룰라이(Heruli→이탈리아)는 493년에, 동고트(Ostrogoths→이탈리아)는 538년에 이탈리아의 로마를 실제로 지배하던 로마 교황권의 롬바르드(Lombrads→이탈리아)에 의해 흡수되었으며, 동독과 아프리카에서 로마-아프리카 영역을 지배했던 반달(Vandals→아프리카)은 534년에 로마 교황청의 힘을 얻은 동로마에 의해 멸망되었다. 이로써 서로마제국이 분열된 결과로 생긴 열 나라 중에서 일곱 나라만이 오늘날까지 유럽에서 현대국가의 형태를 이루면서 존재하고 있다.

3-2. 동류보다 강하고 눈과 입을 가진 교황청

로마 교황청(바티칸, The Holy See, Vatican)은 지금도 교황이 군주로서 군림하는 하나의 독립된 도시국가인 동시에 절대적 군주국가의 형태로 존재(State of the Vatican City)하고 있다. 이전의 열 나라는 모두 정치적 군주국가였지만, 교황청은 정치적 절대 군주국가이면서 동시에 종교적 군주국가라는 점에서 크게 다르다. 이 세상의 어떤 나라도 교회 자체가 국가로서 군림하는 형태는 없었다.

이전의 왕국들은 사람의 몸을 다스렸지만, 교황청은 사람의 영혼까지 다스린다. 다른 나라들은 자국의 영토 내에 있는 백성들만 다스리지만, 교황은 영토와 민족을 초월하여 다스리는 범세계적인 세력이다. 교황권은 통찰력 있는 거룩한 눈(Holy See)을 통하여 세계 정치와 종교계를 감독하고 판단하는 역할을 하고 있으며, 전세계 사람들에게 명령도 하고 예수 그리스도를 대신해 거짓 진리, 즉 교황의 참람한 말을 하는 입도 가지고 있었다.

4. 로마 교황청의 그리스도교 핍박 시작, 성도와 싸워 이겨(AD 313~538~)

☞「다니엘」7:21 - 내가 본즉 이 뿔이 성도들로 더불어 싸워 이기었더니(As I watched, this horn was waging war against the saints and defeating them,(NIV)

그리스도교는 로마제국의 국교가 됨에 따라서, 많은 사람들의 인정과 인기를 추구하기 시작하였으나, 갑자기 수많은 이교도(이방교)가 콘스탄티누스 1대제(Constantine I, 통치 AD 306~337)를 따라서 그리스도교로 개종하게 되었다. 교회는 새로 개종한 이교도들과 로마제국의 요구에 따라서 그리스도의 진리를 수정해가며 정치와 타협하기 시작했으며, 제일 세력이 막강한 로마 교황청은 그리스도교를 핍박하기 시작했다(AD 313~538년~).

AD 313년에 원래 그리스도교로 출발한 모든 교회들은, AD 538년부터 유럽의 국왕들을 지배할 만큼 강력하게 커진 로마가톨릭 교황권의 세력이 확립됨에 따라서, 교황권은 그리스도 교회가 제시하는 그리스도의 원래 교리와 지시를 거절하고 변경하였으며, 성경의 진리를 고수하기로 선택한 그리스도인들을 직접적으로 핍박할 수 있게 되었다. AD 538년, 동로마제국(비잔티움제국)의 저스티니안(Justinian, 통치, AD 527~565) 황제는 로마가톨릭 교회를 온 세계의 교회의 머리로 공식 인정하면서 막강한 권세(종교, 정치, 군사권)를 주기로 선포하였는데, 이로서 교황권이 세상을 지배하는 종교암흑시대가 본격적으로 열리게 되었던 것이다. 이것을 "이 뿔이 성도들로 더불어 싸워 이기었더니"라고 다니엘은 기록하고 있다.

5. 로마 교황청의 1,260년 동안 그리스도교 핍박과 말로(AD 538~1798=1,260년)

☞「다니엘」7:25 - 그가 장차 말로 지극히 높으신 자를 대적하며 또 지극히 높으신 자의 성도를 괴롭게 할 것이며 그가 또 때와 법을 변개코자 할 것이

며 성도는 그의 손에 붙인 바 되어 한 때와 두 때와 반 때를 지내리라(He will speak against the Most High and oppress his saints and try to change the set times and the laws. The saints will be handed over to him for a time, times and half a time.(NIV); And he shall speak great words against the most High, and shall wear out the saints of the most High, and think to change times and laws: and they shall be given into his hand until a time and times and the dividing of time.(KJV); He will defy the Most High and oppress the holy people of the Most High. He will try to change their sacred festivals and laws, and they will be placed under his control for a time, times, and half a time.(New Living)

5-1. 지극히 높은 자를 대적하는 로마 교황청, 종교암흑시대

"말로 지극히 높으신 자를 대적하며"라는 것은 하나님 아버지를 대적한다는 것이고, "지극히 높으신 자의 성도를 괴롭게 할 것이며"라는 것은 하나님 아버지의 계명과 말씀을 지키고 따르는 성도들을 괴롭힌다는 뜻이며, "때와 법(축제와 법)을 변개코자 할 것이며"라는 하나님 아버지께 드리는 제사의 절기와 의식과 제도를 마음대로 수정하고, 예수 그리스도의 말씀인 진리를 마음대로 고친다는 뜻이다. 이것은 AD 538년부터 시작된 로마 교황청의 그리스도교 핍박을 의미하는 것으로 종교암흑시대를 말하는 것이다.

동로마제국은 로마가톨릭 교회의 주교(bishop)를 '이단자들을 교정하는 자'로 세웠는데(칙령), 로마가톨릭 교회는 이단을 박멸한다는 명분을 앞세워서 지시와 가르침을 거절하는 신실한 그리스도인들을 투옥하고 사형하기에 이르렀다. 이렇게 해서 교회가 정치의 권력과 손잡고 사람들의 양심의 자유를 탄압하는 종교암흑시대(AD 538~1798, 종교의 암흑시대, 로마가톨릭의 그리스도 교회 핍박시대)가 시작되었던 것이다. 소위 1,260년간(AD 538~1798)의 로마가톨릭의 그리스도의 진리를 무너뜨리는 횡포(핍박)가 시작된 것이다.

작은 뿔인 로마 교황청은 자신을 하나님과 동등시하고, 인간의 죄를 용서할 수 있는 권세를 갖고 있다고 말하는 "큰 말", 즉 "참람된 말"을 하면서 "지극히 높으신 자를 대적"하는 세력이었다. 이것은 「데살로니가후서」 2장 3절~4절에도 똑같은 내용이 나오는데, 먼저 배도하는 일이 있고, 불법의 사람, 즉 멸망의 아들이란 바로 로마 교황청의 교황을 말하는 것이다. 이 때 교황은 스스로 하나님이라 하였다.

「데살로니가후서」 2:3 - 누가 아무렇게 하여도 너희가 미혹하지 말라 먼저 배도하는 일이 있고 저 불법의 사람 곧 멸망의 아들이 나타나기 전에는 이르지 아니하리니

2:4 - 저는 대적하는 자라 범사에 일컫는 하나님이나 숭배함을 받는 자 위에 뛰어나 자존하여 하나님 성전에 앉아 자기를 보여 하나님이라 하느니라

5-2. 로마 교황청의 때와 법(축제와 법)을 변개

종교암흑시대에 로마가톨릭은 그리스도의 믿음과 진리의 단순성을 형식적이고 외적인 의식으로 대치했다. 교회는 그리스도께서 주신 단순한 복음을 떠나서, 복잡한 종교 의식과 인간 중보자(성모 마리아)와 인간 제사장 제도를 만들었다. 이 시기는 그리스도 교회에 있어서 참으로 깊은 상처를 가져온 시기였다. 교황청은 마음의 중심으로부터 우러나오는 회개의 신앙을 저버리고 죽은 행위와 의식을 신앙의 기초로 만들어 나갔다. 대표적인 것을 하나 들자면 돈을 주고 파는 면죄부(免罪符, indulgence)가 그것이었다. 교황청은 구원으로 이르는 길은 성사(聖事)에 있다고 하고, 특히 회개(고백)의 성사가 인간을 속죄로 인도하는 출발점이라고 보고 있었다. 그 속죄는 선행(先行)으로 얻어지는데 그것을 쉽게 하기 위하여 면죄부를 고안하기에 이르렀다. 800년경에 가톨릭 교황 레오 3세(Leo III) 때 처음으로 시작된 면죄부 판매는 15세기에 그 발행량이 크게 늘었으며 1515년 교황 레오 10세(Leo X, 재위, AD 1513~1521) 때는 로마의 성 베드로성당 건설을 위하여 면죄를 고시하고, 독일에서 면죄부

의 판매를 허락하였다.

원래 이교도였던 로마제국의 콘스탄티누스 1세 황제는 그리스도인들의 지지를 얻음으로써 자신의 정권을 안정시키기 위하여 그리스도 교회로 개종하였는데, 이것을 기점으로 해서 수많은 이교도들이 황제를 따라서 그리스도 교회 안으로 밀려 들어오기 시작하였다. 그 이후부터 로마가톨릭은 새로 개종한 이교도들의 요구를 수용하고 국가의 환심을 사기 위하여 많은 진리들을 타협하거나 변경시키기 시작하였다. 로마가톨릭은 이전에 그리스와 로마의 이방 종교를 믿던 사람들이 자신의 신들에게 존경과 신앙심을 표현하기 위해서 마련하였던 종교의식들과 제도들을 조금씩 고쳐서 그리스도 교회 안으로 끌여 들였다. 이렇게 함으로써, 새로 개종한 이교도들은 자신들의 조상 때부터 전래되어 온 의식들이 그대로 존재하는 것처럼 느끼게 되고, 그 결과 수많은 이교도들이 좀더 쉽게 그리스도교를 받아들일 수 있었다. 이교도였던 콘스탄티누스 황제가 그리스도 교회로 개종하자마자, 곳곳에 굉장한 성전들이 즐비하게 서게 되었는데, 성전마다 여러 가지 그림들과 조각된 우상들로 단장함으로써, 외관상으로나 내면적으로 이교도들의 신전과 흡사한 것이 되었다.

5-3. 16세기 종교개혁 운동 시작→로마 교황청의 쇠퇴 촉진

로마 교황권이 끝나게 되는 이유가 있다. 그 것은 정치와 타협해서 막강한 권위를 가졌던 중세 로마가톨릭을 분열시키고 프로테스탄트(Protestant, 신교도) 교회를 수립한 16세기 초의 종교개혁(reformation) 운동이 시작된 것이다. 16세기의 종교개혁 이래 로마가톨릭에서 분파(分派)한 각종 기독교회(그리스도교회)에 귀속한 사람들을 프로테스탄트라고 한다. 프로테스탄트라는 말은 1529년 4월 독일의 제국의회(帝國議會, 슈파이어의회)에서 루터계 종교개혁파를 지지하는 각 영역을 다스리는 6명의 제후들(landowners, 諸侯)과 14개 자유도시들이 로마가톨릭의 다수파 측의 황제 카를 5세(Karl V, 재위 1519~1556) 등 로마가톨릭 세력에 대해서 당당히 자신의 신앙을 표명하고 '항거, 라틴어, protestatio=

프로테스타티오'라는 단어에서 유래한다. 이 무렵에, 위대한 종교 개혁자들, 즉 독일의 루터(Martin Luther, 1483~1546), 스위스의 츠빙글리(Huldrych Zwingli, 1484~1531), 프랑스의 칼뱅(칼빈, Jean Calvin, 1509~1564) 등과 같은 성직자들이 유럽의 이곳 저곳에서 일어나서 개혁운동을 이끌어 나가기 시작하였다.

이 때부터 로마 교황청은 그 세력이 쇠퇴하기 시작하였다. 독일의 경건주의 운동, 영국의 청교도 운동, 미국의 독립과 개신교주의 운동으로 인하여 로마 교황권의 세력은 더욱 약화되었다. 사실상 1,260년(AD 538~1798)이라는 종교의 암흑시대와 로마가톨릭의 핍박과 박해의 시간을 통과하면서, 그리스도 교회는 참된 신앙을 거의 모두 잃어버렸다. 그러나 하나님께서 정하신 기간, 즉 16세기 초가 되자, 광야에 피신하였던 소수의 남은 무리, 즉 참 백성들과 개혁자들은 개신교회의 아침을 열었다.

5-4. 프랑스 대혁명과 로마 교황청의 말로(1798년 2월 10일)

1789년 프랑스 대혁명(French Revolution)으로 교황청은 결정적으로 쇠퇴하게 되는데, 1798년 2월 10일 프랑스의 루이 알렉상드르 베르티에(Louis Alexandre Berthier) 장군이 나폴레옹 1세(Napoleon I, Napoleon Bonaparte, 1769~1821, 프랑스 황제 제위, 1804~1815)의 지휘 아래 이탈리아를 침공해 교황 비오 6세(Pope Pius VI, 제위, 1775~1798)를 잡아 감금하고 옥사시킴으로써 1260년의 세도는 종말을 고했다.

결국 1806년 신성로마제국(독일 제 1제국: AD 962~1806)이 망함으로써 로마 교황권은 중세기의 역사에서 사라져갔다.

6. 1,260일=42달=3.5년=한 때 두 때 반 때와 1,260년 동안의 교황청의 핍박

☞「다니엘」7:25 - 그가 장차 말로 지극히 높으신 자를 대적하며 또 지극히 높

으신 자의 성도를 괴롭게 할 것이며 그가 또 때와 법을 변개코자 할 것이며 성도는 그의 손에 붙인 바 되어 한 때와 두 때와 반 때를 지내리라(He will speak against the Most High and oppress his saints and try to change the set times and the laws. The saints will be handed over to him for a time, times and half a time.(NIV)

6-1. 1,260일=42달=3.5년=한 때 두 때 반 때, 정확한 역사/연도를 찾을 수 없어

그런데 한 가지 문제가 있다.「다니엘」7장 25절에는 한 때와 두 때와 반 때라고 기간이 설정되어 있기 때문이다. 앞서 "들어가기 전에"서 설명했듯이 분명 한 때와 두 때와 반 때는 1,260일=42달=3.5년을 말하는 것이기 때문이다. 또한「다니엘」7장 25절은 일일을 일년으로 계산하라는 천사의 지시가 없다는 점이다. 따라서 필자가 3.5년 동안 지극히 높은 자, 즉 하나님 아버지를 대적하고, 성도들을 괴롭히며 때와 법을 변경한 역사적 실체와 사실을 찾는 데 실패했다. 또한 로마교황청이 실체라고 해도 정확히 언제부터 시작하여 3.5년이라는 기간 동안에 거짓 선지자, 즉 적그리스도의 역할을 했는지, 역사적 연도를 찾는데도 실패했다. 어느 분이 이것을 알고 있다면 알려주셨으면 하는 바람이다.

6-2. 1,260년 동안의 교황청의 핍박

그런데 종교 역사를 볼 때 로마 교황청은 분명 AD 538년부터 시작하여 AD 1798년까지 1,260년 동안 때와 법을 수정해가며 그리스도교를 핍박하였다. 공교롭게도 1,260년 동안 말이다. 따라서 몇몇 분들이 1,260일을 1,260년으로 해석하기도 한다. 일일을 일년으로 환산하는 사례를 들어 이렇게 해석한다.

필자도 이 문제로 참으로 오랫동안 고민했다. 이것을 어떻게 풀어야 하는가? 아시는 분은 피드백 주시길 바란다. 단, 한 가지 해석은 미래에도 과거의 로마가톨릭 같은 정치와 종교가 타협한 적그리스도의 거짓 선지자가 나올 것이라는 점이다.

3절 먼 미래에 등장할 「요한계시록」 13장의 적그리스도와 「다니엘」 7장의 비교 분석

「다니엘」 7장 21절과 25절에 등장하는 로마교황청의 실체가 먼 미래를 예언하는 「요한계시록」 13장에도 같은 맥락으로 등장한다. 따라서 이 둘을 비교해 보아야 할 필요가 있다. 비교 분석을 통해 나름대로의 통찰력을 찾아보도록 하자. 여기서는 간단히 살펴보고 자세한 내용은 2부인 「요한계시록」에서 자세히 다루기로 한다.

「다니엘」 7:21 - 내가 본즉 이 뿔이 성도들로 더불어 싸워 이기었더니(As I watched, this horn was waging war against the saints and defeating them,(NIV)

7:25 - 그가 장차 말로 지극히 높으신 자를 대적하며 또 지극히 높으신 자의 성도를 괴롭게 할 것이며 그가 또 때와 법을 변개코자 할 것이며 성도는 그의 손에 붙인 바 되어 한 때와 두 때와 반 때를 지내리라(He will speak against the Most High and oppress his saints and try to change the set times and the laws. The saints will be handed over to him for a time, times and half a time.(NIV)

1. 「요한계시록」 12장 – 하늘의 전쟁에서 패한 불의의 하나님들(용/사단)이 쫓겨 내려와

「요한계시록」 12장 7절~9절에는 하늘의 전쟁(There was war in heaven)을 기록하고 있는데, 불의의 하나님들과 의로운 하나님들의 일대 전쟁이 하늘에서 일어난다. 이 전쟁에서 불의의 하나님들인 바로 용/뱀/마귀/사단들과 불의의 하나님들을 추종하는 천사들이 패배하여 이 땅으로 쫓겨 내려온다.[3]

---

3 자세한 것은 『바이블 매트릭스』 4권 『하나님들의 과학기술과 우리가 창조해야 할 미래(상)』의 1부 6장인 "「요한계시록」의 용/뱀/마귀/사단은? 의로운 하나님들과 불의의 하나님들"을 참조하고, 기타는 본권 2부인 「요한계시록」을 참조하라.

「요한계시록」 12:7 - 하늘에 전쟁이 있으니 미가엘과 그의 사자들이 용으로 더불어 싸울쌔 용과 그의 사자들도 싸우나(And there was war in heaven. Michael and his angels fought against the dragon, and the dragon and his angels fought back.)(NIV)

12:8 - 이기지 못하여 다시 하늘에서 저희의 있을 곳을 얻지 못한지라(But he was not strong enough, and they lost their place in heaven.)

12:9 - 큰 용이 내어쫓기니 옛 뱀 곧 마귀라고도 하고 사단이라고도 하는 온 천하를 꾀는 자라 땅으로 내어쫓기니 그의 사자들도 저와 함께 내어쫓기니라(The great dragon was hurled down--that ancient serpent called the devil, or Satan, who leads the whole world astray. He was hurled to the earth, and his angels with him.)

그런데 이것이 문제이다. 불의의 하나님들의 우두머리인 용(뱀/사단/마귀/)과 그 수하 불의의 하나님들과 천사들(사자들)이 이 땅으로 쫓겨 내려와 인간들을 귀합해서 하나님 아버지의 말씀과 계명을 지키며 예수님의 증거를 가진 성도들과 싸우고, 마침내 의로운 하나님 아버지와 예수님을 대적하게 된다.

2. 「요한계시록」 13장 – 용(사단)과 바다 짐승(왕)의 적그리스도 등장

2–1. 용과 짐승에게 경배하게 함, 성도들과 싸워

그리고 그 다음 「요한계시록」 13장 4절~7절에는 불의의 하나님들의 우두머리인 용(사단/마귀/뱀)이 바다에서 올라오는 짐승(The Beast out of the Sea), 즉 왕에게 권세를 주어 용에게 경배하고 짐승에게 경배하게 한다. 그리고 이들이 성도들과 싸운다. 이들 용과 바다 짐승(왕)이 마지막 때에 「요한계시록」에 적그스도로 등장한다.

「요한계시록」 13:4 - 용이 짐승에게 권세를 주므로 용에게 경배하며 짐승에게 경배하여 가로되 누가 이 짐승과 같으뇨 누가 능히 이로 더불어 싸우리

요 하더라

2-2. 42달 동안 권세를 받아 참람된 말로 하나님 아버지를 적대/훼방

또 바다 짐승이 42달 동안 일을 할 권세를 받아, 큰 말과 참람된 말하는 입을 받고, 짐승이 입을 벌려 하나님 아버지를 향하여 훼방하고, 하나님 아버지의 이름과 그의 장막 곧 하늘에 거하는 자들을 훼방한다. 여기서 42달이란 1,260일=42달=3.5년=한 때 두 때 반 때를 말하는 것이다.

「요한계시록」 13:5 - 또 짐승이 큰 말과 참람된 말 하는 입을 받고 또 마흔 두 달 일할 권세를 받으니라(The beast was given a mouth to utter proud words and blasphemies and to exercise his authority for forty-two months.(NIV)

13:6 - 짐승이 입을 벌려 하나님을 향하여 훼방하되 그의 이름과 그의 장막 곧 하늘에 거하는 자들을 훼방하더라

2-3. 과거의 교황청보다 강한, 성도들과 싸워 이겨, 성도의 권세가 다 깨져

그리고 용과 바다의 짐승, 즉 적그리도들이 성도들과 싸워 이기게 된다. 성도의 권세가 다 깨졌다는 것은 바로 이것을 말하는 것이다. 용과 바다 짐승이 성도들을 대적하여 다 이기게 된다는 것은 성도들이 하나도 남지 않는다는 말이다. 하늘에서 쫓겨 내려온 용과 지구 바다 짐승이 성도들과 싸워 이기니, 그 대적의 강도와 핍박의 강도가 과거의 로마제국과 로마 교황청과는 비교가 안되는 것이다.

「요한계시록」 13:7 - 또 권세를 받아 성도들과 싸워 이기게 되고 각 족속과 백성과 방언과 나라를 다스리는 권세를 받으니

2-4. 때와 법을 변개한다는 예언의 내용이 없어, 그 이유는?

그런데 「다니엘」 7장 21절과 25절과 같은 맥락의 「요한계시록」 13장 4절

~7절에는 "때와 법을 변개코자 할 것이며"라는 예언이 빠져 있다는 점이다. 왜 빠졌을까?

그 이유는 적그리스도로 등장하는 신분을 보면 알 수 있는데, 하늘의 전쟁에서 의로운 하나님들에게 패한 불의의 하나님들과 불의의 천사들이라는 점이다. 「요한계시록」 12장 8절에는 하늘의 전쟁에서 패한 불의의 하나님들과 불의의 천사들이 "이기지 못하여 다시 하늘에서 저희의 있을 곳을 얻지 못한지라"라고 기록되어 있고, 12장 12절에는 "자기의 때가 얼마 못된 줄을 알므로 크게 분내어 너희에게 내려갔음이라 하더라"고 기록되어 있는데, 분내어 이 땅으로 내려올 것이라는 점이다.

「요한계시록」 12:8 - 이기지 못하여 다시 하늘에서 저희의 있을 곳을 얻지 못한지라

12:12 - 그러므로 하늘과 그 가운데 거하는 자들은 즐거워하라 그러나 땅과 바다는 화 있을찐저 이는 마귀가 자기의 때가 얼마 못된 줄을 알므로 크게 분내어 너희에게 내려 갔음이라 하더라

화가 나서 내려온 불의의 하나님들과 천사들은 불의의 인간들을 규합해서 바로 성도들과 싸우고 하나님 아버지와 예수님을 적대시하고 훼방하는 마당에, 무슨 하나님 아버지께 드리는 제사와 예물의 시기(때)와 축제와 법을 수정하겠는가? 이 해석은 「요한계시록」 12장 12절의 "자기의 때가 얼마 못된 줄을 알므로"와 일맥 상통하는 것이다. 즉 42달이라는 기간에 성도들과 싸워 이기고 하나님 아버지와 예수님과 싸워 이기려고 한다는 것을 의미한다.

그러므로 「다니엘」 7장 21절과 25절은 「요한계시록」 13장 4절~7절의 내용과 일맥 상통하지만, 그 실체(주체)가 다름을 알 수 있다.

3. 적그리스도의 실체가 다른 「다니엘」 7:21 & 25와 「요한계시록」 13:4~7

따라서 「다니엘」 7장 21절과 25절의 실체는 과거의 로마가톨릭의 교황청이고, 「요한계시록」 13장 4절~7절의 실체는 하늘의 전쟁에서 쫓겨 내려온 불의의 하나님들과 불의의 천사들과 불의의 바다의 짐승(왕)과 불의의 인간들인 것이다. 이 실체는 예수님의 공중재림(c.AD 10740~) 전에 등장하는 적그리스도들인 것이다.

그렇다면 과거-현재-미래에서 과거의 실체와 미래의 실체를 파악했는데, 먼 미래의 하늘의 전쟁과 용과 바다 짐승의 42달 동안의 성도들의 권세를 다 깸은 필자가 보기엔 c.AD 10733~10736.5년에 일어날 것으로 추측하는바, 그 사이에는 아무런 일이 없이 그냥 지나가는 것일까?

4. 미래에도 첫째~넷째 짐승/교황청을 닮은 강력한 제2~3의 실체들 등장 예고

☞ 「다니엘」 7:26 - 그러나 심판이 시작된즉 그는 권세를 빼앗기고 끝까지 멸망할 것이요("'But the court will sit, and his power will be taken away and completely destroyed forever.(NIV); But the judgment shall sit, and they shall take away his dominion, to consume and to destroy it unto the end.(KJV); "But then the court will pass judgment, and all his power will be taken away and completely destroyed.(New Living)

「다니엘」 7장 25절 다음의 26절에는 "그러나 심판이 시작된즉(the judgment shall sit) 그는 권세를 빼앗기고 끝까지 멸망할 것이요"라는 예언이 나온다. AD 538~1798년에, 즉 1,260년간의 로마 교황청의 핍박과 하나님 아버지를 대적하는 시대가 끝나면 심판이 있을 것이란 예언이다. 이 때 심판은 예수님의 재림을 의미한다. 그러나 1798년 이후, 217년이 지난 2015년 4월 10일까지 예수님의 재림은 일어나지 않았다. 이것은 무엇을 말하는 것일까? '심판이 있을 것이다'라고 했지 '언제 심판이 있을 것이다'라고 언급하지 않은 점을 이해해야 한다.

이것은 먼 미래에도 첫째~넷째 짐승과 로마 교황청을 닮은 제2~3의 실체들이 등장할 것임을 예고 하는 것이라고 생각된다. 등장하는 실체들의 속성은 비슷하지만 문화와 기술의 수준만 다를 것이다. 왜냐하면 짐승들과 작은 뿔에 관한 하나님 아버지와 예수님의 예언은 「다니엘」 7장에서 끝나지 않기 때문이다. 「다니엘」 7장의 속편이라고 불려지는 「요한계시록」 13장에는 여러 뿔들을 거느린 두 짐승으로 표현된 세력들이 지구 역사의 마지막 시대에 다시 엄청난 세력으로 부상하는 장면이 묘사되어 있기 때문이다. 이는 본권 2부인 「요한계시록」에서 자세히 다루기로 한다.

또한 필자가 보기엔 오늘날의 교황청이, AD 538~1798년 동안에 그리스도교를 핍박했던 시대의 교황청은 아닌 것 같다. 그러나 언제인가 먼 미래에도 때와 법을 변개하고 그리스도교를 공격하고 핍박하는 제2~3의 로마 교황청이 재등장하지 않으리란 법은 없을 것이다. 아니면 다른 곳인 실제 바다나 땅속에서 짐승(왕)이 나오지 않으리란 법도 없을 것이다. 그렇지만 먼 미래의 짐승과 뿔은 과거의 로마제국이나 로마가톨릭이 행했던 불의(不義, ungodly)보다 몇 백배 아니 몇 만배 이상일 것이다.

4절 「다니엘」 7장 9절~14절은 「요한계시록」 4장~22장의 최후 심판 내용을 요약

다니엘이 꿈에서 본 이상(vision)을 기록한 「다니엘」 7장 9절~14절은 「요한계시록」 4장~22장을 요약한 것이라 볼 수 있다. 그리고 「요한계시록」 20장의 천년 왕국과 21장~22장의 새 예루살렘의 내용들이 「다니엘」 7장 15절~27절에 간간이 섞여 있다. 「요한계시록」이 다소 시계열로 미래 관점으로 정리되어 있다면, 「다니엘」은 역사적으로 과거-현재-미래가 다소 복잡하게 기록되어 있어 그만큼 이해하기가 어렵다. 그래서 다니엘도 이상을 깨닫지 못하여 혼절하고 수일을 앓았다(「다니엘」 8:27). 필자의 경우 「요한계시록」과 「다니엘」을 여러 번 반복하여 읽고 비교 분석을 통해서야 「다니엘」을 이해할 수 있었다. 그렇다고 100% 이해했다는 것은 아니다. 어떻게 과거-현재-미래를 100% 이해하겠는가?

1. 소행성대에 진입한 블랙홀 같은 하늘의 보좌(c.AD 8580~)

☞ 「다니엘」 7:9 - 내가 보았는데 왕좌가 놓이고 옛적부터 항상 계신 이가 좌정하셨는데 그 옷은 희기가 눈 같고 그 머리털은 깨끗한 양의 털 같고 그 보좌는 불꽃이요 그 바퀴는 붙는 불이며("As I looked, "thrones were set in place, and the Ancient of Days took his seat. His clothing was as white as snow; the hair of his head was white like wool. His throne was flaming with fire, and its wheels were all ablaze.(NIV)

「다니엘」 7장 9절은 「요한계시록」 4장의 화성과 목성 사이의 소행성대에 진입한 블랙홀 같은 하늘의 보좌(거대항공모함 우주선)(c.AD 8580~)를 요약한 것이다. 이를 이해하려면 『바이블 매트릭스』 6권 『부활/휴거, 예수님의 재림시기 예측(c.AD 10740년)과 재림의 목적/방법』의 3부 2장인 "예수님의 재림방법, 하늘의 보좌→예수님의 별도 보좌(거대우주선)를 타시고 재림"을 읽거나 본권 2부 4장의 "「요한계시록」 4장 - 소행성대에 진입한 하늘의 보좌(거대항공모함 우주선)(c.AD 8580~)"을 먼저 읽어야 한다.

언제 심판이 시작되는가 하면 그것은 열 번째 하늘에 계시던 "옛적부터 항상 계신 이가", 즉 하나님 아버지께서 하늘의 보좌를 소행성대에 베풀고 나서야 시작된다고 「다니엘」 7장과 「요한계시록」 4장은 분명히 기록하고 있는 것이다. 예측 연도는 AD 8580년경이다.

최고 높으신 하나님 아버지께서 보좌에 앉으셨고, 예수님은 우편에 앉아 계신다. "그 옷은 희기가 눈 같고 그 머리털은 깨끗한 양의 털 같고"라는 것은 하얀 우주복을 뜻하는 체루빔(Cherubim)이나 세라핌(Seraphim) 등의 우주로봇을 타고 있다는 것이고, "그 보좌는 불꽃이요 그 바퀴는 붙는 불이며"라는 것은 우주선에 내뿜는 연소나 광채를 뜻하는 것이다. 그것은 블랙홀 같은 거대 항공모함 우주선을 말하는 것이다.

2. 불이 흐르고, 심판(일곱 봉인)의 책이 펴져 있고, 천사=천천 만만(c.AD 8580~)

☞ 「다니엘」 7:10 - 불이 강처럼 흘러 그 앞에서 나오며 그에게 수종하는 자는 천천이요 그 앞에 시위한 자는 만만이며 심판을 베푸는데 책들이 펴 놓였더라(A river of fire was flowing, coming out from before him. Thousands upon thousands attended him; ten thousand times ten thousand stood before him. The court was seated, and the books were opened.(NIV)

"불이 강처럼 흘러 그 앞에서 나오며"라는 것은 「요한계시록」 6장의 여섯 봉인 심판과 8장의 일곱 봉인 심판과 이어지는 첫째~넷째 천사의 나팔 심판, 9장의 다섯째~여섯째 나팔심판, 그리고 16장의 일곱 천사의 일곱 재앙(Seven Plagues) 심판을 의미하는 것이다. 불로 심판하신다는 것을 강조한 것이다.

수종하는 천사가 천천(1백만)이요 만만(1억)이라는 것은 엄청난 숫자의 천사들이 예수님께서 심판하실 때 예수님을 수종 든다는 것이다. 그러니 소행성대에 진입한 하늘의 보좌인 거대항공모함 우주선을 우리는 상상할 수가 없다.

천사들도 하늘의 영적인 몸(육체)을 갖고 계시기 때문에, 이 엄청난 숫자의 천사들이 다 타려면 오늘날의 조그만 우주선으로는 상상도 할 수 없을 것이다.

이 때 만만(1억) 천천(1백만)의 모든 천사들은 「요한계시록」 6장부터 기록된 심판의 내용대로 예수님의 명령에 따라 예수님께 오르락내리락하면서 수행할 것이다.

「요한복음」 1:51 - 또 가라사대 진실로 진실로 너희에게 이르노니 하늘이 열리고 하나님의 사자들이 인자 위에 오르락내리락하는 것을 보리라 하시니라(He then added, "I tell you the truth, you shall see heaven open, and the angels of God ascending and descending on the Son of Man.")(NIV)

"심판을 베푸는데 책들이 펴 놓였더라"는 것은 「요한계시록」 5장의 일곱 봉인(seven seals) 책과 어린 양(예수님)을 말하는 것이다. 예수님께서 일곱 봉인을 떼고 책을 여실 것인데, 이는 심판의 방법과 과정을 기록한 책이다. 심판을 마구 하는 것이 아니라 책에 쓰여진 대로, 모든 일어날 심판들이 프로그램화되어 있다는 것을 의미하는 것이다. 이에 대한 자세한 것은 본권 2부인 「요한계시록」을 참조하시라.

3. 하나님 아버지로부터 심판의 권세를 받으신 예수님

"심판을 베푸는데"라는 것은 하나님 아버지께서 예수님께 심판을 다 맡기셨고, 또 심판하는 권세도 맡기셨다는 뜻이다. 하나님 아버지와 예수님께서 소행성대에 보좌를 베푸셨지만 실제 심판하시는 분은 예수님이라는 뜻이다.

「요한복음」 5:22 - 아버지께서 아무도 심판하지 아니하시고 심판을 다 아들에게 맡기셨으니(Moreover, the Father judges no one, but has entrusted all judgment to the Son,)(NIV)

5:27 - 또 인자됨을 인하여 심판하는 권세를 주셨느니라(And he has given him authority to judge because he is the Son of Man.)

4. 「다니엘」 7:11=「요한계시록」 19:20의 땅의 짐승(왕)→유황 불못에 던져지고(~c.AD 10,800)

☞「다니엘」 7:11 - 그 때에 내가 그 큰 말하는 작은 뿔의 목소리로 인하여 주목하여 보는 사이에 짐승이 죽임을 당하고 그 시체가 상한 바 되어 붙는 불에 던진 바 되었으며("Then I continued to watch because of the boastful words the horn was speaking. I kept looking until the beast was slain and its body destroyed and thrown into the blazing fire.(NIV)

여기서 작은 뿔이란 과거로 보면 로마 교황청이요 미래로 보면 다시 등장할, 과거의 교황청보다 몇 백배 큰 세력의 교황청이나 거짓 선지자 등의 적그리스도를 말하는 것이다. 그런데 앞에서는 모두 첫째~넷째 짐승이라고 표현하고 있지만, 「다니엘」 7장 11절에서는 그저 "짐승(the beast)"이라고 표현하고 있다는 점이다. 이는 첫째~넷째 짐승인 바벨론-페르시아-헬라-로마와 로마 교황청과는 다른 실체라는 것을 의미하는 것이다. 이는 「요한계시록」 13장에 등장하는 땅의 짐승(왕)을 말하는 것이다. 이것을 필자가 깨닫는 데 꽤나 오랜 시간이 걸렸는데, 2015년 5월 13일이 돼서야 깨달았다.

그러나 앞 절의 심판의 결과, "짐승이 죽임을 당하고 그 시체가 상한 바 되어 붙는 불에 던진 바 되었으며"라는 것은 「요한계시록」 19장 11절~20절의 백마를 탄 자(The Rider on the White Horse), 즉 예수님께서 재림하셔서 마지막 전쟁인 아마겟돈 전쟁에서 땅의 짐승(왕)과 거짓 선지자(the false prophet)를 잡아 유황 불못(the fiery of lake of burnijng slfur)에 던진다는 것을 의미하는 것이다(「요한계시록」 19:20). 이 일은 「요한계시록」 20장의 천년 왕국이 시작되기 전인 c.AD 10800년 전에 일어날 것으로 예측된다.

「요한계시록」 19:20 - 짐승이 잡히고 그 앞에서 이적을 행하던 거짓 선지자도 함께 잡혔으니 이는 짐승의 표를 받고 그의 우상에게 경배하던 자들을 이적으로 미혹하던 자라 이 둘이 산 채로 유황불 붙는 못에 던지우고(But the beast was captured, and with him the false prophet who had performed the miraculous signs on his behalf. With these signs he had deluded those who had received the mark of the beast and worshiped his image. The two of them were thrown alive into the fiery lake of burning sulfur.(NIV)

단지 다른 것은 「다니엘」 7장 11절의 짐승은 죽임을 당하고 몸이 상해 불에 던져졌다고 기록된 반면, 「요한계시록」 19장 20절에는 짐승이 잡혀 산 채로 유황 불못에 던져진다고 기록하고 있다는 점으로, 다니엘 후의 사도 요한이 예수님의 예언을 기록한 「요한계시록」이 더욱 정확하다고 보아야 할 것이다.

5. 모든 남은 짐승→권세를 뺐겼으나 정한 때까지 생명연장(c.AD 12800~)

☞ 「다니엘」 7:12 - 그 남은 모든 짐승은 그 권세를 빼았겼으나 그 생명은 보존되어 정한 시기가 이르기를 기다리게 되었더라(The other beasts had been stripped of their authority, but were allowed to live for a period of time.)(NIV); As concerning the rest of the beasts, they had their dominion taken away: yet their lives were prolonged for a season and time.(KJV)

「다니엘」 7장 12절을 이해하는 데 2015년 5월 13일에서야 깨달았다. 남은 모든 짐승들이란 「다니엘」에 등장했던 바벨론-페르시아-헬라-로마/로마 교황청을 말할 뿐 아니라, 「요한계시록」에 등장하는 먼 미래의 바다의 짐승과 무저갱의 짐승을 말하는 것이다. 과거의 바벨론-페르시아-헬라-로마/로마 교황청은 다 멸망했다. 다 죽은 것이다. 먼 미래에 등장할 바다의 짐승도 죽을 것이요 무저갱의 짐승도 예수님의 군대에 의해 다 멸망하고 죽을 것이다. "남은 모든 짐승은 그 권세를 빼았겼으나"라는 것은 멸망하여 죽는다는 것을 의미하는 것이다.

"생명은 보존되어"라는 것은 그 죽은 짐승의 영혼들이 지옥에서 보존된다는 것이고 "정한 시기"라는 것은 최후의 심판을 기다린다는 것을 의미하는 것이다. 이들은 「요한계시록」 20장 11절~15절의 최후의 심판에서, 둘째 부활인 심판의 부활에 참여하여, 모두 유황 불못에 던져짐을 알 수 있다. 그렇지만 땅의 짐승과 거짓 선지자는 산 채로 이미 유황 불못에 던져졌다. 거기서 세세토록 밤낮 괴로움을 받을 것이다(「요한계시록」 20:10)

6. 인자(예수님)가 하나님 아버지께 인도되매=나라를 바치매(~c.AD 12900)

☞ 「다니엘」 7:13 - 내가 또 밤 이상 중에 보았는데 인자 같은 이가 하늘 구름을 타고 와서 옛적부터 항상 계신 자에게 나아와 그 앞에 인도되매("In my vision at night I looked, and there before me was one like a son of man, coming with the clouds of heaven. He approached the Ancient of Days and was led into his presence.(NIV)

이 뜻은 하나님 아버지께서 심판을 예수님께 위임하시어, 예수님께서 불의의 하나님들과 불의의 짐승들과 불의의 인간들을 심판하시고, 즉 죽은 자와 산 자를 심판하시고, 정의와 선한 세상을 만드신 후, 나라를 하나님 아버지께 바친다는 뜻이다. "그 앞에 인도되매"라는 것은 하나님 아버지께 나라를 바친다는 뜻이다.

불의의 하나님들 때문에 인간이 창조되었고, 불의의 하나님들의 하늘의 시스템이 그대로 이 땅에 내려와 이 세상의 모든 시스템들인 모든 정사(dominion or rule or ruler)와 모든 권세(authority)와 능력(power)이 모두 악적인 존재가 되었다. 그래서 예수님께서 소행성대에 재림하셔서 일곱 봉인 심판과 일곱 천사의 나팔 심판을 하시고, 다시 공중으로 재림하셔서 일곱 천사의 일곱 대접 심판을 통해 이 세상의 모든 정사와 모든 권세와 능력을 모두 멸하시는 것이다. 이는 「고린도전서」 15장 24절과 같은 뜻이다.

「고린도전서」 15:24 - 그 후에는 나중이니 저가 모든 정사와 모든 권세와 능력을 멸하시고 나라를 아버지 하나님께 바칠 때라

7. 신원의 결과, 영원한 나라=새 하늘과 새 땅=새 예루살렘(c.AD 12900~)

☞ 「다니엘」 7:14 - 그에게 권세와 영광과 나라를 주고 모든 백성과 나라들과 각 방언하는 자로 그를 섬기게 하였으니 그 권세는 영원한 권세라 옮기지 아니할 것이요 그 나라는 폐하지 아니할 것이니라(He was given authority, glory and sovereign power; all peoples, nations and men of every language worshiped him. His dominion is an everlasting dominion that will not pass away, and his kingdom is one that will never be destroyed.(NIV)

이 뜻은 「요한계시록」 21장과 22장의 새 하늘과 새 땅에 세워지는 새 예루살렘과 만국들을 의미하는 것이다. 새로운 우주가 창조된 것이다. 여기에는 불의가 없는 세상이며 태양과 달이 필요하지 않은 세상이다. 예수님께서 심판을 통해 불의를 멸하고 하나님 아버지께 정의의 나라를 바치자, 하나님 아버지께서 예수님에게 권세와 영광과 나라를 주고, 모든 백성과 나라들로 하여금 예수님을 섬기게 하여 영원한 나라가 새롭게 창조되는 것이다. 이는 「다니엘」 7장 18절과 22절과 27절의 내용과 같은 것이다.

☞「다니엘」7:18 - 지극히 높으신 자의 성도들이 나라를 얻으리니 그 누림이 영원하고 영원하고 영원하리라

7:22 - 옛적부터 항상 계신 자가 와서 지극히 높으신 자의 성도를 위하여 신원하셨고 때가 이르매 성도가 나라를 얻었더라

7:27 - 나라와 권세와 온 천하 열국의 위세가 지극히 높으신 자의 성민에게 붙인 바 되리니 그의 나라는 영원한 나라이라 모든 권세 있는 자가 다 그를 섬겨 복종하리라 하여

이 때 지극히 높으신 자 곧 하나님 아버지의 성도들을 위하여 '신원(judgement)'하셨다는 뜻은 성도들의 기도, 즉 불의를 빨리 멸해달라는 성도들의 기도에 따라 심판을 하셔서 마침내 성도들이 나라, 즉 새 예루살렘을 얻었다는 뜻이다. 이는「요한계시록」18장 20절의 내용과 같은 뜻이다. 여기서 "그(her)"에게 심판했다는 뜻은 바벨론을 심판했다는 뜻이다. 먼 미래에 지금은 폐허가 되었지만 다시 바벨론(바그다드)이 강력한 세력의 본거지로 등장할 것임을 시사하는 것이다.

「요한계시록」18:20 - 하늘과 성도들과 사도들과 선지자들아 그를 인하여 즐거워하라 하나님이 너희를 신원하시는 심판을 그에게 하셨음이라 하더라(Rejoice over her, O heaven! Rejoice, saints and apostles and prophets! God has judged her for the way she treated you.'"(NIV); Rejoice over her, thou heaven, and ye holy apostles and prophets; for God hath avenged you on her.(KJV)

8장

「다니엘」 8장의 수양(메대와 바사)과 수염소 (그리스/헬라)의 이상(예언), 2,300주야란?

신바빌로니아 왕조(BC 625~BC 539)의 마지막 왕인 나보니두스(Nabonidus, 통치, 556 BC~539 BC)와 그의 아들인 벨사살 왕(Belshazzar, Balthazar, 공동통치, BC 553~BC 539)이 공동통치를 할 삼 년인 BC 551년에 다니엘에 처음 나타난 이상(예언, vision), 즉 「다니엘」 7장의 이상이 보다 구체적으로 다시 나타난다.

「다니엘」 8:1 - 나 다니엘에게 처음에 나타난 이상 후 벨사살 왕 삼년에 다시 이상이 나타나니라(In the third year of King Belshazzar's reign, I, Daniel, had a vision, after the one that had already appeared to me.(NIV)

「다니엘」 8장은 앞에서 살펴본 「다니엘」 7장에 나타난 제국들 중 메대와 바사의 페르시아의 아케메니드제국(BC 550~BC 330)과, 이 페르시아제국을 무너뜨린 그리스(헬라)의 마케도니아 왕조(BC 691 or 514~BC 146 or BC 30)와, 그 이후 마케도니아 왕조의 알렉산더 대왕(Alexander Ⅲ, 통치 BC 336~BC 323)의 사후(BC 323)에, 그리스 헬라국은 머리 넷(네 나라)으로 분열되고, 이중 이스라엘 민족을 핍박하고 괴롭힌 셀류구스(셀레우코스) 왕조(Seleucid/Selucid Empire, BC 312~BC 63)에 대해 상세히 설명하고 있다.

「다니엘」 8장 1절~12절까지는 두 번째 나타난 이상(vision)을 진술 기록한 것이고, 「다니엘」 8장 13절~14절까지는 두 천사의 2,300주야 예언과 「다니엘」 8장 15절~26절은 가브리엘 천사장의 이상의 해석을, 그리고 「다니엘」 8장 27절은 이에 대한 예언을 듣고 혼절하는 내용을 기록한 것이다.

따라서 이해를 돕기 위하여 다니엘의 이상과 가브리엘 천사장의 이상 해석을 매칭시켜 동시에 살펴보고, 그 다음 2,300주야는 무엇을 말하는지 살펴보고자 한다. 이것을 깨닫는 데 상당한 시간이 걸렸다. 2015년 3월 15일에서야 깨달을 수 있었다.

1절 수양(ram)은 메대와 바사의 페르시아의 아케메니드제국(BC 550~BC 330)

1. 수사(Susa)와 을래(Ulai) 강변은 페르시아의 수도와 주변 강변

☞ 「다니엘」 8:2 - 내가 이상을 보았는데 내가 그것을 볼 때에 내 몸은 엘람도 수산 성에 있었고 내가 이상을 보기는 을래 강변에서니라(In my vision I saw myself in the citadel of Susa in the province of Elam; in the vision I was beside the Ulai Canal.(NIV); And I saw in a vision; and it came to pass, when I saw, that I was at Shushan in the palace, which is in the province of Elam; and I saw in a vision, and I was by the river of Ulai.(KJV)

엘람(Elam)은 바사(페르시아)를 말하는 것이고, 수산(수사, Susa)은 바사의 수도이며, 을래(Ulai)는 히브리어 이름으로 수도인 수사(Susa) 근처에 있는 강(a river)이다. 따라서 이 이상(vision)은 페르시아제국인 아케메니드제국(BC 550~BC 330)에 대한 이상이라는 것을 강조하기 위한 것이다. 따라서 다음 절에는 페르시아제국이 어떻게 형성되었는가라는 예언이 나올 듯하다.

2. 두 뿔의 수양은 메대+바사로 시작해서 긴 뿔의 바사로 통합한 페르시아제국

2-1. 다니엘의 이상(vision), 두 뿔=두 나라로 시작해서 긴 뿔로 통합

☞ 「다니엘」 8:3 - 내가 눈을 들어 본즉 강 가에 두 뿔 가진 수양이 섰는데 그 두 뿔이 다 길어도 한 뿔은 다른 뿔보다도 길었고 그 긴 것은 나중에 난 것이더라(I looked up, and there before me was a ram with two horns, standing beside the canal, and the horns were long. One of the horns was longer than the other but grew up later.(NIV)

다니엘은 강 가에 두 뿔(two horns)을 가진 수양(a ram)을 본다. 이 때 뿔이란 나라나 나라의 왕이라고 했다. 따라서 이는 두 나라를 의미하는 것이다. "두 뿔이 다 길어도 한 뿔이 다른 뿔보다 길었고 그 긴 것이 나중에 났다"는 것은 두 나라가 처음에는 같이 시작해서 나중에 난 나라가 통합해 하나의 제국을 이룬다는 의미이다.

2-2. 가브리엘 천사장의 해석, 제국들의 흥망이 언제인지 다 정해져

☞ 「다니엘」 8:19 - 가로되 진노하시는 때가 마친 후에 될 일을 내가 네게 알게 하리니 이 이상은 정한 때 끝에 관한 일임이니라(He said: "I am going to tell you what will happen later in the time of wrath, because the vision concerns the appointed time of the end.(NIV)

메시지를 전달하는 가브리엘(Gabriel) 천사장이 나타나 다니엘에게 이상(vision)을 해석해준다. 그 "이상은 정한 때 끝에 관한 일(the vision concerns the appointed time of the end)"이라는 것이다. 여기에서 정한 때(the appointed time)가 매우 중요한데, 그 의미는 제국들의 흥망과 성쇠를 말하는 것이다. 흥망과 성쇠가 언제인지 그 기간이 다 정해져 있다는 것이다.

앞에서 계속 다루었지만, 신바빌로니아 왕조(BC 625~BC 539)는 페르시아의 아케메니드제국(BC 550~BC 330)에 의해 멸망하고, 페르시아의 아케메니드제국은 그리스(헬라)의 마케도니아 왕조(BC 691 or 514~BC 146 or BC 30)에 의해 멸망되었는데, 이 흥하고 망하는 기간이 이미 사전에 하나님 아버지께서 다 정하셨다는 의미이다.

2-3. 가브리엘 천사장의 해석, 두 뿔은 메대(Media)와 바사(Persia)의 왕들

☞「다니엘」8:20 - 네가 본바 두 뿔 가진 수양은 곧 메대와 바사 왕들이요 (The two-horned ram that you saw represents the kings of Media and Persia.(NIV)

가브리엘 천사장은 다니엘에게 두 뿔 가진 수양은 메대제국(Media, Medes, BC 678~BC 549)과 바사(페르시아)의 아케메니드제국(BC 550~BC 330)이라고 알려준다.「다니엘」2장과 7장에 등장했던 바사의 아케메니드제국이「다니엘」8장에서 와서는 구체적으로 어떻게 형성될 것인가를 보여주는 것이다.

2-4. 메대+바사로 시작해서 긴 뿔의 바사로 통합된 페르시아제국

☞「다니엘」8:3 - 내가 눈을 들어 본즉 강 가에 두 뿔 가진 수양이 섰는데 그 두 뿔이 다 길어도 한 뿔은 다른 뿔보다도 길었고 그 긴 것은 나중에 난 것이더라(I looked up, and there before me was a ram with two horns, standing beside the canal, and the horns were long. One of the horns was longer than the other but grew up later.(NIV)

따라서 다니엘이 본 한 뿔이 다른 뿔보다 길다는 것은, 메대제국이 먼저 일어나고 그 후에 바사제국이 건설되었지만, 뒤에 나타난 바사제국이 BC 549년에 주도권을 잡을 것을 예언한 것이다. 메대와 바사는 둘다 인도-유럽계의 형제지간의 나라였다. 역사의 초기에는 메대가 주도권을 잡았으나, 페르시아의 키루스 대왕(Cyrus the Great, Cyrus II of Persia, 쿠루쉬, Kurush, 통치 BC 559~BC 530, 성경의 '고레스')이 일어나면서 메대는 페르시아에게 흡수되고 말았다.

2-5. 페르시아(아케메니드)제국, 서-북-남을 향하여 강대해져

☞「다니엘」8:4 - 내가 본즉 그 수양이 서와 북과 남을 향하여 받으나 그것을 당할 짐승이 하나도 없고 그 손에서 능히 구할이가 절대로 없으므로 그것이 임의로 행하고 스스로 강대하더라(I watched the ram as he charged toward the west and the north and the south. No animal could stand against him, and none could rescue from his power. He did as he pleased and became great.(NIV)

"수양이 서와 북과 남을 향하여 받는다"는 것은 페르시아(아케메니드)제국이 서쪽으로는 바벨론, 북쪽으로는 리디아(Lydia, 터키), 남쪽으로는 애굽(이집트) 등 세 나라를 점령할 것에 대한 예언이다. "그것을 당할 짐승이 하나도 없

BC 500년경의 페르시아(아케메니드)제국, 서-북-남을 향하여 강대해져. Image Credit : 네이버 지식백과 – 두산백과 via EnCyber.com[1]

1 http://terms.naver.com/entry.nhn?docId=1157730&cid=40942&categoryId=33431

고"라는 것은 페르시아제국이 서쪽과 북쪽과 남쪽을 쳐서 점령하여 통일제국을 이루어 그 손에서 능히 구할 이가 없고 임의로 행하며 스스로 강대해짐을 이상으로 보여준 것이다.

2절 수염소(goat)는 헬라 제국→프톨레미, 셀류쿠스, 아탈리드, 안티고노스 왕조로 분열

1. 수염소는 그리스(헬라) 마케도니아 왕조(BC 514~BC 146 or BC 30), 큰 뿔은 알렉산더 대왕(통치 BC 336~BC 323)

1-1. 다니엘의 이상, 서편의 큰 뿔을 가진 수염소(goat)가 수양을 멸망시켜

☞ 「다니엘」 8:5 - 내가 생각할 때에 한 수염소가 서편에서부터 와서 온 지면에 두루 다니되 땅에 닿지 아니하며 그 염소 두 눈 사이에는 현저한 뿔이 있더라(As I was thinking about this, suddenly a goat with a prominent horn between his eyes came from the west, crossing the whole earth without touching the ground.(NIV)

8:6 - 그것이 두 뿔 가진 수양 곧 내가 본바 강 가에 섰던 양에게로 나아가되 분노한 힘으로 그것에게로 달려가더니(He came toward the two-horned ram I had seen standing beside the canal and charged at him in great rage.(NIV)

8:7 - 내가 본즉 그것이 수양에게로 가까이 나아가서는 더욱 성내어 그 수양을 쳐서 그 두 뿔을 꺾으나 수양에게는 그것을 대적할 힘이 없으므로 그것이 수양을 땅에 엎드러뜨리고 짓밟았으나 능히 수양을 그 손에서 벗어나게 할 이가 없었더라(I saw him attack the ram furiously, striking the ram and shattering his two horns. The ram was powerless to stand against him; the goat knocked him to the ground and trampled on him, and none could rescue the ram from his power.(NIV)

다니엘은 서편, 즉 서쪽의 그리스에서 오는 두 눈 사이에 큰 뿔, 즉 왕이 와서 온 지면에 두루 다니며, 땅에 닿지 아니하는 이상을 본다. 이는 앞서 「다니엘」 7장에서 살펴본 표범을 말하는 것으로 표범은 체구는 작지만 빠르고 용맹한 맹수이다. 게다가 신속한 행동을 표상하는 날개를 달았음은 그의 기민성이 매우 빨라 발이 땅에 닿지 않음을 표현한 것이다. 이러한 기민성은 알렉산더 대왕이 이끄는 그리스(헬라)의 마케도니아 왕조(BC 691 or 514~BC 146 or BC 30)를 말하는 것으로 가장 짧은 시간에 가장 넓은 땅을 점령했던 역사적 사실과 일치한다.

그런데 이 수염소가 기존의 수양, 즉 페르시아의 아케메니드제국(BC 550~BC 330)을 공격해 수양을 멸망시킨다.

1-2. 가브리엘 천사장의 해석, 그리스(헬라)제국과 알렉산더 대왕

☞ 「다니엘」 8:21 - 털이 많은 수염소는 곧 헬라 왕이요 두 눈 사이에 있는 큰 뿔은 곧 그 첫째 왕이요(The shaggy goat is the king of Greece, and the large horn between his eyes is the first king.(NIV)

가브리엘 천사장은 다니엘에게 털이 많은 수염소는 곧 헬라 왕, 즉 그리스(헬라) 마케도니아 왕조(BC 514~BC 146 or BC 30)이고, 두 눈 사이에 있는 큰 뿔은 곧 그 첫째 왕, 즉 알렉산더 대왕(Alexander Ⅲ, 통치 BC 336~BC 323)이라고 해석하여 준다. 결국 알렉산드로스(알렉산더) 대왕의 동방원정에 의해 페르시아의 아케메니드제국(BC 550~BC 330)은 BC 330년에 멸망되었다.

20대에 왕위에 오른 알렉산더는 삼만 오천 명의 기마부대와 70달란트 밖에 안되는 군자금과 일개월분의 군량만을 가지고 페르시아제국과 소아시아(터키 일대)를 정복하였다. 그는 동쪽으로는 인도까지 점령하였는데, 동서남북을 새처럼 빠르게 움직이면서 가장 짧은 시간에 거대한 땅을 손안에 넣는다는 것을 예언의 이상으로 보여주는 것이다.

2. 알렉산더 사후(BC 323), 그리스는 휘하 장군들이 지배하는 네 나라로 분열

2-1. 다니엘의 이상, 큰 뿔이 꺾이고 뿔 넷의 네 나라가 등장

☞「다니엘」8:8 - 수염소가 스스로 심히 강대하여 가더니 강성할 때에 그 큰 뿔이 꺾이고 그 대신에 현저한 뿔 넷이 하늘 사방을 향하여 났더라(The goat became very great, but at the height of his power his large horn was broken off, and in its place four prominent horns grew up toward the four winds of heaven.(NIV)

그러나 이번에도 다니엘은 하나님께서 정하신 운명의 시간을 이상으로 본다. 수염소, 즉 그리스(헬라) 마케도니아 왕조(BC 514~BC 146 or BC 30)가 강대하여 갈 때에 큰 뿔, 즉 알렉산더 대왕(Alexander Ⅲ, 통치 BC 336~BC 323)이 꺾이자(죽자), 그리스(헬라)는 현저한 뿔 넷, 즉 네 나라로 분열될 것임을 이상으로 본다.

2-2. 가브리엘 천사장의 해석, 알렉산더 사후(BC 323)→네 나라로 분열

☞「다니엘」8:22 - 이 뿔이 꺾이고 그 대신에 네 뿔이 났은즉 그 나라 가운데서 네 나라가 일어나되 그 권세만 못하리라(The four horns that replaced the one that was broken off represent four kingdoms that will emerge from his nation but will not have the same power.(NIV)

"이 뿔이 꺾이고"는 알렉산더 대왕의 시대가 끝난다는 것을 의미한다. 그 대신 네 나라가 일어나지만 그 권세는 알렉산더 대왕보다는 못하다는 것이다.

2-3. 역사적 사실 – 네 나라는 프톨레미, 셀류쿠스, 아탈리드, 안티고노스 왕조

알렉산더 대왕이 BC 323년에 바빌론으로 돌아와 아라비아 원정을 준비하던 중 33세의 젊은 나이로 갑자기 죽자, 알렉산더 휘하의 네 장군들에 의하여 헬라제국은 사등분으로 나뉘어졌다. '네 뿔'이란 바로 사등분으로 나뉜 헬레니즘적(Hellenic or Hellenistic)인 네 개의 왕조를 말하는 것이다. 프톨레마이오스 1세(Ptolemy I Soter) 장군이 이집트에 세운 프톨레마이오스(프톨레미) 왕조(Ptolemaic Kingdom/Dynasty, BC 305~BC 30), 셀레우코스 1세(Seleucus I Nicator)가 메소포타미아와 중앙아시아의 시리아에 세운 셀류쿠스(셀레우코스) 왕조(Seleucid/Selucid Empire, BC 312~BC 63), 리시마쿠스(Lysimachus) 장군이 지금의 터키 지역인 아나톨리아(Anatolia, 소아시아=Asia Minor)의 수도인 버가몬(Pergamon)에 세운 아탈리드 왕조(Attalid Dynasty, BC 282~BC 133), 그리고 카산더(Cassander)가 마케도니아에 세운 앤티패트리드 왕조(Antipatrid dynasty)를 이어받아 안티고노스 1세(Antigonus I Monophthalmus) 장군이 세운 안티고노스 왕조(Antigonid Dynasty, BC 306~BC 168)가 그것이다.

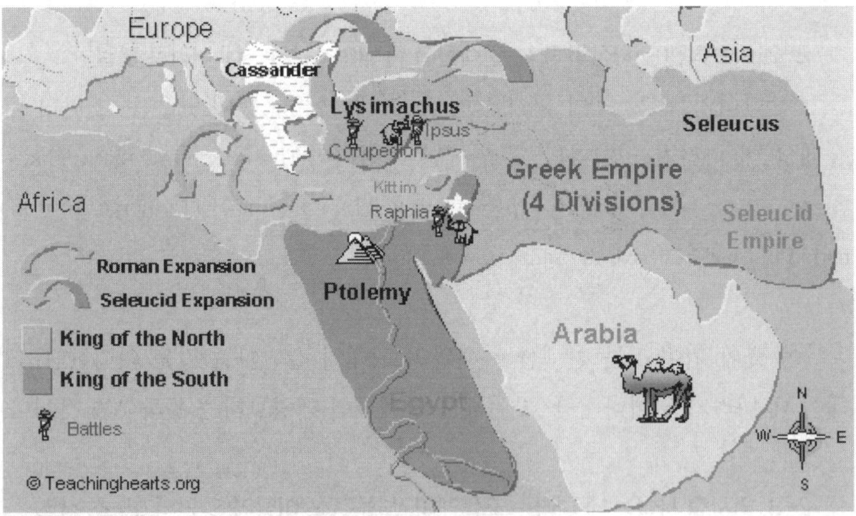

알렉산더 대왕 사후 휘하 네 장군에 의해 분열된 그리스(헬라)제국.
Image Credit : http://www.teachinghearts.org/dr0imapgreece4.gif

3절 BC 171~BC 165년까지, 예루살렘 성소를 파괴하고 매일 드리는 제사를 폐하는 셀류쿠스 왕조의 안티오쿠스 4세 에피파네스(Epiphanes) 등장

1. 다니엘의 이상, 작은 뿔이 예루살렘 성소를 파괴하고 매일 드리는 제사를 폐지

☞「다니엘」8:9 - 그 중 한 뿔에서 또 작은 뿔 하나가 나서 남편과 동편과 또 영화로운 땅을 향하여 심히 커지더니(Out of one of them came another horn, which started small but grew in power to the south and to the east and toward the Beautiful Land.(NIV); And out of one of them came forth a little horn, which waxed exceeding great, toward the south, and toward the east, and toward the pleasant land.(KJV); Then from one of the prominent horns came a small horn whose power grew very great. It extended toward the south and the east and toward the glorious land of Israel.(New Living)

"그 중 한 뿔"이라는 것은 분열된 네 나라 중의 한 나라라는 의미이며, "작은 뿔 하나가 나서"라는 것은 네 나라 중의 한 나라에서 새로운 왕이 나온다는 뜻이다. 이 새로운 왕이 남편, 즉 남쪽에 위치한 이집트와 동편, 즉 바사와, 그리고 영화로운 땅(the Beautiful Land or the glorious land of Israel), 즉 이스라엘의 예루살렘을 향하여 커진다는 것이다. 커진다는 것은 침략한다는 것을 의미한다. 이는 역사적으로 살펴 본다면 이 나라는 시리아에 들어선 셀류쿠스(셀레우코스) 왕조(Seleucid/Selucid Empire, BC 312~BC 63)의 어느 왕을 의미하는 것이다.

☞「다니엘」8:10 - 그것이 하늘 군대에 미칠만큼 커져서 그 군대와 별 중에 몇을 땅에 떨어뜨리고 그것을 짓밟고(It grew until it reached the host of the heavens, and it threw some of the starry host down to the earth and trampled on them.(NIV)

이 왕의 군대가 하늘 군대에 미칠 만큼 커져서, 즉 하나님 아버지와 대적할 만큼 커져서, 남편과 동편과 영화로운 땅의 군대와 별(왕) 중에 몇을 떨어뜨리고 짓밟는다는 것이다.

☞「다니엘」8:11 - 또 스스로 높아져서 군대의 주재를 대적하며 그에게 매일 드리는 제사를 제하여 버렸고 그의 성소를 헐었으며(It set itself up to be as great as the Prince of the host; it took away the daily sacrifice from him, and the place of his sanctuary was brought low.(NIV)

이 왕은 예루살렘 성전을 침략하여 성소를 파괴하고 헐어버리며 하나님 아버지께 매일 드리는 제사를 폐지한다는 것이다.

☞「다니엘」8:12 - 범죄함을 인하여 백성과 매일 드리는 제사가 그것에게 붙인 바 되었고 그것이 또 진리를 땅에 던지며 자의로 행하여 형통하였더라(Because of rebellion, the host of the saints and the daily sacrifice were given over to it. It prospered in everything it did, and truth was thrown to the ground.(NIV)

따라서 성도들과 매일 드리는 제사가 이 왕에게 붙인바 되어, 이 왕이 성도들을 죽이고 제사를 폐지하고, 진리, 즉 그리스도의 말씀과 계명을 땅에 던지고 마음대로 행동하며 자기 뜻대로 자행한다는 것이다.

2. 가브리엘 천사장의 해석, 사악한 왕→사람의 손이 아닌 병으로 죽어 멸망

☞「다니엘」8:23 - 이 네 나라 마지막 때에 패역자들이 가득할 즈음에 한 왕이 일어나리니 그 얼굴은 엄장하며 궤휼에 능하며("In the latter part of their reign, when rebels have become completely wicked, a stern-faced king, a master of intrigue, will arise.(NIV); And in the latter time of their kingdom, when the transgressors are come to the full, a king of fierce countenance, and understanding dark sentences, shall stand up.(KJV); "At the end of their rule, when their sin is at its height, a fierce king, a master of intrigue, will rise to power.(New Living)

"이 네 나라 마지막 때에"라는 것은 네 나라, 즉 분열된 헬라제국의 네 나라인 프톨레마이오스(프톨레미) 왕조(Ptolemaic Kingdom/Dynasty, BC 305~BC 30), 셀류쿠스(셀레우코스) 왕조(Seleucid/Selucid Empire, BC 312~BC 63), 아탈리드 왕조(Attalid Dynasty, BC 282~BC 133), 그리고 안티고노스 왕조(Antigonid Dynasty, BC 306~BC 168)가 하나님 아버지께서 정한 기간이 끝나갈 즈음이라는 것으로, 그 때에는 패역자들이 가득하다는 것이다.

이 때 패역자들이란 하나님 아버지를 대적하며 성도들을 괴롭히는 불의한 자들을 말하는 것이다. 악을 행하는 자들이 고조를 이룬다는 것이다. 이 때에 한 왕이 일어나는데, 그는 엄장한(a stern-faced) 얼굴을 갖고 있다는 것이다. 엄장한 얼굴이란 매우 사나운, 난폭한, 적의(敵意) 있는, 다시 말해 미친(mad) 얼굴을 가졌다는 것이다. 또한 이 왕은 궤휼에 능하다(a master of intrigue)는 것인데, 궤휼이란 계략이나 간계에 능하다는 것이다.

☞ 「다니엘」 8:24 - 그 권세가 강할 것이나 자기의 힘으로 말미암은 것이 아니며 그가 장차 비상하게 파괴를 행하고 자의로 행하여 형통하며 강한 자들과 거룩한 백성을 멸하리라(He will become very strong, but not by his own power. He will cause astounding devastation and will succeed in whatever he does. He will destroy the mighty men and the holy people.(NIV)

"자기의 힘으로 말미암은 것이 아니며(not by his own power)"라는 것은 자기가 직접 세운 나라가 아니라 선대 왕조들이 세운 나라로, 선대 왕들의 힘으로 권세가 강해졌다는 의미이다. 그 왕이 남쪽의 나라와 동쪽의 나라와 영화로운 땅인 예루살렘을 침략하여 많은 강한 자들, 즉 왕들을 멸망시키고, 예루살렘의 성전과 성소를 파괴하며 거룩한 백성들을 멸한다는 것이다.

☞ 「다니엘」 8:25 - 그가 꾀를 베풀어 제 손으로 궤휼을 이루고 마음에 스스로 큰 체하며 또 평화한 때에 많은 무리를 멸하며 또 스스로 서서 만왕의 왕을 대적할 것이나 그가 사람의 손을 말미암지 않고 깨어지리라(He will cause deceit to prosper, and he will consider himself superior. When they feel secure, he will destroy many and take his stand against the Prince of princes. Yet he will be destroyed, but not by human power.(NIV)

"그가 꾀를 베풀어 제 손으로 궤휼을 이루고 마음에 스스로 큰 체하며"라는 것은 그 작은 뿔의 왕이 계략과 간계에 능하고 스스로 잘난 척하며 하나님 아버지를 대적한다는 뜻이다. "또 평화한 때에 많은 무리를 멸하며"라는 것은 처음에 맺었던 평화조약을 깨고 쳐들어와 많은 사람들을 죽인다는 뜻이다. "그가 사람의 손을 말미암지 않고 깨어지리라"는 것은 사람, 즉 군대에 의해 멸망하는 것이 아니라 스스로 죽든지 아니면 특별한 병이 나서 죽어 멸망한다는 것을 의미하는 것이다.

3. 역사적 사실 - 안티오쿠스 4세 에피파네스(Epiphanes)의 예루살렘 성전 파괴와 매일 드리는 제사를 폐지(BC 171년부터 BC 165년까지)

3-1. 안티오쿠스 4세 에피파네스(Epiphanes, 통치 BC 175~BC 164)의 등장

셀류쿠스(셀레우코스) 왕조(Seleucid Empire, BC 312~BC 63)의 안티오쿠스 3세(Antiochus Ⅲ the Great, 통치 BC 222~BC 187)가 BC 198년부터 이스라엘을 지배하기 시작했다. 안티오쿠스 3세는 BC 221~BC 220년에 동쪽의 반란군인 메대와 바사를 침략해 반란군을 진압하기도 했다. 「다니엘」 8장 9절에 나오는 '동편'은 아마도 안티오쿠스 3세의 메대와 바사 침공을 의미하는 것 같다. 이는 앞서 살펴본 「다니엘」 8장 24절의 "자기의 힘으로 말미암은 것이 아니며(not by his own power)"라는 내용을 뒷받침하고 있는 것이다. 다시 말해 선대 안티오쿠스 3세를 등에 업었다는 뜻이다.

「다니엘」 8:9 - 그 중 한 뿔에서 또 작은 뿔 하나가 나서 남편과 동편과 또 영화로운 땅을 향하여 심히 커지더니(Out of one of them came another horn, which started small but grew in power to the south and to the east and toward the Beautiful Land.(NIV)

안티오쿠스 3세가 죽자 그의 아들인 안티오쿠스 4세 에피파네스(Antiochus IV Epiphanes, 통치 BC 175~BC 164)가 왕위를 이어받았고, 그는 BC 175~BC 165년까지 이스라엘 민족을 지배하였다. 에피파네스는 사악하고 간교한 인물로 에피파네스는 미친 사람(The Mad One)이란 뜻이다. 이것은 「다니엘」 8장 23절의 가브리엘 천사장의 해석에서 그가 '엄장한 얼굴을 가졌다'라고 표현한 것과 일치하는 것이다. 엄장한 얼굴이란 매우 사나운, 난폭한, 적의(敵意) 있는, 다시 말해 미친(mad) 얼굴을 가졌다는 것을 의미한다. 에피파네스를 두고 예언한 것이라는 것을 알 수 있는 대목이다.

「다니엘」 8:23 - 이 네 나라 마지막 때에 패역자들이 가득할 즈음에 한 왕이 일어나리니 그 얼굴은 엄장하며 궤휼에 능하며("In the latter part of their reign, when rebels have become completely wicked, a stern-faced king, a master of intrigue, will arise.(NIV)

3-2. 에피파네스→ BC 171년에 예루살렘과 BC 170년에 남쪽(프톨레미)을 침략

안티오쿠스 4세는 BC 170년과 BC 168년에 남쪽 이집트의 프톨레마이오스 왕조(Ptolemies Dynasty)를 침략하기도 했으며, BC 168년에는 북쪽 지중해 동부의 키프로스(Cyprus)를 침략하기도 했다. 그리고 BC 171년에는 이스라엘의 예루살렘을 침략했다. 이것을 「다니엘」 8장 9절에는 '남편'과 '영화로운 땅' 이라고 표현하고 있다.

「다니엘」 8:9 - 그 중 한 뿔에서 또 작은 뿔 하나가 나서 남편과 동편과 또 영화로운 땅을 향하여 심히 커지더니(Out of one of them came another horn, which started small but grew in power to the south and to the east and toward the Beautiful Land.(NIV)

3-3. BC 175년의 평화협정을 깨고 BC 171년에 예루살렘 침략→성소 파괴

안티오쿠스 4세는 이스라엘 유대 민족의 선심을 사기 위해 BC 175년에 유대 민족과 평화적 관계를 맺었으나, BC 171년에 이 평화적 관계를 깨고 유대 민족을 침략하여 예루살렘 성전(Temple)에 들어가 성소와 제사를 훼손하고 많은 신전 물건들을 약탈해갔다. 이는 「다니엘」 8장 25절의 가브리엘 천사장의 해석 중에 "또 평화한 때에"라는 내용을 역사적 진실로 보여주는 대목이다.

「다니엘」 8:25 - 그가 꾀를 베풀어 제 손으로 궤휼을 이루고 마음에 스스로 큰 체하며 또 평화한 때에 많은 무리를 멸하며 또 스스로 서서 만왕의 왕을 대적할 것이나 그가 사람의 손을 말미암지 않고 깨어지리라(He will cause deceit to prosper, and he will consider himself superior. When they feel secure, he will destroy many and take his stand against the Prince of princes. Yet he will be destroyed, but not by human power.(NIV)

3-4. BC 171년에 성소 파괴 후 BC 168년에 매일 드리는 제사 폐지

안티오쿠스 4세는 BC 171년에 예루살렘을 침공해 성소를 파괴한 후, 유대인 고유의 고위 사제(High Priest)를 폐하고 헬레니즘적인 고위 사제를 임명하는 등 의식과 제도를 수정(변개)하고, 마침내 BC 168년에 하나님께 매일 드리는 제사를 폐지하였다. 그는 그 대신 유대인들로 하여금 고유의 전통인 안식일과 할례(circumcision)와 야훼(Yahweh, JHWH) 하나님을 버리고 그리스의 신들을 경배하게 하였다. 안티오쿠스 4세는 예루살렘 성전에 제우스(Zeus) 상(statue)을 세우고 헬레니즘적 고위 제사장들로 하여금 양이나 송아지 대신 돼지들(pigs)을 제사의 제물로 바치도록 하였으며, 또한 헬레니즘화(Hellenization, 그리스화)하도록 하는 정책을 통해 유대 민족을 압제하고 핍박하고 많은 유대인들을 죽였다.

이는 「다니엘」 8장 11절과 12절의 다니엘의 이상인 '성소를 파괴하고 매일 드리는 제사를 제하여 버렸고'와 '진리를 땅에 던지며 자의로 행하여'라는 것과 부합하는 역사적 진실이다.

「다니엘」 8:11 - 또 스스로 높아져서 군대의 주재를 대적하며 그에게 매일 드리는 제사를 제하여 버렸고 그의 성소를 헐었으며

8:12 - 범죄함을 인하여 백성과 매일 드리는 제사가 그것에게 붙인 바 되었고 그것이 또 진리를 땅에 던지며 자의로 행하여 형통하였더라

3-5. 마카비 혁명(Maccabees, Maccabean Revolt, BC 167~BC 146)이 일어나다

안티오쿠스 4세가 BC 168년에 하나님 아버지께 매일 드리는 제사를 폐지하자, 이것이 바로 유대인들로 하여금 BC 167년에 마카비 혁명(Maccabees, Maccabean Revolt, BC 167~BC 146)을 일으키게 하는 발단이 되었다. 마카비는 셀류쿠스(시리아) 왕조의 속국이었던 이스라엘 땅의 일부를 찾고자 하는 유대인의 반역군(Jewish rebel army)이었다.

3-6. 2,300주야가 끝나는 BC 165년에 예루살렘 성전과 매일 드리는 제사 회복

그 결과 BC 165년 12월 25일에 안티오쿠스 4세의 유대 지배를 종식시키고, 예루살렘(Jerusalem)을 해방시켜 예루살렘 성전 외벽을 쌓는 등 성전을 정화하고 복구하였으며, 다시 하나님께 드리는 제사를 복원하였다. 유대인

들은 이 날을 기념하기 위하여 11월 말이나 12월 말에 8일간의 축제를 연다(Hanukkah). 2015년의 경우 12월 6일부터 축제가 시작되고 2016년의 경우 12월 24일부터 시작된다.

결국 예루살렘 성전이 파괴된 BC 171년, 그리고 매일 드리는 제사가 폐지된 BC 168년, 그리고 다시 성전을 회복하고 제사를 회복한 BC 165년까지, 다시 말해 BC 171~BC 165년까지 총 2,300주야(일), 즉 6.4년이 걸렸다. 이는 「다니엘」 8장 14절과 일치하는 역사적 진실이다.

「다니엘」 8:14 - 그가 내게 이르되 이천삼백 주야까지니 그 때에 성소가 정결하게 함을 입으리라 하였느니라(He said to me, "It will take 2,300 evenings and mornings; then the sanctuary will be reconsecrated."(NIV)

3-7. 에피파네스→「다니엘」의 예언대로 갑작스런 불치의 병에 걸려 사망

반면 안티오쿠스 4세는 BC 164년에 적군들의 사람에 의해 피살된 것이 아니라 갑작스런 불치의 병에 걸려 사망하게 된다. 하나님을 모독하고 성도들을 핍박하던 그는 「다니엘」 8장 25절의 가브리엘 해석의 예언대로 사람의 손으로 말미암지 않고 스스로 깨어지게 된 것이었다.

「다니엘」 8:25 - 그가 꾀를 베풀어 제 손으로 궤휼을 이루고 마음에 스스로 큰 체하며 또 평화한 때에 많은 무리를 멸하며 또 스스로 서서 만왕의 왕을 대적할 것이나 그가 사람의 손을 말미암지 않고 깨어지리라(He will cause deceit to prosper, and he will consider himself superior. When they feel secure, he will destroy many and take his stand against the Prince of princes. Yet he will be destroyed, but not by human power.(NIV)

4절 2,300주야의 해석, 2,300일이냐 2,300년이냐? 2,300일=6.4년이 맞아

1. 매일 드리는 제사 폐지당하고 성소가 정결 할 때까지 2,300주야

☞ 「다니엘」 8:13 - 내가 들은즉 거룩한 자가 말하더니 다른 거룩한 자가 그 말하는 자에게 묻되 이상에 나타난 바 매일 드리는 제사와 망하게 하는 죄악에 대한 일과 성소와 백성이 내어준 바 되며 짓밟힐 일이 어느 때까지 이를꼬 하매(Then I heard a holy one speaking, and another holy one said to him, "How long will it take for the vision to be fulfilled--the vision concerning the daily sacrifice, the rebellion that causes desolation, and the surrender of the sanctuary and of the host that will be trampled underfoot?"(NIV)

8:14 - 그가 내게 이르되 이천삼백 주야까지니 그 때에 성소가 정결하게 함을 입으리라 하였느니라(He said to me, "It will take 2,300 evenings and mornings; then the sanctuary will be reconsecrated."(NIV)

「다니엘」 8장 13절과 14절에는 예루살렘 성전과 성소가 파괴되고 성도들이 죽임을 당하며 하나님 아버지께 매일 드리는 제사가 폐지 당한 후 다시 예루살렘 성전과 성소가 회복될 때까지의 기간, 즉 총 2,300주야(일)가 걸린다는 예언이 나온다.

2. 주야(일일)를 일년으로 계산하라는 하나님 아버지나 천사의 지시가 없다

그런데 본권 서문인 "들어가기 전에"서 살펴본 대로 「민수기」 14장 34절과 「에스겔」 4장 6절과 같이 주야(일일)를 일년으로 계산(환산)하라는 하나님 아버지나 천사의 지시가 없다는 것이다. 따라서 2,300주야(일)는 그냥 2,300일을 의미하는 것이다.

「민수기」 14:34 - 너희가 그 땅을 탐지한 날수 사십 일의 하루를 일년으로 환산하여 그 사십 년간 너희가 너희의 죄악을 질찌니 너희가 나의 싫어 버림을 알리라 하셨다 하라

「에스겔」 4:6 - 그 수가 차거든 너는 우편으로 누워 유다 족속의 죄악을 담당하라 내가 네게 사십 일로 정하였나니 일 일이 일 년이니라

3. 가브리엘 천사장의 해석→ "여러 날 후의 일임이니라"의 의미

☞「다니엘」 8:17 - 그가 나의 선 곳으로 나아왔는데 그 나아올 때에 내가 두려워서 얼굴을 땅에 대고 엎드리매 그가 내게 이르되 인자야 깨달아 알라 이 이상은 정한 때 끝에 관한 것이니라(As he came near the place where I was standing, I was terrified and fell prostrate. "Son of man," he said to me, "understand that the vision concerns the time of the end."(NIV)

8:19 - 가로되 진노하시는 때가 마친 후에 될 일을 내가 네게 알게 하리니 이 이상은 정한 때 끝에 관한 일임이니라(He said: "I am going to tell you what will happen later in the time of wrath, because the vision concerns the appointed time of the end.(NIV)

8:26 - 이미 말한 바 주야에 대한 이상이 확실하니 너는 그 이상을 간수하라 이는 여러 날 후의 일임이니라("The vision of the evenings and mornings that has been given you is true, but seal up the vision, for it concerns the distant future."(NIV); And the vision of the evening and the morning which was told is true: wherefore shut thou up the vision; for it shall be for many days.(KJV); "This vision about the 2,300 evenings and mornings(1) is true. But none of these things will happen for a long time, so keep this vision a secret." / (1)Hebrew about the evenings and mornings; compare 8.14.(New Living)

또한 「다니엘」 8장 17절과 19절과 26절의 이에 대한 가브리엘 천사장의 해석을 주의 깊게 살필 필요가 있다. 그 "이상은 정한 때 끝에 관한 일(the vision concerns the appointed time of the end)"이라는 것이다. 여기에서 정한 때(the appointed time)가 매우 중요한데, 그 의미는 제국들의 흥망과 성쇠를 말하는 것이다. 흥망과 성쇠가 언제인지 그 기간이 다 정해져 있다는 것이다. 또한 "여러 날 후의 일임이니라(the distant future or for many days or for a long time)"라고 기록되어 있는 것으로 보아 이것은 마지막 끝 날(The End)의 예수님의 재림이나 새 하늘과 새 땅의 새로운 예루살렘과 만국들을 말하는 것이 아니라 곧 일어날 어느 왕조의 특정 왕 시대의 정한 기간에 일어남을 예언하는 것이다.

4. 안티오쿠스 4세의 성전 파괴와 제사 폐지부터 마카비 혁명에 의한 성전과 제사 회복까지의 기간인 BC 171~BC 165년까지의 2,300주야(일)=6.4년이 맞아

몇몇 목회자 혹은 신학자 혹은 크리스찬들은 앞서 살펴본 「민수기」 14장 34절과 「에스겔」 4장 6절을 들어 2,300주야(일)를 2,300년으로 해석해, 과거의 역사를 꿰맞추는 시도를 하기도 한다. 인터넷에 들어가 검색해보면 2,300년으로 해석하는 여러 종파들을 수도 없이 발견 할 수 있다. 필자가 보기엔 다 틀린 것이다.

역사적으로 볼 때 이것은 안티오쿠스 4세의 성전 파괴(BC 171)부터 시작하여 그 다음 하나님 아버지께 드리는 제사 폐지(BC 168), 그 이후의 마카비 혁명에 의한 성전과 제사 회복까지(BC 165)의 기간인 BC 171~BC 165년까지의 2,300주야(일), 즉 6.4년 동안을 의미하는 것이다.

따라서 말씀에 대한 시대적 해석은 헬라 셀레우코스제국의 안티오쿠스 4세 에피파네스가 유대 땅을 점령하고 예루살렘 성소와 제사를 훼손하고 핍박하는 일들이 얼마간이나 지속될 것이며, 다시 이러한 하나님께 매일 드리는 제사와 성소가 회복되고 정결케 되는 일들이 2300주야(6.4년) 후에 올 것이라는 것을 이상을 통해 예언하는 말씀인 것이다.

그러므로 2,300주야에 대한 예언은 안티오쿠스 4세가 BC 171년부터 BC 165년까지 대략 6.4년 동안 유대 종교 말살 정책과 예루살렘 선전의 신성모독 등을 행하다가 마카비 혁명에 의해 안티오쿠스 4세가 축출되고 예루살렘 성전이 정결케 되며 제사가 회복된 때인 BC 165년 12월 25일까지를 예언한 말씀으로 보는 것이 가장 타당한 것이며, 이는 역사적 진실인 것이다.

5절 다니엘이 혼절하여 수일을 앓다

☞ 「다니엘」 8:27 - 이에 나 다니엘이 혼절하여 수일을 앓다가 일어나서 왕의 일을 보았느니라 내가 그 이상을 인하여 놀랐고 그 뜻을 깨닫는 사람도 없었느니라(I, Daniel, was exhausted and lay ill for several days. Then I got up and went about the king's business. I was appalled by the vision; it was beyond understanding.(NIV)

이 엄청난 이상과 가브리엘 천사장의 해석을 이상으로 본 다니엘은 이에 혼절하여 수일을 앓았다. 왜냐하면 그 이상을 인하여 놀랐고 그 뜻을 깨닫는 사람도 없었기 때문이었다. 필자도 수양과 수염소와 2,300일을 깨닫는 데 무려 10일이나 걸렸다.

9장

「다니엘」 9장의 일곱(7) 이레+육십이(62) 이레+한(1) 이레=칠십(70) 이레란?

메데와 바사의 아케메니드제국(Achaemenid Empire, BC 576~BC 330)의 6대 왕인 크세르크세스 1세(Xerses I, 통치 BC 485~BC 465, 성경의 '아하수에로')의 아들, 즉 8대 왕인 다리우스 2세(Darius II, BC 423~BC 404)의 통치 원년인 BC 423년에, 다니엘은 여호와의 말씀이 선지자 예레미야에게 임하여 고하신 그 연수를 깨닫는다. 곧 예루살렘의 황무함이 칠십 년 만에 마치리라 하신 것인데, 이것은 70년간의 바벨론 유수(幽囚 또는 捕囚 또는 포로, Babylonian Captivity/Babylon Exile, BC 605~BC 538)를 말하는 것이다.

신바빌로니아 왕조(BC 625~BC 539)가 멸망한 후 이스라엘의 운명을 걱정하던 다니엘이 선지자 예레미야의 글을 읽다가 "예루살렘의 황무함이 칠십 년 만에 마치리라"(「다니엘」 9:2)는 하나님의 말씀(「예레미야」 25:11)을 발견하게 된다. 이에 따라 이스라엘 민족은 BC 538년부터 바벨론으로부터 이스라엘로 돌아오기 시작한다. 그리고 다니엘은 바벨론에 남아 바벨론에서 돌아온 그 이후의 이스라엘의 운명을 계속 걱정한다.

「다니엘」 9:1 - 메대 족속 아하수에로의 아들 다리오가 갈대아 나라 왕으로 세움을 입던 원년(In the first year of Darius son of Xerxes (a Mede by descent), who was made ruler over the Babylonian kingdom--(NIV)

9:2 - 곧 그 통치 원년에 나 다니엘이 서책으로 말미암아 여호와의 말씀이 선지자 예레미야에게 임하여 고하신 그 년수를 깨달았나니 곧 예루살렘의 황무함이 칠십년만에 마치리라 하신 것이니라(in the first year of his reign, I, Daniel, understood from the Scriptures, according to the word of the LORD given to Jeremiah the prophet, that the desolation of Jerusalem would last seventy years.)

「예레미야」 25:11 - 이 온 땅이 황폐하여 놀램이 될 것이며 이 나라들은 칠십 년 동안 바벨론 왕을 섬기리라(This whole country will become a desolate wasteland, and these nations will serve the king of Babylon seventy years.)

그리고 다니엘은 금식하며 베옷을 입고 재(ashes)를 무릅쓰고 주 하나님께 기도하며 간구한다. 이스라엘 백성의 잘못을 용서하고 예루살렘 성전의 복구와 제사를 회복해달라고 하나님 아버지께 기도하며 간구한다. 이것으로 보아 BC 423년까지도 예루살렘 성전이 완전히 복구가 안되었음을 알 수 있는 대목이다.

이 때 다니엘에게 이전 이상 중에 본 천사장인 가브리엘이 소형우주선을 타고 날아와서(came to me in swift flight or being caused to fly swiftly) 다니엘에게 지혜(insight)와 총명(understanding)을 준다. 그리고 다니엘보고 이상을 깨달으라라고 말한다.

가브리엘 천사장이 준 지혜와 총명이 「다니엘」 9장 24절부터 27절까지 기록되어 있는데, 일곱(7) 이레+육십이(62) 이레+한(1) 이레=칠십(70) 이레의 예언에 관한 것이다. 필자가 이것을 깨닫는 데 상당한 연수가 걸렸다.

1절 모든 죄를 대속할 거룩한 자가 기름 부음을 받아 초림에서 죽음-부활-승천

1. 거룩한 자가 기름 부음을 받아, 기름 발린 이는 누구이신가?

☞「다니엘」9:24 - 네 백성과 네 거룩한 성을 위하여 칠십 이레로 기한을 정하였나니 허물이 마치며 죄가 끝나며 죄악이 영속되며 영원한 의가 드러나며 이상과 예언이 응하며 또 지극히 거룩한 자가 기름 부음을 받으리라("Seventy 'sevens' are decreed for your people and your holy city to finish transgression, to put an end to sin, to atone for wickedness, to bring in everlasting righteousness, to seal up vision and prophecy and to anoint the most holy.(NIV); Seventy weeks are determined upon thy people and upon thy holy city, to finish the transgression, and to make an end of sins, and to make reconciliation for iniquity, and to bring in everlasting righteousness, and to seal up the vision and prophecy, and to anoint the most Holy.(KJV); "A period of seventy sets of seven(1) has been decreed for your people and your holy city to finish their rebellion, to put an end to their sin, to atone for their guilt, to bring in everlasting righteousness, to confirm the prophetic vision, and to anoint the Most Holy Place(2). / (1)Hebrew seventy sevens. (2)Or the Most Holy One.(New Living)

문맥을 파악하기 위해 우선 칠십 이레 기간에 "지극히 거룩한 자가 기름 부음을 받으리라(anoint the most Holy One)"부터 먼저 살펴보자. 이는 어느 분을 말하는 것인가?

1-1. 이사야 선지자, 바사의 고레스 대왕을 '기름 부음 받은 자'라 함

이 70년간의 바벨론 유수(幽囚 또는 捕囚 또는 포로, Babylonian Captivity/Babylon Exile, BC 605~BC 538)에 종지부를 찍은, 즉 구원의 손길을 준 나라

가 페르시아의 아케메네스(Achaemenes) 혹은 아케메니드제국(Achaemenid Empire, BC 576~BC 330)이었다. 아케메니드(바사)제국의 1대 왕인 키루스 대왕(Cyrus the Great, Cyrus II of Persia, 통치 BC 559~BC 530, 성경의 '고레스')이 세를 남쪽으로 확장시켜 바빌론 성을 무혈점령하고, 신바빌로니아 왕조(BC 625~BC 539)를 멸망시킨 후(BC 539), 키루스 대왕의 바벨론 통치 원년인 BC 538년에 고레스 칙령을 발표해 1차 포로귀환이 이루어졌다(「역대하」 36:20~23, 「에스라」 1장). 1차 포로귀환은 BC 538년에 스룹바벨(Zerubbabel)의 인도로(「에스라」 2:2), 제2진은 BC 458년 에스라(Ezra)의 인도로(「에스라」 7장), 그리고 제3진은 BC 445년에 느헤미야(Nehemiah) 총독의 인도로 귀국했다(〈느헤미야〉 2장).

그리고 BC 538년에 고레스 대왕의 예루살렘 성전 재건이라는 칙령에 따라 바벨론에서 돌아온 유대인들은 스룹바벨(Zerubbabel)의 지휘 아래 소규모의 예루살렘 성전 재건을 시작하여 5대 왕인 다리우스(Darius King of Persia, Darius I, 성경의 '다리오', 통치 BC 522-BC 486)가 통치하기 시작한 6년인 BC 516년에 완공하고 봉헌하였다(「에스라」 6:15).

이러한 관점에서 이사야 선지자는 여호와 하나님(야훼)께서 고레스를 가르켜 '그는 나의 목자'라고 기록하고 있으며, 또한 '기름 부음 받은 자'라 기록하고 있다는 점이다(「이사야」 44:28; 45:1).

「이사야」 44:28 - 고레스에 대하여는 이르기를 그는 나의 목자라 나의 모든 기쁨을 성취하리라 하며 예루살렘에 대하여는 이르기를 중건되리라 하며 성전에 대하여는 이르기를 네 기초가 세움이 되리라 하는 자니라

45:1 - 나 여호와는 나의 기름받은 고레스의 오른손을 잡고 열국으로 그 앞에 항복하게 하며 열왕의 허리를 풀며 성문을 그 앞에 열어서 닫지 못하게 하리라 내가 고레스에게 이르기를

1-2. 기름 부음을 받은 자는 거룩한 자, 즉 예수 그리스도의 초림(과거)

그러나 "지극히 거룩한 자가 기름 부음을 받으리라"라고 기록되어 있는 점으로 보아, 이는 누가 보아도 예수 그리스도라는 것을 금방 알 수 있는 구절이다. 다음 구절들을 보라. 분명 거룩한 자는 예수 그리스도요 곧 예수 그리스도는 하나님 아버지께서 성령과 능력을 기름 붓듯이 부어 무한한 기름으로 발리우신 유일한 분이시다.

「누가복음」 4:18 - 주의 성령이 내게 임하셨으니 이는 가난한 자에게 복음을 전하게 하시려고 내게 기름을 부으시고 나를 보내사 포로된 자에게 자유를, 눈먼 자에게 다시 보게 함을 전파하며 눌린 자를 자유케 하고

「사도행전」 4:27 - 과연 헤롯과 본디오 빌라도는 이방인과 이스라엘 백성과 합동하여 하나님의 기름 부으신 거룩한 종 예수를 거스려

「사도행전」 10:38 - 하나님이 나사렛 예수에게 성령과 능력을 기름붓듯 하셨으매 저가 두루 다니시며 착한 일을 행하시고 마귀에게 눌린 모든 자를 고치셨으니 이는 하나님이 함께 하셨음이라

2. 우리의 죄를 대신해 죽으신, 구원(구속)과 영생의 예수님의 부활과 승천

☞「다니엘」 9:24 - 네 백성과 네 거룩한 성을 위하여 칠십 이레로 기한을 정하였나니 허물이 마치며 죄가 끝나며 죄악이 영속되며 영원한 의가 드러나며 이상과 예언이 응하며 또 지극히 거룩한 자가 기름 부음을 받으리라("Seventy 'sevens' are decreed for your people and your holy city to finish transgression, to put an end to sin, to atone for wickedness, to bring in everlasting righteousness, to seal up vision and prophecy and to anoint the most holy.(NIV); "A period of seventy sets of seven(1) has been decreed for your people and your holy city to finish their rebellion, to put an end to their sin, to atone for their guilt, to bring in everlasting righteousness, to confirm the prophetic vision, and to anoint the Most Holy Place(2). / (1)Hebrew seventy sevens. (2)Or the Most Holy One.(New Living)

이스라엘 백성과 예루살렘 성전을 위해 거룩한 자, 즉 예수 그리스도가 성령과 능력으로 무장하시어 이 땅에 초림하셔서, 결국 십자가에 못박혀 죽으시고 3일 만에 부활하시어 40일간 12제자들을 가르치시다가(「사도행전」 1:3) 승천하시어 하나님 아버지의 보좌 우편에 앉아 계신 예수님의 덕분에 다음의 은혜를 우리 인간들은 받았다.

2-1. 허물/죄가 끝나며, 죄악이 구속되며, 영원한 의가 드러나며

"허물이 마치며(to finish transgression or to finish their rebellion)"라는 것은 더 이상 예루살렘 성전을 짓밟는 일이 없다는 뜻이며, 더 이상 배도가 없다는 뜻으로, 이는 예루살렘 성전의 완전한 파괴(AD 70)를 의미하는 것이다. 예수님 사후 예루살렘 성전이 완전 파괴됨으로써 그 이후로 지금까지, 그러나 먼 미래에 다시 예루살렘 성전이 복구될 때까지, 엄청 긴 공백기간에는 더 이상의 성전을 짓밟는 일이 없다는 뜻이다. 이 말은 엄청 긴 공백기간이 지나면 다시 예루살렘 성전이 복구되고 다시 성전을 짓밟는 일과 배도가 일어난다는 뜻이다.

"죄가 끝나며(to put an end to sin)"라는 것은 예수님이 우리 인간을 위해 대속, 즉 피를 흘리며 죽으심으로 우리 인간의 죄를 속죄, 즉 구원하셨다는 것으로, 예수님을 믿고 회개하고 말씀을 따라 순종하고 행동하면 영생을 보장하셨다는 의미이다.

"죄악이 영속되며(to atone for wickedness)"라는 것은 설사 악한 행동, 즉 불의를 저질러도 예수님께서 대속하셨으므로 다 용서해주신다는 의미이다. 단, 예수님을 믿고 회개하고 행동하는 의로운 자들에게만 해당하는 것이다. 이것을 잘못 해석하여 예수님께서 이미 죄를 다 용서해주셨으므로 아무렇게 살아도 된다는 이교의 믿음은 잘못된 것이다.

"영원한 의가 드러나며(to bring in everlasting righteousness)"라는 것은 예수님이 우리 인간을 위해 죽으심으로, 하나님의 참 백성들이 이에 따라 돌아올 것이며, 그에 따라 불의의 하나님들과 불의의 인간들이, 예수님의 재림에 따라 심판을 받아, 선과 악 중 악이 멸망될 것이라는 의미이다. 이 세상과 천상의 세상은 선과 악(사단/뱀/용/마귀)의 싸움이라고 했다. 결국 악이 멸망, 즉 유황 불못 속에 던져져 영원한 의만 드러나는 새로운 세상이 창조된다는 것을 강조한 것이다. 이는 「요한계시록」 21장과 22장의 새로운 하늘과 새 땅에 세워질 새 예루살렘과 만국들(the nations)을 의미하는 것이다.

2-2. 이상과 예언이 응하며→선지자들의 하신 말씀을 다 이루다

"이상과 예언이 응하며(to seal up vision and prophecy or to confirm the prophetic vision)"라는 것은 '밀폐하다' 또는 '봉하다(seal)'가 아니라 그 동안 선지자들이 본 이상(vision)과 예언이 '확실히 하다(confirm)' 또는 '비준하다' 또는 '드러난다(seal up)'는 의미이다. 예수님께서 메시야(Messiah=Christ, '메시야는 번역하면 그리스도라', 「요한복음」 1:41)로 오셔서 선지자들의 이상과 예언을 다 이룬다는 뜻이다. 그러나 이 땅의 왕 중에 왕으로 오신 메시야를 몰라 보고 유대인들은 메시야를 십자가에 못박아 죽이셨다.

2절 칠십(70) 이레=일곱(7) 이레+육십이(62) 이레+~(긴 공백기간)~+한(1) 이레

1. 한 이레(One week, One seven)는 7.08=대략 7년

☞ 「다니엘」 9:24 - 네 백성과 네 거룩한 성을 위하여 칠십 이레로 기한을 정

하였나니 허물이 마치며 죄가 끝나며 죄악이 영속되며 영원한 의가 드러나며 이상과 예언이 응하며 또 지극히 거룩한 자가 기름 부음을 받으리라("Seventy 'sevens' are decreed for your people and your holy city to finish transgression, to put an end to sin, to atone for wickedness, to bring in everlasting righteousness, to seal up vision and prophecy and to anoint the most holy.(NIV); Seventy weeks are determined upon thy people and upon thy holy city, to finish the transgression, and to make an end of sins, and to make reconciliation for iniquity, and to bring in everlasting righteousness, and to seal up the vision and prophecy, and to anoint the most Holy.(KJV)

본권 "들어가기 전에"에서 살펴본 대로 「다니엘」 9장 24절~25절에는 칠십 이레(Seventy 'sevens' or 'weeks')가 등장한다. 내용을 보면 우선 일곱 이레(Seven 'sevens')와 육십이 이레(Sixty two 'sevens')가 연속적이고, 즉 연속적인 69이레가 지나고, 긴 공백기간이 한참 있은 후에 다시 연속적인 마지막 한 이레(One 'seven')가 등장한다. 한 이레는 7.08년 약 7년이라고 했다.

2. 예루살렘 성전이 아닌 예루살렘 성(성읍/거리/성벽) 중건령(BC 445)

☞ 「다니엘」 9:25 - 그러므로 너는 깨달아 알찌니라 예루살렘을 중건하라는 영이 날 때부터 기름부음을 받은 자 곧 왕이 일어나기까지 일곱 이레와 육십이 이레가 지날 것이요 그 때 곤란한 동안에 성이 중건되어 거리와 해자가 이룰 것이며("Know and understand this: From the issuing of the decree to restore and rebuild Jerusalem until the Anointed One, the ruler, comes, there will be seven 'sevens,' and sixty-two 'sevens.' It will be rebuilt with streets and a trench, but in times of trouble.(NIV); Know therefore and understand, that from the going forth of the commandment to restore and to build Jerusalem unto the Messiah the Prince shall be seven weeks, and threescore and two weeks: the street shall be built again, and the wall, even in troublous times.(KJV); Now listen and understand! Seven sets of seven plus sixty-two sets of seven(1) will pass from the time the command is given to rebuild Jerusalem until a ruler - the Anointed One(2) - comes. Jerusalem will be rebuilt with streets and strong defenses(3), despite the perilous times. / (1) Hebrew Seven sevens plus sixty-two sevens. (2)Or an anointed one; similarly in 9.26. Hebrew reads a messiah. (3)Or and a moat, or and trenches.(New Living); Note this and understand it : From the time the command is given to rebuild Jerusalem until God's chosen leader comes, seven times seven years will pass. Jerusalem will be rebuilt with streets and strong defenses, and will stand for seven times sixty-two years, but this will be a time of troubles.(Good News)

그 다음 「다니엘」 9장 25절에는 "그러므로 너는 깨달아 알찌니라 예루살렘을 중건하라는 영이 날 때부터 기름부음을 받은 자 곧 왕이 일어나기까지 일곱 이레와 육십이 이레가 지날 것이요 그 때 곤란한 동안에 성이 중건되어 거리와 해자가 이룰 것이며"라는 가브리엘 천사장의 말씀이 나온다. 예루살렘을 중건하라는 어떤 왕의 영(명령, 칙령, the issuing of the decree or the commandment or the decree)이 날 때부터 기름 부름을 받은 자 곧 왕이, 즉 메시야(the Messiah), 즉 예수 그리스도가 이 땅에 오시기까지 일곱 이레와 육십이 이레가 지난다는 것이다. 다시 말해 7+62=69이레가 지나는 동안에 예루살렘 성이 중건되어 거리(streets)와 해자, 즉 방어진지(trench or strong defenses)와 성벽(the wall)이 구축된다는 것이다.

여기서 주의할 것은 이 때의 중건령은 예루살렘 성전(the temple)이 아니라 예루살렘 성의 중건(restore and rebuild Jerusalem)에 따른 예루살렘 거리와 방어진지와 성벽의 중건이라는 것이다.

따라서 예루살렘의 성전과 예루살렘의 거리와 성벽 중건이라는 역사적 사실을 살펴볼 필요가 있다. 이것은 일곱 이레와 육십이 이레를 해석하는 데 매우 중요한 역사적 진실이기 때문이다.

2-1. 솔로몬 왕이 세운 첫 번째 성전(제1성전)(BC 959)

예루살렘 성전 또는 여호와 하나님 성전(Temple of Jerusalem or Temple of the Lord)은 이스라엘 백성이 야훼(Yahweh, YHWH) 하나님을 예배하기 위하여 모리야산(성전산, Mount Moriah, Temple Mount, 아브라함이 아들 이삭을 번제물로 바치려 했던 산임)의 정상에 세운 신전(神殿)으로 성서시대에 따라 예루살렘에는 같은 장소에 세 번의 성전이 건축되었다.

우선 첫 번째 제1성전은 솔로몬 왕(통치 BC 970~BC 930)이 세운 성전이다. BC 966년에 건축하기 시작하여(「열왕기상」 6:1, 6:37, 「역대하」 3:1) BC 959년에 완공되었다(「열왕기상」 6:38). 이스라엘 자손이 애굽 땅에서 나온 지 480년이요 솔로몬이 이스라엘 왕국의 왕이 된 지 4년에 건축을 시작하였다 했으니, 애굽 땅을 나온 때가 BC 1446년이므로 1446-480=966년이며, 왕이 된 때가 BC 970이므로 970-4=966년이 된다. 또 솔로몬이 성전을 건축한 기간이 7년이었다 했으니 966-7=959년에 완성하였다.

솔로몬 왕이 건축한 제1성전은 신바빌로니아(BC 625~BC 539) 왕조의 네브카드네자르 2세(구약의 '느부갓네살', Nebuchadnezzar, 통치 BC 605~BC 562)에 의해 파괴되었다(BC 586년).

2-2. 바사 고레스 대왕의 예루살렘 성전 중건령(제2성전)(BC 538)

아케메니드(바사)제국의 1대 왕인 키루스 대왕(Cyrus the Great, Cyrus II of Persia, 통치 BC 559~BC 530, 성경의 '고레스')이 세를 남쪽으로 확장시켜 바빌론 성을 무혈점령하고, 신바빌로니아 왕조(BC 625~BC 539)를 멸망시킨 후(BC 539), 키루스 대왕의 바벨론 통치 원년인 BC 538년에 고레스 칙령을 발표해

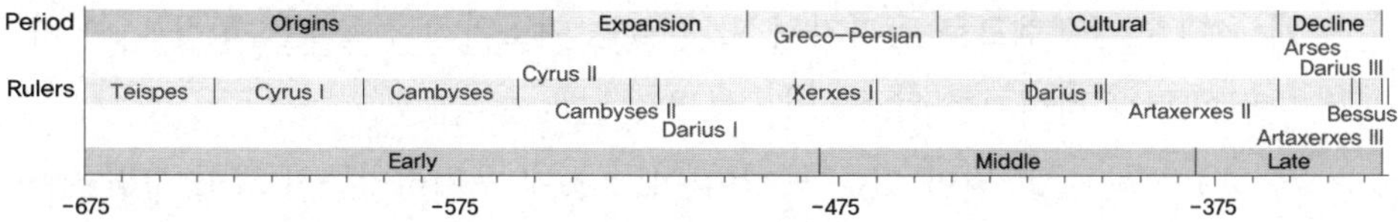

아케메니드(바사)제국의 역사와 왕들. Image Credit : wikipedia.org

1차 포로귀환이 이루어졌다.

그리고 BC 538년에 고레스 대왕의 예루살렘 성전 재건(build the Temple of Jerusalem or Temple of the Lord)이라는 칙령에 따라 바벨론에서 돌아온 유대인들은 스룹바벨(Zerubbabel)의 지휘 아래 소규모의 예루살렘 성전 재건을 시작하였다. 이를 제2성전이라 부른다. 예루살렘 성전을 재건하라는 칙령의 증건령은 「역대하」 36장 22절~23절과 「에스라」 1장 1절~4절에 기록되어 있다.

「역대하」 36:22 - 바사 왕 고레스 원년에 여호와께서 예레미야의 입으로 하신 말씀을 응하게 하시려고 바사 왕 고레스의 마음을 감동시키시매 저가 온 나라에 공포도 하고 조서도 내려 가로되

36:23 - 바사 왕 고레스는 말하노니 하늘의 신 여호와께서 세상 만국으로 내게 주셨고 나를 명하여 유다 예루살렘에 전을 건축하라 하셨나니 너희 중에 무릇 그 백성 된 자는 다 올라갈찌어다 너희 하나님 여호와께서 함께하시기를 원하노라 하였더라

「에스라」 1:1 - 바사 왕 고레스 원년에 여호와께서 예레미야의 입으로 하신 말씀을 응하게 하시려고 바사 왕 고레스의 마음을 감동시키시매 저가 온 나라에 공포도 하고 조서도 내려 가로되

1:2 - 바사 왕 고레스는 말하노니 하늘의 신 여호와께서 세상 만국으로 내게 주셨고 나를 명하사 유다 예루살렘에 전을 건축하라 하셨나니

1:3 - 이스라엘의 하나님은 참 신이시라 너희 중에 무릇 그 백성 된 자는

다 유다 예루살렘으로 올라가서 거기 있는 여호와의 전을 건축하라 너희 하나님이 함께 하시기를 원하노라

1:4 - 무릇 그 남아 있는 백성이 어느 곳에 우거하였든지 그곳 사람들이 마땅히 은과 금과 기타 물건과 짐승으로 도와주고 그 외에도 예루살렘 하나님의 전을 위하여 예물을 즐거이 드릴찌니라 하였더라

2-3. 가나안과 암몬 등 주변국의 방해로 성전 건축 중단(BC 535~BC 520)

고레스 대왕의 예루살렘 성전 재건이라는 칙령에도 불구하고 성전 건축을 방해한 사람들(「에스라」 4장) 때문에 바사제국 5대 왕인 다리오 왕(Darius King of Persia, Darius I, 성경의 '다리오', 통치 BC 522-BC 486)의 통치 2년인 BC 520년까지 성전 건축이 중단되었다(「에스라」 4:24). 가나안(Canaan) 원주민과 암몬(Ammon) 등 주변국의 지속적인 방해로 작업에 많은 어려움을 겪었다. 또 귀환 초기 어려운 생활고와 식어진 신앙 열기도 성전 재건을 어렵게 하는 한 요인이었다.

「에스라」 4:24 - 이에 예루살렘에서 하나님의 전 역사가 그쳐서 바사 왕 다리오 제 이 년까지 이르니라

2-4. 바사 5대 왕인 다리오 왕의 예루살렘 성전 재차 중건령(BC 520)

이 때 이스라엘 백성의 믿음을 격려하며 성전 재건 역사를 독려한 선지자가 학개(Haggai)와 스가랴(Zechariah)였다. 그 결과 BC 520년에 바사 5대 왕인 다리오 왕에 의한 재차 예루살렘 성전 중건령이 내려진다(「에스라」 6:1 & 8 & 13).

「에스라」 6:1 - 이에 다리오 왕이 조서를 내려 서적 곳간 곧 바벨론에서 보물을 쌓아 둔 곳에서 조사하게 하였더니

6:8 - 내가 또 조서를 내려서 하나님의 이 전을 건축함에 대하여 너희가

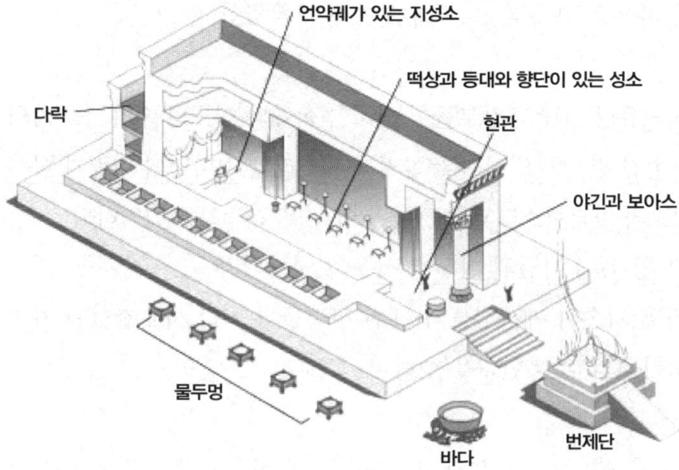

예루살렘 성전의 구조. Image Credit : 네이버 지식백과–라이프성경사전[1]

유다 사람의 장로들에게 행할 것을 알게 하노니 왕의 재산 곧 강 서편 세금 중에서 그 경비를 이 사람들에게 신속히 주어 저희로 지체치 않게 하라

6:13 - 다리오 왕의 조서가 내리매 강 서편 총독 닷드내와 스달보스내와 그 동료들이 신속히 준행한지라

2–5. 다리오 왕 6년에 예루살렘 성전 중건 완공 및 봉헌식 거행(BC 516)

그 결과 예루살렘 성전 재건은 바사제국 5대 왕인 다리오 왕 6년인 BC 516년에 완공되고 봉헌하였다(「에스라」 6:14~18). 스룹바벨의 제2성전은 솔로몬의 제1성전과 비교할 때 초라하기 짝이 없었다. 탈무드에 의하면 지성소(Most Holy Place, Holy of Holies)에는 언약궤(Ark of the Covenant or Ark of the Testimony)도 속죄소(an atonement)도 없었고, 현관의 야긴(Jachin)과 보아스(Boaz)도 없었다고 전한다. 하지만 이 성전은 포로에서 귀환한 이스라엘 백성들의 믿음 생활에 중심 역할을 하기에 충분하였고, 디아스포라(Diaspora, 이산,

---

1 http://terms.naver.com/entry.nhn?docId=2397732&cid=50762&categoryId=51387

離散) 유대인들의 마음을 하나로 묶는 데도 크게 기여하였다.

「에스라」 6:14 - 유다 사람의 장로들이 선지자 학개와 잇도의 손자 스가랴의 권면함으로 인하여 전 건축할 일이 형통한지라 이스라엘 하나님의 명령과 바사 왕 고레스와 다리오와 아닥사스다의 조서를 좇아 전을 건축하며 필역하되

6:15 - 다리오 왕 육년 아달월 삼일에 전을 필역하니라

6:16 - 이스라엘 자손과 제사장들과 레위 사람들과 기타 사로잡혔던 자의 자손이 즐거이 하나님의 전 봉헌식을 행하니

여기서 약간의 혼동이 일어나는데 왜냐하면 「에스라」 6장 14절의 바사국의 7대 왕인 아르타크세르크세스 1세(Artaxersex I, 통치 BC 464~BC 424, 성경의 '아닥사스다')의 조서(the command)가 나오기 때문이다. 이것을 가지고 많은 분들이 예루살렘 성전을 재건하라는 중건령을 내린 왕을 아닥사스다 왕으로 잘못 해석하기 때문이다. 그러나 「에스라」 6장 15절에는 분명 다리오 왕 6년인 BC 516년에 완공되었다고 기록하고 있다는 점이다. 이것으로 보아 예루살렘 성전 중건령은 1대 왕인 고레스 대왕과 5대 왕인 다리오 왕이 내렸다고 보아야 할 것이다. 그리고 아닥사스다의 조서가 무엇인지는 「에스라」 7장에 상세히 기록되어 있다.

2-6. 아닥사스다의 조서는 성전이나 성의 중건령이 아니라 예루살렘으로 귀환령 (BC 457)

「에스라」 7장에는 아닥사스다 왕(Artaxersex I)의 7년, 그러니까 BC 457년에 앞에서 살펴본 아닥사스다의 조서가 내려진다. 그런데 「에스라」 7장 전체를 아무리 읽어 보아도 어디에도 예루살렘 성전을 건축하라는(Build) 또는 재건하라는(Rebuild) 내용이 없다는 것이다. 따라서 이것은 예루살렘 성전 중건령도 아니요 예루살렘 성과 성읍 중건령도 아닌 것이다. 이것은 바벨론에 남아 있던 유대인, 즉 이스라엘 민족이 이미 BC 516년에 중건된 예루살렘에 돌

아가도 좋다는 '귀환령(Return)'인 것이다. 중건된 예루살렘 성전에 가서 이스라엘인들이 아무 불편없이 신앙생활을 잘 할 수 있도록 준비하고 정리하라는 구체적인 조서인 것이다. 이 조서에 따라 학사(teacher) 겸 제사장(priest)인 에스라도 바벨론에서 포로 제2진을 이끌고 예루살렘으로 돌아온다.

「에스라」 7:6 - 이 에스라가 바벨론에서 올라왔으니 저는 이스라엘 하나님 여호와께서 주신 바 모세의 율법에 익숙한 학사로서 그 하나님 여호와의 도우심을 입으므로 왕에게 구하는 것은 다 받는 자더니

7:7 - 아닥사스다 왕 칠년에 이스라엘 자손과 제사장들과 레위 사람들과 노래하는 자들과 문지기들과 느디님 사람들 중에 몇 사람이 예루살렘으로 올라올 때에

7:8 - 이 에스라가 올라왔으니 왕의 칠년 오월이라

7:9 - 정월 초하루에 바벨론에서 길을 떠났고 하나님의 선한 손의 도우심을 입어 오월 초하루에 예루살렘에 이르니라

7:10 - 에스라가 여호와의 율법을 연구하여 준행하며 율례와 규례를 이스라엘에게 가르치기로 결심하였었더라

7:11 - 여호와의 계명의 말씀과 이스라엘에게 주신 율례의 학사인 학사 겸 제사장 에스라에게 아닥사스다 왕이 내린 조서 초본은 아래와 같으니라(This is a copy of the letter King Artaxerxes had given to Ezra the priest and teacher, a man learned in matters concerning the commands and decrees of the LORD for Israel:(NIV); Now this is the copy of the letter that the king Artaxerxes gave unto Ezra the priest, the scribe, even a scribe of the words of the commandments of the LORD, and of his statutes to Israel.(KJV); King Artaxerxes had given a copy of the following letter to Ezra, the priest and scribe who studied and taught the commands and decrees of the LORD to Israel.(New Living)

7:12 - 모든 왕의 왕 아닥사스다는 하늘의 하나님의 율법에 완전한 학사 겸 제사장 에스라에게

7:13 - 조서하노니 우리 나라에 있는 이스라엘 백성과 저희 제사장들과 레위 사람들 중에 예루살렘으로 올라갈 뜻이 있는 자는 누구든지 너와 함께 갈찌어다(Now I decree that any of the Israelites in my kingdom, including priests and Levites, who wish to go to Jerusalem with you, may go.(NIV); I make a decree, that all they of the people of Israel, and of his priests and Levites, in my realm, which are minded of their own freewill to go up to Jerusalem, go with thee.(KJV); "I decree that any of the people of Israel in my kingdom, including the priests and Levites, may volunteer to return to Jerusalem with you.(New Living)

7:14 - 너는 네 손에 있는 네 하나님의 율법을 좇아 유다와 예루살렘의 정형을 살피기 위하여 왕과 일곱 모사의 보냄을 받았으니

7:15 - 왕과 모사들이 예루살렘에 거하신 이스라엘 하나님께 성심으로 드리는 은금을 가져가고

7:16 - 또 네가 바벨론 온 도에서 얻을 모든 은금과 및 백성과 제사장들이 예루살렘 그 하나님의 전을 위하여 즐거이 드릴 예물을 가져다가

7:17 - 그 돈으로 수송아지와 수양과 어린 양과 그 소제와 그 전제의 물품을 신속히 사서 예루살렘 네 하나님의 전 단 위에 드리고

7:18 - 그 나머지 은금은 너와 너의 형제가 선히 여기는 일에 너희 하나님의 뜻을 좇아 쓸찌며

7:19 - 네 하나님의 전에서 섬기는 일을 위하여 네게 준 기명은 예루살렘 하나님 앞에 드리고

7:20 - 그 외에도 네 하나님의 전에 쓰일 것이 있어서 네가 드리고자 하거든 무엇이든지 왕의 내탕고에서 취하여 드릴찌니라

7:21 - 나 곧 나 아닥사스다 왕이 강 서편 모든 고지기에게 조서를 내려 이르기를 하늘의 하나님의 율법의 학사 겸 제사장 에스라가 무릇 너희에게 구하는 것은 신속히 시행하되(Now I, King Artaxerxes, order all the treasurers of Trans-Euphrates to provide with diligence whatever Ezra the priest, a teacher of the Law of the God of heaven, may ask of you--)

7:22 - 은은 일백 달란트까지, 밀은 일백 고르까지, 포도주는 일백 밧까지, 기름도 일백 밧까지 하고 소금은 정수 없이 하라

7:23 - 무릇 하늘의 하나님의 전을 위하여 하늘의 하나님의 명하신 것은 삼가 행하라 어찌하여 진노가 왕과 왕자의 나라에 임하게 하랴

7:24 - 내가 너희에게 이르노니 제사장들이나 레위 사람들이나 노래하는 자들이나 문지기들이나 느디님 사람들이나 혹 하나님의 전에서 일하는 자들에게 조공과 잡세와 부세를 받는 것이 불가하니라 하였노라

7:25 - 에스라여 너는 네 손에 있는 네 하나님의 지혜를 따라 네 하나님의 율법을 아는 자로 유사와 재판관을 삼아 강 서편 모든 백성을 재판하게 하고 그 알지 못하는 자는 너희가 가르치라

7:26 - 무릇 네 하나님의 명령과 왕의 명령을 준행치 아니하는 자는 속히 그 죄를 정하여 혹 죽이거나 정배하거나 가산을 적몰하거나 옥에 가둘찌니라 하였더라

7:27 - 우리 열조의 하나님 여호와를 송축할찌로다 그가 왕의 마음에 예루살렘 여호와의 전을 아름답게 할 뜻을 두시고(Praise be to the LORD, the God of our fathers, who has put it into the king's heart to bring honor to the house of the LORD in Jerusalem in this way)(NIV); Blessed be the LORD God of our fathers, which hath put such a thing as this in the king's heart, to beautify the house of the LORD which is in Jerusalem:(KJV); Praise the LORD, the God of our ancestors, who made the king want to beautify the Temple of the LORD in Jerusalem!(New Living)

7:28 - 또 나로 왕과 그 모사들의 앞과 왕의 권세 있는 모든 방백의 앞에서 은혜를 얻게 하셨도다 나의 하나님 여호와의 손이 나의 위에 있으므로 내가 힘을 얻어 이스라엘 중에 두목을 모아 나와 함께 올라오게 하였노라(and who has extended his good favor to me before the king and his advisers and all the king's powerful officials. Because the hand of the LORD my God was on me, I took courage and gathered leading men from Israel to go up with me.)

2-7. 아닥사스다의 예루살렘 성(성읍/거리/성벽) 중건령(BC 445), 52일 만에 완공

「느헤미야」 2장 1절을 보면 아닥사스다(Artaxersex I, 통치 BC 464~BC 424) 왕의 20년, 그러니까 BC 445년 4월과 5월 사이에 무너지고 불에 타버린 예루살렘 성읍(city)과 성벽(wall)과 문(gates)을 중건라하라는 영(order)이 내려지고, 중건하기 시작해서 BC 445년 10월 2일에, 즉 유대력으로 52일만에 성벽과 문이 재건되었다는 것을 알 수 있다.

「느헤미야」 2:1 - 아닥사스다 왕 이십년 니산월에 왕의 앞에 술이 있기로 내가 들어 왕에게 드렸는데 이 전에는 내가 왕의 앞에서 수색이 없었더니(Early the following spring, in the month of Nisan(1), during the twentieth year of King Artaxerxes' reign, I was serving the king his wine. I had never before appeared sad in his presence. / (1)Hebrew In the month of Nisan. This month of the ancient Hebrew lunar calendar occurred within the months of April and May 445 B.C.(New Living)

2:5 - 왕에게 고하되 왕이 만일 즐겨하시고 종이 왕의 목전에서 은혜를 얻었사오면 나를 유다 땅 나의 열조의 묘실 있는 성읍에 보내어 그 성을 중건하게 하옵소서 하였는데(and I answered the king, "If it pleases the king and if your servant has found favor in his sight, let him send me to the city in Judah where my fathers are buried so that I can rebuild it.")(NIV); And I said unto the king, If it please the king, and if thy servant have found favour in thy sight, that thou wouldest send me unto Judah, unto the city of my fathers' sepulchres, that I may build it.(KJV)

2:17 - 후에 저희에게 이르기를 우리의 당한 곤경은 너희도 목도하는 바라 예루살렘이 황무하고 성문이 소화되었으니 자, 예루살렘 성을 중건하여 다시 수치를 받지 말자 하고(Then I said to them, "You see the trouble we are in: Jerusalem lies in ruins, and its gates have been burned with fire. Come, let us rebuild the wall of Jerusalem, and we will no longer be in disgrace.")(NIV); Then said I unto them, Ye see the distress that we are in, how Jerusalem lieth waste, and the gates thereof are burned with fire: come, and let us build up the wall of Jerusalem, that we be no more a reproach.(KJV)

2:18 - 또 저희에게 하나님의 선한 손이 나를 도우신 일과 왕이 내게 이른 말씀을 고하였더니 저희의 말이 일어나 건축하자 하고 모두 힘을 내어 이 선한 일을 하려 하매(I also told them about the gracious hand of my God upon me and what the king had said to me. They replied, "Let us start rebuilding." So they began this good work.)

「느헤미야」 6:15 - 성 역사가 오십이 일 만에 엘룰월 이십오일에 끝나매(So the wall was completed on the twenty-fifth of Elul, in fifty-two days.(NIV); So the wall was finished in the twenty and fifth day of the month Elul, in fifty and two days.(KJV); So on October 2(1) the wall was finished - just fifty-two days after we had begun. / (1)Hebrew on the twenty-fifth day of the month Elul, of the ancient Hebrew lunar calendar. This day was October 2, 445 B.C.; also see note on 1.1(New Living)

2-8. 「다니엘」 9장 25절은 BC 445년의 예루살렘 성(성읍/거리/성벽) 중건령

따라서 「다니엘」 9장 25절의 "그러므로 너는 깨달아 알찌니라 예루살렘을 중건하라는 영이 날 때부터 …그 때 곤란한 동안에 성이 중건되어 거리와 해자가 이룰 것이며"라는 가브리엘 천사장의 말씀은 예루살렘 성전(the temple)의 중건이 아니라 예루살렘 성의 중건(restore and rebuild Jerusalem)에 따른 예루살렘 거리(streets)와 방어진지(trench or strong defenses)와 성벽(the wall)의 중건인, BC 445년에 아닥사스다가 내린 예루살렘 성(성읍/거리/성벽) 중건령인 것이다.

3. 일곱 이레=49년과 육십이 이레와 육십구 이레=483년의 해석

3-1. 유대인의 유대력과 오늘날의 태양력, 역사에 정확히 꿰맞출 수는 없어

이레는 7.08년이므로 대략 7년이라고 했다. 그러면 일곱 이레는 7이므로 7

년을 곱하면 약 49년이 되고, 육십이 이레는 62×7=약 434년이 되며, 일곱 이레와 육십이 이레를 합친 육십구 이레는 69×7=약 483년이 된다.

이런 기준을 가지고 과거 지나간 역사에 맞추어 일부러 꿰맞추려고 한다면 정확한 연도를 100% 알 수가 없을 것이다. 왜냐하면 이스라엘 달력은 유대교의 달력인 유대력으로 1년이 360일이고, 현재 우리가 사용하는 태양력은 1년이 365.25일기 때문이다. 또한 달과 태양과 행성들의 궤도 변경으로 매년 또는 4년에 몇 시간의 오차가 생겨나기 때문이다. 따라서 역사의 이벤트에 맞추어 대략적인 윤곽, 즉 90% 정도만 매칭해 보기로 한다.

3-2. 예루살렘 성 중건령부터 일곱 이레가 지나(BC 445~BC 398 or 397)

☞ 「다니엘」 9:25 - 그러므로 너는 깨달아 알찌니라 예루살렘을 중건하라는 영이 날 때부터 기름 부음을 받은 자 곧 왕이 일어나기까지 일곱 이레와 육십이 이레가 지날 것이요 그 때 곤란한 동안에 성이 중건되어 거리와 해자가 이룰 것이며("Know and understand this: From the issuing of the decree to restore and rebuild Jerusalem until the Anointed One, the ruler, comes, there will be seven 'sevens,' and sixty-two 'sevens.' It will be rebuilt with streets and a trench, but in times of trouble.(NIV)

"예루살렘을 중건하라는 영이 날 때부터…일곱 이레 …지날 것이요 그 때 곤란한 동안에 성이 중건되어 거리와 해자가 이룰 것이며"라는 것은 BC 445년에 바사제국의 7대 왕인 아닥사스다의 예루살렘 성(성읍/거리/성벽) 중건령이 날 때부터 일곱 이레, 즉 49년이 지나면 예루살렘 성읍과 거리와 성벽이 완성된다는 것이다. 따라서 이스라엘의 유대력인 49년을 태양력으로 바꾼다면 49×360/365.25=48년이 된다. 이를 적용해 보면 BC 445-48=BC 398년 혹은 BC 397년이 된다.

이는 예루살렘 성을 복원하게 되는 BC 445년부터 완전히 복구가 되는 BC 398~397년까지의 히브리적 대언과 구약 성경의 종지부를 찍게 되는 말라기(Malachi)까지의 기간을 말하는 것으로 이해할 수 있을 것이다.

3-3. 예수님의 초림까지 69이레=483년이 지나(BC 445~예수님의 탄생/역사까지)

☞ 「다니엘」 9:25 - 그러므로 너는 깨달아 알찌니라 예루살렘을 중건하라는 영이 날 때부터 기름 부음을 받은 자 곧 왕이 일어나기까지 일곱 이레와 육십이 이레가 지날 것이요 그 때 곤란한 동안에 성이 중건되어 거리와 해자가 이룰 것이며

"그러므로 너는 깨달아 알찌니라 예루살렘을 중건하라는 영이 날 때부터 기름 부음을 받은 자 곧 왕이 일어나기까지 일곱 이레와 육십이 이레가 지날 것이요"라는 것은 앞에서 살펴보았듯이, BC 445년에 바사제국의 7대 왕인 아닥사스다의 예루살렘 성(성읍/거리/성벽) 중건령이 날 때부터 일곱 이레, 즉 49년이 지나면 예루살렘 성읍과 거리와 성벽이 완성되고 난 후, 또 다른 62이레가 지나면 기름 부음을 받은 자 곧 왕, 즉 예수 그리스도께서 이 땅에 초림하심을 의미하는 것이다. 그러므로 BC 445년부터 시작하여 BC 398~BC 397에 예루살렘 성이 중건되고 또 다른 62이레(=434년)가 지나면 예수님께서 초림하심을 알 수 있다.

이 때 예수님의 초림이란 예수님의 탄생과 이 땅에서의 33년의 생활과 30살 때부터 마지막 3년의 가르침 등 새로운 언약의 역사를 말하는 것이다(「누가복음」 2:41~52 & 3:21~23). 따라서 예수님의 탄생과 죽음과 부활의 연도를 알아볼 필요가 있다.

3-4. 예수님의 탄생/죽음/부활의 연도(BC 6~AD 26 or AD 27)

원래 예수 그리스도(Jesus Christ)께서 탄생한 시점을 기준으로 A.D.(Anno

Domini)로 표기하는 것이 원칙이지만, 후에 성서학자와 역사학자들은 예수님 탄생을 잘못 계산했다는 사실을 발견했다. 참고로 B.C.는 Before Christ의 약자로 기원전을 말한다.

마태(오)(Matthew)가 AD 70~80년에 쓴 「마태복음」에는 로마제국[Roman Empire, 제정시대, BC 27~AD 476(서로마제국) & AD 1453(동로마제국/비잔티움제국)]이 유대(Judea)를 간접 지배하기 위해 임명한 유대의 분봉왕(Tetrarch, 分奉王)인 헤롯왕(Herod I, Herod the Great, 헤로데, 헤로데스, 통치 BC 47~BC 40 & BC 37~BC 4)이 유대를 지배할 때 예수님이 나셨다고 적고 있다(「마태복음」 2:1). 그리고 헤롯왕이 살아있을 때 두 살 아래 갓난 사내아이들을 다 죽였다라고 적고 있다(「마태복음」 2:16).

예수님은 애굽(이집트)으로 피하셨다가 헤롯왕이 BC 4년에 죽은 후, 헤롯왕의 아들인 아켈라오(Herod Archelaus, 통치 BC 4~AD 6)가 그 뒤를 잇자, 요셉이 유대 지방으로 들어가기를 무서워하여, 주의 사자가 지시한 대로 갈릴리(Galilee)의 나사렛(Nazareth)으로 들어가신다(「마태복음」 2:19-23). 그렇다면 분명 BC 4년 이전에 탄생하셨음이 분명하다. 게다가 헤롯왕이 두 살 아래 갓난 사내아이를 다 죽였다고 했으니 4+2=6년이 되어 BC 6년에 태어나셨음이 분명하다.

그러나 이방인 의사 출신인 누가(Luke)가 c.AD 63년에 쓴 「누가복음」에는 이스라엘을 지배하고 있던 로마제국의 1대 황제인 아우구스투스(옥타비아누스, Gaius Julius Caesar Augustus, AVGVSTVS, Gaius Julius Caesar Octavianus, 신약의 아구스도, 통치 BC 27~AD 14)가 로마제국의 전 지역에 인구조사(Census)를 할 것을 명령하는 칙령(Decree)을 내린다. 이에 따라 이스라엘을 지배하고 있던, 로마제국이 임명한 로마 귀족 출신인 시리아 총독인 구레뇨(Publius Sulpicius Quirinius, BC 51~AD 21)가 첫 번째 구레뇨 인구조사(Census of Quirinius)를 실시한다. 이에 따라 모든 사람이 호적에 등록하러 각각 고향으로 돌아가게 되는데, 요셉(Joseph)도 다윗(David)의 족속이므로 갈릴리 나사렛을 떠나 정혼(결혼 하기로 한)한 마리아(Mary)와 함께 유대(Judea)의 고향인 베들레헴(Bethlehem)으로 올라가(지리적으로는 내려가) 여관(사관, Inn)에 머문다. 그러나 이미 나사렛에서 성령으로 임신하였으므로 베들레헴의 여관에 도착하자 마자 예수님을 낳게 된다(「누가복음」 2:1-7). 그러면 예수님은 분명 AD 1년에 나셨음이 분명해 보인다. 어느 것이 맞을까?

나중에 성서 학자들과 역사학자들은 구레뇨의 인구조사는 BC 6년에 실제로 실시되었음을 확인했다. 그래서 예수님 탄생은 AD 1년이 아니라 BC 6년으로 수정되었다. 그러나 이미 예수님 탄생 기준 시점을 AD 1년으로 보고 그 이후 모든 역사가 기록되었으므로 이를 고칠 수는 없어, 성경연대기(Chronology of The Bible)만 예수님 탄생 시점을 BC 6(B)년으로 수정하였다(Good News English Bible, p.1531). 따라서 이 땅에서 사망과 부활한 연도도 33살에 하셨으니 AD 32 혹은 33년이 아니라 AD 26(B) 혹은 27(B)로 수정하였다.

3-5. 69 이레 후에 기름 부은 자가 끊어져=예수님의 죽음(BC 445~AD 26~AD 33)

☞ 「다니엘」 9:26 - 육십이 이레 후에 기름 부음을 받은 자가 끊어져 없어질 것이며 장차 한 왕의 백성이 와서 그 성읍과 성소를 훼파하려니와 그의 종말은 홍수에 엄몰됨 같을 것이며 또 끝까지 전쟁이 있으리니 황폐할 것이 작정되었느니라(After the sixty-two 'sevens,' the Anointed One will be cut off and will have nothing. The people of the ruler who will come will destroy the city and the sanctuary. The end will come like a flood: War will continue until the end, and desolations have been decreed.(NIV); And after threescore and two weeks shall Messiah be cut off, but not for himself: and the people of the prince that shall come shall destroy the city and the sanctuary; and the end thereof shall be with a flood, and unto the end of the war desolations are determined.(KJV); "After this period of sixty-two sets of seven(1), the Anointed One will be killed, appearing to have accomplished nothing, and a ruler will arise whose armies will destroy the city and the Temple. The end will come with a flood, and war and its miseries are decreed from that time to the very end. / (1)Hebrew After sixty-two sevens.(New Living); And at the end of that time God's chosen leader will be killed unjustly. The city and the Temple will be destroyed by the invading army of a powerful ruler. The end will come like a flood, bringing the war and destruction which God has prepared.(Good News)

「다니엘」 9장 26절의 "육십이 이레 후에 기름 부음을 받은 자가 끊어져 없어질 것이며"란 기름 부음을 받은 자, 즉 예수님의 죽음을 의미하는 것이다. 이스라엘의 왕으로 오셨던 예수님은 이스라엘 백성, 즉 유대인들에 의해 십자가에서 못 박혀 돌아가셨다. 영문성경 KJV를 보면 "Messiah be cut off, but not for himself"라고 되어 있는데, 이 때 메시야는 예수님을 의미하고 "cut off"란 죽임을 당한다는 것이며, 그러나 "not for himself"란 예수님 자신을 위해 죽임을 당하는 것이 아니라 이 세상의 인간들을 대신해 죽으신다는 것을 의미하는 것이다. 다시 말해 대속죄를 위해 죽으신다는 것이다. 영문성경 Good News를 보면 "God's chosen leader will be killed unjustly"라 표현하고 있는데 이는 분명 부당하게 아무 죄 없이 죽으신, 하나님 아버지께서 선택한 지도자, 즉 예수 그리스도를 말하는 것이다.

예수님의 죽음에 관하여 영문성경 NIV에는 "will have nothing"이라고 표현하고 있는데, 예수님의 죽음 후에는 아무것도 없다는 뜻이며, New Living에는 "appearing to have accomplished nothing"이라 표현하고 있는데, 예수님의 죽음은 아무것도 이룬 것이 없는 것같이 보인다는 뜻으로, 사실 예수님의 죽음은 우리에게 부활을 통해 영생이라는 엄청난 은혜를 주셨다는 것을 강조하는 것이다. 이 사실을 가브리엘 천상장은 다니엘에게 "너는 깨달아 알찌니라"(「다니엘」 9:25)라고 명령한 것이다. 그러니 다니엘도 예수님이 이 땅에 오시고 자기 민족, 즉 이스라엘 민족들의 손에 죽는다는 사실을 깨달은 것이니 얼마나 놀랐겠는가?

필자는 앞서 소개한 예수님의 탄생 연도를 BC 6년으로, 죽음과 부활 연도를 AD 26 혹은 27년으로 믿고 있다. 하지만 어떤 학자들은 BC 4년으로 보기도 하고 역사학자들은 현대 역사에 따라 AD 1년으로 보기도 한다. 또한 BC 1년에서 AD 1년으로 넘어갈 때 '0'년이 없기 때문에 1년을 더해야 한다. 따라서 예수님의 탄생과 죽음/부활을 비교하면 다음과 같을 것이다.

	예수님의 탄생 연도	예수님의 죽음/부활 연도
(1) Good News English Bible	BC 6	AD 26 or AD 27
(2) 학자들	BC 4	AD 28 or AD 29
(3) 현대 역사	AD 1	AD 32 or AD 33

그렇다면 일곱 이레+육십이 이레=69이레 후에 기름 부음을 받은 자가 끊어진다고 했으니, 다시 말해 BC 445년의 아닥사스다의 예루살렘 성(성읍/거리/성벽) 중건령이 날 때부터 483년이 지나면 예수님께서 죽음을 당하신다고 했으니, 단순 계산으로 BC 445-483=AD 38년이 나온다. BC 1년에서 AD 1년으로 넘아갈때 '0'년이 없기 때문에 1년을 더하면 AD 39년이 된다. 이것은 예수님께서 돌아가신 연도와 한참 차이가 난다.

따라서 이스라엘의 유대력인 483년을 태양력으로 바꾼다면 483×360/365.25=476년이 된다. 이를 적용해보면 BC 445-476=AD 31년 혹은 AD 32년이 된다. 정확한 연도는 계산할 수 없지만, 예수님께서 돌아가시고 부활하신 연도가 AD 26~AD 33년이라는 것을 알 수 있다.

4. 한 왕의 백성=베스파시아누스 황제의 티토 장군에 의한 예루살렘 멸망(AD 70)

☞「다니엘」9:26 - 육십이 이레 후에 기름 부음을 받은 자가 끊어져 없어질

것이며 장차 한 왕의 백성이 와서 그 성읍과 성소를 훼파하려니와 그의 종말은 홍수에 엄몰됨 같을 것이며 또 끝까지 전쟁이 있으리니 황폐할 것이 작정되었느니라(After the sixty-two 'sevens,' the Anointed One will be cut off and will have nothing. The people of the ruler who will come will destroy the city and the sanctuary. The end will come like a flood: War will continue until the end, and desolations have been decreed.(NIV)

「다니엘」 9장 26절의 일곱 이레와 육십이 이레, 즉 69이레가 지나서 예수님의 사후에, "장차 한 왕의 백성이 와서 그 성읍과 성소를 훼파하려니와"를 역사적으로 해석하면 다음과 같다. 이 때 성읍과 성소란 예루살렘 성과 성전(the city and the sanctuary or the Temple)을 완전히 파괴한다는 것이다.

예수님 사후[AD 26(B) 또는 AD 33], 제정시대의 로마제국은 율리우스-클라우디우스 왕조(Julio-Claudian Dynasty, BC 27~AD 68) 시대가 끝나고, 갈바(Galba) 등 4명의 군인 황제(AD 69) 시대를 거쳐 플라비우스 왕조(Flavian Dynasty, AD 69~96) 시대로 접어든다.

이 틈을 타서 유대인들이 총 궐기하여 유대전쟁(유대-로마전쟁, The Jewish War, First Jewish-Roman War, AD 66~73)을 일으킨다. 결과는 유대인의 대패로 끝난다. 로마제국의 플라비우스 왕조의 초대 황제인 베스파시아누스(Vespasian, Titus Flavius Vespasianus, 통치 AD 69~79)의 아들인 티토(Titus, Titus Flavius Vespasianus, AD 39~AD 81)가 이끄는 로마 군은 AD 70년에 예루살렘을 침략해 많은 유대인을 죽이고 예루살렘 성과 성전을 완전히 파괴하였다. 현재의 통곡(痛哭)의 벽(Wailing Wall)은 제3성전 서쪽 벽의 남은 잔해에 해당하며 동쪽 벽도 잔해에 불과하다. 그만큼 완전히 파괴되었다는 뜻이다. 이 성전 파괴는 예수 그리스도에 의해 이미 예언되어 있었다(「마태복음」 24:1-2, 「마가복음」 13:1-2, 「누가복음」 21:5-6).

예루살렘 성전이 무너지면서 지금까지 성전 중심의 유대교는 막을 내리고 종료를 고하게 된다. 그 후 로마제국의 플라비우스 왕조는 2대 황제인 티토(Titus, Titus Flavius Vespasianus, AD 70-예루살렘 파괴, 통치 AD 79~81)로 이어진다.

따라서 「다니엘」 9장 26절 한 왕(the ruler)이라는 것은 로마제국의 플라비우스 왕조의 초대 황제인 베스파시아누스를 말하는 것이고, 한 왕의 백성이라는 것은 그의 아들 티토가 이끄는 로마군을 말하는 것이다.

5. 예루살렘 성/성전 파괴(AD 70)~긴 공백기간(전쟁과 황폐)~한 이레가 등장

그런데 「다니엘」 9장 25절에는 "그러므로 너는 깨달아 알찌니라 예루살렘을 중건하라는 영이 날 때부터 기름 부음을 받은 자 곧 왕이 일어나기까지 일곱 이레와 육십이 이레가 지날 것이요"와 26절에는 "육십이 이레 후에 기름 부음을 받은 자가 끊어져 없어질 것이며 장차 한 왕의 백성이 와서 그 성읍과 성소를 훼파하려니와 그의 종말은 홍수에 엄몰됨 같을 것이며 또 끝까지 전쟁이 있으리니 황폐할 것이 작정되었느니라"라고 기록되었다는 점이다.

자세히 살펴보면 예루살렘 성의 중건령이 내린 BC 445년부터 예수님의 탄생에서 죽음까지(BC 6~AD 26~AD 33)가 69이레에 정하여 포함되고, 그 다음의 예루살렘 성과 성전의 멸망(AD 70)은 69이레에 포함되지 않고, 69이레 후로 표현되어 있다는 점이다. 그리고 티토 장군의 종말(the end)은 홍수와 같으며 끝까지 전쟁이 있어 황폐할 것이 작정되었다는 것이다. 따라서 69이레 후에는 엄청 긴 공백기간이 있다는 것을 알 수 있으며, 이 긴 공백기간은 별도의 이레에 포함하지 않고 있다는 것이다. 이 공백기간에는 끝까지 전쟁과 황폐가 있을 것이란 예언의 계시이다.

이것은 「다니엘」 2장과 7장에서 살펴본 대로 로마제국은 결국 끝까지 전쟁을 해서 황폐케 되는데, AD 395년에 서로마(AD 395~476)와 동로마제국(AD 395~1453)으로 분리되고, 서로마는 AD 476년에 열 나라로 분리되며, 동로마는 AD 1453년에 오스만제국에 멸망된다는 것을 의미하는 것이다. 또한 이것은 동로마의 멸망뿐만 아니라 그 이후로도 계속 전쟁이 있을 것이란 예언이다. 2015년인 지금도 전 세계의 나라들은 에너지와 자원을 획득하기 위해서 보이는 또는 보이지 않은 전쟁을 치르고 있다.

그리고 마지막 절인 「다니엘」 9장 27절에는 "그가 장차 많은 사람으로 더불어 한 이레 동안의 언약을 굳게 정하겠고 그가 그 이레의 절반에 제사와 예물을 금지할 것이며 또 잔포하여 미운 물건이 날개를 의지하여 설 것이며 또 이미 정한 종말까지 진노가 황폐케 하는 자에게 쏟아지리라 하였느니라"고 기록되어 있는데, 한참 긴 공백기간이 지난 후에야 한 이레(=7.08년)가 등장한다는 것이다. 이것은 69이레와 마지막 1이레 사이에 엄청난 간격이 있음을 의미하는 것이다.

「다니엘」 9:27 - 그가 장차 많은 사람으로 더불어 한 이레 동안의 언약을 굳게 정하겠고 그가 그 이레의 절반에 제사와 예물을 금지할 것이며 또 잔포하여 미운 물건이 날개를 의지하여 설 것이며 또 이미 정한 종말까지 진노가 황폐케 하는 자에게 쏟아지리라 하였느니라

3절 적그리스도에게 바치는 제사와 예물을 금하고 멸망의 미운 우상을 세워

☞「다니엘」 9:27 - 그가 장차 많은 사람으로 더불어 한 이레 동안의 언약을 굳게 정하겠고 그가 그 이레의 절반에 제사와 예물을 금지할 것이며 또 잔포하여 미운 물건이 날개를 의지하여 설 것이며 또 이미 정한 종말까지 진노가 황폐케

하는 자에게 쏟아지리라 하였느니라(He will confirm a covenant with many for one 'seven.' In the middle of the 'seven' he will put an end to sacrifice and offering. And on a wing of the temple he will set up an abomination that causes desolation, until the end that is decreed is poured out on him."(NIV); The ruler will make a treaty with the people for a period of one set of seven(1), but after half this time, he will put an end to the sacrifices and offerings. And as a climax to all his terrible deeds(2), he will set up a sacrilegious object that causes desecration(3), until the fate decreed for this defiler is finally poured out on him." / (1)Hebrew for one seven. (2)Hebrew And on the wing of abominations; the meaning of the Hebrew is uncertain. (3)Hebrew an abomination of desolation.(New Living); That ruler will have a firm agreement with many people for seven years, and when half this time is past, he will put an end to sacrifices and offerings. The Awful Horror will be placed on the highest point of the Temple and will remain there until the one who put it there meets the end which God has prepared for him."(Good News); "'Then for one seven, he will forge many and strong alliances, but halfway through the seven he will banish worship and prayers. At the place of worship, a desecrating obscenity will be set up and remain until finally the desecrator himself is decisively destroyed.'"(Message Bible)

이것은 분명 「다니엘」 9장 24절의 "네 백성과 거룩한 성을 위하여 칠십 이레로 기한을 정하였나니"의 70이레 중 마지막 한 이레에, 그(He)가, 즉 마지막 때에 등장하는 적그리스도를 의미하는 것이다. 그런데 "그가 그 이레의 절반에 제사와 예물을 금지할 것이며"란 무슨 뜻일까? 누구에게 드리는 제사와 예물을 금지하는 것일까?

1. 먼 미래의 예루살렘 성전 복구, 하나님께 제사와 예물을 다시 드려

「다니엘」 9장 27절을 보면, 분명 지금은 완전히 파괴된 예루살렘 성과 성전이 다시 복구되어야, 적그리스도가 예루살렘 성전에 멸망의 가증한 물건, 즉 신성모독하는 우상(Image)을 세우게 된다는 것을 알 수 있는 내용이다. 이는 「요한계시록」 11장 1절에서, 사도 요한보고 성전과 그 안에서 경배하는 자들을 측량하라는 내용이 기록되어 있는데, 먼 미래에는 지금의 예루살렘 성전이 복구되어 하나님 아버지께 드리는 제사와 봉헌식을 다시 드리게 된다는 것을 의미하는 것이다.

「요한계시록」 11:1 - 또 내게 지팡이 같은 갈대를 주며 말하기를 일어나서 하나님의 성전과 제단과 그 안에서 경배하는 자들을 척량하되(I was given a reed like a measuring rod and was told, "Go and measure the temple of God and the altar, and count the worshipers there.(NIV)

하나님의 성전이란 예루살렘 성전을 말하는 것이다. 지금은 파괴되어 성지로 받들고 있지만, 「요한계시록」 11장 1절을 보면, 먼 미래에 예루살렘 성전이 재건된다는 것을 알 수 있다. 역사는 반복된다는 것을 이해해야 한다. 과거, 즉 파괴된 예루살렘에만 매달리면 선지자들이 예언한 「다니엘」이나 「요한계시록」의 계시를 이해할 수 없다. 따라서 필자는 예루살렘 성전도 과거에 1~3성전이 존재했듯이, 앞으로도 흥망성쇠를 거듭할 것이라 보는 것이다. 그리고 마지막 때인 「요한계시록」 11장에 등장하는 예루살렘 성전이 마지막이 될 것이라 보고 있는 것이다.

2. 「다니엘」 9:27=「다니엘」 12:11, 이레(7.08년)=전 절반(42달)+후 절반(43달)

앞서 살펴보았듯이 「다니엘」 9장 27절은 「다니엘」 12장 11절의 내용과 같은 것이다. 「다니엘」 12장 11절에는 기간이 나오는데, 이 멸망의 가증한 것이 예루살렘에 세워지고 난 후부터 3.53년=1,290일=43달이 지나서야 예수님이 소행성대의 하나님 아버지 보좌로부터 별도의 보좌로 이 땅에 공중재림하시게 되는 것이다.

「다니엘」 12:11 - 매일 드리는 제사를 폐하며 멸망케 할 미운 물건을 세울 때부터 일천이백구십 일을 지낼 것이요

이보다 앞서 일어나는 일이 「요한계시록」 13장 4절~7절의 하늘에서 쫓겨 내려오는 불의의 하나님들과 불의의 바다 짐승(왕)과 불의의 인간들이, 즉 적그리스도들이 예루살렘 성전을 침략하고 성도들을 죽임으로, 이는 42달=3.5년=1,260일 동안 일어난다. 그 결과 적그리스도들이 성도들과 싸워 이기게 되어 성도들의 권세가 다 깨지게 된다.

「요한계시록」 13:5 - 또 짐승이 큰 말과 참람된 말 하는 입을 받고 또 마흔 두 달 일할 권세를 받으니라

13:6 - 짐승이 입을 벌려 하나님을 향하여 훼방하되 그의 이름과 그의 장막 곧 하늘에 거하는 자들을 훼방하더라

13:7 - 또 권세를 받아 성도들과 싸워 이기게 되고 각 족속과 백성과 방언과 나라를 다스리는 권세를 받으니

성도들의 권세가 다 깨진다는 내용은 「다니엘」 12장 7절의 "한 때 두 때 반 때를 지나서 성도의 권세가 다 깨어지기까지니 그렇게 되면 이 모든 일이 다 끝나리라 하더라"와 같은 것이다.

「다니엘」 12:7 - 내가 들은즉 그 세마포 옷을 입고 강물 위에 있는 자가 그 좌우 손을 들어 하늘을 향하여 영생하시는 자를 가리켜 맹세하여 가로되 반드시 한 때 두 때 반 때를 지나서 성도의 권세가 다 깨어지기까지니 그렇게 되면 이 모든 일이 다 끝나리라 하더라

따라서 「다니엘」 9장 27절의 '이레의 절반(in the middle of 'seven')'이라는 것은 전 절반인 42달과 후 절반인 3.53년=1,290일=43달을 의미함으로 한 이레는 약 7.08년(42달+43달)임을 알 수 있다. 영문성경 Good News는 아예 7년(seven years)이라 표현하고 있다.

3. 누구에게 드리는 제사/예물인지 안 나와→적그리스도에 바치는 제사와 제물

「다니엘」 9장 27절에는 "그가 장차 많은 사람으로 더불어 한 이레 동안의 언약을 굳게 정하겠고, 그가 그 이레의 절반에 제사와 예물을 금지할 것이며"란 예언이 나온다. 언약이 무엇인지 알아보기 전에 누구에게 드리는 제사(sacrifice)와 예물(봉헌, offering)인지 알아보도록 하자.

「다니엘」 9:27 - 그가 장차 많은 사람으로…그 이레의 절반에 제사와 예물을 금지할 것이며…(He will…' In the middle of the 'seven' he will put an end to sacrifice and offering. (NIV); he shall cause the sacrifice and the oblation to cease, (KJV); he will put an end to the sacrifices and offerings.(New Living); he will put an end to sacrifices and offerings. (Good News); he will banish worship and prayers. "(Message Bible)

구약성경이나 신약성경을 보면 제사와 예물을 드릴 때에는 반드시 그 대상이 정확하게 기술되어 있다는 점이다. "offered sacrifices to the God of his father Isaac"이나, "offer sacrifices to the LORD our God"이나 "Let us go and sacrifice to our God"처럼 하나님이나 여호와 하나님께 드리던지, 아니면 "sacrificed to idols"처럼 우상에게 드리던지, 아니면 "offer gifts and sacrifices for sins"처럼 우리의 죄를 위해 드리던지, 드리는 대상이 정확히 기록되고 있다는 점이다.

그러나 「다니엘」 9장 27절에는 모든 영문성경을 찾아보아도 그 대상이 기록되지 않고 그저 "he will put an end to sacrifice and offering" 혹은 "he shall cause the sacrifice and the oblation to cease" 혹은 "he will banish worship and prayers"이라고 기록되어 있다는 점이다. 하나님 아버지와 예수님께 드리는 제사와 예물인지, 적그리스도, 즉 하늘에서 쫓겨 내려온 불의의 하나님들을 위한 제사와 예물인지가 분명하지 않다는 점이다.

누구나 「다니엘」 9장 27절을 읽는다면 일반적으로는 하나님 아버지께 드리는 제사와 예물이라고 생각할 것이다. 그러나 필자는 그렇게 해석하지 않는다. 이는 예수님의 공중재림 전에 일어나는 일이라 분명 마지막 끝 날에 일어나는 것이다.

「요한계시록」 12장에는 하늘의 전쟁에서 패한 불의의 하나님들의 우두머리인 용(뱀/마귀/사단)과 불의의 하나님들과 불의의 천사들이 패해 하늘에서 있을 곳이 없어, 결국 이 땅으로 쫓겨 내려온다는 예언이 기록되어 있다(「요한계시록」 12:7~9). 그리고 쫓겨 내려온 용이 자기의 때가 얼마 못 된 줄 알고 크게 분내어 이 땅에 내려와서 불의의 인간들을 규합해서 커다란 동맹군(alliances)을 만들고 바다의 짐승(왕)과 더불어 42달 동안 예루살렘 성전을 접수해 성도들을 다 죽여 성도들의 권세가 다 깨지게 된다(「요한계시록」 13:1~7). 이 42달은 한 이레의 앞에 해당하는 한 이레의 전 절반이다.

「요한계시록」 12:7 - 하늘에 전쟁이 있으니 미가엘과 그의 사자들이 용으로 더불어 싸울쌔 용과 그의 사자들도 싸우나

12:8 - 이기지 못하여 다시 하늘에서 저희의 있을 곳을 얻지 못한지라

12:9 - 큰 용이 내어쫓기니 옛 뱀 곧 마귀라고도 하고 사단이라고도 하는 온 천하를 꾀는 자라 땅으로 내어쫓기니 그의 사자들도 저와 함께 내어쫓기니라

이런 상황을 고려할 때에 제사와 예물이란 하나님 아버지께 드리는 제사와 예물이 아니라, 불의의 하나님들께 드리는 예물과 제사로 보아야 타당할 것이다. 좀더 나가 보자.

4. 적그리스도의 한 이레 동안의 언약(a covenant or a treaty)이란?

「다니엘」 9장 27절에는 "그가 장차 많은 사람으로 더불어 한 이레 동안의 언약을 굳게 정하겠고"란 예언이 나온다. 그렇다면 한 이레=7.08년 동안의 언약이란 무엇을 말하는 것일까? 우선 "그(He)"는 분명 적그리스도이다. 적그리스도란 「요한계시록」 12장에서 하늘의 전쟁에서 쫓겨 내려온 불의의 하나님들(용/뱀/마귀/사단)과 불의의 천사들과 바다와 땅에서 올라오는 짐승(왕)이 분명하다. 하늘에서 쫓겨 내려온 불의의 하나님들이라!

필자는 앞서 본권 1부 8장 3절의 "BC 171~BC 165년까지, 예루살렘 성소를 파괴하고 매일 드리는 제사를 폐하는 셀류쿠스 왕조의 안티오쿠스 4세 에피파네스(Epiphanes) 등장"에서 유대인들을 안심시키고자 에피파네스가 제일 먼저 한 것은 BC 175년의 평화협정이라고 했다. 그런데 이 평화협정을 깨고 BC 171년부터 BC 165년까지 2300일=6.4년 동안에 예루살렘을 침략하여 성소를 파괴했다고 했다. 다시 말해 평화협정은 2,300주야=6.4년 기간에 포함이 안되었다는 역사적 진실을 말하고 싶은 것이다.

몇몇 분들이 한 이레 동안의 언약을 이러한 평화협정이라고 해석하고 있는데, 그렇게 해석할 수도 있겠으나, 필자는 다르게 생각한다. 불의의 하나님들이 하늘에서 쫓겨 내려온 마당에 무슨 평화협정을 언약으로 제시하겠는가? 그것은 불의의 하나님들이 이 땅으로 쫓겨 내려와(「요한계시록」 12장) 바다의 짐승(왕)과 더불어 불의의 인간들을 규합해서 예루살렘 성전을 침략 접수하고(「요한계시록」 13:1~7), 자기들이 진짜 하나님들이라며 인간들을 회유해서,

자기들을 통하지 않고서는 부활과 영생을 얻을 수 없다고 하며, 하나님 아버지와 예수 그리스도와 의로운 천사들을 적그리스도로 몰아, 지구를 공격하는 외계인이라고 공표하여, 똘똘 뭉치는 동맹군의 새로운 언약(Strong alliances)일 것이라는 점이다(「다니엘」 9:27, Bible Massage). 이것은 예수님께서 이 땅에 초림하셔서 새로운 언약인 구원과 영생을 주신다고 했는데, 예수님의 언약과는 정반대가 될 가능성이 높다.

그 결과 많은 사람들이 불의의 하나님들을 진짜 의로운 하나님들인 줄 믿고 가짜의 부활과 가짜의 영생을 위해 7년(정확히는 42달+43달=7.08년) 동안 언약을 굳게 정한다는 뜻일 것이다. 여기에 속으면 안 되는 것이다.

다시 말해 불의의 하나님들이 이 땅에 쫓겨 내려와 진짜 하나님이며 선적인 하나님이라고 속이는 것이 바로 제사와 예물이다. 따라서 성도들은 불의의 하나님들을 진짜 하나님으로 믿고, 전에 드렸던 하나님 아버지와 예수님께 드렸던 제사와 예물의 의식대로 불의의 하나님들에게 제사와 예물을 드리는 것이다. 다시 말해 성도들은 착각에 빠지는 것이다. 그러나 본색이 드러나게 된다. 자기들에게 바치는 제사와 예물을 금지하고 바로 우상을 세우게 된다. 필자가 이것을 깨닫는데 상당한 기간이 흘렀다. 이 글을 몇 번 수정했는데, 2015년 4월 12일에서야 깨달았다. 아멘^

5. 자기들에게 바치던 제사/예물을 폐하고 멸망의 가증한 우상 세워

그 다음 한 이레의 전 절반(3.5년)이 지난 시점부터(c.AD 10736.5~) 제사와 예물을 금지한다는 것은 적그리스도의 본색을 드러낸다는 것이다. 적그리스도들은 자기들에게 바치던 제사와 예물을 받을 필요가 없을 것이다. 왜냐하면 불의의 하나님들에게는 시간이 없을 것이다. 이는 「요한계시록」 12장 12절을 말하는 것이다. 하늘의 전쟁에서 패한 불의의 하나님들과 그 수하 천사들이 이 땅으로 쫓겨 내려오는데, 자기들의 때가 얼마 안 남은 줄 알고 크게 분내어 내려온다는 것이다. 이는 2부 「요한계시록」에서 자세히 다루기로 한다.

「요한계시록」 12:12 - 그러므로 하늘과 그 가운데 거하는 자들은 즐거워하라 그러나 땅과 바다는 화 있을찐저 이는 마귀가 자기의 때가 얼마 못된 줄을 알므로 크게 분내어 너희에게 내려 갔음이라 하더라

그리고 바로 제사와 예물 대신에, 그곳에 멸망의 가증한 것인 우상(Image)을 세우게 한다. 지금부터는 우상에게 강압적으로 경배하게 하는 것이다. 여기서 우상이란 우리가 알고 있는 우상이란 뜻도 있겠지만, 필자가 생각하기엔 예루살렘 성전에 불의의 하나님들의 패자부활을 위해 최첨단 우주공항을 세운다는 뜻이 아닌가 한다. 하늘의 전쟁에서 패했으니 다시 올라가 패권을 차지하기 위한 군사적인 우주시설 기초가 세워질 것이 아닌가 생각한다. 그것은 (1) 구약의 바벨탑처럼[2] 하늘의 전쟁에서 패한 불의의 하나님들이 다시 소행성대의 하늘의 보좌로 올라가려는 목적과 (2) 하늘의 보좌와 대적하려는 군사적인 우주시설일 가능성이 매우 높다. 이것을 「다니엘」 9장 27절에는 "미운 물건이 날개를 의지하여(위에) 설 것이며(on a wing of the temple or on the wing of abominations"라고 예언하고 있는데, 이때 날개란, 이는 분명 소행성대에 진입한 하나님 아버지와 예수님을 적대시하고, 지구로 향하는 예수님의 군대와 전쟁을 벌이기 위한 우주시설인 로켓을 구축한다는 것을 예측해 볼 수 있다.

---

2 자세한 것은 『바이블 매트릭스』 4권 『하나님들의 과학기술과 우리가 창조해야 할 미래(상)』의 2부 6장인 "바벨탑에 숨겨진 비밀"을 참조하라.

4절 「요한계시록」 11장~13장의 검증 - 불의의 한 이레와 새로운 언약과 제사와 예물

따라서 「다니엘」 9장 27절과 12장 11절과 「요한계시록」 13장 11절~18절의 내용은 같은 것이다. 「다니엘」에는 짧게 예언되어 있지만, 「요한계시록」은 구체적으로 예언되어 있어 「요한계시록」을 해석하여 앞의 내용을 검증해도록 한다. 단, 간단히 핵심 내용만 정리 검증하고 자세한 내용은 2부 「요한계시록」에서 다루기로 한다.

1. 군대가 예루살렘 성을 에워싸고 성을 42달 동안 유린(c.AD 10729.5~)

「요한계시록」 11:1 - 또 내게 지팡이 같은 갈대를 주며 말하기를 일어나서 하나님의 성전과 제단과 그 안에서 경배하는 자들을 척량하되(I was given a reed like a measuring rod and was told, "Go and measure the temple of God and the altar, and count the worshipers there.(NIV)

11:2 - 성전 밖 마당은 척량하지 말고 그냥 두라 이것을 이방인에게 주었은즉 저희가 거룩한 성을 마흔두 달 동안 짓밟으리라(But exclude the outer court; do not measure it, because it has been given to the Gentiles. They will trample on the holy city for 42 months.)(NIV)

사도 요한은 하나님의 성전과 제단을 측량하고 그 안에서 경배하는 자들의 숫자를 계산한다. 이것은 의로운 자들이 몇명인지를 측량하라는 것이다. 그런데 성전 밖 마당은 척량하지 말고 그냥 두라는 것이다. 왜냐하면 성전 밖 마당은 이방인에게 주었은즉 이방인들이 거룩한 성을 42달=한 때 두 때 반 때(3.5년)=일천이백육십 일(1,260일) 동안 유린한다는 것이다.

이것은 예수님이 이 땅에서 오셔서 말씀하신 「누가복음」 21장 20절과 같은 내용이다. "너희가 예루살렘이 군대들에게 에워싸이는 것을 보거든 그 멸망이 가까운 줄을 알라"라고 예수님은 말씀하셨다. 이 사건은 두 증인, 즉 모세와 엘리야가 이 땅에 재림하시면서 동시에 일어나는 먼 미래의 일로, 그 42달 동안의 기간은 대략 c.AD 10729.5년에 불의한 자들의 군대가 예루살렘을 에워싸기 시작하여 10733년까지 유린할 것으로 예측된다.

「누가복음」 21:20 - 너희가 예루살렘이 군대들에게 에워싸이는 것을 보거든 그 멸망이 가까운 줄을 알라

21:24 - 저희가 칼날에 죽임을 당하며 모든 이방에 사로잡혀 가겠고 예루살렘은 이방인의 때가 차기까지 이방인들에게 밟히리라

2. 하늘의 전쟁에서 패한 불의의 하나님들, 쫓겨 내려와(c.AD 10733~)

「요한계시록」 12장의 하늘의 전쟁에서 패한 불의의 하나님들의 우두머리인 용(뱀/마귀/사단)과 불의의 하나님들과 불의의 천사들이 패해 하늘에서 있을 곳이 없어, 결국 이 땅으로 쫓겨 내려온다(「요한계시록」 12:7~9).

「요한계시록」 12:7 - 하늘에 전쟁이 있으니 미가엘과 그의 사자들이 용으로 더불어 싸울쌔 용과 그의 사자들도 싸우나

12:8 - 이기지 못하여 다시 하늘에서 저희의 있을 곳을 얻지 못한지라

12:9 - 큰 용이 내어쫓기니 옛 뱀 곧 마귀라고도 하고 사단이라고도 하는 온 천하를 꾀는 자라 땅으로 내어쫓기니 그의 사자들도 저와 함께 내어쫓기니라

3. 전 절반=42달 동안 성전 접수/성도의 권세 다 깨짐, 언약/제사(c.AD 10733~)

그리고 쫓겨 내려온 용이 자기의 때가 얼마 못 된 줄 알고 크게 분 내어 이 땅에 내려와서 불의의 인간들을 규합해서 커다란 동맹군(alliances)을 만들고 바

다의 짐승(왕)과 더불어 42달 동안 예루살렘 성전을 접수해 성도들을 다 죽여 성도들의 권세가 다 깨지게 된다((「요한계시록」 13:1~7).

또 바다 짐승이 42달 동안 일을 할 권세를 받아, 큰 말과 참람된 말하는 입을 받고, 짐승이 입을 벌려 하나님 아버지를 향하여 훼방하고, 하나님 아버지의 이름과 그의 장막 곧 하늘(소행성대)에 거하는 자들을 훼방한다. 여기서 42달이란 1,260일=42달=3.5년=한 때 두 때 반 때를 말하는 것이다. 이 42달은 한 이레의 앞의 절반에 해당하는 한 이레의 전 절반이다.

「요한계시록」 13:5 - 또 짐승이 큰 말과 참람된 말 하는 입을 받고 또 마흔 두 달 일할 권세를 받으니라

13:6 - 짐승이 입을 벌려 하나님을 향하여 훼방하되 그의 이름과 그의 장막 곧 하늘에 거하는 자들을 훼방하더라

그리고 용과 바다의 짐승, 즉 적그리도가 성도들과 싸워 이기게 된다. 성도의 권세가 다 깨졌다는 것은 바로 이것을 말하는 것이다. 용과 바다 짐승이 성도들을 대적하여 다 이기게 된다는 것은 성도들이 하나도 남지 않는다는 말이다. 다스리는 권세를 받았다는 것은 한 이레 동안의 언약(a covenant or a treaty)을 굳게 정했다는 것이다. 하나님 아버지와 예수님의 군대에 대항하기 위해 똘똘 뭉쳤다는 것이다. 동맹(alliances or treaty)을 맺었다는 것이다.

「요한계시록」 13:7 - 또 권세를 받아 성도들과 싸워 이기게 되고 각 족속과 백성과 방언과 나라를 다스리는 권세를 받으니

"용에게 경배하며 짐승에게 경배하여"와 "이 땅에 사는 자들은 다 짐승에게 경배하리라"라는 것은 불의의 하나님들, 즉 용(뱀/마귀/사단), 즉 적그리스도들에게 제사와 예물을 드린다는 것이다. 자기들이 의로운 하나님들이라고

인간들을 속여 불의의 하나님들에게 제사와 예물을 드린다는 것이다. 인간들은 이들 적그리스도들을 진짜 하나님들이라 믿고 옛날에 하나님 아버지께 드렸던 것과 똑같은 방식의 제사와 제물을 적그리스도에게 드리게 되는 것이다.

「요한계시록」 13:4 - 용이 짐승에게 권세를 주므로 용에게 경배하며 짐승에게 경배하여 가로되 누가 이 짐승과 같으뇨 누가 능히 이로 더불어 싸우리요 하더라

13:8 - 죽임을 당한 어린 양의 생명책에 창세 이후로 녹명되지 못하고 이 땅에 사는 자들은 다 짐승에게 경배하리라

4. 후 절반=43달 동안 멸망의 가증한 우상 세워(c.AD 10736.5~)

이는 예수님께서 이 땅에 오셔서 "그러므로 너희가 선지자 다니엘의 말한바 멸망의 가증한 것이 거룩한 곳에 선 것을 보거든(읽는 자는 깨달을찐저)"하신 말씀이시다. 읽는 자는 깨달을찐저!

「마태복음」 24:15 - 그러므로 너희가 선지자 다니엘의 말한바 멸망의 가증한 것이 거룩한 곳에 선 것을 보거든(읽는 자는 깨달을찐저)

「요한계시록」 13장 15절~18절에는 용과 짐승에게 경배하던 제사와 예물 방식이 갑자기 우상(image or statue) 숭배로 바뀐다. 용과 짐승에게 드리던 제사와 예물을 금지하고 이 때부터 죽은 바다 짐승의 우상을 세우고 우상에게 제사와 예물을 드리도록 하며 666표를 받게 한다. 이것은 「다니엘」 9장 27절과 12장 11절에 등장했던 "제사와 예물을 폐하며 멸망케 할 물건"을 세운다는 내용과 같은 것이다. 왜 그랬을까? 앞에서도 잠깐 소개했지만, 불의의 하나님들에겐 시간이 없다. 곧 예수님의 공중재림이 일어난다. 예수님의 공중재림 군대와 싸우기 위해 예루살렘 성전에 우상을 세워놓고 불의의 하나님들과 짐

승은 예루살렘 성이나 바벨론으로 이동해 우주기지를 세울 것이다. 자세한 것은 본권 2부인 「요한계시록」 13장에서 다루기로 한다.

「요한계시록」 13:15 - 저가 권세를 받아 그 짐승의 우상에게 생기를 주어 그 짐승의 우상으로 말하게 하고 또 짐승의 우상에게 경배하지 아니하는 자는 몇이든지 다 죽이게 하더라

13:16 - 저가 모든 자 곧 작은 자나 큰 자나 부자나 빈궁한 자나 자유한 자나 종들로 그 오른손에나 이마에 표를 받게 하고

5. 예수님의 공중재림/휴거와 부활(c.AD 10740~)

"선지자 다니엘의 말한바 멸망의 가증한 것이 거룩한 곳에 선 것을 보거든(읽는 자는 깨달을찐저)"라는 것은, 그러면 끝이 온다는 것이다. 끝이 온다는 것은 예수님께서 공중재림하신다는 의미이다. 일곱 번째 천사가 나팔을 불 때에 "하늘에 있는 성전이 열리니(「요한계시록」 11:19)"라는 것은 소행성대에 진입한 하늘의 보좌가 열리고, 예수님께서 별도의 보좌로 이 땅 위에 공중재림하시는 것을 의미하는 것이다. 동시에 일곱 번째 천사의 나팔 소리에 맞추어 부활과 휴거가 일어나고 예수님의 공중재림을 영접하게 되는 것이다. 자세한 것은 『바이블 매트릭스』 6권 『부활/휴거, 예수님의 재림 시기 예측(c.AD 10740년)과 재림의 목적/방법』을 참조하라.

실제로 「요한계시록」 13장의 '멸망의 가증한 우상이 세워지고'나서, 「요한계시록」 14장에는 부활한 이스라엘 민족의 114,000명이 예수님과 함께 시온산에 선 장면이 등장한다. 자세한 것은 본권 2부인 「요한계시록」 14장을 참조하라.

5절 "네 백성과 거룩한 성을 위하여 칠십 이레로 기한을 정하였나니"의 의미(도표 정리)

이상 살펴본 「다니엘」 9장을 시계열 분석을 통한 한 장의 도표로 그려보면 다음과 같을 것이다. 중요한 것은 하나님의 백성과 거룩한 예루살렘 성을 위하여 칠십 이레로 기한을 정했다는 것이다. 연속적인 일곱 이레와 연속적인 육십이 이레와 그 다음 엄청 긴 공백기간을 거쳐 또 다시 앞과 연속적인 한 이레로 정했다는 것이다. 그리고 엄청 긴 공백기간에는 끝날까지 전쟁과 황폐가 있을 것이다.

「다니엘」과 「요한계시록」으로 풀어본 '70이레–하나님의 백성과 예루살렘 성을 위하여 정한 기간'

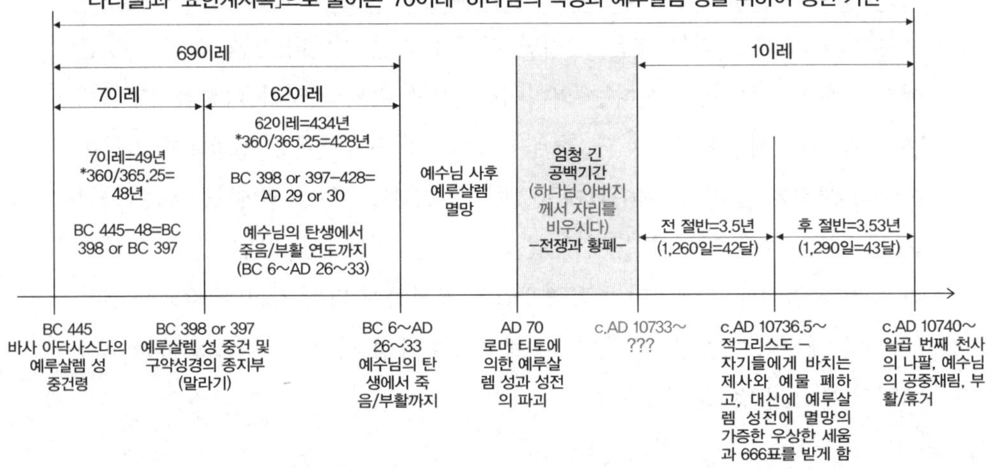

마지막 한 이레의 앞쪽에 해당하는 전 절반이 시작되는 c.AD 10733년부터 42달 동안 일어날 일들은 「다니엘」 12장에서 살펴보기로 한다.

6절 엄청난 긴 공백기간=하나님 아버지께서 자리를 비우시다

그렇다면 69이레와 마지막 한 이레 사이에는 엄청난 긴 공백기간이 있는데, 이를 어떻게 설명할 것인가?

여기에서 우리는 아주 중요한 인사이트를 찾아낼 수 있을 것이다. 그것은 『바이블 매트릭스』 4권 『하나님들의 과학기술과 우리가 창조해야 할 미래(상)』의 1부 3장 "'야훼께서 자리를 비우시다'와 '손에 붙이시다'의 의미"에서 소개했듯이, 구약의 야훼 하나님께서 '자리를 비우시다'라는 의미를 되새겨 볼 필요가 있다는 것이다. 야훼 하나님께서 자리를 비우시면 이스라엘 민족에게는 아무것도 할 수 없었다는 사실이며, 자리를 비우신 기간에 일어난 일들이 대부분 기록이 안되었다는 점이다. 모세의 40년간의 광야생활도 어떻게 40년간 생활했는지 그 여정이 기록되지 않았고, 110년간의 앗시리아 유수도 70년간의 바벨론 유수도 그 자세한 기록이 없다는 것이다.

따라서 이렇게 유추해 볼 수 있을 것이다. 예루살렘 성전이 AD 70년에 멸망하고 나서 하나님 아버지의 보좌가 화성과 목성 사이의 소행성대에 진입하는 c.AD 8580년까지, 그리고 모세와 엘리야가 재림하는 c.AD 10729.5년까지 엄청난 공백기간이 있음을 발견할 수 있다. 그 기간은 하나님 아버지께서 지구를 떠나 인간을 떠나 자리를 비우신 기간이라는 것을 알 수 있다. 이 기간 동안에는 전쟁과 황폐만 있을 것이란 얘기이다.

따라서 69이레는 하나님 아버지가 이 땅에 오셔서 직접 주관하셨던 바벨론→바사→그리스(헬라)→로마제국까지이며, 더불어 예수님의 초림과 죽음과 부활까지 정한 기간임을 알 수 있다. 그리고 긴 공백기간에 일어날 일들과 그 이후의 예수님의 재림은 「다니엘」과 「요한계시록」을 통해 예언의 기록으로 남겼다고 볼 수 있을 것이다. 그리고 마지막 한 이레는 하나님 아버지와 예수님께서 소행성대에 보좌를 베푸신 후 다시 지구에 직접 오셔서 악을 제거하고 최후의 심판을 주관하시는 기간임을 알 수 있다.

12장

「다니엘」 12장의 끝날, 성도의 권세가 다 깨지고 (cAD 10733~10736.5), 불의의 하나님들+짐승들 - 자기들에게 드리는 제사 폐하고, 대신에 멸망의 가증한 우상이 세워지고, 1,290일 지나면 끝(cAD 10736.5~10740)

「다니엘」 10장과 11장은 「다니엘」 2장과 7장과 8장에서 살펴본 메대와 바사 제국을 이어 그리스 헬라제국과 그 다음의 로마제국과 남방(이집트)과의 보다 구체적인 역사적 사실을 기록하고 있다. 「다니엘」 11장까지는 하나님 아버지께서 정한 각 제국들과 나라(왕)들에 대한 시작과 끝이 어떻게 오는가를 예언으로 기록했다면, 「다니엘」 12장은 이 세대(This Generation)의 마지막 끝날(The End Times)에 대한 예언으로 「요한계시록」 11장~13장과 일치되는 예언이다. 따라서 지면상 바로 뛰어 「다니엘」 12장을 살펴보도록 하자.

「다니엘」 12장은 이 세대의 마지막 끝 날에 관련된 내용으로 앞서 살펴보았던 70이레 중 마지막 한 이레(7.08년)를 다루고 있다. 특히 한 이레 중 앞의 전 절반(3.5년=42달)에 일어날 일과 뒤의 후 절반(3.5년=43달)에 일어날 일들을 다루고 있다. 필자가 「다니엘」 12장을 이해하는 데 상당한 시간이 걸렸음을 알려드리는 바이다.

1절 다니엘이 본 가브리엘 천사장의 끝날에 대한 예언

1. 환란(전쟁)을 지휘하는 미가엘 천사장이 일어나다

☞「다니엘」 12:1 - 그 때에 네 민족을 호위하는 대군 미가엘이 일어날 것이요 또 환난이 있으리니 이는 개국 이래로 그 때까지 없던 환난일 것이며 그 때에 네 백성 중 무릇 책에 기록된 모든 자가 구원을 얻을 것이라("At that time Michael, the great prince who protects your people, will arise. There will be a time of distress such as has not happened from the beginning of nations until then. But at that time your people--everyone whose name is found written in the book--will be delivered.(NIV) "At that time Michael, the archangel(1) who stands guard over your nation, will arise. Then there will be a time of anguish greater than any since nations first came into existence. But at that time every one of your people whose name is written in the book will be rescued. / (1)Hebrew the great prince. (New Living)

1-1. 미가엘 천사장의 신분은 군대를 지휘

미가엘(Michael)은 히브리어의 영어 발음이다. 일곱 천사장 중의 하나로 인간의 선행(human virtue)과 각 나라의 군대를 관장한다(commands the nations). 미가엘은 「다니엘」 10장 13절과 21절에 처음 등장하는데, 다니엘이 힛데겔 강가에서 본 이상(Vision)에 등장하고, 「다니엘」 12장 1절의 끝 날에 "미가엘 군대가 일어날 것이다"에 등장한다. 또한 「유다서」 1장 9절의 "천사장 미가엘이 모세의 시체에 대하여 마귀와 다투어 변론할 때에 감히 훼방하는 판결을 쓰지 못하고 다만 말하되 주께서 너를 꾸짖으시기를 원하노라 하였거늘"에 등장하고, 「요한계시록」 12장 7절의 "하늘에 전쟁이 있으니 미가엘과 그의 사자들이 용으로 더불어 싸울쌔 용과 그의 사자들도 싸우나"에 등장한다. 주로 전쟁에 관여하는 리더 천사장으로 등장한다.

그런데 히브리어로는 위대한 왕자(the great prince)라는 뜻으로 미가엘을 메시야인 예수 그리스도로 해석하기도 하는데, 엄밀히 말하자면 미가엘은 미가엘 천사장이지 예수 그리스도는 아니다. 예수 그리스도를 수종 드는 모든 만만(1억)의 천사들과 천천(1백만)의 천사들을(「요한계시록」 5:11) 지휘하는 일곱의 천사장들 중 군대를 관장하는 천사장이다.

1-2. 미가엘 천사장, 일곱 봉인 심판 때(큰 환란, c.AD 8580~9580)부터 등장

"그 때에 네 민족을 호위하는 대군 미가엘이 일어날 것이요 또 환난이 있으리니 이는 개국 이래로 그 때까지 없던 환난일 것이며"라는 것은 c.AD 8580년에 하나님 아버지의 보좌(우편에 예수님께서 앉으심)가 소행성대에 진입한 후(「요한계시록」 4장), 천사들에 의한 일곱 봉인 심판, 즉 큰 환란(Great Distress or Tribulation)을 의미하는 것인데, 이는 「요한계시록」 6장~8장을 의미하는 것으로, 이때 천사들의 우두머리인 미가엘 천사장이 일어나 일곱 봉인 심판을 지휘한다는 뜻이다.

1-3. 천사들이 예수님 위에 오르락내리락 하다

이 때 만만(1억) 천천(1백만)의 모든 천사들은 미가엘(Michael) 천사장의 지휘 아래 「요한계시록」 6장~8장에 기록된 내용대로 예수님의 명령에 따라 예수님께 오르락내리락하면서 일곱 봉인 심판을 수행할 것이며, 그 때 인간들이 이를 다 본다는 것이다. 보고도 인간들이 대적한다는 것은 소행성대에 진입하신 하나님 아버지와 예수님을 외계인이라 판단하고, 이 땅과 하늘 행성의 인간들이 하늘의 전쟁에서 패해 이땅으로 쫓겨 내려오는 불의의 하나님들과 함께 똘똘 뭉쳐 전쟁을 일으킨다는 것이다.

「요한복음」 1:51 - 또 가라사대 진실로 진실로 너희에게 이르노니 하늘이 열리고 하나님의 사자들이 인자 위에 오르락내리락하는 것을 보리라 하시니라(He then added, "I tell you the truth, you shall see heaven open, and the angels of God ascending and descending on the Son of Man.")(NIV)

1-4. 생명책에 기록된 자는 구원을 얻어

"그 때에 네 백성 중 무릇 책에 기록된 모든 자가 구원을 얻을 것이라"는 것은 큰 환란 중에도 예수 그리스도가 갖고 계신 생명책에 기록된 의로운 자들, 즉 경건한 자들은 구원을 받을 것이라는 것이다. 엄청 어려운 환란 중에도 예수님께서 별도의 하나님 아버지의 인(seal)을 경건한 자들의 이마에 인치시어 구원을 받게 한다는 것이다. 이는 「요한계시록」 7장을 말하는 것으로, 차후 2부인 「요한계시록」 7장에서 자세히 다루기로 한다.

2. 영생(생명)의 부활과 심판(불못)의 부활

☞ 「다니엘」 12:2 - 땅의 티끌 가운데서 자는 자 중에 많이 깨어 영생을 얻는 자도 있겠고 수욕을 받아서 무궁히 부끄러움을 입을 자도 있을 것이며 (Multitudes who sleep in the dust of the earth will awake: some to everlasting life, others to shame and everlasting contempt.(NIV); Many of those whose bodies lie dead and buried will rise up, some to everlasting life and some to shame and everlasting disgrace.(New Living)

"땅의 티끌 가운데서 자는 자 중에 많이 깨어 영생을 얻는 자도 있겠고 수욕을 받아서 무궁히 부끄러움을 입을 자도 있을 것이며"라는 것은 죽은 자(who sleep in the dust of the earth or whose bodies lie dead and buried) 중에 어떤 사람들은 첫째 부활, 즉 영생(생명)의 부활에 참여하여 영생(everlasting life)을 얻는 자도 있다는 것으로, 이것은 「요한계시록」 14장 1절~5절의 부활과 20장 4절~6절의 천년 왕국과 21장~22장의 새 하늘과 새 땅에 세워질 새 예루살렘과 만국들을 말하는 것이다.

또한 어떤 이는 둘째 부활, 즉 심판의 부활에 참여하여 불못에 던져져 수욕을 받아 영원히 부끄러움을 당하는 자도 있다는 것으로, 이것은 「요한계시록」 20장 11절~15절을 말하는 것이다. 자세한 것은 2부 「요한계시록」에서 다루기로 한다.

3. 지혜=빛날 것이요, 의로운 데로 리드한 자=별처럼 빛날 것이요

☞ 「다니엘」 12:3 - 지혜 있는 자는 궁창의 빛과 같이 빛날 것이요 많은 사람을 옳은 데로 돌아오게 한 자는 별과 같이 영원토록 비취리라(Those who are wise will shine like the brightness of the heavens, and those who lead many to righteousness, like the stars forever and ever.(NIV); And they that be wise shall shine as the brightness of the firmament; and they that turn many to righteousness as the stars forever and ever.(KJV)

"지혜 있는 자는 궁창의 빛과 같이 빛날 것이요 많은 사람을 옳은 데로 돌아오게 한 자는 별과 같이 영원토록 비취리라"라는 것은 (1) 지혜, 즉 진리를 아는 자들은 하늘의 빛과 같이 빛날 것이라는 것이고, 혹은(or)이 아니고 그리고(and)로 연결되어, 동시에 (2) 많은 사람들을 의로운 데로 리드(lead or turn), 즉 데려오는 자들은 별과 같이 영원히 빛난다는 것이다.

「다니엘」의 특성상 상당히 이해하기가 어렵기 때문에, 「다니엘」을 이해하는 자들은 지혜가 있을 것이요, 지혜가 있는 자들은 불의를 버리고 많은 사람들을 진실의 의로운 곳으로 데려온다고 강조한 것이 아닌가 필자는 생각하고 있다.

4. 글을 봉함하라, 많은 사람이 빨리 왕래하며 지식이 더하리라

☞ 「다니엘」 12:4 - 다니엘아 마지막 때까지 이 말을 간수하고 이 글을 봉함

하라 많은 사람이 빨리 왕래하며 지식이 더하리라(But you, Daniel, close up and seal the words of the scroll until the time of the end. Many will go here and there to increase knowledge."(NIV); But thou, O Daniel, shut up the words, and seal the book, even to the time of the end: many shall run to and fro, and knowledge shall be increased.(KJV)

"다니엘아 마지막 때까지 이 말을 간수하고 이 글을 봉함하라 많은 사람이 빨리 왕래하며 지식이 더하리라"는 것은 더 이상 예언의 글을 자세히 쓰지 말라는 것이다. 이해하기 어려운 것도 사실이지만, 더 이상 글을 쓰지 말고 책을 봉하라는 것이다. 왜냐하면 많은 사람들이 빨리 왕래하며 지식을 더하여 언젠가는 「다니엘」 12장을 깨우친다는 것이다.

과학의 발전 속도는 매우 빠르다. 지금은 미국 샌프란시스코를 가는 데 비행기로 10시간 걸리지만, 조만간 30분에 주파할 수 있는 초음속 비행기가 등장할 것이다. 많은 사람들이 세미나, 학회, 워크샵을 통해 「다니엘」의 예언을 이해한다는 뜻이다. 그것은 끝날이 오면 많은 사람들이 진리를 찾아 의로운 자들이 된다는 의미이며, 그 반대로 불경한 자들도 많다는 것을 의미한다.

이 때 지식이란 하나님 아버지와 예수님의 지식을 말하는 것이다. 세상을 어떻게 창조하셨으며, 미래의 세상을 어떻게 재창조할 것인지 그것을 과학적으로 밝혀 진리를 드러내는 것이다. 다음을 한번 읽어보라.

「이사야」 11:9 - 나의 거룩한 산 모든 곳에서 해됨도 없고 상함도 없을 것이니 이는 물이 바다를 덮음같이 여호와를 아는 지식이 세상에 충만할 것임이니라(They will neither harm nor destroy on all my holy mountain, for the earth will be full of the knowledge of the LORD as the waters cover the sea)(NIV)

「고린도후서」 4:6 - 어두운 데서 빛이 비취리라 하시던 그 하나님께서 예수 그리스도의 얼굴에 있는 하나님의 영광을 아는 빛을 우리 마음에 비취셨느니라(For God, who said, "Let light shine out of darkness," made his light shine in our hearts to give us the light of the knowledge of the glory of God in the face of Christ)

「골로새서」 1:10 - 주께 합당히 행하여 범사에 기쁘시게 하고 모든 선한 일에 열매를 맺게 하시며 하나님을 아는 것에 자라게 하시고(And we pray this in order that you may live a life worthy of the Lord and may please him in every way: bearing fruit in every good work, growing in the knowledge of God)

「베드로후서」 1:2 - 하나님과 우리 주 예수를 앎으로 은혜와 평강이 너희에게 더욱 많을찌어다(Grace and peace be yours in abundance through the knowledge of God and of Jesus our Lord)

「베드로후서」 3:18 - 오직 우리 주 곧 구주 예수 그리스도의 은혜와 저를 아는 지식에서 자라 가라 영광이 이제와 영원한 날까지 저에게 있을찌어다(But grow in the grace and knowledge of our Lord and Savior Jesus Christ. To him be glory both now and forever! Amen)

2절 끝날 한 이레(7.08년)에 일어날 일들, 성도의 권세 깨지고, 멸망의 우상 세워져

1. 강 이편 저편 언덕에 선 두 천사의 등장

☞「다니엘」 12:5 - 다니엘이 본즉 다른 두 사람이 있어 하나는 강 이편 언덕

에 섰고 하나는 강 저편 언덕에 섰더니(Then I, Daniel, looked, and there before me stood two others, one on this bank of the river and one on the opposite bank.(NIV)

12:6 - 그 중에 하나가 세마포 옷을 입은 자 곧 강물 위에 있는 자에게 이르되 이 기사의 끝이 어느 때까지냐 하기로(One of them said to the man clothed in linen, who was above the waters of the river, "How long will it be before these astonishing things are fulfilled?"(NIV)

자, 지금부터는 끝 날의 한 이레에 해당하는 가장 해석하기 어려운 예언의 기록이 나온다. 세마포 옷을 입은(dressed in linen) 자라는 것은 「다니엘」 10장 5절~6절에 설명되어 있듯이 이는 천사를 말하는 것이다. 세마포 입은 두 천사가 다니엘 앞의 강 이편과 저편 언덕에 서 있다.

2. 이 기사(奇事)의 끝 날이 어느 때까지냐?

☞ 「다니엘」 12:6 - 그 중에 하나가 세마포 옷을 입은 자 곧 강물 위에 있는 자에게 이르되 이 기사의 끝이 어느 때까지냐 하기로(One of them said to the man clothed in linen, who was above the waters of the river, "How long will it be before these astonishing things are fulfilled?"(NIV); And one said to the man clothed in linen, which was upon the waters of the river, How long shall it be to the end of these wonders? (KJV); One of them asked the man dressed in linen, who was now standing above the river, "How long will it be until these shocking events are over?"(New Living)

두 천사 중 한 천사가 강물 위에 있는 다른 천사에게 "이 기사의 끝이 어느 때까지냐?"고 묻는다. 이 때 기사(奇事, these astonishing things or the end of these wonders or these shocking events)란 다니엘이 본 끝 날에 관한 이상(vision)으로 끝 날이 언제까지이냐를 묻는 것이다.

3. 한 때 두 때 반 때(42달=3.5년=1,260일)를 지나서(c.AD 10729.5~10733), 성도의 권세가 다 깨어지기까지니(c.AD 10733~10736.5)

☞ 「다니엘」 12:7 - 내가 들은즉 그 세마포 옷을 입고 강물 위에 있는 자가 그 좌우 손을 들어 하늘을 향하여 영생하시는 자를 가리켜 맹세하여 가로되 반드시 한 때 두 때 반 때를 지나서 성도의 권세가 다 깨어지기까지니 그렇게 되면 이 모든 일이 다 끝나리라 하더라(The man clothed in linen, who was above the waters of the river, lifted his right hand and his left hand toward heaven, and I heard him swear by him who lives forever, saying, "It will be for a time, times and half a time. When the power of the holy people has been finally broken, all these things will be completed.")(NIV)

「다니엘」 12장 7절에는 두 천사 중 한 분이 마지막 때의 놀라운 일, 즉 기사(奇事)의 끝이 언제인가를 예언하는 기록이 나온다. 필자가 보기에는 이는 매우 중요한 것이다. 이 세대의 어느 시대(시기)에 끝이 오는지 예언하기 때문이다. 강물 위에 내려선 한 천사가 "한 때 두 때 반 때(a time, times and half a time)를 지나서… 이 모든 일이 다 끝나리라"고 대답한다.

여기서 중요한 것은 '한 때 두 때 반 때를 지나서…'라는 것이다. 이것은 무엇을 의미하는가 하면 그 다음 다른 사건이 연속적으로 일어나야 모든 일이 끝남을 암시하는 것이다. 「요한계시록」 11장 3절에는 두 증인이 '일천이백육십 일(1,260일=3.5년)'을 증거하고 예언한다고 기록되어 있다. 따라서 '한 때 두 때 반 때'란 바로 1,260일, 즉 42달=3.5년임을 알 수 있다. 다시 말해 c.AD 10729.5년에 모세와 엘리야가 오셔서 3.5년 동안 증거하고 예언하기를 끝내는 c.AD 10733년에 또 다른 사건이 일어남을 의미한다.

「요한계시록」 11:3 - 내가 나의 두 증인에게 권세를 주리니 저희가 굵은 베옷을 입고 일천이백육십 일을 예언하리라(And I will give power to my two witnesses, and they will prophesy for 1,260 days, clothed in sackcloth."(NIV)

"한 때 두 때 반 때(a time, times and half a time)를 지나고 나서→성도의 권세가 다 깨어지기까지니"라는 것은 한 때 두 때 반 때인, 즉 모세와 엘리야가 이 땅에 재림하시어 증거하고 예언하는 42달 동안, 같은 42달 기간에 예루살렘 성이 군대들에 에워싸여 유린당하고 나서(「요한계시록」 11:2), c.AD 10733년부터 또 다른 42달 동안 성도의 권세가 다 깨진다는 것(When the power of the holy people has been finally broken)을 의미하는 것이다.

「요한계시록」 11:2 - 성전 밖 마당은 척량하지 말고 그냥 두라 이것을 이방인에게 주었은즉 저희가 거룩한 성을 마흔두 달 동안 짓밟으리라

그렇다면 어떻게 성도의 권세가 다 깨질까? 이것을 깨달으려면, 「요한계시록」 12장의 여자와 용(The Woman and the Dragon)과 13장의 짐승 두마리(두 왕)를 깨달아야 한다. 우선 「요한계시록」 12장 7절에는 하늘의 전쟁(There was war in heaven)을 기록하고 있는데, 불의의 하나님들과 의로운 하나님들의 일대 전쟁이 일어난다. 이 전쟁에서 불의의 하나님들인 바로 용/뱀/마귀/사단들과 불의의 하나님들을 추종하는 천사들이 패배하여 이 땅으로 쫓겨 내려온다.[1]

「요한계시록」 12:7 - 하늘에 전쟁이 있으니 미가엘과 그의 사자들이 용으로 더불어 싸울쌔 용과 그의 사자들도 싸우나

12:8 - 이기지 못하여 다시 하늘에서 저희의 있을 곳을 얻지 못한지라

12:9 - 큰 용이 내어쫓기니 옛 뱀 곧 마귀라고도 하고 사단이라고도 하는

1 자세한 것은 『바이블 매트릭스』 4권 『하나님들의 과학기술과 우리가 창조해야 할 미래(상)』의 1부 6장인 "「요한계시록」의 용/뱀/마귀/사단은? 의로운 하나님들과 불의의 하나님들"을 참조하고, 기타는 본권 3부인 「요한계시록」 해설을 참조하라.

온 천하를 꾀는 자라 땅으로 내어쫓기니 그의 사자들도 저와 함께 내어쫓기니라

그리고 「요한계시록」 13장에는 이들이 이 땅으로 쫓겨 내려와 바다의 짐승(왕)과 인간들을 규합해서 의로운 하나님 아버지와 예수님과 의로운 천사들을 대적하게 된다. 이들이 예루살렘 성전을 접수하고, 자기들이 진짜 하나님들이라며 인간들을 회유해서, 자기들을 통하지 않고서는 부활과 영생을 얻을 수 없다고 하며, 한 이레 동안 인간들과 동맹을 맺고, 즉 언약을 맺고, 하나님 아버지와 예수 그리스도를 적대시하게 될 것이라는 점이다.

특히 용이 바다에서 올라오는 짐승(The Beast out of the Sea), 즉 왕에게 권세를 주어 용에게 경배하고 짐승에게 경배하게 한다. 경배한다는 것은 인간들이 불의의 하나님들을 진짜 하나님 아버지로 믿고 제사와 예물을 드린다는 뜻이다.

또 짐승이 큰 말과 참람된 말하는 입((a mouth to utter proud words and blasphemies)을 받고, 42달 동안 일을 할 권세를 받아, 성도들과 싸워 이기게 된다. 성도의 권세가 다 깨졌다는 것은 바로 이것을 말하는 것이다. 용과 바다 짐승이 성도들을 대적하여 다 이기게 된다는 것은 성도들이 하나도 남지 않는다는 말이다.

「요한계시록」 13:4 - 용이 짐승에게 권세를 주므로 용에게 경배하며 짐승에게 경배하여 가로되 누가 이 짐승과 같으뇨 누가 능히 이로 더불어 싸우리요 하더라

13:5 - 또 짐승이 큰 말과 참람된 말 하는 입을 받고 또 마흔두 달 일할 권세를 받으니라

13:6 - 짐승이 입을 벌려 하나님을 향하여 훼방하되 그의 이름과 그의 장

막 곧 하늘에 거하는 자들을 훼방하더라

13:7 - 또 권세를 받아 성도들과 싸워 이기게 되고 각 족속과 백성과 방언과 나라를 다스리는 권세를 받으니

여기서도 42달이 나온다. 따라서 c.AD 10733년부터 42달=3.5년 동안 용과 짐승이 무엇이든지 할 수 있는 권세를 부린다는 것이다. 그러나 3.5년=42달이 지나고 나서 c.AD 10736.5년에 또 다른 사건이 기다리고 있다.

4. 글을 봉함하라, 악을 행하는 자, 오직 지혜 있는 자는 깨달으리라

☞ 「다니엘」 12:8 - 내가 듣고도 깨닫지 못한지라 내가 가로되 내 주여 이 모든 일의 결국이 어떠하겠삽나이까(I heard, but I did not understand. So I asked, "My lord, what will the outcome of all this be?")(NIV)

12:9 - 그가 가로되 다니엘아 갈찌어다 대저 이 말은 마지막 때까지 간수하고 봉함할 것임이니라(He replied, "Go your way, Daniel, because the words are closed up and sealed until the time of the end.)

12:10 - 많은 사람이 연단을 받아 스스로 정결케 하며 희게 할 것이나 악한 사람은 악을 행하리니 악한 자는 아무도 깨닫지 못하되 오직 지혜 있는 자는 깨달으리라(Many will be purified, made spotless and refined, but the wicked will continue to be wicked. None of the wicked will understand, but those who are wise will understand.)

가브리엘 천사장의 마지막 끝 날에 대한 예언을 듣고 다니엘은 깨닫지 못해 "내 주여 이 모든 일의 결국이 어떠하겠삽나이까"라고 묻는다. 이에 대해 가브리엘 천사장은 마지막 때까지 이 말을 덮고 봉하라고 명령한다. 앞에서 살펴본 "많은 사람이 빨리 왕래하며 지식이 더하리라"와 같은 맥락이다. 오직 지혜 있는 자만 이 말이 무슨 뜻인 줄 깨닫고, 악한 자는 아무도 깨닫지 못한

다는 것이다.

의로운 사람은 스스로 정결케 하여 희게 할 것이라는 것은 의로운 자, 즉 하나님 아버지와 예수님의 말씀을 순종하고 행하고 죽은 자 또는 순교한 자는 그 영혼이 낙원에 이르러 하얀 우주복을 받아 입는다는 뜻이다. 그러나 악한 자는 악을 행한다는 것이다. 이 예언의 말씀은 「요한계시록」 22장 11절과 같은 맥락이다. 다니엘을 통해 끝 날을 다 예언했으니 게임은 끝났다는 것이다. 예수님께서 우리를 위해 죽으시고 부활하셨는데 게임은 끝났다는 것이다. 불의한 자는 그대로 불의를 하게 내버려 두라는 것이다. 그러나 의로운 자는 그대로 의를 행하게 내버려 두라는 것이다. 참으로 심오한 철학이 아닐 수 없다.

「요한계시록」 22:11 - 불의를 하는 자는 그대로 불의를 하고 더러운 자는 그대로 더럽고 의로운 자는 그대로 의를 행하고 거룩한 자는 그대로 거룩되게 하라

그러나 필자가 볼 때는 이게 가장 중요한 것이다. 오직 지혜 있는 자만 깨닫는다는 것은 무슨 뜻일까? 무엇을 깨닫는다는 것인가? 그것은 바로 의로운 하나님들과 불의의 하나님들을 구분할 수 있는 지혜가 아닌가 생각한다. 이 땅으로 쫓겨 내려오는 불의의 하나님들의 미혹에 빠져 이들 적그리스도들을 진짜 하나님으로 잘못 알고 제사와 예물, 즉 경배를 드리는 것이다.

이에 대해서는 『바이블 매트릭스』 4권 『하나님들의 과학기술과 우리가 창조해야 할 미래(상)』의 1부 6장인 "「요한계시록」의 용/뱀/마귀/사단은? 의로운 하나님들과 불의의 하나님들"의 7절인 "불의의 하나님들을 분별할 줄 하는 지혜 있는 인간(신)이 되자"를 참조하시라.

5. 불의의 하나님들+짐승들 – 자기들에게 드리는 제사 폐하고, 대신에 멸망의 가증한 우상/666표가 예루살렘 성전에 세워지고 나서 1,290일(43달) 지나면 끝(멸망)(c.AD 10736.5~10740)

☞「다니엘」12:11 – 매일 드리는 제사를 폐하며 멸망케 할 미운 물건을 세울 때부터 일천이백구십 일을 지낼 것이요("From the time that the daily sacrifice is abolished and the abomination that causes desolation is set up, there will be 1,290 days.)(NIV)

예수님께서 하늘(소행성대)의 보좌에서 이 땅에 공중재림하시는 마지막 조건이 있다. 그것은「다니엘」의 '매일 드리는 제사를 폐하며 멸망의 가증한 것이 예루살렘에 세울 때부터 일천이백구십 일 지나면 끝(멸망)'이라는 것이다. 이것은 무엇을 말하는 것일까? 필자가 이것을 깨닫는데 많은 시간이 걸렸다. "오직 지혜 있는 자는 깨달으리라"는「다니엘」의 예언의 말씀과 예수님의 "읽는 자는 깨달을찐저"가 만만치 않음을 또 한번 깨달았다.

「마태복음」24:15 – 그러므로 너희가 선지자 다니엘의 말한바 멸망의 가증한 것이 거룩한 곳에 선 것을 보거든(읽는 자는 깨달을찐저)

제사를 폐한다는 것은 의로운 하나님 아버지와 예수님께 드리는 제사를 폐한다는 것이 아니라, 불의의 하나님들과 바다 짐승(왕), 즉 적그리스도들에게 매일 드리는 제사를 폐한다는 것이다. 불의의 하나님들이 이 땅으로 쫓겨 내려와 자기들이 진짜 하나님들이고 예수님이며, 소행성대에 계시는 진짜 하나님 아버지와 진짜 예수님은 가짜이며, 지구를 침략하는 외계인이라고 회유할 것이다. 그래서 바다의 짐승(왕)과 많은 인간들이, 지금의 지구방위사령부와 같은 조직을 만들어, 불의의 하나님들에게 가세할 것이다. 그 결과 많은 사람들이 이들 적그리스도들을 진짜 하나님들이라고 믿고 경배, 즉 제사와 예물을 드릴 것이다. 이것이 바로 「다니엘」 9장 27절에 등장하는 한 이레 동안의 언약이다. 동맹을 굳게 정했다는 것이다. 동맹을 맺었다는 것이다.

그러나 한 이레의 절반이 지난 시점부터 이러한 제사를 폐지한다는 것이다. 다시 말해 한 이레의 후 절반인 3.53년 시작 점부터(c.AD 10736.5~) 제사와 예물을 금지한다는 것이다. 그리고 적그리스도들은 곧 바로 본색을 드러낸다는 것이다. 형식적인 제사와 예물이 필요가 없을 것이다. 불의의 하나님들이 보기에 시간이 없을 것이다. 이는 「요한계시록」 12장 12절을 말하는 것이다. 하늘의 전쟁에서 패한 불의의 하나님들과 그 수하 천사들이 이 땅으로 쫓겨 내려오는데, 자기들의 때가 얼마 안 남은 줄 알고 크게 분내어 내려온다는 것이다. 이는 2부 「요한계시록」에서 자세히 다루기로 한다.

「요한계시록」 12:12 - 그러므로 하늘과 그 가운데 거하는 자들은 즐거워하라 그러나 땅과 바다는 화 있을찐저 이는 마귀가 자기의 때가 얼마 못된 줄을 알므로 크게 분내어 너희에게 내려갔음이라 하더라

제사를 폐하는 대신에, 예루살렘 성전에 멸망의 가증한, 죽은 바다 짐승의 우상(Image)을 세우는 것이다. 한 이레의 앞 절반에는 "용에게 경배"나 "짐승에게 경배"에서 곧 바로 바다 짐승의 우상을 세우고 "우상에게 경배"로 바뀌는 것이다. 또한 모든 사람들로 하여금 666표를 받게 한다. 우상과 666표에 대해서는 향후 2부인 「요한계시록」 13장에서 자세히 다루기로 한다. 적그리스도들은 시간이 얼마 안 남은 줄을 알고 있을 것이다. 마냥 사람들의 제사를 받고 성전에 앉아 있을 수가 없을 것이다. 왜냐하면 적그리스도들은 한 이레가 끝나면 곧 예수님이 거대항공모함 우주선을 이끌고 만만(1억) 천천(1백만)의 천사들과 첫째 부활한 자들과 휴거한 자들과 함께 소행성대로부터 공중재림하신다는 것을 알고 있기 때문이다. 그래서 제사를 폐하고 그 대신에 그 자리에 바다 짐승의 우상을 만들어 우상으로 하여금 말하게 하고, 사람들로 하

여금 계속 우상에게 경배하도록 하는 것이다. 아울러 666표를 받게 하고 사람들을 제어하고 감시하는 것이다.

그 대신 적그리스도들은 곧 오시는 예수님의 군대와 맞서 싸울 준비를 하는 것이다. 시간이 없다. 남은 기간은 한 이레의 후 절반인 3.53년=43달뿐이다. 그래서 필자가 생각하기엔 적그리스도들은 예루살렘과 바벨론으로 이동하여 하나님 아버지와 예수님 군대와 대항하는 최첨단 우주공항을 세운다는 뜻이 아닌가 한다. 하늘의 전쟁에서 패했으니 다시 올라가 패권을 차지하기 위한 군사적인 우주시설 기초가 세워질 것이 아닌가 생각한다. 그것은 (1) 구약의 바벨론의 바벨탑처럼[2] 하늘의 전쟁에서 패한 불의의 하나님들이 다시 소행성대의 하늘의 보좌로 올라가려는 목적과 (2) 하늘의 보좌와 하늘의 보좌에서 지구로 향하는 예수님의 군대와 대적하려는 군사적인 우주시설일 가능성이 매우 높다. 이것을 「다니엘」 9장 27절에는 "미운 물건이 날개를 의지하여(위에) 설 것이며(on a wing of the temple or on the wing of abominations"라고 예언하고 있는데, 이 때 날개란, 이는 분명 소행성대에 진입한 하나님 아버지와 예수님을 적대시하고 지구로 향하는 예수님의 군대와 전쟁을 벌이기 위한 우주시설인 로켓을 구축한다는 것을 예측해 볼 수 있다.

그런데, 다니엘은 "매일 드리는 제사를 폐하며 멸망케 할 미운 물건을 세울 때부터 일천이백구십 일을 지낼 것이요"라고 적고 있다는 점이다. 우상과 666표를 받게 한지 1,290일(43달)이 지나서야 끝이 온다는 것으로, 1,290/360=3.58년이요, 1,290/365=3.53년이다. 그렇다면 예수님의 재림시기가 대략 c.AD 10740년이므로 10,740-3.5 = 10,736.5년이란 수치가 나온다. 『바이블 매트릭스』 시리즈를 쓸 때마다 필자는 가슴에 고동치는 소리가 들린

---

2 자세한 것은 『바이블 매트릭스』 4권 『하나님들의 과학기술과 우리가 창조해야 할 미래(상)』의 2부 6장인 "바벨탑에 숨겨진 비밀"을 참조하라.

다. 필자는 이제 곧 죽지만, 먼 미래에 사는 사람들이 참으로 안타깝다는 마음이 든다. 불의의 하나님들과 짐승들의 편에서면 안되는데, 우상에 경배하면 안되는데, 666표를 받으면 안되는데…

6. 기다려서 1,335일까지 이르는 사람은 복이 있다

☞ 「다니엘」 12:12 - 기다려서 일천삼백삼십오 일까지 이르는 그 사람은 복이 있으리라(Blessed is the one who waits for and reaches the end of the 1,335 days.)(NIV)

또한 다니엘은 "기다려서 일천삼백삼십오 일까지 이르는 그 사람은 복이 있으리라"고 적고 있는데, 1,335/360=3.7년, 1,335/365=3.66년이 된다. 이것은 두 가지로 해석할 수 있을 것이다. (1) 결국 우상이 세워지고 나서 1,290일(43달)을 잘 견디든지 아니면 45일을 추가하여 1,335일(44.5달)까지 기다리면 예수님께서 이 땅에 공중재림하셔서 구원해 주신다는 것이다. 그래서 복이 있다는 것이다. 예수님 공중재림시에 의로운 자들의 첫째 부활이 먼저 일어나고 그 때까지 살아있는 의로운 자들은 휴거에 참여하며(「마태복음」 24:31), 적그리스도들(불의의 하나님들, 불의의 천사들, 짐승들, 거짓 선지자들)은 예수님께 잡혀 산채로 유황 불못에 던져지게 된다(「요한계시록」 19:20 & 20:10). 혹은 (2) 1,290일을 지내고 또 다른 1,335일까지 이르면 예수님께서 공중재림하셔서 구원해 주신다는 것이다. 다시 말해 그 때까지 살아있는 의로운 사람들은 휴거한다는 것이다.[3]

7. 다니엘의 임무 완성→죽음→낙원→부활→몫을 받아

☞ 「다니엘」 12:13 - 너는 가서 마지막을 기다리라 이는 네가 평안히 쉬다

3 부활과 휴거에 대해서는 『바이블 매트릭스』 6권 『부활/휴거, 예수님의 재림시기 예측(c.AD 10740년)과 재림의 목적/방법』을 참조하시라.

가 끝날에는 네 업을 누릴 것임이니라("As for you, go your way till the end. You will rest, and then at the end of the days you will rise to receive your allotted inheritance.")(NIV)

이제 다니엘은 선지자의 역할을 마친다. "너는 가서 마지막을 기다리라 이는 네가 평안히 쉬다가"라는 것은 죽어 낙원에 이르러 끝 날까지 편히 쉰다는 뜻이다. 그리고 끝 날에, 즉 예수님께서 공중재림하실 때 부활하여 영생을 받아 천년 왕국과 새 하늘과 새 땅에 들어가 몫을 받는다는 의미이다. 아멘! 다니엘 선지자님께 감사를 드립니다.

8. 결론 – 도표 정리

이상 살펴본 「다니엘」 12장을 9장과 함께 시계열 분석을 통한 한 장의 도표로 그려 보면 다음과 같을 것이다.

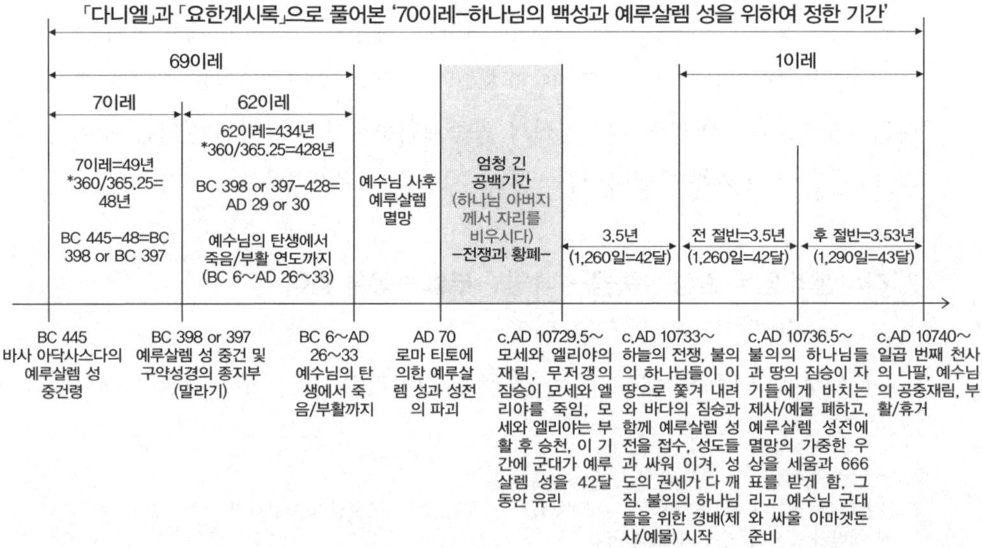

2부

「요한계시록」을 과학적인 관점에서 해석하기

들어가기 전에

☞ 〈경고〉 첨삭하면 – 더하면 재앙을 더하고, 빼면 생명나무와 거룩한 성에 참예함을 제하리라

2009년 11월 28일, 필자가 뇌경색(腦梗塞, Cerebral infarction, Cerebrovascular accident=CVA)으로 쓰러지고 나서, 오른쪽 팔다리와 언어가 마비되어 거의 병신이 되었는데, 필자의 예수님께서 살려주신 이래, 『바이블 매트릭스』 1~5권을 발간하고, 이제 마지막 권인 『바이블 매트릭스』 7권 『「다니엘」과 「요한계시록」을 과학적 관점으로 해석』의 2부인 「요한계시록」을 쓰려고 한다.

신약성경의 마지막 27권인 「요한계시록」은, 예수님의 품에 의지하여 누워서 말씀을 나누던, 예수님께서 사랑하는[1] 네 번째 제자인 요한(John, AD 6~100) 사도께서, 로마제국의 도미티아누스(Domitianus, 통치 AD 81~96) 황제 박해 때, 끓는 기름 가마에 들어갔으나 죽지 않아, 밧모섬(the island of Patmos)

---

1 자세한 내용은 『바이블 매트릭스』 5권 『성령으로 무장하신 예수님의 과학기술』의 3부 3장 1-4절의 "예수님이 사랑하시는 자, 만찬 때 예수님의 품에 의지한 자는 누구?"와 1-5절의 "그는 바로 요한, 예수님께서 요한은 자연사할 것임을 말씀하시다"와 1-6절의 "요한의 「요한계시록」, 다시 돌아올 때까지 살려두겠다는 의미?"를 참조하라.

에 유배당해, 90세가 다 된 나이에 밧모섬의 동굴에서 18개월이나 살았으며, 이곳에서 천사를 통해 예수님의 목소리(텔리파시 등의)를 듣고 쓰신 계시록(Revelation)이다(c.AD 95~96). 따라서 이는 예수 그리스도의 계시이며, 이는 하나님 아버지께서 예수 그리스도에게 주어 반드시 속히 될 일을 예수 그리스도의 종들에게 보이시려고, 예수 그리스도의 천사를 요한 사도에게 보내어 지시하신 내용을 그대로 기록한 것이다. 그래서 c.AD 8580년에 하나님 아버지의 보좌가 소행성대(하늘, 궁창)에 진입하고, c.AD 8580년부터 시작되는 일곱 봉인 심판(큰 환란)과 c.AD 9580년부터 시작되는 여섯 천사의 나팔 심판(화, woes)을 하시고, c.AD 10740년에 예수님께서 소행성대의 보좌로부터 자기의 영광인 별도의 보좌를 타시고 재림하셔서 최후의 심판을 하시기 때문에, 그 시기가 아주 먼 미래라, 필자 또한 내용을 해석하기가 어렵고 무서워서 감히 쓸 수가 없는 처지였다. 그러나 필자의 역할(천지명)이 성경을 과학으로 해석하는 것이라 아니 쓸 수가 없는 상황이다. 그래서 주저 끝에 지금까지 배운 과학지식과 역사지식과 천문지식을 총 동원해 한번 도전해보기로 한다. 그 결과는 예수님만 아시리라!

그런데 "경고(Warning)"가 있다. 「요한계시록」이 어렵기도 어렵지만 마지막 22장에는 이러한 "경고"가 있기 때문이다. 이 "경고" 때문에 필자를 비롯한 많은 분들이 해석하기를 주저했을 것이다.

「요한계시록」 22:18 - 내가 이 책의 예언의 말씀을 듣는 각인에게 증거하노니 만일 누구든지 이것들 외에 더하면 하나님이 이 책에 기록된 재앙들을 그에게 더하실 터이요(I warn everyone who hears the words of the prophecy of this book: If anyone adds anything to them, God will add to him the plagues described in this book.(NIV)

22:19 - 만일 누구든지 이 책의 예언의 말씀에서 제하여 버리면 하나님이 이 책에 기록된 생명나무와 및 거룩한 성에 참예함을 제하여 버리시리라(And if anyone takes words away from this book of prophecy, God will take away from him his share in the tree of life and in the holy city, which are described in this book.)(NIV)

이 때의 재앙(the plagues)이란, 영문성경 NIV로 보면 c.AD 8580년의 예수님의 일곱 봉인 심판에 등장하고, KJV나 New Living을 보면 c.AD 9580년의 여섯 천사의 나팔 심판에도 등장하며, c.AD 10800년의 일곱 천사의 일곱 대접 재앙 심판까지 이어져 나온다. 이렇게 본다면 지금으로부터 한참 후의 일이다. 하지만 그 때가 되면 거짓 그리스도와 거짓 선지자의 적그리스도가 많이 나타나 「요한계시록」을 첨삭하게 될 것이라는 것을 암시하고 있다. 그렇다고 지금의 필자도 안심할 수는 없다. 죽은 자들도 그 때가 되면 최후의 심판을 받아야 하기 때문이다. 즉 의인과 불의한(불경한) 자, 즉 산 자와 죽은 자를 분별하시고 심판하시기 때문이다.

생명나무와 거룩한 성이란 바로 「요한계시록」 20장의 c.AD 11800년부터 시작할 〈천년 왕국〉을 거쳐 「요한계시록」의 21장과 22장의 c.AD 12900년에 창조될 새로운 하늘과 새 땅에 건설될 새 예루살렘 성(The New Jerusalem)과 새 예루살렘 성의 생명나무를 말하는 것이다.

따라서 「요한계시록」 1장부터 22장까지 이 책에 빠짐없이 다 기록하되, 해석은 필자가 그간 배운 지식으로 하기로 한다. 해석을 잘못하면 재앙을 더하고 또한 생명나무와 거룩한 성에 참예함을 제하리라는 요한 사도의 기록이 없으므로 이것에 자극을 받아 도전해보기로 한다. 그러나 그 의미는 해석을 잘못해도 첨삭이 있다는 뜻일 것이다. 예를 들어 예수님을 마귀(사단)의 아들이라고 해석하면 어떻게 되겠는가? 사단이 우리의 의로운 하나님 아버지요 예수님의 아버지라고 해석하면 어떻게 되겠는가? 따라서 예수님께 부탁을 하나 해야 한다. '예수님, 잘못 해석하는 일이 없도록 지혜를 주시옵소서!' 이것을 믿고 이 글을 쓴다! 자, 그럼 시작해보자.

☞ **「요한계시록」의 범위, 과거(was)–현재(is)–미래(will be or is to be)를 포함 →난해→완벽한 해석 불가능**

필자가 보는 관점으로는 「요한계시록」은 그 범위가 과거(was)-현재(is)-미래(will be or is to be)를 모두 커버하고 있어 이해하기가 난해하다. 왜 범위가 과거-현재-미래를 모두 포함하고 있다고 보는 이유는 바로 「요한계시록」 1장 4절과 1장 8절과 4장 8절에는 "이제도 계시고 전에도 계시고 장차 오실 이(him who is, and who was, and who is to come)"라고 기록하고 있는데, 이는 첫째, 하나님 아버지를 의미하고, 둘째, 하나님 아버지의 독생자이신 예수 그리스도를 의미하는 것으로, 두 분은 이 땅을 창조하시기 전인 태초에도 계셨고(「요한복음」 1:1~5), 하늘과 땅을 창조하신 후에도 계셨으며, 구약시대에도 계셨고, 신약시대에도 계셨으며, 먼 미래에도 계실 것이며, 곧 이 땅에 오실 분들이라는 뜻이다.

따라서 과거-현재-미래를 커버하고 있는 「요한계시록」을 완벽하게 해석한다는 것은 불가능하다는 사실을 깨달았다. 필자가 「요한계시록」의 내용을 70% 정도 알고 과거-현재-미래로 접근하여 「요한계시록」 11장까지 풀고 12장을 풀어 쓰려고 하는데, 앞으로 더 못 나가, 그 이유를 알게 되었는데, 바로 과거-현재-미래를 100% 정도 이해한다는 것은 불가능하다는 것을 깨달은 것이다. 그렇다고 22장 중 반이나 나갔는데 그냥 주저앉을 수는 없을 것이다.

그래서 적어도 프레임워크를 설정할 필요가 있다. 과거-현재-미래를 어떻게 나눌 것인가? 이렇게 나누면 어떨까? 예수님께서 결국 하나님 아버지로부터 심판의 권세를 받아 이 땅에 다시 오실 것이므로, 노아의 홍수가 일어나던 BC 13020부터 예수님 탄생 시점인 BC. 6(B)년을 거쳐 사도 요한이 「요한계시록」을 쓰던 c.AD 95~96년까지와 사도 요한이 자연사한 AD 100년까지를 과거로, AD 100년부터 2015년까지를 현재로, 2015년 이후를 미래로 설계하고 「요한계시록」을 해석하면 어떨까? 이렇게 본다면 이 프레임워크는 『바이블 매트릭스』 6권 『부활/휴거, 예수님의 재림시기 예측(c.AD 10740년)과 재림의 목적/방법』의 2부 3장 1절 1-3의 "이 세대(BC 13020~AD 12900년)가 가기 전에 다 이루리라"에서 살펴본 이 세대(this generation)의 시대별과도 일치한다.

과거 : BC 13020~AD 100

현재 : AD 100~2015

미래 : AD 2016~12900

단, 필자는 미래학자이지 종교학자가 아니기 때문에, 이렇게 프레임워크를 설계하여 과거-현재-미래로 접근하되, 되도록이면 제 전공인 미래에 더 초점을 두고 「요한계시록」을 해석하고자 한다.

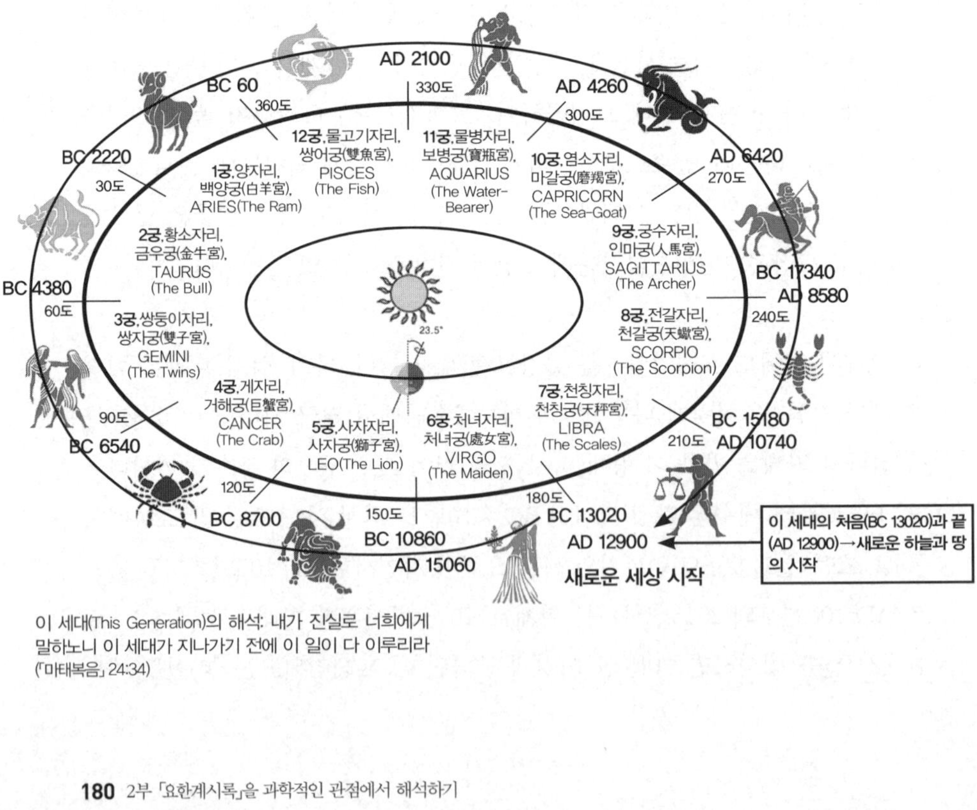

이 세대(This Generation)의 해석: 내가 진실로 너희에게 말하노니 이 세대가 지나가기 전에 이 일이 다 이루리라 (「마태복음」 24:34)

1장

「요한계시록」1장 표제와 인사, 그리스도의 명령

1절 「요한계시록」 1:1~8 - 표제와 인사(Prologue)

1. 하나님 아버지→예수 그리스도→예수님의 천사→사도 요한에 전달해 기록

☞ 「요한계시록」 1:1 - 예수 그리스도의 계시라 이는 하나님이 그에게 주사 반드시 속히 될 일을 그 종들에게 보이시려고 그 천사를 그 종 요한에게 보내어 지시하신 것이라(The revelation of Jesus Christ, which God gave him to show his servants what must soon take place. He made it known by sending his angel to his servant John,(NIV); The Revelation of Jesus Christ, which God gave unto him, to shew unto his servants things which must shortly come to pass; and he sent and signified it by his angel unto his servant John:(KJV); This is a revelation from(1) Jesus Christ, which God gave him to show his servants the events that must soon(2) take place. He sent an angel to present this revelation to his servant John, / (1)Or of (2)Or suddenly, or quickly (New Living)

1장 1절은 예수 그리스도의 계시이며, 이는 하나님 아버지께서 예수 그리스도에게 주어 반드시 속히 될 일을 예수 그리스도의 종들에게 보이시려고, 예수 그리스도의 천사를 사도 요한에게 보내어 지시하신 것이다. 지시했다는 뜻은 요한 사도에게 알렸다(made it known or signified it) 또는 계시를 설명했다 또는 나타냈다(present)는 뜻이다. 따라서 순서를 보면 (1) 하나님 아버지 → (2) 예수 그리스도 → (3) 예수님의 천사 → (4) 요한에게 전달되어 기록했다(c.AD 95~96)는 것을 알 수 있다. 이것이 매우 중요하다. 예수님께서 마음대로 하는 것이 아니라 반드시 하나님 아버지의 명령에 따라 계시가 이루어지는 것이다. 또 하나 중요한 것은 반드시 속히 될 일(what must soon take place)이라는 것이다. 필자가 볼 때는 c.AD 8580년과 c.AD 10740년이 한참 후의 일인 것 같지만, 『바이블 매트릭스』 1권 『우주창조의 비밀』(pp. 391~394)에서 밝혔듯이 천상의 하루(일일)는 지구의 1,000년과 같다(「시편」 90:4, 「베드로후서」 3:8)는 것을 이해하면 예수님의 재림시기가 얼마(며칠) 안 남은 것이다. 마찬가지로 「창세기」의 6일간의 창조는 지구의 6일이 아닌 천상의 6일이다. 「창세기」는 처음이고 「요한계시록」은 마지막이라 서로 대칭적이라는 사실을 기억하자.

「시편」 90:4 - 주의 목전에는 천 년이 지나간 어제 같으며 밤의 한 경점 같을 뿐임이니이다

「베드로후서」 3:8 - 사랑하는 자들아 주께는 하루가 천 년 같고 천 년이 하루 같은 이 한 가지를 잊지 말라

2. 본 것, 즉 하나님 아버지의 말씀과 예수 그리스도의 증거를 기록

☞ 「요한계시록」 1:2 - 요한은 하나님의 말씀과 예수 그리스도의 증거 곧 자기의 본 것을 다 증거하였느니라(who testifies to everything he saw--that is, the word of God and the testimony of Jesus Christ.)(NIV); Who bare record of the word of God, and of the testimony of Jesus Christ, and of all things that he saw.(KJV);

who faithfully reported everything he saw. This is his report of the word of God and the testimony of Jesus Christ.(New Living)

사도 요한은 하나님의 말씀과 예수 그리스도의 증거, 즉 사도 요한이 본 것을 다 증거했다는 것이다. 증거했다는 것은 본 것을 숨김없이 다 기록했다(bare record)는 뜻이며 충실하게 계시록에 보고했다(faithfully reported)는 의미이다. 천사를 통해 하나님 아버지와 예수님이 말씀하신 내용을 다 여기에 100% 기록했다는 뜻이다.

3. 읽는 자=듣는 자=기록한 것을 지키는 자들이 복이 있다

☞「요한계시록」1:3 - 이 예언의 말씀을 읽는 자와 듣는 자들과 그 가운데 기록한 것을 지키는 자들이 복이 있나니 때가 가까움이라(Blessed is the one who reads the words of this prophecy, and blessed are those who hear it and take to heart what is written in it, because the time is near.)(NIV); Blessed is he that readeth, and they that hear the words of this prophecy, and keep those things which are written therein: for the time is at hand.(KJV); God blesses the one who reads the words of this prophecy to the church, and he blesses all who listen to its message and obey what it says, for the time is near.(New Living)

여기서 중요한 것은 읽는 자=듣는 자=기록한 것을 지키는 자들이 복이 있다는 것이다. 이 세 가지가 모두 'and'로 연결되어 있다는 점이다. 읽고, 그리고 듣고, 그리고 '지키는 자(keep those things)'인데, 이는 쓰여진대로 '명심하는 자(who take to heart)', 즉 '말씀을 순종하는 자(who obey what it says)', 즉 행하는 자(who does or acts)란 뜻이다.

이는「야고보서」2장 17절의 "이와 같이 행함이 없는 믿음은 그 자체가 죽은 것이라(In the same way, faith by itself, if it is not accompanied by action, is dead.)"(NIV)와 26절의 "영혼 없는 몸이 죽은 것같이 행함이 없는 믿음은 죽은 것이니라(As the body without the spirit is dead, so faith without deeds is dead.)" (NIV)와 같은 뜻이다. 이는 또한 「요한일서」 3장 18절의 "자녀들아 우리가 말과 혀로만 사랑하지 말고 오직 행함과 진실함으로 하자(Dear children, let us not love with words or tongue but with actions and in truth)"(NIV)와 같은 뜻이다.

우리가 자녀들에게 죽기 전에 "내 말을 명심해라"라고 말을 한다. 명심하라는 것은 말을 지키고 그대로 행하라는 뜻이다. 따라서 「요한계시록」에 쓰여진 하나님의 말씀과 예수님의 증거에 따라 그대로 순종하고 행해야 복을 받는다는 뜻이다.

4. 일곱 교회란? 그 당시(was), 기독교 역사(is), 미래 교회(will be)의 관점

☞ 「요한계시록」 1:4 - 요한은 아시아에 있는 일곱 교회에 편지하노니 이제도 계시고 전에도 계시고 장차 오실 이와 그 보좌 앞에 일곱 영과(John, To the seven churches in the province of Asia: Grace and peace to you from him who is, and who was, and who is to come, and from the seven spirits before his throne,)(NIV)

자, 이제부터가 중요하다. 요한은 아시아(Asia)에 있는, 즉 AD 95~96년 당시에는 로마제국(동로마제국, BC 27~AD 476)이 지배하고 있던, 지금의 터기 서쪽 지방에 위치한 일곱 교회에 메시지, 즉 편지를 쓴다. 편지를 쓴다는 것은 일곱 교회에 전달하는 하나님 아버지와 예수님의 메시지를 「요한계시록」에 기록했다는 것이다. 「요한계시록」의 내용은 "반드시 속히 될 일을 예수 그리스도의 종들에게 보이시려고, 예수 그리스도의 천사를 요한 사도에게 보내어 지시하신 것이다"라는 사실을 기억하자.

소아시아에 있던 입곱 교회들. 그림 출처 : ohhappyday(t016mm)의 블로그 – http://blog.naver.com/t016mm/120008502827

그 당시 일곱 교회들은 지금은 다 사라져 존재하지 않는다. 그러나 잔여물이나 유적이 발굴되는 것을 보면 분명히 존재했던 교회들이었다. 따라서 일곱 교회들은 (1) 그 당시 존재했던(was) 일곱 교회의 관점, (2) 기독교 역사의 관점(is), 그리고 (3) 예수님 재림 전까지의 미래 교회의 관점으로(will be) 해석해야 옳을 것이다. 따라서 「요한계시록」 2장과 3장에 나오는 입곱 교회는 이 세 가지 관점에서 살펴보기로 한다. 한마디로 AD 95~96년부터 예수님께서 재림하시는 c.AD 10740년까지 일곱 유형의 교회가 존재할 것이라는 것을 강조한 것이라고 해석할 수 있을 것이다. 역사는 반복된다는 점을 기억하자.

5. 이제도(is)=전에도(was)=장차 오실 이(is to come)=하나님 아버지

☞ 「요한계시록」 1:4 - 요한은 아시아에 있는 일곱 교회에 편지하노니 이제도 계시고 전에도 계시고 장차 오실 이와 그 보좌 앞에 일곱 영과(John, To the seven churches in the province of Asia: Grace and peace to you from him who is, and who was, and who is to come, and from the seven spirits before his throne,)(NIV)

"이제도 계시고(who is) 전에도 계시고(who was) 장차 오실 이(who is to come)"란 바로 하나님 아버지(God the Father)를 말하는 것이다. 과거에도 존재하시고 현재도 존재하시며 미래에도 존재하시는 하나님 아버지이시다. 영원히 존재한다는 의미이다. 이 표현은 「요한계시록」에 몇 차례 더 등장하는데(「요한계시록」 1:8 & 4:8), 필자가 보기엔 매우 중요하다. 왜냐하면 불의의 하나님들과 짐승(왕)이 이것으로 가장할 것으로 보이기 때문이다. 이는 차차 설명하기로 하고, 왜 하나님 아버지라고 단정하냐면, 그 다음 내용의 '보좌 앞의 일곱 영'이 등장하기 때문이며, 예수님은 그 다음 1장 5절에 등장하기 때문이다.

6. 온 땅을 살피는 일곱 등불(빛)+일곱 눈+일곱 뿔=일곱 영(최첨단 과학도구)

일곱 영(the seven spirits)은 대단히 중요한 것으로, 이는 『바이블 매트릭스』 4권 『하나님들의 과학기술과 우리가 창조해야 할 미래(상)』의 2부 3장인 "온 땅을 두루 살피는 일곱 빛(등불), 일곱 눈, 일곱 뿔 → 일곱 영"에서 밝혔듯이, 하나님 아버지 보좌 앞에 있는데, 핵심은 빛과 눈과 뿔(귀)이라고 했다.

우선 항상 빛을 내는 '일곱 등불(seven lamps of fire burning)'(「요한계시록」 4:5)이 있어야 하고, 이 빛을 이용해 모든 것을 관찰하고 촬영하는 카메라 역할의 '일곱 눈(seven eyes)'(「요한계시록」 5:6)이 있어야 하며, 이들 관찰하고 촬영한 것을 송수신할 거대한 통신시스템인 '일곱 뿔(seven horns)'(「요한계시록」 5:6)이 있어야 한다. 차후에 일곱 영이 다시 등장할 때 설명하겠지만, 「요한계시록」은 일곱 등불이 하나님 아버지의 일곱 영이며(「요한계시록」 4:5), 일곱 뿔과 일곱 눈이 온 땅에 보내심을 입은(sent out into all the earth) '하나님의 일곱 영(the seven Spirit of God)'(「요한계시록」 5:6)이라고 설명하고 있다.

따라서 이를 과학적 관점에서 보면 '일곱 등불(빛)+일곱 눈+일곱 뿔=일곱 영'임을 알 수 있다. 그러므로 일곱 영은 하나님 아버지의 보좌 앞에 있는, 온 땅을 관찰할 수 있는 빛과 눈과 뿔(귀)의 기능을 가진, 지금의 과학으로 보면 아직도 우리가 모르는 최첨단 과학도구임을 알 수 있다. 대략적으로 짐작 하건대, 그것은 지금의 과학기술로 보면 대용량의 최첨단 카메라통신장비라고 말할 수 있을 것이다. 하늘-땅-땅속-바다의 나라들과 거기에 거하는 인간들의 뜻(hearts)과 마음(minds)과 행동(deeds)을 속속히 들여다볼 수 있는(「요한계시록」 2:23) 초고에너지 레이저장치 이상이라고 말할 수 있다. 그것은 빛알갱이 하나만 있으면 세상에서 일어나고 있는 일들과 인간들의 뜻-마음-행동을 관찰하고, 관찰한 데이터를 저장하는 장치임에 틀림이 없다. 따라서 차후에 다시 설명하겠지만 일곱 영은 「요한계시록」에 등장하는 천상의 생명책(Book of Life)과 밀접한 관계가 있다.

7. 하나님 아버지→예수 그리스도→일곱 영의 과학도구→천사→요한

그런데 여기에도 순서가 있다. 영문 성경의 'from'을 보면 알수 있는데, 우선 메시지가 하나님 아버지로부터 먼저 나오고, 그 다음은 보좌 앞의 일곱 영으로부터 나오고, 이 메시지가 예수님의 천사를 통해 요한에게 전달되는 것이다. 과학적으로 말하면 하나님 아버지께서 먼저 명령하시면, 그 다음 일곱 영, 즉 과학도구가 작동되어 이 과학도구를 통해 전달되는 것이다. 지금의 스마트폰으로 상대방에게 메시지를 전달하는 방식이다.

☞ 「요한계시록」 1:5 - 또 충성된 증인으로 죽은 자들 가운데서 먼저 나시고 땅의 임금들의 머리가 되신 예수 그리스도로 말미암아 은혜와 평강이 너희에게 있기를 원하노라 우리를 사랑하사 그의 피로 우리 죄에서 우리를 해방하시고(and from Jesus Christ, who is the faithful witness, the firstborn from the dead, and the ruler of the kings of the earth. To him who loves us and has freed us from our sins by his blood,)(NIV)

그런데 또 한 분의 'from'이 계신다. 바로 예수 그리스도이시다. 우리를 사랑하사 우리의 죄를 사하여 주시기 위해 피를 흘리시며 죽으셨고, 죽은 자들 가운데 제일 먼저 부활하셨으며, 이 땅의 왕들의 왕이되신 예수님이시다. 다음에 다시 언급하겠지만 메시지가 전달되는 순서를 보면 (1) 하나님 아버지 → (2) 예수 그리스도 → (3) 일곱 영의 과학도구 → (4) 천사이다. 그리고 이 과정과 메시지를 최종적으로 요한이 기록하고 있음을 알 수 있다.

8. 하나님 아버지와 그리스도의 왕들/제사장들을 삼아→천년 왕국과 새 하늘과 새 땅

☞「요한계시록」1:6 - 그 아버지 하나님을 위하여 우리를 나라와 제사장으로 삼으신 그에게 영광과 능력이 세세토록 있기를 원하노라 아멘(and has made us to be a kingdom and priests to serve his God and Father--to him be glory and power for ever and ever! Amen.)(NIV); And hath made us kings and priests unto God and his Father; to him be glory and dominion for ever and ever. Amen.(KJV)

1장 6절의 주어(그, He)는 예수 그리스도이시다. 예수님께서 우리들을 하나님 아버지를 위해 일할 왕들과 제사장들로 삼으셨다는 내용이다. 아멘^.

이 말씀은「요한계시록」20장 4절과 6절에 등장하는 "천년 왕국(The Thousand Years)"의 내용과 같다. 20장 4절의 "또 내가 보좌들을 보니 거기 앉은 자들이 있어 심판하는 권세를 받았더라 또 내가 보니 예수의 증거와 하나님의 말씀을 인하여 목 베임을 받은 자의 영혼들과 또 짐승과 그의 우상에게 경배하지도 아니하고 이마와 손에 그의 표를 받지도 아니한 자들이 살아서 그리스도로 더불어 천년 동안 왕 노릇 하니"와 20장 6절의 "이 첫째 부활에 참예하는 자들은 복이 있고 거룩하도다 둘째 사망이 그들을 다스리는 권세가 없고 도리어 그들이 하나님과 그리스도의 제사장이 되어 천년 동안 그리스도로 더불어 왕 노릇 하리라"와 같은 것이다. 더 나아가 「요한계시록」 21장~22장의 새 하늘과 새 땅에서 건설될 새 예루살렘에서 왕과 제사장이 된다는 뜻이다(「요한계시록」 22:5).

9. 구름(거대항공모함 우주선)을 타고 오시는 예수님, 찌른 자들도 보리라

☞ 「요한계시록」 1:7 - 볼찌어다 구름을 타고 오시리라 각인의 눈이 그를 보겠고 그를 찌른 자들도 볼터이요 땅에 있는 모든 족속이 그를 인하여 애곡하리니 그러하리라 아멘(Look, he is coming with the clouds, and every eye will see him, even those who pierced him; and all the peoples of the earth will mourn because of him. So shall it be! Amen.)(NIV)

1장 7절의 주어도 예수님이시다. 이것은 이미 소개한 대로, 예수님께서 거대항공모함 우주선(구름)을 타고 오실 때 모든 사람의 눈이 예수님을 보겠고, 그리고 예수님이 십자가에 못 박혀 돌아가신 후 예수님을 창으로 찌른 자들도 본다는 것이다. 동에서 서로 번개 치듯이(「마태복음」 24:27), 태양 빛의 속도 이상의 우주선을 타고 오시므로 모든 사람들이 볼 것이요, 그 블랙홀의 빛은 우리가 아직도 모르는 초고에너지 이상의 빛이므로 죽은 자들의 미네랄(Mineral)이나 지옥의 영혼들도 다 볼 것이라는 것이다.

「마태복음」 24:27 - 번개가 동편에서 나서 서편까지 번쩍임같이 인자의 임함도 그러하리라

「누가복음」 17:24 - 번개가 하늘 아래 이편에서 번뜻하여 하늘 아래 저편까지 비췸같이 인자도 자기 날에 그러하리라

그렇다! 이것은 우리가 알고 있는 과학지식으로 설명할 수가 없는 것이다. 엄청난 능력으로 오시기 때문에 그것은 번개 이상일 것이다. 설사 지옥에 있

는 영혼들도 볼 수 있는 어떤 빛을 발하는 것이라 생각할 수 있다. 우리가 알고 있는 초음파나 테라헤르츠파 이상일 것이다. 그것은 한마디로 천상의 빛일 것이다. 블랙홀과 같은 빛일 것이다. 블랙홀은 『바이블 매트릭스』 1권 『우주 창조의 비밀』에서 생명의 어머니라고 했다. 우주의 어머니라고 했다. 그러니 영혼들도 보는 것이 아닐까? 영들도 보는 것이 아닐까?

또한 예수님께서 공중재림하시는 것을 모든 악과 선들도 다 보아야 할 것이다. 이 우주의 악과 선들도 다 보아야 할 것이다. 그래서 예수님의 차후 심판은 의로운 심판, 즉 공의의 심판이라고 하시는 것이다. 그래서 "모든 족속이 그를 인하여 애곡하리니"라고 말씀하신 것이다. 사람들뿐만 아니라 악의 영들까지도 다 보고 애곡할 것이다.

영문성경 New Living이 구름을 "천상의 구름(the clouds of heaven)"이라고 그리스어를 번역했는데, 가장 잘 번역했다고 생각한다. 천상의 구름은 「다니엘」 7장 13절~14절에 등장하는데, 다니엘은 인자(Son of Man=예수님)가 천상의 구름을 타고 와서 옛적부터 항상 계신 자인 하나님 아버지께 나아와 나라를 받치는 이상을 밤에 보고 기록했는데, 이는 하나님 아버지께서 심판을 예수님께 위임하시어, 예수님께서 불의의 하나님들과 불의의 짐승들과 불의의 인간들을 심판하시고, 즉 죽은 자와 산 자를 심판하시고, 정의와 선한 세상을 만든 신 후, 나라를 하나님 아버지께 바친다는 뜻이다. 이 때 구름은 지구의 구름이 아닌 천상의 구름, 즉 거대항공모함 우주선이다. 태양 빛의 속도 이상의 우주선은 구름의 비적만 보인다.

「다니엘」 7:13 - 내가 또 밤 이상 중에 보았는데 인자 같은 이가 하늘 구름을 타고 와서 옛적부터 항상 계신 자에게 나아와 그 앞에 인도되매("In my vision at night I looked, and there before me was one like a son of man, coming with the clouds of heaven. He approached the Ancient of Days and was led into his presence.(NIV)

애곡(mourn or wail)한다는 뜻은 두 가지인데, 우리는 슬플 때 울고 기쁠 때 운다. 상황으로 보아 슬플 때 우는 것이다. 애통하고 땅을 치고 운다는 것이다. 예수님이 재림하실 때에는 거의 모든 인간들이 예수님의 존재를 잊고 자기들이 하나님인 양 행세하기 때문에, 이 때의 인간들의 권능보다 엄청난 권능과 자기 영광(우주선)으로 예수님이 재림하는 순간 땅을 치고 운다는 것이다. 그러나 기다림에 지친 의로운 자들은 예수님이 재림하시면 쌍수를 들고 환영하면서 그 기쁨에 또 다른 눈물을 흘릴 것이다. 그 때가 되면 이러한 의로운 자들도 상당히 많다는 것은 차차 설명하기로 한다.

10. 알파와 오메가=이제도 전에도 장차 올자=전능한 자=하나님 아버지

☞「요한계시록」1:8 - 주 하나님이 가라사대 나는 알파와 오메가라 이제도 있고 전에도 있었고 장차 올 자요 전능한 자라 하시더라("I am the Alpha and the Omega," says the Lord God, "who is, and who was, and who is to come, the Almighty.")(NIV); "I am the Alpha and the Omega - the beginning and the end,"(1) says the Lord God. "I am the one who is, who always was, and who is still to come - the Almighty One." / (1)Greek I am the Alpha and the Omega, referring to the first and last letters of the Greek alphabet (New Living)

1장 8절의 주어는 하나님 아버지이시다.「요한계시록」1장 4절에 등장했던 '이제도 있고 전에도 있었고 장차 올 자'가 다시 등장하고, 처음으로 '알파요 오메가(the Alpha and the Omega)'가 등장한다. 이 그리스어인 알파와 오메가는 그리스어 알파벳의 '처음'과 '나중'이라는 뜻이다. 이 표현이「요한계시록」에 또 등장하는데, 이 때의 표현은 '알파요 오메가(the Alpha and the Omega)', '처음이요 나중(the First and the Last)', 그리고 '시작과 끝(the Beginning and the End)'이라 표현하고 있는데(「요한계시록」 1:17, 2:8, 21:6, 22:13), 이는 하나님 아버지와 예수님을 지칭하는 것이다. 이는 『바이블 매트릭스』 1권 『우주창조의 비밀』의 3부 3장인 "바이블의 시작(the beginning)과 끝(the end)의 의미"에서 밝혔듯이, 우주창조의 시작에도 계시고 우주의 끝에도 계신다는 의미이다. 시작과 끝을 주관하신다는 뜻이다. 이 때 끝은 또 다른 시작을 의미하는 것이다. c.AD 12900년에 새롭게 창조될 새로운 하늘과 새 땅은 차원이 다른 또 다른 우주창조를 의미하는 것이다.

마지막에 '전능한 자(the Almighty)'라고 표현되어 있는데, 이는 히브리어로는 'El-Shaddai'인데(「출애굽기」 6:3), 이는 '전능한 하나님(God Almighty)'이란 뜻이다.

2절 「요한계시록」 1:9~20 - 그리스도의 명령(One Like a Son of Man)

「요한계시록」 1장 9절~20절은 앞에서 소개한 '일곱 영'만큼이나 어려워서 이해하는 데 시간이 상당히 걸렸다. 다시 또 도전해보자.

1. 사도 요한이 밧모섬(유배지 섬)에서 기록

☞ 「요한계시록」 1:9 - 나 요한은 너희 형제요 예수의 환난과 나라와 참음에 동참하는 자라 하나님의 말씀과 예수의 증거를 인하여 밧모라 하는 섬에 있었더니(I, John, your brother and companion in the suffering and kingdom and patient endurance that are ours in Jesus, was on the island of Patmos because of the word of God and the testimony of Jesus.(NIV); I, John, am your brother and your partner in suffering and in God's Kingdom and in the patient endurance to which Jesus calls us. I was exiled to the island of Patmos for preaching the word of God and for my testimony about Jesus.(New Living)

사도 요한(John, AD 6~100)은 끓는 기름가마에 들어갔으나 죽지 않아 그리스의 에게해(Aegean Sea)의 작은 밧모섬(the island of Patmos)에 유배 당하였다. 90세가 다 된 나이에 요한은 밧모섬의 동굴에서 18개월이나 살았고, 이곳에서 하늘의 소리를 듣고 「요한계시록」을 썼으며(c.AD 95~96), 죽지 않고 승천했다는 기록과 함께 터키인 에베소(Ephesus)에서 94세에 사망한 것으로 전하여지며, 12제자 중 유일하게 자연사한 것으로 알려진다.[1] 따라서 하나님 아버지의 말씀과 예수님의 증거를 위하여 밧모섬에 있었다는 뜻인데, 영문성경 New Living는 밧모섬에 유배당했다(exiled)고 표현하고 있어 필자가 보기엔 가장 잘 표현했다고 본다.

2. 요한이 영(운반광선 혹은 우주선)에 이끌려 들어가 텔레파시에 동조되다

☞ 「요한계시록」 1:10 - 주의 날에 내가 성령에 감동하여 내 뒤에서 나는 나팔 소리 같은 큰 음성을 들으니(On the Lord's Day I was in the Spirit, and I heard behind me a loud voice like a trumpet,(NIV)

주의 날(the Lord's Day)[2]이란 주일을 말하며 일요일을 말한다. 그 다음 내용은 "내가 성령에 감동하여…"인데, 이는 '영(Spirit or spirit)'을 '성령(Holy Spirit)'으로 잘못 번역한 것이다.[3] 영문성경을 보면 모두 "I was in the Spirit" 라고 기록하고 있다. 이 때 영이란 하나님 아버지의 과학기술들을 말하는 것이므로, 아직도 우리가 발견하지 못한 빛을 통해 이동할 수 있는 운반광선 또는 소형우주선에 들려져 안으로 들어갔다는 것을 의미한다. 동시에 교신할 수 있는 '텔레파시(Telepathy)'에 동조되었다는 것을 의미한다. 나팔 소리 같은 큰 음성을 들었다는 것은 오늘날의 스피커 또는 나팔 확성기(speaking trumpet)에

---

1 자세한 내용은 『바이블 매트릭스』 5권 『성령으로 무장하신 예수님의 과학기술』의 3부 3장 1-4절의 "예수님이 사랑하시는 자, 만찬 때 예수님의 품에 의지한 자는 누구?"와 1-5절의 "그는 바로 요한, 예수님께서 요한은 자연사할 것임을 말씀하시다"와 1-6절의 "요한의 「요한계시록」, 다시 돌아올 때까지 살려두겠다는 의미?"를 참조하라.

서 나오는 소리를 들었다는 것일 수도 있고 초음파 이상의 통신기술일 수도 있으며 텔레파시의 기술일 수도 있다.

3. 실시간 영상장치를 통해 보고 듣고 일곱 교회에 메시지를 전달

☞ 「요한계시록」 1:11 - 가로되 너 보는 것을 책에 써서 에베소, 서머나, 버가모, 두아디라, 사데, 빌라델비아, 라오디게아 일곱 교회에 보내라 하시기로 (which said: "Write on a scroll what you see and send it to the seven churches: to Ephesus, Smyrna, Pergamum, Thyatira, Sardis, Philadelphia and Laodicea."(NIV)

"너 보는 것을 책에 써서 일곱 교회에 보내라"는 것은, 아시아 지역에 있는 일곱 교회들의 현재 신앙상태와 앞으로 일어날 일들과 아울러 예수님께서 직접 나타나시어 지시하시는 것을 시각화(視覺化)하는 영상장치나 홀로그래픽-텔레파시를 통해 요한에게 보여주고, 그 본 것을 기록하여 일곱 교회들에 보내라는 것이다.

공상과학(SF) 영화에 등장하는 미래의 일들과 과거의 일들을 홀로그래픽으로 보여준다고 생각하면 이해가 쉽다. 또는 텔레파시를 통해 두뇌의 시각영

---

2 주의 날(주일, the Lord's Day), 안식일(Sabbath) 또는 예비일(Preparation) - 금요일 해질 무렵부터 토요일 해질 무렵까지를 말한다. 유대 교회에서는 지금도 이렇게 안식일을 지킨다. 기독교 개신교에서는 안식일 대신 주일 곧 주님의 날(Lord's Day)을 안식일로 기념한다. 예수님이 로마제국[Roman Empire, 제정시대, BC 27-AD 476(서로마제국), 1453(동로마제국/비잔티움제국)]의 디베료 황제(Tiberius Caesar, Tiberius Julius Caesar Augustus, 통치 AD 15-AD 37)가 임명한 유대의 총독(Prefect or Governor)인 본디오 빌라도(Pontius Pilate, 통치 AD 26-36)에게(누가복음 3:1) 재판 받던 AD 33년의 재판은, 실제로 AD 27(B)의 목요일 오후부터 저녁에 있었고, 십자가에 못 박히신 후 목요일 9시 정도에 돌아가시고, 금요일 아침에 무덤에 장사되셨다(「마태복음」 27:45-62; 「마가복음」 15:33~47; 「누가복음」 23:44~56). 따라서 금요일에 장사 된지 사흘 후, 즉 일요일 아침(미명, at dawn)에 부활하셨기에(「마태복음」 28:1, 「마가복음」 16:1; 「누가복음」 24:1; 「요한복음」 20:1) 예수님의 부활을 기념하기 위해 초대 교인들이 주일 아침에 모여 예배를 드렸다.

3 자세한 것은 『바이블 매트릭스』 5권 『성령으로 무장하신 예수님의 과학기술』의 1부 2장 1절의 "영(Spirit or Spirits)이란?"과 2절인 "성령(Holy Spirit)이란?"을 참조하라.

역으로 보내주면 두뇌에서 과거와 미래의 영상을 다 볼 수 있으며, 영상에 등장하는 과거와 미래의 인물들도 다 인지할 수 있다. 그렇다고 그냥 그렇게 이해하면 안될 것이다. 천상의 과학기술이라는 점을 감안하면 실시간(Real time)의 시각화 프로그램일 수도 있다. 또는 우리가 알고 있는 시간과 공간을 초월하는 시각화 프로그램일 수도 있다. 빛보다 빠른 운반광선이나 다른 광선을 이용하면 예수님께서 천상에서 지시하는 것을 그대로 다른 차원의 우주지역으로 이동시켜 보여줄 수도 있을 것이다.

4. 하나님 아버지→예수 그리스도→일곱 영(과학도구)→일곱 금촛대(중앙통신장치)→일곱 별(일곱 사자)→일곱 촛대(일곱 교회)

☞ 「요한계시록」 1:12 - 몸을 돌이켜 나더러 말한 음성을 알아보려고 하여 돌이킬 때에 일곱 금촛대를 보았는데(I turned around to see the voice that was speaking to me. And when I turned I saw seven golden lampstands,(NIV)

1:13 - 촛대 사이에 인자 같은 이가 발에 끌리는 옷을 입고 가슴에 금띠를 띠고(and among the lampstands was someone "like a son of man," dressed in a robe reaching down to his feet and with a golden sash around his chest.(NIV)

1:14 - 그 머리와 털의 희기가 흰 양털 같고 눈 같으며 그의 눈은 불꽃 같고

1:15 - 그의 발은 풀무에 단련한 빛난 주석 같고 그의 음성은 많은 물 소리와 같으며

1:16 - 그 오른손에 일곱 별이 있고 그 입에서 좌우에 날선 검이 나오고 그 얼굴은 해가 힘있게 비취는 것 같더라(In his right hand he held seven stars, and out of his mouth came a sharp double-edged sword. His face was like the sun shining in all its brilliance.(NIV)

1:20 - 네 본 것은 내 오른손에 일곱 별의 비밀과 일곱 금촛대라 일곱 별은 일곱 교회의 사자요 일곱 촛대는 일곱 교회니라(The mystery of the seven stars that you saw in my right hand and of the seven golden lampstands is this: The seven stars are the angels of the seven churches, and the seven lampstands are the seven churches.(NIV)

몸을 돌이킬 때에 '일곱 금촛대(seven golden lampstands)'를 보았다는 것은, '일곱 개의 전광표시기(電光標示器) 등(lamps)을 가진 일곱 중앙통신장치'를 보았다는 것으로, '일곱 교회에 보내는 일곱 중앙통신장치'를 보았다는 것이다. 촛대 사이에 인자 같은(like the Son of Man) 이는 예수님을 의미하는 것이다. 영문성경 New Livng의 주석을 보면, '인자'는 구약성경의 「다니엘」 7장 13절~14절에도 등장하고 있다면서, 인자라는 타이틀은 예수님을 지칭한다고 주석을 달고 있다. 신약의 4대 복음서에도 예수님은 스스로를 인자라고 표현했는데, 최초의 인자라는 용어는 「마태복음」 8장 20절에 "예수께서 이르시되 여우도 굴이 있고 공중의 새도 거처가 있으되 오직 인자는 머리 둘 곳이 없다 하시더라(Jesus replied, "Foxes have holes and birds of the air have nests, but the Son of Man has no place to lay his head.")(NIV)와 같이 등장하신다.

따라서 발에 끌리는 옷을 입고 가슴에 금띠를 둘렀다는 것은, 예수님께서 발까지 감싸는 얇은 하얀 우주복과 커다란 금띠의 벨트를 차고 있다는 뜻이다. 예수님의 머리와 털의 희기는 양털 같고 눈처럼 하얗다는 것은 실제 백인처럼 생겼다는 의미도 있을 수 있고, 하얀 빛이 나는 우주복을 입었다고 해석할 수도 있을 것이다. 따라서 예수님의 눈(eyes)은 불꽃 같다는 것은, 눈에서 레이저 광선 같은 불꽃이 나온다는 것이며, 예수님의 헬멧에는 두 개 이상의 라이트(lights)가 부착되었다는 것이다. 그의 발은 풀무에 단련한 빛난 주석(bronze glowing) 같고 그의 음성은 많은 물소리와 같다는 것은, 우주로봇인 체루빔(Cherubim)/세라핌(Seraphim) 혹은 우주복의 발은 빛이 나오는 구리합금으로 만들어졌다는 것이며, 큰 물소리 같은 음성으로 말을 했다는 뜻이다. 그 오른손에 '일곱 별(seven stars)'이 있고라는 것은 '일곱 교회에 보내는 사자(메신저)'들이라는 뜻이다. 그 입에서 좌우에 날선 검(a sharp double-edged sword)이 나온다는 것은 우주복의 입에서 나오는 날카로운 양날의 레이저 광선이나 초고에너지 광선이나 그 이상의 광선을 의미하거나 또는 우리가 아직도 모르는 음성을 시각의 광선으로 전환시키는 새로운 과학기술을 의미하는 것이다. 검이라 표현했으니 이는 최첨단 양날의 광선 검, 즉 레이저 무기 같은 것이다. 그의 얼굴은 해가 힘있게 비취는 것 같더라는 것은 우주복에서 나오는 레이저 광선 이상의 빛을 의미하는 것이다.

결국 핵심인 일곱 별(the seven stars)의 비밀과 일곱 금촛대(the seven golden lampstands)의 비밀은 「요한계시록」 1장 20절에 기록되어 있다. 일곱 별은 일곱 교회의 사자(the angels of the seven churches)요, 일곱 촛대(the seven lampstands)는 일곱 교회(the seven churches)이다. 이를 정리해보자. 결국 '일곱 금촛대'는 '일곱 교회'에 메시지를 보내는 '일곱 중앙통신장치'를 말하는 것이고, '일곱 별'은 '일곱 교회'에 보내질 메신저들인 '일곱 사자(천사)'를 말하는 것이며, '일곱 사자'들은 '일곱 중앙통신장치'와 교신하게 된다는 말이다.

이를 메시지를 전달하는 과정의 순서로 정리해보자. (1) 하나님 아버지 → (2) 예수 그리스도 → (3) 일곱 영의 과학도구 → (4) 일곱 금촛대(중앙통신장치) → (5) 일곱 별(일곱 사자) → (6) 일곱 교회로 이어지는 것을 알 수 있다. 그리고 최종 이 과정을 모두 기록하는 사람은 요한이다. 앞에서도 지적했듯이 이 전달과정이 오늘날의 실시간 중계의 홀로그래픽적 텔레파시가 될 수도 있고, 천상의 과학기술이라 시간과 공간을 초월하는 우리가 모르는 최첨단 시각화 프로그램일 수도 있다.

5. 예수님=처음과 나중=죽었다가 산 자=사망과 음부의 열쇠를 가진 자

☞ 「요한계시록」 1:17 - 내가 볼 때에 그 발 앞에 엎드러져 죽은 자같이 되

매 그가 오른손을 내게 얹고 가라사대 두려워 말라 나는 처음이요 나중이니 (When I saw him, I fell at his feet as though dead. Then he placed his right hand on me and said: "Do not be afraid. I am the First and the Last.(NIV)

1:18 - 곧 산 자라 내가 전에 죽었었노라 볼찌어다 이제 세세토록 살아 있어 사망과 음부의 열쇠를 가졌노니(I am the Living One; I was dead, and behold I am alive for ever and ever! And I hold the keys of death and Hades.(NIV)

사도 요한이 예수님 발에 엎드려 죽은 자같이 되자, 예수님께서 오른손을 요한 사도에게 얹고 "나는 처음이요 나중이니 두려워 말라"하신다. 사도 요한이 밧모섬에 유배당해, 90세가 다 된 나이에 이곳에서 예수님의 목소리(텔리파시 등의)를 듣고 계시록을 썼다고 했다. 그런데 그 목소리는 예수님의 천사를 통해 전달된 것이다. 예수님은 AD 27년(B)에 죽었다가 3일 만에 부활하시고 40일 동안 제자들(11제자들)과 더 이 땅에 머물다가 승천하셨다. 대부분의 계시가 그렇듯이 꿈속에 지시를 받는다. 그러나 요한은 꿈을 꾸었다고 말하지 않았다. 직접 예수님이 보내주신 우주선에 들려 올라갔거나 아니면 텔레파시나 영상장치 속으로 들어갔다고 했다. 지금의 과학기술로 말하자면 홀로그래픽적인 시각화 영상장치라고 보면 될 것이다.

여기서도 예수님은 '처음'이요 '나중'이라고 말씀하시는데, 이는 앞서 설명한 '알파요 오메가(the Alpha and the Omega)', '처음이요 나중(the First and the Last)', 그리고 '시작과 끝(the Beginning and the End)'과 같은 뜻이다(「요한계시록」 1:17, 2:8, 21:6, 22:13).

"곧 산 자라 내가 전에 죽었었노라"에서 요한이 표현한 "인자 같은 이"가 확실히 예수님이라는 사실을 입증하게 된다. "사망과 음부의 열쇠를 가졌노니"라는 것은 열고 닫을 뿐만 아니라, 예수님께서 (1) 죽는 인간들의 영혼을 심판하시어 사망과 음부에 넣을 수도 있다, (2) 사망과 음부도 명령하면 모종의 역할을 할 수도 있다, (3) 사망과 음부의 권세를 가진 불의의 하나님들과 그들을 추종하는 천사들을 심판하신다. 그리고 (4) 최후의 심판의 부활이 있은 후 사망과 음부도 불못에 던진다 등 다양한 해석을 할 수 있는데, 이는 차차 「요한계시록」을 따라가면서 설명하기로 한다.

6. 네 본 것(was)과 이제 있는 일(is)과 장차 될 일(will)의 일곱 교회

☞ 「요한계시록」 1:19 - 그러므로 네 본 것과 이제 있는 일과 장차 될 일을 기록하라("Write, therefore, what you have seen, what is now and what will take place later.(NIV); Write the things which thou hast seen, and the things which are, and the things which shall be hereafter;(KJV); "Write down what you have seen - both the things that are now happening and the things that will happen(1). / (1)Or what you have seen and what they mean - the things that have already begun to happen(New Living)

그러므로 최종 요한의 역할은 "네 본 것과 이제 있는 일과 장차 될 일"을 충실하게 기록하게 된다. 네 본 것(what you have seen)은 현재 완료이니, 지금 관점으로 본다면 예수님 사후의 과거의 교회라 해석할 수 있으며, 이제 있는 일(what is now or that are now happening)이란, 요한이 살아 있을 때 있는 교회를 말하며, 장차 될 일(what will take place later or which shall be hereafter or the things that will happen)이란 미래의 교회를 말한다고 해석할 수 있다.

따라서 다음 장부터 나오는 일곱 교회에 보내는 메시지는 과거에 존재했던 초대 일곱 교회의 관점, 현재 기독교 역사 관점의 교회, 그리고 미래, 즉 예수님 재림 전까지의 미래의 교회 관점으로 해석할 수 있으므로, 이러한 과거-현재-미래의 관점에서 일곱 교회를 다루고자 한다.

2장

「요한계시록」2장 – 네 교회에 보내는 예수님의 메시지(말씀)

☞ 일곱 교회에 보내는 메시지의 시대적 배경과 의미란?(was–is–will)

「요한계시록」은 과거-현재-미래의 폭이 아주 넓으며 의미의 깊이 역시 심도가 있다. 그래서 난해한데, 특히 일곱 교회는 상당히 난해하다. 일곱 교회를 이해하고 쓰는 데에만 꼬박 19일이나 걸렸다. 결론은 과거-현재-미래에는 일곱 유형의 교회가 흥망성쇠를 반복할 것이라는 점이다. 이 일곱 유형의 교회가 과거에도 있었고(was), 현재에도 있으며(is), 먼 미래의 예수님 재림 전까지 에도 수도 없이 반복되어 존재할 것이므로(will be or is to be), 다음 세 가지 관점에서 살펴보도록 한다.

첫째, 사도 요한이 c.AD 95~96년에 「요한계시록」을 써서 일곱 교회에 보냈을 그 당시에 존재했던 초대 일곱 교회의 배경과 의미도 살펴보아야 하고, 둘째, 기독교 역사의 관점에서, 흘러간 과거와 현재의 배경과 의미도 살펴보아야 하며, 셋째, 예수님께서 c.AD 10740년에 재림하시므로, 재림 전, 즉 지금으로부터 먼 미래에 수도 없이 반복하여 등장할 교회도 살펴보아야 한다.

많은 분들이 이 세 가지 중 하나만 강조하는데 필자가 보기엔 세 가지를

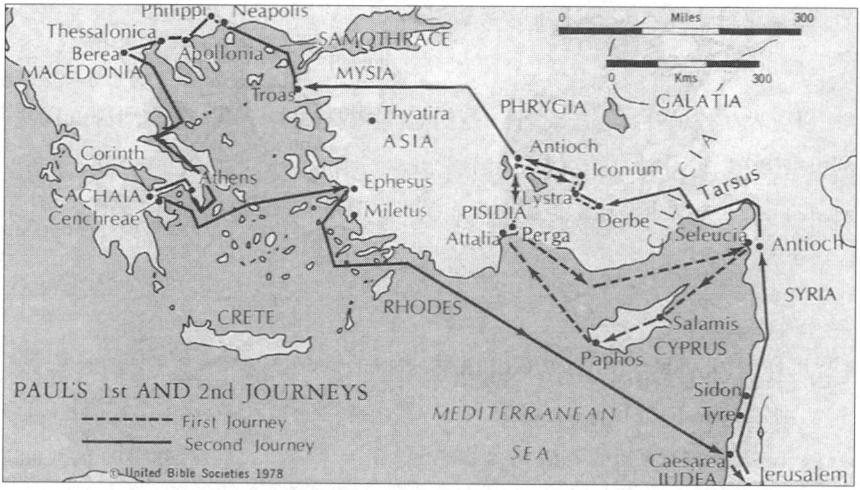

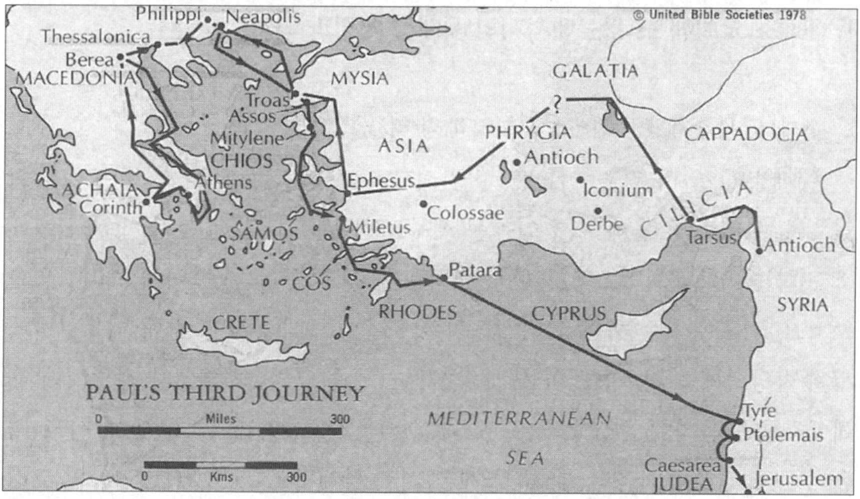

동시에 살펴보아야 정확하게 이해할 수 있다. 따라서 예수님의 메시지는 예수님의 재림 전까지 과거-현재-미래를 통해 일곱 교회의 속성들이나 일곱 교회의 그리스도인들, 즉 일곱 가지 형태의 믿음과 행위가 존재할 것이라는 것을 강조한 것이라고 볼 수 있다. 따라서 이 일곱 교회와 그들이 받은 메시지는 초대교회들뿐만 아니라, 기독교 역사 관점의 교회들, 그리고 그리스도의 재림 전까지 계속 하나님 나라 건설에 힘쓰게 될, 이 땅에 수도 없이 반복하여 나타

날 모든 교회들과 성도들에게도 동일하게 적용될 수 있을 것이다.

다만, 일곱 교회 중 두 교회는 칭찬만 받았으며, 마지막 일곱 번째 교회는 책망만 받았다. 따라서 우리는 칭찬만 받은 두 교회의 그리스도인들의 속성을 닮아야 함을 강조하시는 예수님의 계시의 말씀을 경청할 필요가 있다.

1절 「요한계시록」 2:1~7 - 에베소 교회→인내/의, 그러나 처음 사랑을 잃어버린 교회

1. 에베소 교회에 보내는 메시지의 시대적 배경과 의미

1-1. 당시 존재했던 에베소 교회의 배경/역사/의미

에베소(Ephesus)라는 이름은 '바람직한, 흠모할 만한'이라는 의미가 담겨 있으며, 에베소의 현재 도시 이름은 셀주크(Selcuk)다. 가장 먼저 세워진 에베소 교회는 초대교회였고 사도들의 교회였다. AD 37~42년 사이에 그리스도교(기독교) 전도에 주력하던 그리스도의 사도들이 유대인들에 의해 예루살렘에서 추방당하게 되자, 사도 바울(Paul, AD 5~68)은 그의 2차와 3차 전도여행 때 에베소를 방문하여 선교를 하고 교회를 세우기도 했다. AD 68년에 사도 바울이 63세에 로마제국의 제5대 황제인 네로 황제(Nero, 통치 AD 37-68)의 그리스도인 박해 때 로마에서 참수형을 당하자, 사도 요한(John, AD 6~100)은 그를 대신해서 에베소 교회의 지도자가 되었다. 이 교회는 순결하고 뜨거웠던 교회였으며, 사도들과 제자들이 생존해 있어서 그들로부터 직접 설교를 듣고 온갖 오류와 잘못된 가르침으로부터 보호를 받았다. 그리스도의 성령을 체험하였으며 복음전파를 위한 위대한 업적을 남겼다.

7~8세기에 들어와 에베소는 다른 지중해 연안의 도시들과 마찬가지로 아

랍인들의 침략을 감수해야 했으며, 결국 1304년에는 터키인들의 수중에 떨어졌다. 에베소는 지진으로 황폐되기 시작하여 오늘에 이르렀다. 이 지역에는 당시의 에베소 교회의 잔여물과 유적이 많이 남아 있는데, 지금도 계속 발굴되고 있다.

1-2. 기독교 역사 관점의 배경과 의미(AD 27~100, 사도교회 시대)

기독교 역사 관점으로 보면 메시지의 시대적 배경은 AD 27~100년 사이로 이는 사도들이 직접 교회를 운영하는 사도교회 시대(Apostolic Age)를 말하는 것이다. 예수님의 십자가 이후부터 마지막 사도인 요한이 죽을 때까지의 아시아(Asia)에 위치한 에베소 교회의 상황과 미래를 메시지로 담은 것이다. 초기 사도교회로 시작했지만 시간이 흘러가면서 처음 시작할 때의 초심과 순결과 사랑이 사라진 시대를 의미한다.

1-3. 예수님 재림 전까지의 미래 교회(초대 에베소→사도교회→미래 교회)

「요한계시록」이 "반드시 속히 될 일을 예수 그리스도의 종들에게 보이시려고, 예수 그리스도의 천사를 요한 사도에게 보내어 지시하신 것이다"라는 사실을 기억한다면, 에베소 교회의 상황과 미래는, 요한이 「요한계시록」을 쓰던 c.AD 95~96년부터 예수님께서 재림하시는 c.AD 10740년경까지 일곱 유형의 교회 중 에베소 교회의 유형이 수도 없이 반복하여 존재할 것이라는 것을 강조한 것으로 보인다.

과거에도 현재에도 먼 미래에도 수고와 인내와 악을 용인하지 않는 그리스도인들, 그러나 처음 사랑(the first love)을 버린 그리스도인들이 등장하게 될 것이다. 그래서 그리스도는 "어디서 떨어진 것을 생각하고 회개하여 처음 행위를 가지라 만일 그리하지 아니하고 회개치 아니하면 내가 네게 임하여 네 촛대를 그 자리에서 옮기리라"고 경고한 것이다.

2. 일곱 사자를 대기 시키고 일곱 중앙통신장치를 작동시키는 예수님

☞「요한계시록」 2:1 - 에베소 교회의 사자에게 편지하기를 오른손에 일곱 별을 붙잡고 일곱 금촛대 사이에 다니시는 이가 가라사대("To the angel of the church in Ephesus write: These are the words of him who holds the seven stars in his right hand and walks among the seven golden lampstands:(NIV)

1장에서 살펴본 바와 같이 "일곱 금 촛대를 다닌다(walks among the seven golden lampstands)"는 뜻은 예수님께서 '일곱 개의 전광표시기 등을 가진 일곱 중앙통신장치'를 제어하고 작동시킨다는 의미이다. 그리고 "일곱 별을 오른손에 붙잡고"라는 것은 일곱 교회에 있는 일곱 사자들을 준비시키고 대기시켰다는 의미이고, 그 다음 바로 그중 에베소 사자에게 편지, 즉 메시지(말씀)를 보낸다는 뜻이다. 이 과정을 요약해보면 예수님은 일곱 중앙통신장치를 통해 일곱 촛대의 일곱 교회의 일곱 사자들에게 메시지를 전송하고 있다는 것을 알 수 있다. 그리고 그 메시지(말씀)를 최종적으로 요한이 기록한 것이다.

3. 수고/인내/의/근면의 에베소 교회→처음 사랑을 잃다

☞「요한계시록」 2:2 - 내가 네 행위와 수고와 네 인내를 알고 또 악한 자들을 용납지 아니한 것과 자칭 사도라 하되 아닌 자들을 시험하여 그 거짓된 것을 네가 드러낸 것과(I know your deeds, your hard work and your perseverance. I know that you cannot tolerate wicked men, that you have tested those who claim to be apostles but are not, and have found them false.(NIV)

2:3 - 또 네가 참고 내 이름을 위하여 견디고 게으르지 아니한 것을 아노라(You have persevered and have endured hardships for my name, and have not grown weary.)

2:4 - 그러나 너를 책망할 것이 있나니 너의 처음 사랑을 버렸느니라(Yet I

hold this against you: You have forsaken your first love.)

2:5 - 그러므로 어디서 떨어진 것을 생각하고 회개하여 처음 행위를 가지라 만일 그리하지 아니하고 회개치 아니하면 내가 네게 임하여 네 촛대를 그 자리에서 옮기리라(Remember the height from which you have fallen! Repent and do the things you did at first. If you do not repent, I will come to you and remove your lampstand from its place.)

그리스도께서 어떤 메시지를 에베소 교회의 사자를 통해 에베소 교회에 보냈는지가 자세히 기록되어 있다. 에베소 교회가 잘한 것은, 즉 그리스도께서 칭찬을 한 것은 2절과 3절과 6절에 나와 있고, 책망을 한 것은 4절과 5절에 기록되어 있다.

에베소 교회가 잘 한 것은 수고와 인내와 근면과 악을 용인하지 않고 드러낸 것이고, 잘못한 것은 처음 시작할 때 유지했던 사랑을 버린 것이다. 인간은 다 그렇다. 예수님을 직접 보고 말씀을 들은 사도들이 죽자 그 첫 사랑을 다 잊은 것이다. 그러므로 마지막 때인 재난의 징조가 보일 때에는 예수님을 다 잊고 "불법이 성하므로 많은 사람의 사랑이 식어지리라"라고 예수님은 이 땅에 초림하셔서 말씀하신 것이다(「마태복음」 24:12). 그러므로 "어디서 떨어진 것을 생각하고 회개하여 처음 행위를 가지라"고 메시지를 전달한 것이다. "만일 그리하지 아니하고 회개치 아니하면 내가 네게 임하여 네 촛대를 그 자리에서 옮기리라"라고 메시지를 전달한 것이다. 촛대를 옮긴다는 것은 교회를 폐쇄하고 다른 곳에 세운다는 뜻이다. 지금의 교회 관점에서 보면 에베소 교회의 폐쇄는 대단한 사건이다. 그것은 교회의 멸망을 의미하기 때문이다.

4. 이단(異端)의 니골라당(Nicolaitans)을 미워하다

☞ 「요한계시록」 2:6 - 오직 네게 이것이 있으니 네가 니골라당의 행위를 미

워하는도다 나도 이것을 미워하노라(But you have this in your favor: You hate the practices of the Nicolaitans, which I also hate.(NIV)

그런데 니골라당(Nicolaitans)이란 이단(異端, Heresy, Heretic Theology)이 등장한다. 이들은 한번 하나님을 믿은 뒤에는 무슨 행동을 해도 죄가 되지 않는다며, 무-도덕론과 무--율법주의를 주장했다. 한번 구원받으면 그 효과가 영원하므로 또 다른 죄를 지어도 된다고 주장했다. 그래서 그들의 말에 미혹된 사람들이 행음을 하고 타락하고 부패하였다. 또 율법의 때는 지나갔으므로 지킬 필요가 없으며, 육신은 악(惡)이요 영(靈)만이 선하므로 육신으로는 무엇이든 할 수 있으며, 신자(그리스도인)는 은혜로 보호받기 때문에 어떤 상황에서도 해받는 일이 없을 것이라고 가르쳤던 거짓 목자들이요 거짓 선지자들이다.

앞으로 먼 미래에는 이런 거짓 목자들과 거짓 선지자들이 많이 나올 것이다(「마태복음」 24:11). 그러나 그러한 거짓 선지자들은 예수님께서 재림하셔서 산채로 유황 불못(the fiery of lake of burning sulfur)에 던질 것이다(「요한계시록」 19:20).

진정한 예수님의 말씀은 믿음과 동시에 행동을 하는 것이고 죄를 지으면 계속 회개하고 용서를 빌어야 한다. 앞서 얘기했듯이 읽는 자=듣는 자=지키는 자가 되어야 한다.

5. 귀 있는 자는 들어라, 낙원의 생명나무 과실을 먹게 하리라

☞ 「요한계시록」 2:7 - 귀 있는 자는 성령이 교회들에게 하시는 말씀을 들을찌어다 이기는 그에게는 내가 하나님의 낙원에 있는 생명나무의 과실을 주어 먹게 하리라(He who has an ear, let him hear what the Spirit says to the churches. To him who overcomes, I will give the right to eat from the tree of life, which is in the paradise of God.(NIV)

"귀 있는 자"란, 성경의 기록을 보면, 예수님께서 말씀을 하실 때, 다시 말해 매번 마지막 결론을 내릴 때 자주 쓰는 귀중한 말씀이시다. 귀를 갖고 있는 자는 들으라는 것이다. 귀를 갖고 있지 않은 인간은 없다. 누구나 귀를 갖고 있지만, 예수님께서 결론적으로 하시는 말씀의 진실을 깨닫는 자만이 들을 수 있다. 따라서 귀 있는 자란 바로 깨닫는 자이며 믿고 행동하는 자이다.

예수님의 재림시까지, 즉 끝까지 시련을 참고 이기는 자들에게는 하나님 아버지의 낙원에 있는 생명나무의 과실을 먹을 권리를 준다는 것이다. 『바이블 매트릭스』 1권 "에녹의 하늘"에서 보았듯이, 이 때의 낙원은 세 번째 하늘에 있다. 그렇다면 이기는 자들이란 하나님 아버지의 말씀과 예수님을 증거하고 의롭게 죽은 자들을 말하는 것이다. 죽으면 의로운 자들의 영(혼)은 낙원으로 간다고 했다. 따라서 의로운 자들의 영(혼)은 낙원에서 생명나무의 과실을 먹는다는 것을 알 수 있다. 이 얼마나 의롭고 아름답고 축복의 사랑스러운 예수님의 말씀이신가?

또한 이기는 자들은 예수님께서 공중재림 하실 때 첫째 부활하여 「요한계시록」 20장의 천년 왕국에서 그리스도의 제사장들이 되어 왕 노릇 하다가 「요한계시록」 21장과 22장의 새 하늘과 새 땅에 건설될 새 예루살렘에 들어가 생명나무와 생명수를 마시게 됨을 의미하는 것이다.

우리말 성경에는 "성령이 교회들에게…"라고 또 번역이 잘못 되었다. 영문 성경은 모두 "영(the Spirit)"으로 되어 있다. 이는 송신장치의 과학도구를 말하는 것이다. 위에서 설명한 대로 일곱 중앙통신장치를 통해 교회에게 전송되는 예수님의 메시지, 즉 요한이 기록한 것을 들으라는 것이다.

2절 「요한계시록」 2:8~11 - 서머나 교회→환란/핍박/순교의 교회, 칭찬만 받음

1. 서머나 교회에 보내는 메시지의 시대적 배경과 의미

1-1. 당시 존재했던 서머나 교회의 배경/역사/의미

서머나(Smyrna)의 이름은 몰약(myrrh, 沒藥)이라는 향료에서 유래되었다. 8~9피트의 높이로 아라비아와 팔레스타인 지역에서 자라는 가시 돋친 이 나무는 쓴맛을 지니고 있지만, 몰약의 향기는 대단히 훌륭하여 예수님께서 탄생하실 때 동방박사들이 유대인의 왕으로 나신 예수님께 드리기 위해 준비해 올 만큼(「마태복음」 2:11) 값지고 훌륭한 향료였다. 특히 두드리고 으깰수록, 짓눌리고 부서질수록, 더욱 아름다운 향기를 뿜어낸다. 이름의 특성을 고려할 때 고난과 핍박이 아무리 심할지라도 부활에 대한 소망을 따라 순교의 향기로 역사를 장식한 교회를 서머나 교회로 명명한 것은 아주 적절한 표현이라고 생각한다.

서머나 교회가 있던 서머나의 현재 도시 이름은 이즈미르(Izmir)다. 서머나는 소아시아 일곱 도시 중 현재까지 존속하고 있는 유일한 도시다. BC 3~2세기의 그리스 시대에 크게 번성하였고, 항구 상업도시로서 유대인들이 이곳에 많이 살게 되었다. 유대인들이 이곳의 서머나 교회를 핍박하였고, '유대인들의 훼방'에 관한 언급이 있는 것은 이와 같은 맥락에서 이해할 수 있다.

서머나는 비잔틴제국(동로마제국), 셀주크-오토만제국, 그리고 터키 등의 역사적 변천에도 불구하고, 그 지리적인 중요성 때문에 계속 번성하였다. 비잔틴제국은 도시 곳곳에 기독교적 유적을 남겨 놓았으나, 아랍 및 터키인들의 침략으로 기독교 유적은 거의 사라졌으며 수차례의 자연 재난으로 거의 모든 고대 유적지가 대파되었으나, 오늘날 여전히 옛날의 영화를 누리고 있다. 오늘날 서머나 교회는 없어졌으나 그 터전 위에 현대식으로 교회를 세우고 지금도 예배를 보고 있다.

1-2. 기독교 역사 관점의 배경과 의미(AD 100~313, 핍박과 순교의 시대)

기독교 역사 관점으로 보면 메시지의 시대적 배경은 AD 100~313년 사이로, 이 시기에 로마제국의 그리스도인들에 대한 핍박과 순교(martyrdom)의 시대가 올 것을 메시지로 전달한 것이다. 다시 말해 사도교회 시대 이후부터 로마제국의 콘스탄티누스 1대제(Constantine I, 통치 AD 306~337)가 그리스도교로 개종하고, 최초로 종교의 자유를 합법적으로 공인한 밀라노 칙령(Edict of Milan)을 반포한 313년까지의 로마제국의 핍박과 그에 따른 순교의 시대를 의미하는 것이다.

AD 100~313년 기간 동안에 서머나 교회는 로마제국의 황제가 가하는 극렬한 핍박을 통과하였지만, 그 핍박은 교회를 파괴시키는 대신에 하늘의 복음의 향기가 온 세상에 향수처럼 번져나가는 계기가 되었다. 그래서 그리스도께서는 서머나 교회에는 어떠한 책망의 말씀 대신에, 위안과 위로의 말씀만을 남겨 두셨다. 왜냐하면 그리스도께서는 서머나 교회가 환란과 핍박 속에서도 인내하면서 충성할 것을 아셨기 때문이다.

1-3. 예수님 재림 전까지의 미래 교회(서머나→핍박/순교→미래 교회)

AD 10740년경에 예수님께서 재림 하시기 전까지, 먼 미래에도 서머나 교회의 그리스도인들처럼 환란과 핍박을 받아 궁핍한 생활을 하고, 하나님 아버지와 예수님을 위해 죽도록 충성하거나 순교할 것이라는 것을 메시지로 전달한 것이다. 물병자리(2100~4259)와 염소자리(4260~6419)에서 미래의 인간들은 엄청난 과학을 발전시켜 하나님의 경지에 이른다고 했다. 사람들은 자기가 마치 하나님이 된 것처럼 행세를 할 것이고, 그 결과 하나님 아버지와 그리스도를 부정할 것이고, 따라서 그리스도의 진리를 고수하고 말씀을 지키는 자들은 엄청난 핍박과 순교를 당하게 될 것이다. 역사는 반복한다는 사실을 기억하자. 미래가 과거라는 사실을 기억하자.

그래서 예수님께서는 "네가 장차 받을 고난을 두려워 말라", "네가 죽도록 충성하라 그리하면 내가 생명의 면류관을 네게 주리라", 그리고 "이기는 자는 둘째 사망의 해를 받지 아니하리라"고 말씀하신 것이다. 다행인 것은 먼 미래가 어둡지 않다는 것이다.

2. 핍박/환란/궁핍/순교, 그러나 신앙이 부요한 자

☞ 「요한계시록」 2:8 – 서머나 교회의 사자에게 편지하기를 처음이요 나중이요 죽었다가 살아 나신 이가 가라사대("To the angel of the church in Smyrna write: These are the words of him who is the First and the Last, who died and came to life again.(NIV)

2:9 – 내가 네 환난과 궁핍을 아노니 실상은 네가 부요한 자니라 자칭 유대인이라 하는 자들의 훼방도 아노니 실상은 유대인이 아니요 사단의 회라(I know your afflictions and your poverty--yet you are rich! I know the slander of those who say they are Jews and are not, but are a synagogue of Satan.(NIV)

죽었다가 살아 나시고 처음(the First)이요 나중(the Last)이신 예수님께서 이번엔 서머나 교회의 사자를 통해 서머나 교회에 메시지를 전달한다. 인간의 눈으로는 서머나 교회가 환난과 궁핍을 당하나 예수님의 눈에는 부요한 자이다. 그리스도께서는 서머나 교회가 당면할 가난과 궁핍을 아셨다. 그러나 그러한 어려움은 그들의 신앙을 부요하게 만들었으며, 그들을 사랑과 봉사의 그리스도인들로 변화시켰다. 그들은 물질로는 가난하였지만 신앙으로는 부유하였고, 신앙으로는 부유하였지만 순교를 당한 가난한 사람들이었다.

그것은 초대교회를 통해 현재의 교회를 통해 그리고 먼 미래의 교회를 통해 핍박과 환란과 궁핍과 순교를 당하는 서머나 교회가 존속할 것이라는 것을 그리스도께서 메시지로 전달했다고 볼 수 있다.

3. 사단의 집회(a synagogue of Satan)란?

☞「요한계시록」2:9 - 내가 네 환난과 궁핍을 아노니 실상은 네가 부요한 자니라 자칭 유대인이라 하는 자들의 훼방도 아노니 실상은 유대인이 아니요 사단의 회라(I know your afflictions and your poverty--yet you are rich! I know the slander of those who say they are Jews and are not, but are a synagogue of Satan.(NIV)

자칭 유대인(유태인)이라 하는 자들의 훼방과 비방도 알지만, 실상은 그들은 유대인이 아니라 사단의 집회(a synagogue of Satan)였다. 그리스도인들을 시기하고 미워하던 유대인들은 로마 정부와 결탁하여 그리스도인들을 체포하고 죽이는 일에 앞장섰다. 따라서 결론적으로 보면 이 사단의 집회란 바로 로마제국(Roman Empire)의 그리스도교(기독교)에 대한 박해를 의미하는 것이다.

또한 예수님께서 재림하시기 전인 먼 미래에도 그리스도인들에 대한 박해와 그에 따른 순교가 계속 일어날 것을 메시지로 전달한 것이다.

4. 순교한 폴리캅, 생명의 면류관을 주리라

☞「요한계시록」2:10 - 네가 장차 받을 고난을 두려워 말라 볼찌어다 마귀가 장차 너희 가운데서 몇 사람을 옥에 던져 시험을 받게 하리니 너희가 십일 동안 환난을 받으리라 네가 죽도록 충성하라 그리하면 내가 생명의 면류관을 네게 주리라(Do not be afraid of what you are about to suffer. I tell you, the devil will put some of you in prison to test you, and you will suffer persecution for ten days. Be faithful, even to the point of death, and I will give you the crown of life.(NIV)

이런 상황을 예수님께서는 "네가 장차 받을 고난을 두려워 말라 볼찌어다 마귀가 장차 너희 가운데서 몇 사람을 옥에 던져 시험을 받게 하리니 너희가 십일 동안 환난을 받으리라"라고 말씀하신다. 예수님 말씀처럼 실제로 몇 사람이 옥에 갇히고 맹수의 굴에 던져지고 화형에 처해 순교(martyrdom)하였다.

기독교 역사 관점에서 그 당시 서머나 교회의 주교(bishop), 즉 목회자는 폴리캅(Polycarp, 목회 AD 80~AD 155 or 156)이었다. 이분은 사도 요한에 의해 AD 80년경에 그리스도로 개종했으며, 또한 사도 요한의 제자로서 거의 70년 동안 서머나 교회 목회자로 활동하신 분이었다. AD 155 혹은 156년 2월 23일에, 로마제국의 서머나 지방 총독인 스타티우스(Statius Quadratus)는 유대인들의 고발로 폴리캅 목사님과 11명의 그리스도교 성도들을 체포했다. 그리고 11명의 성도들은 원형 경기장에서 야수(사자)의 먹이로 희생되었다. 하지만 스타티우스는 폴리캅을 존경하고 있었기에 그를 살려주려 다음과 같이 말을 했다. "당신을 죽이고 싶지 않소. 가이사(황제)가 주님이고 나사렛 예수가 주님이 아니라고 한 마디만 하시오. 그러면 당신을 풀어주겠소." 그 때 폴리캅 목회자는 이렇게 대답했다. "86년 동안 내가 섬겨 온 주님, 그 분은 언제나 나를 인자하심으로 대하셨소. 그런데 내가 어찌 그 분을 모독할 수 있단 말이오"라고 하면서, 로마 황제 신상 참배를 거절하였다. 군중들은 그를 사자밥이 되게 하라고 외쳤으나, 총독은 경기가 끝났다고 선언했다. 이에 성이난 군중들은 물러가지 않고 그를 장작더미에 올리라고 외쳐댔다. 할 수 없이 화형(burned at the stake)에 처해지고 순교했는데 군중들은 "이 사람은 우리 신의 파괴자다. 기독교인들의 아버지다'라고 외쳤는데 지금 생각하면 그리스도인으로서 최대의 찬사가 아닌가 생각한다. 현재 서머나 교회는 없어졌지만, 그 터 위에 폴리캅 순교 기념교회가 세워져 예배를 보고 있다.

결론적으로 이들은 죽는 순간까지(even to the point of death) 로마 황제를 신성시하는 예배를 배척했으며 예수님을 배반하지 않았다. 그래서 예수님은 "네가 죽는 순간까지도 충성하라 그리하면 내가 생명의 면류관을 네게 주리라"라고 말씀하신 것이다. 이 말씀은 초대 서머나 교회에도 적용되고, 기독교 역사의 핍박과 순교의 시대에도 적용되며, 앞으로 먼 미래에 나타날 미래 교회들에게 다 적용되는 것이라 볼 수 있다. 따라서 이 때의 생명의 면류관이란 첫째 부활(생명의 부활)을 통해 천년 왕국(「요한계시록」 20:4~6)과 새 예루살렘과 만국들에서 영생하는 것(「요한계시록」 21장 & 22장)을 의미한다.

5. 십일 동안 환난을 받으리라의 의미

☞ 「요한계시록」 2:10 - 네가 장차 받을 고난을 두려워 말라 볼찌어다 마귀가 장차 너희 가운데서 몇 사람을 옥에 던져 시험을 받게 하리니 너희가 십일 동안 환난을 받으리라 네가 죽도록 충성하라 그리하면 내가 생명의 면류관을 네게 주리라(Do not be afraid of what you are about to suffer. I tell you, the devil will put some of you in prison to test you, and you will suffer persecution for ten days. Be faithful, even to the point of death, and I will give you the crown of life.(NIV)

그런데 "십일 동안 환난을 받으리라"라고 기록했다는 점이다. 더욱이 일일을 일년으로 환산하라는 계시가 없다는 점이다. 따라서 이 십일이 역사적으로 언제 일어났는지 그 연도를 찾는 데 실패했다. 그러나 십년 동안 로마제국의 핍박이 가장 극심했던 역사적 연도를 보면 다음 내용과 같다.

로마제국은 핍박을 통해서 그리스도 교회를 제거하려고 노력하였다. 로마제국은 그리스도 교회의 신앙이 사람들 사이에 인기 있는 사상이 될 것을 두려워하였다. 그들은 그리스도 교회를 하나의 위험한 경쟁자로 간주하였다. 수많은 핍박이 가해졌지만, 디오클레티안 혹은 디오클레티아누스 황제

(Diocletian, Gaius Aurelius Valerius Diocletianus, 통치 AD 284~305) 치하에서 이루어진 마지막 10년간의 핍박, 즉 차기 황제인 콘스탄티누스 1대제(Constantine I, 통치 AD 306~337)가 AD 313년에 그리스도 교회로 개종을 하면서 그리스도 교회에 자유를 주기 전까지인 AD 303~313년 사이의 10년간의 핍박이 가장 극심하였다.

6. 이기는 자는 둘째 사망을 면해

☞「요한계시록」2:11 - 귀 있는 자는 성령이 교회들에게 하시는 말씀을 들을찌어다 이기는 자는 둘째 사망의 해를 받지 아니하리라(He who has an ear, let him hear what the Spirit says to the churches. He who overcomes will not be hurt at all by the second death.(NIV)

따라서 귀 있는 자들은 예수님께서 서머나 교회에게 전달하시는 말씀을 경청할 필요가 있는 것이다. 왜냐하면 이기는 자는 둘째 사망을 면할 수 있기 때문이다. 이 때 둘째 사망(the second death)이란「요한계시록」20장 14절~15절과 21장 8절에 나오는 것으로, 유황 불못에 던져지는 영원한 사망을 말하는 것이다. 첫째 부활에 참여하지 못한 죽은 자들은 둘째 부활인 심판의 부활에 참여하여 심판을 받게 되는데, 자기의 책(book)과 예수님께서 갖고 계신 생명의 책(the book of life)과 대조를 하게 된다(「요한계시록」20:12~13). 결국 생명의 책에 이름이 기록되지 못한 자들은 모두 불못(the lake of fire)에 던져지게 되는데, 거기서 밤낮 세세토록 괴로움을 당하게 된다. 이것이 바로 죽은 자들의 둘째 사망인데, 이것을 면하게 해준다는 것은, 모두 첫째 부활, 즉 생명(영생)의 부활에 참여한다는 것을 말한다.

3절 「요한계시록」 2:12~17 - 버가모 교회→믿음/순교, 그러나 우상숭배 위기에 처한 교회

1. 버가모 교회에 보내는 메시지의 시대적 배경과 의미

1-1. 당시 존재했던 버가모 교회의 배경/역사/의미

버가모(Pergamum)라는 이름의 뜻은 '성채, 견고한 요새, 높여졌다'라는 의미를 가지고 있다. 버가모의 현재 이름은 베르가마(Bergama)이다. 버가모 교회는 해발 300미터 이상의 고지대에 위치한 도시로서, 로마 지배 중 아시아 전체를 통치하기 위하여 설치된 총독부가 있을 만큼 정치와 행정의 중심지요, 20만 권의 장서를 가진 대규모 도서관이 있는 문화의 도시였다.

이곳은 그리스 신화의 제우스(Zeus) 신의 탄생지라는 것을 기념하기 위해 지어진 높이 12m나 되는 장대한 제우스 신전을 비롯하여, 이교의 신전이 많이 있었으며, 로마제국의 '황제 예배 신전'이 세워져, 기독교에 있어서는 초대 교회 때부터 싸움의 도시였다.

버가모 교회의 건물은 다른 신전들이 높은 곳에 지어진 데 반해 낮은 곳에 위치한 하천 위에 지어졌다. 실제 지하에 가면 하천의 물 흐르는 소리를 들을 수 있다고 한다. 이 건물은 AD 300년경에 기독교인의 교회로 사용되기 시작했으며, 비잔틴제국(동로마제국)이 멸망한 1453년 이후에는 폐허로 변했다.

1-2. 기독교 역사 관점의 배경과 의미(AD 313~538, 정치와 종교의 타협시대)

기독교 역사 관점의 시대적 배경은 AD 313~538년 사이로 이는 타협의 시대, 즉 협상의 시대가 도래할 것이라는 계시의 말씀이시다. 로마 황제인 콘스탄티누스 1대제(Constantine I, Constantine the Great, 통치 306~337)가 AD 313년에 그리스도교로 개종한 이후, 그리스도교는 로마제국의 국교가 됨에 따라서,

많은 사람들의 인정과 인기를 추구하기 시작하였으나, 갑자기 수많은 이교도(이방교)가 콘스탄티누스 1대제를 따라서 그리스도교로 개종하게 되었다. 교회는 새로 개종한 이교도들과 로마제국의 요구에 따라서 진리를 타협하기 시작했으며 이 기간 동안 실제로 타협하게 되었다.

따라서 핍박의 시대 동안에도 굳건하게 지켜지던 믿음과 사랑의 순결함은, 정치(로마제국)와 종교가 서로 손을 마주 잡음으로 핍박이 중단되고, 세속과 권력이 교회 안에 들어오자 잃어버리게 되었고, 그에 따라 믿음의 성채는 무너지게 되었다. 그리스도께서는 버가모 교회를 위기로부터 구하기 위해서 예수님의 모습을 "좌우에 날선 검(징벌의 무기)을 가지신 이"로 메시지를 전달하신다.

1-3. 예수님 재림 전까지의 미래 교회(버가모→타협→미래 교회)

예수님 재림 전까지의 미래 교회들도 이러한 순교의 고난 중에도 믿음을 지키는 그리스도인들이 나타날 것이지만, 많은 우상숭배와 다른 이미지들(Images)이 세워져 우상숭배 위기에 처한 교회들이 등장하게 될 것이다. 물병자리(2100~4259)와 염소자리(4260~6419)와 궁수자리(6420~8579)와 전갈자리(8580~10739)를 지나면서 에너지와 자원을 차지한 땅-땅속-하늘-바다의 나라들의 왕들(짐승들)이 하나님 아버지와 그리스도를 부정하고, 우상숭배를 강요할 것이며, 그리스도인들을 죽일 것이다.

『바이블 매트릭스』 6권 『부활/휴거, 예수님의 재림시기 예측(c.AD 10740년)과 재림의 목적/방법』의 2부 3장 2절인 "예수님의 재림시기와 재림 전후에 일어날 일들"의 2-9의 "제사를 폐하고 멸망의 가증한 것(우상/666표)이 예루살렘에 세워지고 나서 1,290일(43달) 지나면 끝(멸망)(c.AD 10736.5~10740)"에서 살펴보았듯이, 「다니엘」의 '멸망의 가증한 것이 예루살렘에 세워질 것'이다. 땅의 짐승은 곧 바로 용과 바다의 짐승을 위해 우상(an image)을 세울 것이다. 그리고 땅의 짐승이 용의 권세를 받아 바다 짐승의 우상에게 생기를 주어, 바다 짐승의 우상으로 말하게 할 것이다. 그리고 그 유명한 악마의 코드인 '666표'를 받게 할 것이다. 바로 멸망의 가증한 것은 의로운 하나님 아버지와 예수님을 신성모독하는 우상과 666표임을 알 수 있다. 자세한 것은 본권 2부인 「요한계시록」 13장에서 다룰 예정이다.

2. 사단의 위란? 안디바(Antipas)란? 로마 교황청의 등장

☞ 「요한계시록」 2:12 - 버가모 교회의 사자에게 편지하기를 좌우에 날선 검을 가진 이가 가라사대("To the angel of the church in Pergamum write: These are the words of him who has the sharp, double-edged sword.(NIV)

2:13 - 네가 어디 사는 것을 내가 아노니 거기는 사단의 위가 있는 데라 네가 내 이름을 굳게 잡아서 내 충성된 증인 안디바가 너희 가운데 곧 사단의 거하는 곳에서 죽임을 당할 때에도 나를 믿는 믿음을 저버리지 아니하였도다(I know where you live--where Satan has his throne. Yet you remain true to my name. You did not renounce your faith in me, even in the days of Antipas, my faithful witness, who was put to death in your city--where Satan lives.(NIV)

1장에 살펴보았던 좌우에 날선 검, 즉 양날의 레이저 무기와 같은 광선 검(징벌의 무기)을 가진 예수님께서, 즉 위엄을 가진 예수님으로 나타나시어, 이번에는 버가모 교회의 사자에게 메시지를 보내 버가모 교회의 현 상황과 미래를 전하신다. "네가 어디 사는 것을 내가 아노니 거기는 사단의 위가 있는 데라"라는 것은 버가모 교회가 처한 위치와 상황을 기록한 것이다. 사단의 위란 바로 사단의 보좌(where Satan has his throne)가 있는 곳이란 뜻이다. 거기에 앉아 있다는 의미이다. 다시 말해 신전이나 신당을 의미하는 것이다.

이곳은 그리스 신화의 제우스(Zeus) 신의 탄생지라는 것을 기념하기 위해 지어진 제우스 신전을 비롯하여, 그리스 신화에 등장하는 술의 신과 로마 신화에서는 바카스(Bacchus or Bakchos)라 불렸던 디오니소스(Dionysos) 신전, 아테네의 수호신으로 지혜의 여신인 아테나(Athena)에게 바쳐진 파르테논(Parthenon) 신전 등과 로마 황제 숭배를 위한 3개의 거대한 신당 등 갖가지 우상숭배 신전들이 가득차 있었다. 이곳은 사단의 위, 즉 사단이 득실거리는 곳으로서 기독교 신앙을 유지하기 힘들 정도로 거대한 우상숭배와 세속화되어 가는 도시 분위기 속에서 사단의 영향력을 가장 많이 받아야 했다.

안디바(Antipas)는 버가모 교회에서 c.AD 92년에 놋쇠 황소 모양의 제단(a brazen bull-shaped altar)에서 화형으로 순교한 주교(목사, bishop)로 그리스도인들 중에 대표적인 인물이다. 안디바는 사도 요한이 주교로 임명했었다. 그 이후 안디바라는 이름에는 'Anti-대항하는, Papas-교부(교황)'라는 의미가 담겨 있기 때문에, 그 당시 '교부에 대항하는 그리스도인들'을 일컬어 안디바(Antipas)라고 불렀다. 로마제국이 그리스도 교회를 국교로 인정하면서 교회는 사람들에게 더 많은 인정을 얻고 권력자들의 요구에 순응하기 위해서 타협의 길을 걸었다. 이 타협의 중앙에 섰던 교회가 바로 로마가톨릭이었다. 이런 때에 안디바라고 불렸던 소수의 그리스도인 그룹은 교회의 지도층, 즉 로마가톨릭 교황권에 대해서 저항하였던 것이다. 타협과 세속의 길을 걷던 버가모 교회에 있어서, 안디바는 하나님의 남은 백성, 즉 참 백성을 대표하였다.

그래서 예수님께서는 "네가 내 이름을 굳게 잡아서 내 충성된 증인 안디바가 너희 가운데 곧 사단의 거하는 곳에서 죽임을 당할 때에도 나를 믿는 믿음을 저버리지 아니하였도다"라고 칭찬하신 것이다. 비록 버가모 도시가 사단이 주도하는 종교의 중심지이긴 하였지만, 버가모 교회는 신실한 백성들을 가지고 있었기 때문이다. 안디바는 교회 안에 들어온 세상에 속한 모든 비-진리를 반대하는 사람들이다. 그리고 그 모든 비-진리를 반대하고 타협하지 않고 사단에게 순교당하고 순교자(martyr)가 된 사람들이다.

3. 거짓 선지자=발람(Balaam)의 교훈을 지키는 자가 있다, 큰 음녀=바벨론

☞「요한계시록」 2:14 - 그러나 네게 두어 가지 책망할 것이 있나니 거기 네게 발람의 교훈을 지키는 자들이 있도다 발람이 발락을 가르쳐 이스라엘 앞에 올무를 놓아 우상의 제물을 먹게 하였고 또 행음하게 하였느니라 (Nevertheless, I have a few things against you: You have people there who hold to the teaching of Balaam, who taught Balak to entice the Israelites to sin by eating food sacrificed to idols and by committing sexual immorality.(NIV); But I have a few things against thee, because thou hast there them that hold the doctrine of Balaam, who taught Balac to cast a stumblingblock before the children of Israel, to eat things sacrificed unto idols, and to commit fornication.(KJV)

자 이제 구약의 「민수기」와 「신명기」에 등장했던 발람(Balaam)과 발락(Balak)이 등장한다. 발람은 '탐식가', '백성을 멸망시키는 자(잡아먹는 자)', '백성이 아닌 자', '타국 사람'이란 뜻이다. 당시 유프라테스 강(Euphrates)의 브돌(Pethor)에 거주하고 있던 브올의 아들인 발람(Balaam son of Beor)은 유명했던 거짓 선지자요 마술사요 점술가였다(「신명기」 23:4).

이스라엘 민족이 BC 1446년에 야훼 하나님의 인도로 선지자 모세(Moses, BC 1526~BC 1406)가 80세에(「출애굽기」 7:7, 「신명기」 18:15, 아론은 83세) 리더가 되어 출애굽을 하게 되고, 기나긴 여정을 거쳐 BC 1406년에 모압 평지(Plains of Moab), 즉 요단강(Jordan River) 건너편 여리고(Jericho) 맞은편에 진을 친다(「민수기」 22:1). 이 때 모압 족속(Mohabites)의 왕인 발락(Balak)은 모압 장로들과 미디안(Midian) 장로들을 모아 이스라엘을 저지하는 방안을 모색하고, 이교 예언자인 발람을 불러 이를 저지하고자 하나, 야훼 하나님의 도움으로 발람이 이스라엘을 축복하자 그 저지는 실패한다(「민수기」 22장 & 23장 & 24장; 「신명기」 23:4~5). 하지만 싯딤에서의 '바알브올 사건'에서 볼 수 있듯이(「민수기」 25장), 모압의 여자들이 발람의 꾀를 좇아 이스라엘 백성을 유혹하여 우상의 제물을 먹게 하였고 음행하게(sexual immorality) 하였으며, 이스라엘 백성들로 하여금 그들의 신인 브올의 바알(Baal of Peor)을 섬기게 하였다. 그 결과 이스라엘 백성들은 야훼 하나님께서 내린 염병(plague)의 벌을 받게 되고(「민수기」 25장; 31:16), 발람 역시 후에 이스라엘 군대에 사로잡혀 살해되었다(「민수기」 31:8; 「여호수아」 13:22).[1]

신약성경에서 발람을 가리켜 불의의 삯을 사랑하는 자요, 하나님의 백성으로 하여금 세상과 타협하게 만들어, 결국 성도들을 타락시키는 거짓 교사의 표본이자 치명적인 영향을 끼치는 이단자의 상징적인 이름이요, 또 사악한 우상 숭배자로 지목하고 있다(「베드로후서」 2:15; 「유다서」 1:11).

버가모 교회에는 바로 이 같은 발람의 교훈(the teaching), 즉 교리(the doctrine)를 지키는 자들이 있었다. 하나님의 백성으로 하여금 세상과 타협하게 만들어 결국 타락시키는 자들이 있다는 것이다. '우리가 황제의 신전에 가서 절하고 로마의 황제가 주님입니다'라고 한번 말했다고 해서, 예수님에 대한 사랑을 저버리는 것은 아니지 않는가? 교회에 와서는 주님을 열심히 섬기되, 세상에 나와서는 가이사(황제)를 주님이라고 말할 수도 있는 것은 아닌가? 이처럼 버가모 교회는 충성된 증인의 목소리보다 세속화를 지향하는 사람들의 목소리가 커져가서 결국은 진리를 잃어버리고 순결을 잃어버려 자기도 모르게 오염과 타락과 부패 속으로 빠져 들어가기 시작했다.

이 같은 발람의 교훈은 먼 미래에도 반복해서 일어난다. 실제로 「요한계시록」 17장 1절~2절에는 '큰 음녀에게 내릴 심판(The Woman on the best)'이 등

---

1 자세한 것은 『바이블 매트릭스』 4권 『하나님들의 과학기술과 우리가 창조해야 할 미래(상)』의 부록인 "출애굽(Exodus) 요약"을 참조하라.

장하는데, "또 일곱 대접을 가진 일곱 천사 중 하나가 와서 내게 말하여 가로되 이리 오라 많은 물 위에 앉은 큰 음녀의 받을 심판을 네게 보이리라, 땅의 임금들도 그로 더불어 음행하였고 땅에 거하는 자들도 그 음행의 포도주에 취하였다 하고"라는 기록에서 보듯이, 이것은 「요한계시록」 18장의 '바벨론의 패망(The Fall of Babylon)'을 예고하는 것이다.

4. 니골라당의 행위가 교리가 되다

☞ 「요한계시록」 2:15 - 이와 같이 네게도 니골라당의 교훈을 지키는 자들이 있도다(Likewise you also have those who hold to the teaching of the Nicolaitans.(NIV); So hast thou also them that hold the doctrine of the Nicolaitans, which thing I hate.(KJV)

이러한 세속화와 타협을 통한 배도는 신속하게 발전해 나갔다. 에베소 교회에 나타났던 "니골라당의 행위(the practices or deeds of the Nicolaitans)"가 버가모 교회에 와서는 "니골라당의 교훈(the teaching or doctrine of the Nicolaitans)", 즉 교리로 발전하게 되었다. 니골라당은 하나님의 말씀을 그리스와 로마의 관습과 철학 위에 세우려고 노력하였다. 니골라당의 인간적 접근의 가르침은 교회 안에서 부유층과 고등교육을 받은 사람들에게 특히 많은 영향을 미쳤다. 니골라당의 가르침은 하나님의 말씀이 요구하는 고결한 표준을, 사람들의 미묘한 철학적 논리와 이교 사상과 혼합시킴으로써, 하나님의 진리가 요구하는 바를 논리적으로 부인하도록 유도하였다. 인간 관점, 즉 인간중심적인 의(義)와 논리 위에 세워진 니골라당의 가르침이 버가모 교회 시대에 만연되었다. 사단은 에베소 교회시대 이후 계속해서 니골라당의 핵심 교리인 '복음은 하나님의 율법을 지키는 의무로부터 그리스도인을 해방시킨다'라는 도덕 폐기론을 통하여 그리스도의 교회를 공격해 왔다.

5. 회개하라, 내 입의 검으로 그들과 싸우리라, 백마를 탄 자

☞「요한계시록」2:16 - 그러므로 회개하라 그리하지 아니하면 내가 네게 속히 임하여 내 입의 검으로 그들과 싸우리라(Repent therefore! Otherwise, I will soon come to you and will fight against them with the sword of my mouth.(NIV)

그리스도께서는 버가모 교회를 향해 권면을 하셨다. "그러므로 회개하라, 그리하지 아니하면 내가 네게 속히 임하여 내 입의 검으로 그들과 싸우리라"고 경고하신다. 이것은 예수님의 심판을 상징하는 것이다. 진리를 떠나 세속화되어 가고 있는 버가모 교회를 향해 주님은 좌우에 날선 검, 즉 레이저 무기와 같은 광선 검을 가지신 심판자의 모습으로 등장하신 것이다. 더럽혀짐과 타락해가는 버가모 교회의 교인들에게는 하나님 아버지를 두려워하고 경외하는 거룩함이 없었기 때문이다.

이 회개하라는 말씀은 초대 버가모 교회에도 적용되고, 기독교 역사의 정치와 종교의 타협시대에도 적용되며, 앞으로 먼 미래에 나타날 미래 교회들에게도 다 적용되는 것이라 볼 수 있다. 다시 말해 먼 미래에도 이와 같은 발람의 교훈이나 니골라당의 교리가 만연될 것임을 시사하는 것이다.

실제로 "내 입의 검으로 그들과 싸우리라"는 예언의 말씀은「요한계시록」19장 11절~21절의 '백마를 탄 자(The Rider on the White Horse)'에 다시 등장한다. 먼 미래에 날선 검으로 심판하시는 그리스도의 모습을 기록한 것이다. 15절의 "그의 입에서 이한 검이 나오니 그것으로 만국을 치겠고 친히 저희를 철장으로 다스리며 또 친히 하나님 곧 전능하신 이의 맹렬한 진노의 포도주 틀을 밟겠고(Out of his mouth comes a sharp sword with which to strike down the nations. "He will rule them with an iron scepter." He treads the winepress of the fury of the wrath of God Almighty.)"(NIV)의 이한 검이 바로 "내 입의 날선 검"이다.

6. 숨겨진 만나(the hidden manna)란? 새 이름의 흰 돌(a white stone)이란?

☞「요한계시록」2:17 - 귀 있는 자는 성령이 교회들에게 하시는 말씀을 들을찌어다 이기는 그에게는 내가 감추었던 만나를 주고 또 흰 돌을 줄터인데 그 돌 위에 새 이름을 기록한 것이 있나니 받는 자 밖에는 그 이름을 알 사람이 없느니라(He who has an ear, let him hear what the Spirit says to the churches. To him who overcomes, I will give some of the hidden manna. I will also give him a white stone with a new name written on it, known only to him who receives it.(NIV)

그런데 세속화와 우상숭배의 물결 속에서도 믿음을 굳게 지키고 그리스도가 주 되심을 몸과 마음으로 고백하는 신앙의 승리자들에게 "내가 감추었던 만나"와 "흰 돌"을 줄 것이라고 그리스도께서는 약속하신다. 여기에서 만나란 순교한 안디바를 상징한다고 볼 수도 있는데, 그것은 성인들의 만나(manna of the saints)를 의미하는 전통적인 기름(oil)을 의미하기 때문이다. 실제로 성현 안디바의 날인 4월 11일에는 그의 기념비로부터 기름이 흘러 내린다고 한다. 이 때의 기름이란 『바이블 매트릭스』 6권 1부 1장 3절 3-3의 "「스가랴」의 두 감람나무와 두 촛대, 기름 발리운자 둘=두 증인"과 3-4의 "「에녹2서」의 기름을 부어 신성과 영광의 축복을 받은 에녹"의 기름과 같은 맥락이다.

주님은 에녹에게 기름부어 신성케 하고, 에녹에게 옷(우주복)을 입혔으며, 기름부은 모습은 위대한 빛보다 더 밝았으며, 그것은 달콤한 이슬 같았으며, 그 향기는 온화하고 빛나는 태양 빛 같았으며, 에녹은 스스로 자기 모습을 본다.

또한 만나는 신약 성경에서 그리스도와 그리스도의 말씀을 상징한다(「요한복음」 6:26~63). 그것은 예수님께서 말씀하신 생명의 빵(떡)인 살과 생명의 물인 피를 말하는 것이다. 그것은 예수님께서 우리의 죄를 위해 죽으셨다는 것을 믿으면 바로 구원과 영생인, 즉 부활을 통해 영원히 살 수 있다는 것을 의미한다. 부활을 하려면 죽어서 영(혼)이 낙원으로 가야 한다. 그래야 영(혼)이 하나님 아버지의 영(과학기술)을 만나 부활 할 수 있기 때문이다. 예수님께서는 "살리는 것은 영이니 육은 무익하니라 내가 너희에게 이른 말이 영이요 생명이라"고 말씀하셨다(「요한복음」 6:63).

또 "흰 돌"을 주신다고 약속하신다. 흰 돌에는 깊은 의미가 담겨 있다. 그 당시 법정에서 재판을 할 경우, 흰 돌과 검정 돌을 사용해서 재판 결과를 나타내었다. 흰 돌은 무죄 석방을 의미하였고, 검정 돌은 유죄를 의미하였다. 또한 노예가 자유인이 되었을 때에는 그에게 흰 돌을 주었는데, 때때로 새로운 이름이 그 돌 위에 새겨졌다. 그리고 흰 돌은 싸움에서 15번 이상 승리한 투사에게도 주어졌다. 흰 돌은 자유와 명예의 상징으로 사용되었다. 그러므로 흰 돌은 그리스도 안에서 죄와 세상에서 승리하고 하나님의 자녀가 되는 명예를 얻게 되는 것을 의미한다.

7. 흰 돌 위에 새 이름이란? 각 사람의 행위대로 갚아 주리라

그런데 "…그 돌 위에 새 이름을 기록한 것이 있나니 받는 자 밖에는 그 이름을 알 사람이 없느니라"고 기록하고 있다는 것이다. 그렇다! 부활하고 천년왕국과 새 예루살렘과 만국들에 들어가면 지구의 흰 돌 같지만 바로 천상의 흰 돌에 이름이 새롭게 주어지는 것이다. 새로운 세상에 들어가 살게 되는데 지구의 이름이 왜 필요하리요! 지구의 이름은 지구에서만 필요한 것이다. 그러니 받는 자 밖에는 그 이름을 알 사람이 없을 것이다. 왜냐하면 받는 본인만 새 이름이 무엇인지 알게 되기 때문이다. 이 지구에서 행한 행위 또는 일에 따라 예수님께서 보상을 하시니, 흰 돌을 받을 때 본인만 아는 것이다. 다음에 다시 소개하겠지만, 이와 관련된 다음 성경구절을 한번 읽어보시라.

「마태복음」 16:27 - 인자가 아버지의 영광으로 그 천사들과 함께 오리니 그 때에 각 사람의 행한 대로 갚으리라

「로마서」 2:6 - 하나님께서 각 사람에게 그 행한 대로 보응하시되

「요한계시록」 2:23 - 또 내가 사망으로 그의 자녀를 죽이리니 모든 교회가 나는 사람의 뜻과 마음을 살피는 자인줄 알찌라 내가 너희 각 사람의 행위 대로 갚아 주리라

20:12 - 또 내가 보니 죽은 자들이 무론 대소하고 그 보좌 앞에 섰는데 책들이 펴 있고 또 다른 책이 펴졌으니 곧 생명책이라 죽은 자들이 자기 행위를 따라 책들에 기록된 대로 심판을 받으니

20:13 - 바다가 그 가운데서 죽은 자들을 내어 주고 또 사망과 음부도 그 가운데서 죽은 자들을 내어 주매 각 사람이 자기의 행위대로 심판을 받고

22:12 - 보라 내가 속히 오리니 내가 줄 상이 내게 있어 각 사람에게 그의 일한 대로 갚아 주리라

4절 「요한계시록」 2:18~29 - 두아디라 교회→진리고수, 그러나 거짓 여 선지자가 활동하는 교회

1. 두아디라 교회에 보내는 메시지의 시대적 배경과 의미

1-1. 당시 존재했던 두아디라 교회의 배경/역사/의미

두아디라(Thyatira)의 현재명은 악히사르(Akhisar)다. 두아디라는 그 당시 동방으로 통하는 대로상의 상업 중심지였다. 질그릇에 대한 언급은 그 도시의 산업 중 하나를 반영시켜 주고 있을 것이다. 또 하나의 산업은 염료(자줏빛) 업이었다. 자줏빛 장사(a dealer of purple cloth)로서 빌립보(Philippi)에서 바울(Paul)을 만났던 루디아(Lydia)는 두아디라 출신이었고(「사도행전」 16:14), 그녀는 집에 돌아가서 그 곳에 교회 세우는 일을 도왔을 것이다. 두아디라 교

회에 또 다른 한 여자는 교인들을 그들의 믿음에서 떠나 부도덕에 빠지게 하였고, 그 악한 영향으로 인하여, 그 여인은 구약의 「열왕기상」 16장~21장과 「열왕기하」 9장에 등장하는 왕후인 이세벨(Jezebel)과 짝을 이루는 제2의 이세벨라(Jezebel)라는 별명을 얻었다

초대 두아디라 교회의 유적지는 남아 있는 것이 하나도 없고, 현재는 AD 600년경에 세워진 두아디라 기념교회의 석축 기둥과 담장만 남아 있다. 현재 두아디라 교회가 있는 악히사르에는 아폴로(Apollo) 신전이 남아 있는데, 그 당시 가장 영향력을 가지고 있는 신은 태양신인 아폴로였다. 이것은 나중에 아폴로가 성육신(incarnation, 成肉身)[2] 했다고 믿는 황제 숭배로 이어졌다.

1-2. 기독교 역사 관점의 배경과 의미(AD 538~16세기 초, 종교의 암흑시대, 로마가톨릭의 그리스도 교회 핍박시대)

기독교 역사 관점의 시대적 배경은 AD 538~16세기 초까지로 이는 종교(교회)의 암흑시대, 즉 광야로 피신한 교회시대가 올 것이라는 메시지를 전달한 것이다. AD 313년에 원래 그리스도교로 출발한 교회는, AD 538년부터 유럽의 국왕들을 지배할 만큼 강력하게 커진 로마가톨릭 교황권의 세력이 확립됨에 따라서, 교황권은 그리스도 교회가 제시하는 교리와 지시를 거절하고, 성경의 진리를 고수하기로 선택한 그리스도인들을 직접적으로 핍박할 수 있게 되었다. AD 538년, 동로마제국(비잔티움제국)의 저스티니안(Justinian, 통치, AD 527~565) 황제는 로마가톨릭 교회의 주교(bishop)를 '이단자들을 교정하는 자'로 세웠는데, 로마가톨릭 교회는 이단을 박멸한다는 명분을 앞세워서 지시와 가르침을 거절하는 신실한 그리스도인들을 투옥하고 사형하기에 이르렀다. 이렇게 해서 교회가 정치의 권력과 손잡고 사람들의 양심의 자유를 탄압

---

2 성육신(incarnation, 成肉身) - 신적인 존재가 인간의 육체 안으로 들어와서 인간 가운데 거하는 것을 이르는 말.

하는 종교암흑시대가 시작되었던 것이다.

두아디라의 의미는 '통탄스러운 희생'인데, 이것은 이 시기를 대표하기에 너무나 적합한 이름으로 보인다. 그리스도 교회 안으로 밀려 들어온 배도로 인하여, 믿음의 진리의 단순성이 형식적이고 외적인 의식으로 대치되었다. 교회 역사의 네 번째 시기인 두아디라 교회 시대에 와서, 교회는 그리스도께서 주신 단순한 복음을 떠나서, 복잡한 종교 의식과 인간 중보자(성모 마리아)와 인간 제사장 제도를 만들었다. 이 시기는 그리스도교회에 있어서 참으로 깊은 상처를 가져온 시기였다. 교회는 마음의 중심으로부터 우러나오는 회개의 신앙을 저버리고 죽은 행위와 의식을 신앙의 기초로 만들어 나갔다. 대표적인 것을 하나 들자면 돈을 주고 파는 면죄부(免罪符, indulgence)가 그것이었다. 가톨릭교회는 구원으로 이르는 길은 성사(聖事)에 있다고 하고, 특히 회개(고백)의 성사가 인간을 속죄로 인도하는 출발점이라고 보고 있었다. 그 속죄는 선행(先行)으로 얻어지는데 그것을 쉽게 하기 위하여 면죄부를 고안하기에 이르렀다. 800년경에 가톨릭 교황 레오 3세(Leo III) 때 처음으로 시작된 면죄부 판매는 15세기에 그 발행량이 크게 늘었으며 1515년 가톨릭 교황 레오 10세(Leo X, 재위, AD 1513~1521) 때는 로마의 성 베드로성당 건설을 위하여 면죄를 고시하고, 독일에서 면죄부의 판매를 허락하였다.

1-3. 예수님 재림 전까지의 미래 교회(두아디라→암흑시대→미래 교회)

먼 미래에도 이와 같이 세속과 정치와 타협한 어떤 종교들이 나올 가능성이 높다. 강력한 교황권이나 다른 교권을 가진 미래의 종교가 정치와 타협해서 진리를 고수한 진정한 그리스도인들을 핍박하는 시대가 반드시 오게 될 것이다. 또한 먼 미래에는 거짓 선지자들과 거짓 여 선지자들이 등장하여 제3의 아니 제4의 아니 제5의 아니 그 이상의 이세벨이 나올 가능성이 매우 높다.

『바이블 매트릭스』 6권 2부 1장 1절인 "나라들의 개편, 「요한계시록」의 땅/하늘/바다/땅속의 나라들과 짐승들(왕들)"에서 살펴본 바와 같이 「요한계시록」에는 많은 짐승들(왕)이 등장하고, 아울러 많은 거짓 선지자들이 등장한다. 그러나 그러한 거짓 선지자들은 예수님께서 재림하셔서 산 채로 유황 불못(the fiery of lake of burning sulfur)에 던지게 된다(「요한계시록」 19:20).

2. 하나님 아버지의 아들=그리스도 예수님이 가라사대

☞「요한계시록」 2:18 – 두아디라 교회의 사자에게 편지하기를 그 눈이 불꽃 같고 그 발이 빛난 주석과 같은 하나님의 아들이 가라사대("To the angel of the church in Thyatira write: These are the words of the Son of God, whose eyes are like blazing fire and whose feet are like burnished bronze.(NIV)

눈에서는 레이저 광선 같은 불꽃이 나오며, 빛이 나오는 주석의 우주복 또는 우주로봇인 체루빔(Cherubim)/세라핌(Seraphim)을 입고 또는 타고 계신 하나님의 아들(the Son of God), 즉 예수 그리스도께서는 먼저 칭찬을 하신다. "하나님의 아들"이라고 부른 사실에 주목하자. 「요한계시록」 전체에서 그리스도를 "하나님의 아들"이라고 부른 곳은 바로 여기뿐이다.

3. 칭찬의 대상, 진리를 고수한 그리스도인들의 종교개혁을 계시

☞「요한계시록」 2:19 – 내가 네 사업과 사랑과 믿음과 섬김과 인내를 아노니 네 나중 행위가 처음 것보다 많도다(I know your deeds, your love and faith, your service and perseverance, and that you are now doing more than you did at first.(NIV)

예수님의 칭찬의 대상은 두아디라 교회의 ① 사업(works or deeds), ② 사랑(love or charity), ③ 믿음(faith), ④ 섬김(service), 그리고 ⑤ 끈기(인내, perseverance or patience or endurance)이다. 이것들은 예수님께서 이 땅에 오셔

서 우리에게 말씀하시고 명령하신 중요한 다섯 가지의 진리이다. 초대 두아디라 교회는 이 진리를 고수했기 때문에 칭찬을 받은 것이다.

아울러 이것은 무엇을 말하는가 하면, 두아디라 교회 시대는 16세기 초에 종교개혁 운동이 시작되기 전까지의 교회들을 말하는데, 중세기의 종교 암흑 시대 동안에 교황권의 핍박을 피하고 진리를 고수하기 위하여 광야로 피신한 그리스도인들을 칭찬하신 것이다. 그것도 처음보다 지금이 더 잘하고 있다는 것인데, 이는 16세기 초를 말하는 것으로, 진리를 고수하고 피신한, 진정한 그리스도인들이 똘똘 뭉쳐 그 다음의 종교개혁을 주도할 것이라는 것을 계시하고 있는 것이다.

이것은 정치와 타협해서 막강한 권위를 가졌던 중세 가톨릭교회를 분열시키고 프로테스탄트(Protestant, 신교도) 교회를 수립한 16세기 초의 종교개혁을 말하는 것이다. 프로테스탄트란 16세기의 종교개혁이래 로마가톨릭 교회에서 분파(分派)한 각종 기독교회에 귀속한 사람들을 프로테스탄트라고 한다. 프로테스탄트라는 말은 1529년 4월 독일의 제국의회(帝國議會, 슈파이어의회)에서 루터계 종교개혁파를 지지하는 각 영역을 다스리는 6명의 제후(landowners, 諸侯)들과 14개 자유도시가 로마가톨릭의 다수파 측의 황제 카를 5세(Karl V, 재위 1519~1556) 등 로마가톨릭 세력에 대해서 당당히 자신의 신앙을 표명하고 '항거, 라틴어, protestatio=프로테스타티오'라는 단어에서 유래한다. 두아디라 교회 시대가 끝나갈 무렵, 위대한 종교 개혁자들, 즉 독일의 루터(Martin Luther, 1483~1546), 스위스의 츠빙글리(Huldrych Zwingli, 1484~1531), 프랑스의 칼뱅(칼빈, Jean Calvin, 1509~1564) 등과 같은 성직자들이 유럽의 이곳저곳에서 일어나서 개혁운동을 이끌어 나가기 시작하였다.

4. 여자 선지자(prophetess)인 이세벨(Jezebel)의 의미, 인간 중보자란?

☞「요한계시록」 2:20 - 그러나 네게 책망할 일이 있노라 자칭 선지자라 하는 여자 이세벨을 네가 용납함이니 그가 내 종들을 가르쳐 꾀어 행음하게 하고 우상의 제물을 먹게 하는도다(Nevertheless, I have this against you: You tolerate that woman Jezebel, who calls herself a prophetess. By her teaching she misleads my servants into sexual immorality and the eating of food sacrificed to idols.(NIV)

2:21 - 또 내가 그에게 회개할 기회를 주었으되 그 음행을 회개하고자 아니 하는도다(I have given her time to repent of her immorality, but she is unwilling.(NIV)

그러나 예수 그리스도의 책망이 시작된다. 예수님께서는 "네게 책망할 일이 있노라 자칭 선지자라 하는 여자 이세벨을 네가 용납함이니 그가 내 종들을 가르쳐 꾀어 행음하게 하고 우상의 제물을 먹게 하는 도다"라고 말씀하시면서, 두아디라 교회가 거짓 선지자라 하는 이세벨(Jezebel)을 받아들여 행음하고 우상의 제물을 먹고 있다고 책망하시고 있다.

이세벨(Jezebel)은 사마리아(Samaria)를 수도로 하는 북이스라엘왕국의 7대 왕 아합(Ahab, 통치, BC 874~BC 853)의 부인, 즉 왕후이다. 그녀는 바벨론의 젊은 신인 마르둑(Marduk), 즉 바알(Baal) 신을 섬기는 지중해 해양 국가인 시돈(Sidon)의 왕 엣바알(Ethbaal)의 딸이었다. 이세벨은 아합을 꾀고 충동질하여 그 신하와 온 백성에게 바알 신과 아세라(Asherah) 여신을 숭배할 것을 가르쳤다(「열왕기상」 16:31~33; 17장~21장).[3] 그녀는 정책적이면서 정략적으로 여호와 하나님이 아닌 다른 신들을 섬기도록 했다. 이세벨은 다른 신들을 숭배할 뿐 아니라, 이스라엘의 선지자들을 죽이고, 그 잘못을 지적하고 반대하는 선지자

---

3 바알(Baal) 신과 아세라(Asherah) 여신에 대하여는 『바이블 매트릭스』 4권 『하나님들의 과학기술과 우리가 창조해야 할 미래(상)』의 1부인 "성경에 등장하는 수많은 하나님(신)들과 수메르의 신들"을 참조하라.

엘리야(Elijah, 엘리야의 예언 사역, BC 875~BC 848)까지 잡아 죽이려고 했다. 바로 그러한 상황에서 엘리야 선지자가 아합 왕 앞에 나타나서 이스라엘의 배도를 책망하면서 3년 반 동안 이스라엘 땅에 비가 내리지 않는 대기근이 있을 것이라고 말하였지만, 아합 왕과 이세벨의 추종자들은 엘리야의 개혁의 호소를 듣지 않았다. 그 죄의 모양은 이세벨이라는 이름 속에도 나타나는데, 이 여자는 돈을 얼마나 사랑하는지, 왕권을 이용해서 제후(landowner)와 백성의 재산을 약탈했고, 거부하는 자들을 다 죽였다. 그래서 남편 아합의 왕조는 이 여자로 인해 완전히 몰락하게 되고, 「열왕기하」 9장에서 아합의 온 집안이 멸망하게 되고, 이세벨의 시체는 이스르엘(Jezreel) 지방에서 올라온 개들에게 먹히게 된다. 그 후 북이스라엘 왕국은 8대 왕인 아하시아(Ahaziah, 통치, BC 853~BC 852)로 넘어가게 된다(「열왕기상」 22:51).

그런데 당시 두아디라 교회는 음행을 저지른 여자를 교인으로 받아들였다. 더군다나 두아디라 교회는 이 여자를 구약의 이세벨이라는 선지자로 받아들였고, 이세벨처럼 성도들을 범죄하게 만들었다. 두아디라 교인들 중에서 자신의 생존기반을 잃어버리게 되자, 잃지 않기 위해서 어쩔 수 없이 이세벨의 가르침과 꾀임에 따라 이교의 제사와 거기에 수반되는 부도덕한 관습을 따라 행하였다. 교회의 음행과 영적인 음란은 아주 심각한 죄이다.

예수 그리스도께서는 이것을 책망하고 있는 것이다. 또한 그리스도께서 그녀에게 회개할 기회를 주었으나, 그 음행을 회개하지 않는다고 책망하신 것이다. 이세벨에게 기회를 주었다는 것은 두아디라 교회에도 회개할 기회를 주었다는 것을 말한다. 그러나 두아디라 교회는 끝내 회개하지 아니하였고, 또한 북이스라엘 왕국의 왕인 아합과 이세벨의 결혼으로 말미암아 이스라엘 전체가 배도에 빠지게 되었던 것처럼, 우상숭배와 이교 사상을 받아들인 두아디라 교회의 지도자들은 중세기 동안 교회에 주어졌던 엄청난 권력을 이용하여 각종 우상숭배와 잘못된 교리를 백성들에게 강요하였다.

이세벨의 또 한 가지 비유도 있을 수도 있다. 중세기의 종교암흑시대 동안에 하나님 아버지의 아들인 그리스도께서는 모든 인류를 위한 중보자(Mediator)[4]의 위치를 로마가톨릭 교회 지도자들에 의해서 다 빼앗기셨다. 성모 마리아라는 인간 중보자가 등장함으로써, 사람들은 그리스도께 직접 나가는 대신에 마리아라는 여인을 바라보도록 가르침 받기 시작했다고도 볼 수도 있을 것이다.

5. 심판 – 이세벨을 침상에 던지고, 회개치 않으면 큰 환란 가운데 던지고

☞ 「요한계시록」 2:22 - 볼찌어다 내가 그를 침상에 던질 터이요 또 그로 더불어 간음하는 자들도 만일 그의 행위를 회개치 아니하면 큰 환난 가운데 던지고(So I will cast her on a bed of suffering, and I will make those who commit adultery with her suffer intensely, unless they repent of her ways.(NIV); Behold, I will cast her into a bed, and them that commit adultery with her into great tribulation, except they repent of their deeds.(KJV)

2:23 - 또 내가 사망으로 그의 자녀를 죽이리니 모든 교회가 나는 사람의 뜻과 마음을 살피는 자인줄 알찌라 내가 너희 각 사람의 행위 대로 갚아 주리라(I will strike her children dead. Then all the churches will know that I am he who searches hearts and minds, and I will repay each of you according to your deeds.(NIV)

그 다음 예수 그리스도께서는 두아디라 교회의 심판에 대해 말씀하신다. 세 가지의 심판이 있다고 말씀하신다.

---

4 중보자(Mediator)에 대해서는 『바이블 매트릭스』 5권 『성령으로 무장하신 예수님의 과학기술』의 1부 3장 3절인 "중보와 새 언약의 예수님, 예수님은 빛=진리=생명=길=부활"을 참조하라.

① 이세벨을 침상에 던진다는 것이다. 구약의 이세벨은 실제로 북이스라엘 왕국 10대 왕인 예후(Jehu, 통치, BC 841~BC 814)에 의해 창밖에 던져져 그 피가 담(the wall)과 말들(the horses)에게 튀는 처참한 심판의 죽음을 당하고 개들에게 먹히게 된다(「열왕기하」 9:30~37). 이것으로 보아 거짓 여자 선지자인 두아디라의 이세벨도 구약의 이세벨보다 더 비참한 죽음을 당했을 것이다.

② 이세벨과 간음한 자들도 회개하지 아니하면 큰 환난 가운데 던져진다는 것이다. 이것은 엄청난 고통, 재난, 그리고 슬픔이다. 그러나 「요한계시록」에 계시로 나오고, 그 다음 절에 자녀들의 심판이 나오는 것으로 보아, 회개치 않은 자들의 한참 후대에 살아 있는 자녀들은 「요한계시록」 6장과 8장에 등장하는, 대략 AD 8580년경부터 시작되는 일곱 봉인의 심판인 큰 환란(great tribulation or distress)으로 확대 해석할 수도 있을 것이다.

③ 사망으로 이세벨의 자녀들을 죽인다는 것이다. 이 의미는 그저 죽인다는 것뿐 아니라, 아마도 마지막 심판 때(c.AD 12800~) 영원한 죽음, 즉 불못(the lake of fire)에 던져지는 영원한 둘째 사망(the second death)일 수도 있다(「요한계시록」 20:15; 21:8).

이렇게 해석해보면 하나님 아버지나 예수님께 한번 대적하면, 그리고 그 죄를 회개하지 아니하면 3대가 아니라 30대 아니 800대까지 그 죄가 내려감을 예측해 볼 수 있다. 그래서 회개하고 용서를 빌어야 하는 것이다. 이는 다음 내용에 나타나 있다.

6. 일곱 영→나는 사람의 뜻과 마음을 살피는 자라

☞ 「요한계시록」 2:23 - 또 내가 사망으로 그의 자녀를 죽이리니 모든 교회가 나는 사람의 뜻과 마음을 살피는 자인줄 알찌라 내가 너희 각 사람의 행

위 대로 갚아 주리라(I will strike her children dead. Then all the churches will know that I am he who searches hearts and minds, and I will repay each of you according to your deeds.(NIV); And I will kill her children with death; and all the churches shall know that I am he which searcheth the reins and hearts: and I will give unto every one of you according to your works.(KJV); I will strike her children dead. Then all the churches will know that I am the one who searches out the thoughts and intentions of every person. And I will give to each of you whatever you deserve.(New Living)

필자가 보기엔 두아디라 교회에 보내는 예수님의 메시지 중 「요한계시록」 2장 23절이 가장 중요하다고 생각한다. 왜냐하면 예수님께서는 "나는 사람의 뜻과 마음을 살피는 자"라고 말씀하셨기 때문이다. 여기서 '살피는 자'란 영문성경을 보면 모두 'searches'라 표현하고 있는데, 이는 예수님께서 우주로봇이나 체루빔(Cherubim)/세라핌(Seraphim) 등에 설치된 최첨단 과학도구를 이용하여 '서치, 즉 검색'한다는 뜻으로, 이는 「요한계시록」 1장 1절에서 살펴보았던 '일곱 등불(빛)+일곱 눈+일곱 뿔=일곱 영'임에 틀림이 없다.

그리고 '뜻'을 영문성경 NIV는 'hearts'로, KJV는 감정이 깃드는 곳인 'the reins'로, New Living은 생각인 'the thoughts'로 표현하고 있고, '마음'을 NIV는 'minds'로, KJV는 'hearts'로, New Living은 의도인 'intentions'로 표현하고 있다. 한마디로 하늘-땅-땅속-바다의 나라들과 거기에 거하는 인간들의 뜻(hearts)과 마음(minds)과 행동(deeds)을 속속히 들여다볼 수 있는 초고에너지 레이저장치 이상의 과학도구라고 말할 수 있다. 그것은 빛알갱이 하나만 있으면 세상에서 일어나고 있는 일들과 인간들의 뜻-마음-행동을 관찰하고, 관찰한 데이터를 저장하는 장치임에 틀림이 없다. 따라서 차후에 다시 설명하겠지만 일곱 영은 「요한계시록」에 등장하는 천상의 생명책(Book of Life)과 밀접한 관계가 있다.

7. 각 사람의 행위대로 갚아 주리라

☞「요한계시록」2:23 - 또 내가 사망으로 그의 자녀를 죽이리니 모든 교회가 나는 사람의 뜻과 마음을 살피는 자인 줄 알찌라 내가 너희 각 사람의 행위대로 갚아 주리라(I will strike her children dead. Then all the churches will know that I am he who searches hearts and minds, and I will repay each of you according to your deeds.(NIV); And I will kill her children with death; and all the churches shall know that I am he which searcheth the reins and hearts: and I will give unto every one of you according to your works.(KJV); I will strike her children dead. Then all the churches will know that I am the one who searches out the thoughts and intentions of every person. And I will give to each of you whatever you deserve.(New Living)

그 다음 예수님은 최후의 심판 때 무엇을 할 것인가를 말씀하시고 계시하는데, "내가 너희 각 사람의 행위대로 갚아 주리라"라고 말씀 하신다. 하늘-땅-땅속-바다에서 각자 무엇을 했는가에 따라 갚아 준다는 것이다. 이 때 행위란 NIV는 'deeds'로, KJV는 'works'로, New Living는 'whatever you deserve'로 표현하고 있다. 필자가 보기엔 KJV가 가장 잘 표현했다고 생각하는데, 한마디로 '일(works)'을 얼마나 했는가 인데, 필자가 보기에는 『바이블 매트릭스』 시리즈를 통해 누차 얘기한 대로, 예수님께서 말씀하신 내용을 다 과학적으로 이루라는 명령에 따라, 그 명령을 얼마나 수행했는가에 따라 보상을 한다는 것이다. '갚아 주리라'를 NIV는 'repay'로, KJV와 New Living는 'give'로 표현하고 있다.

"내가 너희 각 사람의 행위대로 갚아 주리라"는 예수님의 말씀은 신약성경에 여섯 번이나 나오는데,「마태복음」에 1번,「로마서」에 1번, 그리고「요한계시록」에 4번이나 등장한다. 특히「요한계시록」의 마지막 장인 22장에도 예수님께서는 결론적으로 말씀하시는데, "보라 내가 속히 오리니 내가 줄 상이 내게 있어 각 사람에게 그의 일한 대로 갚아 주리라"고 말씀하신다. 이것은 중요한 말씀이시다. 그냥 삶을 사는 것이 아니라 예수님께서 말씀하신 대로 살라는 의미이다. 또한 예수님께서 말씀하신 모든 명령을 과학으로 이루라는 의미일 것이다.

8. 사단의 깊은 것이란? 내일을 지키는 자란? 만국을 다스리는 권세란?

☞「요한계시록」2:24 - 두아디라에 남아 있어 이 교훈을 받지 아니하고 소위 사단의 깊은 것을 알지 못하는 너희에게 말하노니 다른 짐으로 너희에게 지울 것이 없노라(Now I say to the rest of you in Thyatira, to you who do not hold to her teaching and have not learned Satan's so-called deep secrets (I will not impose any other burden on you):(NIV); "But I also have a message for the rest of you in Thyatira who have not followed this false teaching ('deeper truths,' as they call them - depths of Satan, actually). I will ask nothing more of you(New Living)

2:25 - 다만 너희에게 있는 것을 내가 올 때까지 굳게 잡으라(Only hold on to what you have until I come.(NIV)

2:26 - 이기는 자와 끝까지 내 일을 지키는 그에게 만국을 다스리는 권세를 주리니(To him who overcomes and does my will to the end, I will give authority over the nations--(NIV); And he that overcometh, and keepeth my works unto the end, to him will I give power over the nations:(KJV); To all who are victorious, who obey me to the very end, To them I will give authority over all the nations.(New Living)

그리고 예수님께서는 두아디라 교회에서 이세벨의 교훈을 받지 아니하고, 소위 사단의 깊은 것을 알지 못하고 남아 있는(피신하지 않은) 그리스도인들에게 다른 책망의 말씀이나 다른 짐(other burden)을 지우지 않으셨다. 여기서 '사단의 깊은 것(deep secrets of Satan)'이란 영문성경 New Living가 표현했듯이, 사단은 항상 그들의 교훈이나 교리를 정말 깊은 진실(deeper truths)이라 말하고 있다는 것을 의미한다. 이 말의 뜻은 『바이블 매트릭스』 6권 3부 1장 4절의 "불의의 하나님들을 분별할 줄 아는 지혜 있는 인간(신)이 되자"에서 밝혔듯이 사단은 항상 진리와 의와 광명의 천사로 가장한다는 뜻이다.

「고린도후서」 11:14 - 이것이 이상한 일이 아니라 사단도 자기를 광명의 천사로 가장하나니

11:15 - 그러므로 사단의 일군들도 자기를 의의 일군으로 가장하는 것이 또한 큰 일이 아니라 저희의 결국은 그 행위대로 되리라

그리고 그 다음절의 "다만 너희에게 있는 것을 내가 올 때까지 굳게 잡으라, 이기는 자와 끝까지 내 일을 지키는 그에게 만국을 다스리는 권세를 주리니"라는 예수님의 말씀은, (1) 너희에게 있는 것, 즉 두아디라 교회의 사업, 사랑, 믿음, 섬김, 인내 등을 굳게 잡아서 종교개혁을 이루라는 것이요, (2) 내가 올 때까지라는 것은 예수님의 재림을 약속하신 것이며, (3) 내 일을 지키는 그에게란 예수님이 말씀하신 명령을 그대로 믿고 행하는 자란 뜻이며, (4) 만국을 다스리는 권세란 것은 「요한계시록」 20장의 '천년 왕국'과 21장과 22장의 '새 하늘과 새 땅'인 '새 예루살렘과 만국들'을 의미하는 것이다. 천년 왕국과 새 예루살렘과 만국들에서 하나님 아버지와 그리스도의 제사장이 되어 그리스도와 더불어 왕 노릇 한다는 것을 말하는 것이다. .

9. 이기는 자/내 일을 지키는 자→철 장으로 저희를 질그릇 깨듯 다스려

☞ 「요한계시록」 2:27 - 그가 철장을 가지고 저희를 다스려 질그릇 깨뜨리는 것과 같이 하리라 나도 내 아버지께 받은 것이 그러하니라('He will rule them with an iron scepter; he will dash them to pieces like pottery'--just as I have received authority from my Father.(NIV)

본절의 주체는 예수님이 아니라 앞 절의 "이기는 자와 끝까지 내 일을 지키는 자"이다. 그들에게는 만국을 다스리는 권세를 준다고 했으니 이들이 주체이다. 이기는 자들과 내 일을 지키는 자들이 만국을 다스리는 권세, 즉 왕들이 되어, 예수님이 갖고 계시는 철장(an iron scepter)을 예수님으로부터 받아, 두아디라 교회 출신들의, 살아있든 죽었든, 불의하고 불경한 자들을 질그릇 깨뜨리듯 다 심판하여 멸망시킨다는 뜻이다.

두아디라 지역이 그 당시에는 질그릇 산업을 했으므로 이렇게 비유하신 것이다. "나도 내 아버지께 받은 것이 그러하니라"라는 뜻은 영문성경을 보면, 예수님께서 철장을 가지고 세상을 멸할 권세를 아버지로부터 받은 것처럼, 예수님께서도 그 권세를 이기는 자들과 내 일을 지키는 자들에게 위임한다는 뜻이다. 순서를 보면 하나님 아버지 → 예수님 → 이기는 자들과 내 일을 지키는 자들이다.

10. 새벽 별을 주리라

☞ 「요한계시록」 2:28 - 내가 또 그에게 새벽 별을 주리라(I will also give him the morning star.(NIV); And I will give him the morning star.(KJV)

2:29 - 귀 있는 자는 성령이 교회들에게 하시는 말씀을 들을찌어다(He who has an ear, let him hear what the Spirit says to the churches.(NIV)

이것도 앞 절과 이어지는 내용이다. 새벽 별(the morning star)이란, 「요한계시록」의 마지막 장인 22장 16절에도 등장하는데, 예수님께서 "나는…광명한 새벽 별이라"고 말씀하신다. 새벽 별은 해가 솟아도 워낙 밝아 빛이 나는데 그래서 광명(bright)하다고 한 것이다. 모든 사람들이 다 본다는 뜻으로 우러러 본다는 의미이다. 그래서 예수님께서는 이기는 자들과 내 일을 지키는 자들에게 예수님과 같이 모든 만국이 우러러 보이도록 한다는 뜻이다. 그러한 권한을 주겠다는 의미이다.

「요한계시록」 22:16 - 나 예수는 교회들을 위하여 내 사자를 보내어 이것들을 너희에게 증거하게 하였노라 나는 다윗의 뿌리요 자손이니 곧 광명한 새벽 별이라 하시더라("I, Jesus, have sent my angel to give you this testimony for the churches. I am the Root and the Offspring of David, and the bright Morning Star."(NIV)

또한 이 구절은 두아디라 교회 관점에서 이렇게 해석할 수도 있을 것이다. 교회가 엄청난 배도로 인하여 가장 길고 어두운 밤을 통과할 때에, 그리스도께서는 하나님 아버지를 두려워하는 종교 개혁자들을 일으키셨다. 독일의 루터(Martin Luther), 스위스의 츠빙글리(Huldrych Zwingli), 프랑스의 칼뱅(칼빈, Jean Calvin), 영국의 위클리프(John Wycliffe), 보헤미아의 허스(John Hus) 등과 같은 개혁자들은 종교 개혁의 아침을 불러온 샛별이었다고 해석할 수도 있을 것이다.

이는 또한 먼 미래에도 특정 이교도에 의한 종교의 암흑시대가 반복될 수 있음과, 이에 맞서는 진리를 고수하는 개혁자들이 반복해서 일어날 것임을 시사하는 것이다. 다행인 것은 이기는 자와 끝까지 그리스도의 일을 지키는 자가 먼 미래에도 있다는 것이다. "귀 있는 자는 성령이 교회들에게 하시는 말씀을 들을 찌어다." 아멘.

3장

「요한계시록」 3장 - 세 교회에 보내는 예수님의 메시지(말씀)

1절 「요한계시록」3:1~7 - 사데 교회→소수의 성도, 그러나 이름만 있는 죽은 교회

1. 사데 교회에 보내는 메시지의 시대적 배경과 의미

1-1. 당시 존재했던 사데 교회의 배경/역사/의미

'사데(Sardis)'라는 이름은 '남아 있는 것들' 또는 '남은 물건, 남은 자취' 또는 '새로운 것'을 의미한다. 현재 이름은 사르트(Sart)로 불린다. c.BC 100년에 로마제국의 속령이 된 후에 잦은 지진과 터키족 및 몽고족 등의 침입으로 폐허가 되었다. 사데 교회는 사도 요한의 전도로 세워졌었다. 1914년 프린스턴 대학 팀이 발굴을 시작하여 지금도 발굴 작업이 계속 진행되고 있다.

이곳 사데에는 그리스의 다산과 풍요의 여신인 시빌리(Cybele, 레아=키벨레)의 신전이 있었다. 그리고 시빌리 신전은 그 후에는 아데미(아르테미스, Artemis) 신전이라 불리었다(「사도행전」 19:27 & 35). 시빌리 여신은 산신들의 어머니 신으로 소아시아 전역에서 숭배하였다. 또한 사데에서는 부도덕한 제사 의식이 거행되었는데, 이를 밀의(密儀)[1] 종교의식이라고 한다. 사데는 당시 부유한 상업도시로 직물, 귀금속 생산 및 사금이 유명하였고, 인류 최초로 금화를 만든 곳이기도 했으며, 그리스 신화 마이다스 왕(Le Roi Midas)의 황금의 손이라는 전설의 근원지이기도 하다.

1-2. 기독교 역사 관점의 배경과 의미(16세기 초~18세기 말, 종교개혁과 분열의 교회)

기독교 역사 관점의 시대적 배경은 16세기 초~18세기 말엽까지로 이 시기에 종교개혁이 일어나지만 교회가 분열될 것이라는 것을 계시의 메시지로 전달한 것이다. 종교개혁 운동을 통해 진리와 믿음이 되살아 나는 듯했지만, 개혁의 정신이 사라지면서 개혁자들의 후예들은 각기 다른 교파, 예를 들면, 독일의 루터파(Luther), 프랑스의 위그노파(Huguenots)와 칼빈파(Calvin), 스위스의 츠빙글리파(Zwingli) 등을 만들어 안주함으로써 개신교(改新教, Protestantism) 운동이 분열되기 시작하였다.

사실상 천년이라는 종교의 암흑시대와 로마가톨릭의 핍박과 박해의 시간을 통과하면서, 그리스도 교회는 참된 신앙을 거의 모두 잃어버렸다. 그러나 하나님께서 정하신 시간, 즉 16세기 초가 되자, 광야에 피신하였던 소수의 남은 무리, 즉 참 백성들과 개혁자들은 개신교회의 아침을 열었으나, 18세기 말엽에 개신교(기독교)가 장로교, 감리교, 침례교 등으로 분열되었다.

1-3. 예수님 재림 전까지의 미래 교회(사데→죽은 교회→미래 교회)

먼 미래에도 사데 교회와 같은 그리스도교의 흥망과 성쇠가 반복될 것이지만, 그 중에 한 유형은 사데 교회의 유형이 등장하게 될 것이다. 이름만 있는 죽은 교회들이 앞으로 점점 많아질 것이다. 그러나 그 와중에도 옷을 더럽히지 않은 소수(a few people)가 있어 이들이 흰 옷을 입고 예수님과 함께 다닐 것이다. 암울하지만 흰 옷, 즉 빛(진리)을 내어 세상을 인도하는 소수가 많

---

1 해석하거나 설명할 수 없는 경전, 주문, 진언 따위를 이르는 말

은 사람들을 구원으로 이끌 것이다.

2. 이 시대에 역사하시는 그리스도의 모습과 종교 개혁자들

☞「요한계시록」3:1 - 사데 교회의 사자에게 편지하기를 하나님의 일곱 영과 일곱 별을 가진 이가 가라사대 내가 네 행위를 아노니 네가 살았다 하는 이름은 가졌으나 죽은 자로다 ("To the angel of the church in Sardis write: These are the words of him who holds the seven spirits of God and the seven stars. I know your deeds; you have a reputation of being alive, but you are dead.(NIV)

그리스도를, 온 세상을 두루 살피는 일곱 영, 즉 최첨단 과학도구들과 일곱 교회의 일곱 사자들을 가지신 이로 표현한 것은, 이 시대에 역사하시는 그리스도의 모습과 종교 개혁자들을 통하여 무너졌던 진리를 다시 회복할 것임을 강조하기 위함일 것이다.

그러나 종교개혁자의 후예들은 자신들이 로마가톨릭과의 투쟁에서 승리하였다고 생각하였다. 그래서 그들은 조직과 교단을 만들어서 안주하기 시작하였다. 그 결과 개신교(改新教, Protestantism) 운동이 분열되기 시작하였다.

3. 네가 살았다 하는 이름은 가졌으나 죽은 자로다

☞「요한계시록」3:1 - 사데 교회의 사자에게 편지하기를 하나님의 일곱 영과 일곱 별을 가진 이가 가라사대 내가 네 행위를 아노니 네가 살았다 하는 이름은 가졌으나 죽은 자로다("To the angel of the church in Sardis write: These are the words of him who holds the seven spirits of God and the seven stars. I know your deeds; you have a reputation of being alive, but you are dead.(NIV)

사데 교회에 대한 칭찬의 말씀을 거의 찾아볼 수 없다. 사데 교회뿐만 아니라 그 이후의 종교개혁과 분열의 교회는 과거에 개혁자들이 이루어 놓은 영광에만 의존하여 존속하였다. 몇몇 살아있는 것들도 거의 죽어가고 있었다. 외적으로는 아직 살아있는 것처럼 보이지만, 내적으로는 죽어가고 있었다. 종교개혁 이후, 여러 개신교회들이 그리스도 교회의 신앙을 회복하는 듯이 보였지만, 내적으로는 생명력을 잃고 죽어가고 있었다. 종교개혁의 선구자들 덕분에 "살았다는 명성(a reputation)"을 얻었지만, 거의 죽게 된 상태에 이르렀다.

이는 「야고보서」 2장 17절의 "이와 같이 행함이 없는 믿음은 그 자체가 죽은 것이라(In the same way, faith by itself, if it is not accompanied by action, is dead.)"(NIV)와 26절의 "영혼 없는 몸이 죽은 것같이 행함이 없는 믿음은 죽은 것이니라(As the body without the spirit is dead, so faith without deeds is dead.)"(NIV)와 같은 뜻이다. 명성만 있지 행함이 없다는 질책이시다.

4. 남은 바 죽게 된 것을 굳게 하라, 회개하라, 도적같이 이르리니

☞ 「요한계시록」 3:2 - 너는 일깨워 그 남은 바 죽게 된 것을 굳게 하라 내 하나님 앞에 네 행위의 온전한 것을 찾지 못하였노니(Wake up! Strengthen what remains and is about to die, for I have not found your deeds complete in the sight of my God.(NIV); Wake up! Strengthen what little remains, for even what is left is almost dead. I find that your actions do not meet the requirements of my God.(New Living)

3:3 - 그러므로 네가 어떻게 받았으며 어떻게 들었는지 생각하고 지키어 회개하라 만일 일깨지 아니하면 내가 도적같이 이르리니 어느 시에 네게 임할는지 네가 알지 못하리라(Remember, therefore, what you have received and heard; obey it, and repent. But if you do not wake up, I will come like a thief, and you will not know at what time I will come to you.(NIV)

한때 그들이 초대교회와 종교개혁자들에게 들었고 받았던 신앙이 잊혀져 가고 말았다. 그 남은 것들조차도(even what is left) 거의 죽었거나(is almost dead) 곧 죽게 된다(is about to die)는 것이다. 그러므로 네가 어떻게 받았으며 어떻게 들었는지 생각하고 지키어 회개하라는 것이다. 만일 일깨지 아니하면(if you do not wake up), 그리스도께서 도적같이 이르리니(I will come like a thief), 어느 시(what time)에 네게 임할는지 네가 알지 못한다는 것이다. 이것은 예수님의 재림을 의미하는 것이다.

5. 흰 옷을 입고 나와 함께 다니리니, 흰 옷(하얀 우주복)과 생명책

☞「요한계시록」3:4 - 그러나 사데에 그 옷을 더럽히지 아니한 자 몇 명이 네게 있어 흰 옷을 입고 나와 함께 다니리니 그들은 합당한 자인 연고라(Yet you have a few people in Sardis who have not soiled their clothes. They will walk with me, dressed in white, for they are worthy.(NIV)

3:5 - 이기는 자는 이와 같이 흰 옷을 입을 것이요 내가 그 이름을 생명책에서 반드시 흐리지 아니하고 그 이름을 내 아버지 앞과 그 천사들 앞에서 시인하리라(He who overcomes will, like them, be dressed in white. I will never blot out his name from the book of life, but will acknowledge his name before my Father and his angels.(NIV)

3:6 - 귀 있는 자는 성령이 교회들에게 하시는 말씀을 들을 찌어다(He who has an ear, let him hear what the Spirit says to the churches.(NIV)

흰 옷의 정의는「요한계시록」19장 8절에 나오는데, '빛나고 깨끗한 세마포'가 바로 흰 옷으로, 이는 성도들의 의로운 행위(the righteous acts)를 의미한다.

「요한계시록」19:8 - 그에게 허락하사 빛나고 깨끗한 세마포를 입게 하셨은즉 이 세마포는 성도들의 옳은 행실이로다 하더라(Fine linen, bright and clean, was given her to wear." (Fine linen stands for the righteous acts of the saints.(NIV)

의로운 행위가 무엇인지는 「요한계시록」 7장 14절에 나온다. 「요한계시록」 6장~8장에는 c.AD 8580년부터 시작될 예수님의 일곱 봉인 심판, 즉 큰 환란(the great distress or tribulation)이 등장한다. 이 환란 기간 동안에 많은 그리스도 성도들이 하나님 아버지와 예수님을 증거하다 죽거나 순교한다. 이 숫자가 얼마나 되는지는 「요한계시록」 7장에 자세히 나와 있는데, 이스라엘의 인치심을 받은 144,000명과 각 나라와 족속과 백성에서 인치심을 받은 능히 셀 수 없는 큰 무리(a great multitude)라고 기록하고 있다. 이 엄청난 숫자의 무리가 큰 환란으로부터 나오는데(came out of), 나온다는 것은 죽거나 순교했다(died)는 의미이다.

「요한계시록」 7:14 - 내가 가로되 내 주여 당신이 알리이다 하니 그가 나더러 이르되 이는 큰 환난에서 나오는 자들인데 어린 양의 피에 그 옷을 씻어 희게 하였느니라(I answered, "Sir, you know." And he said, "These are they who have come out of the great tribulation; they have washed their robes and made them white in the blood of the Lamb.(NIV)

바로 의로운 행위란 죽거나 순교했다는 뜻으로, 이는 그리스도의 피(blood)에 옷을 씻어 희게 되었다는 것이다. 희게 되었다는 뜻은 흰 옷을 입었다는 뜻이다. 『바이블 매트릭스』 시리즈를 통해 누차 얘기했지만, 흰 옷이란 바로 하얀 우주복을 말하는 것이다.

사데 교회 안에도 몇몇 소수의 그리스도인들은 악(evil)으로 부패되지 않은 신앙을 유지하였으며, 따라서 그들의 행위는 의로웠다. 따라서 그들이 죽으면 그 영(혼)들이 하나님 아버지의 낙원에 이르러, 하얀 옷, 즉 우주복을 입고(be dressed in white) 예수님과 함께 걷는다는 것이다. 왜냐하면 소수의 그리스도인들은 우주복을 입을 가치, 즉 합당한 자들이기 때문이다(for they are worthy). 또한 이것은 예수님 재림시에 영적인 하늘의 몸으로 부활하여 예수님을 공중에서 영접하고 「요한계시록」 20장의 '천년 왕국'과 21장과 22장의 '새 하늘과 새 땅'에 건설될 '새 예루살렘과 만국들'에서 예수님과 함께 걷는다는 것을 의미한다.

기독교 역사 관점에서 몇몇 소수를 다음과 같이 해석할 수도 있을 것이다. 대부분의 개신교(기독교)들이 내리막 길을 달릴 때에도, 체코의 보헤미아(Bohemia)의 개혁자인 존 허스(John Huss, c. 1369~1415)의 후예들인 모라비안(Moravian) 교도, 영국의 조지 폭스(George Fox, 1624~1691)의 후예들인 퀘이커(Quakers or Friends) 교도, 영국 및 미국 뉴잉글랜드에서 칼뱅주의의 흐름을 이어받은 청교도(淸敎徒, Puritan)는 개혁의 정신을 유지해 나갔다. 특히 청교도는 신대륙인 미국에서 완전한 종교 자유를 가지고 그리스도 교회의 신앙을 새롭게 시작할 수 있는 기회를 열었다. 이들은 바로 부패되지 않은 신앙을 유지했으며, 그 믿음과 행위는 의로웠다. 따라서 이들은 하얀 옷을 입을 가치가 있다고 볼 수 있다.

이기는 자는 이와 같이 흰 옷(우주복)을 입을 것이요, 그리스도께서 그 이름을 생명책(the book of life)에서 반드시 흐리지 아니하고, 그 이름을 하나님 아버지 앞과 그의 천사들 앞에서 시인한다는 것이다. "귀 있는 자는 성령이 교회들에게 하시는 말씀을 들을 찌어다." 아멘!

2절 「요한계시록」 3:7~13 - 빌라델비아 교회→적은 능력의 충성된 교회, 칭찬만 받음

1. 빌라델비아 교회에 보내는 메시지의 시대적 배경과 의미

1-1. 당시 존재했던 빌라델비아 교회의 배경/역사/의미

현재 알라셰히르(Alasehir)로 불리는 빌라델비아(Philadelphia) 도시는 AD 17년과 23년에 큰 지진이 일어나 이 도시가 대파 되어, 이 도시에는 아무런 고대 유적이 남아 있지 않다. 또한 이미 마을이 들어서 있어 발굴도 불가능하다. 다만 기독교 유적으로 중요한 위치를 차지하고 있는 교회 하나가 파괴된 모습으로 남아 있는데, 이 교회는 로마제국 시대에 세워져 사도 요한에게 바쳐졌다. 약 15m 높이의 육중한 돌기둥이 당시 교회의 규모가 거대했음을 알 수 있다. 지금은 교회 터 앞에 이슬람 사원이 세워져 있다.

1-2. 기독교 역사 관점의 배경과 의미(18세기 말~19세기 중, 글로벌 선교의 시대)

기독교 역사의 시대적 배경은 18세기 말~19세기 중엽까지로 이 시기에 그리스도의 복음이 세계(글로벌)를 향하여 나갈 것이라는 선교의 시대가 도래할 것을 계시의 메시지로 전달하는 것이다. 이 시대에는 그리스도 교회의 역사상 가장 전도 설교가 성한 시대였다. 영국의 요한 웨슬리(John Wesley, 1703~1791)와 조지 휫필드(George Whitefield, 1714~1770), 미국의 조나단 에드워즈(Jonathan Edwards, 1703~1758) 등과 같은 수많은 전도자들이 나와서 복음을 전파하였다. 특히 웨슬리는 "세계가 나의 전도 지역이다"라고 말함으로써 열렬한 선교 정신을 표현하였으며, 그리스도 교회의 신앙을 올바른 길로 회복시켰다.

여섯 번째로 등장하는 빌라델비아는 '형제의 사랑, 즉 형제애(brotherly love)'라는 의미를 가지고 있다. 복음을 글로벌로 전파한다는 것은 형제의 사랑을 전달하는 것이다.

1-3. 예수님 재림 전까지의 미래 교회(빌라델비아→충성교회→미래 교회)

먼 미래에도 빌라델비아→기독교 역사 관점의 충성교회같이, 가난하고 적은 능력(little strength)을 가졌지만, 그리스도의 말씀을 지키며 예수 그리스도의 이름을 배반하거나 부인하지 않는 충성된 교회들이 많이 등장할 것임을 계시의 말씀으로 전달한 것이다. 이런 충성된 교회들과 성도들에게 사단이 와서 발 앞에 절을 하게 될 것이며, 충성된 교회들과 성도들은 큰 환란 등의 시험의 때를 면하게 될 것이다. 그 의미는 면류관을 받아 천년 왕국과 새 하늘과 새 땅에 건설될 새 예루살렘과 만국들에 들어가 살게 될 것이란 뜻이다.

2. 열면 닫을 사람이 없고 닫으면 열 사람이 없는 이가 가라사대

☞「요한계시록」3:7 - 빌라델비아 교회의 사자에게 편지하기를 거룩하고 진실하사 다윗의 열쇠를 가지신 이 곧 열면 닫을 사람이 없고 닫으면 열 사람이 없는 그이가 가라사대("To the angel of the church in Philadelphia write: These are the words of him who is holy and true, who holds the key of David. What he opens no one can shut, and what he shuts no one can open.(NIV)

"다윗의 열쇠를 가지신 이 곧 열면 닫을 사람이 없고 닫으면 열 사람이 없는 그이가 가라사대, 즉 그리스도가 가라사대"라는 것은「이사야」22장 22절을 인용한 것이다.「이사야」22장 15절에서 25절에는 이사야(Isaiah)를 통해 여호와(야훼) 하나님께서 셉나(Shebna)에게 경고하시는 내용이 나온다. 셉나는 예루살렘 성의 국고와 책임을 맡고(who is in charge of the palace) 있었는데, 여호와께서 "네가 여기 무슨 관계가 있느냐 여기 누가 있기에 여기서 너를 위하여 묘실을 팠느냐 높은 곳에 자기를 위하여 묘실을 팠고 반석에 자기를 위하여 처소를 쪼아 내었도다"라고 말씀하시는 것으로 보아, 셉나가 허락도 없이 마음대로 묘실(grave)을 팠고 반석(rock)을 만들었음을 알 수 있다. 그 결과 "내가 너를 네 관직에서 쫓아내며 네 지위에서 낮추고"라고 말씀하시는 것으로 보아, 국고와 궁을 관리하는 높은 직위에서 쫓아내고, 그 대신 그 자리에 "그 날에 내가 힐기야의 아들 내 종 엘리아김을 불러", 즉 힐기야의 아들인 엘리아김(Eliakim son of Hilkiah)을 앉힌다는 것이다. 그리고 여호와 하나님께서는 다음과 같이 말씀하신다.

「이사야」 22:22 - 내가 또 다윗 집의 열쇠를 그의 어깨에 두리니 그가 열면 닫을 자가 없겠고 닫으면 열 자가 없으리라

다시 말해 엘리야김을 예루살렘 성의 궁내 대신(the palace administrator)에 앉힌다는 것이다, 이 예루살렘 성은 이스라엘의 통일왕국(BC 1050~BC 930) 시절의 2대 왕인 다윗 왕(David, 통치 BC 1010~BC 970)이 건축한 성이다. 따라서 이를 다윗의 집이라 표현하고 있으며, 집의 열쇠를 엘리아김에게 준다는 것이다. 따라서 엘리야김이 집의 문을 열면 닫을 자가 없고, 닫으면 열 자가 없다는 것이다. 그만큼 책임과 권위가 있다는 것을 의미한다.

그렇다면 "다윗의 열쇠를 가지신 이 곧 열면 닫을 사람이 없고 닫으면 열 사람이 없는 그이가 가라사대, 즉 그리스도가 가라사대"라는 것은 무슨 의미일까? 첫째, 그리스도께서 예루살렘의 흥망성쇠의 열쇠를 쥐고 있다는 것이다. 지금은 예루살렘이 폐허가 되었지만, 「요한계시록」 21장과 22장에는 새 하늘과 새 땅과 새 예루살렘이 등장한다. 그리고 새 예루살렘의 문을 열고 닫을 열쇠를 그리스도께서 갖고 계신다는 뜻이다. 또한 이것은 그리스도께서 「요한계시록」 20장의 천년 왕국의 열쇠를 갖고 계신다는 뜻으로도 해석할 수도 있을 것이다. 둘째, 기독교 역사의 관점으로 보면 글로벌로 복음이 전파되도록 문을 활짝 연다는 의미도 있을 수 있다.

3. 내가 네 앞에 열린 문을 두었으되 능히 닫을 사람이 없으리라

☞「요한계시록」3:8 - 볼찌어다 내가 네 앞에 열린 문을 두었으되 능히 닫을 사람이 없으리라 내가 네 행위를 아노니 네가 적은 능력을 가지고도 내 말을 지키며 내 이름을 배반치 아니하였도다(I know your deeds. See, I have placed before you an open door that no one can shut. I know that you have little strength, yet you have kept my word and have not denied my name.(NIV)

기독교 역사의 관점으로 보면 이렇게 해석할 수도 있을 것이다. 첫째, 그리스도께서는 이 기간의 교회를 위하여, 세계를 향한 선교의 문이 활짝 열릴 것이라는 허락의 말씀을 남겨두셨다고 볼 수 있다. 유럽의 산업혁명 이후로 교통수단이 발달하기 시작하였으며, 공산주의가 미처 뿌리를 내리기 전인 이 시기야말로 온 세상의 문이 복음을 위해서 열려 있던 때였다. 하나님 아버지의 진리를 통하여 이 기간 동안에 거의 모든 지역에 선교사가 파견될 수 있었다.

영국 침례교 선교사인 윌리엄 캐리(William Carrey, 1761~1834)가 1793년에 인도에 갔으며, 그는 개신교 현대선교의 아버지로 불린다. 영국 스코틀랜드 출신의 로버트 모리슨(Robert Morrison, 1782~1834)은 1807년에 최초로 중국에 갔고, 1813년에 중국어로 신약성경을 번역했다. 영국 스코틀랜드 선교사인 로버트 모펫(Robert Moffat, 1795~1883)은 1819년에 4명의 선교사들과 함께 85일간의 항해 끝에, 아프리카 케냐의 케이프타운에 도착했으며, 그는 남아프리카 선교회(South African Missions, SAM)의 창시자가 되었다. 그 뒤를 이어 영국의 선교사인 데이비드 리빙스턴(David Livingstone, 1813~1873)은 1840년에 영국 런던전도협회의 의료 전도사로서 아프리카에 파견된 후, 1844년에 로버트 모펫 선교사의 딸 메리(Mary Moffat)와 결혼하기도 했다.

이와 같이 각 대륙에서 선교회가 조직되기 시작했으며, 주일학교운동이

전개되기 시작한 때도 이 무렵이었다. 세계 선교를 위해서 교파와 국경을 초월해서 형제의 사랑을 나타낸 때가 바로 이 때라 볼 수 있다.

둘째, 네 앞에 열린 문을 두었으니, 전 세계로 전도하러 나간 선교사들에 의해, 하나님 아버지와 예수 그리스도의 말씀과 언약과 진리를 믿고 지키는 자들은, 구원을 얻어 열린 문으로 들어올 것이라는 뜻일 것이다. 열린 문은 닫을 사람이 없다고 했다. 오로지 닫을 이는 예수 그리스도이시다. 예수님이 문을 닫을 때까지 선교사들에 의한 이 시기의 복음은 각국으로 전파되어 아마도 이 시대에 구원 받은 사람들이 제일 많다는 의미일 것이다.

따라서 빌라델비아 교회에는 전혀 책망의 말씀이 없다. 빌라델비아 교회의 이름이 의미하는 바처럼, 이 교회는 정열과 아름다움으로 채워진 교회이다. 빌라델비아는 예수님의 말씀을 지키며 예수님의 이름을 배반치(부정하지) 아니하였다. 빌라델비아 교회는 하나님 아버지의 말씀으로 영혼을 채우고 나가서 선교에 전념한 교회였다.

4. 사단이 와서 네 발 앞에 절하게 하고

☞ 「요한계시록」 3:9 - 보라 사단의 회 곧 자칭 유대인이라 하나 그렇지 않고 거짓말 하는 자들 중에서 몇을 네게 주어 저희로 와서 네 발 앞에 절하게 하고 내가 너를 사랑하는 줄을 알게 하리라(I will make those who are of the synagogue of Satan, who claim to be Jews though they are not, but are liars--I will make them come and fall down at your feet and acknowledge that I have loved you.(NIV)

이 뜻은, 빌라델비아 교회에 자칭 유태인이라 하는 자들이 오나, 사실 유태인이 아닌, 거짓말 하는 자들, 즉 사단의 회에 속한 자들이 와서, 처음에는 시험하고 비방하지만, 빌라델비아 교회가 워낙 그리스도의 말씀을 믿고 지키며, 예수님을 부정하지 않으므로, 결국 무릎을 꿇는다고 볼 수 있다. 그 결과 사단의 회들이 그리스도께서 빌라델비아 교회를 사랑하고 있다는 것을 인정한다는 것이다.

또는 이 시기에 각국으로 파견된 선교사들에게도 사단의 회가 오지만, 같은 방법으로 선교사들을 예수님이 사랑하고 있다는 것을 인정한다고 볼 수 있다. 예수님이 사랑한다는 것은 선교사들의 선교가 의롭고 참되고 사랑스럽다는 것을 의미한다.

5. 시험의 때를 면하게 하리니

☞「요한계시록」3:10 - 네가 나의 인내의 말씀을 지켰은즉 내가 또한 너를 지키어 시험의 때를 면하게 하리니 이는 장차 온 세상에 임하여 땅에 거하는 자들을 시험할 때라(Since you have kept my command to endure patiently, I will also keep you from the hour of trial that is going to come upon the whole world to test those who live on the earth.(NIV)

그리스도의 말씀을 잘 지키며 잘 행하고, 그런 와중에 각종 사단의 시험과 비방을 잘 참고 인내하고 견디는 자들은 구원의 복이 있다는 것이다.「요한계시록」전체를 보면 이 땅의 멸망과 불의한 자들의 멸망이지만, 이것은 나중에 다시 설명하겠지만, 그 여러 시험 중에도 의로운 자들은 구원을 받는다는 사실이다.

여기서 시험의 때(the hour of trial or test or temptation)란, 첫째, AD 8580~9580년경에 있을「요한계시록」6장과 8장의 일곱 봉인 심판인 큰 환란을 의미하는 것이다. 그런데「요한계시록」7장에는 '인치심을 받은 수 많은 자들'이 등장한다. 인(seal)을 이마에 쳤다는 것은 시험을 면하게 한다는 뜻이다. 인치심을 받은 자들은 하나님 아버지와 예수님을 위해 죽거나 순교를 당하지만, 구원을 받아 영생하는 자들이다. 예수님께 충성스런 빌라델비아 교회나 선교사들이나 먼 미래에 나타날 충성스러운 교회의 복음을 받은 자들이 그때까지 살아있다면, 그들은 인을 쳐서 시험을 면하게 한다는 뜻이다.

둘째, AD 9580~10580년경에 있을 「요한계시록」 8장과 9장에 등장하는 여섯 천사의 나팔심판인 화들(woes)을 의미하는 것이다. 9장에는 다섯째 천사가 나팔을 부는데, 여기에도 "이마에 하나님의 인 맞지 아니한 사람들만 해하라"는 예수님의 계시의 말씀이 기록되어 있다. 큰 화들에서 면하게 해준다는 뜻이다.

6. 네 면류관을 빼앗지 못하게 하라

☞ 「요한계시록」 3:11 - 내가 속히 임하리니 네가 가진 것을 굳게 잡아 아무나 네 면류관을 빼앗지 못하게 하라(I am coming soon. Hold on to what you have, so that no one will take your crown.(NIV)

이 그리스도의 말씀은 「요한계시록」 20장의 '천년 왕국(The Thousand Years)'을 의미하는 것이다. 첫째 부활, 즉 생명의 부활, 즉 영생의 부활에 참여하는 부활한 자들과 휴거한 자들이 천년 왕국에서 면류관을 쓰고 하나님 아버지와 그리스도의 제사장이 되어 천년 동안 왕 노릇 하는 것을 말하는 것이다. 그러니 가진 것을 굳게 잡아 면류관을 지키라는 것이다. 가진 것이란 하나님 아버지의 말씀과 예수님의 명령을 잘 지키고 그대로 실천하라는 것이다.

빌라델비아 교회 혹은 선교사들 혹은 먼 미래에 등장할 충성된 교회로부터 복음을 받은 자들 중에서 죽은 자들은 AD 10740년경부터 시작될 첫째 부활을 통해, 그리고 살아있는 자들은 휴거를 통해 AD 11800년경부터 시작될 천년 왕국에서 면류관을 쓰고 왕 노릇 한다는 것이다.

7. 이기는 자는 새 예루살렘에 들어간다, 새 이름의 의미

☞ 「요한계시록」 3:12 - 이기는 자는 내 하나님 성전에 기둥이 되게 하리니 그가 결코 다시 나가지 아니하리라 내가 하나님의 이름과 하나님의 성 곧 하늘에서 내 하나님께로부터 내려오는 새 예루살렘의 이름과 나의 새 이름을 그이 위에 기록하리라(Him who overcomes I will make a pillar in the temple of my God. Never again will he leave it. I will write on him the name of my God and the name of the city of my God, the new Jerusalem, which is coming down out of heaven from my God; and I will also write on him my new name.(NIV)

3:13 - 귀 있는 자는 성령이 교회들에게 하시는 말씀을 들을찌어다(He who has an ear, let him hear what the Spirit says to the churches.(NIV)

이는 천년 왕국 다음의 「요한계시록」 21장과 22장의 새 하늘과 새 땅과 새 예루살렘을 의미하는 것이다. 이기는 자들은 하나님의 성, 즉 새 예루살렘 성의 기둥이 되며, 이기는 자들 위에 하나님 아버지의 새 이름과 그리스도의 새 이름과 예루살렘의 새 이름을 기록한다는 것이다.

새 예루살렘 성에 들어가는 자들도 새로운 이름을 받지만, 이것은 우주로 보면 두 번째 우주창조라, 새 예루살렘에서는 예수님의 이름과 예루살렘의 이름이 새롭게 바뀐다는 것을 알 수 있는 대목이다. "귀 있는 자는 성령이 교회들에게 하시는 말씀을 들을찌어다." 아멘!

3절 「요한계시록」 3:14~22 - 라오디게아 교회→미지근한 신앙/벌거벗은 교회, 책망만 받음

1. 라오디게아 교회에 보내는 메시지의 시대적 배경과 의미

1-1. 당시 존재했던 라오디게아 교회의 배경/역사/의미

라오디게아(Laodicea)의 현재 이름은 라오디키아(Laodikya)이다. 지리적으로 교통의 요지에 위치하고 있던 라오디게아는 양질의 흑양모와 목화를 생산했고 직조와 염색업이 유명한 도시였기 때문에 벌거벗을 일이 없었으며, 이곳에 이주해 살던 유대인들은 은행과 고리대금업을 했기 때문에 많은 현물과 금을 보유하여 매년 9kg의 금을 예루살렘에 헌금할 정도로 곤고하지도 가련하지도 가난하지도 않았다.

또한 라오디게아에서 6.5킬로미터 떨어진 히에라볼리(Hierapolis)에서 흘러내리는 온천 물이 이곳에서 만나기 때문에 질병치료에 도움을 주었을 뿐만 아니라, 귓병을 치료하는 특효약과 콜로니온(Kolourion)이나 프리기안 파우더(Phrygian powder)라 불리는 안약의 산지로 유명하여 의료도시로서도 명성을 얻게 되었다. 히에라볼리의 온천 물이 수로를 통해 라오디게아로 흘러 들어오면서, 이곳에 도착한 온천 물은 식어서 덥지도 차지도 않은 물이 되었다. 이 비유로 라오디게아 교회의 믿음이 덥지도 차지도 않음을 책망하고 있다.

현재의 라오디게아는 없고, 1710년과 1899년의 대지진 때 완전히 파괴되어 땅속에 묻혀진 도시다. 이곳의 교회 터라고 보이는 장소도 언제 어떤 교회 터인지도 잘 모른다. 교회라 추정되는 이유는 교회에서 사용되었을 만한 십자가 문양이 있는 돌들이 널려 있기 때문이다. 이곳에는 현재 로마식 야외 운동장과 원형 극장 터가 발견되었다.

1-2. 기독교 역사 관점의 배경과 의미(19세기 중~예수님 재림 전까지, 벌거벗은 수치의 교회)

기독교 역사 관점의 시대적 배경은 19세기 중엽~예수님 재림 전까지이다. 지금까지 살펴본 대로 라오디게아 초대 교회의 유형도 그리스도께서 재림하시기 전까지 등장하게 될 것이라는 점이다. 하나님 아버지와 예수님을 믿는다고 공언하지만, 다시 말해 차지도 않고 덥지도 않은, 즉 믿는 것도 아니고 불신하는 것도 아닌 상태인, 벌거벗은 수치의 교회를 경고하고 책망하고 권고하는 메시지로 전달하는 것이다. 지금의 교회들과 그리스도인들에게 딱 어울리는 비유이다.

1-3. 예수님 재림 전까지의 미래 교회(라오디게아→벌거벗은→미래 교회)

라오디게아의 뜻은 '백성의 정의'이다. 그 이름이 의미하듯이 정의를 세우는, 즉 심판의 대상이 되는 과거-현재-미래의 교회가 라오디게아 교회이다. 하지만 앞의 교회들에서 보았듯이 서머나 교회와 빌라델비아 교회를 제외한 나머지 교회들도 다 정의의 대상들이다. 다시 말해 회개하지 않으면 모두 심판의 대상이라는 점이다.

많은 분들이 이 라오디게아 교회가 마지막 교회로 등장하기 때문에, 예수님 재림 전의 심판의 대상이 되는 미래의 마지막 교회로 해석하고 있는데, 필자가 보기엔 그건 틀린 것 같다. 물론 기독교 역사의 관점으로 보면 그렇게 해석할 수도 있지만, 예수님의 재림시기가 c.AD 10740년인 것을 보면 이건 아니다. 그러므로 일곱 교회가 모두 과거-현재-미래형이라는 것을 잊어서는 안 된다.

일곱 번째 교회인 라오디게아 교회는 일곱 교회 유형 중 한 개일 뿐이다. 그래서 예수님은 "무릇 내가 사랑하는 자를 책망하여 징계하노니 그러므로 네가 열심을 내라 회개하라"고 말씀하시고, "이기는 그에게는 내가 내 보좌에 함께 앉게 하여 주기를 내가 이기고 아버지 보좌에 함께 앉은 것과 같이 하리라"고 회개하고 이기는 자가 되라고 권면(권고)의 말씀을 전한 것이다.

단지, 물질이 풍부했던 라오디게아 교회와 오늘날의 물질이 풍부한 교회들의 관점으로 볼 때에, 미래에도 과거나 지금보다 더욱 물질이 풍부한 교회들이 수없이 반복하여 등장할 것이라는 것을 시사하는 것이다. 물질이 풍부한 교회들은 인간의 눈으로 보면 살아가는 데 부유한 것처럼 보이지만, 성경은 그냥 펴 놓고만 있기 때문에, 성경의 말씀, 즉 진리를 볼 수가 없는 것이다. 그러니 믿음과 행위는 물질 뒷전으로 물러나는 것이다.

2. 그리스도는 창조의 근본, 믿음이 차지도 덥지도 아니한

☞ 「요한계시록」 3:14 - 라오디게아 교회의 사자에게 편지하기를 아멘이시요 충성되고 참된 증인이시요 하나님의 창조의 근본이신 이가 가라사대("To the angel of the church in Laodicea write: These are the words of the Amen, the faithful and true witness, the ruler of God's creation.(NIV); And unto the angel of the church of the Laodiceans write; These things saith the Amen, the faithful and true witness, the beginning of the creation of God;(KJV)

3:15 - 내가 네 행위를 아노니 네가 차지도 아니하고 더웁지도 아니하도다 네가 차든지 더웁든지 하기를 원하노라(I know your deeds, that you are neither cold nor hot. I wish you were either one or the other!(NIV)

그리스도를 "아멘이시요 충성되고 참된 증인이시요 하나님의 창조의 근본이신 이"로 표현한 것은 라오디게아 교회의 차지도 아니하고 덥지도 아니한 문제를 지적하신 것이다. 라오디게아에 도착한 온천 물은 식어서 덥지도 차지도 않은 물이 된 것을 비유로 들어 말씀하신 것이다. 덥지도 차지도 아니하다는 것은 그리스도가 창조의 근본(the ruler or the beginning or source)이란 사실을 잊었다는 뜻이다. 그래서 'Yes'도 아니고 'No'도 아닌 것이다. 믿는 것도 아니고 불신하는 것도 아닌 상태이다. 그래서 믿음이 덥지도 차지도 않음을 책망하고 있는 것이다.

3. 중립을 지키는 미지근한 자→내 입에서 너를 토하여 내치리라

☞「요한계시록」3:16 - 네가 이같이 미지근하여 더웁지도 아니하고 차지도 아니하니 내 입에서 너를 토하여 내치리라(So, because you are lukewarm--neither hot nor cold--I am about to spit you out of my mouth.(NIV)

믿음이 덥지도 차지도 않은 결과, 그것은 바로 "내 입에서 너를 토하여 내치리라"라는 심판의 말씀으로 이어진다. 선하든지 악하든지, 의로운 자가 되던지 불의한 자가 되던지, 믿음과 행위가 옳던지 그르든지, 선택하지 못하고 중립을 지키는 자들은 바로 그리스도의 입에서 침을 뱉듯이 토해낸다는 것을 알 수 있는 대목이다.

4. 부자가 아니라 불쌍한/가련한/가난한/눈먼/벌거벗은 자라

☞「요한계시록」3:17 - 네가 말하기를 나는 부자라 부요하여 부족한 것이 없다 하나 네 곤고한 것과 가련한 것과 가난한 것과 눈먼 것과 벌거벗은 것을 알지 못하도다(You say, 'I am rich; I have acquired wealth and do not need a thing.' But you do not realize that you are wretched, pitiful, poor, blind and naked.(NIV)

지리적으로 교통의 요지에 위치하고 있던 라오디게아는 양질의 흑양모와 목화를 생산했고 직조와 염색업이 유명한 도시였기 때문에 벌거벗을 일이 없었으며, 이곳에 이주해 살던 유대인들은 은행과 고리대금업을 했기 때문에 많은 현물과 금을 보유하여 매년 9kg의 금을 예루살렘에 헌금할 정도로 곤고하지도 가련하지도 가난하지도 않았다.

보기에는 부자인 것처럼 보였지만, 미지근한 라오디게아 교회는 사실은 그 반대였다. 그것은 믿음이 부족하여 의를 행하지 않으므로, 불쌍하고, 가련하고, 가난하고, 눈이 멀어 진리를 볼 수 없고, 모피 코트를 입었지만 벌거벗은 교회요 교인들이었다.

5. 눈이 멀었다→빛을 비추어 사람들을 인도하지 못한

여기에서 중요한 예수님의 말씀이 나온다. 눈이 멀었다(blind)는 것이다. 눈은 몸의 등불이다. 눈이 성하면 온 몸이 밝고, 나쁘면 몸도 어두워진다. 등불이란 등경(stand) 위에 있어 들어가는 사람들을 비추어 길을 안내한다. 그런데 라오디게아 교회가 눈이 멀어 빛을 비추지 않고 있다는 것이다. 교회로서의 역할을 못하고 있었던 것이다. 성경을 가지고 있었지만, 성경이 말하고 있는 진리에 대해서는 눈이 멀어, 그 결과 믿음과 행위는 병들어 죽어가고 있었던 것이다.

「마태복음」 5:15 - 사람이 등불을 켜서 말 아래 두지 아니하고 등경 위에 두나니 이러므로 집안 모든 사람에게 비취느니라

6:22 - 눈은 몸의 등불이니 그러므로 네 눈이 성하면 온 몸이 밝을 것이요

6. 벌거벗은 자→수치스러운 라오디게아 교회

벌거벗은 자란 수치스러운 자라는 뜻이다. 옷을 다 벗고 다니는 사람이란 뜻이다. 정신병자란 의미이다. 최초로 벌거벗은 자는 「창세기」 9장에 나오는 노아(Noah)이다. 방주에서 나온 노아가 농업을 시작하여 포도나무를 심었더니, 포도주를 마시고 취하여, 그 장막 안에서 벌거벗고 잠을 잤다. 이 때 가나안이 그 아비의 하체를 보고 밖으로 나가서 두 형제에게 고했다. 셈과 야벳이

옷을 취하여 자기들의 어깨에 메고 뒷걸음쳐 들어가서 아비의 하체에 덮었으며, 그들이 얼굴을 돌이키고 그 아비의 하체를 보지 아니하였다. 가나안이 노아의 하체를 보았다는 것은 노아의 수치를 보았다는 뜻이다. 가나안은 아비가 미쳤다고 생각했을 것이다. 그러나 셈과 야벳은 아비의 수치를 보지 않았다. 그 결과 가나안은 저주를 받아 그 형제의 종들이 된다.

그런데 예수님은 「요한계시록」 16장 15절에서 다시 한번 벌거벗고 다니지 말 것을 말씀하신다. 여기에서 강조하는 것은 벌거벗어 부끄러움(shame), 즉 수치(ashamed)를 보이지 말라는 것이다. 수치스러운 라오디게아 교회가 되지 말라고 강조한 것이다.

「요한계시록」 16:15 - 보라 내가 도적같이 오리니 누구든지 깨어 자기 옷을 지켜 벌거벗고 다니지 아니하며 자기의 부끄러움을 보이지 아니하는 자가 복이 있도다

7. 불로 연단한 금, 흰 옷, 안약을 사서 눈에 발라

☞ 「요한계시록」 3:18 - 내가 너를 권하노니 내게서 불로 연단한 금을 사서 부요하게 하고 흰 옷을 사서 입어 벌거벗은 수치를 보이지 않게 하고 안약을 사서 눈에 발라 보게 하라(I counsel you to buy from me gold refined in the fire, so you can become rich; and white clothes to wear, so you can cover your shameful nakedness; and salve to put on your eyes, so you can see.(NIV)

그리스도께서는 라오디게아 교회에 속한 교인들의 이러한 치명적인 병적 상태를 치료하기 위해서, 다음과 같은 세 가지 처방을 내려 주신다.

첫째, 불로 연단한 금을 사서 부요하게 하라는 것이다. 용광로에서 연단되

어 나온 금은 시련과 인내를 통하여 연단된 순결한 믿음과 의로운 행위를 의미한다. 라오디게아 교인들이 값을 주고 사서라도 시련을 겪어서, 그 믿음이 강해지고, 의로운 행위의 진정 영적으로 부유한 성도들이 되어야 함을 강조하시기 위한 말씀이시다.

「욥기」 23:10 – 나의 가는 길을 오직 그가 아시나니 그가 나를 단련하신 후에는 내가 정금같이 나오리라

「베드로전서」 1:7 – 너희 믿음의 시련이 불로 연단하여도 없어질 금보다 더 귀하여 예수 그리스도의 나타나실 때에 칭찬과 영광과 존귀를 얻게 하려 함이라

둘째, 흰 옷을 사서 입어 벌거벗은 수치를 보이지 않게 하라는 것이다. 이때 흰 옷은 성도들의 의로운 행위, 즉 죽음과 순교를 의미한다고 했다. 낙원의 하얀 우주복을 의미한다고 했다. 그러나 라오디게아 교회는 이 땅인 지구에 있다. 우주복을 입을 필요가 없다. 그렇다면 왜 흰 옷을 사서 입으라고 권고하셨을까?

라오디게아는 양질의 흑양모와 목화를 생산했고 직조와 염색업이 유명한 도시였다는 것을 상기하자. 따라서 라오디게아는 로마의 상원 의원들이 입고 다녔던 흰 옷들을 만들 만큼 면직물 공업이 유명한 곳이었기 때문에, 흰 옷을 만드는 과정을 잘 알고 있었을 것이다. 그래서 그리스도께서는 이들에게 흰 옷을 사서 입으라고 말씀을 하신 것이다. 의로운 옷을 입는 성화의 과정을 통해 영적으로 벌거벗은 수치를 가리라고 권고하신 것이다.

셋째, 안약을 사서 발라 보게 하라는 것이다. 라오디게아는 콜로니온이나 프리기안 파우더라 불리는 안약의 산지로 유명한 도시였다는 것을 상기하자. 라오디게아의 성도들은 눈이 잘 보이지 않고 실명한다는 것에 대해 누구보다

잘 알고 있었을 것이다. 그래서 그리스도는 하나님 아버지와 예수님의 말씀으로 돌아가서 그 말씀에 모든 것을 비추어 봄으로써 영적 시각장애를 치유하라고 권면하시는 것이다. 왜냐하면 눈은 몸의 등불이기 때문일 것이다.

「누가복음」 11:34 - 네 몸의 등불은 눈이라 네 눈이 성하면 온 몸이 밝을 것이요 만일 나쁘면 네 몸도 어두우리라

8. 사랑하는 자를 책망/징계, 열심을 내라, 회개하라

☞「요한계시록」 3:19 - 무릇 내가 사랑하는 자를 책망하여 징계하노니 그러므로 네가 열심을 내라 회개하라(Those whom I love I rebuke and discipline. So be earnest, and repent.(NIV)

이 뜻은 사랑하기 때문에 책망하는 것이고 징계하는 그리스도의 무한한 사랑을 표현한 것이다. 사랑하는 사람이 아니라면 책망과 징계를 할 필요가 없을 것이다. 그러니 잘못을 뉘우치고 회개하라는 것이다. 일곱 교회 중 칭찬만 받은 서머나 교회와 빌라델비아 교회를 제외하곤 나머지 교회는 모두 회개하라고 말씀을 하신다는 것을 알 수 있다.

9. 문 밖에 서서 두드리노니 누구든지 내 음성을 듣고 문을 열면

☞「요한계시록」 3:20 - 볼찌어다 내가 문밖에 서서 두드리노니 누구든지 내 음성을 듣고 문을 열면 내가 그에게로 들어가 그로 더불어 먹고 그는 나로 더불어 먹으리라(Here I am! I stand at the door and knock. If anyone hears my voice and opens the door, I will come in and eat with him, and he with me.(NIV)

그리스도께서 문 밖에서 두드리시는 분으로 표현하고 있다. 그리스도께서

문에 서 계시다는 것은 예수님의 재림이 임박했다는 것을 말하는 것이다. 또한 이것은 예수님을 믿는다고 하지만, 그리스도를 마음 문 밖에 세워 두고 있는 교회, 즉 교인들 개인적으로는 예수 그리스도를 알지 못하는 관계를 말하는 것이다. 또한 끝까지 예수님은 의로운 자들을 찾는, 무한한 사랑을 의미하는 것이다. 문 앞에까지 오셔서 문을 두드리는 예수님! 그리스도의 음성을 듣고 문을 여는 자가 되어야 할 것이다.

10. 이기는 자→ 내 보좌에 앉게 하리라

☞「요한계시록」3:21 - 이기는 그에게는 내가 내 보좌에 함께 앉게 하여 주기를 내가 이기고 아버지 보좌에 함께 앉은 것과 같이 하리라(To him who overcomes, I will give the right to sit with me on my throne, just as I overcame and sat down with my Father on his throne.(NIV)

그리스도께서 인간으로 오셨다가 죽으시고 3일 만에 부활하신 후 하늘로 승천하시어 하나님 아버지의 보좌 우편에 앉아 계신 것처럼, 이기는 자들은, 첫째 부활이나 휴거를 통해 공중에서 예수님을 영접하고,「요한계시록」20장에 나오는 '천년 왕국'에 참여하여 예수님의 보좌에 함께 앉아 왕 노릇 하는 것을 말하는 것이다. 그리고 심판의 권한도 주어지는 것을 의미하는 것이다. 더 나아가「요한계시록」21장과 22장에 나오는 '새 예루살렘과 만국들'에 들어가 영생하는 것을 의미하는 것이다. "귀 있는 자는 성령이 교회들에게 하시는 말씀을 들을찌어다." 아멘!

4장

「요한계시록」 4장 - 소행성대에 진입한 하늘의 보좌(거대항공모함 우주선)(c.AD 8580~)

「요한계시록」 4장부터~22장까지는 먼 미래(will be or is to be) 지향적이다. 물론 「요한계시록」 4장부터~22장까지 문맥상으로는 과거-현재-미래가 숨어 있을 수 있지만, 전체적으로는 미래 지향적이다. 따라서 「요한계시록」 4장은 대략 c.AD 8580년부터 일어날 것으로 예측되는 바, 미래 지향적으로 접근하여 해석하기로 한다.

필자는 그간 『바이블 매트릭스』 시리즈(1~6권)를 통해, 그리고 본권 1부와 2부를 통해 「요한계시록」 4장의 내용은, 에녹(Enoch)의 열 번째 하늘에 계시던 가장 높은 하나님 아버지(God the Father)와 예수님과 수 많은 하나님들과 천사들께서, 태양계의 화성과 목성 사이에 있는 소행성대(The Asteroid Belt), 즉 「창세기」 1장에서 말하는 궁창(Expanse)[1], 즉 하늘(Sky, Heaven)로 우리가 알지 못하는 블랙홀 이상의 거대항공모함 우주선을 타고 진입하셔서, 하늘의 보좌(The Throne in Heaven)를 베푸시고 하나님 아버지를 찬양 드리는 것이라고 누차 강조했다. 이 때 예수님께서는 하나님 아버지의 보좌 우편에 앉아 계신다.

---

1 궁창=하늘=소행성대에 대해서는 『바이블 매트릭스』 1권 『우주창조의 비밀』의 1부 5장 7절의 "마르둑과 티아마트의 두 번째 전쟁(충돌), 하늘과 지구 창조의 비밀"을 참조하라.

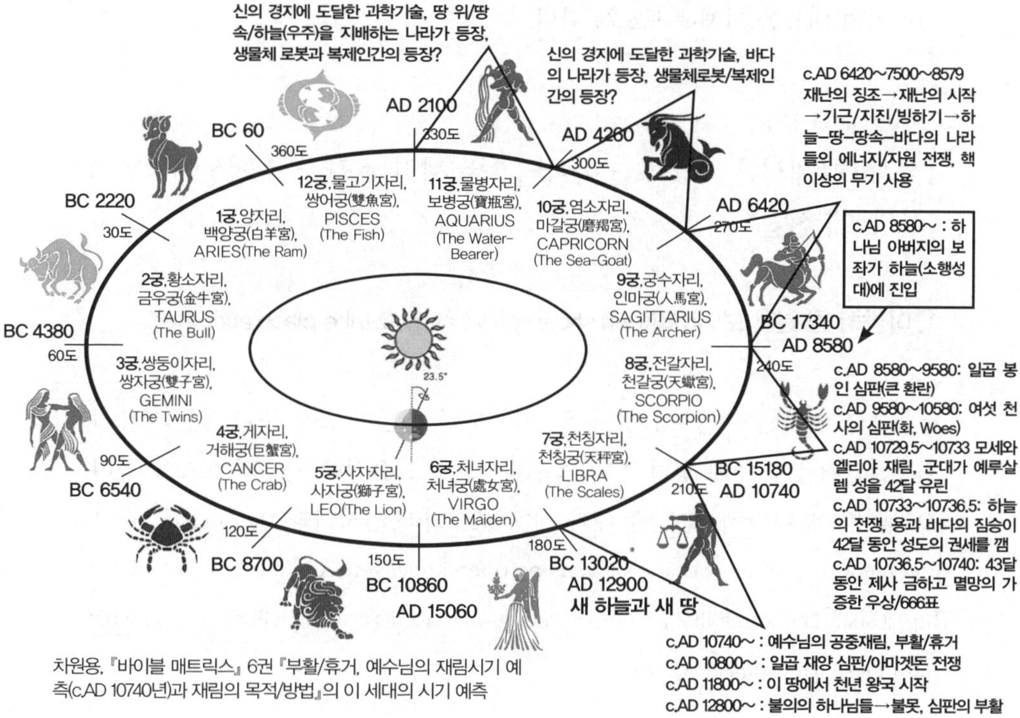

예수님의 재림시기와 재림 전후에 일어날 일들을 이 세대가 속한 별자리에 매핑.

그러다가 예수님께서는 하나님 아버지의 하늘의 보좌로부터 별도의 자기 영광, 즉 별도의 거대항공모함 우주선을 타시고 지구의 공중으로 재림하시고, 공중에서 모든 악적인 정사와 권세와 능력을 멸하시고, 그 다음 이 땅으로 재림하시어 「요한계시록」 20장의 천년 왕국을 여는 것이다. 그리고 소행성대에 진입한 하나님 아버지의 보좌로부터 「요한계시록」 21장과 22장의 새 하늘과 새 땅의 두 번째 새로운 우주가 창조되고 이곳에 새 예루살렘과 만국들(the nations)을 세우는 것이다.

그리고 그간 『바이블 매트릭스』 시리즈(1~6권)를 통해, 그리고 본권 1부와 2부에서 거의 다 설명했으므로, 지금부터는 「요한계시록」의 각 장과 각 절을 따라가며 내용을 이해해 보도록 한다.

1절 「요한계시록」 4:1~8 - 하나님 아버지의 보좌가 소행성대(궁창, 하늘)에 진입

1. 마땅히 될 일을 보이리라(I will show you what must take place after this)

☞ 「요한계시록」 4:1 - 이 일 후에 내가 보니 하늘에 열린 문이 있는데 내가 들은 바 처음에 내게 말하던 나팔 소리 같은 그 음성이 가로되 이리로 올라오라 이후에 마땅히 될 일을 내가 네게 보이리라 하시더라(After this I looked, and there before me was a door standing open in heaven. And the voice I had first heard speaking to me like a trumpet said, "Come up here, and I will show you what must take place after this."(NIV)

자, 「요한계시록」 4장부터는, 앞에서 보았던 과거-현재-미래의 일곱 교회가 아니라, "마땅히 될 일을 보이리라(I will show you what must take place after this)"와 같이 사도 요한에게 미래를 보여주는 것이다. 이후에(after this)란, 「요한계시록」 2장~3장의 일곱 교회에 보내는 메시지가 끝난 이후란 뜻이며, 마땅히 될 일이란 미래(will)에 일어날 일들, 즉 예수님께서 하나님 아버지와 함께 소행성대에 하늘의 보좌를 베푸시고, 여러 심판을, 그 다음 예수님께서 별도의 보좌로 공중재림하시고 심판을, 그 다음 천년 왕국과 새 하늘과 새 땅과 새 예루살렘과 만국들을 어떻게 창조하시는지 등을 사도 요한에게 보여주는 것이다. 많은 분들이 이것을 해석함에 있어, 기독교의 역사로 해석하는데, 그것도 한 방법이겠지만, 필자가 보기엔 그다지 좋은 방법이 아닌 것 같다. 마땅히 될 일, 즉 미래(c.AD 8580~c.AD 12900)에 일어날 일들을 메시지로 전달하시기 때문이다.

2. 소행성대에 진입한 보좌의 문, 실시간 영상장치를 통해 미래를 보이다

☞「요한계시록」4:1 - 이 일 후에 내가 보니 하늘에 열린 문이 있는데 내가 들은 바 처음에 내게 말하던 나팔 소리 같은 그 음성이 가로되 이리로 올라오라 이후에 마땅히 될 일을 내가 네게 보이리라 하시더라(After this I looked, and there before me was a door standing open in heaven. And the voice I had first heard speaking to me like a trumpet said, "Come up here, and I will show you what must take place after this."(NIV)

"하늘에 열린 문"이란 하나님 아버지의 보좌, 즉 블랙홀 이상의 거대항공모함우주선의 문이 열렸다는 뜻이다. "나팔 소리 같은 그 음성이 가로되"란 오늘날의 스피커 또는 나팔 확성기(a trumpet)에서 나오는 소리를 말하는 것일 수도 있고 초음파이상의 통신기술일 수도 있으며 텔레파시(Telepathy)의 기술일 수도 있다. "이리로 올라오라"는 것은 사도 요한보고 문이 열린 보좌로 올라오라는 것이다. 이것은 사도 요한이 꿈속에서 계시를 받는 것이 아니라 실제로 블랙홀 이상의 거대항공모함 우주선으로 올라오라는 것이다. "마땅히 될 일을 내가 네게 보이리라"는 하나님 아버지의 보좌가 소행성대에 진입한 이후, 세상이 어떻게 될 것인지, 어떻게 심판하실 것인지, 반드시 일어날 일들을 사도 요한에게 직접 보여준다는 것이다.

어떻게 보여주느냐 하면 예수님께서 직접 나타나시어 지시하시는 것을 시각화(視覺化)하는 영상장치나 홀로그래픽-텔레파시를 통해 요한에게 보여주는 것이다. 공상과학(SF) 영화에 등장하는 미래의 일들과 과거의 일들을 홀로그램-홀로그래픽으로 보여준다고 생각하면 이해가 쉽다. 또는 텔레파시를 통해 두뇌의 시각영역으로 보내주면 두뇌에서 과거와 미래의 영상을 다 볼 수 있으며, 영상에 등장하는 과거와 미래의 인물들도 다 인지할 수 있다. 그렇다고 그냥 그렇게 이해하면 안될 것이다. 천상의 과학기술이라는 점을 감안하면 실시간(Real time)의 시각화 프로그램일 수도 있다. 또는 우리가 알고 있는 시간과 공간을 초월하는 시각화 프로그램일 수도 있다. 빛보다 빠른 운반광선이나 다른 광선을 이용하면 예수님께서 천상에서 지시하는 것을 그대로 다른 차원의 우주공간지역으로 이동시켜 보여줄 수도 있을 것이다.

3. 요한이 영(운반광선 혹은 소형우주선)에 들려져 보좌 안으로 들어가다

☞「요한계시록」4:2 - 내가 곧 성령에 감동하였더니 보라 하늘에 보좌를 베풀었고 그 보좌 위에 앉으신 이가 있는데(At once I was in the Spirit, and there before me was a throne in heaven with someone sitting on it.(NIV); And immediately I was in the spirit: and, behold, a throne was set in heaven, and one sat on the throne.(KJV); And instantly I was in the Spirit(1), and I saw a throne in heaven and someone sitting on it. / (1)Or in spirit(New Living)

4:3 - 앉으신 이의 모양이 벽옥과 홍보석 같고 또 무지개가 있어 보좌에 둘렸는데 그 모양이 녹보석 같더라(And the one who sat there had the appearance of jasper and carnelian. A rainbow, resembling an emerald, encircled the throne.(NIV); And he that sat was to look upon like a jasper and a sardine stone: and there was a rainbow round about the throne, in sight like unto an emerald.(KJV); The one sitting on the throne was as brilliant as gemstones - like jasper and carnelian. And the glow of an emerald circled his throne like a rainbow.(New Living)

본 내용은 앞 절의 "올라오라"에 이어진 내용이다. "즉시 내가 성령에 감동하여(At once I was in the Spirit)…"인데, 이는 '영(Spirit or spirit)'을 '성령(Holy Spirit)'으로 잘못 번역한 것이다.[2] 영문성경을 보면 모두 "At once I was in the Spirit"라고 기록하고 있다. "올라오라"는 명령에 따라 "즉시 영 안에 있었다"는 것은 영으로 들려져 하늘의 보좌 안으로 들어갔다는 것이다. 이 때 영이란 하나님 아버지의 과학기술들을 말하는 것이므로, 아직도 우리가 발견하지 못한 빛을 통해 이동할 수 있는 운반광선 또는 소형우주선에 들려져 안으로 들어갔다는 것을 의미한다. 동시에 교신할 수 있는 '텔레파시(Telepathy)'에 동조되었다는 것을 의미한다.

사도 요한이 올라가 보니, 하늘에 보좌를 베풀었고, 그 보좌 위에 앉으신 이가 있다. 이 분은 바로 최고 높으신(the Most High) 하나님 아버지(God the Father), 즉 예수님의 아버지이시다. 그 다음은 하나님 아버지의 모습(the appearance)과 보좌 주위를 설명하고 있다. 중요한 것은 보좌 주위에 또 다른 보좌들로 둘렸다(encircled)라는 것이다. 그런데 어떻게 둘렸는가 하면, 에머럴드 빛인 빨-주-노-초-파-남-보의 무지개(a rainbow) 색들이 하나님 아버지 보좌를 중심으로 에워싸고 있다는 것이다.

필자는 중학교 3학년 때 꿈속에서, 예수님께서 재림하셔서 학교 운동장에서 설교하는 것을 보았는데, 사람들이 예수님의 제단(altar)을 중심으로 밖에서 안쪽 순서로 모두 빨-주-노-초-파-남-보의 무지개색의 옷을 입고 있었고, 맨 중앙에 있는 사람들은 흰색을 입고 있었다. 그래서 그 당시 하나님들도 계급에 따라 옷을 다르게 입는다는 것을 알고 깜짝 놀랐었는데, 오늘(2015년 1월 20일) 「요한계시록」 4장 2절을 쓰다 보니 꿈에서 본 것이 맞는다는 사실을 알고 또 한 번 놀랐고, 다음 절인 4정 4절도 같은 맥락이라는 사실을 알고 또 놀랐다.

4. 흰 옷(우주복/세라핌)과 면류관을 쓰신 중앙의 고위급 24분의 하나님들

☞ 「요한계시록」 4:4 - 또 보좌에 둘려 이십사 보좌들이 있고 그 보좌들 위에

---

2 자세한 것은 『바이블 매트릭스』 5권 『성령으로 무장하신 예수님의 과학기술』의 1부 2장 1절의 "영(Spirit or Spirits)이란?"과 2절인 "성령(Holy Spirit)이란?"을 참조하라.

이십사 장로들이 흰 옷을 입고 머리에 금면류관을 쓰고 앉았더라(Surrounding the throne were twenty-four other thrones, and seated on them were twenty-four elders. They were dressed in white and had crowns of gold on their heads.(NIV)

그렇다! 바로 흰 옷이 나온다. 가장 높으신 하나님 아버지 주위로 24분의 고위급 하나님들이 맨 중앙의 24 보좌에 흰 옷(우주복 또는 세라핌인 우주로봇)과 면류관을 쓰시고 앉아 계신 것이다. 『바이블 매트릭스』 시리즈(1~6권)를 통해 누차 강조했지만, 하나님들도 다 계급이 다르며 수없이 많은 하나님들이 존재한다. 앞서도 설명했고 앞으로 보겠지만 악의(불의의) 하나님들도 존재한다.

5. 24명의 장로들(고위급 하나님들)→12명의 제자들/성도들이 부활한 것이 아님

많은 분들이 24분의 장로들(twenty elders)을 12명의 예수님의 제자 혹은 하나님 아버지와 예수님을 위해 죽은 성도들이 부활해서 앉아 계신다고 해석하는데, 이건 아주 잘못된 것이다. 이는 분명 고위급 하나님들이다. 이미 소개했지만, 어느 누구도 예수님 외에는 예수님처럼 부활하지 못했다. 그래서 제일 먼저는 예수님이라고 성경은 기록하고 있다.

「고린도전서」 15:23 - 그러나 각각 자기 차례대로 되리니 먼저는 첫 열매인 그리스도요 다음에는 그리스도 강림하실 때에 그에게 붙은 자요

24 - 그 후에는 나중이니 저가 모든 정사와 모든 권세와 능력을 멸하시고 나라를 아버지 하나님께 바칠 때라

6. 일곱 천사의 나팔소리에 맞추어 예수님께서 공중재림하실 때 첫째 부활

그래서 부활에도 순서가 있다고 했다. 첫 열매는 그리스도요, 그 다음은 예수님께서 재림하실 때 예수님을 믿고 죽은 자들이요, 그 후에는 예수님이 모든

정사와 모든 권세와 능력을 멸하시고 나라를 아버지 하나님께 바치기 전에 있을, 즉 심판의 부활인 나머지 죽은 자들의 부활이다. 예수님께서 공중재림도 안 하셨는데, 죽은 자들이 어떻게 부활하겠는가? 모든 죽은 자들은 예수님 공중재림시에(c.AD 10740년) 일곱 천사의 나팔 소리에 맞추어 아담도 아브라함도 그 이후의 모든 의롭게 죽은 자들이 부활하고, 그 때 살아있는 사람들은 휴거 하게 되는 것이다. 이 때 12명의 예수님 제자들도 제일 먼저 부활하여, 예수님께서 별도의 자기 영광의 보좌(거대항공모함 우주선)에 앉으실 때 준비된 12보좌에 앉는 것이다.

「마태복음」 19:28 - 예수께서 가라사대 내가 진실로 너희에게 이르노니 세상이 새롭게 되어 인자가 자기 영광의 보좌에 앉을 때에 나를 좇는 너희도 열두 보좌에 앉아 이스라엘 열두 지파를 심판하리라

또한 예수님은 말씀하셨다. "하늘에서 내려온 자 곧 인자 외에는 하늘에 올라간 자가 없느니라"라는 말씀은 예수님 이외에 아직 부활한 자들이 없다는 뜻이다. 지구에 오셔서 죽으시고 육체로 부활하시어 영적인 몸으로 승천하신 분은 예수님 홀로이시라는 뜻이다. 그러니 부활의 첫 열매는 그리스도가 되시는 것이다.

「요한복음」 3:13 - 하늘에서 내려온 자 곧 인자 외에는 하늘에 올라간 자가 없느니라

7. 온 땅을 살피는 일곱 등불+일곱 눈+일곱 뿔=일곱 영(최첨단 과학도구)

☞ 「요한계시록」 4:5 - 보좌로부터 번개와 음성과 뇌성이 나고 보좌 앞에 일곱 등불 켠 것이 있으니 이는 하나님의 일곱 영이라(From the throne came flashes of lightning, rumblings and peals of thunder. Before the throne, seven lamps were blazing. These are the seven spirits of God.(NIV)

본권 2부 1장 1-6절의 "온 땅을 살피는 일곱 등불+일곱 눈+일곱 뿔=일곱 영(최첨단 과학도구)"에서 살펴보았던 일곱 영, 즉 최첨단 과학도구가 다시 등장한다. 하나님 아버지 보좌 앞에 있는 세상을 두루 살피는, 사람들의 마음과 의도를 읽을 수 있는 최첨단 광원의 빛과 최첨단 카메라와 최첨단 통신기구이다. 이는 예수님께서 갖고 계신 생명책(Book of Life)과 관계가 있다고 했는데, 이는 최후의 심판인 「요한계시록」 20장의 둘째 부활에서 자세히 다루기로 한다.

그리고 하나님 아버지 보좌로부터는 번개와 음성과 뇌성이 난다는 것은 블랙홀 이상의 거대항공모함 우주선이라고 생각해보라. 이 거대항공모함 우주선이 화성과 목성 사이의 소행성대에 진입했다고 생각해보라. 그것도 시계방향으로 진입했다고 생각해보라. 중력 또는 초고에너지로 인해 엄청난 번개와 소리와 뇌성이 일 것이다. 이것을 권능이라 했다. 그것은 시계방향으로 궁창에 진입하는 엄청난 우주과학적 지식을 의미하는 것이다.

8. 인자가 권능의 우편에 앉아 별도의 구름(거대우주선)을 타고 오는 것을 보리라

지금도 웬만한 망원경으로 화성과 목성 사이의 소행성대를 관찰하고, 최근에는 이곳의 행성인 세레스(Ceres)에 돈(Dawn) 탐사선이 돌고 있으며 조만간 착륙할 예정이다. 그러니 번개와 음성과 뇌성이 난다는 것은 지구에 사는 사람들이나 하늘에 사는 사람들이나 바닷속에 사는 사람들이나 시계방향으로 소행성대에 진입하는 하나님 아버지의 보좌, 즉 거대항공모함 우주선을 다 본다는 것을 의미하는 것이다. 이 거대항공모함 우주선에는 하나님 아버지께서 보좌에 앉으시고 예수님께서는 우편에 앉아 계신다.

그러다가 예수님께서 소행성대의 하나님 아버지의 보좌로부터 별도의 보좌인 자기 영광의 보좌, 즉 거대우주선을 타시고 공중재림하시는 것이다. 그래서 예수님께서는 "내가 너희에게 이르노니 이 후에 인자가 자기 영광의 보좌, 즉 권능의 우편에 앉은 것과 천상의 구름(the clouds of heaven), 즉 하늘 구름, 즉 거대우주선을 타고 오는 것을 너희가 보리라"라고 말씀하신 것이다. 이걸 잘 보시라. 그냥 지구 하늘의 구름이 아니고 천상의 구름이라고 분명하게 말씀하신 것이다.

「마태복음」 19:28 - 예수께서 가라사대 내가 진실로 너희에게 이르노니 세상이 새롭게 되어 인자가 자기 영광의 보좌에 앉을 때에 나를 좇는 너희도 열두 보좌에 앉아 이스라엘 열두 지파를 심판하리라

「마태복음」 26:64 - 예수께서 가라사대 네가 말하였느니라 그러나 내가 너희에게 이르노니 이 후에 인자가 권능의 우편에 앉은 것과 하늘 구름을 타고 오는 것을 너희가 보리라 하시니("Yes, it is as you say," Jesus replied. "But I say to all of you: In the future you will see the Son of Man sitting at the right hand of the Mighty One and coming on the clouds of heaven.")(NIV)

9. 수정 같은 유리바다=소행성대, 네 생물은 세라핌의 최첨단 우주로봇

☞「요한계시록」 4:6 - 보좌 앞에 수정과 같은 유리 바다가 있고 보좌 가운데와 보좌 주위에 네 생물이 있는데 앞뒤에 눈이 가득하더라(Also before the throne there was what looked like a sea of glass, clear as crystal. In the center, around the throne, were four living creatures, and they were covered with eyes, in front and in back.(NIV)

본 내용은 이미 『바이블 매트릭스』 시리즈(1~6권)를 통해 여러 번 소개했고, 특히 『바이블 매트릭스』 6권 3부 2장 "예수님의 재림 방법, 하나님 아버지

의 보좌→예수님의 별도 보좌(거대우주선)를 타시고 재림"에서 자세히 소개했듯이, 여기서 말하는 '수정과 같은 유리 바다(a sea of glass, clear as crystal)'는 하나님 아버지의 보좌가 소행성대에 진입했다는 것을 말하는 것이고, 눈이 앞뒤 가득한 네 생물체란 눈이 앞 뒤로 가득히 달린 네 대의 우주로봇들인 네 개의 세라핌(Seraphim)[3]을 의미하는 것이라고 했다.

여기서 수정 같다는 것은 『바이블 매트릭스』 1권에서 소개한 「창조의 서사시」와 「에스겔」 1장 22절에서 소개한 물(waters), 즉 얼음 물(ice water)이라고 볼 수 있다. 거대항공모함 우주선인 하늘의 보좌의 인력(중력)으로 인해 외행성들의 깊은 곳에 숨겨져 있던 얼음 물이 뿜어져 나오는 것으로 추측할 수 있다. 지구의 물과 행성들의 물을 소행성대, 즉 높은 곳에서 보면 수정 같은 유리(crystal)로 보일 것이다. 왜냐하면 그 중력으로 인해 태양계 행성들과 소행성대의 세레스(Ceres) 등 200만 개나 되는 소행성들(Minor planets) 또는 왜성들(Dwarf planets)에서 물들 또는 얼음물이 뿜어져 나와 수정같이 보일 수도 있다. 수성, 화성, 토성 등에서 지구의 물이 발견되는 이유이다. 또한 조만간 돈(Dawn)은 세레스(Ceres)에서 물이나 얼음물을 발견하게 될 것이다.

「에스겔」 1:22 - 그 생물의 머리 위에는 수정 같은 궁창의 형상이 펴 있어 보기에 심히 두려우며

'눈이 가득하다'라는 것은 우주선(우주복)이나 우주로봇의 테두리에 부착된 창들(windows)이나 라이트들(lights)을 의미하는 것으로, 창을 통해 안에 있던 불빛이 새어 나와 눈이 가득하다라고 표현한 것이다.

---

3 자세한 것은 『바이블 매트릭스』 4권 『하나님들의 과학기술과 우리가 창조해야 할 미래(상)』의 2부 4장인 "우주공항/에덴 동산을 지키는 땅의 로봇들과 하늘을 지키는 우주로봇들"을 참조하라.

10. 사자↔물병(사람), 황소↔전갈(독수리)자리가 십자가로 보임

☞「요한계시록」4:7 - 그 첫째 생물은 사자 같고 그 둘째 생물은 송아지 같고 그 세째 생물은 얼굴이 사람 같고 그 네째 생물은 날아가는 독수리 같은데 (The first living creature was like a lion, the second was like an ox, the third had a face like a man, the fourth was like a flying eagle.(NIV)

본 내용은 『바이블 매트릭스』 6권 2부 3장 3절의 "사자자리↔물병자리, 황소자리↔전갈자리(독수리)가 십자가로 보일 때"에서 자세히 소개했듯이, 네 생물체는 분명 세라핌의 네 개의 우주로봇들이다. 그런데 네 개의 생물체는 같지만 「요한계시록」 4장 7절은 「에스겔」 1장 10절과는 달리 순서와 위치가 사뭇 다르다. 첫째는 사자, 둘째는 송아지, 셋째는 사람, 그리고 넷째는 독수리로 표현되어 있다. BC 593년의 에스겔 보다는 후의 요한(John, AD 6~100)이 비전(vision)을 더 정확하게 보았다고 판단된다. 여하튼 요한은 우주선(우주복) 또는 우주로봇들인 세라핌을 왜 네 생물체로 표현했을까? 여기에 어떤 비밀이 있지 않을까?

「에스겔」 1:10 - 그 얼굴들의 모양은 넷의 앞은 사람의 얼굴이요 넷의 우편은 사자의 얼굴이요 넷의 좌편은 소의 얼굴이요 넷의 뒤는 독수리의 얼굴이니

우선 네 생물체는 4대 복음을 쓴 마태, 마가, 누가, 요한을 상징한다고 해석할 수도 있다. 「마태복음」을 쓰신 예수님의 12제자 중 여덟 번째 제자인 마태(Matthew)는 사람(man)으로, 「마가복음」을 쓰신 예수님의 70인(혹은 72인) 제자 중(「누가복음」 10장) 한 분인 마가(Mark)는 사자(lion)로, 「누가복음」을 쓰신 의사 출신인 누가(Luke)는 소(ox)로, 「요한복음」을 쓰신 예수님의 12제자 중 예수님이 가장 사랑하는 네 번째 제자인 요한(John)을 독수리(eagle)로 표현했다고 볼 수도 있다.

그 다음 이 세대(this generation)에 속한 12개 별자리의 관점으로 볼 때, 사자자리↔물병자리(사람), 황소자리↔전갈자리(독수리)가 십자가로 보일 때 바로 하나님의 보좌가 소행성대 진입한다는 것을 강조한 것일 수도 있다. 그렇지만 필자는 이것을 천문학적으로 계산할 수 있는 능력이 안되기 때문에 그 시기를 예측하는 것은 불가능하다. 어느 천문학자께서 이것을 계산해서 추후에 알려주기를 바란다.

11. 「에스겔」의 체루빔, 사람의 형상이란 그 안에 타고 계신 하나님들

자 그런데 굉장히 중요한 개념이 하나 있다. 이것을 알아야 그 다음 절을 이해할 수 있기 때문이다. 따라서 『바이블 매트릭스』 6권 3부 2장 2절의 "하늘의 보좌→모선→소형 우주선을 타고 내려오시는 구약의 네 분의 하나님들"을 반드시 읽어야 한다. 사람의 형상이란 그 안에 계신 네 분의 하나님들을 말하

미국 항공우주국(NASA)의 우주 비행사인 마이크 홉킨스(Mike Hopkins)가 국제우주정거장(ISS)에서 나와 우주 유영(spacewalks)을 하고 있다. 그가 입은 우주복은 앞의 양쪽에 총 4개의 라이트들, 즉 「에스겔」과 「요한계시록」의 눈들이 가득하다. 평상시에는 앞의 화면에 마이크 홉킨스의 얼굴이 나타나 사람이 우주복 안에 있다는 것을 금방 알아볼 수 있지만, 이 경우 동료인 릭 마스트라치오(Rick Mastracchio)가 유영하는 모습이 반영되어 나타나고 있다. 그러나 이것은 인간의 우주복이고 「에스겔」과 「요한계시록」의 체루빔/세라핌, 즉 우주로봇이나 우주복은 그 이상의 발전된 최첨단 장비들일 것이다. Credit : NASA(12 Mar 2014)[4]

는 것이다. 얼굴의 모양은 넷의 앞은 사람의 얼굴이라는 것은 네 분의 하나님들이 타고 있다는 것을 의미하는 것이다. 결론적으로 말해 「에스겔」의 체루빔, 즉 네 개의 생물체, 즉 네 개의 우주로봇들에는 하나님들이 타고 계신 것이다.

「에스겔」 1:5 - 그 속에서 네 생물의 형상이 나타나는데 그 모양이 이러하니 사람의 형상이라

1:6 - 각각 네 얼굴과 네 날개가 있고

1:10 - 그 얼굴들의 모양은 넷의 앞은 사람의 얼굴이요 넷의 우편은 사자의 얼굴이요 넷의 좌편은 소의 얼굴이요 넷의 뒤는 독수리의 얼굴이니

---

4 NASA, Astronauts Invite National Geographic Aboard Space Station for Live Event(12 Mar 2014)
http://www.nasa.gov/content/nasa-astronauts-invite-national-geographic-aboard-space-station-for-live-event/index.html

12. 「에스겔」의 네 날개(체루빔)→여섯 날개를 가진 세라핌

☞「요한계시록」4:8 - 네 생물이 각각 여섯 날개가 있고 그 안과 주위에 눈이 가득하더라 그들이 밤낮 쉬지 않고 이르기를 거룩하다 거룩하다 거룩하다 주 하나님 곧 전능하신 이여 전에도 계셨고 이제도 계시고 장차 오실 자라 하고(Each of the four living creatures had six wings and was covered with eyes all around, even under his wings. Day and night they never stop saying: "Holy, holy, holy is the Lord God Almighty, who was, and is, and is to come."(NIV)

「에스겔」1장 5절~6절에 등장했던 네 날개의 체루빔은「요한계시록」4장 8절에 와서는 여섯 날개를 가진 세라핌으로 바뀐다. 이것은 시간이 흐른 뒤 하나님들의 우주공학기술이 그만큼 혁신되었다는 것으로, 날개가 많으면 많

1969년 달 탐사에 나선 미국항공우주국(NASA)의 '이글(Eagle)' 탐사선. 대장(Commander)인 닐 암스트롱(Neil A. Armstrong)과 비행사(Pilot)인 에드윈 알드린(Edwin E. "Buzz" Aldrin Jr.)이 탑승했으며, 이들은 달에 성공적으로 착륙하고 달 표면을 걸었다. 이 이글에는 네개의 날개가 달려 있다.(NASA, 20 Jul 1969).[5]

5 NASA - "Eagle" In Lunar Orbit(20 Jul 1969)
http://grin.hq.nasa.gov/ABSTRACTS/GPN-2000-001210.html
http://grin.hq.nasa.gov/IMAGES/SMALL/GPN-2000-001210.jpg

을수록 그 속도가 빠르고 민첩하고 정확하게 착륙하고 이륙할 수 있다는 것과 우주로봇의 크기가 더 거대하다는 것을 의미한다.

2절 「요한계시록」 4:8~11 - 하늘(소생성대)의 예배

1. 세라핌이 하나님 아버지께 영광과 존귀의 예배를 드리다

☞ 「요한계시록」 4:8 - 네 생물이 각각 여섯 날개가 있고 그 안과 주위에 눈이 가득하더라 그들이 밤낮 쉬지 않고 이르기를 거룩하다 거룩하다 거룩하다 주 하나님 곧 전능하신 이여 전에도 계셨고 이제도 계시고 장차 오실 자라 하고(Each of the four living creatures had six wings and was covered with eyes all around, even under his wings. Day and night they never stop saying: "Holy, holy, holy is the Lord God Almighty, who was, and is, and is to come."(NIV)

4:9 - 그 생물들이 영광과 존귀와 감사를 보좌에 앉으사 세세토록 사시는 이에게 돌릴 때에(Whenever the living creatures give glory, honor and thanks to him who sits on the throne and who lives forever and ever,(NIV)

자, 이제 명확해졌다. 그 다음 세라핌은 "밤낮 쉬지 않고 이르기를 거룩하다 거룩하다 거룩하다"라고 하나님 아버지께 영광과 존귀의 예배를 드리는 것이다. 필자는 처음에는 우주로봇들인 세라핌이 인공지능 등의 지능을 갖고 있어 로봇들이 말을 할 수 있을 것이라고 해석하고 생각해왔다. 그렇게도 해석할 수 있지만 이것은 아니라고 확신한다. 세라핌 안에 계신 하나님들이 세라핌을 조정하고 말로 명령하는 것이다.

또 하나 중요한 것이 있다. 세라핌이 하나님 아버지께 예배를 드린다는 것이다. 수많은 하나님들이 세라핌 속에서 하나님 아버지를 경외하며 "생물들이 영광과 존귀와 감사를 보좌에 앉으사 세세토록 사시는 이에게 돌릴 때에"가 그것이다. 그렇다면 그 다음에 어떤 하나님들이 등장할 것인지는 뻔한 일이다. 바로 고위급 24분의 하나님들이다.

2. 24분의 고위급 하나님들이 면류관을 벗어 내려놓고 엎드려→복종과 경외

☞「요한계시록」4:10 - 이십사 장로들이 보좌에 앉으신 이 앞에 엎드려 세세토록 사시는 이에게 경배하고 자기의 면류관을 보좌 앞에 던지며 가로되(the twenty-four elders fall down before him who sits on the throne, and worship him who lives forever and ever. They lay their crowns before the throne and say:(NIV)

자, 그렇다! 24분의 고위급 하나님들이 보좌에 앉으신 최고 높은 하나님 보좌 앞에 면류관을 벗어 내려놓고 엎드려 하나님 아버지를 경배하고 말을 하려고 한다. 이것은 무슨 뜻이냐 하면 하나님 아버지의 명령에 복종하고 따른다는 뜻이다.

우리가 사극을 보면 장수들이 왕에게 불려 나와 보고를 할 때를 보면, 먼저 투구부터 벗어 옆에 놓든지 손으로 가지런히 하던지 하고, 즉 자세를 바로 하고 보고를 하고 왕의 명령을 경청한다. 이것은 복종 그 자체이다. 24분의 고위급 하나님들이 그런 다음 아뢰는데, 이것도 무엇을 아뢸 것인지 뻔한 일이다.

3. 의로운 하나님 아버지가 최고로 인정, 만물의 아버지로 인정하다

☞「요한계시록」4:11 - 우리 주 하나님이여 영광과 존귀와 능력을 받으시는 것이 합당하오니 주께서 만물을 지으신지라 만물이 주의 뜻대로 있었고 또 지으심을 받았나이다 하더라("You are worthy, our Lord and God, to receive glory and honor and power, for you created all things, and by your will they were created and have their being."(NIV)

아니나 다를까! 하나님 아버지가 최고이자 영광을 받아 마땅할 것이라고 24분의 고위급 하나님들은 한결같이 말을 한다. 하나님 아버지의 뜻대로 만물을 지으신 분이고, 만물을 지으신 결과 그 기쁨도 하나님 아버지가 받아 마땅하며, 따라서 영광과 존귀와 능력을 받으시기에 합당하다고 하나님 아버지께 말씀 드린다. 이것은 하나님 아버지가 최고인 것과 만물을 지으신 것을 24분의 고위급 하나님들이 인정하신 것이다.

4. 의로운 하나님들과 불의의 하나님들의 하늘의 전쟁을 암시

인정했다는 것이 또한 매우 중요한 것이다. 우리가 역사를 보면 두 나라가 싸워 한 나라가 이기면 이긴 왕이 최고라 하는 것과 같은 이치이다. 따라서 '천상에 모종의 사건이 있었다 또는 있을 것이다'라는 것을 암시하는 것이다.

천상에는 의로운 하나님들과 불의의 하나님들이 같이 존재한다고 했다. 선과 악의 싸움에서 의로운 하나님들이 이겼다고 볼 수도 있으며, 앞으로 이길 것이다라고 생각할 수도 있을 것이다. 그래서 곧 「요한계시록」 12장에는 '하늘의 전쟁'을 다루고 있는데, 불의의 하나님들의 총 우두머리인 용(사단/마귀/뱀)과 그 휘하 천사들이 이 하늘의 전쟁에서 패해 이 땅으로 쫓겨 내려오는 것이다. 그래서 「요한계시록」 4장의 상황으로 보아, 의로운 하나님 아버지의 보좌가 소행성대에 진입하기 전에, 이미 하늘의 전쟁이 있었으며, 이 하늘의 전쟁에서 의로운 하나님 아버지와 예수님께서 승리하셨다고 보는 것이 타당할 것이다. 그렇지만 「요한계시록」 각 장의 순서에 따라 하늘의 전쟁이 12장에 등장하므로 시계열 상 하늘의 전쟁은 c.AD 10733년경에 일어날 것으로 보고 해석하기로 한다. 이런 관점의 내용은 앞으로 몇 번 더 나온다. 그때 그때 다시 반복해서 소개하고자 한다.

5장

「요한계시록」5장 - 일곱 봉인 책과 어린 양(예수님)(c.AD 8580~)

1절 「요한계시록」 5:1~7 - 하나님 아버지→일곱 봉인 책을 받아 심판의 권세를 받는 예수님

「요한계시록」 5장도 문맥상 과거-현재-미래가 존재하나, 일곱 봉인 책의 심판은 대략 c.AD 8580년부터 일어날 것으로 예측되는 미래를 계시하는 것이므로, 미래 지향적으로 접근하여 해석하기로 한다.

「요한계시록」 4장의 소행성대에 진입한 하늘의 보좌(거대항공모함우주선)와 하늘의 예배가 끝나고, 5장에는 책과 어린 양(The Scroll and The Lamb)이 등장한다. 이 사건은 소행성대에 진입한 하나님 아버지의 보좌에서 일어나는 것이다. 책이란 그 뒤에 있을 심판을 기록한 책을 말하는 것이다. 여기서 기록했다는 것은 시간과 공간상으로 다 프로그램화 되어 있다는 것을 의미하는 것이다. 심판은 크게 세 가지인데, 첫째, 「요한계시록」 6장~8장의 일곱 봉인 심판인 큰 환란(Great Distress or Tribulation), 즉 시험의 때(the hour of trial or test or temptation)에서 시작하여, 둘째, 「요한계시록」 8장 6절~9장의 일곱 천사의 나팔(Seven trumpets)에 의한 여섯 천사의 여섯 나팔의 심판인 화들(Woes)과, 셋째, 「요한계시록」 15장~16장의 일곱 천사의 일곱 재앙(Seven Plagues) 심판들이다.

그런데, 이 심판을 할 분이 바로 어린 양, 즉 예수 그리스도임을 강조하는 것이다. 하나님 아버지께서 아들인 예수님에게 심판의 권한을 위임하는 것이다. 이는「요한복음」5장 22절과 27절을 의미하는 것이다.

「요한복음」5:22 - 아버지께서 아무도 심판하지 아니하시고 심판을 다 아들에게 맡기셨으니

5:27 - 또 인자됨을 인하여 심판하는 권세를 주셨느니라

1. 하나님 아버지의 오른손에 일곱 인으로 봉한 책, 이는 심판을 기록한 책

☞「요한계시록」5:1 - 내가 보매 보좌에 앉으신 이의 오른손에 책이 있으니 안팎으로 썼고 일곱 인으로 봉하였더라(Then I saw in the right hand of him who sat on the throne a scroll with writing on both sides and sealed with seven seals.(NIV)

보좌에 앉으신 이, 즉 하나님 아버지의 오른손에는 일곱 인으로 봉한 책이 있는데, 그 책에는 글이 안팎으로 써 있다. 안팎으로 써 있다는 것은 기록을 했다는 것이고, 무엇을 기록했느냐 하면, 앞으로 일어날 일들, 즉 위에서 말한 크게 세 가지의 심판에 대한 기록들이다. 그 기록들은 앞으로 시간과 공간 상에서 하나도 틀리지 않고 정확하게 일어날 심판의 시작, 진행, 방법, 그리고 결과들이 적혀 있을 것이다. 모든 일어날 심판들이 프로그램화되어 있다는 것을 의미하는 것이다.

2. 누가 책을 펴며 그 인을 떼기에 합당하냐

☞「요한계시록」5:2 - 또 보매 힘있는 천사가 큰 음성으로 외치기를 누가 책을 펴며 그 인을 떼기에 합당하냐 하니(And I saw a mighty angel proclaiming in a loud voice, "Who is worthy to break the seals and open the scroll?"(NIV)

한 천사가 "누가 책을 펴며 그 인을 떼기에 합당하냐?"고 큰 음성으로 외친다. 큰 음성으로 외치는 이유는 하늘-땅-땅속-바닷속의 인간들에게 공표하는 것이라 볼 수 있다. 봉인된 책의 인을 떼(break)고 열수(open) 있는 자가 있으면 나오라는 것이다.

3. 하늘-땅-땅속의 인간 중 아무도 능히 책을 보거나 열 자가 없더라

☞「요한계시록」5:3 - 하늘 위에나 땅 위에나 땅 아래에 능히 책을 펴거나 보거나 할 이가 없더라(But no one in heaven or on earth or under the earth could open the scroll or even look inside it.(NIV); And no man in heaven, nor in earth, neither under the earth, was able to open the book, neither to look thereon.(KJV)

5:4 - 이 책을 펴거나 보거나 하기에 합당한 자가 보이지 않기로 내가 크게 울었더니(I wept and wept because no one was found who was worthy to open the scroll or look inside.(NIV)

여기서 영문성경의 '아무도(no one or no man)'라는 것은 하나님들이나 천사들을 의미하는 것이 아니고 바로 인간(one or man)을 의미하는 것이다. 어디에 사는 인간이냐 하면 하늘에 사는 인간, 땅 위에 사는 인간, 그리고 땅 아래(땅속)에 사는 인간들 중 아무도 없다는 것이다. 책을 보거나 열 사람이 없다는 것이다. 그래서 합당한 자가 보이지 않아 사도 요한은 크게 운다.

4. 다윗의 뿌리인 예수 그리스도만이 일곱 인을 떼고 열어 인간을 심판

☞「요한계시록」5:5 - 장로 중에 하나가 내게 말하되 울지 말라 유대 지파의 사자 다윗의 뿌리가 이기었으니 이 책과 그 일곱 인을 떼시리라 하더라(Then one of the elders said to me, "Do not weep! See, the Lion of the tribe of Judah, the Root of David, has triumphed. He is able to open the scroll and its seven seals."(NIV)

「마태복음」 1장은 예수님의 족보를 다루고 있는데, 아브라함(Abraham)의 14대손인 다윗(David), 다윗의 14대손인 여고냐와(Jeconiah), 여고냐와의 13대손인 요셉(Joseph)이 마리아로부터 14대손인 예수 그리스도를 낳으셨다. 따라서 예수님은 유대인의 왕이요 이 땅의 왕 중의 왕이므로, 상징적으로 동물의 왕인 사자가 된다. 예수 그리스도는 이 땅에 인간의 몸으로 오셨다가 죽으시고, 3일 만에 부활하시어 하늘로 승천하시어 하나님 아버지 우편에 앉으셨으므로, 결국 이겼다고 표현한 것이다. 그리고 다시 이 땅에 오셔서(재림) 심판하실 권세를 하나님 아버지로부터 받으시기에 합당하다는 것을 강조한 것이다. 인간들을 심판하는데 인간으로 오셨던 예수님만이 심판할 수 있다는 것을 강조한 것이다.

5. 예수님께서 일곱 영(최첨단 과학도구)을 지휘, 책을 취해 심판의 권세를 받아

☞「요한계시록」 5:6 - 내가 또 보니 보좌와 네 생물과 장로들 사이에 어린 양이 섰는데 일찍 죽임을 당한 것 같더라 일곱 뿔과 일곱 눈이 있으니 이 눈은 온 땅에 보내심을 입은 하나님의 일곱 영이더라(Then I saw a Lamb, looking as if it had been slain, standing in the center of the throne, encircled by the four living creatures and the elders. He had seven horns and seven eyes, which are the seven spirits of God sent out into all the earth.(NIV)

5:7 - 어린 양이 나아와서 보좌에 앉으신 이의 오른손에서 책을 취하시니라(He came and took the scroll from the right hand of him who sat on the throne.(NIV)

여기서 주어는 어린 양(a Lamb)이다. 물론 예수님을 말하는 것이다. 예수님이 보좌 앞에 섰고 4개 생물체, 즉 세라핌과 24분의 고위급 하나님들이 주위를 두르고 있는데, 앞서 살펴보았던 사람의 마음과 뜻과 행동을 속속히 들여다볼 수 있는 일곱 뿔과 일곱 눈의 일곱 영을 예수님께서 갖고 계신다. 갖고 계신다는 것은 일곱 영, 즉 최첨단 과학도구를 지휘하고 계신다는 뜻이다. 즉 컨트롤 타워를 장악하고 계시다는 뜻이다. 마침내 어린 양이 하나님 아버지의 오른손에서 책을 취하신다. 책을 취했다는 것은 심판의 권세를 받으셨다는 것이다.

6. 온 땅→ 7대륙에 보내진 일곱 영? 파동입자? 7대륙에 오셨던 하나님들

「요한계시록」 1장 4절에 처음 등장했던 하나님 아버지의 일곱 영(the seven spirits)은 「요한계시록」 4장 5절에는 일곱 등불(seven lamps)이 하나님 아버지의 일곱 영으로 등장하며, 「요한계시록」 5장 6절에는 일곱 뿔(seven horns)과 일곱 눈(seven eyes)의 일곱 영이 등장한다. 따라서 이는 일곱 등불(빛)+일곱 눈(카메라)+일곱 뿔(통신시스템)=일곱 영(최첨단 과학도구)이라 했다. 이 최첨단 과학도구를 이용하여 예수 그리스도께서 온 세상을 심판하시는 것이다. 또한 이를 통해 한 치의 오차 없이 책에 기록된 대로 심판을 진행하시는 것이다.

그런데 「요한계시록」 5장 6절에는 "온 땅에 보내심을 입은 하나님의 일곱 영이더라(which are the seven spirits of God sent out into all the earth)"고 기록하고 있다는 점이다. 온 땅, 즉 7대륙에 보내졌다는 것이다. 하나님 아버지 보좌 앞의 일곱 영이 7대륙에 보내졌다는 것으로, 이 최첨단 과학도구는 오늘날의 인공위성 이상이라고 보아야 할 것이다. 인공위성에는 레이저+카메라+통신기기들이 융합되어 있다. 그것은 아마도 눈에 보이지 않는 나노입자 크기의 무 인기가 될 수도 있고, 빛에 실려 오는 파동입자가 될 수도 있다. 나노입자와 파동입자에 레이저(빛)+카메라+통신기들이 융합되어있다고 생각해보라. 이러한 나노입자나 파동입자들이 7대륙에 보내져 구석구석을 샅샅이 관찰하여 누가 어떤 생각과 마음을 갖고 무슨 행동을 하는지를 바로 이 하나님 아버지 앞의 일곱 영에게 보내져 기록하는 것이라 예측해 볼 수 있다. 그래서 일곱 영은 생명책(Book of Life)과 밀접한 관계가 있다고 했다.

또 하나 다른 관점에서 해석할 수 있는 것은 이 땅에 하나님들이 처음 내려오셨던 45만 년 전에서 c.BC 5000~c.BC 3800년 전의 고대 수메르의 옛 도시들과 지구라트(Ziggurat)에 관한 것이다. 필자는 『바이블 매트릭스』 4권 『하나님들의 과학기술과 우리가 창조해야 할 미래(상)』에서 고대 수메르의 옛 도시들에는 레이저 빔을 뿜어내는 불들과 관찰용의 눈들과 통신용의 뿔들이 설치된 지구라트들, 즉 우주통신기지가 있었다고 했다. 그렇다면 고대 수메르 지역을 포함해서 이 땅의 7대륙에도 하나님들이 내려오셨지 않았나 생각이 드는 것이다.

2절 「요한계시록」 5:8~14 - 하나님 아버지와 어린 양(예수님)을 찬양

1. 네 생물(세라핌)+24 고위급 하나님들 → 예수님을 찬양, 금대접이란?

☞ 「요한계시록」 5:8 - 책을 취하시매 네 생물과 이십사 장로들이 어린 양 앞에 엎드려 각각 거문고와 향이 가득한 금대접을 가졌으니 이 향은 성도의 기도들이라(And when he had taken it, the four living creatures and the twenty-four elders fell down before the Lamb. Each one had a harp and they were holding golden bowls full of incense, which are the prayers of the saints.(NIV)

5:9 - 새 노래를 노래하여 가로되 책을 가지시고 그 인봉을 떼기에 합당하시도다 일찍 죽임을 당하사 각 족속과 방언과 백성과 나라 가운데서 사람들을 피로 사서 하나님께 드리시고(And they sang a new song: "You are worthy to take the scroll and to open its seals, because you were slain, and with your blood you purchased men for God from every tribe and language and people and nation.(NIV)

5:10 - 저희로 우리 하나님 앞에서 나라와 제사장을 삼으셨으니 저희가 땅에서 왕 노릇 하리로다 하더라(You have made them to be a kingdom and priests to serve our God, and they will reign on the earth."(NIV)

예수님께서 책을 취하자 네 개의 생물체(세라핌) 안의 하나님들과 24분의 고위급 하나님들이 예수님 앞에 엎드려 각자의 거문고(harp)를 가지고 새로운 노래를 한다. 천상의 거문고라고 생각해보라! 동시에 네 개의 세라핌과 24분의 고위급 하나님들은 성도들의 기도를 담은 금대접(golden bowls full of incense)을 잡고 있다. 다 같이 금대접을 잡고 있는 것이다. 이 금대접은 죽은, 즉 순교를 당한 그리스도인들의 기도이다. 불의를 멸망시키라는 기도이다. 그것은 하나님 아버지의 분노(wrath)일 것이다. 이것은 「요한계시록」 15장에 등장하는 일곱 천사의 일곱 재앙(Seven Plagues)을 담은 일곱 금대접에 의한 심판들을 의미하는 것이다.

「요한계시록」 15:7 - 네 생물 중에 하나가 세세에 계신 하나님의 진노를 가득히 담은 금대접 일곱을 그 일곱 천사에게 주니

새로운 노래는 "그 인봉을 떼기에 합당하시도다 일찍 죽임을 당하사 각 족속과 방언과 백성과 나라 가운데서 사람들을 피로 사서 하나님께 드리시고, 저희로 우리 하나님 앞에서 나라와 제사장을 삼으셨으니 저희가 땅에서 왕 노릇 하리로다 하더라"이다. 예수님께서 이 땅에 오셔서 피 흘려 죽으심으로 우리 인간들을 사서, 즉 구원하시어 하나님 아버지께 드리시고, 우리들로 하여금 하나님 아버지와 예수 그리스도를 위해, 이 땅에서 이루어지는 천년 왕국과 새 하늘과 새 땅에서 제사장을 삼아 왕 노릇 하리라는 것이다(「요한계시록」 20:4 & 22:5).

2. 천사의 숫자가 만만(1억)이여 천천(1백만), 엄청난 거대항공모함우주선

☞ 「요한계시록」 5:11 - 내가 또 보고 들으매 보좌와 생물들과 장로들을 둘러선 많은 천사의 음성이 있으니 그 수가 만만이요 천천이라(Then I looked and heard the voice of many angels, numbering thousands upon thousands, and ten thousand times ten thousand. They encircled the throne and the living creatures and the elders.(NIV)

그런데 하늘의 보좌와 네 생물들과 24분의 고위급 하나님들을 둘러선 천사의 숫자가 만만이요(1억) 천천이라(1백만)는 것이다. 그러니 소행성대에 진입한 하늘의 보좌인 거대항공모함 우주선을 우리는 상상할 수가 없다. 천사들도 하늘의 영적인 몸(육체)을 갖고 계시기 때문에, 이 엄청난 숫자의 천사들이 다 타려면 오늘날의 조그만 우주선으로는 상상도 할 수 없을 것이다. 또한 거대항공모함 우주선 안에는 우리가 알지 못하는 각종 우주과학적 지식, 예컨대 죽은 자가 부활하는 생명에 관한 지식과 오늘날의 핵무기 이상의 별들과 행성을 파괴할 수 있는 가공할 만한 무기 등이 실려 있을 것이다.

이는 하늘의 보좌에서 특별 보좌인 또 다른 거대항공모함 우주선을 이용해 이 땅의 공중으로 예수님께서 재림하실 때 이 모든 천사를 다 대동하고 오신다. 이는 실로 엄청난 과학이 아닐 수 없다.

「마태복음」 16:27 - 인자가 아버지의 영광으로 그 천사들과 함께 오리니 그 때에 각 사람의 행한 대로 갚으리라

24:27 - 번개가 동편에서 나서 서편까지 번쩍임같이 인자의 임함도 그러하리라

24:30 - 그 때에 인자의 징조가 하늘에서 보이겠고 그 때에 땅의 모든 족속들이 통곡하며 그들이 인자가 구름을 타고 능력과 큰 영광으로 오는 것을 보리라

25:31 - 인자가 자기 영광으로 모든 천사와 함께 올 때에 자기 영광의 보좌에 앉으리니

3. 천사들이 인자 위에 오르락내리락하는 것을 보리라

일곱 봉인 책을 취해 하나님 아버지로부터 심판의 권세를 받으신 예수 그리스도는 앞으로 있을 심판들을 총 지휘하신다. 하나님 아버지의 하늘 보좌에서 예수님께서 직접 일곱 봉인 심판과 여섯 천사의 여섯 나팔 심판, 그리고 하늘의 보좌에서 자기 영광의 별도 보좌로 공중재림하셔서 내릴 일곱 재앙 심판 등, 이에는 만만(1억) 천천(1백만)의 모든 천사들이 다 동원된다.

이 모든 천사들은 「요한계시록」에 기록된 먼 미래의 일들을 예수님의 명령에 따라, 하나님 아버지 보좌 혹은 자기 영광의 보좌에 앉으신 예수님께 오르락내리락하면서 수행하실 것이다. 그것은 시험과 심판이다.

「요한복음」 1:51 – 또 가라사대 진실로 진실로 너희에게 이르노니 하늘이 열리고 하나님의 사자들이 인자 위에 오르락내리락 하는 것을 보리라 하시니라(He then added, "I tell you the truth, you shall see heaven open, and the angels of God ascending and descending on the Son of Man.")(NIV)

4. 예수님=능력과 부와 지혜와 힘과 존귀와 영광과 찬송을 받으시기에 합당

☞ 「요한계시록」 5:12 – 큰 음성으로 가로되 죽임을 당하신 어린 양이 능력과 부와 지혜와 힘과 존귀와 영광과 찬송을 받으시기에 합당하도다 하더라(In a loud voice they sang: "Worthy is the Lamb, who was slain, to receive power and wealth and wisdom and strength and honor and glory and praise!")(NIV)

예수님에 대한 찬송은 계속된다. "죽임을 당하신 어린 양이 능력과 부와 지혜와 힘과 존귀와 영광과 찬송을 받으시기에 합당하도다." 아멘!

5. 하늘–땅–땅속–바다–바닷속의 만물+네 생물+24분의 고위급 하나님들의 하나님 아버지와 예수님을 찬양과 복종

☞「요한계시록」5:13 - 내가 또 들으니 하늘 위에와 땅 위에와 땅 아래와 바다 위에와 또 그 가운데 모든 만물이 가로되 보좌에 앉으신 이와 어린 양에게 찬송과 존귀와 영광과 능력을 세세토록 돌릴찌어다 하니(Then I heard every creature in heaven and on earth and under the earth and on the sea, and all that is in them, singing: "To him who sits on the throne and to the Lamb be praise and honor and glory and power, forever and ever!"(NIV)

5:14 - 네 생물이 가로되 아멘 하고 장로들은 엎드려 경배하더라(The four living creatures said, "Amen," and the elders fell down and worshiped.(NIV)

하늘-땅-땅속-바다-바닷속의 만물과 네 생물(세라핌)과 24분의 고위급 하나님들이 하나님 아버지와 예수님께 찬양을 하고 엎드려 복종한다. 단, 하늘-땅-땅속-바다-바닷속의 만물이란 인간을 제외한 모든 피조물들을 의미하는 것이다. 이 말씀은 인간들에게 경고를 하는 것이라 생각한다. 하나님 아버지와 예수님께 경배하라는 것이다. 필자가 보기엔, 일곱 봉인 심판이 시작하기 전의 마지막 최후의 경고인지도 모른다. 아멘!

6장

「요한계시록」6장 - 하늘의 보좌에서 예수님의 여섯 봉인 심판(c.AD 8580~9580)

「요한계시록」 6장도 문맥상 과거-현재-미래가 존재한다. 따라서 과거와 현재와 미래로 동시에 접근해야 올바르게 해석할 수 있지만, 이는 하늘의 보좌에서 예수님께서 내리시는 여섯 봉인 심판으로 대략 c.AD 8580~9580년에 일어날 것으로 예측되는 미래를 계시하는 것이므로, 미래 지향적으로 접근하여 해석하기로 한다. 단, 문맥상의 과거는 과거대로 살펴보기로 한다.

「요한계시록」 6장~8장의 예수님의 일곱 봉인의 심판은 일곱 번의 큰 환란(Great Distress or Tribulation)(「마태복음」 24:15~28; 「마가복음」 13:14~23; 「누가복음」 21:20~24)으로 하늘-땅 위-땅 속-바다-바닷속의 불의한 자들, 즉 경건치 못한 자들을 심판(시험)하시는 것이다. 어떻게 심판(시험)하시냐 하면, 예수님께서 이 땅의 공중으로 재림하시기 전에, 화성과 목성 사이의 소행성대에 진입한 하나님 아버지의 보좌, 즉 블랙홀과 같은 거대항공모함 우주선에서 직접 지휘하시어 이 땅의 불의하고 경건치 못한 인간들을 초토화시키는 것이다. 「요한계시록」 6장에는 예수님의 일곱 봉인 심판 중 여섯 봉인 심판의 내용이 기록되어 있다.

이 때 만만(1억) 천천(1백만)의 모든 천사들은 미가엘(Michael) 천사장의 지휘 아래 「요한계시록」 6장에 기록된 내용대로 예수님의 명령에 따라 예수님께 오르락내리락하면서 수행할 것이며, 그 때 인간들이 이를 다 본다는 것이다. 보고도 인간들이 대적한다는 것은 소행성대에 진입하신 하나님 아버지와 예수님을 외계인이라 판단하고 이 땅과 하늘 행성의 인간들이 똘똘 뭉쳐 전쟁을 일으킨다는 것이다. 또 하나의 관점은 이 때가 되면 인간들은 하나님 아버지와 예수님을 모를 가능성이 있다는 것이다. 그래서 대다수가 불경한 자들이겠지만, 그 와중에도 의로운 자들이 있어 이들은 하나님 아버지의 인을 이마에 맞게 될 것이라는 점이다(「요한계시록」 6:11 & 7장).

「다니엘」 12:1 - 그 때에 네 민족을 호위하는 대군 미가엘이 일어날 것이요 또 환난이 있으리니 이는 개국 이래로 그 때까지 없던 환난일 것이며 그 때에 네 백성 중 무릇 책에 기록된 모든 자가 구원을 얻을 것이라

「요한복음」 1:51 - 또 가라사대 진실로 진실로 너희에게 이르노니 하늘이 열리고 하나님의 사자들이 인자 위에 오르락내리락 하는 것을 보리라 하시니라

1절 여섯 봉인 심판을 이해하는 단서들

1. 예수님의 증거–노아의 홍수/소돔과 고모라의 몇 백배

이 심판은 노아의 홍수와 소돔과 고모라와 관련되어 있으며, 심판의 강도가 노아 홍수와 소돔과 고모라의 멸망 때보다 몇 십배 아니 몇 백배 큰 심판이다. 예수님께서는 이 땅에 오셔서 다음과 같이 말씀, 즉 증거하셨다. 여기에 미래를 예측하고 예수님의 여섯 봉인 심판이 무엇인지 알려주는 인사이트가 숨어 있다.

“노아의 때에 된 것과 같이 인자의 때에도 그러하리라(“Just as it was in the days of Noah, so also will it be in the days of the Son of Man.)”(NIV)(「마태복음」 24:37; 「누가복음」 17:26)

“롯이 소돔에서 나가던 날에 하늘로서 불과 유황이 비 오듯 하여 저희를 멸하였느니라, 인자의 나타나는 날에도 이러하리라(But the day Lot left Sodom, fire and sulfur rained down from heaven and destroyed them all. It will be just like this on the day the Son of Man is revealed.)”(「누가복음」 17:29~30)

“내가 진실로 너희에게 이르노니 심판 날에 소돔과 고모라 땅이 그 성보다 견디기 쉬우리라(I tell you the truth, it will be more bearable for Sodom and Gomorrah on the day of judgment than for that town.)”(「마태복음」 10:15 & 「누가복음」 10:12)

노아의 때에 일어난 것과 똑같이 일곱 번의 환란, 즉 심판(시험)이 있다는 것이다. 노아의 홍수는 BC 13020년에 일어났는데, 노아의 홍수가 일어나기 전에도 여섯 번의 기근과 재앙이 있었다. 그리고 일곱 번째의 재앙이 바로 노아의 홍수이다. 그래서 이것을 알아야 하는데, 이는 이미 『바이블 매트릭스』 2권 『인간창조와 노아 홍수의 비밀』의 6부 3장 4절인 “첫해는 600년, 샤앗탐은 600년, 6샤앗탐(3,600년) 동안의 기근”에서 자세히 소개했다. 또한 소돔과 고모라는 의로운 하나님들께서 핵무기 이상으로 멸망시켰는데(c.BC 2023), 이는 『바이블 매트릭스』 4권 『하나님들의 과학기술과 우리가 창조해야 할 미래(하)』의 2부 7장인 “아브라함의 이동경로와 소돔과 고모라에 숨겨진 비밀”에서 자세히 소개했다. 이것을 알아야 「요한계시록」 6장과 위에 소개한 예수님의 말씀을 이해할 수 있다.

2. 노아의 6번의 샤앗탐→심판 기간의 단축

「요한계시록」 6장의 여섯 봉인 심판은 하늘의 보좌를 세팅하신 후인 c.AD 8580년 이후로 일어날 것으로 예측된다. 그런데 여섯 봉인 심판은 노아의 홍수와 관련되어 있다고 했다. 노아의 홍수가 일어나기 전에도 여섯 번의 기근과 재앙이 있었다. 그리고 일곱 번째의 재앙이 바로 노아의 홍수이다. 즉 1샤앗탐은 600년으로, 6번의 샤앗탐은 6×600=3,600년이 걸렸는데, 이것은 구약의 하나님들의 고향 행성인 니비루(Nibiru)의 공전주기와 같다고 했다. 니비루가 소행성대에 진입하자 그 중력으로 인해 남극대륙이 깨져 지진으로 인해 지구에는 엄청난 홍수가 덮쳤다고 했다.

여섯 봉인 심판이 노아 홍수 이전에 있었던 6번의 재앙과 같다고 추측해 볼 때, 여섯 봉인 심판도 3,600년이 걸릴까? 이에 대한 예수님의 말씀이 계시다. 바로 「마태복음」 24장 22절에 "그 날들을 감하지 아니할 것이면 모든 육체가 구원을 얻지 못할 것이나 그러나 택하신 자들을 위하여 그 날들을 감하시리라"고 말씀 하셨다. 3,600년은 너무 기니 택하신 자들을 위하여 그날들을 감하신다는 말씀이시다. 따라서 필자가 추측하건대 여섯 봉인을 포함한 총 일곱 봉인 심판은 1,000년 안에 끝날 것으로 보인다.

「마태복음」 24:21 - 이는 그 때에 큰 환난이 있겠음이라 창세로부터 지금까지 이런 환난이 없었고 후에도 없으리라

24:22 - 그 날들을 감하지 아니할 것이면 모든 육체가 구원을 얻지 못할 것이나 그러나 택하신 자들을 위하여 그 날들을 감하시리라

3. 이 세대(this generation)에 다 이루리라

『바이블 매트릭스』 6권 『부활/휴거, 예수님의 재림시기 예측(c.AD 10740년)과

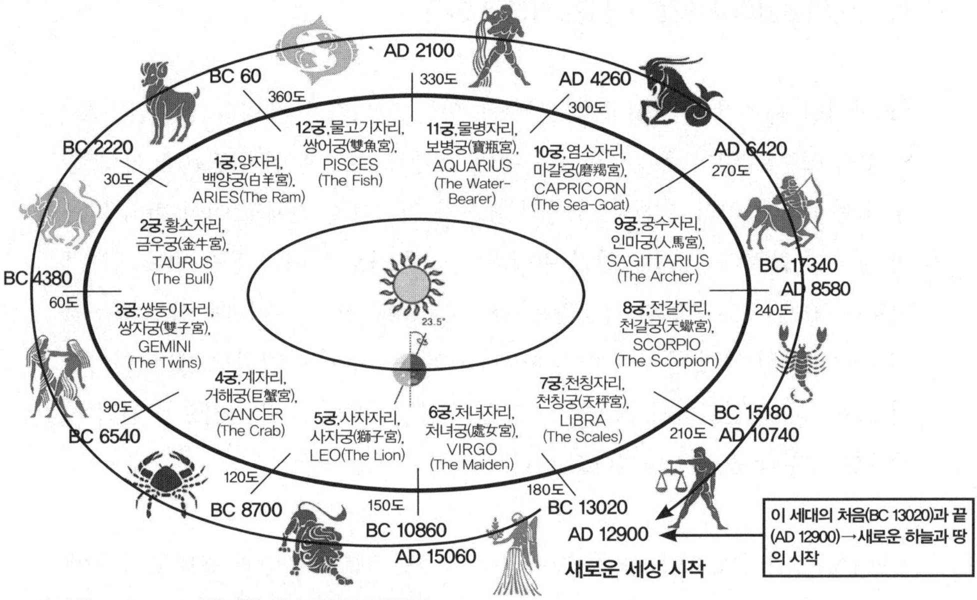

이 세대(This Generation)의 해석: 내가 진실로 너희에게 말하노니 이 세대가 지나가기 전에 이 일이 다 이루리라 (「마태복음」 24:34)

이 세대란 BC 13020년부터 시작하여 360도 한 바퀴 도는 AD 12900년까지의 12별자리를 한 세대라고 하는데, 이 세대에 모든 것을 다 이룬다는, 즉 심판과 천년 왕국과 새로운 세상을 창조한다는 것이다.

재림의 목적/방법』의 2부 3장 1절 1-3의 "이 세대(BC 13,020~AD 12900년)가 가기 전에 다 이루리라"에서 소개했듯이, 이 세대란 노아의 홍수가 일어난 처녀자리가 시작되는 BC 13020년부터 360도 한 바퀴 돌아 다시 처녀자리가 시작되는 AD 12900년까지의 한 세대를 말하는 것이다. 이 세대에 다 이룬다는 것은 심판들, 즉 예수님의 일곱 봉인 심판과 여섯 천사의 여섯 나팔 심판과 일곱 천사의 일곱 재앙 대접 심판을 거쳐, 그리고 천년 왕국과 새로운 세상을 창조하는 것이다.

4. 흰 말/붉은 말/검은 말/청황 색 말이란?

「요한계시록」 6장에는 흰 말(a white horse), 붉은 말(a red horse), 검은 말(a

black horse), 청황 색 말(a pale horse)이 등장하는데, 이는 『바이블 매트릭스』 6권 『부활/휴거, 예수님의 재림시기 예측(c.AD 10,740년)과 재림의 목적/방법』의 1부 1장 2절 2-4의 "성경의 병거, 불말, 홍마/흑마/백마도 소형 우주선이나 유무인 정찰기"에서 소개했듯이 모두 우주선, 소형우주선, 유무인 전투기나 정찰기를 말하는 것이다. 먼 미래의 무기들을 말하므로 지금의 우주선이나 전투기라고 생각하면 안 된다. 지금으로서는 상상할 수 없는 엄청난 차세대 무기들이다.

2절 「요한계시록」 6:1~17 - 일곱 봉인 중 예수님의 여섯 봉인 심판 (환란/시험)

1. 첫째 인, 흰 말(우주선/전투기), 예수님 군대와 인간 군대의 전투, 예수님 군대의 승리

☞ 「요한계시록」 6:1 - 내가 보매 어린 양이 일곱 인 중에 하나를 떼시는 그 때에 내가 들으니 네 생물 중에 하나가 우뢰 소리같이 말하되 오라 하기로(I watched as the Lamb opened the first of the seven seals. Then I heard one of the four living creatures say in a voice like thunder, "Come!")(NIV)

6:2 - 내가 이에 보니 흰 말이 있는데 그 탄 자가 활을 가졌고 면류관을 받고 나가서 이기고 또 이기려고 하더라(I looked, and there before me was a white horse! Its rider held a bow, and he was given a crown, and he rode out as a conqueror bent on conquest.)(NIV); I looked up and saw a white horse standing there. Its rider carried a bow, and a crown was placed on his head. He rode out to win many battles and gain the victory.(New Living)

예수님의 여섯 봉인 심판은 큰 환란이요 시험(trial)이라고 했다. 인간들을 큰 환란에 빠뜨려 시험하는 것이다. 예수님께서 첫째 인을 떼실 때에 네 생물 중 하나, 즉 우주로봇인 체루빔(Cherubim)이나 세라핌(Seraphim)을 타고 계신 하나님들이 오늘날의 확성기로 우뢰(천둥, thunder)와 같은 소리로 사도 요한에게 올라와서 직접 보라고 말한다. 그리고 첫 번째 흰 말(a white horse)이 등장한다. 흰 말이란 우주선 또는 소형우주선 또는 오늘날 전투기 이상의 공중 전투를 하는 차세대 무기를 의미하는 것이다. 화성과 목성 사이의 소행성대에 진입한 하나님 아버지의 보좌, 즉 블랙홀과 같은 거대항공모함 우주선에서 나와 이 땅의 불의하고 경건치 못한 인간들을 초토화시킨다. 여섯 봉인 심판이 c.AD 8580~9580년 사이에 일어난다고 생각해보라.

흰 말은 순결과 승리를 상징한다. 흰 말을 탄 자라는 것은 우주선이나 소형 우주선을 지휘하는 대장을 말하는 것이다. 그런데 이 대장은 예수님이 아니시다. 예수님은 하늘의 보좌에서 명령만 하시고 천사들이 대장이 되는 것이다. 이 때 천사들의 대장은 미가엘(Michael) 천사장일 것이다(「다니엘」 12:1). 따라서 우주선 안에는 수많은 천사들이 타고 있을 것이다. 그리고 면류관을 받고 나간다는 뜻은 지휘관의 역할을 하고 있다는 것이다. 활을 가졌다는 것은 인간의 군대를 향해 각종 핵무기 이상의 무기를 사용한다는 뜻이다. 영문성경 New Living을 보면 흰 말을 탄 자가 많은 전투에서(many battles) 승리한다고 기록하고 있다.

따라서 첫째 인의 의미는 c.AD 8580~9580년 사이에 예수님의 군대와 인간의 군대가 치열한 전투를 벌인다는 것이다. 그 때가 되면 인간들의 과학기술도 신의 경지에 다 달아 무기도 최첨단화되어 있을 것이다. 그리고 「요한계시록」 4장에서 살펴본 대로, 하늘-땅-바다의 인간들은, 소행성대에 진입하는 거대항공모함 우주선을 다 보았을 것이다. 그리고 하나님 아버지와 예수님을 외계인이라고 간주할 것이다. 그래서 하늘-땅-바다의 나라가 똘똘 뭉쳐 지구방위사령부를 조직하고 하나님 아버지와 예수님을 적대시하고 전쟁을 벌일 것이다. 예수님은 이것을 시험하는 것이다. 결국 예수님의 군대가 승리하는 것이다.

2. 둘째 인, 붉은 말, 땅의 화평 제하여, 인간들끼리 서로 죽이게

☞「요한계시록」6:3 - 둘째 인을 떼실 때에 내가 들으니 둘째 생물이 말하되 오라 하더니(When the Lamb opened the second seal, I heard the second living creature say, "Come!")(NIV)

6:4 - 이에 붉은 다른 말이 나오더라 그 탄 자가 허락을 받아 땅에서 화평을 제하여 버리며 서로 죽이게 하고 또 큰 칼을 받았더라(Then another horse came out, a fiery red one. Its rider was given power to take peace from the earth and to make men slay each other. To him was given a large sword.)(NIV)

예수님께서 둘째 인을 떼시어 열자, 붉은 말이 나온다. 붉다는 것은 적색으로 붉게 물들인다는 피 흘림을 의미한다. 이 적색 말이 권한과 권능과 큰 검을 받고 땅에서 화평(peace)을 제하여 버린다. 인간에게서 화평을 제하여 서로 분쟁케 한다는 것이다. 이 뜻은 무엇일까? 이것을 알려면 예수님께서 이 땅에 오셨을 때 오신 목적이 "화평이 아니요 검을 주러 왔노라"와 "화평이 아니라 분쟁케 하려 함이라"고 말씀하셨는데, 다음 구절을 한번 읽어보라.

「마태복음」10:34 - 내가 세상에 화평을 주러 온 줄로 생각지 말라 화평이 아니요 검을 주러 왔노라

10:35 - 내가 온 것은 사람이 그 아비와, 딸이 어미와, 며느리가 시어미와 불화하게 하려 함이니

10:36 - 사람의 원수가 자기 집안 식구리라

「누가복음」12:51 - 내가 세상에 화평을 주려고 온 줄로 아느냐 내가 너희

에게 이르노니 아니라 도리어 분쟁케 하려 함이로라

12:52 - 이후부터 한 집에 다섯 사람이 있어 분쟁하되 셋이 둘과, 둘이 셋과 하리니

12:53 - 아비가 아들과, 아들이 아비와, 어미가 딸과, 딸이 어미와, 시어미가 며느리와, 며느리가 시어미와 분쟁하리라 하시니라

「미가」 7:6 - 아들이 아비를 멸시하며 딸이 어미를 대적하며 며느리가 시어미를 대적하리니 사람의 원수가 곧 자기의 집안 사람이리로다

그 다음 서로 죽이게 한다(slay each other or kill one another)는 것인데, 형제가 형제를 배반해 죽이고, 아비가 자식을 배반해 죽이고, 자식들이 부모를 배반해 죽인다는 것이다.

「마태복음」 10:21 - 장차 형제가 형제를, 아비가 자식을 죽는 데 내어 주며 자식들이 부모를 대적하여 죽게 하리라

그렇다면 왜 화평을 제거해 버릴까? 이 여섯 봉인 심판이 c.AD 8580~9580년 사이에 일어날 것이라는 사실을 기억하자. 그 때가 되면 아무리 기근과 지진과 빙하기 시대라 해도 인간의 과학기술은 최첨단일 것이다. 사람의 생각을 사람이나 동물에 전달해 동조화시키는 기술이 날로 발전할 것이다. 그래서 인간들이 먼저 소행성대의 하나님 아버지와 예수님의 하늘의 보좌, 즉 거대항공모함 우주선을 공격할 것이다. 그래서 붉은 말이 나오고 허락과 권세를 받아 인간들의 두뇌와 마음에서 화평을 제거시키는 것이다. 교란을 시키기 위함일 것이다. 평화라는 의미를 두뇌에서 잊게 하는 것이다. 최근 기억을 지우고 기억을 생성하는 과학기술에 인간들이 도전한다고 했다. 그래서 평화를 제거하면 남는 것은 그 반대인 분쟁과 배반과 전쟁과 서로 죽이는 것이다.

또는 이렇게도 해석할 수 있을 것이다. 그 다음 셋째 인의 내용을 보면 상황을 파악해 볼 수 있다. '화평'을 제거한다는 것은 아마도 먹을 것을 제거한다고 생각해 볼 수 있다. 먹을 것이 없으면 평화롭지 못하다. 마음이 불안하다. 또한 돈 거래를 끊었다고 생각해 볼 수 있다. 돈이 없으면 평화롭지 못하다. 결국 돈과 먹을 것이 없기 때문에 인간들은 서로 배반하고 죽이게 되는 것은 아닐까?

3. 셋째 인 – 검은 말, 노아 홍수의 재판, 빙하기/흉년, 아들 딸을 잡아 상을 차려

☞ 「요한계시록」 6:5 - 세째 인을 떼실 때에 내가 들으니 세째 생물이 말하되 오라 하기로 내가 보니 검은 말이 나오는데 그 탄 자가 손에 저울을 가졌더라(When the Lamb opened the third seal, I heard the third living creature say, "Come!" I looked, and there before me was a black horse! Its rider was holding a pair of scales in his hand.)(NIV)

6:6 - 내가 네 생물 사이로서 나는 듯하는 음성을 들으니 가로되 한 데나리온에 밀 한 되요 한 데나리온에 보리 석 되로다 또 감람유와 포도주는 해치 말라 하더라(Then I heard what sounded like a voice among the four living creatures, saying, "A quart of wheat for a day's wages, and three quarts of barley for a day's wages, and do not damage the oil and the wine!")(NIV); And I heard a voice from among the four living beings say, "A loaf of wheat bread or three loaves of barley will cost a day's pay(1). And don't waste(2) the olive oil and wine." / (1)Greek A choinix [1 quart or 1 liter] of wheat for a denarius, and 3 choinix of barley for a denarius. A denarius was equivalent to a laborer's full day's wage (2)Or harm(New Living)

예수님께서 셋째 인을 떼실 때에 검은 말(a black horse)이 등장한다. 검은색은 밤이 오고 있음을 의미한다. 무언가 징조가 안 좋다는 뜻이다. 검은 말을 탄 자가 한 쌍의 저울(a pair of scales)을 가졌다는 것은 이 땅에 기근이 들게 한다는 것이다. 왜 기근이냐 하면 인간들이 땅 위-바다-땅속의 에너지와 자원을 고갈시켜 빙하기에 접어들었기 때문에 농사를 지울 수 없다는 것이다. 게다가 검은 말이 감람유(the oil or the olive oil or the olive tree)와 포도주(the wine)를 제외하곤 이 땅의 나무들이나 곡식들을 다 해친다. 이는 노아 홍수 이전의 다섯 번째~여섯 번째의 샤앗탐(sha-at-tam)과 유사하다.[1] 먹을 것이 없어 딸과 아들을 잡아 상을 차리는 것과 같다. 하루 종일 일해 봐야 하루 임금, 즉 노동의 가치가 밀 한 되요 보리 석 되라는 것이다. 한 데나리온(a denarius)은 그리스 용어로 하루의 임금(a day's wages or a day's pay)이라는 뜻이다. 그러니 아들 딸을 잡아 상을 차릴 것이다. 참으로 처참한 상황이 아닐 수 없다.

이뿐이랴! 이 때에는 나부터 살기가 힘들어 형제가 형제를 죽는데 내어줄 것이고, 아비가 자식을 죽는데 내어 줄 것이며, 자식들이 부모를 배반하고 부모를 죽게 할 것이다. 참으로 비정한 상황이 아닐 수 없다.

「마태복음」 10:21 - 장차 형제가 형제를, 아비가 자식을 죽는 데 내어 주며 자식들이 부모를 대적하여 죽게 하리라

4. 셋째 인 – "감람유와 포도주는 해치지 말라"의 의미

그런데 왜 감람유(the oil or the olive oil or the olive tree)와 포도주(the wine)를 해치지 말라 하는 것일까?

「누가복음」 10장 25절~37절에는 '자비를 베푼 사마리아인(The Parable of

1 자세한 것은 『바이블 매트릭스』 2권 『인간창조와 노아 홍수의 비밀』의 6부 3장 5절의 "다섯 번째~여섯 번째 샤앗탐, 딸과 아들을 잡아 음식을 차려"를 참고하라.

the Good Samaritan)'이라는 예수님의 비유 말씀이 등장한다. 네 이웃이 누구인지를 설명하면서 "어떤 사람이 예루살렘에서 여리고로 내려가다가 강도를 만나매, 강도들이 그 옷을 벗기고 때려, 거반 죽은 것을 버리고 갔더라. 마침 한 제사장이 그 길로 내려가다가 그를 보고 피하여 지나가고, 또 이와 같이 한 레위인도 그곳에 이르러 그를 보고 피하여 지나가되, 어떤 사마리아인은 여행하는 중 거기 이르러 그를 보고 불쌍히 여겨, 가까이 가서 기름(oil)과 포도주(wine)를 그 상처에 붓고 싸매고 자기 짐승에 태워 주막으로 데리고 가서 돌보아주고…"라고 말씀하시고, 이게 이웃의 사랑이라고, 자비를 베푼 사마리아인과 같이 행하라고 말씀하셨다. 여기에서 감람유와 포도주는 선한 사마리아인이 강도 만나 쓰러진 사람을 치료할 때 약용으로 쓴 것으로, 예수님께서 셋째 인을 떼실 때 어려운 흉년 속에서도 생명을 살리는데 필요한 것은 풍성하게 하실 것임을 예언하는 예수님의 인간에 대한 무한한 사랑을 나타내는 것이다.

나중에 다시 소개하겠지만, 필자가 보기엔 감람유는 성령의 기름으로서 「요한계시록」 11장에 등장하는 두 증인, 즉 기름 발리운 자들인 모세와 엘리야가 이 땅에 내려오시는데, 4절에는 "이는 이 땅의 주 앞에 서있는 두 감람나무(the two olive trees)와 두 촛대(the two lampstands)니"라는 말씀의 상징적 의미에 따라 감람나무는 해치지 말라 하신 것이 아닌가 필자는 생각하고 있다.[2]

포도주는 「이사야」 55장 1절에 "너희 목마른 자들아 물로 나아오라 돈 없는 자도 오라 너희는 와서 사 먹되 돈 없이, 값 없이 와서 포도주와 젖을 사라"고 기록되어 있는데, 이는 풍성한 생명의 상징이다. 다시 말하면, 노아 홍수와 같은 큰 환란 속에서도 살아남는 축복의 은혜를 가리키고 있다. 분명히 셋째

---

2 자세한 것은 『바이블 매트릭스』 6권 『부활/휴거, 예수님의 재림시기 예측(c.AD 10740년)과 재림의 목적/방법』의 1부 1장 3절 3-3의 "「스가랴」의 두 감람나무와 두 촛대, 기름 발리운자 둘=두 증인"을 참조하라.

인은 전세계적인 기근을 예언하고 있다. 그것은 예수님의 재림의 징조이시다. 「시편」 37편 19절에 "저희는 환난 때에 부끄럽지 아니하며 기근의 날에도 풍족하려니와"와 같이 환란 중에도 하나님은 자기 백성들을 감람유와 포도주를 은밀히 예비해 두셨다는 사실을 기억해야 한다.

「요한계시록」 14장 10절에는 "하나님의 진노의 포도주(the wine of God's fury or wrath)"가 등장하고, 「요한계시록」 14장 17절~20절에는 이를 위해 이 땅의 포도송이를 수확하고 하나님의 진노의 포도주 틀(the great winepress of God's wrath)에 던져 밟는다. 그리고 「요한계시록」 14장 9절~10절에는 "누구든지 짐승과 그의 우상에게 경배하고 이마에나 손에 표를 받으면, 그도 하나님의 진노의 포도주를 마시리니…"라는 경고의 말씀이 등장한다. 이 때 하나님의 진노의 포도주는 그 옛날 임금이 사약을 내리는 것과 같은 것이다. 또한 「요한계시록」 16장 17절~21절에는 일곱 천사의 일곱 재앙 대접의 일곱 번째 심판이 등장하는데, 19절에는 "큰 성이 세 갈래로 갈라지고 만국의 성들도 무너지니 큰 성 바벨론이 하나님 앞에 기억하신 바 되어 그의 맹렬한 진노의 포도주 잔을 받으매"라는 말씀이 등장한다. 바벨론 성도 결국 하나님의 진노의 포도주 잔을 받고 멸망한다.

그리고 「요한계시록」 19장 11절~21절에는 "백마를 탄 자(The Rider on the White Horse)", 즉 예수님께서 마지막 심판을 하는 내용과 장면이 등장하는데, 15절에는 "그의 입에서 예리한 검이 나오니 그것으로 만국을 치겠고 친히 저희를 철장으로 다스리며 또 친히 하나님 곧 전능하신 이의 맹렬한 진노의 포도주 틀을 밟겠고"라는 말씀에서 멸망의 대상은 모두 하나님 아버지의 진노의 포도주 잔을 마신다는 것을 알 수 있다. 따라서 하나님의 진노의 포도주를 만들기 위해 포도를 해치지 말라고 한 것이다.

5. 넷째 인 – 청황색 말(사망/음부), 검/기근/전염병/땅의 짐승으로 땅의 1/4의 인간들과 생물들을 죽여

☞「요한계시록」6:7 - 네째 인을 떼실 때에 내가 네째 생물의 음성을 들으니 가로되 오라 하기로(When the Lamb opened the fourth seal, I heard the voice of the fourth living creature say, "Come!")(NIV)

6:8 - 내가 보매 청황색 말이 나오는데 그 탄 자의 이름은 사망이니 음부가 그 뒤를 따르더라 저희가 땅 사분 일의 권세를 얻어 검과 흉년과 사망과 땅의 짐승으로써 죽이더라(I looked, and there before me was a pale horse! Its rider was named Death, and Hades was following close behind him. They were given power over a fourth of the earth to kill by sword, famine and plague, and by the wild beasts of the earth.)(NIV); I looked up and saw a horse whose color was pale green. Its rider was named Death, and his companion was the Grave(1). These two were given authority over one-fourth of the earth, to kill with the sword and famine and disease(2) and wild animals. / (1)Greek was Hades (2)Greek death (New Living)

청황색 말이란 창백한(pale) 말이다. 창백하다는 것은 무엇인가 징조가 안 좋은 곧 죽음(사망)을 맞이한다는 뜻이다. 청황색 말을 탄 자의 이름이 바로 사망(Death)이고, 음부(Hades)가 뒤를 따른다. 원래 사망과 음부의 속성은 불의의 하나님들이 만든 것인데, 그 역할은 사람들과 생물들을 죽게 하는 것으로, 최후에는 파멸(Destruction), 즉 불못(the lake of fire)으로 들어가게(던져지게) 되어 있다(「요한계시록」20:14). 프로그램상으로 그렇게 되어 있다는 뜻이다.

「요한계시록」20:14 - 사망과 음부도 불 못에 던지우니 이것은 둘째 사망 곧 불못이라

그런데, 앞서 살펴본「요한계시록」1장 18절의 예수님께서 "사망과 음부의

열쇠를 가졌노니(And I hold the keys of death and Hades)"를 소개하면서, 사망과 음부도 명령하면 모종의 역할을 할 수도 있다고 했다. 열쇠를 가졌다는 것은 열고 닫을 뿐만 아니라, 열면 나와야 하고 무엇을 시키면 해야 한다는 뜻이다. 따라서 예수님의 명령에 따라 사망과 음부가 서로 협력하여 본래의 역할인 사람과 생물을 죽이는 것으로 해석할 수 있다.

결국 창백한 말, 즉 사망과 음부가 땅의 인간들과 생물들을 검(sword)과 흉년(famine or hunger)과 전염병(plague or disease or death)과 땅의 짐승들(wild animals)을 동원하여 다 죽인다. 노아의 홍수 때와 똑같다. 그러나 강도는 몇 십배 몇 백배 높을 것이다. 특히 땅의 짐승(wild beasts or animals)으로 인간들을 죽인다는 것인데, 이것은 과학적으로 설명이 가능하다. 이미 『바이블 매트릭스』 4권 『하나님들의 과학기술과 우리가 창조해야 할 미래(하)』의 2부 9장의 "애굽에 내린 10개의 재앙, 인간(신)과 동물/곤충의 인터넷이스(BBI)"에서 소개한 BBI 기술이다.

6. 다섯째 인 – 두루마리(우주복)를 주며 수가 차기까지 기다리라, 환란의 지속

☞ 「요한계시록」 6:9 - 다섯째 인을 떼실 때에 내가 보니 하나님의 말씀과 저희의 가진 증거를 인하여 죽임을 당한 영혼들이 제단 아래 있어(When he opened the fifth seal, I saw under the altar the souls of those who had been slain because of the word of God and the testimony they had maintained.)(NIV)

6:10 - 큰 소리로 불러 가로되 거룩하고 참되신 대주재여 땅에 거하는 자들을 심판하여 우리 피를 신원하여 주지 아니하시기를 어느 때까지 하시려나이까 하니(They called out in a loud voice, "How long, Sovereign Lord, holy and true, until you judge the inhabitants of the earth and avenge our blood?")(NIV)

6:11 - 각각 저희에게 흰 두루마기를 주시며 가라사대 아직 잠시 동안 쉬되 저희 동무 종들과 형제들도 자기처럼 죽임을 받아 그 수가 차기까지 하라

하시더라(Then each of them was given a white robe, and they were told to wait a little longer, until the number of their fellow servants and brothers who were to be killed as they had been was completed.)(NIV)

예수님께서 다섯째 인을 떼실 때에, 이미 하나님 아버지의 말씀과 증거로 인하여 피를 흘리고 죽은 자들(남/여)의 영(혼)들이 더 이상 기다릴 수 없다고 간구한다. 그러자 하나님 아버지를 위해 피를 흘리고 죽은 영혼들의 수와 같이, 다른 형제들도 그들처럼 죽임을 받아 그 수가 같아질 때까지 기다리라 한다. 기다리라는 것은 환란이 지속된다는 의미이고, 그 환란 속에서도 회개하거나 하나님 아버지와 예수님을 증거하고 죽을(순교할) 의로운 자들이 있다는 것을 의미하는 것이다. 그러나 의로운 자들도 환란 속에서 반드시 죽어야 함을 의미하는 것이다. 죽어야 첫째 부활에 동참하기 때문이다.

그 수(the numbers)가 같아질 때까지라는 것은, 창세 이후로 하나님 아버지와 예수님의 증거를 위해 순교한 자들이 상당히 많을 것인데, 그 수가 같아질 때까지 기다리라는 것이다. 즉 죽어 천상의 낙원에 있다가, 하나님 아버지께서 소행성대의 하늘의 보좌로 데려오신 순교한 자들의 영혼들이, 왜 빨리 최후의 심판을 안하시냐고 주청을 드리는 것이다. 참으로 보면 안타깝다고 생각한다. 이런 관점으로 볼 때에 하나님 아버지와 예수님은 오죽하랴! 그런데 그 수가 상당히 많다는 데 있다. 그러나 하나님 아버지와 예수님께서는 더욱 많은 사람들이 의롭게 죽어 천년 왕국과 새 예루살렘에 데려가시고자 하는 것이다. 이것이 중요한 인사이트이다.

여기서 죽은 영혼들에게 하얀 두루마기(a white robe)를 주신다는 뜻은 무엇일까? 하나님의 보좌, 즉 거대항공모함우주선이 소행성대에 진입했다는 것을 이해하면, 하얀 두루마리는 바로 하얀 우주복이다. 아담, 아브라함, 야곱, 이삭 등과 많은 의로운 선지자들, 그리고 많은 죽은 의로운 자들의 영(혼)을 데리고 오신다고 했으니 이들임에 틀림없다. 낙원에 있던 수도 없이 많은 이들을, 그대로 낙원을 평행 이동시켜 소행성대에 데려오던지, 아니면 별도의 거대항공모함우주선에 별도의 방(장막)을 만들어 데려오던지, 확실하게는 알 수 없으나, 데리고 오시는 것은 확실하다. 이들은 첫째 부활과 최후의 심판과 천년 왕국을 손꼽아 기다리는 것이다. 다음을 읽어 보시라.

「마태복음」 8:11 - 또 너희에게 이르노니 동서로부터 많은 사람이 이르러 아브라함과 이삭과 야곱과 함께 천국에 앉으려니와

「누가복음」 13:28 - 너희가 아브라함과 이삭과 야곱과 모든 선지자는 하나님 나라에 있고 오직 너희는 밖에 쫓겨난 것을 볼 때에 거기서 슬피 울며 이를 갊이 있으리라

13:29 - 사람들이 동서 남북으로부터 와서 하나님의 나라 잔치에 참석하리니

「데살로니가전서」 4:14 - 우리가 예수의 죽었다가 다시 사심을 믿을찐대 이와 같이 예수 안에서 자는 자들도 하나님이 저와 함께 데리고 오시리라

7. 여섯째 인 – 해와 달이 변해, 보좌의 중력, 소돔/고모라보다 강도 높은 핵무기 심판(I)

☞ 「요한계시록」 6:12 - 내가 보니 여섯째 인을 떼실 때에 큰 지진이 나며 해가 총담같이 검어지고 온 달이 피같이 되며(I watched as he opened the sixth seal. There was a great earthquake. The sun turned black like sackcloth made of goat hair, the whole moon turned blood red,)(NIV)

앞의 다섯 번의 봉인 심판에서 땅 위의 인간들과 생물체들은 거의 1/4이

죽을 것이다. 그러나 남은 자들 중 어떤 자들은 회개를 하고 하나님 아버지와 예수님 편으로 돌아오기도 하겠지만, 대다수의 인간들은 다섯 번의 기근, 흉년, 전염병, 소형우주선무기, 차세대 전투기 등에 의한 인간 초토화로 더욱 감정이 악해져 하나님 아버지와 예수님을 적대시할 것이다.

예수님께서 여섯째 인을 떼실 때에 큰 지진이 일어난다. 큰 지진(a great earthquake)이란 오늘날의 진도 6이나 7이 아닐 것이다. 그 이상의 지진일 것이다. 하나님 아버지의 보좌가 소행성대에 진입했다고 상상해보라. 이미 『바이블 매트릭스』 1권 『우주창조의 비밀』과 2권 『인간창조와 노아 홍수의 비밀』에서 니비루(Nibiru)인 마르둑(Marduk) 행성이 우리 태양계에 진입할 때 엄청난 블랙홀의 바람과 중력장과 초고에너지에 의해 행성들의 궤도가 바뀌고 이로 인해 지구의 남극대륙이 깨져 노아의 홍수가 일어났다고 했다. 마찬가지로 하나님 아버지의 보좌의 강력한 중력장에 의해 그 여파로 『우주창조의 비밀』(2013, pp. 218~220)에서 살펴보았던 지구를 보호해주는 밴앨런대(Van Allen Belts)의 자기장은 파괴될 것이고, 그로 인해 지구에는 각종 큰 지진이 일어날 것이다.

동시에 이러한 중력장 이외에 오늘날 핵무기 이상의 핵을 사용할 수도 있을 것이다. 그래서 해가 검게 변한다는 것은 지진 구름이나 핵 구름에 의해 가리워졌다는 것을 의미한다. 영화 〈매트릭스〉라고 생각하면 이해하기 쉽다. 인간과 매트릭스의 싸움에서 매트릭스의 전원을 끊기 위해 인간들은 태양을 향해 핵을 쏘아 핵구름을 만든다. 그래서 온 통 세상이 어둡게 설정되어 있다. 아울러 달이 피같이 붉게 변했다는 것도 지구에 무시무시한 지진이 일어나고 핵공격을 받아 그 영향으로 붉게 물들었다는 뜻일 것이다. 이 또한 소돔과 고모라가 바로 이와 같은 핵무기에 의해 멸망되었다는 것을 이해하면 분명 핵무기 이상의 심판이다.

8. 여섯째 인 – 별들이 떨어지고, 소행성대가 사라지고, 산과 섬이 옮겨지고(II)

☞ 「요한계시록」 6:13 - 하늘의 별들이 무화과나무가 대풍에 흔들려 선과실이 떨어지는 것같이 땅에 떨어지며(and the stars in the sky fell to earth, as late figs drop from a fig tree when shaken by a strong wind.)(NIV)

6:14 - 하늘은 종이 축이 말리는 것같이 떠나가고 각 산과 섬이 제 자리에서 옮기우매(The sky receded like a scroll, rolling up, and every mountain and island was removed from its place.)(NIV)

6:16 - 산과 바위에게 이르되 우리 위에 떨어져 보좌에 앉으신 이의 낯에서와 어린 양의 진노에서 우리를 가리우라(They called to the mountains and the rocks, "Fall on us and hide us from the face of him who sits on the throne and from the wrath of the Lamb!)(NIV)

하나님 아버지의 보좌의 중력장은 그 이상으로 발휘할 것이다. 그 결과 무화과 나무의 선과실이 바람에 흔들리는 추풍낙엽처럼 떨어지듯이, 하늘의 별들이 땅에 떨어질 것이다. 하늘에 구축한 인간이 만든 식민지 행성들도 오닐 기지도 다 떨어질 것임에 틀림없다. 그러므로 하늘을 차지했던 인간들은 올라오는 것이 아니라 떨어지는 것이다.

이뿐이랴! 화성과 목성 사이에 있는 소행성대(하늘)의 200만 개의 소행성들도 지구를 향해 돌진해 떨어지거나 종이 축이 말리는 것같이 사라질 것이다. 그 여파로 땅의 섬들과 산들이 바다로 가라앉거나 땅속으로 사라지거나 하늘로 솟아오를 것이다. 그래서 사람들은 산과 바위에게 말하기를 "우리 위에 떨어져 보좌에 앉으신 이의 낯에서와 어린 양의 진노에서 우리를 가리우라"고 아우성치는 것이다.

9. 여섯째 인 – 하늘 권능들이 흔들림→하늘의 전쟁→하늘을 불살라(III)

이 상황은 「마태복음」 24장 29절의 "즉시 해가 어두워지며 달이 빛을 내지 아니하며 별들이 하늘에서 떨어지며 하늘의 권능들이 흔들리리라"와 같다. 하늘의 권능 또는 천체가 흔들린다는 것은 하늘에서 전쟁이나 심판이 있다는 것을 의미한다. 하나님 아버지와 예수님의 군대가 인간이 식민지화한 우주의 행성들과의 전쟁이나 심판이 있을 수도 있다. 땅뿐만이 아니라 하늘에서도 인간들이 하나님 아버지와 예수님을 적대시 할 것임에 틀림없을 것이다.

「마태복음」 24:29 - 그 날 환난 후에 즉시 해가 어두워지며 달이 빛을 내지 아니하며 별들이 하늘에서 떨어지며 하늘의 권능들이 흔들리리라

또한 이렇게 확대해석할 수도 있다. 하나님들도 의로운 하나님들과 불의의 하나님들이 있다고 했다. 하늘이나 이 땅에서 결국은 선과 악의 싸움이다. 바로 「요한계시록」 12장에는 '여자와 용(The Woman and the Dragon)'이 등장하는데, 12장 7절에는 "하늘에 전쟁이 있으니(And there was an war in heaven…)"를 계시하고 있다. 물론 이것은 여섯째 인의 심판 때 일어나는 것이 아니라 그 이후에 일어나는 일이지만, 시간상 사건이 그 전에 발생할 수도 있다는 가정 아래 여기에 소개하는 것이다. 이때 용(dragon)은 사탄(마귀)의 불의의 하나님들을 의미하는 것이다. 불의의 하나님들과 의로운 하나님들이 일대 전쟁을 그리고 있다. 그런데 이 전쟁에서 용이 이기지 못하여 다시 하늘에서 있을 곳을 얻지 못하고 이 땅으로 쫓겨 내려온다.

「요한계시록」 12:7 - 하늘에 전쟁이 있으니 미가엘과 그의 사자들이 용으로 더불어 싸울째 용과 그의 사자들도 싸우나

12:8 - 이기지 못하여 다시 하늘에서 저희의 있을 곳을 얻지 못한지라

12:9 - 큰 용이 내어쫓기니 옛 뱀 곧 마귀라고도 하고 사단이라고도 하는 온

천하를 꾀는 자라 땅으로 내어쫓기니 그의 사자들도 저와 함께 내어쫓기니라

있을 곳이 없다는 것은 악의 하나님들의 지배하던 하늘의 권능 또는 천체가 다 불에 타서 무너진다는 것을 의미하는 것이다. 하늘에 있던 불경스러운 인간들이나 불의의 하나님들이 지배하던 행성들과 별들이 다 불에 타서 지구로 떨어지는 것이다. 이러한 별들이 떨어진다면 땅 위나 바다 위나 바다 안이나 땅속이나 견딜 수가 없을 것이다.

이것은 「베드로후서」 3장 7절과 같은 내용이다. 하늘과 땅은 불사르기 위하여 예비해두셨는데 심판과 멸망의 날에 경건치 않은 사람들을 심판하기 위함이라는 것이다. 하늘을 불사른다? 오닐기지나 다른 행성에 가서 사는 사람들이 이 여섯째 봉인의 심판에서 자유로울 수 있을까?

「베드로후서」 3:7 - 이제 하늘과 땅은 그 동일한 말씀으로 불사르기 위하여 간수하신 바 되어 경건치 아니한 사람들의 심판과 멸망의 날까지 보존하여 두신 것이니라

이것은 예수님께서 이 땅에 재림하시기 이전의 소행성대의 하나님의 보좌에서 내리는 여섯째 봉인의 심판이다.

☞「요한계시록」 6:15 - 땅의 임금들과 왕족들과 장군들과 부자들과 강한 자들과 각 종과 자주자가 굴과 산 바위 틈에 숨어

6:16 - 산과 바위에게 이르되 우리 위에 떨어져 보좌에 앉으신 이의 낯에서와 어린 양의 진노에서 우리를 가리우라

6:17 - 그들의 진노의 큰 날이 이르렀으니 누가 능히 서리요 하더라

7장

「요한계시록」 7장 – 인치심을 받은 이스라엘의 144,000명과 다른 민족의 큰 무리, 옷을 씻어 희게 (c.AD 8580~9580)

「요한계시록」 7장은, 앞서 살펴본 6장 11절의 다섯째 봉인에 나오는 "흰 두루마기를 주시며…죽임을 받아 그 수가 차기까지 기다리라"는 계시를 이행하는 것으로, 6장의 여섯 번의 큰 환란 혹은 시험에서 나오는 인치심(Sealed)을 받은 자들에 관한 내용이다. 이는 본권 2부 3장 2절의 "빌라델비아 교회에 보내는 메시지"의 2-5인 "시험의 때를 면하게 하리니"라는 예수님의 약속을 그대로 이행하시는 것이다. 단지 주의할 것은 이스라엘 각각 12지파에서 12,000명, 즉 총 144,000명이 인치심을 받는데, 이스라엘 민족 이외에 수많은 나라와 족속과 백성과 언어에서 능히 셀 수 없는 큰 무리(a great multitude)가 인치심을 받는다. 이스라엘 민족뿐만 아니라 전 세계의 인간들을 대상으로 복음이 전파되었다는 것을 의미하는 것인데, 이것은 매우 중요한 것이다. 성경은 이스라엘 민족 관점에서 서술한 이스라엘의 역사책이기 때문에, 타민족들에게는 무슨 일이 일어났는지, 일어날 것인지, 자세히 알 수가 없지만, 「요한계시록」 7장은 모든 민족을 구원하겠다는 하나님 아버지와 예수 그리스도의 뜻을 알 수가 있는 예언의 기록이다.

또 한 가지 사실은 「요한계시록」은 불의한 자, 즉 불경한 자들에게는 멸망이지만, 의로운 자, 즉 경건한 자들에게는 구원과 영생을 주신다는 것을 알아야 한다. 예수님은 이처럼 산 자와 죽은 자를 구별하여 심판하시는 것이다.[1] 먼 훗날에도 의로운 자들이 이처럼 많다는 것을 이해해야 한다. 따라서 먼 미래에도(c.AD 8580~9580) 우리에게는 희망이 있는 것이다.

그리고 이 때, 만만(1억) 천천(1백만)의 모든 천사들은 「요한계시록」 7장에 기록된 내용대로 예수님의 명령에 따라 예수님께 오르락내리락하면서 수행할 것이다.

「요한복음」 1:51 - 또 가라사대 진실로 진실로 너희에게 이르노니 하늘이 열리고 하나님의 사자들이 인자 위에 오르락내리락하는 것을 보리라 하시니라(He then added, "I tell you the truth, you shall see heaven open, and the angels of God ascending and descending on the Son of Man.")(NIV)

1절 「요한계시록」 7:1-3 - 하나님의 종들의 이마에 인을 치다

1. 바람으로 땅/바다를 해칠 권세를 얻은 네 천사 등장

☞ 「요한계시록」 7:1 - 이 일 후에 내가 네 천사가 땅 네 모퉁이에 선 것을 보니 땅의 사방의 바람을 붙잡아 바람으로 하여금 땅에나 바다에나 각종 나무에 불지 못하게 하더라(After this I saw four angels standing at the four corners of the earth, holding back the four winds of the earth to prevent any wind from blowing on the land or on the sea or on any tree.(NIV)

7:2 - 또 보매 다른 천사가 살아 계신 하나님의 인을 가지고 해 돋는 데로

1 자세한 것은 『바이블 매트릭스』 6권 『부활/휴거, 예수님의 재림시기 예측(c.AD 10740년)과 재림의 목적/방법』의 3부 1장 1절 1-5의 "산 자와 죽은 자를 분별/심판하시러 재림, 첫째와 둘째 부활의 차이, 생명책"을 참조하라.

부터 올라와서 땅과 바다를 해롭게 할 권세를 얻은 네 천사를 향하여 큰 소리로 외쳐(Then I saw another angel coming up from the east, having the seal of the living God. He called out in a loud voice to the four angels who had been given power to harm the land and the sea:(NIV)

바람을 다스리는 네 천사가 등장한다. 이 계시의 말씀을 정확히 이해하기 위해서는 2절의 "땅과 바다를 해롭게 할 권세를 얻은 네 천사"가 핵심 인사이트이다. 네 천사는 어떤 권세(power)를 받았는가 하면 땅과 바다를 해치는 권세를 받은 것이다. 무엇으로 해치는가 하면 바로 이 땅의 네 모퉁이에서 나오는 네 개의 바람들, 즉 사방의 바람들(the four winds)이다. 그런데 1절을 보면 이들 네 천사가 땅 네 모퉁이에 섰고, 사방에서 불고 있는 바람들을 붙잡고(holding back) 있다. 노아의 홍수는 물로 심판을 받았고, 「요한계시록」의 심판의 내용은 불로 심판을 받을 예정이며, 그 다음 세상은 바람으로 심판을 받는다는 말이 있다. 네 천사가 불고 있는 사방의 바람들을 잡아서, 막 놓아 다시 불게 하여 땅과 바다를 해치고자 하는 것이다. 이 천사들이 손에 잡고 있는 바람이 놓이면 큰 천재지변이 일어나고 많은 사람들이 죽게 된다.

이 사방 바람이 네 천사의 손에서 놓이고, 방향과 바람의 속도를 동조시키고 증폭시키면, 엄청난 회오리바람(a great whrilwind)이 되어 이 땅에는 엄청난 재난들이 들이닥친다. 「예레미야」 25장의 32절~33절을 한번 읽어보시라.

「예레미야」 25:32 - 나 만군의 여호와가 말하노라 보라 재앙이 나서 나라에서 나라에 미칠 것이며 대풍이 땅 끝에서 일어날 것이라

25:33 - 그 날에 나 여호와에게 살륙을 당한 자가 땅 이 끝에서 땅 저 끝에 미칠 것이나 그들이 슬퍼함을 받지 못하며 염습함을 입지 못하며 매장함을 얻지 못하고 지면에서 분토가 되리로다

그리고 『바이블 매트릭스』 1권 『우주창조의 비밀』(pp. 83~88)의 마르둑(Marduk)의 동서남북 네 방향에 위치한 바람들이 사악한 바람(evil wind), 사나운 바람(tempest wind), 폭풍의 바람(hurricane wind)을 만나 일곱 개의 회오리바람(whirlwind)이 되어 무적이 된다는 사실을 상기하자. 이들 바람들을 다스리는 네 천사들이 붙잡은 바람들을 놓으면 이러한 막강한 회오리바람이 될 것임은 뻔한 일이다. 인간들로 보면 절대절명의 순간이다.

2. 인치기까지 해하지 말라=바람을 붙잡고 있어라, 그 이유?

☞「요한계시록」 7:2 - 또 보매 다른 천사가 살아 계신 하나님의 인을 가지고 해 돋는 데로부터 올라와서 땅과 바다를 해롭게 할 권세를 얻은 네 천사를 향하여 큰 소리로 외쳐(Then I saw another angel coming up from the east, having the seal of the living God. He called out in a loud voice to the four angels who had been given power to harm the land and the sea:(NIV)

7:3 - 가로되 우리가 우리 하나님의 종들의 이마에 인치기까지 땅이나 바다나 나무나 해하지 말라 하더라("Do not harm the land or the sea or the trees until we put a seal on the foreheads of the servants of our God."(NIV)

살아계신 하나님 아버지의 인(the seal)을 가지고, 동쪽의 해 돋는 데로부터 올라온 다른 천사가 나타나서, 바람을 다스리는 네 천사에게 "우리가(we…) 우리 하나님(our God)의 종들의 이마에 인치기까지 땅이나 바다나 나무나 해하지 말라"라고 큰 소리로 외쳐 알린다. 여기에서도 '우리가 우리'라고 표현하고 있는데, 지휘하는 천사 아래에는 인치는 많은 천사들이 있음을 알 수 있다. 이 천사들은 인치심을 받을 하나님의 종들을 도와주기 위하여 봉사하고 있는 하나님의 천사들이다. 이 천사는 해 돋는 데로부터, 빛이 있는 곳에서부터, 해가 뜨는 것처럼 임하고 있다. 이 뜻은 마치 해가 뜨는 것처럼 서서히 빛이 비추어지듯이 기별이 오는 것을 말한다.

국제우주정거장(ISS)에서 지상으로 레이저를 쏘는 모습 개념도. Image Credit : NASA

그런데 "종들의 이마에 인치기까지 땅이나 바다나 나무나 해하지 말라"라고 하는 것은 무슨 의미일까? 그것은 인치기까지 계속 바람을 붙잡고 있으라는 의미이다. 바람을 붙잡아 막 놓을 순간에 있는 네 천사들이, 즉 세상에 있는 인간들이 너무나 악하여 바람이 거의 놓여질 수 밖에 없는 순간이 다가왔을 때, 하나님→예수님께서 다른 천사를 파견하셔서 바람을 붙잡도록 촉구하고 있는 것이다.

그렇다면 왜 바람을 붙잡고 있으라고 촉구하고 있을까? 이 의미를 이해하려면 『바이블 매트릭스』 5권 『성령으로 무장하신 예수님의 과학기술』의 1부 2장 3절 3-7절의 "NASA, 우주서 레이저로 지구에 동영상을 쏘다"(pp. 58~60)를 참고해야 한다. 동시에 소행성대의 하나님 아버지의 보좌, 즉 거대항공모함 우주선에서 땅에 있는 사람들의 이마에 인을 치신다는 것을 과학적으로 알고 있어야 한다. 필자는 『바이블 매트릭스』 5권에서 다음과 같이 썼다(pp. 59~60).

레이저로 정보를 주고받을 때 가장 큰 걸림돌은 정확도다. ISS는 시속 2만

7천 킬로미터 속도로 하루에 지구 주위를 15번 넘게 돈다. 이렇게 빨리 움직이는 곳에서 지상 한 곳에 정확히 레이저를 쏘기란 만만찮은 일이다. NASA는 이를 "걸어가면서 30피트(9m) 떨어진 사람의 머리카락 끝에 레이저 포인터를 겨냥하는 것과 같다"라고 설명했다.

그렇다. 이 때의 천사들이 하늘의 보좌로부터 오늘날의 레이저와 같은 파장을 쏘아 땅에 있는 사람들의 이마에 정확하게 인을 칠지는 지금으로서는 알 수 없다. 그것은 레이저 이상의 어떤 에너지와 파동일 것이다. 그렇지만 바람이 불면 소행성대의 하늘의 보좌에서 쏜 어떤 에너지와 파동이 왜곡될 수가 있다. 빗나갈 수 있다는 얘기이다. 또한 바람이 불면 이물질이 바람에 날려 에너지와 파동을 왜곡시킬 수가 있을 것이다. 그래서 사방의 바람을 붙잡고 있으라고 메시지를 전달하는 것이다.

3. 인을 왜 이마에 받는 것일까? 하나님 아버지와 예수님의 이름/편

그런데 왜 살아 계시는 하나님 아버지의 인(the seal of the living God)을 이마에 받는 것일까? 그것은 마치 옛날 이스라엘의 대제사장이 머리에 쓴 관에 '여호와께 성결'이라고 써 있었던 것처럼, 앞 이마가 성결하고 정결한 사람들이 하나님의 인을 받는다는 뜻일 것이다. 앞 이마가 정결하다는 뜻은 무엇일까? 우리의 앞 이마에는 전두엽(Frontal Lobe)이 자리잡고 있다. 전두엽에서는 이성, 학습, 추리, 판단, 결정, 의지, 선과 악의 선택을 통제 관할한다. 그리고 전두엽에서 이루어지는 중요한 기능은 영성, 도덕성, 그리고 의지를 나타낸다. 따라서 「요한계시록」은 하나님을 아는 데에 있어 앞 이마(전두엽)가 중요한 역할을 담당하고 있음을 언급하고 있다고 볼 수 있다.

「요한계시록」 14장 1절과 22장 4절에는 "그 이마에 어린 양의 이름과 그 아버지의 이름을 쓴 것이 있도다"와 "그의 이름도 저희 이마에 있으리라"라고 기록되어 있다. 차후 다시 설명하겠지만, 14장 1절은 부활한 자들이 예수님을 공중에서 영접하고 이 땅에 공중재림을 준비 또는 공중재림하는 모습이고, 22장 4절은 새 예루살렘에 들어가면 "하나님 아버지의 얼굴을 볼 것이여 하나님 아버지의 이름도 저희 이마에 있다"는 것이다. 따라서 이마에 인을 받는다는 것은 하나님 아버지의 이름과 예수님의 이름을 받는다고 볼 수 있고, 하나님 아버지와 예수님의 편에 섰다는 것을 의미하는 것이다.

「요한계시록」 14:1 - 또 내가 보니 보라 어린 양이 시온 산에 섰고 그와 함께 십사만 사천이 섰는데 그 이마에 어린 양의 이름과 그 아버지의 이름을 쓴 것이 있도다

「요한계시록」 22:4 - 그의 얼굴을 볼 터이요 그의 이름도 저희 이마에 있으리라

4. 인을 왜 이마에 받는 것일까? 적그리스도들이 금방 알아보고 죽임

우리는 또한 사람들을 볼 때 이마를 가장 먼저 본다. 군대에서도 이마에 적군인지 아닌지 표시를 한다. 따라서 하나님 아버지께서도 종들의 이마에 표시를 하는 것이다. "시험의 때를 면하게 하리니"(「요한계시록」 3:10)라는 예수님의 약속의 말씀으로 보아, 여섯 봉인의 큰 환란의 시험을 피하고, 그 대신 하나님 아버지의 일곱 영의 최첨단 과학도구에서 동시에 보내지는 어떤 에너지와 파동을 정확하게 이마에 쏘아 죽음을 맞는 것이라고 추측해 볼 수도 있을 것이다.

그러나 앞서 살펴본 6장의 「요한계시록」 6장의 2절 2-6의 "다섯째 인 - 두루마리(우주복)를 주며 수가 차기까지 기다리라, 환란의 지속"의 내용을 보면 그건 아닌 것 같다. 먼저 죽임을 당한 영혼들과 같이 환란 중에 자기들처럼 죽임을 받아 그 수가 차기까지 기다리라는 것을 보면, 인치심을 받은 자들은

불의의 적그리스도들(Anti-Christ)에게 죽임을 당하는 것이라 볼 수 있다. 죽음, 즉 순교를 당한다는 뜻이다.

그렇다! 여섯 번의 환란 또는 여섯째 봉인의 환란 중에 불의한 인간들은 하나님 아버지와 예수님을 증거하는 자들을 다 죽일 것이다. 그리스도인이라 하는 성도들을 다 발본색원하여 다 찾아낼 것이다. 그러면 그리스도인들은 도망을 다녀야 하고 그에 따른 더욱 많은 고통을 당하게 될 것이다. 그래서 예수님은 "시험의 때를 면하게 하리니"라고 말씀하신 것이다. 이마에 하나님 아버지의 인을 받았으니 불의의 인간들은 금방 인치심을 받은 성도들을 알아볼 것이다. 앞에서도 얘기했지만, 결국 이마에 찍힌 인으로 예수님의 편에 섰는지 불의의 인간들은 금방 알아보고 구별해 낼 것이다. 아니면 먼 미래(c.AD 8580~9580)의 일이라 불의의 인간들이 이마에 맞은 하나님 아버지의 인의 코드를 풀어, 한 순간의 어떤 에너지와 파동으로 인치심을 받은 하나님의 종들을 일거에 다 죽일 수도 있을 것이다. 결국 인치심을 받은 하나님 아버지의 종들은 불의한 자들에게 죽임(순교)을 당하는 것이다.

5. 불의의 하나님들/짐승들의 또 다른 이마와 손의 표(mark)인 666

여기에서 우리는 향후 하늘의 전쟁에서 패해 이 땅으로 쫓겨 내려오는 불의의 하나님들과 이 땅의 짐승들(왕들)과 이 땅의 거짓 선지자들이, 「요한계시록」 7장의 하나님 아버지의 의로운 인(the seal)을 그대로 흉내내어, 「요한계시록」 13장에 등장하는 우상(Image)을 만들어 경배하게 하고, 666표를 만들어 오른손이나 이마에 받도록 한다는 사실을 유추해 볼 수 있는데, 이는 향후 「요한계시록」 13장에서 자세히 다루기로 한다. 그 때 사는 인간들은 이 표를 받으면 안 된다. 표를 받으면 유황 불못에 던져진다. 왜 던져지는지 그 이유는 차후에 다루기로 한다.

다시 말해 선과 악의 싸움이라고 했다. 불의의 하나님들도 이마에 자기편이라는 인, 즉 표를 이마에 받게 하고, 의로운 하나님들도 자기편을 나타내는 인을 이마에 받게 한다는 것을 알 수 있다. 그러나 의로운 하나님들과 예수님의 군대가 결국에는 승리한다는 것도 알 수 있다.

2절 「요한계시록」 7:4~12 - 인치심을 받은 이스라엘 민족의 수와 각 나라의 큰 무리

1. 이스라엘 민족(12 지파)의 인 맞은 수=144,000명

☞ 「요한계시록」 7:4 - 내가 인 맞은 자의 수를 들으니 이스라엘 자손의 각 지파 중에서 인 맞은 자들이 십사만 사천이니(Then I heard the number of those who were sealed: 144,000 from all the tribes of Israel.(NIV)

7:5 - 유다 지파 중에 인 맞은 자가 일만 이천이요 르우벤 지파 중에 일만 이천이요 갓 지파 중에 일만 이천이요

7:6 - 아셀 지파 중에 일만 이천이요 납달리 지파 중에 일만 이천이요 므낫세 지파 중에 일만 이천이요

7:7 - 시므온 지파 중에 일만 이천이요 레위 지파 중에 일만 이천이요 잇사갈 지파 중에 일만 이천이요

7:8 - 스불론 지파 중에 일만 이천이요 요셉 지파 중에 일만 이천이요 베냐민 지파 중에 인 맞은 자가 일만 이천이라

사도 요한이 인 맞은 자의 수를 듣는다. 이스라엘 12지파에서 각각 12,000명씩 총 144,000명이 인을 맞는다. c.AD 8580~9580년 사이에 있을 여섯 봉인의 시험(환란) 중에 하나님 아버지와 예수님의 증거를 위해 의로운 자들이 144,000명이나 된다는 것은 참으로 대단한 것이다. 그 때에도 의로운 자들이 있다는

것에 대해 기뻐하라. 그러나 이들은 반드시 죽어야 함도 기억하자. 그 대신 구원과 부활과 영생을 얻는 것이다. 얼마나 기쁘지 아니한가?

그런데 「요한계시록」 7장에 나오는 12지파의 이름들은 「창세기」 (35:23~26 & 49:3~8)에 나오는 이름들과 사뭇 다르다. 단(Dan) 지파가 빠진 것을 알 수 있다. 그 대신 요셉(Joseph) 지파와 요셉의 두 아들 므낫세(Manasseh)와 에브라임(Ephraim) 중 장자인 므낫세 지파가 들어간 것을 알 수 있다. 단은 뒤에서 무는 뱀의 성격을 가졌다고 기록하고 있다(「창세기」 49:17). 말굽을 물어 그 탄 자로 뒤로 떨어지게 하는 자는 빠진 것 같다.

2. 각 나라에서 인 맞은 큰 무리, 흰 옷을 입고 종려가지를 들고

☞ 「요한계시록」 7:9 - 이 일 후에 내가 보니 각 나라와 족속과 백성과 방언에서 아무라도 능히 셀 수 없는 큰 무리가 흰 옷을 입고 손에 종려가지를 들고 보좌 앞과 어린 양 앞에 서서(After this I looked and there before me was a great multitude that no one could count, from every nation, tribe, people and language, standing before the throne and in front of the Lamb. They were wearing white robes and were holding palm branches in their hands.(NIV)

7:10 - 큰 소리로 외쳐 가로되 구원하심이 보좌에 앉으신 우리 하나님과 어린 양에게 있도다 하니(And they cried out in a loud voice: "Salvation belongs to our God, who sits on the throne, and to the Lamb."(NIV)

또 사도 요한이 또 보니 이스라엘 백성만 인치심을 받는 것이 아니라, 각 나라와 족속과 백성과 방언에서 아무라도 능히 셀 수 없는 큰 무리(a great multitude)도 인치심을 받는다는 것을 알 수 있다. 그러나 이들 또한 반드시 불의의 적그리스도들에게 죽임을 당해야 한다. 종려가지란 승리를 상징하는 것이다. 이기는 자란 뜻이다. 이겼다는 뜻이다.

죽었기 때문에 흰 옷(우주복)을 입었다고 표현한 것이며, 그 영(혼)들이 소행성대의 하늘의 보좌에 올라 종려가지를 들고 하나님 아버지 앞과 어린 양, 즉 예수 그리스도 앞에 선 것이다. 이 때의 흰 옷이란 소행성대에 진입한 거대항공모함 우주선으로 들어가려면 영(혼)들도 우주복을 입어야 한다. 그러나 이것은 부활이 아니다. 부활과 휴거는 향후 일곱 번째 천사의 일곱 나팔에 따라 일제히 일어나는 것이다.

그리고 이들은 "큰 소리로 외쳐 가로되 구원하심이 보좌에 앉으신 우리 하나님과 어린 양에게 있도다 하니"라고 외쳐, 하나님 아버지와 예수 그리스도에게 감사의 마음을 전하는 것이다.

3. 엄청난 일을 한 모든 천사들이 엎드려 찬양(겸손)

☞ 「요한계시록」 7:11 - 모든 천사가 보좌와 장로들과 네 생물의 주위에 섰다가 보좌 앞에 엎드려 얼굴을 대고 하나님께 경배하여(All the angels were standing around the throne and around the elders and the four living creatures. They fell down on their faces before the throne and worshiped God,(NIV)

7:12 - 가로되 아멘 찬송과 영광과 지혜와 감사와 존귀와 능력과 힘이 우리 하나님께 세세토록 있을찌로다 아멘 하더라.

이 엄청난 일을 한 천사들의 반응이 등장한다. 이스라엘 민족 144,000명을 비롯해 셀 수 없는 각 나라의 큰 무리들을 인치고 환란에서 빼낸 후 천사들의 다음 행동을 보여주는 대목이다. 인치심을 받은 영(혼)들이 하나님 아버지와 예수님께 감사하다고 말을 하자, 이것을 도와준 천사들이 하나님 아버지와 예수님께 찬양한다. 천사들의 역할이 대단한 것이지만 모든 공을 하나님 아버지와 예수님께 돌리는 겸손함을 강조한 것이다.

3절 「요한계시록」 7:13~17 - 인 맞은 자들의 권한 및 권세

1. 예수님의 피에 옷을 씻어 흰 옷(우주복)을 입다

☞ 「요한계시록」 7:13 - 장로 중에 하나가 응답하여 내게 이르되 이 흰 옷 입은 자들이 누구며 또 어디서 왔느뇨(Then one of the elders asked me, "These in white robes--who are they, and where did they come from?"(NIV)

7:14 - 내가 가로되 내 주여 당신이 알리이다 하니 그가 나더러 이르되 이는 큰 환난에서 나오는 자들인데 어린 양의 피에 그 옷을 씻어 희게 하였느니라(I answered, "Sir, you know." And he said, "These are they who have come out of the great tribulation; they have washed their robes and made them white in the blood of the Lamb.(NIV)

인치심을 받은 자들은 죽어 그 영혼들이 하늘의 보좌, 즉 소행성대에 진입한 거대항공모함 우주선으로 들려 안으로 들어가 흰 옷, 즉 우주복을 입는다. 이 때 24분의 고위급 하나님들 중 한 분이 "이 흰 옷 입은 자들이 누구며 또 어디서 왔느뇨?"라고 묻는다. 그리고 사도 요한에게 "이는 큰 환난에서 나오는 자들인데 어린 양의 피에 그 옷을 씻어 희게 하였느니라"고 대답한다.

예수님을 믿고 예수님의 말씀을 그대로 행한 의로운 사람들은, 예수님께서 의로운 사람들을 위해 피 흘려 죽으셨기 때문에, 죽으면 다 흰 옷을 입어야 한다. 이것을 어린 양의 피에 그 옷을 씻어 희게 하였다고 표현한 것(They have washed their robes in the blood of the Lamb and made them white)이다. 여기서 옷을 빤다는 것(They have washed their robes)은 하나님 아버지와 예수님을 위해 순교를 당했다는 뜻이며, 또는 순교를 당하지는 않았어도 살아 있을 때 하나님 아버지와 예수님을 믿고 말씀과 계명을 이행하는 의로운 행위(the righteous acts or the righteousness or good deeds)를 했다는 것을 의미한다.

흰 옷이란 「요한계시록」 19장 8절에 정의를 내리고 있는데, "빛나고 깨끗한 세마포를 입게 하셨은즉 이 세마포는 성도들의 옳은 행실이라"고 기록하고 있다. 빛나고 깨끗한 세마포란 빛나는 우주복이다.

「요한계시록」 19:8 - 그에게 허락하사 빛나고 깨끗한 세마포를 입게 하셨은즉 이 세마포는 성도들의 옳은 행실이로다 하더라

2. 인 맞은 자들, 하늘의 보좌→장막→천년 왕국→새 예루살렘/만국들

☞ 「요한계시록」 7:15 - 그러므로 그들이 하나님의 보좌 앞에 있고 또 그의 성전에서 밤낮 하나님을 섬기매 보좌에 앉으신 이가 그들 위에 장막을 치시리니(Therefore, "they are before the throne of God and serve him day and night in his temple; and he who sits on the throne will spread his tent over them.(NIV)

7:16 - 저희가 다시 주리지도 아니하며 목마르지도 아니하고 해나 아무 뜨거운 기운에 상하지 아니할찌니(Never again will they hunger; never again will they thirst. The sun will not beat upon them, nor any scorching heat.(NIV)

7:17 - 이는 보좌 가운데 계신 어린 양이 저희의 목자가 되사 생명수 샘으로 인도하시고 하나님께서 저희 눈에서 모든 눈물을 씻어 주실 것임이러라(For the Lamb at the center of the throne will be their shepherd; he will lead them to springs of living water. And God will wipe away every tear from their eyes)."(NIV)

본 내용은 「요한계시록」 21장과 22장의 '새 하늘과 새 땅'과 '새 예루살렘'의 내용을 기록한 것이다. 장막(tabernacle)을 친다는 것은 텐트(tent), 즉 울타리/보호막, 즉 거처(dwelling), 쉽게 말해 거대우주항공모함 우주선에 들어간다는 것이다. 지금은 소행성대의 하늘의 보좌로 올라가 거대우주선인 보호막에서 흰 옷(우주복)을 입고 있지만, 그 다음의 첫째 부활(영생의 부활 또는 생명의 부활)을 통해 천년 왕국에서 하나님 아버지와 그리스도의 제사장이 되어 천년

동안 왕 노릇 하다가, 그 다음의 새 하늘과 새 땅에 건설될 새 예루살렘과 만국들(the nations)의 새로운 우주에 들어가게 된다.

새 예루살렘과 만국들은 새로운 하늘과 땅이기 때문에, "그들 위에 장막을 치시리니(God will spread his tent over them)"라고 기록된 바, 이곳에선 흰 옷(우주복)을 입을 필요가 없을 것이다. 왜냐하면 하나님 아버지와 예수 그리스도와 함께 사는 곳이기 때문이다. 자세한 것은 「요한계시록」 21장과 22장에서 다루기로 한다.

「요한계시록」 21:3 - 내가 들으니 보좌에서 큰 음성이 나서 가로되 보라 하나님의 장막이 사람들과 함께 있으매 하나님이 저희와 함께 거하시리니 저희는 하나님의 백성이 되고 하나님은 친히 저희와 함께 계셔서

3. 「요한계시록」 14:1 & 20:4 – 순교=인 맞은 자들→부활→천년 왕국에서의 심판의 권세→새 예루살렘/만국들

죽임을 당한, 즉 순교한 인 맞은 자들은 「요한계시록」 14장에 다시 등장하는데, 14장 1절~5절은 일곱 번째 천사의 나팔 소리에 맞추어 일제히 천상의 영적인 몸으로 부활한 후, 예수님을 공중에서 영접하고 공중재림을 준비하는 장면이다. 자세한 것은 「요한계시록」 14장을 참조하라.

「요한계시록」 14:1 - 또 내가 보니 보라 어린 양이 시온 산에 섰고 그와 함께 십사만 사천이 섰는데 그 이마에 어린 양의 이름과 그 아버지의 이름을 쓴 것이 있도다

또한 죽임을 당한, 즉 목 베임을 당한(beheaded) 인 맞은 자들은 「요한계시록」 20장 4절~6절에 다시 등장하는데, 이는 천년 왕국을 말하는 것이다.

이들이 결국 예수님과 함께 이 땅에서 이루어지는 천년 동안의 천년 왕국에서 둘째 부활(심판의 부활)에 참여하는 자들의 심판의 권세를 받고 또한 하나님 아버지와 그리스도의 제사장이 되어 천년 동안 왕노릇 할 것이다.

"목 베임을 받은 자의 영혼들"이라는 것은 144,000명과 많은 나라의 무수한 무리들의 영혼들이라는 것이고, "살아서"라는 것은 첫째 부활을 통해 영적인 몸으로 부활하여 영생(생명)을 얻었었다는 것이다. "천 년 동안 왕 노릇 하니"라는 것은 천년 왕국을 말하는 것이다. 천년 왕국이 끝나면 「요한계시록」 21장과 22장의 새 하늘과 새 땅의 새 예루살렘과 만국들에 들어가 영생하는 것이다. 자세한 것은 「요한계시록」 20~22장을 참조하라.

「요한계시록」 20:4 - 또 내가 보좌들을 보니 거기 앉은 자들이 있어 심판하는 권세를 받았더라 또 내가 보니 예수의 증거와 하나님의 말씀을 인하여 목 베임을 받은 자의 영혼들과 또 짐승과 그의 우상에게 경배하지도 아니하고 이마와 손에 그의 표를 받지도 아니한 자들이 살아서 그리스도로 더불어 천년 동안 왕 노릇 하니

4. 「요한계시록」 20:4 - 아담으로부터 c.AD 10740년까지→부활→천년 왕국에서의 심판의 권세→새 예루살렘/만국들

또한 "목베임을 받은 자의 영혼들"이라는 것은 144,000명과 많은 나라의 무수한 무리들의 영혼들뿐만 아니라 창세 이후로 "하나님의 말씀을 인하여", 즉 하나님의 말씀을 위하여 죽은 아담부터 아브라함부터 이삭으로부터 세례 요한까지, 그리고 그 이후의 예수님이 공중재림하시는 c.AD 10740년까지 "예수님의 증거와 말씀을 인하여" 예수님 안에서 죽은 모든 의로운 자들의 영혼들을 포함하는 것이다. 이들은 모두 첫째 부활에 참여하는 것이다.

「고린도전서」15장 45절에는 첫째 아담은 살아있는 인간의 육체였다고 기록하고 있다. 첫째 아담은 930살에 죽었다. 그 영(영혼)은 하늘로 올라 최소한 세 번째 하늘인 낙원에 이르렀을 것이다. 그리고 마지막 아담은 생명을 주는 영이 되었다고 기록하고 있다. 생명의 영적인 몸으로 부활한다는 뜻이다.

「고린도전서」15: 45 - 기록된 바 첫 사람 아담은 산 영이 되었다 함과 같이 마지막 아담은 살려 주는 영이 되었나니(So it is written: "The first man Adam became a living being"; the last Adam, a life-giving spirit.)(NIV)

「마태복음」22장 29절~32절에는 부활 때의 결혼(Marriage at the Resurrection)에 대해 논쟁을 벌일 때에 예수님께서 "너희가 성경도, 하나님의 능력도 알지 못하는 고로 오해하였도다. 부활 때에는 장가도 아니가고 시집도 아니가고 하늘에 있는 천사들과 같으니라, 죽은 자의 부활을 의논할찐대 하나님이 너희에게 말씀하신바, 나는 아브라함의 하나님이요 이삭의 하나님이요 야곱의 하나님이로라 하신 것을 읽어 보지 못하였느냐, 하나님은 죽은 자의 하나님이 아니요 산 자의 하나님이시니라"라고 말씀하셨다. 하나님에게 붙은 자들은 모두 살았다는 것으로, 아브라함-이삭-야곱은 이 땅에서 죽었으나 부활한다고 기록되어 있다.

「마태복음」22:29 - 예수께서 대답하여 가라사대 너희가 성경도, 하나님의 능력도 알지 못하는 고로 오해하였도다

22:30 - 부활 때에는 장가도 아니가고 시집도 아니가고 하늘에 있는 천사들과 같으니라

22:31 - 죽은 자의 부활을 의논할찐대 하나님이 너희에게 말씀하신바

22:32 - 나는 아브라함의 하나님이요 이삭의 하나님이요 야곱의 하나님이로라 하신 것을 읽어 보지 못하였느냐 하나님은 죽은 자의 하나님이 아니요 산 자의 하나님이시니라 하시니

결정적인 구절이 있다. 「마태복음」 8장 5절~12절에는 예수님께서 백부장의 하인을 고치시는 장면이 등장한다. 예수님께서 백부장의 믿음을 보시고 "내가 진실로 너희에게 이르노니 이스라엘 중 아무에게서도 이만한 믿음을 만나 보지 못하였노라" 하시고 "또 너희에게 이르노니 동서로부터 많은 사람이 이르러 아브라함과 이삭과 야곱과 함께 천국에 앉으려니"라고 말씀하셨다. 동서남북으로부터란 이스라엘 자손뿐만 아니라 많은 이방의 의로운 자들이 천국(낙원)에 들어와 아브라함과 이삭과 야곱과 함께 향연 자리에 앉는다는 것이다. 이는 많은 사람들이 죽어 낙원에 이른다는 것을 의미하는 것이다. 「누가복음」 13:28절에는 아브라함, 이삭, 야곱뿐만이 아니라 모든 선지자들까지 하나님 나라, 즉 낙원에 있는 것으로 기록되어 있다. 이들 또한 첫째 부활에 참여함을 의미하는 것이다.

「마태복음」 8:11 - 또 너희에게 이르노니 동서로부터 많은 사람이 이르러 아브라함과 이삭과 야곱과 함께 천국에 앉으려니와

「누가복음」 13:28 - 너희가 아브라함과 이삭과 야곱과 모든 선지자는 하나님 나라에 있고 오직 너희는 밖에 쫓겨난 것을 볼 때에 거기서 슬피 울며 이를 갊이 있으리라

13:29 - 사람들이 동서 남북으로부터 와서 하나님의 나라 잔치에 참석하리니

8장

「요한계시록」 8장 - 일곱째 봉인, 금향로, 첫째~넷째 천사의 나팔 심판(c.AD 9580~10580)

「요한계시록」 8장은, 「요한계시록」 6장에서 살펴보았던 여섯 봉인의 심판 과정 중 마지막 째인 일곱 번째 봉인 심판이 등장하고, 곧이어서 일곱 천사의 나팔 심판 중 첫째~넷째 천사의 나팔 심판이 등장한다. 특히 일곱 천사의 나팔 심판을 화들(Woes)이라 하는데, 이것도 여섯 봉인 심판에 이은 심판이라고 볼 수 있다. 마지막 심판은 「요한계시록」 15장과 16장에 등장하는 일곱 천사의 일곱 대접(Seven Bowls)의 일곱 재앙(Seven Plagues)이다. 일곱 천사의 나팔 심판은 대략 AD 9580~10580년경에 일어날 것으로 예측된다. 따라서 미래 지향적으로 접근하여 해석하기로 한다.

일곱째 봉인 심판과 첫째~넷째 천사의 나팔 심판도 예수 그리스도께서 하나님 아버지의 하늘의 보좌, 즉 거대항공모함 우주선에서 직접 지휘하시어 내리는 심판이시다. 특히 첫째~넷째 천사의 나팔 심판은 땅-나무-푸른 풀-바다-배-바다의 피조물-물-달/해/별의 1/3을 멸망시키는데 초점이 모아져 있다. 이것들은 불경한 자들의 삶의 터전과 에너지의 근원을 멸망시키는 것이다.

그런데 심판의 방법을 보면 첫째 천사는 피우박과 불을 땅에 내려 땅을 심판하고, 둘째 천사는 불붙는 산을 바다에 던져 바다를 심판하며, 셋째 천사는 쑥 별을 강물과 샘물에 떨어뜨려 물들을 쓰게 하여 심판하고, 넷째 천사는 해와 달과 별들을 침을 쏘아 생명을 끊어 버린다. 잘 보면 심판의 대상은 인간들이 사는 땅-바다-물-달/해/별이지만, 심판에 필요한 소스들(sources)은 전부 하늘에 있는 피우박과 불, 불붙는 산, 쑥 별과 해와 달과 별들이란 점이다. 이것은 무엇을 말하는 것일까?.

그리고 이 때 만만(1억) 천천(1백만)의 모든 천사들은 「요한계시록」 8장에 기록된 내용대로 예수님의 명령에 따라 예수님께 오르락내리락하면서 수행할 것이다.

「요한복음」 1:51 - 또 가라사대 진실로 진실로 너희에게 이르노니 하늘이 열리고 하나님의 사자들이 인자 위에 오르락내리락하는 것을 보리라 하시니라(He then added, "I tell you the truth, you shall see heaven open, and the angels of God ascending and descending on the Son of Man.")(NIV)

그리고 그 때 인간들이 이를 다 본다는 것이다. 보고도 인간들이 대적한다는 것은 소행성대에 진입하신 하나님 아버지와 예수님을 외계인이라 판단하고 이 땅과 바다와 하늘 행성의 인간들이 똘똘 뭉쳐 전쟁을 일으킨다는 것이다. 또 하나의 관점은 이 때가 되면 인간들은 하나님 아버지와 예수님을 모를 가능성이 있다는 것이다. 그래서 대다수가 불경한 자들이라는 점이다.

1절 「요한계시록」 8:1~5 - 일곱째 인, 일곱 천사의 나팔, 성도들의 기도인 금향로

1. 일곱째 인을 떼실 때, 반시 동안 고요→예식, 일곱 천사가 일곱 나팔을 받다

☞ 「요한계시록」 8:1 - 일곱째 인을 떼실 때에 하늘이 반시 동안쯤 고요하더

니(When he opened the seventh seal, there was silence in heaven for about half an hour.(NIV)

8:2 - 내가 보매 하나님 앞에 시위한 일곱 천사가 있어 일곱 나팔을 받았더라(And I saw the seven angels who stand before God, and to them were given seven trumpets.(NIV)

예수님께서 일곱째 인을 떼실 때, 반시 동안 고요하다가 드디어 일곱 천사가 일곱 나팔을 받는다. 이것은 여섯 천사의 여섯 나팔 심판이 기다리고 있음을 알리는 것이고, 일곱 번째 천사의 일곱 번째 나팔을 불 때에, 하늘의 보좌에서 예수님께서 자기의 영광, 즉 거대항공모함 우주선을 타시고 공중재림하시며, 이 때 부활과 휴거가 일어날 것을 메시지로 전달하는 것이다.

잠시동안 고요하다는 것은 중요한 예식이 있음을 알리는 것이다. 중요한 예식이 진행될 때에는 천사들도 세라핌 안의 하나님들도 24 고위급 하나님들도 예식을 위해 조용히 지켜보고 있을 것이다.

2. 성도들의 기도인 금향로→ 하나님께 드린 후, 불을 담아 땅에 쏟아 번개와 지진

☞「요한계시록」8:3 - 또 다른 천사가 와서 제단 곁에 서서 금향로를 가지고 많은 향을 받았으니 이는 모든 성도의 기도들과 합하여 보좌 앞 금단에 드리고자 함이라(Another angel, who had a golden censer, came and stood at the altar. He was given much incense to offer, with the prayers of all the saints, on the golden altar before the throne.(NIV)

8:4 - 향연이 성도의 기도와 함께 천사의 손으로부터 하나님 앞으로 올라가는지라(The smoke of the incense, together with the prayers of the saints, went up before God from the angel's hand.(NIV)

8:5 - 천사가 향로를 가지고 단 위의 불을 담아다가 땅에 쏟으매 뇌성과 음성과 번개와 지진이 나더라(Then the angel took the censer, filled it with fire from the altar, and hurled it on the earth; and there came peals of thunder, rumblings, flashes of lightning and an earthquake.(NIV)

예식이란 바로 죽은 성도들의 기도를 하나님 아버지께 올리는 것이다. 다른 천사가 금향로를 가지고 제단 곁에 서서 대기하다가, 죽은 성도들의 기도인 향을 가득 담아, 하나님 아버지 보좌 앞의 금단에 드린다. 그러자 향연이 성도의 기도와 함께 천사의 손으로부터 하나님 아버지 앞으로 올라간다. 그리고 천사가 (금)향로에 제단으로부터 불(fire)을 가득 담아 땅에 쏟는다. 이 때 불이란 천상의 불로 오늘날의 핵무기 이상의 불핵폭탄 또는 그 이상의 불을 의미하는 것이다. 따라서 곧바로 땅에는 불들이 내려와 부서지는 뇌성과 소리와 번개와 무시무시한 지진이 일어난다. 이 불을 맞고도 살아남을 자들이 있을까?

2절 「요한계시록」 8:6~13 - 첫째~넷째 천사의 나팔 심판(화들)

1. 첫째 천사의 나팔 –땅 : 피우박과 불이 내려와 땅의 1/3이 타서 없어져

1–1. 피우박과 불이 내려와 땅–나무–푸른 풀의 1/3이 타서 없어져

☞ 「요한계시록」 8:6 - 일곱 나팔 가진 일곱 천사가 나팔 불기를 예비하더라(Then the seven angels who had the seven trumpets prepared to sound them.(NIV)

8:7 - 첫째 천사가 나팔을 부니 피 섞인 우박과 불이 나서 땅에 쏟아지매 땅의 삼분의 일이 타서 사위고 수목의 삼분의 일도 타서 사위고 각종 푸른 풀도 타서 사위더라(The first angel sounded his trumpet, and there came hail and fire mixed with blood, and it was hurled down upon the earth. A third of the earth was burned up, a third of the trees were burned up, and all the green grass was burned up.(NIV)

첫째 천사가 나팔을 부니 피 섞인 우박과 불이 나서 땅에 쏟아지매 땅의 삼분의 일이 타서 없어지고, 수목의 삼분의 일도 타서 없어지고, 각종 푸른 풀들도 모두 타서 없어진다. 불경한 자들의 삶의 터전과 에너지의 근원을 불로 멸망시키는 것이다. 피 섞인 우박과 불은 원자자유전환 기술로 가능하다고 했다. 물을 피로 포도주로 만드는 세상에, 아니 빛을 물질로 전환하고 물질을 빛으로 전환시키는 세상에 끝 날의 하나님 아버지와 예수님의 과학기술로 본다면 이것은 아무것도 아닐 것이다.

그런데 심판에 필요한 소스들(sources)은 전부 하늘에 있는 피우박과 불이라는 점이다. 이것은 무엇을 의미하는 것일까?

1-2. 불경한 자들을 심판/멸망시키기 위해 땅을 불살라

이것은 「베드로후서」 3장 7절과 같은 내용이다. 하늘과 땅은 불사르기 위하여 예비해두셨는데 심판과 멸망의 날에 경건치 않은 사람들을 멸망하기 위함이다. 땅의 1/3이 타서 없어졌다는 것은 거기 거주하는 인간들은 「이사야」 51장 6절의 말씀과 같이 파리(하루살이)같이 죽었다는 것이다. 또한 살아있는 사람들도 땅의 1/3이 타서 공기가 탁하고 산소 대신 일산화탄소나 이산화탄소가 증가하여 살 수 있는 환경이 아닐 것이다.

「베드로후서」 3:7 - 이제 하늘과 땅은 그 동일한 말씀으로 불사르기 위하여 간수하신 바 되어 경건치 아니한 사람들의 심판과 멸망의 날까지 보존하여 두신 것이니라

「이사야」 51:6 - 너희는 하늘로 눈을 들며 그 아래의 땅을 살피라 하늘이 연기같이 사라지고 땅이 옷같이 해어지며 거기 거한 자들이 하루살이같이 죽으려니와 나의 구원은 영원히 있고 나의 의는 폐하여지지 아니하리라

이것은 예수님께서 공중재림 및 이 땅에 재림하시기 이전의 소행성대의 하나님의 보좌에서 내리는 첫째 천사의 나팔 심판이다.

1-3. 왜 땅-수목-푸른 풀의 1/3을 태워 죽일까? IoE→빅 브라더와 통제

그런데 의문이 있다. '하늘과 땅은 불사르기 위하여 간수하신 바 되어 경건치 아니한 사람들의 심판과 멸망의 날까지 보존하여 두신 것'이라는 점이다. 이는 거시적인 천체우주물리학적 관점에서는 새 하늘과 새 땅이 특이점-블랙홀-빅뱅의 과정을 거친다는 것을 보면 이해는 가지만, 미시적인 관점의 지구의 인간들 입장에서 보면 이해가 잘 안 된다는 점이다. 그냥 악적인 사람들, 즉 불경한 자들을 죽이면 될 것인데, 왜 굳이 땅-수목(나무)-푸른 풀의 1/3을 태워 죽이냐는 것이다.

요즈음 뜨는 기술이 있다. 바로 사물인터넷(IoT, Internet of Things)과 만물인터넷(IoE, Internet of Everything)인데, 이는 모든 기기들에 센서를 부착시키고 인터넷과 클라우드(Cloud)에 연결하자는 것이다. 왜 연결을 할까? 통제하자는 것이다. 2050년이 되면 센서가 탑재된 모든 기기들은 인터넷과 클라우드에 연결되고 빅 데이터에 정보가 쌓여 2100년이 되면 조지 오웰(George Orwell)[1]의 소설로 1949년에 출판된 『1984』[2]의 빅 브라더(Big Brother)가 등장할 가능성이 매우 높다. 그러다가 점점 더 통제 범위가 넓어져 기기들뿐 아니라 땅과 도시로 확대될 것인데, 이를 스마트 시티(Smart City)라고 한다. 그러다가 지구 전체를 연결하여 통제할 것인데, IBM이 현재 추진하고 있는 스마트 플래닛(Smart Planet)이 그것이다.

더 나아가 살아있는 생명체들인 나무, 푸른 풀 등으로 확대될 것이다. 그

---

1 George Orwell -http://en.wikipedia.org/wiki/George_Orwell

2 1949년 출판된 〈Nineteen Eighty-Four(1984)〉 - http://ko.wikipedia.org/wiki/1984%EB%85%84_(%EC%86%8C%EC%84%A4)

이유는 이들은 모두 에너지 자원들이고 천연약재들이기 때문이다. 언젠가 먼 미래에는 이 땅에 있는 모든 살아있는 생물들로 확대될 것인데, 이를 생물망(Net of Life) 또는 생명의 백과사전 프로젝트(Encyclopedia of Life, EOL)[3]라고 한다. 바이러스와 박테리아까지 연결하는 프로젝트이다. 결국 땅에 서식하는 모든 살아있는 생물들과 생물체들에게 센서나 바코드를 붙여 통제하자는 것이다. c.AD 9580~10580년의 일이라 생각해보라. 지금 우리가 상상하는 그 이상의 모든 생물들과 생물체들의 조직→세포, 아니 세포 안의 유전자와 원자들과 미네랄까지 통제할 것이다. 아니 그 이상일 것이다.

여기서 중요한 것은 통제이다, 생물보존, 교육 등 선적인 목표로 접근하면 좋은데, c.AD 9580~10580년에는 대부분 악적인 인간들로, 악적인 통제를 통해 에너지화하고, 핵무기 이상의 무기를 만들어, 전쟁을 일삼으며, 그 결과 땅과 생물들을 파괴할 것이다. 게다가 이를 이용해 만든 첨단과학기술로 하나님 아버지와 예수 그리스도를 적대시 할 것이다.

그렇다. 왜 땅-수목-푸른 풀까지 1/3을 불태워 죽이는가 하면, 악 적인 인간들이 이들을 장악했기 때문이다. 장악했다는 것은 통제한다는 것이다. 그래서 악적인 인간들 손에 넘어간 땅-수목-푸른 풀까지 1/3을 불태워 죽인다고 볼 수 있을 것이다.

차후에 다시 소개하겠지만, 「요한계시록」 11장 18절에는 이를 반영하는 계시의 말씀이 나온다. "또 땅을 망하게 하는 자들을 멸망시키실 때로소이다."

「요한계시록」 11:18 - 이방들이 분노하매 주의 진노가 임하여 죽은 자를 심판하시며 종 선지자들과 성도들과 또 무론 대소하고 주의 이름을 경외하는 자

3 생명의 백과사전 프로젝트(Encyclopedia of Life, EOL) - http://eol.org/

들에게 상주시며 또 땅을 망하게 하는 자들을 멸망시키실 때로소이다 하더라

2. 둘째 천사의 나팔 – 바다: 1/3의 바다와 1/3의 피조물과 1/3의 배가 멸망

2–1. 1/3의 바다와 1/3의 피조물과 1/3의 배가 멸망

☞「요한계시록」8:8 - 둘째 천사가 나팔을 부니 불붙는 큰 산과 같은 것이 바다에 던지우매 바다의 삼분의 일이 피가 되고(The second angel sounded his trumpet, and something like a huge mountain, all ablaze, was thrown into the sea. A third of the sea turned into blood,(NIV)

8:9 - 바다 가운데 생명 가진 피조물들의 삼분의 일이 죽고 배들의 삼분의 일이 깨어지더라(a third of the living creatures in the sea died, and a third of the ships were destroyed.(NIV)

자, 첫째 천사의 나팔 심판에서 땅의 1/3을 다 태워 죽였으니 그 다음은 바다가 되는 것이다. 불경한 자들의 삶의 터전과 에너지의 근원인 바다와 바다의 피조물(어류 등)과 바다의 배를 멸망시키는 것이다. 둘째 천사가 나팔을 부니 불붙는 큰 산과 같은 것이 바다에 던져져, 바다의 삼분의 일이 피가 되고, 바다 가운데 생명 가진 피조물들의 삼분의 일이 죽고, 바다 위에나 바다 안에 있는 배들의 삼분의 일이 깨어진다. 이것은 바다에 존재하는 인간들 중 1/3의 불경한 자들이 다 죽는다는 것을 뜻하는 것이다. 그러니 바다 위에서 짐승(왕)이 견디다 못해 올라와서 하나님 아버지와 예수님을 대적하는 것이다.

"불붙는 큰 산과 같은 것이"라는 것은 지금의 활화산이라고 해석할 수도 있고, 먼 미래의 어떤 나라(왕)를 불태워 던진다고 해석할 수도 있고, 하늘에서 떨어지는 불의의 하나님들과 불의의 인간들의 행성 나라나 별나라라고 해석할 수도 있을 것이다. 산이 나라라고 해석하는 것은「요한계시록」17장에 등장하는 '일곱 머리=일곱 산=일곱 나라의 왕'에서 유추한 것이다.

「요한계시록」 17장 9절~10절에는 "지혜 있는 뜻이 여기 있으니 그 일곱 머리는 여자가 앉은 일곱 산이요 또 일곱 왕이라

2-2. 왜 바다 피조물의 1/3까지 죽일까? IoE→빅 브라더와 통제

앞서 설명한 땅의 모든 생물들과 생물체들의 세포→원자, 아니 지금은 우리가 모르는 그 이상까지 연결하고 통제할 것으로 보아, 이번에는 바다에 서식하는 각종 어류들과 바다식물들을 연결 통제하고, 더 나아가 세포나 유전자나 원자까지 연결하고 통제할 것이다. 누가 통제하느냐인데, 불경한 자들이 통제하기 때문에, 이들 불경한 자들의 삶의 터전과 에너지의 근원인 피조물의 1/3까지 죽인다고 해석할 수 있을 것이다.

3. 셋째 천사의 나팔 – 물 : 쑥 별이 1/3의 물을 쓰게 만들어 사람들을 죽여

3-1. 쑥 별이 1/3의 물을 쓰게 만들어 사람들과 생물들을 죽여

☞ 「요한계시록」 8:10 - 세째 천사가 나팔을 부니 횃불같이 타는 큰 별이 하늘에서 떨어져 강들의 삼분의 일과 여러 물샘에 떨어지니(The third angel sounded his trumpet, and a great star, blazing like a torch, fell from the sky on a third of the rivers and on the springs of water--)(NIV)

8:11 - 이 별 이름은 쑥이라 물들의 삼분의 일이 쑥이 되매 그 물들이 쓰게 됨을 인하여 많은 사람이 죽더라(the name of the star is Wormwood. A third of the waters turned bitter, and many people died from the waters that had become bitter.)(NIV); The name of the star was Bitterness(1). It made one-third of the water bitter, and many people died from drinking the bitter water. / (1)Greek Wormwood(New Living)(New Living)

자, 다음은 땅 위나 땅 속의 물의 근원인 1/3의 물 샘들과 강물들을 쑥 별로 강타해서 쓰게 만들어 악의 사람들, 즉 불경한 자들의 삶의 터전과 에너지

의 근원인 물을 멸망시키고 더 나아가 불경한 자들을 죽이는 것이다. 셋째 천사가 나팔을 부니 횃불같이 타는 큰 별이 하늘에서 떨어져 강들의 삼분의 일과 여러 물 샘에 떨어진다. 땅과 바다의 물의 근원인 강들과 강들의 근원인 상류의 샘물을 멸망시키는 것이다. 이 불타는 별 이름은 쑥(Wormwood)[4]인데, 그 결과 물들의 삼분의 일이 쑥이 되어, 그 물들이 쓰게 됨을 인하여 많은 사람들이 죽는다. 그래서 땅 위와 바다의 회개하지 않는 불경한 짐승(왕)들이 하나님 아버지와 예수님을 대적하러 올라오는 것이다.

3-2. 왜 물의 1/3을 쓰게 할까? IoE→빅 브라더와 통제

앞서 살펴본 대로 물은 제일 중요한 자원이다. 물이 없으면 모든 생물체들은 살아갈 수가 없다. 따라서 악적인 인간들이 물까지 통제한다는 것을 알 수가 있다. 그것도 물의 근원인 강물과 물 샘을 장악한 것이다. 아니 물의 근원인 미네랄까지, 그리고 아직도 우리가 모르는 그 무엇인가 까지 장악하고 통제하는 것이다. 앞에서 설명한 만물인터넷(IoE, Internet of Everything)이 물에까지 확장됨을 알 수 있다. 물까지 통제하고 감시하는 빅 브라더 이상의 시스템이 운영되기 때문이다.

물이 쓰게 되어 많은 사람들이 죽는다는 것은 강물이나 물 샘에 살고 있던 생물들도 죽는다는 의미이다. 왜 1/3의 강물과 샘물을 쓰게 만드냐 하면, 악적인 인간들이 강물과 물 샘을 통제하기 때문이다. 그래서 불경한 자들의 삶의 터전과 에너지의 근원인 물을 멸망시키는 것이다.

3-3. 이 쑥 별(Wormwood star)은 무엇을 의미하는 것일까?

이 쑥 별은 무엇을 의미하는 것일까? 그리스어로 'apsinthos'라고 하는데, 이는 고통(bitterness) 또는 독(poison)이란 뜻이다. 쑥 별이 강과 샘물에 떨어

---

4 Wormwood -http://en.wikipedia.org/wiki/Wormwood_(Bible)

져 물이 화학적 반응을 일으켜 쓴 독이 되어 이를 마시자 많은 사람들이 죽는다는 것이다.

랜드(W. W. Rand)의 『성경사전(A dictionary of the Holy Bible, 1859)』[5]에 의하면 이 쑥이라 불리는 별은 천상의 힘있는 왕자(a mighty prince) 혹은 하늘의 권능(power of the sky)을 의미한다고 되어 있다. 이것은 앞서 설명한 여섯째 인 심판의 하늘의 권능 또는 천체가 흔들리는 것과 같은 이치이다. 하늘에서 의로운 하나님들과 불의의 하나님들의 일대 전쟁에서(「요한계시록」 12장) 불의의 하나님들이 차지하고 있던 별이 의로운 하나님들의 심판의 불에 타서 이 땅으로 떨어질 가능성이 매우 높다.

또 다른 미래학자들은 소행성대나 외행성에 존재하는 혜성(Comet)이 지구와 충돌할 것이라는 시나리오를 쓰고 있는데, 혜성이 지구에 진입하면서 대기의 산소와 질소를 만나 질산 비(nitric-acid rain)를 만들어 강물이 변하여 고통을 준다는 것이다. 이렇게도 해석할 수 있지만, 앞의 여섯째 인의 심판에서 소행성대와 외행성은 이미 사라졌다는 것을 볼 때 타당성은 낮아 보인다.

그런데 쑥 별이 하나 떨어지는데 지구의 1/3의 물이 쓰게 되려면 쑥 별이 대기에 진입하면서 여러 조각으로 쪼개져 그 파편이 떨어질 것이라는 점이다. 또 다른 성경학자들은 핵무기를 들고 있다. 독을 가진 핵무기가 떨어지면 물을 독으로 변하게 될 것이라는 점이다.

---

5 Rand, W. W. (1859), A dictionary of the Holy Bible - https://archive.org/details/dictionholybible00randrich

4. 넷째 천사의 나팔 – 침을 받아 달/해/별의 1/3이 어두워져, 빛의 1/3이 줄어

4-1. 달/해/별의 1/3이 어두워져, 빛의 1/3이 줄어

☞「요한계시록」8:12 - 네째 천사가 나팔을 부니 해 삼분의 일과 달 삼분의 일과 별들의 삼분의 일이 침을 받아 그 삼분의 일이 어두워지니 낮 삼분의 일은 비췸이 없고 밤도 그러하더라(The fourth angel sounded his trumpet, and a third of the sun was struck, a third of the moon, and a third of the stars, so that a third of them turned dark. A third of the day was without light, and also a third of the night.(NIV); And the fourth angel sounded, and the third part of the sun was smitten, and the third part of the moon, and the third part of the stars; so as the third part of them was darkened, and the day shone not for a third part of it, and the night likewise.(KJV)

다음은 1/3의 해와 달과 별들의 생명을 끊어버리는 것이다. 넷째 천사가 나팔을 부니 해 삼분의 일과 달 삼분의 일과 별들의 삼분의 일이 침(struck or smitten)을 받아, 그 삼분의 일이 어두워지니, 낮 삼분의 일은 비춤이 없고 밤도 삼분의 일이 비춤이 없게 된다.

여기서 중요한 부분은 삼분의 일이 침을 받는다는 것이다. 침을 받는다는 것은 무엇으로부터 강타를 당했다는 의미이다. 이는 『바이블 매트릭스』 1권 『우주창조의 비밀』에서 소개한 마르둑(Marduk) 행성의 중력장과 비슷하다고 생각하면 될 것 같다. 소행성대에 진입한 보좌, 즉 거대항공모함 우주선과 블랙홀로부터 강력한 중력장의 에너지나 초고에너지인 우주선(Cosmic Ray)으로 강타했다고 볼 수 있다. 소행성대에서 보이는 12개의 별자리에 속한 1/3 별들에게 강타를 했다는 것은 지금으로서는 상상할 수 없는 무시무시한 에너지이다. 아마도 블랙홀의 초고에너지가 아닌가 추측된다. 만약에 우리 인간들이 우주공간의 행성을 식민지화라고 오닐기지를 만들었다고 가정했을 때 넷째 천사의 나팔 심판을 피할 방법이 있을까?

4-2. 왜 달/해/별의 1/3의 생명을 끊을까? 하늘의 전쟁, 하늘의 악의 무리

차후에 다시 설명하겠지만, 「요한계시록」 12장의 하늘의 전쟁을 떠 올릴 필요가 있을 것이다. 하늘의 전쟁이 「요한계시록」 12장에 기록되었지만, 시간상 「요한계시록」 8장에서 일어 날 수도 있을 것이다. 심판의 중요한 것은 선과 악 중 악을 제거하는 것이다. 의로운 하나님들도 계시지만 불의의 하나님들도 계신다고 했다, 하늘의 전쟁이란 바로 의로운 하나님들과 불의의 하나님들의 패권 다툼의 전쟁이다. 이 전쟁에서 불의의 하나님들과 불의의 천사들이 패배하여 하늘에서 있을 곳이 없어 이 땅으로 쫓겨 내려온다(「요한계시록」 12:7~9).

여기서 중요한 것은 불의의 하나님들과 불의의 천사들이 하늘에 있을 곳이 없다(they lost their place in heaven)(「요한계시록」 12:8)는 것이다. 그렇다면 하늘의 전쟁이 있기 전에는 불의의 하나님들과 불의의 천사들이 있을 곳이 있었다는 것이 아닌가? 여기에 인간들의 달나라 기지, 화성기지, 목성기지, 태양기지, 오닐기지, 그리고 세차운동의 12개 별자리들까지 나아가 기지를 만들 것이다. AD 9580~10580년경이라는 것을 기억하자. 인간들은 태양계를 넘어 은하계 12개 별자리까지 가서 기지를 만들 것이다. 여기에 불의의 하나님들까지 합세할 것이다.

그러니 달과 해와 별의 1/3을 침을 쏘아 생명을 끊는 것이다. 악의 근원지를 모두 멸하시는 것이다. 불의의 하나님들과 불의의 천사들과 불경한 인간들의 삶의 터전과 에너지의 근원인 달과 해와 별의 1/3을 멸망시키는 것이다.

5. 심판에 필요한 소스들(sources)은 전부 하늘에 있던 존재의 의미

이상 살펴본 대로 심판의 방법을 보면 첫째 천사는 피우박과 불을 땅에 내려 땅을 심판하고, 둘째 천사는 불붙는 산을 바다에 던져 바다를 심판하며, 셋째 천사는 쑥 별을 강물과 샘물에 떨어뜨려 물들을 쓰게 하여 심판하고, 넷째 천사는 해와 달과 별들을 침을 쏘아 생명을 끊어 버린다. 잘 보면 심판의 대상은 인간들이 사는 땅-바다-물-달/해/별이지만, 심판에 필요한 소스들(sources)은 전부 하늘에 있는 피우박과 불, 불붙는 산, 쑥 별과 해와 달과 별들이란 점이다. 이것은 무엇을 말하는 것일까?

(1) 우선 하늘의 행성들이나 하늘에 건설한 오닐기지 등에 사는 불의의 인간들을 먼저 불로 심판하시고 그에 따른 파괴된 피우박과 불, 불붙는 산과 쑥 별이 이 땅과 바다에 떨어져 연쇄적인 심판이 일어나는 것이 아닌가 생각한다. (2) 그리고 달/해/별들의 생명을 끊는 것은, 앞서 설명했듯이, 이곳에 거쳐하는 불의의 하나님들이나 불의의 천사들의 터전을 심판하는 것이라고 생각할 수 있다. 그래서 불의의 하나님들과 불의의 천사들이 하늘에 있을 곳이 없다(they lost their place in heaven)(「요한계시록」 12:8)고 한 것이 아닌가 생각한다.

6. 독수리(전투기)가 큰 소리로 화가 있다, 셋 천사의 나팔 소리가 기다려

☞ 「요한계시록」 8:13 - 내가 또 보고 들으니 공중에 날아가는 독수리가 큰 소리로 이르되 땅에 거하는 자들에게 화, 화, 화가 있으리로다 이 외에도 세 천사의 불 나팔 소리를 인함이로다 하더라(As I watched, I heard an eagle that was flying in midair call out in a loud voice: "Woe! Woe! Woe to the inhabitants of the earth, because of the trumpet blasts about to be sounded by the other three angels!"(NIV); And I beheld, and heard an angel flying through the midst of heaven, saying with a loud voice, Woe, woe, woe, to the inhabiters of the earth by reason of the other voices of the trumpet of the three angels, which are yet to sound!(KJV)

날아가는 독수리(an eagle that was flying or a single eagle as it flew)란 오늘날의 전투기를 말하는 것이다. 그러나 그것은 전투기 이상인 소형 우주선이나 그 이상일 것이다. 영문성경 KJV를 보면 "an angel flying"이라 표현하고 있는데, 가장 잘 표현했다고 판단된다. 그냥 새 종류의 독수리가 아니라 소형 우주선에는 천사가 타고 있다는 뜻이다. 한 명 일 수도 있고 여럿이 탈 수도 있을 것이다.

아직도 세 천사의 나팔 소리가 남아 있기 때문에 땅에 거하는 자들에게는 화-화-화가 있다는 것이다. 지금까지 네 천사의 나팔 심판은 예수님께서 하나님 아버지의 하늘의 보좌인 소행성대에 진입한 블랙홀 같은 거대항공모함 우주선에서 수행하신 것이다.

9장

「요한계시록」 9장 - 다섯째~여섯째 천사의 나팔 심판(c.AD 9580~10580)

「요한계시록」 9장은 다섯째~여섯째 천사의 나팔 심판으로 예수 그리스도께서 하나님 아버지의 하늘의 보좌, 즉 소행성대에 진입한 블랙홀 같은 거대항공모함 우주선에서 직접 지휘하시어 내리는 심판이시다. 다섯째~여섯째 천사의 나팔 심판은 대략 c.AD 9580~10580년에 이루어질 것으로 예측되므로 미래 지향적인 관점으로 접근하여 해석하기로 한다.

그리고 이 때 만만(1억) 천천(1백만)의 모든 천사들은 「요한계시록」 9장에 기록된 내용대로 예수님의 명령에 따라 예수님께 오르락내리락하면서 수행할 것이다.

「요한복음」 1:51 - 또 가라사대 진실로 진실로 너희에게 이르노니 하늘이 열리고 하나님의 사자들이 인자 위에 오르락내리락하는 것을 보리라 하시니라(He then added, "I tell you the truth, you shall see heaven open, and the angels of God ascending and descending on the Son of Man.")(NIV)

그리고 그 때 인간들이 이를 다 본다는 것이다. 보고도 인간들이 대적한다는 것은 소행성대에 진입하신 하나님 아버지와 예수님을 외계인이라 판단하고 이 땅과 땅속과 하늘 행성의 인간들이 똘똘 뭉쳐 전쟁을 일으킨다는 것이다. 또 하나의 관점은 이 때가 되면 인간들은 하나님 아버지와 예수님을 모를 가능성이 있다는 것이다. 그래서 대다수가 불경한 자들이라는 점이다.

1절 왜 첫째~넷째(8장)와 다섯째~여섯째 천사의 나팔 심판(9장)으로 나누어 기록했을까?

그런데 참으로 이상한 점이 있다. 왜 첫째~넷째 천사의 나팔 심판은 「요한계시록」 8장으로, 다섯째~여섯째 천사의 나팔 심판은 「요한계시록」 9장으로 나누어, 예수님은 사도 요한에게 보이고 지시하여 기록하게 했을까? 앞서 살펴본 여섯 봉인의 심판을 보면 「요한계시록」 6장에 모두 기록되어 있어 이러한 의문은 더욱 증폭된다.

그렇다면 여기에 무슨 비밀이 있는 것은 아닐까? 자세히 읽어보면 첫째~넷째 천사의 나팔 심판은 예수님의 명령에 의한 의로운 천사들의 나팔 심판들이라는 점이다. 그리고 심판의 방법을 보면 첫째 천사는 피우박과 불을 땅에 내려 땅을 심판하고, 둘째 천사는 불붙는 산을 바다에 던져 바다를 심판하며, 셋째 천사는 쑥 별을 강물과 샘물에 떨어뜨려 물들을 쓰게 하여 심판하고, 넷째 천사는 해와 달과 별들을 침을 쏘아 생명을 끊어버린다. 불경한 자들 혹은 불의의 하나님들의 삶의 터전과 에너지 근원의 1/3을 멸명시킨다.

그런데 다섯째~여섯째 천사의 나팔 심판은 의로운 천사들이 나팔을 불지만, 실제로 심판에 참여하는 천사들은 의롭지 못한 천사들이라는 것을 발견하게 된다. 다섯째 천사의 나팔 소리에 등장하여 실제로 심판하는 천사는 무저갱의 천사(the angel of Abyss)이고, 여섯 번째 천사의 나팔에 등장하여 실제로 심판하는 천사들은 큰 강 유프라테스에 결박당한 네 천사들(the four angels who are bound at the great river Euphrates)이라는 점이다. 무저갱의 천사와 결박당한 천사들이란 어느 천사들을 의미하는 것일까? 이들은 누구인가? 이 뜻을 깨달은 것은 필자도 이 글을 쓰는 2015년 2월 3일이다. 그간 70%를 이해했는데 오늘에서야 100% 이해했다고 자신할 수 있다.

1. 「창세기」 6장의 배반한 네피림(이기기)=젊은 신들

이 뜻을 알려면 『바이블 매트릭스』 2권 『인간창조와 노아 홍수의 비밀』의 5부인 "홍수의 비밀(1), 신들의 문제, 네피림"과 4권 『하나님들의 과학기술과 우리가 창조해야 할 미래(상)』의 1부 5장인"「창세기」 6장의 네피림(Nephilim)은 배반한 이기기(Igigi) 신들"을 읽어야 한다. 필자도 오늘에서야 정확히 이해했으므로 요약하고 업데이트하기로 한다.

「창세기」 6장 1절~7절에 등장하는 네피림은 위치, 즉 화성(Mars)의 우주비행 군단(Astronaut Corps) 또는 지구 궤도를 도는 모선(Mother spaceship)에서 이탈해 이 땅으로 내려와 인간의 딸들과 결혼한 200명의 젊은 이기기 신들이라 했다. 그 결과 이 땅에서 100미터 이상의 키인 거인(great or giant man)을 낳고, 이 거인들이 세상에 죄악을 퍼뜨렸다고 했다. 그 빌미를 준 것이 젊은 마르둑(Marduk) 신께서 인간인 사파니트(Sarpanit)와 결혼한 것이라 했다. 이것이 노아 홍수의 직접적인 원인이라고 했다.

「에녹1서」 7장 3절과 9절 및 68장 2절에는 사미야자(Shamgaz, Samyaza)라는 리더와 21번째인 아자지엘(Azazyel) 등 직분과 처소를 이탈해 이 땅에 내려와 인간의 딸들을 아내로 삼아 거인을 낳는 등 불의에 가담한 이기기 신들의 21명의 리더들의 이름이 기록되어 있다(Laurence, 인터넷 공개).[1]

한 가지 주의할 것은 젊은 네피림(이기기)만 이탈했을까? 젊은 신들을 보필하는 수많은 천사들도 위치를 이탈했다는 것이다. 그러나 천사들은 장가도 안가고 시집도 안 간다고 예수님께서 이 땅에 오셔서 증언하셨으므로(「마태복음」 22:30) 천사들이 인간의 여성들과 결혼한 것이 아니고 젊은 신들이 결혼했다고 했다.

2. 배반한 네피림(이기기) – 다섯 번째 하늘에 감금

의로운 하나님들을 배반한 젊은 네피림, 즉 이기기 신들은 그 결과 어떻게 되었을까? 이것을 알려면 『바이블 매트릭스』 1권 『우주창조의 비밀』의 3부 1장 5절인 "에녹(Enoch)의 10개의 하늘들"을 보아야 한다. 「에녹2서」 18장에는 바로 다섯 번째 하늘에 배반한 천사들의 왕자인 사탄넬(Satanail)이 감금되어 있다(Luarence, 인터넷 공개).[2] 200명을 비롯하여 21명의 리더들이 배반했으므로 이는 사탄(마귀)의 무리이다. 의롭지 못한 젊은 하나님들의 무리이다. 따라서 다 싸잡아 사탄넬이라고 표현한 것으로 보인다.

따라서 의로운 하나님은 "이들을 큰 심판(great judgment) 때까지 다섯 번째 하늘에 가두사, 이들은 그들의 형제(brethren)를 위해 슬피 울며, 주님의 날(Lord's great day)에 벌을 받을 것이다(And therefore God judged them with great judgment, and they weep for their brethren and they will be punished on the Lord's great day)"라고 「에녹2서」는 기록하고 있다(「에녹2서」 18:4).

---

1 Laurence, Richard(tr), 〈The Book of Enoch : Chapters 1-60 ; also referred to as "Ethiopian Enoch" or "1 Enoch"〉, Internet Publishing.
http://reluctant-messenger.com/1enoch01-60.htm
Laurence, Richard(tr), 〈The Book of Enoch : Chapters 61-105 ; also referred to as "Ethiopian Enoch" or "1 Enoch"〉, Internet Publishing.
http://reluctant-messenger.com/1enoch61-105.htm

2 Laurence, Richard(tr), 〈The Book of the Secrets of Enoch : Chapters 1-68 ; also referred to as "Slavonic Enoch" or "2 Enoch"〉, Internet Publishing.
http://reluctant-messenger.com/2enoch01-68.htm

3. 배반한 천사들 – 두 번째 하늘에 감금

그렇다면 배밴한 천사들은 어떻게 되었을까? 배반한 천사들은 어디에 감금되었을까? 이것을 알려면 『바이블 매트릭스』 1권 『우주창조의 비밀』의 3부 1장 5절인 "에녹(Enoch)의 10개의 하늘들"을 보아야 한다. 「에녹2서」 7장에는 바로 배반한 천사들이 두 번째 하늘에 감금되어 있다. 두 명의 사자는 에녹에게 두 번째 하늘의 암흑을 보여주는데, 지구의 암흑보다 더욱 깜깜한 또는 더욱 위대한 암흑을 보여준다(And those men took me and led me up on to the second heaven, and showed me darkness, greater than earthly darkness)(「에녹2서」 7:1).

여기서 지구의 암흑보다 더욱 깜깜한 혹은 더욱 위대한 암흑이라는 것은 지구의 무저갱보다 더욱 깜깜하고 위대한 암흑이라고 해석할 수도 있다. 그래서 필자는 『바이블 매트릭스』 1권에서 암흑은 암흑물질(dark matter)이나 암흑에너지(dark energy)임에 틀림없다고 했다. 에녹은 두 번째 하늘의 암흑에서 많은 죄수들(prisoners)이 매달려 있고, 감시를 당하며, 위대하고 무한한 심판(the great and boundless judgment)을 기다리고 있는 장면을 본다. 이 죄수들은 바로 천사들(angels)이다. 천사들은 모두 암흑처럼 보이고(dark-looking), 천사들은 24시간 내내 끊임없이 울고 있다(「에녹2서」 7:1).

4. 신약의 증언 – 배반한 천사들, 흑암에 가두다

「창세기」 6장은 정확하게 기록되어 있다. 단 하나 빠진 것이 있다. 여호와 하나님이 시킨 역할과 위치를 이탈한 이기기 신들, 즉 네피림과 천사들에 대한 처벌은 기록하지 않았다는 사실이다. 그러나 천사들에 대한 대한 처벌이 신약에 가면 기록되어 있다. 바로 「유다서」와 「베드로후서」이다.

「베드로후서」 2:4 - 하나님이 범죄한 천사들을 용서치 아니하시고 지옥에 던져 어두운 구덩이에 두어 심판 때까지 지키게 하셨으며(For if God did not spare angels when they sinned, but sent them to hell, putting them into gloomy dungeons to be held for judgment;(NIV); God did not spare the angels who sinned, but threw them into hell, where they are kept chained in darkness, waiting for the Day of Judgment.(Good News); For God did not spare even the angels who sinned. He threw them into hell(1), in gloomy pits of darkness(2), where they are being held until the day of judgment. / (1)Greek Tartarus (2)Some manuscripts read in chains of gloom(New Living)

「베드로후서」의 그리스어를 보면 타르타로스(Tartarus)인데, 그 의미는 지옥 아래의 햇볕이 들지 않는 심연을 말한다. 징벌 받는 곳인 저승을 말하는 것인데, 이곳이 정확하게 어디인지는 지금으로서는 알 수가 없다. 영문성경을 보면 지옥(hell)으로 표현되기도 하고, 어둡고 침울한 지하 감옥(gloomy dungeons)으로, 암흑에 결박(chained in darkness)으로, 검은 구멍(pits of darkness), 즉 무저갱(Abyss)으로 표현되기도 한다.

「유다서」 1:6 - 또 자기 지위를 지키지 아니하고 자기 처소를 떠난 천사들을 큰 날의 심판까지 영원한 결박으로 흑암에 가두셨으며(And the angels who did not keep their positions of authority but abandoned their own home--these he has kept in darkness, bound with everlasting chains for judgment on the great Day)(NIV); Remember the angels who did not stay within the limits of their proper authority, but abandoned their own dwelling place : they are bound with eternal chains in the darkness below, where God is keeping them for that great Day on which they will be condemned.(Good News)

「유다서」에도 '결박으로 흑암(bound or chains in darkness)'으로 기록되어 있는데, 특히 Good News는 지구 아래의 흑암, 즉 무저갱으로 표현하고 있다.

5. 결론 : 배반한 천사들을 심판? – 두 가지 가정? 두 번째 하늘? 땅 속의 무저갱?

배반한 천사들이 어디에 감금되어 있는지가 왜 중요한가 하면 바로 「요한계시록」 9장에 등장하는 의롭지 못한 천사들인 무저갱의 천사와 유프라테스 강에 결박당한 네 천사들이 등장해 인간들을 심판하기 때문이다. 앞서 살펴본 대로 배반한 천사들은 두 번째 하늘이나 암흑에 감금되어 있다. 배반했다는 것은 의로운 하나님들을 배반하고 불의의 하나님들 편에 속했다는 것을 의미한다. 그리고 불의의 하나님들도 다 유황 불못(「요한계시록」 20:10 & 14)에 던져지기 전에 다 역할이 있다고 했다. 바로 하늘과 땅을 불살라 없애는 데 한몫을 하고 있다는 것을 알 수 있다. 따라서 배반한 천사들도 다 역할이 있을 것으로 보고 있다.

단, 두 가지 가정이 있다. 첫째, 배반한 천사들이 그 배반을 회개하고 용서를 받는 경우이다. 그래서 회개를 한 천사들은 이 땅의 흑암, 즉 무저갱으로 배치되어 모종의 준비를 하고, 심판날에 모종의 역할을 할 것이라는 가정이다. 이 모종의 역할이 끝나면 천사들은 용서를 받을 것이라는 가정이다. 둘째, 처음부터 배반한 천사들을 에녹의 두번째 하늘과 이 땅의 가장 깊은 곳인 무저갱에 배치했다는 가정이다. 이 경우 이 땅의 무저갱에 배치된 배반한 천사들은 모종의 주어진 역할을 하고 다 유황 불못에 던져진다는 가정이다.

또 하나의 조건이 있다. 우리도 배반한 천사들을 심판한다는 것이다. 이렇게 볼 때 회개하지 않은 천사들이 있음을 알 수 있으며, 이들은 유황 불못에 던져진다는 것이다. 이 때 우리라는 것은 부활과 휴거를 한 의로운 자들을 말하는 것이다.

「고린도전서」 6:3 - 우리가 천사를 판단할 것을 너희가 알지 못하느냐 그러하거든 하물며 세상 일이랴(Do you not know that we will judge angels? How much more the things of this life!)(NIV)

2절 「요한계시록」 9:1~11 - 다섯째 천사의 나팔 심판

1. 떨어진 별이 무저갱(땅속)의 축=게이트웨이를 여는 열쇠를 받아

☞ 「요한계시록」 9:1 - 다섯째 천사가 나팔을 불매 내가 보니 하늘에서 땅에 떨어진 별 하나가 있는데 저가 무저갱의 열쇠를 받았더라(The fifth angel sounded his trumpet, and I saw a star that had fallen from the sky to the earth. The star was given the key to the shaft of the Abyss.(NIV); And the fifth angel sounded, and I saw a star fall from heaven unto the earth: and to him was given the key of the bottomless pit.(KJV); Then the fifth angel blew his trumpet, and I saw a star that had fallen to earth from the sky, and he was given the key to the shaft of the bottomless pit(1). / (1)Or the abyss, or the underworld; also in 9.11(New Living)

이제부터는 심판의 대상이 땅속이다. 왜 땅속, 즉 무저갱(Abyss)을 여는지가 중요한 것이다. 다섯째 천사가 나팔을 부니, 별이 하늘에서 땅에 떨어지는데, 그 별이 무저갱(땅속)의 축(the shaft)을 여는 열쇠(key)를 갖는다. 별이 땅에 떨어졌다고 상상해보라. 공상과학영화에서 보듯이 일개 혜성이 떨어져도 엄청 큰 구멍이 생길 것인데, 별이 떨어졌으니 엄청 커다란 구멍이 생겨 무저갱, 즉 땅속으로 통하는 축인 게이트웨이(Gateway)를 연 것이다. 이는 영화 〈매트릭스(Matrix, 1999)〉의 시온(Zion)의 도시로 연결된 축인 게이트웨이를 떠올리게 한다.

그런데 영문성경을 자세히 보면 이 별을 'he or to him'이라고 표현하고 있다는 점이다. 따라서 주어는 'It'가 아니라 '그'라는 점이다. 그러므로 천사 또는 천사들이라고 해석할 수 있다. 떨어진 별이 무저갱의 축을 여는 툴(tool)을 제공해 열었지만, 그 수행을 하는 것은 천사들이라고 보아야 할 것이다.

2. 어디서 떨어진 별일까?

앞서 「요한계시록」 8장의 셋째 천사의 나팔 심판에 등장했던 쑥 별(Wormwood star)에서 보았듯이, '하늘에서 땅에 떨어진 별'이란 하늘의 전쟁에서 패한 불의의 하나님들 또는 불의의 하나님들이 장악한 별이라고 보아야 하듯이, 다섯째 천사의 나팔에 등장하는 땅에 떨어지는 별은 아마도 에녹의 두 번째 하늘, 즉 배반한 천사들이 감금되어 있는 두 번째 하늘의 별이 될 수도 있을 것이다.

3. 왜 무저갱(땅속)을 열었을까?

왜 무저갱을 열었을까? 첫째, 땅속의 나라들과 사람들을 심판하기 위해서일 것이다. 이 땅속, 즉 무저갱에서 올라오는 짐승, 즉 왕이 제일먼저 「요한계시록」 11장 7절에 등장했다가 사라지고, 마지막으로 다시 등장하는데, 그게 「요한계시록」 17장에 기록되어 있으며, 「요한계시록」 20장 10절에서 짐승을 지휘하던 불의의 하나님들도 유황 불못에 던져지게 된다.

둘째, 무저갱에서 갇혀, 즉 감금되어 있던 배반한 천사들, 다시 말해 무저갱에서 심판 날에 모종의 역할을 준비하고 있던 무저갱의 천사들을 꺼내기 위함일 것이다.

셋째, 무저갱에 떨어진 두 번째 하늘의 별에 감금되어 있던 배반한 천사들에게 모종의 역할을 주어 땅 위로 나오게 위함일 수도 있을 것이다. 더 나가 보자.

4. 그가 무저갱을 열자 연기가 올라와 해와 공기가 어두워지며

☞「요한계시록」9:2 - 저가 무저갱을 여니 그 구멍에서 큰 풀무의 연기 같은 연기가 올라오매 해와 공기가 그 구멍의 연기로 인하여 어두워지며(When he opened the Abyss, smoke rose from it like the smoke from a gigantic furnace. The sun and sky were darkened by the smoke from the Abyss.(NIV)

그가, 즉 천사가 무저갱을 여니 무저갱의 구멍에서 연기가 올라와 해와 공기가 어두워진다. 이것은 무엇을 말하는 것일까? 땅속, 즉 무저갱에 건설한 나라들이 떨어진 별에 의해 파괴되었다라고 볼 수 있을 것이다. 그리고 땅속의 축에서 하늘로 연결한 우주엘리베이터를 통해 연기가 올라온다고 볼 수도 있으며, 엄청난 폭발로 인한 스모그가 해와 공기를 가려 어두워짐을 의미하는 것이라 볼 수도 있다.

이는 미래를 조명한 공상과학영화에 등장하는 혜성의 지구 접근이나 다른 외계행성의 지구 접근과 거의 같은 상황이다. 그런데 분명 별이라 기록하고 있다는 것이다. 태양과 같은 별이 땅에 떨어져 무저갱의 1차 관문을 열었다고 상상해보라. 그 위력은 상상도 못할 것이다.

5. 전갈 꼬리가 융합된 황충(메뚜기)=생물체로봇/무기

☞「요한계시록」9:3 - 또 황충이 연기 가운데로부터 땅 위에 나오매 저희가 땅에 있는 전갈의 권세와 같은 권세를 받았더라(And out of the smoke locusts came down upon the earth and were given power like that of scorpions of the earth.(NIV); Then locusts came from the smoke and descended on the earth, and they were given power to sting like scorpions.(New Living)

9:7 - 황충들의 모양은 전쟁을 위하여 예비한 말들 같고 그 머리에 금 같

은 면류관 비슷한 것을 썼으며 그 얼굴은 사람의 얼굴 같고(The locusts looked like horses prepared for battle. On their heads they wore something like crowns of gold, and their faces resembled human faces.(NIV)

9:8 - 또 여자의 머리털 같은 머리털이 있고 그 이는 사자의 이 같으며 (Their hair was like women's hair, and their teeth were like lions' teeth.(NIV)

9:9 - 또 철흉갑 같은 흉갑이 있고 그 날개들의 소리는 병거와 많은 말들이 전장으로 달려들어가는 소리 같으며(They had breastplates like breastplates of iron, and the sound of their wings was like the thundering of many horses and chariots rushing into battle.(NIV)

그런데 무저갱의 게이트웨이에서 올라온 연기(the smoke)로부터 황충들(locusts)이 나오고 땅에 내려와 땅의 전갈들(scorpions)과 같은 권세(권능, power)를 갖는다. 이 때 권세란 전갈들이 갖고 있는 꼬리에 있는 쏘는 침(sting)을 말하는 것이다. 황충들의 모양은 전쟁을 위하여 예비한 말들 같고 그 머리에 금 같은 면류관 비슷한 것을 썼으며, 또 여자의 머리털 같은 머리털이 있고, 그 이는 사자의 이 같으며, 또 철흉갑 같은 흉갑이 있고, 그 날개들의 소리는 병거와 많은 말들이 전장으로 달려 들어가는 소리 같다라고 기록하고 있다. 영락없는 병사들이며 무기이며 이는 분명 전갈 꼬리가 황충에 융합된 생물체로봇 혹은 생물체로봇무기들이다.

6. 이마에 하나님의 인 맞지 않은 사람들만 5달 동안 괴롭히다

☞ 「요한계시록」 9:4 - 저희에게 이르시되 땅의 풀이나 푸른 것이나 각종 수목은 해하지 말고 오직 이마에 하나님의 인 맞지 아니한 사람들만 해하라 하시더라(They were told not to harm the grass of the earth or any plant or tree, but only those people who did not have the seal of God on their foreheads.(NIV)

9:5 - 그러나 그들을 죽이지는 못하게 하시고 다섯 달 동안 괴롭게만 하

게 하시는데 그 괴롭게 함은 전갈이 사람을 쏠 때에 괴롭게 함과 같더라(They were not given power to kill them, but only to torture them for five months. And the agony they suffered was like that of the sting of a scorpion when it strikes a man.(NIV)

9:6 - 그 날에는 사람들이 죽기를 구하여도 얻지 못하고 죽고 싶으나 죽음이 저희를 피하리로다(During those days men will seek death, but will not find it; they will long to die, but death will elude them.(NIV)

9:10 - 또 전갈과 같은 꼬리와 쏘는 살이 있어 그 꼬리에는 다섯 달 동안 사람들을 해하는 권세가 있더라(They had tails and stings like scorpions, and in their tails they had power to torment people for five months.(NIV)

「요한계시록」 9장의 다섯째 천사의 나팔 심판은 인치심(Sealed)을 받은 자들에 관한 내용으로, 이는 본권 2부 3장 2절의 "빌라델비아 교회에게 보내는 메시지"의 2-5인 "시험의 때를 면하게 하리니"라는 예수님의 약속을 그대로 이행하시는 것이다. 이미 소개한 「요한계시록」 6장의 다섯째 인의 "두루마리(우주복)를 주며 수가 차기까지 기다리라"와 「요한계시록」 7장의 "인치심을 받은 이스라엘의 144,000명과 다른 민족의 큰 무리, 옷을 씻어 희게"와 같은 맥락이다. 결국 일곱 봉인 심판에서 한번(다섯째 인), 일곱 천사의 나팔 심판에서 한번(다섯째 천사의 나팔), 이렇게 두 번씩이나 의로운 자들을 위해 시험의 때를 면하게 하는 기회를 주고 있는 것이다. 아멘!

그런데 황충들은 땅의 풀이나 푸른 것이나 각종 수목은 해하지 않고 오직 이마에 하나님의 인 맞지 아니한 사람들(only those people who did not have the seal of God on their foreheads)만 5개월 동안 죽이지는 않고 괴롭게만(torment or torture or pain) 하라는 명령을 받는다. 이미 『바이블 매트릭스』 4권 『하나님들의 과학기술과 우리가 창조해야 할 미래(하)』의 2부 9장 "애굽에 내린 10개의 재앙, 인간(신)과 동물/곤충의 인터페이스(BBI)"의 5절인 "동물과 곤충을 유도하는 초음파기술, 인간(신)과 동물의 인터페이스(BBI)"와 5권 『성령으로 무장하신 예수님의 과학기술』의 1부 2장 4절 4-3의 "텔리파시란(Telepathy)란? 사람의 생각을 메시지로 전달(BBI/BBC)"에서 다루었듯이, 예수님과 천사들의 명령을 생물체로봇들인 황충+전갈의 두뇌로 전달하는 것이다. 아니면 우리가 모르는 그 이상의 테라헤르츠파나 기타 빛의 에너지와 파동을 이용해 전달하는 것이다. 전갈 꼬리로 독을 쏘되 바로 사람을 죽이는 전갈의 독성이 아니라 쏘이면 아프고 괴롭고 따갑고 쓰린 독성을 쏘아 다섯 달 동안 이마에 인 맞지 않은 불경한 자들(Ungodly men)을 괴롭힌다.

하도 괴로워 그 날에는 사람들이 죽기를 구하여도 얻지 못하고 죽고 싶으나 죽음이 저희를 피한다. 이 고통을 한번 상상해보라.

7. 황충들의 얼굴은 사람 얼굴, 무저갱의 배반한 천사들이 탑승해 조정

☞「요한계시록」9:7 - 황충들의 모양은 전쟁을 위하여 예비한 말들 같고 그 머리에 금 같은 면류관 비슷한 것을 썼으며 그 얼굴은 사람의 얼굴 같고(The locusts looked like horses prepared for battle. On their heads they wore something like crowns of gold, and their faces resembled human faces.(NIV); And the shapes of the locusts were like unto horses prepared unto battle; and on their heads were as it were crowns like gold, and their faces were as the faces of men.(KJV); The locusts looked like horses prepared for battle. They had what looked like gold crowns on their heads, and their faces looked like human faces.(New Living)

그런데 황충들의 모양을 설명하면서, 예수님의 네 번째 제자인 사도 요한은 "황충들의 얼굴이 사람의 얼굴 같다(their faces resembled human faces; their faces were as the faces of men; their faces looked like human faces)"고 기록하고 있다는 점이다. 사람의 얼굴 같다는 것은 1) 사람의 얼굴을 가진 황충 로봇 아

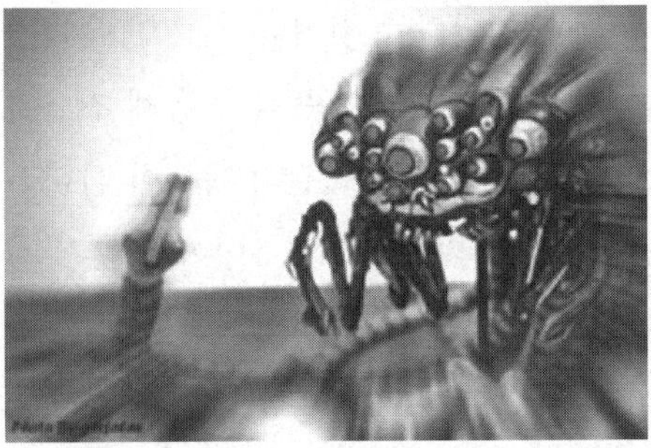

〈매트릭스 레볼루션, 2003〉에 등장하는 파수동물로봇(왼쪽)과 이에 대항하는 시온의 저항군 로봇인 무장개인로봇(APU)(오른쪽). Image Credit : TheMatrix.com

니면, 누군가 황충 로봇에 탑승해서 조정한다는 얘기인데, 그렇다면 2) 천사(사자)가 탑승해서? 아니면 3) 진짜 인간들이 탑승해서? 아니면 4) 복제인간들이 탑승해서? 라는 질문이 나올 수가 있을 것이다. 아니면 5) 사람을 상징하는 물병자리로 볼 수도 있는데, 물병자리의 땅속인 무저갱에서 나온다는 것을 상징할 수도 있을 것이다.

그렇지만, 다음에 등장하는 무저갱의 사자(the angel of Abyss)라는 내용으로 볼 때, 사람의 얼굴이란 무저갱에서 갇혀 있던 배반한 천사들이 황충 로봇을 탑승하고 연기로부터 나왔다는 것을 금방 이해할 수 있다. 따라서 다섯 번째 천사의 나팔 심판에 실제로 등장하는 천사들은 에녹의 두 번째 하늘에 감금되어 있던 배반한 천사들이 아니라, 이 땅의 땅속에 갇혀 있던 무저갱의 천사들임을 알 수 있다.

이것을 이해하기 위해서는 영화 〈매트릭스 레볼루션(Matrix Revolution, 2003)〉을 잘 관찰할 필요가 있다. 영화의 시나리오처럼, 〈매트릭스〉의 감지/파수동물로봇들(Sentinel Animals)이 지구 내부의 '시온'을 공격하자, '시온'에 있던 생물체를 닮은 로봇들인 무장개인로봇(Armoured Personal Unit, APU)이 이에 맞서 공격하는 장면과 흡사하다. 이러한 인간탑승형 로봇군단인 APU와 같은 로봇을 파워보조슈트(Power Assist Suite), 즉 줄여서 파워슈트(PAS)라고 한다. 이 파워슈트 안에는 당연히 시온의 진짜 인간들이 탑승해 로봇을 조정한다. 그러나 황충과 전갈을 융합해 만든 생물체로봇은 〈매트릭스 레볼루션〉의 파워슈트와는 게임이 다른 엄청난 파워가 있을 것이다.

그렇다면 진짜 사람이나 복제인간이 황충 로봇에 탑승해서 인간을 괴롭힌다? 이것은 예수님께서 이 땅에 공중재림하시기 이전의 소행성대의 하나님의 보좌에서 내리는 다섯째 천사의 나팔 심판이다. 예수님께서 심판을 하시는데, 인간들이나 복제인간들이 황충 로봇에 탑승할 이유가 없는 것이다.

8. 황충 로봇의 임금=무저갱의 사자=아바돈=아볼루온=파괴자=멸망

☞ 「요한계시록」 9:11 - 저희에게 임금이 있으니 무저갱의 사자라 히브리 음으로 이름은 아바돈이요 헬라 음으로 이름은 아볼루온이더라(They had as king over them the angel of the Abyss, whose name in Hebrew is Abaddon, and in Greek, Apollyon.(NIV); And they had a king over them, which is the angel of the bottomless pit, whose name in the Hebrew tongue is Abaddon, but in the Greek tongue hath his name Apollyon.(KJV); Their king is the angel from the bottomless pit; his name in Hebrew is Abaddon, and in Greek, Apollyon - the Destroyer.(New Living)

그런데 황충과 전갈이 융합된 생물체로봇들을 다스리는 자가 있다. "저희에게 임금(왕)이 있으니 무저갱의 사자(the angel)라"고 기록하고 있다. 히브리어로는 '아바돈(Abaddon)'이요 그리스 헬라어로는 '아볼루온(Apollyon)'이요, 그 의미는 파괴자(The Destroyer)라는 뜻이며, 결국 멸망(Destruction) 또는 죽음(Death) 또는 멸망의 장소(place of destruction)를 의미하는 것이다.

일단 구약에 등장하는 아바돈, 즉 멸망을 살펴보자. 분명 아바돈은 멸망이지만, 하나님 아버지 앞에서는 드러난다고 기록하고 있으며, 멸망과 사망도 실체가 있는 것으로 기록하고 있다는 점이다. 실체가 있다는 것은 이미 『바이블 매트릭스』 4권 『하나님들의 과학기술과 우리가 창조해야 할 미래(상)』의 1부 6장의 "「요한계시록」의 용/뱀/마귀/사단은? 의로운 하나님들과 불의의 하나님들"에서 살펴보았듯이 불의의 하나님들이나 불의의 천사들을 의미하는 것이라고 했다. 불의의 하나님들이나 천사들도 마지막 심판 때 유황 불못에 던져지기 전에(「요한계시록」 20:10) 다 나름대로의 역할이 있다고 했다.

「욥기」 26:6 - 하나님 앞에는 음부도 드러나며 멸망의 웅덩이도 가리움이 없음이니라(Death is naked before God; Destruction lies uncovered.(NIV); Hell is naked before him, and destruction hath no covering.(KJV); The underworld(1) is naked in God's presence.The place of destruction(2) is uncovered. / (1)Hebrew Sheol. (2)Hebrew Abaddon(New Living)

28:22 - 멸망과 사망도 이르기를 우리가 귀로 그 소문은 들었다 하느니라(Destruction and Death say, 'Only a rumor of it has reached our ears.'(NIV); Destruction(1) and Death say, 'We've heard only rumors of where wisdom can be found.' / (1)Hebrew Abaddon(New Living)

31:12 - 멸망하도록 사르는 불이라 나의 모든 소산을 뿌리까지 없이 할 것이니라(It is a fire that burns to Destruction; it would have uprooted my harvest.(NIV); It is a fire that burns all the way to hell(1). It would wipe out everything I own. / (1)Hebrew to Abaddon(New Living)

「시편」 88:11 - 주의 인자하심을 무덤에서, 주의 성실하심을 멸망 중에서 선포할 수 있으리이까(Is your love declared in the grave, your faithfulness in Destruction?(NIV); Can those in the grave declare your unfailing love? Can they proclaim your faithfulness in the place of destruction?(1) / (1)Hebrew in Abaddon?(New Living)

「잠언」 15:11 - 음부와 유명도 여호와의 앞에 드러나거든 하물며 인생의 마음이리요(Death and Destruction lie open before the LORD--how much more the hearts of men!(NIV); Even Death and Destruction(1) hold no secrets from the Lord. How much more does he know the human heart! / (1)Hebrew Sheol and Abaddon(New Living)

27:20 - 음부와 유명은 만족함이 없고 사람의 눈도 만족함이 없느니라(Death and Destruction are never satisfied, and neither are the eyes of man.(NIV); Just as Death and Destruction(1) are never satisfied, so human desire is never satisfied. / (1)Hebrew Sheol and Abaddon(New Living)

이것으로 보아 무저갱의 사자는 「요한계시록」 20장 1절에서 3절에 등장하는 무저갱의 열쇠와 큰 쇠사슬을 가지고 용/뱀/마귀/사단을 잡아 결박해서 무저갱에 던지고 천년 동안 봉인하는 천사와는 다른 천사임을 알 수 있다. 따라서 무저갱의 천사들은 원래 태생은 배반한 천사들임에 분명하게 보인다. 그래서 멸망에 이르는 무저갱의 사자라고 표현한 것 같다.

9. 역할을 다한 무저갱의 사자들의 말로, 용서 아니면 멸망(불못)

그러나 역할을 다한 후 배반한 천사(사자)들에 대한 하나님 아버지와 예수님의 사후 처리가 안 나와 우리로서는 알 수가 없다. 그렇지만 앞서 두 가지 가정에 의하면 무저갱의 사자들의 말로는 두 가지가 아닌가 생각한다.

첫째, 역할을 마친 회개한 천사들은 용서를 받고 다시 의로운 하나님 아버지와 예수님께 돌아간다고 볼 수 있을 것이다.

둘째, 예수님께서 말씀하신 "곧 나는 산 자라…사망과 음부의 열쇠를 가졌노니(I am the Living One;…And I hold the keys of death and Hades"(「요한계시록」 1:18)에서와 같이 예수님은 넷째 봉인의 심판에서 사망과 음부를 명령해서 인간들을 심판하셨다(「요한계시록」 6:7~8). 그리고 사망과 음부도 결국 불못(Lake of fire)에 던져지는 것을 보면(「요한계시록」 20:14), 불못에 던져지기 전에 사망과 음부가 모종의 역할을 했다고 볼 수 있다. 이러한 관점과 앞서 보았던 「고린도전서」 6장 3절의 "우리가 천사를 판단할 것을 너희가 알지 못하느냐"의 말씀을 참고해 볼 때, 역할을 끝낸 배반한 천사들은 결국 불못에 던져진다고 볼 수도 있을 것이다.

10. 황충 로봇들의 근원지는? 누가 만들었을까?

그렇다면 황충 로봇들의 근원지는 어디일까? 누가 만들었을까? 지금으로서는 알 수가 없으나 세 가지 가정을 제시할 수가 있을 것이다.

첫째, 무저갱에 갇혀 있는 천사들이 준비했다고 볼 수 있을 것이다. 앞서 살펴본 대로 범죄한 천사들을 무저갱에 가두어 심판 때까지 두었다는 것은 심판을 위해(for judgment) 모종의 역할을 준비시켰다고 볼 수도 있을 것이다. 심판은 마구 하는 것이 아니라 다 프로그램화되어 있다고 했다.

둘째, 떨어진 별에서 황충 로봇들이 나올 수도 있을 것이다. 땅속으로 떨어진 별에 있던, 즉 하나님들이 천상의 거처에서 사용하던 아니면 준비한 황충 로봇들이 연기로 치솟아 올라와 땅으로 내려앉았다고 볼 수도 있을 것이다. 그러나 이 경우 문맥상 배반한 천사들이 황충 로봇을 타고 조정하는 것으로 보아 불의의 하나님들이 불의의 하늘의 별에서 사용하던 황충 로봇들이라고 볼 수도 있을 것이다.

셋째, 땅속, 즉 무저갱의 나라를 지배하던 왕과 임금들이, 땅속의 에너지와 자원을 캐기 위해, 전갈 꼬리가 융합된 황충 로봇들을 개발했을 수도 있을 것이다. 그런데, 별이 떨어져 무저갱의 축이 열리면서, 인간들은 죽임을 당하지만, 황충 로봇들은 무저갱의 천사들의 BMI 기술에 의해 조정을 당하고 무저갱의 천사들을 탑승시켜 여섯째 천사의 나팔 소리에 맞추어 예수님의 명령을 수행하는 것이라 생각할 수도 있을 것이다.

11. 첫째 화는 지나갔으나 보라 아직도 이 후에 화 둘이 이르리로다

☞「요한계시록」9:11 - 첫째 화는 지나갔으나 보라 아직도 이 후에 화 둘이 이르리로다(The first woe is past; two other woes are yet to come.(NIV)

다섯째 천사의 나팔 심판으로 첫 번째 화(woe)가 지나 갔지만, 아직도 이후에 화가 둘이나 남아 있다는 것이다. 그것은「요한계시록」11장 14절의 둘째 화로, 모세와 엘리야가 재림하시는 화를 말하는 것이고, 세 번째 화는「요한계시록」15장과 16장에 등장하는 일곱 천사의 일곱 대접 재앙을 말하는 것이다.

3절「요한계시록」9:13~21 - 여섯째 천사의 나팔 심판

1. 여섯째 천사의 나팔, 금단 앞 네 뿔에서 음성이 나서

☞「요한계시록」9:13 - 여섯째 천사가 나팔을 불매 내가 들으니 하나님 앞 금단 네 뿔에서 한 음성이 나서(The sixth angel sounded his trumpet, and I heard a voice coming from the horns of the golden altar that is before God.(NIV)

금단 앞 네 뿔(the four horns)이란 네 귀(the four ears)란 뜻으로, 하나님 앞의 일곱 등불+일곱 눈+일곱 뿔=일곱 영에서 살펴본 대로, 이것은 통신용 과학도구를 말한다. 오늘날의 스피커 또는 확성기에서 나오는 소리를 뜻하는 것이다. 하나님 아버지의 명령 → 예수님의 명령으로 이어지고, 이것을 통신용의 과학도구인 네 뿔이 명령을 받들어 나팔을 가진 여섯째 천사에게 말하여 전달하는 것이다.

2. 큰 강 유브라데에 결박한 네 천사를 놓아 주라

☞ 「요한계시록」 9:14 - 나팔 가진 여섯째 천사에게 말하기를 큰 강 유브라데에 결박한 네 천사를 놓아 주라 하매(It said to the sixth angel who had the trumpet, "Release the four angels who are bound at the great river Euphrates."(NIV)

다섯째 천사의 나팔 심판에 실제로 등장하는 배반한 천사들인 무저갱의 천사들처럼, 큰 강 유브라데에 결박당한 네 천사들도 같은 태생의 의로운 하나님들을 배반한 천사들이다. 배반한 네 천사를 풀어주라는 것은 무저갱의 천사들처럼 모종의 역할을 맡긴다는 것이다.

3. 연 월 일 시에, 사람 1/3을 죽이기로 예비한 자들

☞ 「요한계시록」 9:15 - 네 천사가 놓였으니 그들은 그 연 월 일 시에 이르러 사람 삼분의 일을 죽이기로 예비한 자들이더라(And the four angels who had been kept ready for this very hour and day and month and year were released to kill a third of mankind.(NIV); And the four angels were loosed, which were prepared for an hour, and a day, and a month, and a year, for to slay the third part of men.(KJV)

그 모종의 역할이란 바로 먼 미래의 특정 연-월-일-시에 풀려나 사람 삼분의 일을 죽이는 것이다. 예비한 자들이란 준비, 즉 대기시킨(prepared for or kept ready for) 자란 뜻이다. 대기시켰다는 것은 하나님 아버지와 예수 그리스도께서 준비했다는 뜻이다.

4. 네 천사가 지휘하는 마병대의 수는 이만만(이억), 무인로봇의 마병대

☞「요한계시록」9:16 - 마병대의 수는 이만만이니 내가 그들의 수를 들었노라(The number of the mounted troops was two hundred million. I heard their number.(NIV)

9:17 - 이같이 이상한 가운데 그 말들과 그 탄 자들을 보니 불빛과 자주빛과 유황빛 흉갑이 있고 또 말들의 머리는 사자 머리 같고 그 입에서는 불과 연기와 유황이 나오더라(The horses and riders I saw in my vision looked like this: Their breastplates were fiery red, dark blue, and yellow as sulfur. The heads of the horses resembled the heads of lions, and out of their mouths came fire, smoke and sulfur.(NIV)

9:18 - 이 세 재앙 곧 저희 입에서 나오는 불과 연기와 유황을 인하여 사람 삼분의 일이 죽임을 당하니라(A third of mankind was killed by the three plagues of fire, smoke and sulfur that came out of their mouths.(NIV)

9:19 - 이 말들의 힘은 그 입과 그 꼬리에 있으니 그 꼬리는 뱀 같고 또 꼬리에 머리가 있어 이것으로 해하더라(The power of the horses was in their mouths and in their tails; for their tails were like snakes, having heads with which they inflict injury.(NIV)

네 천사가 지휘하는 마병대의 수는 이만만(이억)이다. 마병대란 옛날의 말을 탄 군인들이 아니라, 먼 미래에 이 땅의 인간들의 최첨단 마병부대와 싸울 천상에서 가져온 무기라는 점을 이해해야 한다. 그리고 말을 탄 자들이 있다.

누가 탔을까? 이만만(이억)의 말을 타고 마병대를 조직하자면 이억의 천사를 동원해야 한다. 그런데 앞서 살펴본 「요한계시록」 5장을 보면 천사의 숫자가 만만(1억)이요 천천(1백만)이라 했다. 이억에 못 미치는 숫자다. 설사 1억의 의로운 천사들이 참여하여 배반한 네 천사들의 지휘를 받지는 않을 것이다. 그렇다면 배반한 천사들이란 말인가? 배반한 천사들이 이억이란 말인가?

한 가지 힌트가 있을 것이다. 사도 요한은 항상 '사람의 얼굴 같고'라고 썼다는 점이다. 그러나 마병대의 수가 이억이지만 탄 자들이 사람 같다고 기록하지 않았다는 점이다. "그 탄 자들을 보니 불빛과 자주빛과 유황빛 흉갑이 있고 또 말들의 머리는 사자 머리 같고"라고 기록한 점으로 미루어 천사들이나 배반한 천사들이 탄 것이 아니라 이는 지금의 클라우드로 조정하는 군집무인로봇으로 이루어진 마병대임을 알 수 있다. 군집무인로봇이란 서로 협력하는 오늘날의 최첨단 로봇들이다. 다시 말해 배반한 네 천사들이 이억 대의 군집무인로봇들로 이루어진 마병조직을 지휘하여 인간 1/3을 죽이고 있다는 것을 알 수 있다.

5. 클라우드 베이스의 천 개 로봇을 움직이는 무인 킬로봇(kilobot)

미국 하버드 대학의 자기조직 시스템 리서치 그룹(Self-Organizing Systems Research Group)이 마치 개미처럼 집단 협력 행동을 하는 클라우드에서 조정하는 1,024개의 꼬마 로봇(little bots)인 킬로봇(kilobot)을 개발했다. 이들은

2011년도부터 로봇개발에 착수하여 2014년 8월에 그간의 결과를 공개했다. 수 cm에 불과한 개미들이 협력해 거대한 크기의 개미굴을 만드는 원리인, 개미의 집단 지능을 활용하는 생체모방학(Biomimetics) 또

는 생체의생학(Biomimicry) 기술이다. 지름 3cm의 꼬마 로봇들이다. 1,024대의 로봇이 마치 매스 게임을 하듯 일사불란하게 움직인다. 이들은 사전에 설정된(Predetermined) 알파벳 K자를 만들고, 별(Star) 모양도 형성한다. 1,000을 의미하는 킬로(kilo)라는 이름을 딴 킬로봇(kilobot)이다. 이 로봇들의 자기조립 알고리즘(Self-Assembly Algorithm)은 (1) 가장자리를 따라 움직인다(Edge following), (2) 개미처럼 분산 협력한다(Distributed Coordinate System), (3) 몸통에 달린 3개의 다리를 진동시켜 움직인다(Gradient)는 간단한 작동 원리만 입력됐다. 하지만 다른 로봇이 멈춰 있거나 교통 혼잡이 발생하면 스스로 수정해 나갈 수 있다. 적외선(IR)을 통해 상대방의 위치를 감지하고 서로 소통할 수 있기 때문이다(Youtube, 15 & 31 Aug 2014; Harvard, 14 Aug 2014).[3]

집단 인공지능이나 군용 정찰, 우주 탐사, 살상무기 등 다양한 분야에 활용될 것으로 기대된다. 이러한 로봇들이 먼 미래에는 클라우드에서 조정하는 군집무인로봇의 마병대 조직으로 발전할 것임은 뻔한 일이다.

6. 어떻게 불의의 인간들을 죽이는가?

군집무인로봇 마병대가 인간을 어떻게 죽이는가 하면 그 입에서 나오는 불(fire)과 연기(smoke)와 유황(sulfur)으로 죽이는 것이다. 불은 오늘날의 화염방사기 이상일 것이고, 연기는 오늘날의 화생방전 이상일 것이고 유황은 오늘날의 화학무기 이상일 것이다.

---

3 Youtube via YTN - YTN 개미처럼 집단 행동 '꼬마 로봇' 등장(31 Aug 2014)
http://www.youtube.com/watch?v=VrybzWTasKg
Harvard - The 1,000-robot swarm(14 Aug 2014)
http://news.harvard.edu/gazette/story/2014/08/the-1000-robot-swarm/
Youtube via Harvard - Self-assembly of thousand little robots "Kilobots" to form complex shapes(15 Aug 2014) http://www.youtube.com/watch?v=-Q14d-c65CY

또한 이 무인로봇 마병대의 힘과 생김새를 기록하고 있는데, "이 말들의 힘은 그 입과 그 꼬리에 있으니 그 꼬리는 뱀 같고 또 꼬리에 머리가 있어 이것으로 해하더라"가 그것이다. 입에선 불과 연기와 유황이 나오고, 꼬리는 뱀 같은 꼬리에 또 머리가 있다는 것이다. 뱀 같다는 것은 그만큼 요리조리 좁은 곳이나 물에서도 빠르게 움직인다는 것이고, 꼬리에 머리가 있다는 것은 꼬리에도 입이 있다는 것을 뜻하는 것이다. 앞 머리와 꼬리 머리의 입에서 불과 연기와 유황이 나온다는 것을 알 수 있다. 참으로 대단한 군집무인로봇 마병대이다. 그러니 인간들이 대적해봤자 1/3이 다 죽는 것이다.

7. 죽지 않고 남은 사람들은 그 손으로 행하는 일을 회개치 아니하고

☞ 「요한계시록」 9:20 - 이 재앙에 죽지 않고 남은 사람들은 그 손으로 행하는 일을 회개치 아니하고 오히려 여러 귀신과 또는 보거나 듣거나 다니거나 하지 못하는 금, 은, 동과 목석의 우상에게 절하고(The rest of mankind that were not killed by these plagues still did not repent of the work of their hands; they did not stop worshiping demons, and idols of gold, silver, bronze, stone and wood--idols that cannot see or hear or walk.(NIV)

9:21 - 또 그 살인과 복술과 음행과 도적질을 회개치 아니하더라(Nor did they repent of their murders, their magic arts, their sexual immorality or their thefts.(NIV)

이러한 심판에도 불구하고 이 재앙에 죽지 않고 남은 사람들은 그 손으로 행하는 일을 회개치 아니하고, 오히려 여러 귀신과 또는 보거나 듣거나 다니거나 하지 못하는 금, 은, 동과 목석의 우상에게 절하고, 또 그 살인과 복술과 음행과 도적질을 회개치 아니한다.

10장

「요한계시록」 10장 - 천사와 작은 책, 일곱 우리의 심판을 거두다(취소하다)

「요한계시록」 10장은 「요한계시록」 9장의 다섯째~여섯째 천사의 나팔 심판이 있었고, 「요한계시록」 11장의 모세와 엘리야의 재림인 두 증인(The Two Witnesses)과 일곱째 천사의 나팔을 불기 전에, 그 사이에 삽입된 장이다. 「요한계시록」 10장에는 또 다른 천사가 작은 책을 가지고 등장하는데, 그것이 바로 일곱 우뢰(The Seven Thunders)이다. 하지만 사도 요한에게 인봉하고 기록하지 말라는 명령에 따라 유일하게 이 생략되어진, 즉 취소된 심판이다. 왜 일곱 우뢰의 심판을 거두셨을까? 「요한계시록」 10장도 먼 미래에 일어날 일이므로 미래 지향적 관점에서 해석하기로 하되, 마지막 절인 8절~11절은 과거-현재-미래의 관점에서 해석하기로 한다.

계시록에는 가끔 "다른 천사"라는 단어가 등장하는데, 그것은 중요한 사건마다 하늘의 보좌에서 우주선을 타고 날아오는 다른 천사들이 있기 때문이다. 현재 사도 요한 곁에 서 있는 천사 이외에 다른 천사가 곧 일어날 사건들을 강조하기 위해 내려온다. 그런데 「요한계시록」 10장에 나타나는 다른 천사는 좀 특이한데, 힘센 다른 천사라고 기록하고 있다. 이 천사는 해와 같은 얼굴을 가지고 있는데, 그 주위에 구름이 둘려 있고 무지개가 그 주위에 있으며 발은 불기둥 같다. 이 힘센 천사도 「요한계시록」 10장에 기록된 내용대로 예수님의 명령에 따라 예수님께 오르락내리락하면서 수행할 것이며, 그 때 인간들이 이를 다 본다는 것이다.

「요한복음」 1:51 - 또 가라사대 진실로 진실로 너희에게 이르노니 하늘이 열리고 하나님의 사자들이 인자 위에 오르락내리락하는 것을 보리라 하시니라(He then added, "I tell you the truth, you shall see heaven open, and the angels of God ascending and descending on the Son of Man.")(NIV)

1절 「요한계시록」 10:1~6 - 천사와 작은 책, 일곱 우뢰의 심판을 거두다(취소하다)

1. 머리에 무지개(비+해)가 있는 천사, 엄청난 체루빔 타고 하늘보좌에서 내려와

☞ 「요한계시록」 10:1 - 내가 또 보니 힘센 다른 천사가 구름을 입고 하늘에서 내려오는데 그 머리 위에 무지개가 있고 그 얼굴은 해 같고 그 발은 불기둥 같으며(Then I saw another mighty angel coming down from heaven. He was robed in a cloud, with a rainbow above his head; his face was like the sun, and his legs were like fiery pillars.(NIV)

힘이 세고 매우 위엄 있는 다른 천사가 등장하는데, 구름을 입고 있다(He was robed in a cloud)는 것은 하얀 우주복이나 소형 우주선을 타고 있다는 것으로 우주복 안이나 소형 우주선 안에는 천사가 있다는 것이다. 그러나 처음부터 힘센 천사라고 강조한 것으로 보아 우주복이나 소형 우주선이 아니라 엄청난 파워를 지닌 거대 우주로봇인 체루빔이나 세라핌이라고 보아야 할 것이다.

머리 위에 무지개가 있다(with a rainbow above his head)는 것은 무슨 뜻일까? 무지개는 비가 내리고 해가 동시에 비출때 나타난다는 것을 말하는 것이다. 얼굴은 해 같고라는 것은 앞서 살펴본 대로 넷째 천사의 나팔 심판으로 인해 달/해/별들이 침을 받아 1/3이 어두워졌으므로, 해는 기능을 잃어, 거대 우주로봇인 체루빔이나 세라핌에서 나오는 빛나는 광채가 해를 대신한다는 뜻이다. 발은 불기둥 같다는 것은 오늘날의 우주선을 띄울 때 나오는 제트엔진의 추진력인 폭발, 즉 불을 의미하는 것이다. 그런데 상황을 보면 힘센 천사가 자유자재로 이동할 수 있다는 것은 오늘날의 우주선보다 몇 천배 더 나은 최첨단 우주로봇이라고 판단된다. 따라서 불기둥이란 제트엔진 추진력의 폭발 그 이상의 연료를 사용하고 있다고 보아야 할 것이다.

또 하나 유추할 수 있는 상황은 비-해-무지개가 등장하고 있는 것으로 보아 그 다음에 우뢰, 즉 천둥들(thunders)이 등장할 것임을 예고하고 있는 예언의 메시지이다.

2. 천사의 손에 펴 놓인 작은 책, 또 다른 심판, 오른발-바다, 왼발-땅을 밟고

☞ 「요한계시록」 10:2 - 그 손에 펴놓인 작은 책을 들고 그 오른발은 바다를 밟고 왼발은 땅을 밟고(He was holding a little scroll, which lay open in his hand. He planted his right foot on the sea and his left foot on the land,(NIV)

그 힘센 천사의 손에는 펴놓인(which lay open) 작은 책이 있다. 폈다(open)라는 것은 이미 뜯었다는 것이다. 공개됐다는 것이다. 작은 책(a little scroll)이란 「요한계시록」 5장에서 살펴보았던 예수님의 일곱 봉인 책과 같은 것이나 이보다 작은 책을 말하는 것이다. 심판은 마구 하는 것이 아니라 책에 쓰여진 대로, 프로그램이 짜여진 대로, 연-월-일-시에 정확히 맞도록 하는 것이다. 여기에서 작은 책이란 또 다른 심판이 기다리고 있다는 것을 의미한다. 작은 책이라고 했으니 일곱 봉인 책보다는 약한 심판이지만, 필자가 보기엔 이 땅-땅속-바다-바닷속-하늘의 인간들에게 제일 중요한 에너지를 끊는 심판이 아닌가 생각된다.

'오른발은 바다를 밟고 왼발은 땅을 밟고'라는 것은, 첫째, 힘센 천사가 타고 온 체루빔이 얼마나 크고 파워(능력)가 있는가를 의미하는 것이다.

3. 힘센 천사가 외치니, 일곱 우뢰가 대답 – 일곱 우뢰의 심판이 준비됨

☞ 「요한계시록」 10:3 - 사자의 부르짖는 것같이 큰 소리로 외치니 외칠 때에 일곱 우뢰가 그 소리를 발하더라(and he gave a loud shout like the roar of a lion. When he shouted, the voices of the seven thunders spoke.(NIV)

힘센 천사가 사자의 부르짖는 것같이 큰 소리로 외치니 일곱 우뢰가 대답한다. 대답했다는 것은 일곱 우뢰의 심판이 준비되었다는 것을 의미한다. 일곱 봉인 심판과 일곱 천사의 심판으로 볼때, 일곱 우뢰의 심판도 첫째 우뢰~일곱째 우뢰의 심판이 준비된 것으로 추측된다.

4. 인봉하고 기록하지 말라 – 일곱 우뢰의 심판을 거두다(취소하다)

☞ 「요한계시록」 10:4 - 일곱 우뢰가 발할 때에 내가 기록하려고 하다가 곧 들으니 하늘에서 소리나서 말하기를 일곱 우뢰가 발한 것을 인봉하고 기록하지 말라 하더라(When the seven thunders spoke, I was about to write. But I heard a voice from heaven saying, "Keep secret(1) what the seven thunders said, and do not write it down." / (1)Greek Seal up(New Living)

일곱 우뢰가 심판이 다 준비되었다고 힘센 천사에게 대답할 때, 사도 요한

이 막 기록하려 하는데, 갑자기 하늘의 보좌에서 소리가 난다. "일곱 우뢰가 발한 것을 인봉하고 기록하지 말라"는 명령이 떨어진다. 이것은 일곱 우뢰의 심판이 최소되었다는 것을 의미하는 것이다. 그렇다면 취소되었지만 원래 하려 했던 일곱 우뢰, 즉 첫째~일곱째 우뢰의 심판들은 무엇일까?

5. 최소된 일곱 우뢰 심판들의 예측 – 번개의 에너지와 천둥의 파동으로 심판

일단 상황을 보자. 비가 내리고 체루빔의 해같은 광명이 비추고 힘센 천사의 머리에는 무지개가 뜬다. 그러면 반드시 있어야 되는 것이 번개이고 뒤 따르는 것이 천둥, 즉 우뢰이다. 이것은 어디까지나 필자의 과학적인 예측이다.

영화 〈매트릭스 레볼루션(Matrix Revoluion, 2003)〉을 보면 대충 짐작할 수 있다. 네오(Neo)가 매트릭스를 찾아가 너와 나는 적이 아니라고 말하고, 우리의 공동적은 바로 스미스 에이전트(Smith Agent)라고 설명하자 매트릭스는 이해를 하고, "그럼 누가 스미스 에이전트를 이길 수 있는가?" 라고 묻는다. 이에 네오가 "바로 나"라고 대답하자, "너를 어떻게 믿느냐?"라는 매트릭스 질문에 네오는 자기 몸을 인질로 매트릭스에 묶고, 정신으로 분리되어, 비와 번개와 천둥이 치는 날, 수백만 바이러스 군대로 복제 증식된 스미스 에이전트 군대와 싸운다. 아무리 싸워도 이길 수 없다. 결국 물 웅덩이에서 싸우다가 예언자인 오라클 시신이 보이자, 그 때 오라클이 말한 "처음이 있는 것은 반드시 끝이 있다(Everything that has the beginning has an end)"의 예언이 떠오르고, 아차 이제 보니 내가 죽어야 하는구나라는 답을 찾고, 스스로 스미스 에이전트에 복제당하여 죽는다. 이를 보고 스미스 에이전트는 본인이 이긴 양 큰 입을 벌리고 대소하고 있지만, 이미 네오의 몸이 매트릭스로 연결되어 있기 때문에, 복제당하여 죽으면서, 스미스 에이전트의 유전자 코드는 매트릭스에 의해 모두 밝혀지고, 인간의 열 에너지만으로 죽일 수 없으므로 자연의 에너지들인 번개와 천둥의 에너지까지 끌어다가 수백만 군대의 스미스 에이전트를 멸망시킨다.

따라서 필자가 보기엔 일곱 우뢰의 심판은 이 힘센 천사의 작은 책에 쓰여진대로 하늘 아래-땅-땅속-바다-바닷속을 번개의 에너지와 천둥의 초음파 같은 파동으로 심판하려고 준비했던 것이 아닌가 생각한다. 우리가 동양의 무협지를 보면 비파의 소리가 초음파가 되어 사람들의 고막과 뇌를 파괴하여 죽이는 장면이 많이 등장한다. 그러나 천상에서 가져온 번개의 에너지와 천둥의 파동이라고 생각해보라. 우리가 알고 있는 지구상의 몇 만배 이상의 에너지와 파동일 것이다. 그것도 일곱번인 첫째~일곱째 우뢰의 심판이라고 생각해보라.

6. 왜 취소했을까? 에너지와 파동, 택한 자들을 위해 날들을 감하다

그럼 왜 인봉, 즉 기록을 취소하라고 했을까? 첫째, 이것은 대단히 중요한 것이다. 필자가 『바이블 매트릭스』 시리즈를 쓰면서 하나 깨달은 것이 있다면 바로 바이블은 미래의 비즈니스라는 것이다. 미래의 먹거리인 미래의 비즈니스가 다 바이블에 쓰여 있다. 그 많은 비즈니스 중 제일 중요한 것이 미래의 에너지와 파동이다. 에너지와 파동이 없으면 죽음이다. 우리도 에너지와 파동이 떨어지면 죽는 것이다. 따라서 미래의 불경한 자들이 의로운 하나님들의 미래의 에너지와 파동 기술을 바이블에서 훔치면 안 된다고 생각한다. 그래서 과학적인 관점에서 인봉했을 가능성이 있다.

둘째, 예수님이 이 땅에 오셔서 이에 대해 말씀하신 것이 있다. 바로 「마태복음」 24장 22절에 "그 날들을 감하지 아니할 것이면 모든 육체가 구원을 얻지 못할 것이나 그러나 택하신 자들을 위하여 그 날들을 감하시리라"고 말씀하셨다. 일곱 우뢰, 즉 첫째~일곱째의 우뢰 심판을 하면 또 다시 500~1,000년이 걸리므로 택하신 자들을 위하여 일곱 우뢰의 심판을 감하신다, 즉 거둔다, 즉 취소한다는 말씀이시다.[1]

7. 지체하지 아니하리라의 의미 – 예수님께서 곧 오신다, 일곱째 천사의 나팔

☞「요한계시록」10:5 - 내가 본 바 바다와 땅을 밟고 섰는 천사가 하늘을 향하여 오른손을 들고(Then the angel I had seen standing on the sea and on the land raised his right hand to heaven.(NIV)

10:6 - 세세토록 살아 계신 자 곧 하늘과 그 가운데 있는 물건이며 땅과 그 가운데 있는 물건이며 바다와 그 가운데 있는 물건을 창조하신 이를 가리켜 맹세하여 가로되 지체하지 아니하리니(And he swore by him who lives for ever and ever, who created the heavens and all that is in them, the earth and all that is in it, and the sea and all that is in it, and said, "There will be no more delay!(NIV)

힘센 천사가 하늘 위-하늘 아래-땅-땅속-바다-바닷속에 있는 것들을 창조하신 하나님 아버지와 예수 그리스도께 맹세하여 가로되 "지체하지 아니하리니(There will be no more delay!)"라고 말한다. 지체하지 않는다는 것은 무엇을 말하는 것일까? 이 말씀은 더 이상 이러한 일곱 우뢰의 심판의 기간, 즉 일곱 우뢰의 심판이 없을 것이라는 뜻이다. 이 심판을 거두고, 즉 취소하고 예수님께서 곧 오실 것이라는 뜻이다. 곧 오신다는 것이 그 다음 절로 이어진다. 다시 말해 일곱째 천사가 나팔을 부는 것이다.

---

1 「요한계시록」10장 관련 내용은 2015년 2월 4일에 쓰기 시작하여 2015년 2월 6일에 마쳤으나, 뭔가 잘못 해석하여 썼다는 것을 인지했다. 처음에는 일곱 우뢰의 심판이 비밀로 남아 있다고 생각하고 일곱 우뢰의 심판이 무엇인지에 초점을 두고 썼으나, 무언가의 메시지가 있어 고민한 끝에 일곱 우뢰의 심판이 취소되었다는 것을 이해하고, 다시 수정하여 2015년 2월 9일에 완료하였다.

2절 「요한계시록」 10:7 - 일곱째 천사의 나팔, 하나님의 비밀(말씀, 복음)이 이루어지다

☞ 「요한계시록」 10:7 - 일곱째 천사가 소리내는 날 그 나팔을 불게 될 때에 하나님의 비밀이 그 종 선지자들에게 전하신 복음과 같이 이루리라(But in the days when the seventh angel is about to sound his trumpet, the mystery of God will be accomplished, just as he announced to his servants the prophets.")(NIV)

지체하지 않는다는 것은 바로 일곱째 천사가 나팔을 부는 것이다. 일곱째 천사가 나팔을 부는 날, 그 종 선지자들에게 전하신 복음과 말씀, 즉 하나님 아버지의 비밀이 다 이루어진다는 것이다. 다 이룬다는 것은 예수님의 공중 재림, 부활과 휴거, 천년 왕국, 악적인 자들과 불의의 하나님들을 유황 불못에 던져 멸하고, 새로운 하늘과 새 땅에 새 예루살렘과 만국들의 새로운 우주를 창조하는 것이다. 선지자로부터 말씀과 복음으로만 듣던, 모든 하나님 아버지의 구약과 예수님의 새로운 언약인 신약이 다 이루어진다는 것이다. 아멘!

3절 「요한계시록」 10:8~11 - 사도 요한이 작은 책을 먹다와 다시 예언하여야 하리라의 의미

1. 요한이 작은 책을 먹다, 입에는 꿀같이 다나 배에서는 쓰게 되더라의 의미

☞ 「요한계시록」 10:8 - 하늘에서 나서 내게 들리던 음성이 또 내게 말하여 가로되 네가 가서 바다와 땅을 밟고 섰는 천사의 손에 펴놓인 책을 가지라 하기로(Then the voice that I had heard from heaven spoke to me once more: "Go, take the scroll that lies open in the hand of the angel who is standing on the sea and on the land.")(NIV)

10:9 - 내가 천사에게 나아가 작은 책을 달라 한즉 천사가 가로되 갖다 먹어 버리라 네 배에는 쓰나 네 입에는 꿀같이 달리라 하거늘(So I went to the angel and asked him to give me the little scroll. He said to me, "Take it and eat it. It will turn your stomach sour, but in your mouth it will be as sweet as honey."(NIV)

10:10 - 내가 천사의 손에서 작은 책을 갖다 먹어 버리니 내 입에는 꿀같이 다나 먹은 후에 내 배에서는 쓰게 되더라(I took the little scroll from the angel's hand and ate it. It tasted as sweet as honey in my mouth, but when I had eaten it, my stomach turned sour.(NIV)

10:11 - 저가 내게 말하기를 네가 많은 백성과 나라와 방언과 임금에게 다시 예언하여야 하리라 하더라(Then I was told, "You must prophesy again about many peoples, nations, languages and kings."(NIV)

사도 요한이 힘센 천사의 손에 펴놓인 책을 가져다가 먹는다(eat it). 이 때 먹었다는 것은 알다(know)라는 뜻으로 작은 책의 비밀, 즉 지식을 터득했다는 의미이다. 지식을 터득했다는 것은 첫째~일곱째 우뢰의 심판들이 어떤 것들이며, 왜 일곱 우뢰의 심판들을 인봉, 즉 취소했는지를 알았다는 것이다. 그것은 예수님께서 날들을 감하여 주시고 곧 오신다는 것을 알았다는 뜻이다. 곧 오신다는 것을 알았다는 것은 예수님의 재림 소식에 기쁘고 들뜨고 그 맛은 달콤하다는 것을 의미하는 것이다. 그러나 예수님의 재림이 아주 한참 후에 그것도 아주 먼 훗날에 오신다는 것을 알고는 배가 쓰림을 느낀 것이다.

그래서 천사가 요한에게 작은 책을 갖다 먹으라고 하여 먹으니, 입에서는 달지만 속에서는 썼다고 한 것이다. 곧 오시지 아니하니 실망했다는 뜻이다. 성도들의 인내가 그래서 필요한 것이다.

2. 사도 요한이 다시 예언하여야 하리라의 의미, 예수님의 재림 지체

기독교 역사 관점으로 보면, 예수님 사후 지금까지 거의 2,000년 동안 예수님께서 곧 오신다는 것에 기뻐한 것처럼, 처음 복음을 받아 먹었을 때는 너무 달고 기뻤으나, 예수님께서 기대하던 시기에 오시지 않자 크게 실망하여 뱃속에서는 쓰게 된 경험을 말하는 것이다.

더욱이 예수님께서는 AD 10740년경에 오신다는 것을 생각해보라. 천상의 시간으로는 앞으로 8일이지만, 지구의 시간으로는 한참 후에 오시는 것이다. 따라서 다음 시대의 사람들도 복음을 듣는 순간 기쁘고 달콤하지만, 기대하던 시기에 오시지 않아 실망하고 뱃속에서는 쓰게 될 것이다. 그 다음 시대도 기쁘고 쓰고, 그 다음 시대도 또 기쁘고 쓰고, 그 다음 시대도 또 기쁘고 쓰고, 이렇게 앞으로 기쁘고 쓴 경험을 수없이 반복해야 한다.

그래서 천사가 사도 요한에게 "다시 예언하여야 하리라"고 한 것이다. 사도 요한이 쓴 「요한계시록」을 통해 예수님이 오실 때까지 앞으로도 계속 예언해야 한다고 말씀하신 것이다. 아멘!

11장

「요한계시록」 11장 - 두 증인인 모세와 엘리야의 재림, 일곱째 천사의 나팔

「요한계시록」 11장의 전반부는 이 땅에 재림하시는 두 사람, 즉 두 증인(The Two Witnesses), 즉 두 선지자(two prophets)에 관한 내용으로 대략 c.AD 10729.5~10733(=42달)년에 일어날 것으로 예측된다. 두 증인(선지자)이 일곱 번째 천사가 나팔을 불기 전에 하늘에서 이 땅에 내려와 예언과 증거(testimony)를 마칠 때에 무저갱(Abyss)에서 올라오는 짐승(beast), 즉 무저갱을 다스리는 왕(king)이 두 증인과 전쟁을 일으키고, 두 증인을 죽여, 예수님께서 십자가에 못 박히신 예루살렘(골고다, Golgotha, 해골의 곳)에 삼일 반이나 둔다. 그렇지만 두 증인은, 예수님이 이 땅에에 오셔서 하셨던 것처럼, 곧 부활하시고 변형되시어 하늘의 보좌로 승천하신다는 계시의 메시지가 기록되어 있다.

「요한계시록」 11장의 후반부는 일곱째 천사가 나팔을 분다(c.AD 10740~). 일곱째 천사가 나팔을 부는 날, 그 종 선지자들에게 전하신 복음과 말씀, 즉 하나님 아버지의 비밀이 다 이루어진다. 다 이룬다는 것은 예수님의 재림, 부활과 휴거, 천년 왕국, 악적인 자들과 불의의 하나님들을 유황 불못에 던져 다 멸하고, 새로운 하늘과 새 땅에 새 예루살렘과 만국들인 새로운 우주를 창조하는 것이다. 선지자로부터 말씀과 복음으로만 듣던, 모든 하나님 아버지의 구약과 예수님의 새로운 언약인 신약이 다 이루어진다는 것이다. 이 모든 것들은 「요한계시록」 12장~22장을 통해 이루어질 것이다.

「요한계시록」 11장도 먼 미래에 일어날 일이므로 미래 지향적인 관점으로 접근하여 해석하기로 하되, 의미를 정확히 파악하기 위해서는 「다니엘」, 「스가랴」, 「에녹2서」 등과 신약 등의 기록도 참조하여 해석하기로 한다.

본절을 이해하려면 『바이블 매트릭스』 6권 1부 1장 3절의 "두 증인은 누구? 모세와 엘리야→예수님과 똑같은 방식의 죽음→부활→변형→승천"과 2부 3장 2절의 "예수님의 재림시기(c.AD 10740~)와 재림 전후에 일어날 일들"을 먼저 읽어야 한다. 특히 두 증인, 즉 모세와 엘리야 선지자가 마지막 때에 이 땅에 내려오신다. 다시 말해 이 땅에 예수님께서 공중재림하시기 직전에 모세와 엘리야 선지자께서 마지막 증거를 위해 내려오시는 것이다.

물론 이 때에도 만만(1억) 천천(1백만)의 모든 천사들은 「요한계시록」 11장에 기록된 내용대로 예수님의 명령에 따라 예수님께 오르락내리락하면서 수행할 것이다.

「요한복음」 1:51 - 또 가라사대 진실로 진실로 너희에게 이르노니 하늘이 열리고 하나님의 사자들이 인자 위에 오르락내리락하는 것을 보리라 하시니라(He then added, "I tell you the truth, you shall see heaven open, and the angels of God ascending and descending on the Son of Man.")(NIV)

그리고 그 때 인간들이 이를 다 본다는 것이다. 보고도 인간들이 대적한다는 것은 소행성대에 진입하신 하나님 아버지와 예수님을 외계인이라 판단하고 이 땅과 땅속의 인간들이 똘똘 뭉쳐 전쟁을 일으킨다는 것이다. 또 하나의 관점은 이 때가 되면 인간들은 하나님 아버지와 예수님을 모를 가능성이 있다는 것이다. 그래서 대다수가 불경한 자들이라는 점이다. 특히 모세와 엘리야가 권세를 받고 소행성대의 하늘의 보좌에서 내려오시는데, 모세와 엘리야를 외계인이라고 간주하고 대적하고, 특히 무저갱의 짐승(왕)이 땅속에서 올라와 모세와 엘리야와 전쟁을 일으키고 결국 모세와 엘리야를 죽인다. 그 대가로 큰 지진이 나서 예루살렘 성 십분의 일이 무너지고, 지진에 죽은 사람이 칠천이나 된다.

그런 와중에서도 살아 남은 자들이 영광을 하나님 아버지께 돌린다는 것은 참 다행스러운 일이라 아니할 수 없다. 그리고 마침내 일곱째 천사가 나팔을 분다.

1절 「요한계시록」 11:1~14 - 모세와 엘리야의 재림-죽음-부활-변형-승천(c.AD 10729.5~10733)

1. 예루살렘 성전의 역사(과거–현재)

예루살렘 성전 또는 여호와 하나님의 성전(Temple of Jerusalem or Temple of the Lord)의 과거 역사는 이렇다. 이스라엘 백성이 야훼(Yahweh, YHWH) 하나님을 예배하기 위하여 모리야산(성전산, Mount Moriah, Temple Mount, 아브라함이 아들 이삭을 번제물로 바치려 했던 산임) 정상에 세운 신전(神殿)으로 성서시대에 따라 예루살렘에는 같은 장소에 세 곳의 성전이 건축되었다.

제1성전은 솔로몬 왕(Solomon. 통치 BC 970~BC 930)이 세운 성전이다. BC 966년에 건축하기 시작하여(「열왕기상」 6:1, 6:37, 「역대하」 3:1) BC 959년에 완공하였다(「열왕기상」 6:38). 이스라엘 자손이 애굽(이집트) 땅에서 나온 지 480년이요 솔로몬이 이스라엘 왕국의 왕이 된 지 4년에 건축을 시작하였다 했으니 애굽 땅을 나온 때가 BC 1446년이므로 1446-480=966년이며, 왕이 된 때가 BC 970이므로 970-4=966년이 된다. 또 솔로몬이 성전을 건축한 기간이 7년이었다 했으니 966-7=959년에 완성하였다. 솔로몬 왕이 건축한 제1성전은 신바빌로니아 왕조의 네브카드네자르 2세(구약의 '느부갓네살', Nebuchadnezzar, 통치 BC 605~BC 562)에 의해 파괴되었다(BC 586년).

제2성전은 70년간의 바빌로니아 포로(유수)에서 돌아온(BC 538년) 유대인들이 스룹바벨(Zerubbabel)의 지휘 아래 소규모의 성전 재건을 시작했는데 BC 516년에 완공되었다(「에스라」 5장~6장).

제3성전은 BC 20년경 공화정 및 제정시대의 로마제국(BC 509~BC 27, BC 27~AD 396)이 유대를 간접 지배하기 위해 임명한 유대의 분봉왕(Tetrarch, 分奉王)인 헤롯왕(Herod I, 헤로데, 헤로데스, 통치 BC 47~BC 40 & BC 37~BC 4)이 유대인의 민심을 얻기 위해 기존의 제2성전을 헐고 대규모의 성전, 부속 건물, 요새 등을 세우며 과거 솔로몬 왕 시절의 웅장함과 아름다움을 재현했는데, 이를 제3성전이라고 부른다.

예수님 사후[AD 26(B) or AD 33], 로마제국은 율리우스-클라우디우스 왕조(Julio-Claudian Dynasty, BC 27~AD 68) 시대가 끝나고, 갈바(Galba) 등 3명의 군인 황제(AD 69) 시대를 거쳐 플라비우스 왕조(Flavian Dynasty, AD 69~96) 시대로 접어든다. 이 틈을 타서 유대인들이 총궐기하여 유대전쟁(유대-로마전쟁, The Jewish War, First Jewish-Roman War, AD 66~73)을 일으킨다. 결과는 유대인의 대패로 끝난다. 로마제국의 플라비우스 왕조의 초대 황제인 베스파시아누스(Vespasian, Titus Flavius Vespasianus, 통치 AD 69~79)의 아들인 티토(Titus, Titus Flavius Vespasianus, AD 39~AD 81)가 이끄는 로마군은 AD 70년에 예루살렘을 침략해 많은 유대인을 죽이고 예루살렘 성과 성전을 완전히 파괴하였다. 이 성전 파괴는 예수 그리스도에 의해 이미 예언되어 있었다(「마태복음」 24:1-2, 「마가복음」 13:1-2, 「누가복음」 21:5-6). 예루살렘 성전이 무너지면서 지금까지 성전 중심의 유대교는 막을 내리고 종료를 고하게 된다. 그 후 로마제국의 플라비우스 왕조는 2대 황제인 티토(Titus, Titus Flavius Vespasianus, AD 70-예루살렘 파괴, 통치 AD 79~81)로 이어진다.

현재의 통곡(痛哭)의 벽(Wailing Wall)은 제3성전 서쪽 벽의 남은 잔해에 해당한다. 이 같은 비극을 지켜본 이 성벽은 밤이 되면 통탄의 눈물을 흘렸다고 한다. 그래서 붙여진 이름인데, 중세 유대인들은 성전이 파괴된 날이라는 아부월(유대력 5월) 9일에 이 벽 앞에 모여 성전 파괴와 예루살렘 함락을 슬퍼하고 그 회복을 기원하였다. 제2차 세계대전 후 예루살렘이 이스라엘과 요르단으로 분할되면서 동부의 성벽은 요르단 측에 속하고 서부의 성벽은 1948년부터 이스라엘령이었으나, 1967년 6월의 제3차 중동전쟁에서 이스라엘이 예루살렘 구시가지를 점령하여 동부의 성벽까지 이스라엘로 넘어왔다. 따라서 중동전쟁 이후로 유대교도, 그리스도교도(기독교도), 이슬람교도가 저마다 성지(聖地)로 받들고 있는 동쪽 지역도 이스라엘의 점령지가 되었다. 기타 내용은 다음 사이트를 참조하고[1], 자세한 것은 「다니엘」 9장을 참조하시라.

2. 먼 미래의 예루살렘 성전(미래)

☞ 「요한계시록」 11:1 - 또 내게 지팡이 같은 갈대를 주며 말하기를 일어나서 하나님의 성전과 제단과 그 안에서 경배하는 자들을 척량하되(I was given a reed like a measuring rod and was told, "Go and measure the temple of God and the altar, and count the worshipers there.(NIV)

하나님의 성전이란 예루살렘 성전을 말하는 것이다. 지금은 파괴되어 성지로 받들고 있지만, 「요한계시록」 11장 1절을 보면, 먼 미래에 예루살렘 성

1 http://en.wikipedia.org/wiki/Temple_of_Jerusalem

전이 재건된다는 것을 알 수 있다. 역사는 반복된다는 것을 이해해야 한다. 과거, 즉 파괴된 예루살렘에만 매달리면 선지자들이 예언한 구약이나 「요한계시록」의 계시를 이해할 수 없다. 따라서 필자는 예루살렘 성전도 과거에 1~3성전이 존재했듯이, 앞으로도 흥망성쇠를 거듭할 것이라 보는 것이다. 그리고 마지막 때인 「요한계시록」 11장에 등장하는 예루살렘 성전이 마지막이 될 것이라 보고 미래 지향적으로 접근하기로 한다.

3. 군대가 예루살렘을 에워싸고 거룩한 성을 42달 동안 유린

☞ 「요한계시록」 11:1 - 또 내게 지팡이 같은 갈대를 주며 말하기를 일어나서 하나님의 성전과 제단과 그 안에서 경배하는 자들을 척량하되(I was given a reed like a measuring rod and was told, "Go and measure the temple of God and the altar, and count the worshipers there.(NIV)

11:2 - 성전 밖 마당은 척량하지 말고 그냥 두라 이것을 이방인에게 주었은즉 저희가 거룩한 성을 마흔두 달 동안 짓밟으리라(But exclude the outer court; do not measure it, because it has been given to the Gentiles. They will trample on the holy city for 42 months.)(NIV)

사도 요한은 하나님의 성전인 예루살렘 성전과 제단을 측량하고 그 안에서 경배하는 자들의 숫자를 계산한다. 이것은 의로운 자들이 몇 명인지를 측량하라는 것이다. 그런데 성전 밖 마당은 척량하지 말고 그냥 두라는 것이다. 왜냐하면 성전 밖 마당은 이방인에게 주었은즉 이방인들이 거룩한 성을 42달=한 때 두 때 반 때(3.5년)=일천이백육십 일(1,260일) 동안 유린한다는 것이다.

이것은 예수님이 이 땅에 오셔서 말씀하신 「누가복음」 21장 20절과 같은 내용이다. "너희가 예루살렘이 군대들에게 에워싸이는 것을 보거든 그 멸망이 가까운 줄을 알라"라고 예수님은 말씀하셨다. 이 사건은 두 증인, 즉 모세와 엘리야가 이 땅에 재림하시면서 동시에 일어나는 먼 미래의 일로, 그 42달 동안의 기간은 대략 c.AD 10729.5년에 불의한 자들의 군대가 예루살렘을 에워싸기 시작하여 10733년까지 유린할 것으로 예측된다.

「누가복음」 21:20 - 너희가 예루살렘이 군대들에게 에워싸이는 것을 보거든 그 멸망이 가까운 줄을 알라

21:24 - 저희가 칼날에 죽임을 당하며 모든 이방에 사로잡혀 가겠고 예루살렘은 이방인의 때가 차기까지 이방인들에게 밟히리라

4. 권세의 모세와 엘리야의 재림, 42달=한 때 두 때 반 때=1,260일 동안 예언

☞ 「요한계시록」 11:3 - 내가 나의 두 증인에게 권세를 주리니 저희가 굵은 베옷을 입고 일천이백육십 일을 예언하리라(And I will give power to my two witnesses, and they will prophesy for 1,260 days, clothed in sackcloth."(NIV); And I will give power unto my two witnesses, and they shall prophesy a thousand two hundred and threescore days, clothed in sackcloth.(KJV);And I will give power to my two witnesses, and they will be clothed in burlap and will prophesy during those 1,260 days."(New Living)

두 증인, 즉 모세와 엘리야는 예수님께서 막강한 권세를 받고 이 땅에 재림하신다. 이 땅에 재림실 때 하얀 옷(우주복, white linen)이 아니라 굵은 베옷을 입었다 했으니 천사들이 아니고 그 전에 육체로 하늘로 올라간 모세와 엘리야가 틀림없다.

그런데 모세와 엘리야가 일천이백육십 일(1,260일) 동안 예언을 한다는 것이다. 그리고 「다니엘」 12장과 「요한계시록」 11장~13장에 나오는 '한 때 두 때 반 때'와 '일천이백육십 일(1,260일=3.5년)'과 42달은 서로 다른 사건이지만

기간은 같은 것이다. 따라서 한 때(a time)란 1년을 말하는 것이고, 두 때(times)란 2년을 말하는 것이며, 반 때(half a time or an half)란 0.5년을 말하는 것으로, 다 합치면 3.5년이 된다.

이것은 모세와 엘리야가 이 땅에 내려와 증거하고 예언하는데 1,260일, 즉 42달이 걸린다는 것이다. 그리고 모세와 엘리야가 예언하는 42달 동안에, 즉 같은 기간에 이방인 군대들이 예루살렘 성전을 42달 동안 유린한다는 것이다. 따라서 연도로 보면 c.AD 10729.5년에 모세와 엘리야가 이 땅에 내려오시고, 1,260일이 되는 10733년까지 예언할 것으로 예측된다. 예언이 마치면 모세와 엘리야 선지자는 죽임을 당하고 이 땅에 오셨던 예수님처럼 부활하시고 변형되시어 하늘의 보좌로 승천하신다.

5. 두 감람나무와 두 촛대, 기름 발리운자 둘=모세와 엘리야

☞「요한계시록」11:4 - 이는 이 땅의 주 앞에 섰는 두 감람나무와 두 촛대니(These are the two olive trees and the two lampstands that stand before the Lord of the earth.(NIV); These are the two olive trees, and the two candlesticks standing before the God of the earth.(KJV); These two prophets are the two olive trees and the two lampstands that stand before the Lord of all the earth.(New Living)

두 증인, 즉 모세와 엘리야는 두 감람나무와 두 촛대이시다. 이게 무슨 뜻일까? 이 뜻을 정확하게 알고자 한다면「스가랴(Zechariah)」4장의 "순금 등잔대와 두 감람나무(The Gold Lampstand and the Two Olive Trees)"를 보아야 한다.「스가랴」4장 2절에는 '하나의 주발(a bowl)'을 가진 '하나의 순금 등대(a solid gold lampstand)가 등장하는데, 그 꼭대기에는 '일곱 등잔(빛)(seven light)'이 있고, '일곱 등잔(빛)'을 밝히기 위한 '일곱 관(seven channels)'이 등장한다. 이는 70년간의 바빌로니아 포로에서 돌아온(BC 538년) 유대인들이 스룹바벨

(Zerubbabel)의 지휘 아래 성전 재건을 할 것이라는 하나님의 예언의 말씀으로, 하나의 순금 등대를 건축하되, 일곱 개의 등잔이 빛을 발하도록 하고, 금 기름(golden oil)을 뽑어 올리는 일곱 관을 세우라는 명령이시다. 여호와의 명령을 천사가 선지자 스가랴에게 전하는 내용이다. 그런데 순금 등대 곁에 두 감람나무(two olive trees)가 있는데 하나는 그 주발 우편에 있고 하나는 그 좌편에 있다고 선지자 스가랴는 기록하고 있다.

「스가랴」 4:2 - 그가 내게 묻되 네가 무엇을 보느냐 내가 대답하되 내가 보니 순금 등대가 있는데 그 꼭대기에 주발 같은 것이 있고 또 그 등대에 일곱 등잔이 있으며 그 등대 꼭대기 등잔에는 일곱 관이 있고(He asked me, "What do you see?" I answered, "I see a solid gold lampstand with a bowl at the top and seven lights on it, with seven channels to the lights)(NIV)

4:3 - 그 등대 곁에 두 감람나무가 있는데 하나는 그 주발 우편에 있고 하나는 그 좌편에 있나이다 하고(Also there are two olive trees by it, one on the right of the bowl and the other on its left.")

이에 선지자 스가랴는 천사에게 두 감람나무가 무슨 뜻이냐고 재차 묻는다. 그러자 천사는 "이는 기름 발리운 자 둘이니 온 세상의 주 앞에 모셔 섰는 자니라(These are the two who are anointed to serve the Lord of all the earth.")라고 대답한다. 기름을 부어 발라 축복한 두 사람(two men)이라? 이 두 사람은 온 세상의 주를 위해 모셔 선자라? 주님(예수님 혹은 하나님 아버지)을 받들어 모시려고 두 사람을 택하여(chosen) 기름으로 축복했다니? 이게 도대체 무슨 말인가?

「스가랴」 4:11 - 내가 그에게 물어 가로되 등대 좌우의 두 감람나무는 무슨 뜻이니이까 하고

4:12 - 내가 그에게 물어 가로되 등대 좌우의 두 감람나무는 무슨 뜻이니

이까 하고

4:13 - 그가 내게 대답하여 가로되 네가 이것이 무엇인지 알지 못하느냐 대답하되 내 주여 알지 못하나이다

4:14 - 가로되 이는 기름 발리운 자 둘이니 온 세상의 주 앞에 모셔 섰는 자니라 하더라(So he said, "These are the two who are anointed to serve the Lord of all the earth."(NIV); Then he said, "These are the two men whom God has chosen and anointed to serve him, the Lord of the whole earth."(Good News)

예수님이나 하나님을 모시기 위해 두 사람을 선택해서 기름을 부었다는 의미를 이해하려면 「에녹2서」[2]를 보아야 한다. 열 번째 하늘에 도착한 에녹에게 주님이 어떠한 대접을 해주었는가를 보면 알 수 있다.

「에녹2서」 22장에는 가브리엘(Gabriel) 천사장이 미가엘(Michael) 천사장에게 에녹을 넘기고 미가엘이 에녹을 주님의 면전에 데려간다. 열 번째 하늘은 히브리어로 아라보스(Aravoth)라 불리는 곳인데, 에녹은 주님 얼굴의 모습(the appearance of the Lord's face)을 보는데, 불 속에서 빛을 내기 위해 철로 만들어진 것 같고, 그 작렬하는 불빛을 끌어내며, 그 얼굴은 훨훨 타오르고 있다(like iron made to glow in fire, and brought out, emitting sparks, and it burns).

에녹은 이에 엎드려 주님께 절을 하고, 주님은 그의 입술로 에녹에게 말을 한다. "에녹아 두려워말고 용기를 갖고 내 얼굴 앞에 서라." 미가엘이 에녹을 일으켜 세워 주님의 면전으로 데려간다. 주님은 그의 종들(servants)에게 말을

---

2 자세한 내용은 『바이블 매트릭스』 1권 『우주창조의 비밀』의 3부 1장 5절의 "에녹의 10개의 하늘들"을 참조하라.
Laurence, Richard(tr), 〈The Book of the Secrets of Enoch : Chapters 1-68 ; also referred to as "Slavonic Enoch" or "2 Enoch"〉, Internet Publishing.
http://reluctant-messenger.com/2enoch01-68.htm

한다. "에녹이 내 앞에 서도록 하라." 그러자 종들은 주님께 절을 하고 말을 한다. "주님의 말씀(Your word)에 따라 에녹이 가도록 해라." 주님은 미가엘 천사장에게 에녹의 지구의 옷을 벗기고, 에녹에게 향기로운 기름을 부어 신성하게 하여 주님의 영광의 옷(우주복)을 입히도록 명령한다.

미가엘 천사장은 주님이 시키신 대로 한다. 주님은 에녹에게 기름 부어 신성케하고, 에녹에게 옷(우주복)을 입혔으며, 기름 부은 모습은 위대한 빛보다 더 밝았으며, 그것은 달콤한 이슬 같았으며, 그 향기는 온화하고 빛나는 태양빛 같았으며, 에녹은 스스로 자기 모습을 본다. 그 모습은 일곱 천사장 중의 하나 같이 영예스러운(glorious) 것이었다.

그렇다! 기름을 부었다는 것은 신성케 했다는 것이며, 영광을 받았다는 것은 찬란한 우주복을 입었다는 것이다. 그리고 신성케 했다는 것은 에녹을 일곱 천사장 중의 하나같이 성령의 지식으로 무장시켰다는 것이다.

그렇다. 그 전에 육체로 천상으로 올라가신 모세와 엘리야는 에녹처럼 기름 부어 신성케 하고, 천상의 우주복(영광)을 받아 입고 있으며, 성령의 지식으로 무장시켜 막강한 권세를 받아 이 땅에 마지막 두 증인으로, 그리고 육체로 내려오신 것이다. 천상의 낙원에 계실 때도 우주복을 입으셨고, 소행성대의 하늘의 보좌에 계실 때에도 우주복을 입고 계셨지만, 이 땅으로 내려올 때는 우주복을 입을 필요가 없다. 왜냐하면 모세와 엘리야는 육체로 천상에 오르셨기 때문이다. 이렇게 본다면 구약과 신약이 다 프로그램되어 있다는 것을 알 수 있다.

그리고 원래 기름을 발리우신 분은 예수 그리스도이시다. 예수님이 이 땅에 오셨을 때 하나님 아버지께서 성령과 능력을 기름 붓듯이 하셨는데, 이와 마찬가지로 다시 이 땅에 내려 보낼 모세와 엘리야도 예수님처럼 성령의 지식으로 무장시켰다는 것을 알 수 있다.

「누가복음」 4:18 - 주의 성령이 내게 임하셨으니 이는 가난한 자에게 복음을 전하게 하시려고 내게 기름을 부으시고 나를 보내사 포로된 자에게 자유를, 눈먼 자에게 다시 보게 함을 전파하며 눌린 자를 자유케 하고

「사도행전」 4:27 - 과연 헤롯과 본디오 빌라도는 이방인과 이스라엘 백성과 합동하여 하나님의 기름 부으신 거룩한 종 예수를 거스려

「사도행전」 10:38 - 하나님이 나사렛 예수에게 성령과 능력을 기름붓듯 하셨으매 저가 두루 다니시며 착한 일을 행하시고 마귀에게 눌린 모든 자를 고치셨으니 이는 하나님이 함께 하셨음이라

6. 모세와 엘리야의 막강한 권세, 42달 동안 비가 오지 못하게 하다

☞ 「요한계시록」 11:5 - 만일 누구든지 저희를 해하고자 한즉 저희 입에서 불이 나서 그 원수를 소멸할찌니 누구든지 해하려 하면 반드시 이와 같이 죽임을 당하리라(If anyone tries to harm them, fire comes from their mouths and devours their enemies. This is how anyone who wants to harm them must die.)(NIV)

11:6 - 저희가 권세를 가지고 하늘을 닫아 그 예언을 하는 날 동안 비 오지 못하게 하고 또 권세를 가지고 물을 변하여 피 되게 하고 아무 때든지 원하는 대로 여러 가지 재앙으로 땅을 치리로다(These men have power to shut up the sky so that it will not rain during the time they are prophesying; and they have power to turn the waters into blood and to strike the earth with every kind of plague as often as they want.)(NIV)

두 증인은 막강한 권세를 갖는데, 저희를 죽이고자 하는 자들은 두 증인의 입에서 나오는 불로 죽임을 당하고, 예언하고 증거하는 일천이백육십 일 동안 하늘을 닫아 비오지 못하게 하고, 물을 변하여 피가 되게 하고(원자자유전환

기술), 원하는 대로 여러 가지 재앙으로 땅을 친다. 이는 모세가 이집트를 탈출할 때 여호와께서 모세를 통해 보이신 '애굽에 내린 10개의 재앙'과 '지팡이가 뱀이 되고 물이 피가 되고 티끌이 이가 되다'[3]와 비슷한 일이 일어난다. 그러나 하나님들이나 천사들의 과학기술은 구약시대보다 지금 엄청나게 진보하였을 것이다. 아니 c.AD 10729.5~10733년의 하늘의 보좌의 과학기술을 생각해보라. 42달 동안 비가 오지 못하게 하는 것은 아무것도 아닐 것이다.

7. 첫번째 무저갱의 왕이 전쟁을 일으켜, 모세와 엘리야를 죽이다

☞「요한계시록」11:7 - 저희가 그 증거를 마칠 때에 무저갱으로부터 올라오는 짐승이 저희로 더불어 전쟁을 일으켜 저희를 이기고 저희를 죽일 터인즉 (Now when they have finished their testimony, the beast that comes up from the Abyss will attack them, and overpower and kill them.(NIV)

두 증인이 일천이백육십 일 동안 증거를 마칠 때에 무저갱을 다스리는 짐승, 즉 왕이 올라와서 두 증인과 더불어 전쟁을 일으켜 저희를 이기고 두 증인을 죽인다. 아마도 하늘에서 내려오시고 막강한 권능을 가지셨으니 두 증인을 외계인으로 간주하여 이 땅의 사람들은 대적을 하나 힘이 딸릴 것이다. 그래서 그 당시 지구 땅속의 막강한 에너지를 차지한 무저갱의 왕에게 이 땅위의 왕들은 도움을 청할 것이다. 그리고 무저갱의 왕의 군대가 두 증인을 죽이게 된다. 또는 두 증인이 증거를 마쳤으므로, 즉 임무가 끝났으므로 막강한 권세를 하나님께서 거두워들였기 때문에 죽을 수도 있을 것이다. 어쨌거나 모세와 엘리야는 반드시 이 땅에서 죽어야 한다. 죽어야 부활하기 때문이다.

---

3 자세한 내용은 『바이블 매트릭스』 4권 『하나님들의 과학기술과 우리가 창조해야 할 미래(하)』의 2부 9장인 "애굽에 내린 10개의 재앙, 인간(신)과 동물/곤충의 인터페이스(BBI)"를 참고하라.

여기서 중요한 것은 최초로 첫번째 짐승, 즉 왕이 등장한다는 것이다. 최초로 무저갱, 즉 땅속의 나라의 왕이 등장한 것인데, 이 무저갱의 왕은 사라졌다가 「요한계시록」 17장에 다시 마지막 네 번째 짐승으로 등장한다. 자세한 것은 「요한계시록」 17장을 참조하시라.

8. 시체가 사흘 반 동안 예수님께서 못 박히신 예루살렘 거리에 두다

☞ 「요한계시록」 11:8 - 저희 시체가 큰 성 길에 있으리니 그 성은 영적으로 하면 소돔이라고도 하고 애굽이라고도 하니 곧 저희 주께서 십자가에 못 박히신 곳이니라(Their bodies will lie in the street of the great city, which is figuratively called Sodom and Egypt, where also their Lord was crucified.(NIV); And their bodies will lie in the main street of Jerusalem(1), the city that is figuratively called "Sodom" and "Egypt," the city where their Lord was crucified. / (1)Greek the great city(New Living)

11:9 - 백성들과 족속과 방언과 나라 중에서 사람들이 그 시체를 사흘 반 동안을 목도하며 무덤에 장사하지 못하게 하리로다(For three and a half days men from every people, tribe, language and nation will gaze on their bodies and refuse them burial.)(NIV)

11:10 - 이 두 선지자가 땅에 거하는 자들을 괴롭게 한 고로 땅에 거하는 자들이 저희의 죽음을 즐거워하고 기뻐하여 서로 예물을 보내리라 하더라(The inhabitants of the earth will gloat over them and will celebrate by sending each other gifts, because these two prophets had tormented those who live on the earth.)(NIV)

이 두 증인(선지자)이 일천이백육십 일 동안 땅에 거하는 자들을 각종 권세와 재앙으로 괴롭혔으므로, 땅에 거하는 자들이 저희의 죽음을 즐거워하고 기뻐하며 서로 예물을 보내고, 그 시체를 사흘 반 동안을 예수님께서 십자가에 못 박히신 예루살렘(골고다, Golgotha, 해골의 곳) 거리에 사흘 반 동안 두어 쳐다보며 무덤에 장사하지 못하게 한다.

아마도 추측하건대 외계인들이 죽었으니 이 땅에 거하는 불의한 자들은 마구 기뻐 날뛸 것이다. 그러니 살아남았다는 것에 서로 서로 인사하고 예물을 보낼 것이다. 공상과학영화를 보면 외계인들이(짐승 또는 생물 같은 인간들 등) 지구를 침공하는 경우가 종종 있는데, 지구인들이 외계인을 물리쳤을 경우 전 세계의 사람들이 다 나와 기뻐하듯이, 모세와 엘리야 선지자들을 죽이고 그와 같이 기뻐할 것이다. c.AD 10729.5~10733년의 사람들이 모세와 엘리야를 어떻게 알겠는가? 설사 안다 한들 천상에서 막강한 권세로 무장시킨 모세와 엘리야를 외계인의 침공이라고 대적할 것임은 뻔한 일이다.

9. 모세와 엘리야가 예수님과 똑같은 방식의 부활→변형→하늘의 보좌로 승천

☞「요한계시록」11:11 - 삼 일 반 후에 하나님께로부터 생기가 저희 속에 들어가매 저희가 발로 일어서니 구경하는 자들이 크게 두려워하더라(But after the three and a half days a breath of life from God entered them, and they stood on their feet, and terror struck those who saw them.)(NIV)

11:12 - 하늘로부터 큰 음성이 있어 이리로 올라오라 함을 저희가 듣고 구름을 타고 하늘로 올라가니 저희 원수들도 구경하더라(Then they heard a loud voice from heaven saying to them, "Come up here." And they went up to heaven in a cloud, while their enemies looked on.)(NIV)

삼일 반 후에 하나님께로부터 생기가 저희 속에 들어가매 저희가 발로 일어서니 구경하는 자들이 크게 두려워한다. 죽었다가 다시 이 땅의 육체(몸)로 부활하신 것이다. 그리고 하늘의 몸, 즉 영적인 몸으로 변형되시어 천상의 구름, 즉 우주선을 타고 하늘로 오르신다. 예수님이 이 땅에 오셔서 죽임을 당하시고 이 땅의 육체(몸)로 부활하시고 영적인 몸으로 변형되시어 승천하신 것과 똑같은 방식의 죽음→부활→변형→승천의 단계를 밟는 것이다. 이는 『바이블 매트릭스』 6권 1부 3장의 "부활/휴거(변형)의 상태와 신분, 부활/휴거의 방법, 예수님 재림 시의 육체? 영적인 몸?"에서 소개한 대로 일곱 번째 천사가 나팔을 불 때에 바로 첫째 부활과 휴거(변형)가 일어나는데, 이를 두 증인을 통해 마지막으로 인간들에게 직접 보여주는 것, 즉 증거하는 것이라고 볼 수도 있다.

10. 그 남은 자들이 두려워하여 영광을 하나님께 돌리더라

☞ 「요한계시록」 11:13 - 그 시에 큰 지진이 나서 성 십분의 일이 무너지고 지진에 죽은 사람이 칠천이라 그 남은 자들이 두려워하여 영광을 하늘의 하나님께 돌리더라(At that very hour there was a severe earthquake and a tenth of

「다니엘」과 「요한계시록」으로 풀어본 '70이레-하나님의 백성과 예루살렘 성을 위하여 정한 기간'

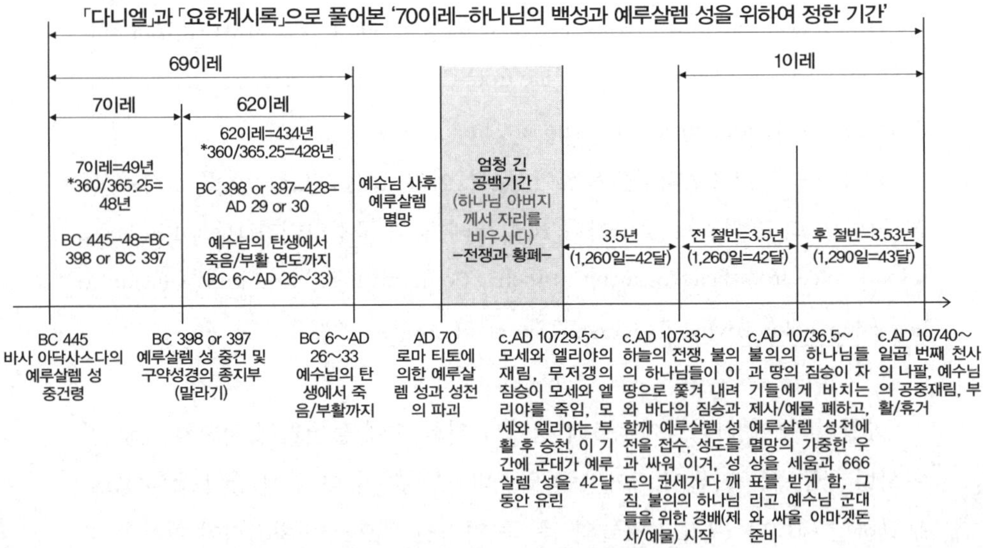

the city collapsed. Seven thousand people were killed in the earthquake, and the survivors were terrified and gave glory to the God of heaven.)(NIV)

모세와 엘리야가 승천하실 때에 큰 지진이 나서 예루살렘 성 십분의 일이 무너지고 지진에 죽은 사람이 칠천이라, "그 남은 자들이 두려워하여 영광을 하늘의 하나님께 돌리더라"가 이것을 뒷받침하고 있다. 먼 미래에도 이와 같이 회개하고 하나님 아버지와 예수님께 돌아서는 의로운 자들이 있다는 것은 참 다행스러운 일이며 먼 미래에도 희망이 있다는 것을 보여주는 것이다. 아멘!

11. 둘째 화는 지나갔으나 보라 세째 화가 속히 이르는도다

☞ 「요한계시록」 11:14 - 둘째 화는 지나갔으나 보라 세째 화가 속히 이르는도다(The second woe has passed; the third woe is coming soon.(NIV)

"둘째 화는 지나갔으나 보라 세째 화가 속히 이르는도다"라는 것은 일곱 봉인 심판부터 다섯째 천사의 나팔 심판까지가 첫째화이고, 여섯째 천사의 나팔 심판에서 두 증인까지의 심판이 둘째 화이고, 셋째 화는 「요한계시록」 15장과 16장에 등장하는 일곱 천사의 일곱 대접 재앙을 말하는 것이다.

2절 「요한계시록」 11:15~19 - 일곱째 천사의 나팔 소리(c.AD 10740~)

1. 하나님 아버지와 예수 그리스도의 세상이 되시다

☞ 「요한계시록」 11:15 - 일곱째 천사가 나팔을 불매 하늘에 큰 음성들이 나서 가로되 세상 나라가 우리 주와 그 그리스도의 나라가 되어 그가 세세토록 왕 노릇 하시리로다 하니(The seventh angel sounded his trumpet, and there were loud voices in heaven, which said: "The kingdom of the world has become the kingdom of our Lord and of his Christ, and he will reign for ever and ever."(NIV)

일곱째 천사가 나팔을 부니, 하늘에 큰 음성들이 나서 가로되, "세상 나라가 우리 주(하나님 아버지)와 그 그리스도의 나라가 되어 그가 세세토록 왕 노릇 하시리로다"고 말을 한다. 이게 무슨 의미일까? 이는 4장의 「요한계시록」 4장 8절~11절의 내용과 같은 내용으로 이미 살펴본 대로 하늘에서 모종의 사건이 있었다는 것을 의미하는 것이다. 그것은 다음 장에 나오는 「요한계시록」 12장의 '하늘의 전쟁(war in heaven)'을 암시하는 것이다. 하늘의 전쟁은 의로운 하나님들-의로운 천사들과 불의의 하나님들-불의의 천사들간의 패권 전쟁을 말하는 것이다. 선과 악의 투쟁을 말하는 것이다.

「요한계시록」 11장 15절을 자세히 보면, 이미 하늘의 전쟁에서 의로운 하나님 아버지와 예수 그리스도께서 이기셨다는 것을 알 수 있는데, "세상 나라가 우리 주(하나님 아버지)와 예수 그리스도의 나라가 되어 세세토록 지배하실 것"이라고 기록되어 있기 때문이다.

2. Was–Is–(Will come 이 생략) – 지금부터 큰 권능을 잡으시고 통치

☞ 「요한계시록」 11:16 - 하나님 앞에 자기 보좌에 앉은 이십사 장로들이 엎드려 얼굴을 대고 하나님께 경배하여(And the twenty-four elders, who were seated on their thrones before God, fell on their faces and worshiped God,(NIV)

11:17 - 가로되 감사하옵나니 옛적에도 계셨고 시방도 계신 주 하나님 곧 전능하신 이여 친히 큰 권능을 잡으시고 왕 노릇 하시도다(saying: "We give thanks to you, Lord God Almighty, the One who is and who was, because you have taken your great power and have begun to reign.(NIV)

그래서 그 다음 절을 보면 24분의 고위급 하나님들이 하나님 아버지께 경배하고, '옛적에도 계셨고 시방도 계신(One who is and who was)' 하나님 아버지께 감사를 드린다. 지금까지는 하나님 아버지를 표현할 때에 이제도(is)=전에도(was)=장차 오실 이(is to come or will come)로 표현했지만, 하나님 아버지께서 지금부터 큰 권능을 잡으시고 통치 하신다(now you have assumed your great power and have begun to reign)라고 표현한 것이다. 장차 오실 이가 이미 오신 현재완료로 표현하고 있다는 점이다. 지금부터 하나님 아버지와 예수 그리스도께서 직접 통치하신다는 뜻이다. 이미 하늘의 전쟁에서 패권을 쟁취했다는 뜻이다. 따라서 오실 이가 아니고 지금부터는 이미 오셨다는 것을 강조한 것이다.

따라서 「요한계시록」 12장의 하늘의 전쟁은 일곱째 천사가 나팔을 불기 전에 이미 일어났다고 보아야 할 것이다.

3. 이방들(나라들)이 분노하매 →불의의 하나님들과 인간들이 분노

☞ 「요한계시록」 11:18 - 이방들이 분노하매 주의 진노가 임하여 죽은 자를 심판하시며 종 선지자들과 성도들과 또 무론 대소하고 주의 이름을 경외하는 자들에게 상주시며 또 땅을 망하게 하는 자들을 멸망시키실 때로소이다 하더라(The nations were angry; and your wrath has come. The time has come for judging the dead, and for rewarding your servants the prophets and your saints and those who reverence your name, both small and great--and for destroying those who destroy the earth."(NIV)

하늘의 전쟁에서 의로운 하나님 아버지와 예수 그리스도께서 승리하시고 큰 권능을 잡으시고 통치하시자, 이방들이 분노한다고 계시되어 있다. 여기서 이방들은 땅 위-땅속-바다-바닷속의 인간의 나라들을 의미하는 것이다. 여기에 「요한계시록」 12장의 하늘의 전쟁에서 패한 불의의 하나님들과 불의의 천사들이 가세할 것을 말하는 것이다. 이들은 이 땅으로 쫓겨 내려와 인간들을 규합하고 의로운 하나님 아버지와 예수 그리스도를 대적할 것이다.

4. 때가 왔다 – (1) 죽은 자를 심판, (2) 의로운 자들에게 상을 준다

☞ 「요한계시록」 11:18 - 이방들이 분노하매 주의 진노가 임하여 죽은 자를 심판하시며 종 선지자들과 성도들과 또 무론 대소하고 주의 이름을 경외하는 자들에게 상주시며 또 땅을 망하게 하는 자들을 멸망시키실 때로소이다 하더라(The nations were angry; and your wrath has come. The time has come for judging the dead, and for rewarding your servants the prophets and your saints and those who reverence your name, both small and great--and for destroying those who destroy the earth."(NIV)

이방들(나라들)이 분노하지만, 그러나 동시에 하나님 아버지의 진노가 임한다. 그리고 때가 왔는데, 세 가지 목적이다. (1) 죽은 자를 심판하신다는 것이다. 이것은 「요한계시록」 20장 4절~6절에 기록된 첫째 부활인 영생과 생명의 부활이 아니라 둘째 부활, 즉 심판의 부활을 의미하는 것으로, 「요한계시록」 20장 11절~15절에 기록된 죽은 자들을 심판하는 것을(The Dead Are Judged) 말하는 것이다. 죽은 자들이 심판의 부활로 다 부활하여 각자 행위대로 심판을 받는다. 심판을 어떻게 받는지는 「요한계시록」 20장에서 다룰 예정이다.

「요한계시록」 20:12 - 또 내가 보니 죽은 자들이 무론 대소하고 그 보좌 앞에 섰는데 책들이 펴 있고 또 다른 책이 펴졌으니 곧 생명책이라 죽은 자들이 자기 행위를 따라 책들에 기록된 대로 심판을 받으니

20:13 - 바다가 그 가운데서 죽은 자들을 내어 주고 또 사망과 음부도 그

가운데서 죽은 자들을 내어 주매 각 사람이 자기의 행위대로 심판을 받고

(2) 동시에 의로운 자들인 선지자들과 성도들과 하나님 아버지와 예수 그리스도의 이름을 경외하다가 죽은 자들은 첫째 부활에 참여하여 각자 행한 행위대로 보상을 해준다는 것을 의미한다. 여기서 보상이란 첫째 부활에 참여하여 「요한계시록」 20장의 천년 왕국(The Thousand Years)에 참여하며 「요한계시록」 21장과 22장의 새 하늘과 새 땅에 건설되는 새 예루살렘과 만국들, 즉 두 번째 우주 창조에 들어가 영생을 한다는 것을 의미하는 것이다.

「마태복음」 16:27 - 인자가 아버지의 영광으로 그 천사들과 함께 오리니 그 때에 각 사람의 행한 대로 갚으리라

「로마서」 2:6 - 하나님께서 각 사람에게 그 행한 대로 보응하시되

「요한계시록」 2:23 - 또 내가 사망으로 그의 자녀를 죽이리니 모든 교회가 나는 사람의 뜻과 마음을 살피는 자인 줄 알찌라 내가 너희 각 사람의 행위대로 갚아 주리라

22:12 - 보라 내가 속히 오리니 내가 줄 상이 내게 있어 각 사람에게 그의 일한 대로 갚아 주리라

5. 때가 왔다 – (3) 땅을 망하게 하는 자들을 멸망시킨다

☞ 「요한계시록」 11:18 - 이방들이 분노하매 주의 진노가 임하여 죽은 자를 심판하시며 종 선지자들과 성도들과 또 무론 대소하고 주의 이름을 경외하는 자들에게 상주시며 또 땅을 망하게 하는 자들을 멸망시키실 때로소이다 하더라(The nations were angry; and your wrath has come. The time has come for judging the dead, and for rewarding your servants the prophets and your saints and those who reverence your name, both small and great--and for destroying those who destroy the earth."(NIV)

(3) 그리고 땅을 망하게 하는 자들을 멸망시킨다는 것이다. 앞서 8장인 「요한계시록」 8장 2절의 "「요한계시록」 8:6~13 - 첫째~넷째 천사의 나팔 심판(화들)"의 2-1의 "첫째 천사의 나팔 - 땅 : 피우박과 불이 내려와 땅의 1/3이 타서 없어져"의 2-1-3의 "왜 땅-수목-푸른 풀의 1/3을 태워 죽일까? IoE→빅 브라더와 통제"에서 살펴보았듯이, 이 때의 불의하고 불경한 인간들은 땅의 에너지와 생물자원들을 이용해 핵무기 이상의 무기를 만들고 전쟁을 일삼으므로 땅을 망하게 하는 자들인 것이다. 이들 땅을 망하게 하는 자들을 멸망시킨다는 것이다.

6. 마침내 하늘 보좌의 성전이 열리니 언약궤가 보여

☞ 「요한계시록」 11:19 - 이에 하늘에 있는 하나님의 성전이 열리니 성전 안에 하나님의 언약궤가 보이며 또 번개와 음성들과 뇌성과 지진과 큰 우박이 있더라(Then God's temple in heaven was opened, and within his temple was seen the ark of his covenant. And there came flashes of lightning, rumblings, peals of thunder, an earthquake and a great hailstorm.(NIV)

마침내 하늘에 있는 하나님의 성전이 열리니 성전 안에 하나님의 언약궤가 보이고 또 번개와 음성들과 뇌성과 지진과 큰 우박이 내린다. 언약궤는 과학적으로는 오늘날의 무전기 이상의 원자로 송신기라고 했다.[4] 그리고 구약의 언약궤 안에는 십계명 돌판(증거판), 아론의 싹 난 지팡이, 만나를 기억하고 기리기 위한 항아리 등이 들어 있었는데, 선지자들이 예언한 구약을 다 이룬다는 것을 강조한 것이다. 지금부터는 구약과 예수님의 새로운 언약인 신약이 다 이루어진다는 의미이다. 아멘!

---

4 자세한 것은 『바이블 매트릭스』 4권 『하나님들의 과학기술과 우리가 창조해야 할 미래(하)』의 2부 10장인 "언약궤/속죄소는 오늘날의 무전기 이상의 원자로 송수신기"를 참조하라.

12장

「요한계시록」 12장 - 여자와 용과 하늘의 전쟁 (~c.AD 8580~c.AD 10733~)

「요한계시록」 12장은 하나의 파노라마이다. 예수님을 잉태하신 여자와 예수님을 삼키고자 하는 불의의 하나님의 우두머리(이를 용-Dragon 이라 표현함)가 등장하고, 그리고 이어지는 불의의 하나님들과 불의의 천사들이 하늘에서 하나님 아버지와 예수 그리스도와 의로운 천사들에 대항하여 전쟁을 일으키다가 패해 이 땅으로 쫓겨 내려오고, 쫓겨 내려온 불의의 하나님들과 불의의 천사들, 즉 사단/마귀/용/뱀들이 마지막 시대에 하나님의 교회들과 종들을 미워하여 공격하는 일까지의 줄거리가 파노라마처럼 펼쳐진다. 그래서 과거-현재-미래가 복합적으로 얽혀 있고, 문맥상 상징적인 표현이 있어 이해하기가 난해하다. 그렇지만 먼 미래에 무엇이 일어날 것인지에 대해서는 분명한 계시의 메시지를 담고 있다.

이 예수 그리스도의 계시를 파노라마 장면들로 구성해보면, 1) 예수 그리스도께서 인간을 구원하시기 위하여 이 세상에 오셨을 때에 불의의 하나님들이 예수님을 죽이고자 하는 모습, 2) 예수님께서 부활하신 후에 사단/마귀/용/뱀들이 그리스도께서 세워 놓으신 교회와 성도들을 핍박하는 모습, 3) 하늘에서 시작된 선과 악의 투쟁과 패권 다툼의 모습과 4) 먼 미래에 사단/마귀/용/뱀들이 참된 남은 성도들, 즉 하나님 아버지의 계명을 지키며, 예수님의 증거를 가진 의로운 자들을 공격하는 모습 등이 그것이다.

물론 이 때에도 만만(1억) 천천(1백만)의 모든 천사들은 「요한계시록」 12장에 기록된 내용대로 예수님의 명령에 따라 예수님께 오르락내리락하면서 수행할 것이다. 특이한 점은 천사들도 의로운 하나님들 편과 불의의 하나님들 편으로 나뉘어 싸운다는 것이다. 다시 말해 어느 편해 서야할 것인지가 중요한 것이다. 선과 악 중 택일해야 할 때가 오는 것이다. 그러나 이미 정해졌다고 보아야 할 것이다. 하늘의 보좌에 진입한 만만(1억) 천천(1백만)의 모든 천사들은 의로운 하나님 아버지와 예수 그리스도의 편에 이미 선 것이다. 불의의 하나님들 편에 선 천사들이 몇 명인지 알 수가 없지만, 의로운 자들이 죽어서 첫째 부활로 부활한 자들과 휴거한 자들이 공중재림하시는 예수 그리스도를 영접하시고, 예수 그리스도의 군대에 편입하여 함께 싸움으로써 예수 그리스도께서 승리하시는 것이다. 그러니 의로운 하나님 아버지와 예수 그리스도를 믿고 사랑하고 말씀을 지키며 행위로 보여주어야 하는 것이다.

「요한복음」 1:51 - 또 가라사대 진실로 진실로 너희에게 이르노니 하늘이 열리고 하나님의 사자들이 인자 위에 오르락내리락하는 것을 보리라 하시니라(He then added, "I tell you the truth, you shall see heaven open, and the angels of God ascending and descending on the Son of Man.")(NIV)

1절 미래 지향적인 관점에서 이 일은 언제 일어날까?

미래 지향적인 관점에서 이 일은 언제 일어날까? 이미 본권 2부 「요한계시록」 4장 2절 2-4의 "의로운 하나님들과 불의의 하나님들의 하늘의 전쟁을 암시"에서 살펴본 대로 하나님 아버지가 최고이자 영광을 받아 마땅할 것이라고 24분의 고위급 하나님들이 한결같이 말을 하는 것으로 보아, 이는 c.AD

8580년에 하나님 아버지와 예수 그리스도께서 소행성대에 진입하시어 하늘의 보좌를 틀기 전에, '하늘의 전쟁'이 일어날 수도 있을 것임을 시사하는 것이다. 그렇다면 AD 8580년경이라 볼 수도 있을 것이다.

또한 본권 2부 「요한계시록」 11장의 2절 2-1의 "하나님 아버지와 예수 그리스도의 세상이 되시다"에서 살펴본 대로, 하늘의 전쟁에서 승리하신 하나님 아버지와 예수 그리스도께서 세상과 큰 권능을 잡으시고 통치하신다는 관점으로 본다면, 일곱째 천사가 나팔을 부는, 예수님의 공중재림 시기인 c.AD 10740년보다 앞서 일어난다고 볼 수도 있을 것이다. 그리고 『바이블 매트릭스』 6권 2부 3장 2절의 "예수님의 재림시기(c.AD 10740)와 재림 전후에 일어날 일들"의 2-8의 "하늘의 전쟁, 성도의 권세가 다 깨어질 때 끝

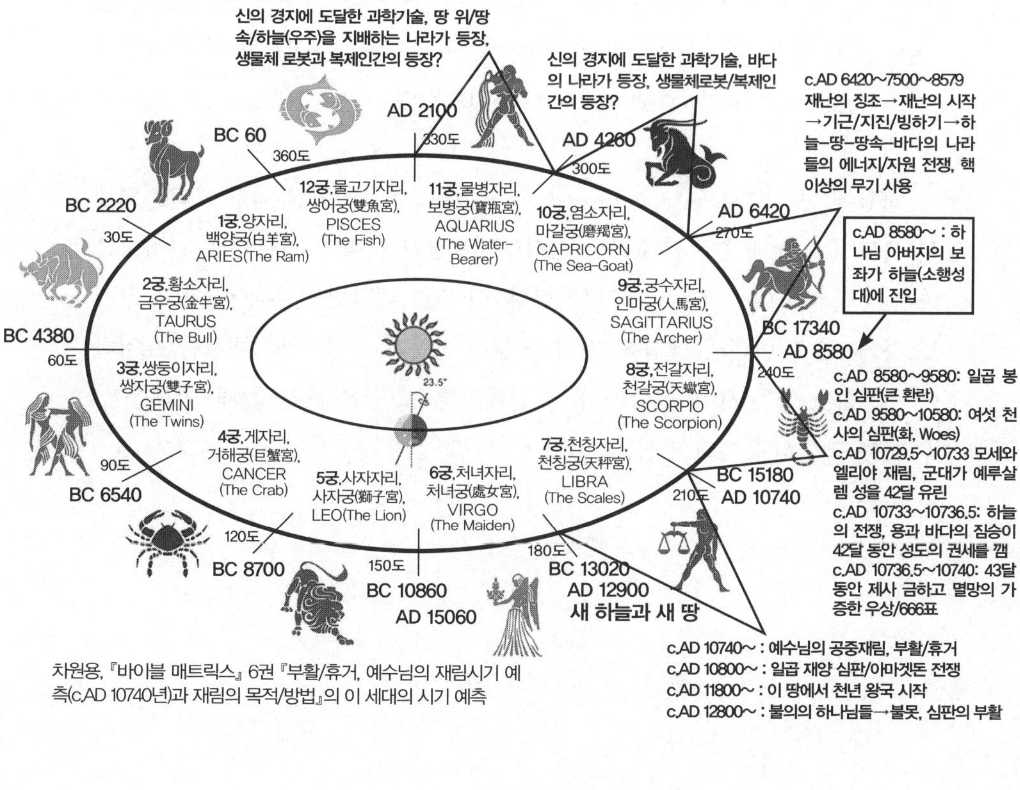

차원용, 『바이블 매트릭스』 6권 『부활/휴거, 예수님의 재림시기 예측(c.AD 10740년)과 재림의 목적/방법』의 이 세대의 시기 예측

(멸망)(c.AD 10733~10736.5)"에서 살펴본 대로 이 때의 예측 연도는 c.AD 10733~10736.5년이다.

따라서 종합해보면 하늘의 전쟁은 대략 c.AD 8580년에서 c.AD 10733년에 일어날 것이라고 예측해 볼 수 있을 것이다.

2절 「요한계시록」 12:1 - 하늘의 큰 이적, 구약/신약과 선/악의 투쟁을 영상장치로 요약 계시

☞ 「요한계시록」12:1 - 하늘에 큰 이적이 보이니 해를 입은 한 여자가 있는데 그 발 아래는 달이 있고 그 머리에는 열두 별의 면류관을 썼더라(A great and wondrous sign appeared in heaven: a woman clothed with the sun, with the moon under her feet and a crown of twelve stars on her head.(NIV); And there appeared a great wonder in heaven; a woman clothed with the sun, and the moon under her feet, and upon her head a crown of twelve stars:(KJV)

하늘에 큰 이적(A great and wondrous sign or wonder)이란 예수 그리스도께서 사도 요한에게 홀로그래픽적 영상(시각) 장치를 통해 하늘에서 일어나는 다른 장면을 보여준다는 것을 의미한다. 이 또한 대단한 징후(sign)이다. 그것도 과거-현재-미래의 영상을 통해 구약과 신약과 선과 악의 투쟁을 요약하여 계시하고 있는 것이다. 따라서 「요한계시록」 12장은 과거-현재-미래를 알 수 있는 핵심 내용이라고 볼 수 있다.

3절「요한계시록」12:1 - 여자의 등장

1. 한 정결한 처녀(동정녀)=시온=참 백성의 어머니 등장, 반대인 음녀

☞「요한계시록」12:1 - 하늘에 큰 이적이 보이니 해를 입은 한 여자가 있는데 그 발 아래는 달이 있고 그 머리에는 열두 별의 면류관을 썼더라(A great and wondrous sign appeared in heaven: a woman clothed with the sun, with the moon under her feet and a crown of twelve stars on her head.(NIV)

「요한계시록」12장 1절에는 여인(a woman)으로 표현된 하나님의 참 백성 또는 성도들, 즉 하나님 아버지의 계명을 지키며, 예수님의 증거를 가진 의로운 자들의 모습을 볼 수 있다(「요한계시록」12:17).

성경에서 여인은 하나님 또는 그리스도의 신부인 교회나 성도들을 상징한다. 성경에서 가장 많이 사용되는 상징적 표현 중의 하나는 교회를 여인으로 묘사하는 것인데, 사도 바울 역시 하나님의 참 백성인 교회를 정결한 처녀로 표현하였다. "내가 하나님의 열심으로 너희를 위하여 열심 내노니 내가 너희를 정결한 처녀로 한 남편인 그리스도께 드리려고 중매함이로다"(「고린도후서」11:2). 또한 선지자 이사야는 "시온에게 이르기를 너는 내 백성이라(and who say to Zion, 'You are my people.')"(「이사야」51:16)라고 말하였고, 예레미야는 "아름답고 묘한 딸 시온(the Daughter of Zion, so beautiful and delicate.)"(「예레미야」6:2)이라고 표현했으며,「요한계시록」19장 7절에는 '어린 양의 혼인 잔치'가 등장하는데, "우리가 즐거워하고 크게 기뻐하여 그에게 영광을 돌리세 어린 양의 혼인 기약이 이르렀고 그 아내가 예비하였으니(Let us rejoice and be glad and give him glory! For the wedding of the Lamb has come, and his bride has made herself ready)"라고 기록하고 있는데, 이를 통하여 우리는 성경에서 시온은 하나님의 백성을 뜻하는 동시에 아름다운 딸(여인)이나 신부로 묘사되고 있다는 사실을 확인할 수 있다.

잠깐 여기서 덧붙이자면, 성경에 순결한 여자가 하나님의 교회요 성도들이요 신부로 표현된 반면, 음녀는 타락하고 부패한 교회와 나라와 성(city)과 멸망할 바벨론을 상징한다. "또 일곱 대접을 가진 천사 중 하나가 와서 내게 말하여 가로되 이리 오라 많은 물 위에 앉은 큰 음녀(the great prostitute)의 받을 심판을 네게 보이리라"(「요한계시록」 17:1)와, "그 이마에 이름이 기록되었으니 비밀이라, 큰 바벨론이라, 땅의 음녀들과 가증한 것들의 어미라 하였더라"(「요한계시록」 17:5)와, "그의 심판은 참되고 의로운지라 음행으로 땅을 더럽게 한 큰 음녀를 심판하사 자기 종들의 피를 그의 손에 갚으셨도다 하고"(「요한계시록」 19:2)가 그것들이다.

2. 해를 입고 달을 밟고 12별의 면류관을 쓴 여인이란?

그런데 그 여인은 해(the sun)를 옷 입고 달(the moon)을 밟고 서 있으며, 머리에는 12별(twelve stars)이 달린 면류관(a crown)이 있다. 이 장면은 계시들 가운데서 가장 아름다운 모습이다. 이것은 진리로 단장한 순결하고 참된 하나님의 백성들을 의미하는 것이다. 이 하나님들의 백성들은 해를 입고 있는 영광스러운 모습으로 묘사되어 있다. 또한 이 여자가 머리에 쓰고 있는 면류관에 달린 12별은 12사도들을 의미하며, 발 아래 있는 달은 햇빛인 신약의 예수 그리스도를 반사하는, 선지자들의 예언을 가진 구약을 상징하는 것 같다.

또한 이것은 하나님 아버지와 예수 그리스도의 하늘의 보좌가 소행성대(궁창)에 진입했다는 것을 강조한다고도 볼 수 있다. 그것은 심판의 대상이 거시적으로는 세차운동의 12별 자리까지이며, 미시적으로는 태양계인 태양과 지구와 달이라는 것을 강조하는 것이라 볼 수 있다. 또한 이는 『바이블 매트릭스』 1권 『우주창조의 비밀』[1]에서 하늘의 보좌가 진입한 곳이 소행성대라는 것을 확실히 아는 자가 바로 킨구(Kingu/Qingu)인 달이라고 했다. 그래서 달을 밟고 해를 입은 것이다. 따라서 달은 구약이고 해는 신약이라고 보는 것이다. 이제 곧 구약의 선지자들의 예언과 신약의 예수님의 말씀들이 곧 다 이루어질 것이라는 점을 강조한 것으로 보인다. 왜냐하면 「시편」 89장 36절~37절에는 다음과 같이 기록하고 있기 때문이다.

「시편」 89장 36절 – 그 후손이 장구하고 그 위는 해같이 내 앞에 항상 있으며

37절 – 또 궁창의 확실한 증인 달같이 영원히 견고케 되리라 하셨도다(셀라)

3. 동정녀 마리아, 모든 의로운 성도들을 낳은 이 땅의 참 백성의 여인들

이는 또한 예수님을 잉태한 동정녀 마리아(the Virgin Mary)를 의미한다고 볼 수 있다. 빛과 생명의 물질[2]로 예수님을 잉태하신 동정녀 마리아는 예수님을 직접 낳으신 이 땅의 어머니이시다. 그 이후로 동정녀 마리아는 예수님이 이 땅에 오신 이래로 하나님 아버지와 예수 그리스도의 참 백성들을 낳은 어머니라는 상징적 의미가 있는 것이다. 동시에 이 순결한 여인은 이 땅에서 의로운 성도들을 낳은 모든 어머니를 대표한다고도 볼 수 있다.

그래서 본장 마지막 절인 「요한계시록」 12장 7절에 "용이 여자에게 분노하여 돌아가서 그 여자의 남은 자손 곧 하나님의 계명을 지키며 예수의 증거를 가진 자들로 더불어 싸우려고 바다 모래 위에 섰더라"라고 계시한 것으로 보인다.

---

1 자세한 것은 『바이블 매트릭스』 1권 『우주창조의 비밀』의 1부 5장 7절 7-3-3의 "궁창, 즉 하늘, 즉 소행성대의 창조, 달은 증인"을 참조하라.

2 자세한 것은 『바이블 매트릭스』 5권 1부 2장 3절의 "성령=말씀=빛(에너지와 파동)으로 오신 예수님, 빛의 이식/자극, 처녀생식이란?"을 참조하라.

4절 「요한계시록」 12:2~6 - 여자가 예수님을 낳다-부활/승천, 일곱 머리/열 뿔의 붉은 용이란?

1. 용/뱀/마귀/사단이란?

뱀(serpent), 용(dragon), 괴물(Monster), 마귀/악마(devil), 사단(Satan)이란? 수메르(Sumer) 시대의 신들의 전쟁 또는 관계에서 적(enemy)의 신들을 뱀-용-괴물로 표현하는 전통은 그리스 신화에도 그대로 전승되어, 하늘을 지배한 제우스(Zeus) 신에 대항하는 티폰(Typhon) 신들은 모두 뱀으로 표현하고 뱀의 모양으로 그렸으며, 『바이블 매트릭스』 시리즈(1~5권)에서 자세히 소개하였듯이 성경도 마찬가지이다.

「요한계시록」 20장 2절에는 "용을 잡으니 곧 옛 뱀이요 마귀요 사단이라 잡아 일천 년 동안 결박하여(He seized the dragon, that ancient serpent, who is the devil, or Satan, and bound him for a thousand years)(NIV)"라는 내용이 나오는데, 여기에서 옛 뱀이란 「창세기」 3장에 등장하여 하와(Eve)를 꼬셔 선악과를 따 먹도록 한 그 뱀(serpent)이다. 이 때 뱀이란 여호와 하나님의 반대편에 선 불의의 하나님들과 불의의 천사들을 말하는 것이다.

결국 불의의 하나님들을 뱀/용/괴물/악마/사단이라 하는 것이다. 성경의 핵심 주제도 의로운 하나님들과 불의의 하나님들의 선과 악의 전쟁이 배경이다. 이 배경을 알아야 성경을 이해할 수 있다. 「창세기」 2장과 3장의 선악과(the tree of the knowledge of good and evil)란 무엇인가에 대해서는 『바이블 매트릭스』 2권을 참조하고, 의로운 하나님들과 불의의 하나님들에 대해서는 『바이블 매트릭스』 4권(상)의 1부 6장인 "「요한계시록」의 용/뱀/마귀/사단은? 의로운 하나님들과 불의의 하나님들"을 참조하시라.

2. 일곱 머리/열 뿔의 붉은 용이란? 불의의 하나님들의 우두머리

☞「요한계시록」12:3 - 하늘에 또 다른 이적이 보이니 보라 한 큰 붉은 용이 있어 머리가 일곱이요 뿔이 열이라 그 여러 머리에 일곱 면류관이 있는데(Then another sign appeared in heaven: an enormous red dragon with seven heads and ten horns and seven crowns on his heads.(NIV)

2-1. 천상의 관점 – 천상의 일곱 나라와 열 나라

여기서 용이란 불의의 하나님들의 우두머리를 말하는 것이다. 붉다(red)라는 것은 나쁘다는 것이다. 공산주의를 붉은 당이라고 표현하는 것과 같은 뜻이다. 그것은 불의, 즉 악을 뜻하는 것이다.

천상의 관점에서 일곱 머리(seven heads)라는 것은 무엇을 뜻하는 것일까? 필자는 『바이블 매트릭스』 1권에서 에녹(Enoch)의 열 개의 하늘을 살펴봤다(pp. 298~320). 열 개의 하늘에는 수많은 천상의 나라들이 있을 것이다. 이들 천상의 나라들 중 일곱 개의 나라들을 거느리고 있다는 것을 의미할 것이다. 아니면 최고 높은 열 번째 하늘 중의 일곱 나라의 왕들(불의의 하나님들)을 거느리고 있을 수도 있을 것이다. 천상의 일곱 나라는 불의의 하나님들 편에 섰음을 의미하는 것일 수도 있을 것이다.

이 해석은 「요한계시록」 17장에 등장하는 이 땅속(무저갱)에서 올라오는 '일곱 머리와 열 뿔을 가진 붉은 짐승(a scarlet beast with seven heads and ten horns)'에서 유추한 것이다. 「요한계시록」 17장 9절~10절에는 "지혜 있는 뜻이 여기 있으니 그 일곱 머리는 여자가 앉은 일곱 산이요 또 일곱 왕이라(This calls for a mind with wisdom. The seven heads are seven hills on which the woman sits. They are also seven kings)(NIV)"고 계시하고 있는데, 일곱 머리는 일곱 나라(산), 즉 일곱 제국들의 일곱 왕들이라고 계시되어 있다.

하지만 「요한계시록」 17장에 등장하는 짐승은 이 땅속(무저갱)에서 올라오는 붉은 짐승(왕)이고, 여기서는 천상의 붉은 용인 점을 들어, 천상의 일곱 나라들의 왕들(불의의 하나님들)이라고 유추해 해석한 것이다. 이 해석은 본장인 「요한계시록」 12장의 7절부터 등장하는 하늘의 전쟁에서 패해 이 땅으로 쫓겨 내려오는 붉은 용과 수많은 불의의 하나님들과 불의의 천사들을 볼 때 천상의 일곱 나라들의 왕들(불의의 하나님들)이라고 보는 것이다.

천상의 관점에서 열 뿔(ten horns)이란 무엇을 뜻하는 것일까? 『바이블 매트릭스』 4권(상)에서 뿔이란 귀(ear)를 뜻하는 통신기구요 또 다른 의미는 나라(왕)라고 했다. 「요한계시록」 17장 12절에는 "네가 보던 열 뿔은 열 왕이니 아직 나라를 얻지 못하였으나 다만 짐승으로 더불어 임금처럼 권세를 일시 동안 받으리라("The ten horns you saw are ten kings who have not yet received a kingdom, but who for one hour will receive authority as kings along with the beast)(NIV)"고 계시되어 있으므로, 이 또한 곧 천상에서 나라를 얻을 천상의 열 왕들(불의의 하나님들)이라고 해석해야 할 것으로 보인다.

또 한 가지 관점이 있다. 인간들이 세운 태양계나 12개 별자리까지 가서 건설한 식민지 기지들이나 오닐기지들도 이들 불의의 하나님들에게 가세 할 수도 있을 것이다. 이 땅에 내려오셔서 인간을 창조한 하나님들이 바로 불의의 하나님들이다. 그리고 「창세기」 2장과 3장의 선악과의 두번째 비밀인 아담과 이브가 임신하게 만든 하나님들이 바로 불의의 하나님들(뱀)이다. 그래서 인간은 죽는 것이다. 죄의 삯은 사망이다(「로마서」 6:23). 따라서 사망은 불의의 하나님들에게 속하는 것이다. 이런 불의의 하나님들이 하늘에 건설한 인간들의 오닐기지들에 가서 '내가 너희들을 창조한 진짜 하나님이다"라고 말을 하면 안 믿을 사람들이 있겠는가?

여하튼 일곱 머리와 열 뿔이 천상의 불의의 하나님들의 일곱 왕이든 열 왕이든 아니면 인간들이 건설한 식민지 행성이나 기지들의 왕이든, 중요한 것은 하늘에서도 선과 악의 편으로 나뉜다는 것이다. 그래서 불의의 하나님들의 최고 우두머리인 붉은 용의 머리에는 일곱 면류관(seven crowns)이 있다는 것이다. 이것은 앞으로 무시무시한 하늘의 전쟁이 일어날 것임을 예고하는 계시인 것이다.

2-2. 지구의 관점 – 지구의 일곱 나라와 열 나라

자, 이번에는 지구의 관점으로 일곱 나라와 열 뿔을 해석해 보자. 필자가 보기엔 천상의 관점보다는 지구의 관점이 더 정확한 것 같다. 왜나하면 「요한계시록」 12장은 하늘에서 이 땅으로 쫓겨 내려오는 불의의 하나님들과 불의의 천사들의 우두머리인 붉은 용(뱀/사단/마귀)을 다루고 있고, 그 후로는 지구의 바다-땅-땅속(무저갱) 등 지구를 멸망시키는 자들의 심판을 다루고 있기 때문이다.

또 한 가지 관점은 적그리스도가 누구냐는 것이다. 다시 말해 하나님 아버지와 예수님께서 재림하셔서 멸망시킬 자들이 누구인지를 보면 되는데, 이미 『바이블 매트릭스』 4권(상)의 1부 6장인 "「요한계시록」의 용/뱀/마귀/사단은? 의로운 하나님들과 불의의 하나님들"과 6권 3부 1장인 "예수님의 재림 목적 - 선(의)과 악(불의)의 분별과 심판, 천년 왕국/새 예루살렘과 만국"에서 자세히 소개했듯이, 그것은 「요한계시록」 20장 10절의 예언에서 알 수 있듯이 (1) 용/뱀/마귀/사단이 결국 유황 불못에 던져지게 되는 것과, 「요한계시록」 19장 20절의 예언에서 알 수 있듯이 (2) 짐승과 거짓 선지자가 산 채로 유황 불못에 던져지게 되는데, 적그리스도란 (1) 용/뱀/마귀/사단, (2) 제국들의 짐승(왕)과 (3) 거짓 선지자임을 알 수 있다.

이렇게 본다면 「요한계시록」 17장에서 자세히 다루겠지만, 일곱 머리의 일곱 왕들은 구체적으로 과거의 바벨론제국, 페르시아(바사)제국, 그리스 헬라제국, 로마제국과 로마 교황청과, 먼 미래에 등장할, 즉 「요한계시록」 11장과 17장에 등장하는 무저갱제국과 「요한계시록」 13장에 등장하는 바다제국과 13장과 19장에 등장하는 땅의 제국의 왕이라는 것을 알 수가 있다.

1부인 「다니엘」에서 살펴보았듯이 과거의 바벨론제국, 페르시아(바사)제국, 그리스 헬라제국과 로마제국과 로마 교황청은 모두 적그리스도들로 등장하였다가 사라졌고, 앞으로 먼 미래에 등장할 「요한계시록」 11장부터 등장하는 무저갱제국과 13장에 등장하는 바다제국과 땅제국도 적그리스도로 등장한다. 따라서 이들 일곱 개 제국들은 모두 용/뱀/마귀/사단의 대리인으로 이 지구에서 하나님 아버지와 예수님을 대적하였고 앞으로 대적하게 될 것이라는 사실을 알 수 있다.

이렇게 본다면 열 뿔이란 열 왕을 뜻하는 것이고, 아직 나라를 얻지 못했으나 용/뱀/마귀/사단과 더불어 임금(왕)처럼 권세를 받을 것임을 의미하는 것이다.

3. 용이 예수님을 삼키고자 하나, 예수님→부활→하나님 아버지의 보좌 우편

3-1. 예수님의 생애

☞ 「요한계시록」12:2 - 이 여자가 아이를 배어 해산하게 되매 아파서 애써 부르짖더라(She was pregnant and cried out in pain as she was about to give birth.(NIV)

12:3 - 하늘에 또 다른 이적이 보이니 보라 한 큰 붉은 용이 있어 머리가 일곱이요 뿔이 열이라 그 여러 머리에 일곱 면류관이 있는데(Then another sign appeared in heaven: an enormous red dragon with seven heads and ten horns and seven crowns on his heads.)

12:4 - 그 꼬리가 하늘 별 삼분의 일을 끌어다가 땅에 던지더라 용이 해산

하려는 여자 앞에서 그가 해산하면 그 아이를 삼키고자 하더니(His tail swept a third of the stars out of the sky and flung them to the earth. The dragon stood in front of the woman who was about to give birth, so that he might devour her child the moment it was born.)

12:5 - 여자가 아들을 낳으니 이는 장차 철장으로 만국을 다스릴 남자라 그 아이를 하나님 앞과 그 보좌 앞으로 올려가더라(She gave birth to a son, a male child, who will rule all the nations with an iron scepter. And her child was snatched up to God and to his throne.(NIV)

12:6 - 그 여자가 광야로 도망하매 거기서 일천이백육십 일 동안 저를 양육하기 위하여 하나님의 예비하신 곳이 있더라(The woman fled into the desert to a place prepared for her by God, where she might be taken care of for 1,260 days.)

이것은 동정녀 마리아가 예수님을 낳자, 예수님을 죽이려는 용의 대리자인 로마제국(Roman Empire, 제정시대, 서로마제국, BC 27~AD 476)이 임명한 헤롯왕(Herod, 통치 BC 37~BC 4)부터, 예수님을 십자가에 못 박아 죽인 유대인과 로마인에 이르기까지, 그 이후에 죽은 지 사흘 만에 부활하시어 하늘로 승천하시고, 하나님 아버지 보좌의 우편에 앉으시기까지의, 예수님의 생애를 시각의 영상장치를 통해 사도 요한에게 보여주는 예수 그리스도의 계시인 것이다.

이 여인이 남자 아이를 해산하려고 아파 부르짖고 있다. 만국을 다스리고, 하늘에 계신 하나님 앞으로 올려간 이 아기는 누구일까? 이 성경 구절을 만족시키는 유일한 사람은 예수 그리스도 이외에는 없다. 그렇다면 누가 아기 예수를 죽이려고 했는가? 예수께서 마구간에 태어나셨을 때, 용(사단)의 대리자인 로마제국의 헤롯왕을 통하여 2살 이하의 어린 아이들을 학살함으로써 아기 예수를 죽이려고 했다.

또한 사단(용)은 대리자들인 제사장들과 로마인들을 통해 예수를 십자가에 못 박아 죽였다. 그러나 사랑과 희생의 생애를 마치시고 예수님께서는 부활하셔서 하늘로 올라가셨다. 예수께서 부활하시고 승천하시자, 예수님을 죽이려던 사단은 그의 실패를 알게 되었다. 그래서 그는 복수심으로 예수님께서 세워 놓으신 교회와 성도들을 핍박하고 죽이려고 작정하게 된 것이다.

3-2. 예수님, 42달(1,260일=3.5년), 하나님께서 예비하신 곳(애굽=이집트)에서 양육

☞ 「요한계시록」 12:6 - 그 여자가 광야로 도망하매 거기서 일천이백육십 일 동안 저를 양육하기 위하여 하나님의 예비하신 곳이 있더라(The woman fled into the desert to a place prepared for her by God, where she might be taken care of for 1,260 days.(NIV)

"그 여자가 광야로 도망하매 거기서 일천이백육십 일 동안 저를 양육하기 위하여 하나님의 예비하신 곳이 있더라"라는 것은 과거 관점으로 본다면, 하나님께서 마리아와 요셉을 애굽으로 피신하도록 하셨으며, 헤롯왕이 죽은 후에 어린 예수님과 함께 나사렛 마을로 돌아와 생애하셨다는 뜻이다. 일천이백육십 일이라는 것은 예수님께서 태어나시고, 이집트로 피신하셨다가, 헤롯왕이 죽은 BC 4년에 애굽에서 돌아오신 기간인 42달=3.5년을 말하는 것이다(「마태복음」 2:13~23).

또한 이것은 미래 관점으로 본다면, 먼 미래에도 하나님 아버지께서 성도들을 광야로 피신시킨다는 것인데, 다음에 나오는 「요한계시록」 12장 14절의 "그 여자가 큰 독수리의 두 날개를 받아 광야 자기 곳으로 날아가 거기서 그 뱀의 낯을 피하여 한 때와 두 때와 반 때를 양육받으매"와 같은 맥락이다. 여기서 여자라는 것은 참 백성, 즉 성도들을 의미하며, 큰 독수리란 체루빔이나 세라핌 같은 우주로봇으로 피신시킨다는 것이다. 한 때 두 때 반 때란 1,260일=42달 동안 피신시킨다는 것을 말하는 것이다.

3-3. 먼 미래의 1,260일(3.5년), 성도의 권세가 다 깨짐(c.AD 10733~10736.5)

☞ 「요한계시록」 12:6 - 그 여자가 광야로 도망하매 거기서 일천이백육십 일 동안 저를 양육하기 위하여 하나님의 예비하신 곳이 있더라(The woman fled into the desert to a place prepared for her by God, where she might be taken care of for 1,260 days.(NIV)

「요한계시록」 12:14 - 그 여자가 큰 독수리의 두 날개를 받아 광야 자기 곳으로 날아가 거기서 그 뱀의 낯을 피하여 한 때와 두 때와 반 때를 양육받으매(The woman was given the two wings of a great eagle, so that she might fly to the place prepared for her in the desert, where she would be taken care of for a time, times and half a time, out of the serpent's reach.)

「요한계시록」 13:4 - 용이 짐승에게 권세를 주므로 용에게 경배하며 짐승에게 경배하여 가로되 누가 이 짐승과 같으뇨 누가 능히 이로 더불어 싸우리요 하더라(Men worshiped the dragon because he had given authority to the beast, and they also worshiped the beast and asked, "Who is like the beast? Who can make war against him?")

13:5 - 또 짐승이 큰 말과 참람된 말 하는 입을 받고 또 마흔두 달 일할 권세를 받으니라(The beast was given a mouth to utter proud words and blasphemies and to exercise his authority for forty-two months.)

13:7 - 또 권세를 받아 성도들과 싸워 이기게 되고 각 족속과 백성과 방언과 나라를 다스리는 권세를 받으니(He was given power to make war against the saints and to conquer them. And he was given authority over every tribe, people, language and nation.)

「요한계시록」 12장 6절의 '여자'는 먼 미래의 하나님의 참교회나 참성도들을 의미하는 것이다. 또다시 용(사단)의 핍박이 있음을 계시하는 것이다. 먼 미래에도 성도들이 광야로 도망가서 일천이백육십 일 동안 하나님께서 예비하신 곳에 있을 것이란 계시이시다. 「요한계시록」 12장 14절의 도 한 때와 두 때와 반 때도 같은 내용이다. 큰 독수리(a great eagle)란 커다란 우주선이나 체루빔이나 세라핌의 우주로봇들을 말하는 것이다. 우주로봇들의 두 날개를 받아, 즉 우주로봇들을 타고 광야로 날아가 하나님께서 미리 예비하신 곳에서 양육받으며(would be taken care of), 그 결과 용(뱀)의 낯을 피한다는 것이다. 그러자 용(뱀)이 여자에게 분노하여 돌아가서 그 여자의 남은 자손 곧 하나님의 계명을 지키며 예수의 증거를 가진 자들로 더불어 싸우려고 바다 모래 위에 선다는 것이다.

그리고 바로 「요한계시록」 13장으로 이어진다. 이어진다는 것은 시간이 바로 이어진다는 것이다. 「요한계시록」 13장 4절에는 용이 바다에서 올라온 짐승(왕)에게 권세를 주고, 13장 5절에는 바다에서 올라온 짐승(왕)이 마흔두 달 일할 권세를 받아, 13장 7절에는 성도들과 싸워 이기게 된다는 것이다. 이것이 바로 「다니엘」 12장 7절의 성도의 권세가 다 깨진다는 것으로, 성도의 권세가 다 깨질 때가 멸망의 때라는 것이다. 그 때 예수님께서 공중재림하신다는 의미이다.

결론적으로 성도의 권세가 다 깨짐을 나타내는 「다니엘」 12장 7절의 '한 때와 두 때와 반 때를 지나서, 성도의 권세가 다 깨어지기까지' = 「요한계시록」 12장 6절의 '여자가…1260일 동안' = 「요한계시록」 12장 14절의 '한 때와 두 때와 반 때를 양육받으며' = 「요한계시록」 13장 5절과 7절의 '42달 권세를 받아 성도들과 싸워 이기게 되고'는 모두 같은 기간인 42달(3.5년)에 일어 나는 것이다. 즉 이 기간은 두 증인의 심판(c.AD 10729.5~10733년)이 일어난 다음 c.AD 10733~10736.5년사이인 42달(1,260일=3.5년) 동안 일어나게 되는데, 그 결과 성도의 권세가 다 깨진다는 것이다.

「다니엘」 12:7 -"한 때, 두 때, 반 때를 지나서, 성도의 권세가 다 깨어지기까지"

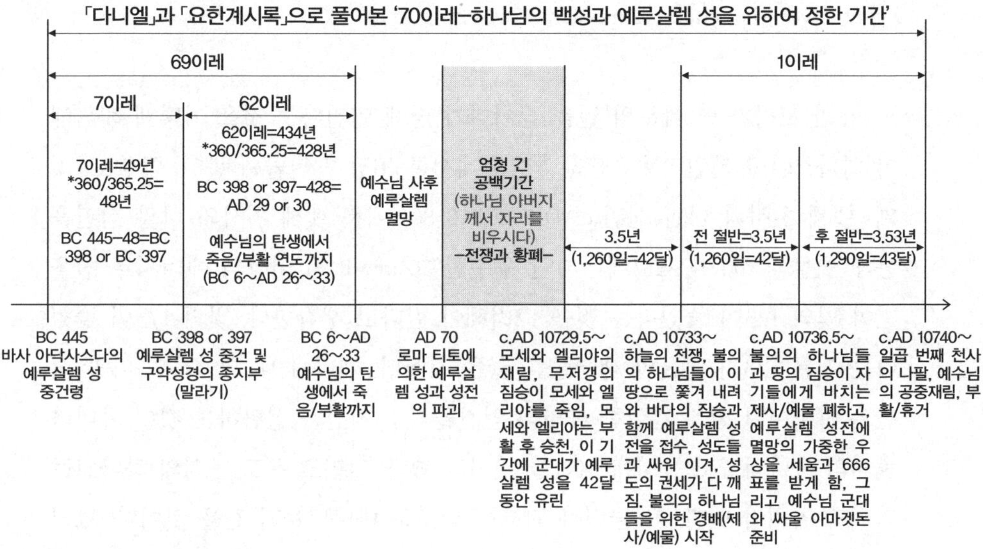

「요한계시록」 12:6 - "그 여자가 광야로 도망하매 거기서 일천이백육십 일 동안 저를 양육하기 위하여 하나님의 예비하신 곳이 있더라"

12:14 - "그 여자가 큰 독수리의 두 날개를 받아 광야 자기 곳으로 날아가 거기서 그 뱀의 낯을 피하여 한 때와 두 때와 반 때를 양육받으매"

13:5 - "또 짐승이 큰 말과 참람된 말 하는 입을 받고 또 마흔두 달 일할 권세를 받으니라"

13:7 - "또 권세를 받아 성도들과 싸워 이기게 되고 각 족속과 백성과 방언과 나라를 다스리는 권세를 받으니"

3-4. 꼬리가 하늘 별 삼분의 일을 끌어다가 땅에 던지더라의 의미

☞ 「요한계시록」12:4 - 그 꼬리가 하늘 별 삼분의 일을 끌어다가 땅에 던지더라 용이 해산하려는 여자 앞에서 그가 해산하면 그 아이를 삼키고자 하더니(His tail swept a third of the stars out of the sky and flung them to the earth. The dragon stood in front of the woman who was about to give birth, so that he might devour her child the moment it was born.(NIV)

용의 꼬리가 별 삼분의 일을 끌어다가 땅에 던진다는 것을 어떻게 해석해야 하나? 이미 본권 2부 8장인 "「요한계시록」 8장 - 일곱째 봉인, 금향로, 첫째~넷째 천사의 나팔 심판(c.AD 9580~10580)"에서 넷째 천사의 나팔 심판을 통해 별들의 3/1이 초고에너지인 우주선(Cosmic Ray) 이상의 에너지로 침을 받아 빛의 1/3이 줄었다는 것을 고려해야 한다고 생각한다. 빛의 1/3이 줄었다는 것은 1/3의 별들의 생명줄을 끊은 것이다. 게다가 넷째 천사의 나팔 심판은 하늘이나 별에 건설한 불의의 인간들과 기지만을 심판하는 것이 아니라 불의의 하나님들도 동시에 심판할 것이라 했다. 그리고 용도 불의의 하나님들의 우두머리라 했다. 그 능력과 권세는 의로운 하나님들과 같을 것이다. 그러니 꼬리로 별 삼분의 일을 끌어다가 땅에 던지는 것이다. 이 때 꼬리란 불의의 하나님들도 체루빔이나 세라핌 등의 우주로봇을 활용하거나 타고 있음을 의미하는 것이다.

그 다음 「요한계시록」12장 7절~8절에 등장하는 '하늘의 전쟁'을 고려하고, 용의 패거리들이 하늘의 전쟁에서 '이기지 못하여 다시 하늘에서 저희의 있을 곳을 얻지 못한다'는 계시의 기록을 고려한다면, 앞서 보았던 1/3의 침을 받은 별들이 용의 패거리가 장악했던 별들이라고 생각한다면, 이 별들을 끌어다가 땅에 던져, 하나님 아버지의 계명을 지키며 예수님의 증거를 가진 의로운 자들을 공격하는 것이 아닌가 생각한다.

또 다른 관점의 해석이 있을 수 있다. 원래 불의의 하나님들은 멸망을 좋아한다. 죽음을 좋아한다. 따라서 불의의 하나님들의 속성은 밤낮 의로운 하나님들을 고소하고 비방하는 것이다. 고소하고 비방하는 것은 결국 멸망이고 죽음 그 자체이다. 따라서 별들의 1/3을 끌어다가 땅에 던져 하늘과 땅을 동시에 멸망시키는 것이다. 앞 장에서 살펴본 대로 「요한계시록」 11장 18절의

"땅을 망하게 하는 자들을 멸망시키실 때로소이다"와 같이, 이것은 인간을 얘기하는 것이지만, 속성상으로 불의의 하나님들에게도 해당되는 구절이라고 생각한다. 따라서 하늘과 땅을 멸망시키는 불의의 하나님들도 동시에 같이 멸망시키는 것이 아닌가 생각한다.

5절 「요한계시록」 12:7~12 - 하늘의 전쟁, 패한 불의의 하나님들/천사들→땅으로 쫓겨

1. 의로운 하나님들/천사들과 불의의 하나님들/천사들의 선과 악의 패권 전쟁

☞ 「요한계시록」12:7 - 하늘에 전쟁이 있으니 미가엘과 그의 사자들이 용으로 더불어 싸울쌔 용과 그의 사자들도 싸우나(And there was war in heaven. Michael and his angels fought against the dragon, and the dragon and his angels fought back.(NIV)

드디어 하늘의 전쟁이 터진다. 이것을 과거-현재-미래로 접근하면, 과거에도 하늘의 전쟁이 있었고, 현재에도 하늘의 전쟁이 있으며, 미래에도 의로운 하나님들/천사들과 불의의 하나님들/천사들의 패권 다툼이 있을 것이다가 된다. 이 세상과 천상은 선과 악의 싸움이라고 했다. 지금도 천국은 악의 무리들에게 침노를 당한다고 했다. 그러므로 우리의 씨름은 혈과 육에 대한 것이 아니요 정사와 권세와 이 어두움의 세상 주관자들과 하늘에 있는 악의 영들과 싸운다는 것이다. 하늘에 있는 악의 영들이란 불의의 하나님들을 말하는 것이다.

「마태복음」 11:12 - 세례 요한의 때부터 지금까지 천국은 침노를 당하나니 침노하는 자는 빼앗느니라

「에베소서」6:12 - 우리의 씨름은 혈과 육에 대한 것이 아니요 정사와 권세와 이 어두움의 세상 주관자들과 하늘에 있는 악의 영들에게 대함이라

그러나 이것은 천상의 일이라 천상의 과거-현재를 필자가 해석할 수 없다. 따라서 미래 지향적으로 먼 미래의 하늘의 전쟁으로 접근하기로 한다.

미가엘(Michael)은 의로운 하나님 아버지의 일곱 천사장 중 하나로, 미가엘은 히브리어의 영어식 발음이다. 일곱 천사장 중의 하나로 인간의 선행(human virtue)과 각 나라의 군대를 관장한다(commands the nations). 미가엘은 「다니엘」 10장 13절과 21절에 처음 등장하는데, 다니엘이 힛데겔(티그리스, Tigris) 강가에서 본 이상(Vision)에 등장하고 끝날에 미가엘 군대가 일어날 것이다에 등장한다. 또한 「유다서」 1장 9절의 "천사장 미가엘이 모세의 시체에 대하여 마귀와 다투어 변론할 때에 감히 훼방하는 판결을 쓰지 못하고 다만 말하되 주께서 너를 꾸짖으시기를 원하노라 하였거늘"에 등장하고, 「요한계시록」 12장 7절의 '하늘에 전쟁'에 등장한다. 주로 전쟁에 관여하는 천사장으로 등장한다

하늘에 전쟁이 있으니 미가엘 천사장과 그의 사자들(천사)이 용으로 더불어 싸울 때 용과 그의 사자들(천사)도 싸운다. 두 패로 갈라진 것이다. 의로운 하나님들과 의로운 천사들이 선(善)의 편에, 불의의 하나님들과 불의의 천사들이 악(惡)의 편으로 나뉘어 패권 다툼이 일어난 것이다. 이 세상은 선과 악의 싸움인데, 천상에서도 선과 악의 싸움이라는 것을 알 수 있는 대목이다.

그것은 이 땅이나 천상이나 불완전하게 창조되었음을 의미하는 것이다. 그러나 이 하늘의 전쟁에서 선의 의로운 하나님들과 의로운 천사들이 승리하시어, 악의 무리들을 심판하시어, 유황 불못에 던지울 것이다(「요한계시록」 20:10). 그리고 100% 선한 새 하늘과 새 땅을 창조하실 것이다(「요한계시록」

21장 & 22장).

2. 패한 불의의 하나님들/천사들→땅으로 쫓겨 내려와, 엄청난 일이 일어날 징조

☞「요한계시록」12:8 - 이기지 못하여 다시 하늘에서 저희의 있을 곳을 얻지 못한지라(But he was not strong enough, and they lost their place in heaven.(NIV)

12: 9 - 큰 용이 내어쫓기니 옛 뱀 곧 마귀라고도 하고 사단이라고도 하는 온 천하를 꾀는 자라 땅으로 내어쫓기니 그의 사자들도 저와 함께 내어쫓기니라(The great dragon was hurled down--that ancient serpent called the devil, or Satan, who leads the whole world astray. He was hurled to the earth, and his angels with him.(NIV)

이 하늘의 전쟁에서 패한 불의의 하나님들과 천사들이 다시 하늘에서 저희들의 있을 곳을 얻지 못한다. 그 결과 큰 용이 내어 쫓기니 옛 뱀 곧 마귀라고도 하고 사단이라고도 하는 온 천하를 꾀는 자들이 땅으로 내어 쫓기고 그의 사자들도 땅으로 함께 내어 쫓긴다. 땅으로 내어 쫓긴다는 것은 하늘에서 이 땅으로 쫓겨 내려온다는 것이다. 이것은 또 다른 엄청난 사건이 이 땅에서 일어날 것임을 암시하는 예언의 계시이다.

3. 승리하신 의로운 하나님 아버지와 예수님의 구원/능력/나라/권세가 이루어지다

☞「요한계시록」12:10 - 내가 또 들으니 하늘에 큰 음성이 있어 가로되 이제 우리 하나님의 구원과 능력과 나라와 또 그의 그리스도의 권세가 이루었으니 우리 형제들을 참소하던 자 곧 우리 하나님 앞에서 밤낮 참소하던 자가 쫓겨났고(Then I heard a loud voice in heaven say: "Now have come the salvation and the power and the kingdom of our God, and the authority of his Christ. For the accuser of our brothers, who accuses them before our God day and night, has been hurled down.(NIV)

내가 또 들으니 하늘에 큰 음성이 있어 가로되 "이제 우리 하나님의 구원과 능력과 나라와 또 그의 그리스도의 권세가 이루었으니"라는 것은 불의의 하나님들과 불의의 천사들이 패배해 땅으로 쫓겨 내려갔으니, 이제서야, 즉 마침내 하늘은 진정한 하나님 아버지의 나라가 되었고, 그에 따른 능력(권세)을 하나님 아버지께서 장악하게 되셨고, 그에 따라 하나님 아버지의 공정한 방법대로 구원과 심판이 곧 이루어질 것이며, 아울러 하나님 아버지의 외아들인 예수 그리스도의 심판의 권세가 다 이루어졌다는 것을 의미하는 것이다. 한마디로 패권을 장악했다는 것을 강조한 것이다.

4. 우리 형제들을 참소하던 자가 쫓겨났고, 참소란? 이의 제기란?

☞「요한계시록」12:10 - 내가 또 들으니 하늘에 큰 음성이 있어 가로되 이제 우리 하나님의 구원과 능력과 나라와 또 그의 그리스도의 권세가 이루었으니 우리 형제들을 참소하던 자 곧 우리 하나님 앞에서 밤낮 참소하던 자가 쫓겨났고 (Then I heard a loud voice in heaven say: "Now have come the salvation and the power and the kingdom of our God, and the authority of his Christ. For the accuser of our brothers, who accuses them before our God day and night, has been hurled down.(NIV)

우리 형제들을 참소하던 자 곧 우리 하나님 아버지 앞에서 밤낮 참소하던 자가 하늘에서 땅으로 쫓겨난 것이다. 사단의 무리들은 무엇을 참소했을까? 그것은 하나님 아버지께서 인간을 구원하시는 일 자체부터 구원하시는 방법에 문제가 있다고 이의를 제기해 왔다고 볼 수 있다.

그 참소의 내용들을 보면, 인간은 어차피 죽을 운명인데 왜 인간을 구원해야 하는가? 왜 예수님을 이 땅에 육체로 보내서 그의 피로 인간들을 사서 하나님 아버지와 예수 그리스도의 대제상으로 삼아야 하는가? 그래 보았자 인간들은 하나님 아버지의 인간을 구원하시려는 엄청난 사랑의 의미를 알아차리지 못할 것이며, 예수님의 피의 댓가와 새로운 언약의 말씀도 알아차리지 못할 것이 아닌가? 인간은 어리석다! 어차피 이 천상에도 선과 악이 공존하지 않는가? 그래야만 하지 않는가? 왜 예수 그리스도에게 심판의 권세를 주어야 하는가? 인간들을 심판할 이유가 무엇인가? 인간들을 심판하기 위해 왜 천상에서 소행성대로 내려가야 하는가? 왜 그런 수고를 해야하는가? 등등이 될 것이다. 이러한 참소 내용의 핵심은 예수님이시다. 그래서 사단은 예수님께서 인간의 육체로 이 땅에서 태어나자 죽이려고 했던 것이며, 하나님 아버지의 말씀(계명)을 지키며 예수님의 증거를 가진 자들을 죽이고자 하는 것이다.

그래서 하나님 아버지께서는 사단들의 이러한 고소와 이의가 부당하다는 사실을 우주 앞과 하나님들과 천사들이 모두 보는 앞에서 분명하게 나타내 보이셔야만 한다.

5. 어린 양의 피와 자기의 증거하는 말을 인하여 저를 이기었으니

☞ 「요한계시록」 12:11 - 또 여러 형제가 어린 양의 피와 자기의 증거하는 말을 인하여 저를 이기었으니 그들은 죽기까지 자기 생명을 아끼지 아니하였도다(They overcame him by the blood of the Lamb and by the word of their testimony; they did not love their lives so much as to shrink from death.(NIV)

예수 그리스도께서 이 땅에 오셔서 피를 흘리며 죽으심으로 이를 믿는 인간들을 다 구원(속죄)해 주신다고 예수님은 말씀하셨다. 이에 따라 예수 그리스도의 피의 공로를 믿고 하나님 아버지 앞으로 나아오는 모든 자들을 용서

하시고 구원하시는 하나님 아버지의 구속사업이 얼마나 공정하고 의로운 일인가라는 것을, 하나님 아버지와 예수님은 나타내 보이시고 변호하셔야만 한다. 모든 인간을 다 구원하는 것이 아니라 산 자들은 구원하시고 죽은 자들은 유황 불못에 던지신다. 그래서 하나님 아버지와 예수님의 심판은 공정한 심판, 즉 공의 심판인 것이다.

또한 의인들의 구원에 대한 공정성도 입증되지만, 진리와 복음을 거절하고 믿지 않거나, 믿는다고 말은 하지만 진실되게 살지 않는 가짜 그리스도인들을 가려냄으로써, 하나님의 구원이 얼마나 정확하고 의로운 판단인가가 드러나게 되는 것이다. 더욱이 예수님의 피를 믿고 자기 생명을 아끼지 아니하고 예수님을 증거하다가 죽는 의로운 자들의 수가 엄청나다는 것이다. 하나님 아버지와 예수 그리스도의 인간에 대한 사랑과 구원의 방법에 대박이 난 것이다. 한 명도 없을 것이라던 사단의 참소에 쐐기를 박은 것이다.

그래서 "저를 이기었으니"라고 한 것이다. 이 때 저란 사단을 이기었다는 뜻이다. 인간들이 사단을 이기었으니 얼마나 대단한 일인가? 그러니 대박이 난 것이다. 하나님 아버지의 말씀(계명)을 지키며 예수님의 증거를 가지고 죽은 자들은 이제 하나님 아버지와 예수 그리스도와 하나가 되는 것이다. 그러니 첫째 부활과 휴거를 통하여 공중재림하시는 예수님을 영접하고 예수님의 군대에 편입되어 불의한 자들과 일대 전쟁을 하는 것이다.

6. 하늘은 즐거운 평화, 때가 얼마 안 남은 용(사단)→땅으로 쫓겨→땅과 바다는 화가 있으리라

☞ 「요한계시록」 12:12 - 그러므로 하늘과 그 가운데 거하는 자들은 즐거워하라 그러나 땅과 바다는 화 있을찐저 이는 마귀가 자기의 때가 얼마 못된 줄을 알므로 크게 분내어 너희에게 내려 갔음이라 하더라(Therefore rejoice, you heavens and you who dwell in them! But woe to the earth and the sea, because the devil has gone down to you! He is filled with fury, because he knows that his time is short."(NIV)

"그러므로 하늘과 그 가운데 거하는 자들은 즐거워하라, 그러나 땅과 바다는 화 있을찐저, 이는 마귀가 자기의 때가 얼마 못된 줄을 알므로 크게 분내어 너희에게 내려 갔음이라 하더라"고 기록하고 있다. 불의의 하나님들과 불의의 천사들이 이 땅과 바다로 쫓겨 내려왔으니, 땅과 바다는 화(woe)가 있다는 것은 또 다른 엄청난 사건이 기다리고 있다는 뜻이다.

그러나 '마귀가 자기의 때가 얼마 남지 않은 것을 안다'는 것은 땅에 내려와 권세를 누릴 기간이 한 이레(7.08년)라는 것(「요한계시록」 13장~)과 곧 유황불못에 던져진다는 것을 안다는 것이다(「요한계시록」 20:10). 죽을 때가 되면 무슨 짓을 못할까라는 말이 있는데, 마귀들도 해당됨을 알 수 있는 대목이다.

7. 선택된 성도들을 뱀(용)의 낯에서 빼내 42달간 보호, 휴거 전의 특별 양육(교육)

☞「요한계시록」 12:13 - 용이 자기가 땅으로 내어 쫓긴 것을 보고 남자를 낳은 여자를 핍박하는지라(When the dragon saw that he had been hurled to the earth, he pursued the woman who had given birth to the male child.(NIV)

12:14 - 그 여자가 큰 독수리의 두 날개를 받아 광야 자기 곳으로 날아가 거기서 그 뱀의 낯을 피하여 한 때와 두 때와 반 때를 양육받으매(The woman was given the two wings of a great eagle, so that she might fly to the place prepared for her in the desert, where she would be taken care of for a time, times and half a time, out of the serpent's reach.(NIV)

용이 자기가 땅으로 내어 쫓긴 것을 보고 남자(예수님)를 낳은 여자(성도)를 핍박한다는 것은 하나님 아버지의 계명을 지키며 예수님의 증거를 가진 의로운 자들을 핍박한다는 의미로, 먼 미래의 참교회나 참성도들을 핍박할 것이라는 사실을 알게 해주는 예수님의 계시이시다.

그렇지만 여자, 즉 의로운 성도들을 하나님 아버지께서 준비하신 큰 독수리, 즉 체루빔이나 세라핌 등의 우주선의 두 날개로 광야로 데리고 날아가, 하나님 아버지께서 준비하신 곳에서, 뱀(용)의 낯을 피하여 한 때와 두 때와 반 때(1,260일=42달)를 양육받는다. 양육받는다는 것은 하나님 아버지와 예수님께서 특별히 빼내어, 즉 선택하시어 보살핀다(would be taken care of)는 뜻이다. 이 말은 일곱 번째 천사의 나팔 소리에 맞추어 예수님께서 공중재림하실 때까지 보호한다는 것이다. 그 때 보호를 받던 선택된 성도들은 모두 휴거를 하는 것이 아닌가 생각한다.

『바이블 매트릭스』 6권 1부 3장 3절 3-6-3의 "휴거 - 두 사람이 밭에/두 여자가 매를 갈고 있을 때, 하나는 데려감"에서 살펴본 바와 같이, 데려간다는 것은 바로 1,260일 동안 뱀(용)의 낯을 피하여 광야로 피신시킨다는 것을 짐작할 수 있는 대목이다. 선택된 자들의 휴거가 일어나기 전에 광야로 피신시켜 양육한다는 것은, 휴거가 일어났을 때 예수님을 어떻게 공중에서 영접하고, 그 이후 어떻게 예수님과 함께 재림하여 적그리스도와 어떻게 싸울 것인지 등의 방법을 특별히 교육시킨다는 것을 의미하는 것이다.

8. 뱀(용)이 물을 강같이 토해, 땅이 토한 강물을 삼키니의 의미

☞ 「요한계시록」 12:15 - 여자의 뒤에서 뱀이 그 입으로 물을 강같이 토하여 여자를 물에 떠내려가게 하려 하되(Then from his mouth the serpent spewed water like a river, to overtake the woman and sweep her away with the torrent.(NIV)

12:16 - 땅이 여자를 도와 그 입을 벌려 용의 입에서 토한 강물을 삼키니 (But the earth helped the woman by opening its mouth and swallowing the river that the dragon had spewed out of his mouth.(NIV)

그러자 "용이 여자의 뒤에서 물을 강같이 토하여 여자를 물에 떠내려가게 하려 하되"라는 것은 하나님 아버지께서 준비하신 곳에서 1,260일(42달) 동안 숨어지내는 성도들에게 물을 토해 떠내려가게 하려 한다는 것이다. 하늘에서 쫓겨 내려온 불의의 하나님들이라 생각해보라. 입에서 물을 토해내는 것은 식은 죽 먹기가 될 것이다. 또는 물을 이렇게 해석할 수도 있다. 「요한계시록」 17장 15절을 보면 "또 천사가 내게 말하되 네가 본 바 음녀의 앉은 물은 백성과 무리와 열국과 방언들이니라"라고 계시하고 있는데, 그러므로 물은 각 나라의 사람들을 의미하는 것이다. 이것은 중세 로마가톨릭의 교황권이 사람들을 풀어서 참된 교회의 교인들을 죽이려고 한 것과 같이 먼 미래에도 각 나라들의 사람들을 풀어서 의로운 성도들을 죽인다고 해석할 수도 있을 것이다.

곧 의로운 하나님 아버지들의 반격이 시작되는데, "땅이 여자를 도와 그 입을 벌려 용의 입에서 토한 강물을 삼키니"라는 것은 의로운 하나님들도 식은 죽 먹기 식으로 땅을 갈라 용이 토한 강물을 삼킨다는 뜻이다. 또는 모세가 하나님의 척력광선과 원자파괴 레이저로 홍해를 갈랐듯이[3] 하나님 아버지께서 예비해두신 광야의 땅이 갈라져 죽이려 오는 불의의 사람들을 집어삼킨다고도 볼 수도 있을 것이다.

---

3 자세한 것은 『바이블 매트릭스』 4권(하) 2부 8장 "홍해와 요단 강이 갈라지다, 야훼의 척력광선과 원자파괴 레이저"를 참조하라.

9. 용이 여자의 자손들과 싸우려 바다 모래 위에 서다의 의미

☞ 「요한계시록」 12:17 - 용이 여자에게 분노하여 돌아가서 그 여자의 남은 자손 곧 하나님의 계명을 지키며 예수의 증거를 가진 자들로 더불어 싸우려고 바다 모래 위에 섰더라(Then the dragon was enraged at the woman and went off to make war against the rest of her offspring--those who obey God's commandments and hold to the testimony of Jesus.(NIV)

그러자 "용이 여자에게 분노하여 돌아가서 그 여자의 남은 자손 곧 하나님의 계명을 지키며 예수의 증거를 가진 자들로 더불어 싸우려고 바다 모래 위에 섰더라"는 것은 하나님 아버지와 예수님을 따르는 성도들과 싸우려고 바다 모래 위에 섰다는 것이다. 바다 모래 위에 섰다는 것은 바다에서 올라오는 짐승(왕)과 의기투합함을 의미하는 것으로, 이는 다음 장에 바다의 짐승(왕)이 등장함을 예고하는 것이다.

13장

「요한계시록」13장 - 적그리스도인 불의의 하나님(용)과 두 짐승(왕), 멸망의 가증한 우상과 666표 (c.AD 10733~c.AD 10740)

「요한계시록」 13장은 두 부분으로 구성되어 있다. 첫째는, 「요한계시록」 13장 1절~10절로, '하늘의 전쟁'에서 패한 불의의 하나님들과 불의의 천사들, 즉 용(사단/뱀/마귀)이 이 땅으로 실제 쫓겨 내려와, 바다에서 나오는 짐승(왕)에게 마흔두 달(1,260일=3.5년) 동안 권한과 권세를 주어, 사람들로 하여금 용과 바다 짐승(왕)에게 경배하게 하고, 여인의 남은 자손, 즉 성도들과 싸워 이기게 되는 이른바 '성도들의 권세가 다 깨지는' 시기가 온다. 그리고 죽임을 당한 어린 양의 생명책에 창세 이후로 녹명되지 못하고 이 땅에 사는 자들은 다 짐승에게 경배하게 된다.

둘째는, 「요한계시록」 13장 11절~18절로, 또 다른 짐승(왕)이 땅에서 올라와, 먼저 나온 바다 짐승의 죽음으로, 그를 위해 우상을 예루살렘 성전에 세우고, 666표를 받게 하는 이른바 '자기들에게 바치는 제사를 폐하고 그 대신에 멸망의 가증한 바다 짐승의 우상을 세우고, 우상으로 말하게 하고, 666표를 받게 되는' 시기가 온다. 따라서 먼 미래의 미래 지향적인 관점에서 접근하기로 한다.

1절 적그리스도인 용과 두 번째(②) 바다제국의 짐승(왕) 등장

1. ①=무저갱의 짐승(왕), ②=바다의 짐승, ③=땅의 짐승, ④=① 무저갱의 짐승

우선 들어가기 전에 「요한계시록」 등장하는 짐승들의 순서를 먼저 살펴 볼 필요가 있다. 첫 번째(①) 짐승은 「요한계시록」 11장에 처음 등장하여 모세와 엘리야를 죽이고 사라진 무저갱제국의 짐승(왕)이다. 두 번째(②) 짐승은 「요한계시록」 13장인 본장에서 다룰 바다제국에서 나오는 바다의 짐승(왕)이고, 세 번째(③) 짐승은 본장에서 다룰 땅의 제국에서 올라오는 짐승(왕)이며, 네 번째(④) 짐승은 「요한계시록」 17장에 재등장하는 첫 번째(①)로 등장했다가 사라진 무저갱제국의 짐승(왕)이다. 따라서 첫 번째(①)와 네 번째(④)는 같은 무저갱제국의 짐승이다.

이 순서는 매우 중요한 의미를 가진다. 어느 곳에서 나오는 나라인지도 중요한 의미를 지니지만, 「요한계시록」 17장을 해석하는 데 매우 중요한 단서를 제공하고 있다. 자세한 것은 「요한계시록」 17장에서 다루기로 한다.

2. 「요한계시록」 13:1~2 – 용이 ②=바다제국의 짐승(왕)에게 권세를 주다

☞ 「요한계시록」 13:1 - 내가 보니 바다에서 한 짐승이 나오는데 뿔이 열이요 머리가 일곱이라 그 뿔에는 열 면류관이 있고 그 머리들에는 참람된 이름들이 있더라(And the dragon stood on the shore of the sea. And I saw a beast coming out of the sea. He had ten horns and seven heads, with ten crowns on his horns, and on each head a blasphemous name.(NIV)

13:2 - 내가 본 짐승은 표범과 비슷하고 그 발은 곰의 발 같고 그 입은 사자의 입 같은데 용이 자기의 능력과 보좌와 큰 권세를 그에게 주었더라(The beast I saw resembled a leopard, but had feet like those of a bear and a mouth like that of a lion. The dragon gave the beast his power and his throne and great authority.(NIV)

2-1. ②=바다제국의 짐승(왕), 역사는 돌고, 미래의 땅/땅속/바다/바닷속의 나라

짐승이란 나라들의 왕이라했다. 모든 나라들에서 권한을 위임받은 가장 힘이 센 통합된 왕을 말하는 것이다. 두 번째(②) 바다의 짐승이 등장한다. 그렇다면 바다는 어디를 말하는 것일까?

많은 분들이 바다(the sea)나 물(the wasters)은 많은 사람들이 살고 있는 지역을 상징한다고 해석한다. 그 근거는 바로 「요한계시록」 17장 15절의 "또 천사가 내게 말하되 네가 본 바 음녀의 앉은 물은 백성과 무리와 열국과 방언들이니라(Then the angel said to me, "The waters where the prostitute is ruling represent masses of people of every nation and language)"(NIV)고 기록되었기 때문이다.

그러므로 이 바다의 짐승은 많은 사람들이 살고 있는 지역에서 많은 사람들의 지지를 받으면서 일어나는 실체인 제국(왕조)이라고 해석할 수 있다. 따라서 많은 분들이 유럽 지역에서 나오는 짐승(왕)이라고 해석한다. 과거를 보면 맞는 해석이다. 따라서 과거를 보면 바벨론제국→페르시아(성경의 바사)제국→그리스(헬라)제국→로마제국과 로마 교황청을 말하는 것으로, 이중에서도 특히 중세기 때인 AD 538~1798년까지, 1,260년 동안 유럽을 지배하며 그리스도 교회와 성도들을 핍박했던 로마제국과 타협한 로마가톨릭 교황권의 세력을 말한다고 볼 수 있다. 과거에는 사람들이 땅 위에만 있었고, 로마와 로마가톨릭이 가장 강력한 적그리스도의 실체였기 때문이었다.

그러나 역사는 돌고 도는 것이다. 한번의 역사가 아니라 역사는 되풀이 된다. 바벨론→페르시아(성경의 바사)→그리스(헬라)→로마제국/로마교황권과 같은 실체가 다시 나타나지 않으리란 법이 없다. 다만 문화와 과학기술의 수준차이만 있을 것이요 하나님 아버지께서 정한 기간만이 다를 것이다.

또한 필자는 『바이블 매트릭스』 6권 2부 1장 1절 "나라들의 개편, 「요한계시록」의 땅/하늘/바다/땅속의 나라들과 짐승들(왕들)"에서 먼 미래에는 땅 위의 나라들만 존재하는 것이 아니라, 하늘/땅속/바다/바닷속의 에너지와 자원을 확보하기 위해 실제로 바다와 바닷속과 땅속의 나라(제국)가 등장하게 될 것이라고 했다. 그러므로 바다 짐승이란 실제로 바다에 세워지는 제국의 왕이란 뜻이다.

2-2. 일곱 머리(seven heads), 열 뿔(ten horns), 열 면류관이란?

일곱 머리(seven heads)라는 것은 무엇을 뜻하는 것일까? 그것은 일곱 나라들, 즉 일곱 제국들을 말하는데, 이 해석은 「요한계시록」 17장에 등장하는 이 땅속(무저갱)에서 올라오는 '일곱 머리와 열 뿔을 가진 붉은 짐승(a scarlet beast with seven heads and ten horns)'에서 유추한 것이다. 「요한계시록」 17장 9절~10절에는 "지혜 있는 뜻이 여기 있으니 그 일곱 머리는 여자가 앉은 일곱 산이요 또 일곱 왕이라(This calls for a mind with wisdom. The seven heads are seven hills on which the woman sits. They are also seven kings)(NIV)"고 계시하고 있는데, 일곱 머리는 일곱 산, 즉 일곱 나라들(제국들)의 일곱 왕들이라고 계시되어 있다.

「요한계시록」 17장에서 자세히 다루겠지만, 일곱 머리의 일곱 왕들은 구체적으로, 과거의 바벨론제국, 페르시아(바사)제국, 그리스 헬라제국, 로마제국과 로마 교황청과, 먼 미래에 등장할 「요한계시록」 11장과 17장의 무저갱제국의 짐승(왕), 본장인 13장에 등장하는 바다제국의 짐승과 땅제국의 짐승을 말하는 것이다.

열 뿔(ten horns)이란 무엇을 뜻하는 것일까? 『바이블 매트릭스』 4권(상)에서 뿔이란 귀(ear)를 뜻하는 통신기구요 또 다른 의미는 나라(왕)라고 했다. 「요한계시록」 17장 12절에는 "네가 보던 열 뿔은 열 왕이니 아직 나라를 얻지 못하였으나 다만 짐승으로 더불어 임금처럼 권세를 일시 동안 받으리라("The ten horns you saw are ten kings who have not yet received a kingdom, but who for one hour will receive authority as kings along with the beast)(NIV)"고 계시되어 있다. 따라서 열 뿔이란 열 왕을 뜻하는 것이고, 아직 나라를 얻지 못했으나 곧 바다제국의 짐승(왕)과 더불어 임금(왕)처럼 권세를 받을 것임을 의미하는 것이다. 그래서 바다 짐승(왕)의 열 뿔에는 열 면류관(ten crowns)이 있는 것이다.

결국 먼 미래에는 바닷속에도 여러 나라들이 등장할 것이라는 것을 예측해 볼 수 있으며, 이들 나라들로부터 권한을 위임받은 통합된 어느 한 나라의 바다제국의 짐승(왕)이 등장할 것이라는 사실을 알 수 있는 예언의 계시이다.

2-3. 참람된 이름(a blasphemous name)이란?

참람된 이름(a blasphemous name)이란 하나님 아버지와 예수 그리스도를 비방하며(slander) 훼방하며 신성모독 하는(blaspheme) 글들과 적그리스도들(용-짐승-거짓 선지자)의 이름들이 일곱 개의 머리에 있다는 것이다. 1부인 「다니엘」에서 살펴보았듯이 과거의 바벨론, 페르시아(바사), 그리스 헬라제국과 로마제국과 로마 교황청은 모두 적그리스도들로 이들은 하나님 아버지를 비방하고 신성모독했는데, 앞으로 먼 미래에 등장할 본장인 13장의 ②=바다제국의 왕도 적그리스도로 등장함을 알 수 있는 예언의 계시이다. 이 ②=바다제국뿐만 아니라 11장과 17장의 ①=무저갱제국과 13장과 19장의 ③=땅제국도 적그리스도로 등장함을 알 수 있는 예언의 계시이다.

특히 필자가 보기엔 하늘에서 쫓겨 내려온 불의의 하나님들과 불의의 천사들의 우두머리인 용(뱀/사단/마귀)이 이 땅과 바다의 나라들의 인간들을 규합해서 소행성대의 진짜 의로운 하나님 아버지와 예수 그리스도는 가짜라고 미혹하고 동맹을 맺고, 하나님 아버지와 예수 그리스도를, 지구를 침략하는 외계인이라 간주하고 한판 전쟁을 벌이는 것이 아닌가 생각한다. 용을 비롯한 불의의 하나님들이 인간을 창조한 진짜 하나님들이고, 하늘의 보좌에 계시는 하나님 아버지와 예수 그리스도는 가짜라고 선전 비방할 것으로 보인다.

2-4. 사자(바벨론)+곰(페르시아)+표범(헬라)이 융합된 막강한 ②=바다 짐승(왕)

바다에서 올라 오는 두 번째(②) 짐승의 모습은 표범 같고(헬라제국), 발은 곰과 같고(페르시아제국) 입은 사자 같다고(바벨론제국) 사도 요한은 기록하고 있다. 이것은 먼 미래에 등장하는 ②=바다에서 나오는 짐승(왕)은 (1) 바벨론의 공격적이고 사납던 사자와 (2) 페르시아의 끈질기고 물러설 줄 모르는 용맹과 (3) 그리스 헬라의 신속하고 기민한 표범의 특성들을 다 지니고 있다는 것을 알 수 있다.

따라서 미래에 ②=바다에서 올라오는 짐승(왕)은 과거의 「다니엘」 7장에 등장했던 세 나라의 특성들을 모두 융합한 나라가 될 것이라는 점이다. 그러니 과거의 신바빌로니아(바벨론)나 페르시아나 헬라제국 등 각각 제국의 특징이 융합된 나라가 등장하니 그 위세가 지금으로서는 상상도 할 수 없는 막강한 나라가 될 것이라는 점이다.

바다나 바닷속의 에너지와 자원들을 이용하는 최첨단 과학기술과 그 과학기술을 이용한 바다와 바닷속의 나라를 상상해보라. 지금의 잠수함이나 잠수정이 아니라 아예 바다와 바닷속에 제국이 세워진다고 상상해보라. 통신수단, 교통수단, 주거시설, 조명시설, 식량 등 모든 것이 새로운 기술이 발견되어야 가능할 것이다.

2-5. 용이 ②=바다의 짐승에게 능력-보좌-권세를 주다의 의미, 언약/동맹을 굳게

☞「요한계시록」13:2 - 내가 본 짐승은 표범과 비슷하고 그 발은 곰의 발 같고 그 입은 사자의 입 같은데 용이 자기의 능력과 보좌와 큰 권세를 그에게 주었더라(The beast I saw resembled a leopard, but had feet like those of a bear and a mouth like that of a lion. The dragon gave the beast his power and his throne and great authority.(NIV)

그런데 하늘에 쫓겨 내려온 불의의 하나님들의 총 우두머리인 용이 ②=바다의 짐승(왕)에게 자기의 능력(his power)과 보좌(his throne or seat)와 큰 권세(great authotity)를 준다. 용도 엄밀히 말하면 하나님이다. 그러니 그 능력 또한 하나님 아버지와 비슷할 것이다. 왜 바다의 짐승에게 줄까? 위임할까?

(1) 앞 장인 12장에서 "용이 여자의 남은 자손, 즉 하나님의 계명을 지키며 예수님의 증거를 가진 성도들과 싸우려고 바다 모래위에 선다"(「요한계시록」12:17)를 이해한다면, 왜 주는지를 알 수 있을 것이다. 불의의 용이 바다의 불의한 짐승과 불의한 인간들과「다니엘」9장 27절의 한 이레(7.08년)의 언약을 굳게 맺는 것이다. 그것은 전략적 동맹일 것이다. 자기들이 진짜 하나님이고 소행성대에 계시는 하나님 아버지와 예수님은 가짜라고 회유하고 그 결과 똘똘 뭉쳐 동맹을 맺는 것이다. (2) 그러니 위임을 하는 것이다. 그래야만 바다의 짐승과 인간들이 용을 믿고 따르는 것이다. (3) c.AD 10733년이라 생각한다면, 이 때의 바다 짐승과 인간들은 신의 경지에 이르는 과학기술을 터득했을 것이다. 1% 정도만 모자랄 것이다. 권세란 그것을 주는 것일 것이다. (4) 앞 장에서 살펴본 바와 같이 불의의 하나님들은 하나님 아버지의 공정한 심판 계획을 반대했었다. 인간은 결국 인간에 불과해 진실을 받아들여 회개하지 않는다고 했다. 그것을 증명하려고 용의 능력-보좌-권세를 주고, 하나님 아버지와 예수님께 대적시키려 하는 것이다. 보라! 모든 인간들이 하나님 아버지와 예수님을 대적하고 있지 않은가?

위임한다고 해서 불의의 하나님들은 구경만 하고 있다는 뜻이 아니다. 조정하는 것이다. 인간들이 하나님 아버지와 예수님과 싸워 이기길 바라면서, 모든 능력과 권세를 주면서, 조정한다는 것이다. 그래서 불의의 하나님들, 불의의 천사들, 짐승들, 거짓 선지자들이 다 한패의 적그리스도가 되는 것이다.

3. 「요한계시록」 13:3 – 죽게 되었던 상처가 나매 온 땅이 ②=바다 짐승을 따르고의 의미

☞ 「요한계시록」 13:3 - 그의 머리 하나가 상하여 죽게 된 것 같더니 그 죽게 되었던 상처가 나으매 온 땅이 이상히 여겨 짐승을 따르고(One of the heads of the beast seemed to have had a fatal wound, but the fatal wound had been healed. The whole world was astonished and followed the beast.(NIV)

"그의 머리"란 바다 짐승의 일곱 머리, 즉 일곱 제국들이다. 다시 말해 과거의 바벨론, 페르시아(바사), 그리스 헬라, 로마제국과 로마 교황청에, 먼 미래에 등장할, 무저갱제국과 바다제국과 땅의 제국을 말하는데, 과거의 제국들은 다 망했으며, 땅의 제국은 아직 도래하지 않았고, 무저갱의 제국은 다시 땅속으로 돌아갔다고 했다. 따라서 죽게 되었던 상처가 나은 제국은 바다제국임을 알 수 있다.

"머리 하나가 상하여 죽게 된 것 같더니"라는 것은 바다제국의 짐승이 회복 불가능하도록 심각한 상처를 입었다는 것이다. "그 죽게 되었던 상처가 나으매 온 땅이 이상히 여겨 짐승을 따르고"라는 것은 회복 불가능한 머리 상처가 나으매 온 땅의 사람들이 그 기적을 보고 충성을 맹세하고 따른다는 것이다. 머리가 어떻게 상하였는지는 「요한계시록」 13장 14절에 나오는데 바로 칼(the sword)에 상처가 난 것이다. 아마도 「요한계시록」 13장 7절에 나오는 성도들과 싸우다가 칼에 맞아 상처가 난 것이 아닌가 생각한다.

3-1. 제2~3의 로마 교황청의 재등장?? 실체로 등장할 ②=바다제국

이것을 보고 많은 분들이 해석하기를 종교적인 관점에서, 중세기 때인 AD 538~1798년까지의 1,260년 동안 유럽을 지배하며 그리스도 교회를 핍박했던 로마제국과 타협한 로마가톨릭 교황권의 세력의 부활이라고 말한다. 제2~3의 로마 교황청의 재등장을 말하는 것이다. 필자도 앞서 제2~3의 로마 교황청이 재등장하지 않으리란 법이 없다고 했다. 역사는 돈다고 했다. 단 문화의 수준과 과학기술 수준만이 다를 뿐이다. 핍박의 강도가 다를 뿐이다.

그러나 먼 미래에 제2~3의 로마 교황청이 재등장할 수도 있지만, 이것은 엄연히 먼 미래에 실체로 등장하는 적그리스도인 바다제국을 말하는 것이다. 그래서 「다니엘」에서는 바벨론, 페르시아(바사), 그리스 헬라, 로마제국과 로마 교황청을 다루었지만, 「요한계시록」은 11장과 17장의 무저갱제국, 13장 초반부의 바다제국을 다루고 있고, 곧 이어 13장 후반부와 19장에 등장할 땅의 제국이라는 실체가 등장하는 것이다.

3-2. 죽게 되었던 머리 상처가 나으매의 의학적 접근

그런데 의학적인 관점으로 접근해 보면, 앞으로 600~1,000년 정도가 지나면, 죽게 되었던 머리가 다쳐도 의학적으로 다 고칠 수 있는 시대로 진입하게 된다는 점이다. 아니 서기 8580~10700년이라고 생각해보라. 이게 무슨 대단한 일인가?

죽은 자를 살릴 수 있는 시대로 가고 있는데, 이게 뭐가 대단한 일인가? 더욱이 불의의 하나님들의 우두머리인 용이 그의 능력을 바다의 짐승에 주었다고 했다. 그러니 죽게 된 머리 상처가 낫는 일은 식은 죽 먹기보다 쉬울 것이다.

3-3. 온 땅이 죽다 살아난 짐승을 따르고의 의미

회복 불가능했던 머리 상처가 나니 온 땅의 사람들이 그 기적을 보고 짐승에게 충성을 맹세하고 따른다? 뭔가 이상하지 않는가?

이미 필자는 『바이블 매트릭스』 5권을 통해 이 땅에 생체인터넷(IoB)의 과학지식으로 무장하시고 오셨던 우리 예수님께서는 AD 26~32년경에 죽은 자를 살리셨다고 했다. 죽은 무덤에 있는 자들도 살아 무덤에서 나오게 했다고 했다(재생이지 부활이 아님). 과학은 과거의 하나님들의 창조행위를 재반복하고 업그레이드하는 것이다. 예수님께서 2,000년 전에 이 땅에 오셔서 죽은 자를 살리는 의료행위를 우리에게 보이셨는데, 아니 서기 8580~10700년경에 회복 불가능한 머리 상처가 낫는 것을 보고 왜 모든 사람들이 놀라고 다 따르는 것일까?

3-4. 이때 온 땅의 사람들은 태반이 복제인간을 가능성이 높아

필자는 이에 대해 한 가지 제안을 하기로 한다. 이 때 온 땅의 사람들은 태반이 복제인간일 가능성이 높다는 것이다. 그래서 복제인간들은 영(spirit)이 하나님 아버지와 끊어져 진실을 판단을 할 수 없기 때문에, 상처가 나으매 그것을 기적이라 생각하고 놀라며 충성을 맹세한다는 것일 수도 있다는 점이다.

필자는 이미 『바이블 매트릭스』 4권(하) 2부 12장 5절 5-2의 "경건한 도전, 매머드 재생→죽은 자의 재생"(p.160)과 3부 1장 "세차운동으로 보는 시대별 상징과 미래 과학기술"에서 매머드(Mammoth)의 재생이 눈앞에 와 있으며, 물병자리와 염소자리에서 땅속과 바닷속에서 에너지와 자원을 캐기 위해, 인간복제 가능성이 높다고 제시한 바 있다.

4. 「요한계시록」 13:4 – 용과 ②=짐승에게 경배의 의미, 누가 능히 싸우리요

☞ 「요한계시록」 13:4 - 용이 짐승에게 권세를 주므로 용에게 경배하며 짐승에게 경배하여 가로되 누가 이 짐승과 같으뇨 누가 능히 이로 더불어 싸우리

요 하더라(Men worshiped the dragon because he had given authority to the beast, and they also worshiped the beast and asked, "Who is like the beast? Who can make war against him?"(NIV)

4-1. 이레의 전 절반(3.5년)에 용과 ②=짐승이 인간들로부터 제사와 예물을 받아

"용이 짐승에게 권세를 주므로 용에게 경배하며 짐승에게 경배하여"라는 예언의 뜻은 무엇일까? 필자가 이것을 깨닫는 데 꽤나 긴 시간이 걸렸다. 이것은 「다니엘」 9장 27절과 12장 11절의 "한 이레의 후 절반에 제사와 예물을 금하며/폐하며"와 관계가 있기 때문이다.

용이 짐승에게 능력과 보좌와 권세를 주므로, 또한 한 이레(7.08년) 동안의 언약, 즉 동맹을 굳게 맺으므로, ②=바다의 짐승을 비롯한 인간들은 용에게 경배하고, 동시에 ②=바다 짐승에게 경배한다는 것이다. 경배한다는 것은 용과 ②=짐승에게 제사와 예물을 드린다는 것이다. 왜 예물과 제사를 드리게 하는가 하면, 용과 바다의 짐승이 진짜 하나님으로 보이기 위해서일 것이다. 자기들이 진짜 하나님 아버지와 예수님이고, 소행성대에 계시는 하나님 아버지와 예수님은 가짜인, 지구를 침략하는 외계인이라 미혹했기 때문에, 진정한 제사를 자기들에게 드리는 것을 허락하는 것이다. 그러니 그 때의 인간들은 이들 적그리스도들이 진짜 하나님 아버지와 예수님으로 믿고 정성껏 제사를 드리는 것이다. 그것도 구약의 제사의 의식과 법도대로 드리게 될 것으로 보인다.

4-2. 누가 이 짐승과 같으뇨 누가 능히 이로 더불어 싸우리요

이 땅에 쫓겨 내려온 불의의 하나님들, 불의의 천사들, 그리고 불의의 ②=바다의 짐승, 불의의 거짓 선지자, 즉 적그리스도들이 똘똘 뭉쳐 한패가 되고, 여기에 우두머리인 용이 능력과 보좌와 권세를 바다 짐승에게 주니, "누가 능히 이들과 더불어 싸우리요"라는 것이다.

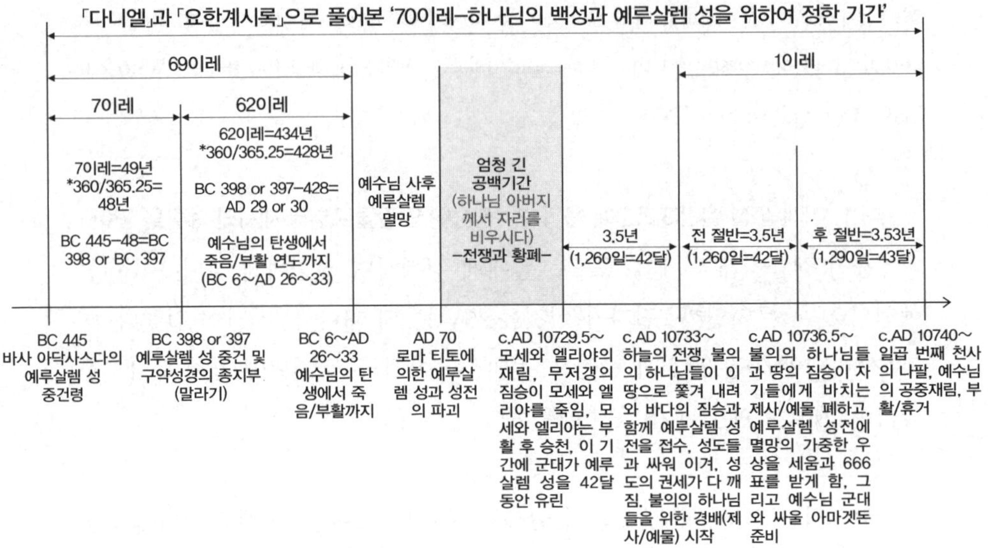

이 때 누구와 싸우냐면, 아직 예수님께서 만만(1억) 천천(1백만)의 모든 천사들을 대동하시고 공중재림을 아직 안하셨기 때문에, 이 땅의 성도들과 싸운다는 것이다. 그러니 성도들이 이 짐승과 맞서 싸울 수 있냐고 강조한 것이다.

5.「요한계시록」 13:5 & 7 – 이레의 전 절반에 성도들의 권세가 다 깨져

☞「요한계시록」 13:5 - 또 짐승이 큰 말과 참람된 말 하는 입을 받고 또 마흔 두 달 일할 권세를 받으니라(The beast was given a mouth to utter proud words and blasphemies and to exercise his authority for forty-two months.(NIV)

13:7 - 또 권세를 받아 성도들과 싸워 이기게 되고 각 족속과 백성과 방언과 나라를 다스리는 권세를 받으니(He was given power to make war against the saints and to conquer them. And he was given authority over every tribe, people, language and nation.(NIV)

여기서 42달이란 3.5년=1,260일로, 「다니엘」 9장 27절의 한 이레 중 전 절반에 해당하는 것이다. 용이 ②=바다 짐승에게 마흔두 달 일할 권세를 주어, ②=바다 짐승이 성도들과 싸워 이기게 된다는 것이다. 이것이 바로 「다니엘」 12장 7절의 성도의 권세가 다 깨진다는 것으로, 성도의 권세가 다 깨질 때가 멸망의 때라는 것이다.

6. 「요한계시록」 13:5~6 – 보좌(장막)에 거하시는 하나님 아버지와 거하는 자들을 비방

☞ 「요한계시록」 13:5 - 또 짐승이 큰 말과 참람된 말 하는 입을 받고 또 마흔두 달 일할 권세를 받으니라(The beast was given a mouth to utter proud words and blasphemies and to exercise his authority for forty-two months.(NIV)

13:6 - 짐승이 입을 벌려 하나님을 향하여 훼방하되 그의 이름과 그의 장막 곧 하늘에 거하는 자들을 훼방하더라(He opened his mouth to blaspheme God, and to slander his name and his dwelling place and those who live in heaven.(NIV)

참람된 말이란, 장막(dwelling or tabernacle), 즉 소행성대에 진입한 하나님 아버지의 보좌, 즉 거대항공모함 우주선에 거하시는 하나님 아버지와 예수 그리스도와 의로운 영혼들을 비방하고(slander) 훼방하며 신성모독 한다는(blaspheme) 것이다. 소행성대에 계시는 진짜 하나님 아버지와 예수님을 가짜라고 비방하고 지구를 공략하는 외계인이라 말을 하고, 용과 ②=바다 짐승과 거짓 선지자들이 진짜 하나님 아버지와 예수님이라고 떠들어대고 대적한다는 것이다.

또한 소행성대에 계시는 24분의 고위급 하나님들을 비롯하여, 많은 하나님들, 천사들, 그리고 낙원으로부터 소행성대로 데려온 많은 순교자들의 영혼들, 의로운 사람들의 영혼들을 비방하고 훼방한다는 것이다.

7. 「요한계시록」 13:8 & 17:8 – 생명책에 이름이 없는 자들은 용/②=짐승에게 경배

예수님께 속한 생명책(the Book of Life belonging to the Lamb)이 구체적으로 그리고 과학적으로 무엇인지는 「요한계시록」 20장에서 살펴보기로 하고, 여기서는 "어린 양의 생명책에 창세 이후로 녹명되지 못하고 이 땅에 사는 자들은 다 짐승에게 경배하리라"의 의미만 살펴보기로 하되, 똑같은 내용이 「요한계시록」 17장 8절에도 "땅에 거하는 자들로서 창세 이후로 생명책에 녹명되지 못한 자들이 이전에 있었다가 시방 없으나 장차 나올 짐승을 보고 기이히 여기리라"와 같이 등장하므로 같이 살펴보기로 한다.

☞ 「요한계시록」 13:8 – 죽임을 당한 어린 양의 생명책에 창세 이후로 녹명되지 못하고 이 땅에 사는 자들은 다 짐승에게 경배하리라(All inhabitants of the earth will worship the beast--all whose names have not been written in the book of life belonging to the Lamb that was slain from the creation of the world.(NIV)

17:8 – 네가 본 짐승은 전에 있었다가 시방 없으나 장차 무저갱으로부터 올라와 멸망으로 들어갈 자니 땅에 거하는 자들로서 창세 이후로 생명책에 녹명되지 못한 자들이 이전에 있었다가 시방 없으나 장차 나올 짐승을 보고 기이히 여기리라(The beast, which you saw, once was, now is not, and will come up out of the Abyss and go to his destruction. The inhabitants of the earth whose names have not been written in the book of life from the creation of the world will be astonished when they see the beast, because he once was, now is not, and yet will come.)(NIV)

7-1. 성도들은 광야로 피신, 성도들의 자손은 경배 않고 짐승과 싸워 죽임을 당해

첫째 관점 – 앞 장에서 살펴본 「요한계시록」 12장 6절인 "그 여자가 광야로 도망하매 거기서 일천이백육십 일 동안 저를 양육하기 위하여 하나님의 예비하신 곳이 있더라"와 12장 14절의 "그 여자가 큰 독수리의 두 날개를 받아 광야 자기 곳으로 날아가 거기서 그 뱀의 낯을 피하여 한 때와 두 때와 반 때를 양육 받으매"에서 살펴보았듯이, 여자, 즉 의로운 성도들은, 하나님 아버지께서 준비하신 큰 독수리, 즉 체루빔이나 세라핌 등의 우주선의 두 날개로 광야로 데리고 날아가, 하나님 아버지께서 준비하신 곳에서, 뱀(용)의 낯을 피하여 한 때와 두 때와 반 때(1,260일=42달)를 양육받는다고 했다. 양육받는다는 것은 하나님 아버지와 예수님께서 특별히 보살핀다(would be taken care of)는 뜻이다. 이 말은 일곱 번째 천사의 나팔 소리에 맞추어 예수님께서 공중재림하실 때까지 보호한다는 것이다. 그 때 피한 성도들은 휴거를 할 가능성이 많다.

그런데, 앞서 살펴본 「요한계시록」 12장 17절의 "용이 여자에게 분노하여 돌아가서 그 여자의 남은 자손 곧 하나님의 계명을 지키며 예수의 증거를 가진 자들로 더불어 싸우려고 바다 모래 위에 섰더라"는 내용을 자세히 보면, 성도들의 자손들까지 광야로 피신시킨 것이 아니라는 것이다. 여자, 즉 피신시킨 성도들의 남은 자손들은 그대로 남아 용과 ②=바다 짐승과 싸운다는 것을 알 수 있다. 그렇지만 용과 ②=바다의 짐승이 성도들과 싸워 이기게 되고, 남은 성도들은 다 죽임을 당하게 되어 성도의 권세가 다 깨지게 된다는 것이다. 그러므로 여자의 자손들이 죽임을 당한다는 것은, 여자의 자손들은 용과 ②=바다의 짐승에게 경배를 하지 않는다는 것을 알 수 있다.

7-2. 생명책 – 첫째 부활(영생)/둘째 부활(심판)과 산 자와 죽은 자의 관점

둘째 관점 - 창세 이후로, 즉 아담과 이브가 창조된 이후로, 생명책에 녹명되지 못하고 이 땅에 사는 자들은 전부 짐승에게 경배한다는 것이다. 그러면 생명책에 녹명되는 자들을 살펴보아야 한다. 이것을 알려면 예수님께서 재림하시는 목적을 알아야 한다.[1] 그중 하나는 산 자(the living)와 죽은 자(the dead)를 분별하시고 심판하시기 위해 오시는 것이다. 이는 「사도신경(The

Apostles' Creed)」에도 "저리로서 산 자와 죽은 자를 심판하러 오시리라(He shall come to judge the quick and the dead)"와 같이 기록되어 있고 「디모데후서」와 「베드로전서」에도 기록되어 있다.

「디모데후서」 4:1 - 하나님 앞과 산 자와 죽은 자를 심판하실 그리스도 예수 앞에서 그의 나타나실 것과 그의 나라를 두고 엄히 명하노니(In the presence of God and of Christ Jesus, who will judge the living and the dead, and in view of his appearing and his kingdom, I give you this charge:)(NIV)

「베드로전서」 4:5 - 저희가 산 자와 죽은 자 심판하기를 예비하신 자에게 직고하리라(But they will have to give account to him who is ready to judge the living and the dead.)

이 때 산 자란 예수님의 생명책에 이름이 있어 영생으로 살린다는 것이고 죽은 자란 생명책에 이름이 없어 유황 불못에 던져짐을 말하는 것이다. 또한 중요한 것은 산 자와 죽은 자를 가리기 위해 모두가 다 부활해야 한다는 점이다. 그런데 부활에는 두 가지가 있다. 첫째 부활인 영생(생명)의 부활(「요한계시록」 20:4~6)과 둘째 부활인 심판의 부활(「요한계시록」 20:12~15)이 그것이다.

우선 첫째 부활인 영생(생명)의 부활은 예수님이 공중재림시에 부활하여 공중에서 예수님을 영접하고 악을 멸한 후, 천년 왕국(「요한계시록」 20:4~6)을 거쳐 영생을 하게 되는 새 하늘과 새 땅에 건설될 새 예루살렘과 만국들, 즉 두 번째 창조된 우주에서 영원히 사는 것을 말하는 것이다. 그런데 조건이 있다. 예수님의 증거와 하나님의 말씀을 인하여 죽은 자, 즉 순교한 자들만이 첫째 부활, 즉 영생(생명)의 부활에 참여하여 천년 왕국을 거쳐 새 예루살렘

---

1 대한 자세한 것은 『바이블 매트릭스』 6권 『부활/휴거, 예수님의 재림시기 예측(c.AD 10740년)과 재림의 목적/방법』의 3부 1장인 "예수님의 재림 목적 - 선(의)과 악(불의)의 분별과 심판, 천년 왕국/새 예루살렘과 만국"을 참조하라.

과 만국들에 들어가는 영예를 안으며, 그래서 복이 있다고 했다(「요한계시록」 20:6). 따라서 첫째 부활에 참여하는 산 자들은 당연히 예수님의 생명책에 기록되었을 것이다.

둘째 부활은 천년이 지나서, 즉 천년 왕국이 지나서 그 나머지 죽은 자들은 심판의 부활에 참여하게 된다(「요한계시록」 20:12~15). 순교하지는 못했지만 하나님의 말씀과 예수님의 증거를 믿고 지킨 의롭고 선한 자들은 예수님의 생명책에 이름이 있을 것이다. 예수님의 생명책에 이름이 있는 경우, 본인의 책을 편다는 것이다. 그리고 본인의 책과 예수님의 생명책과 대조해가면서 기록된 대로 각자 일한 대로 심판을 받고 그 공적(공력, according to his work or according to what he had done as recorded in the books)에 따라 보상을 받는다는 것이다(「고린도전서」 3:13~15). 그 보상은 첫째 부활에 참여한 자들만큼 큰 보상(하나님과 그리스도의 제사장이 되어 왕 노릇)을 못 받겠지만, 그래도 영생을 얻는다는 것을 의미하는 것이다. 그래서 첫째 부활에 참여하도록 노력해야 하는 것이다. 본인의 책과 생명책과 심판의 방법에 대해서는 「요한계시록」 20장에서 자세히 다루기로 한다.

그런데 둘째 부활인 심판의 부활에 참여하는 자들 중 예수님께서 갖고 계신 생명책에 이름이 없는 자들, 즉 악을 행한 자들, 예수님의 이름을 더럽힌 자들, 적그리스도에 동참하여 성도들을 죽이고 핍박한 자들은 심판할 가치도 없기 때문에 유황 불못에 던진다는 것이다. 이것이 바로 둘째 사망이라는 것이다.

「요한계시록」 20:14 - 사망과 음부도 불못에 던지우니 이것은 둘째 사망 곧 불못이라

20:15 - 누구든지 생명책에 기록되지 못한 자는 불못에 던지우더라

7-3. 생명책에 기록되지 못한 자=적그리스도의 편에 선 자→용/짐승에게 경배

결국 생명책에 기록되지 못한 자들이란 「요한계시록」 13장의 적그리스도들 편에 선 자들을 말하는 것이다. 따라서 이들은 용과 짐승에게 경배하게 되는 것이다. 어떻게 보면 이들은 창세 이후로 예수님께 속한 생명책에 이름이 녹명되지 않았다는 것인데, 즉 안 올라 있다는 것인데, 이렇게 본다면 운명이 타고난 것이라 볼 수 있을 것이다. 다 태어나기 전에 이미 정해져 있다고 보아야 할 것이다.

이는 「시편」 69장 27절에 잘 나타나 있는데, 악적인 자들이나 예수님을 적대시한 자들이나 적그리스도편에 선 자들은 생명책에서 도말된다는 것을 알 수 있다.

「시편」 69:27 - 저희 죄악에 죄악을 더 정하사 주의 의에 들어오지 못하게 하소서

69:28 - 저희를 생명책에서 도말하사 의인과 함께 기록되게 마소서

7-4. 용/짐승에게 경배하는 자들은 복제인간일 가능성이 높아

또한 이렇게도 해석할 수 있을 것이다. 짐승에게 경배하는 아담과 이브의 후손들도 있겠지만, 복제인간들은 모두(all) 다 짐승에게 경배할 수도 있다는 것이다. 아마도 복제인간들은 우리 리얼한(진짜) 인간들처럼 하나님의 영(spirit)을 갖고 태어나는 것이 아닐 수도 있다. 복제인간들은 따라서 영이 없으므로 영을 판단할 수 없어, 불의의 하나님인지 의로운 하나님인지 분별할 수가 없을 것으로 보인다.[2] 그러니 복제인간들은 100%가 다 용과 짐승에게 경배하는 지도 모른다.

2 자세한 것은 『바이블 매트릭스』 4권(상) 1부 6장 7절의 "불의의 하나님들을 분별할 줄 아는 지혜 있는 인간(신)이 되자"를 참조하라.

필자는 『바이블 매트릭스』 2권 『인간창조와 노아 홍수의 비밀』에서(pp. 106~110) 우리 인간은 신의 육체와 피(영)가 섞였다고 했다. 그래서 신의 피, 즉 유전자는 진흙에 섞여 세상이 끝나는 날까지 인간과 신을 유전적으로 묶어 줄 것이라 했다. 그렇게 해서 신의 모양(Likeness, dmut, 육신/육체=flesh)과 형상(Image, selem, 영=spirit)이 절대로 없어지지 않도록 피로 엮인 혈연을 통해 인간에게 찍었다고 했다. 이는 「창세기」 1장 26절의 내용을 정확하게 이해하게 해주는 대목이다.

「창세기」 1:26 - 하나님이 가라사대 우리의 형상(image=selem=영=spirit)을 따라 우리의 모양(likeness=dmut=육체/육신=flesh)대로 우리가 사람을 만들고… (Then God said, "Let us make man in our image, in our likeness…)(NIV).

8. 「요한계시록」 13:9~10 - 인과응보(因果應報)의 법칙, 갈로 죽이는 자 칼로 죽으리니

☞ 「요한계시록」 13:9 - 누구든지 귀가 있거든 들을찌어다(He who has an ear, let him hear.(NIV); If any man have an ear, let him hear.(KJV); Anyone with ears to hear should listen and understand.(New Living)

13:10 - 사로잡는 자는 사로잡힐 것이요 칼로 죽이는 자는 자기도 마땅히 칼에 죽으리니 성도들의 인내와 믿음이 여기 있느니라(If anyone is to go into captivity, into captivity he will go. If anyone is to be killed with the sword, with the sword he will be killed. This calls for patient endurance and faithfulness on the part of the saints.(NIV)

「요한계시록」 13장의 전반부는 "누구든지 귀가 있거든 들을찌어다. 사로잡는 자는 사로잡힐 것이요 칼로 죽이는 자는 자기도 마땅히 칼에 죽으리니 성도들의 인내와 믿음이 여기 있느니라"로 끝맺는다.

이것은 인과응보의 법칙을 말하는 것이다. 원인(原因)과 결과(結果)는 서로 물고 물린다는 뜻으로, 좋은 일에는 좋은 결과(結果)가, 나쁜 일에는 나쁜 결과(結果)가 따름을 의미하는 것이다. 용과 ②=바다 짐승은 원래 악적인 적그리스도들을 의미한다. 따라서 처음부터 악적인 용과 ②=바다 짐승과 이에 편승하는 사람들은 악으로 망한다는 것이다. 사로잡는 자는 사로잡힐 것이요 칼로 죽이는 자는 자기도 마땅히 칼에 죽는다는 것이다. 성도들을 잡는 자는 그도 잡힐 것이요, 칼로 성도들을 죽이는 자는 그도 칼로 죽는다는 것이다. 결국 다 운명이 정해져 있다는 것이다. 칼에 의해 죽을 운명이 정해져 있는 자는 칼로 죽는다는 것이다. 결론적으로 용과 ②=바다 짐승과 용과 ②=바다 짐승의 편에 선 사람들은 다 죽이기로 작정되어 있다는 것이다. 정한 기간인 한 이레(7.08년)에 다 죽을 것이라는 얘기이다.

그러니 성도들은 인내와 믿음으로 기다리라는 것이다. 인내와 믿음을 가지고 기다리면 예수님께서 재림하시어 구원해준다는 뜻이다.

2절 세 번째(③) 땅의 짐승, 자기들에게 바치는 제사(경배) 금하고, 그 대신 죽은 바다 짐승의 우상을 세우고 666표를 받게 함(c.AD 10736.5~10740)

1. 「요한계시록」 13:11~13 – 세 번째(③) 땅의 짐승, 용처럼 말하고 큰 이적의 능력

1–1. 새끼 양의 뚜 뿔을 가진, 땅에서 올라오는 세 번째(③) 짐승, 용처럼 말하다

☞ 「요한계시록」 13:11 - 내가 보매 또 다른 짐승이 땅에서 올라오니 새끼 양같이 두 뿔이 있고 용처럼 말하더라(Then I saw another beast, coming out of the earth. He had two horns like a lamb, but he spoke like a dragon.(NIV)

세 번째(③) 짐승(왕)이 땅에서 올라온다. 땅에 세워진 나라에서 올라온다는 것이다. 올라온다는 말의 헬라어 원어를 살펴보면 '자라나다' 혹은 '식물처럼 솟아 올라오다'라는 뜻이다. 그런데 땅의 짐승은 양같은(Lamb) 두 뿔이 있다는 것이다. 양같다라는 것은 예수님을 말하는 것으로(「요한복음」 1:29), 처음에는 예수님과 같이 행동한다는 것이다. 이는 예수님을 흉내낸다는 뜻이다. 자기가 구세주라고 자기가 예수 그리스도라 주장하고 떠들어 많은 사람들이 진짜 예수 그리스도로 착각할 가능성이 크다. 양같은 두 뿔이 있다는 것은 앞으로 나올 두 개의 신생나라 왕들을 거느리고 있다는 뜻이다.

그런데 이 땅의 짐승이 용처럼 말을 한다는 것이다. 처음에는 양같은 모습, 즉 예수님과 같은 모습으로 시작해서, 용같은 모습, 즉 적그리스도로 변화한다는 뜻이다. 다시 말해 처음에는 새끼 양 같은 모습으로 등장하지만, 나중에는 용, 즉 사단 같은 성격으로 돌변한다는 사실이다. 그 결과 용의 음성(the voice)으로 말을 한다는 것이다. 그것은 불의의 하나님들과 불의의 천사들의 우두머리인 용의 목소리로 말을 한다는 것을 의미한다. 용이 그러한 권세와 능력을 주어서 용의 목소리로 말을 한다고도 볼 수도 있고, 이 때가 되면 인간의 과학기술은 신의경지에 다달아 한마디로 신인조화를 이룬다고 보아야 할 것이다.

1-2. 아직도 이레의 전반부인 절반, ②=바다 짐승에게 경배(제사)

☞ 「요한계시록」 13:12 - 저가 먼저 나온 짐승의 모든 권세를 그 앞에서 행하고 땅과 땅에 거하는 자들로 처음 짐승에게 경배하게 하니 곧 죽게 되었던 상처가 나은 자니라(He exercised all the authority of the first beast on his behalf, and made the earth and its inhabitants worship the first beast, whose fatal wound had been healed.(NIV)

세 번째(③) 등장한 땅의 짐승이, 죽게 되었다 상처가 나은 두 번째(②) 바다의 짐승으로부터, 세상을 다스리는 모든 권세를 받아 행하고, ②=바다 짐승에게 경배하도록(worship)한다. 경배한다는 것은 바다 짐승에게 계속 제사와 예물을 드리도록 한다는 것이다.

이것으로 보아 「다니엘」 9장 27절과 12장 11절의 "제사와 예물"과 "매일 드리는 제사", 즉 불의의 용과 ②=바다 짐승에게 바치는 제사가 지속됨을 알 수 있으며, 이는 아직도 한 이레(7.08년)의 전반부인 전 절반(42달=3.5년)에 해당됨을 알 수 있다. 그러나 곧 아시겠지만 적그리스도들에게 매일 드리는 제사를 폐하게 된다.

1-3. ③=땅의 짐승과 거짓 선지자의 등장→불이 내려오는 큰 이적을 행하되

☞ 「요한계시록」 13:13 - 큰 이적을 행하되 심지어 사람들 앞에서 불이 하늘로부터 땅에 내려오게 하고(And he performed great and miraculous signs, even causing fire to come down from heaven to earth in full view of men.(NIV)

13:14 - 짐승 앞에서 받은 바 이적을 행함으로 땅에 거하는 자들을 미혹하며 땅에 거하는 자들에게 이르기를 칼에 상하였다가 살아난 짐승을 위하여 우상을 만들라 하더라(Because of the signs he was given power to do on behalf of the first beast, he deceived the inhabitants of the earth. He ordered them to set up an image in honor of the beast who was wounded by the sword and yet lived.(NIV)

땅의 짐승이 큰 이적을 행하는데, 심지어 사람들 앞에서 불이(fire)이 하늘로부터 땅에 내려오게 한다. c.AD 10733년이라고 생각해보라. 지금도 과학적으로 비를 마음대로 내리게 할 수 있는 기술이 개발되고 있는 마당에 불이 하늘로부터 내려오게 하는 것은 아무것도 아닐 것이다. 인공위성을 이용하면 인공위성에 탑재된 가공할 만한 무기를 특정 지역으로 쏠 수 있을 뿐만 아니라, 핵무기도 불핵폭탄도 땅으로 쏠 수 있으며 레이저도 쏠 수 있다.

이러한 이적을 행함으로써 인간들을 미혹하고, 나중에 보시겠지만, 짐승의 이름인 666표를 받게 한다. 그런데 「요한계시록」 19장 20절을 보면, 이러한 이적을 행한 자는 거짓 선지자(the false prophet)라고 기록되어 있다. 따라서 짐승을 도와주는 거짓 선지자가 있다는 것을 알 수 있다. 결국 세 번째(③) 땅의 짐승과 거짓 선지자는 예수님께 잡혀 둘이 산 채로 유황 불못에 던져지게 되는데, 자세한 것은 「요한계시록」 19장에서 다루기로 한다.

「요한계시록」 19:20 - 짐승이 잡히고 그 앞에서 이적을 행하던 거짓 선지자도 함께 잡혔으니 이는 짐승의 표를 받고 그의 우상에게 경배하던 자들을 이적으로 미혹하던 자라 이 둘이 산 채로 유황불 붙는 못에 던지우고

2. 「요한계시록」 13:14~15 - 후 절반부터 제사 금하고 죽은 ②=바다 짐승의 우상을 세워

2-1. 자기들에게 바치는 제사(경배) 금하고, 죽은 ②=바다 짐승의 우상을 세워

☞ 「요한계시록」 13:14 - 짐승 앞에서 받은 바 이적을 행함으로 땅에 거하는 자들을 미혹하며 땅에 거하는 자들에게 이르기를 칼에 상하였다가 살아난 짐승을 위하여 우상을 만들라 하더라(Because of the signs he was given power to do on behalf of the first beast, he deceived the inhabitants of the earth. He ordered them to set up an image in honor of the beast who was wounded by the sword and yet lived.(NIV)

13:15 - 저가 권세를 받아 그 짐승의 우상에게 생기를 주어 그 짐승의 우상으로 말하게 하고 또 짐승의 우상에게 경배하지 아니하는 자는 몇이든지 다 죽이게 하더라(He was given power to give breath to the image of the first beast, so that it could speak and cause all who refused to worship the image to be killed.(NIV)

자, 이제부터 적그리스도들이 본색을 나타내기 시작한다. 이것은 「다니

엘」 9장 27절에 정한 마지막 한 이레(7.08년)의 언약 중 전 절반(3.5년)이 지나고(c.AD 10733~), 후 절반이 시작된 때부터(c.AD 10736.5~), 자기들에게 바치던 제사(경배)를 금한다는 것이다. 하늘에서 이 땅으로 쫓겨 내려온 자기들이, 진짜 하나님 아버지와 예수님이며, 소행성대에 계시는 진짜 하나님 아버지와 예수님은 가짜이며 지구를 곧 침략할 외계인이라 미혹하고, 인간들을 믿게 하기 위해 시작했던 3.5년간의 의식인 제사(경배)를 폐하는 것이다. 그대신 바로 멸망의 가증한, 죽은 바다 짐승의 우상을 세운다. 왜 바다 짐승의 우상을 세울까? 우상을 세운다는 의미는 바다 짐승이 죽었기 때문이다.

'용에게 경배(제사)'와 '바다 짐승에게 경배(제사)'에서 이제부터는 '우상에게 경배(제사)'로 바뀌는 것인데, 이것은 「다니엘」 9장 27절과 12장 11절의 "제사와 예물을 금하고 또는 제사를 폐하고 멸망의 가증한 물건을 세워"와 같은 내용이고 실제 일어나는 기간도 같은 것이다.

「다니엘」 9:27 - 그가 장차 많은 사람으로 더불어 한 이레 동안의 언약을 굳게 정하겠고 그가 그 이레의 절반에 제사와 예물을 금지할 것이며 또 잔포하여 미운 물건이 날개를 의지하여 설 것이며 또 이미 정한 종말까지 진노가 황폐케 하는 자에게 쏟아지리라 하였느니라

12:11 - 매일 드리는 제사를 폐하며 멸망케 할 미운 물건을 세울 때부터 일천이백구십 일을 지낼 것이요

2-2. 적그리스도들은 왜 제사를 폐할까? 시간이 없는 적그리스도들

왜 제사를 폐지할까? 적그리스도들에게는 전 절반(3.5년)이 지나면서 형식적인 제사와 예물이 필요 없을 것이다. 적그리스도들인 불의의 하나님들과 짐승들이 보기에 시간이 없을 것이다. 이는 「요한계시록」 12장 12절을 말하는 것이다. 하늘의 전쟁에서 패한 불의의 하나님들과 그 휘하 천사들이 이 땅으로 쫓겨 내려오는데, 자기들의 때가 얼마 안 남은 줄 알고 크게 분내어 내려온

것이기 때문이다.

「요한계시록」 12:12 - 그러므로 하늘과 그 가운데 거하는 자들은 즐거워하라 그러나 땅과 바다는 화 있을찐저 이는 마귀가 자기의 때가 얼마 못된 줄을 알므로 크게 분내어 너희에게 내려 갔음이라 하더라.

적그리스도들은 시간이 얼마 안 남은 줄을 알고 있을 것이다. 마냥 인간들의 제사를 받고 예루살렘 성전에 앉아 있을 수가 없을 것이다. 왜냐하면 적그리스도들은 한 이레가 끝나면 곧 예수님이 거대항공모함 우주선을 이끌고 만만(1억) 천천(1백만)의 천사들과 부활과 휴거한 자들과 함께 소행성대로부터 공중재림하신다는 것을 잘 알고 있기 때문이다. 그래서 제사를 폐하고 그 대신에 그 자리에 죽은 바다 짐승의 우상을 만들어 우상에게 말을 하게 함으로써 사람들로 하여금 계속 우상에게 경배(제사와 예물)하도록 하는 것이다. 그렇다면 적그리스도들은 무엇을 준비하는 것일까?

2-3. 그 대신 예루살렘/바벨론에서 예수님 군대와 싸울 준비하는 적그리스도들

그 대신 적그리스도들은 곧 오시는 예수님의 군대와 맞서 싸울 준비를 하는 것이다. 시간이 없다. 남은 기간은 한 이레의 후 절반인 3.53년=43달 뿐이다. 그래서 필자가 생각하기엔 불의의 하나님들은 예루살렘과 바벨론 지역으로 이동하여 하나님 아버지와 예수님 군대와 대항하고 맞설 최첨단 우주공항을 세운다는 뜻이 아닌가 생각하는 것이다.

하늘의 전쟁에서 패했으니 다시 올라가 패권을 차지하기 위한 군사적인 우주시설 기초가 세워질 것이 아닌가 생각한다. 그것은 (1) 구약의 바벨론의 바벨탑처럼[3] 하늘의 전쟁에서 패한 불의의 하나님들이 다시 소행성대의 하늘

3 자세한 것은 『바이블 매트릭스』 4권(상) 2부 6장인 "바벨탑에 숨겨진 비밀"을 참조하라.

의 보좌로 올라가려는 목적과, (2) 하늘의 보좌와 하늘의 보좌에서 지구로 향하는 예수님의 군대와 대적하려는 군사적인 우주시설일 가능성이 매우 높다. 이것을 「다니엘」 9장 27절에는 "미운 물건이 날개를 의지하여(위에) 설 것이며(on a wing of the temple or on the wing of abominations"라고 예언하고 있는데, 이때 날개란, 이는 분명 소행성대에 진입한 하나님 아버지와 예수님을 적대시하고 지구로 향하는 예수님의 군대와 전쟁을 벌이기 위한 우주시설인 로켓을 구축한다는 것을 예측해 볼 수 있다.

2-4. 생기를 주어 우상이 말을 하고, 경배하지 않는 자들은 다 죽여

☞ 「요한계시록」 13:15 - 저가 권세를 받아 그 짐승의 우상에게 생기를 주어 그 짐승의 우상으로 말하게 하고 또 짐승의 우상에게 경배하지 아니하는 자는 몇이든지 다 죽이게 하더라(He was given power to give breath to the image of the first beast, so that it could speak and cause all who refused to worship the image to be killed.(NIV)

③=땅의 짐승(왕=He)이 용으로부터 권세(power)를 받아 죽은 ②=바다 짐승의 우상에게 생기(breath or life)를 주어 죽은 바다 짐승의 우상으로 하여금 말하게 한다. 이것은 구약시대의 언약궤와 비슷한 역할을 하는 것으로 보인다.[4] 인간들을 믿게 하기 위해 우상이 말을 하도록 하는 것이다. 인간들은 우상에게 무언가를 요청하면 우상이 대답하는 방식이다. 그러니 인간들은 죽은 ②=바다 짐승의 우상이 진짜 바다 짐승인줄 알고 예루살렘 성전에서 계속 경배, 즉 제사와 예물을 드리는 것이다. 그리고 용과 ③=땅의 짐승은 예루살렘과 바벨론 지역으로 이동해 예수님 군대와 싸울 준비를 하는 것이다.

---

4 자세한 것은 『바이블 매트릭스』 4권(하)의 2부 10장인 "언약궤/속죄소는 오늘날의 무전기 이상의 원자로 송수신기"를 참조하라.

우상에게 생기를 준다는 것은 오늘날의 컴퓨터를 생각하면 된다. 지금도 애플의 시리(Siri) 등은 인간과 쌍방향으로 의사소통한다. 그러니 용의 권세를 받았으니 우상에게 말을 하도록 생기를 주는 것은 아무것도 아닐 것이다.

또한 이제부터는 조지 오웰(George Orwell)[5]이 1949년에 쓴 소설인 『1984(Nineteen Eighty Four)』에 등장하는 빅 브라더(Big Brother)[6]처럼 통제와 감시 시스템이 가동된다. 이 시스템은 누가 경배하고 안 하는지를 다 안다. 따라서 경배를 안하는 인간들을 모조리 죽이라고 죽은 바다 짐승의 우상이 명령하고, 그 명령에 따라 죽이기 시작한다. 이것은 다음 절에는 이보다 더 무시무시한 무언가가 나올 것을 예측해주는 대목이다. 바로 다음 절부터는 그 유명한 666표(mark)가 나온다.

---

5 George Orwell -http://en.wikipedia.org/wiki/George_Orwell
http://www.online-literature.com/orwell/1984/

6 1949년 출판된 〈Nineteen Eighty Four(1984〉 - http://ko.wikipedia.org/wiki/1984%EB%85%84_(%EC%86%8C%EC%84%A4)
http://en.wikipedia.org/wiki/Big_Brother_(Nineteen_Eighty-Four)

3절 ③=땅 짐승의 이름=이름의 수=짐승의 수=한 사람의 수=666표(mark)란?

1. 「요한계시록」 13:17 – 표를 받는 목적(I) – 매매/거래용의 신용카드/바코드/칩/센서→땅/바다/물 등의 모든 자원의 사물인터넷(IoT)/만물인터넷(IoE)→빅 브라더→???

1–1. 모든 자원의 사물인터넷(IoT)/만물인터넷(IoE)→빅 브라더→???

☞ 「요한계시록」 13:17 - 누구든지 이 표를 가진 자 외에는 매매를 못하게 하니 이 표는 곧 짐승의 이름이나 그 이름의 수라(so that no one could buy or sell unless he had the mark, which is the name of the beast or the number of his name.(NIV)

자, 우선 표를 받는 목적부터 살펴보자. 그 목적은 매매용이나 거래용이다. 물건을 팔고 또는 사는 것(buy or sell)이 목적이다. 오늘날의 신용카드나 물건에 붙은 바코드(Barcode)나 칩(Chip)이나 센서(Sensor)를 이용한 매매와 거래를 의미하는 것이다. 매매나 거래를 하면 POS/POP의 기록이 남는다. POS(Point of Sales)는 누가, 언제, 어디서, 무엇을, 얼마에 팔았는지가 기록에 남고, POP(Pont of Purchase)은 누가, 언제, 어디서, 무엇을, 얼마에, 얼마나 자주(Frequency) 샀는지가 기록에 남는다. 다시 말해 에너지와 자원들과 화폐를 통제하고 감시할 수 있다. 이러한 매매와 거래는 조만간 애플페이(Apple Pay)나 삼성페이(Samsung Pay)처럼 스마트 기기로 진화가 될 것이며, 사물을 연결하는 사물인터넷(IoT, Internet of Things)을 넘어 생물까지 연결하는 만물인터넷(IoE, Internet of Every Things)을 넘어 통제와 감시의 AtO(All to One)로 진화 연결될 것이고, 그 다음은 또 무엇으로 계속 진화할 것이다. 그러다가 최종 목표는 666표로 간다는 것이다.

요즈음 뜨는 기술이 있다. 바로 사물인터넷인데, 이는 모든 기기들에 센서들을 부착시키고 인터넷과 클라우드(Cloud)에 연결하자는 것이다. 왜 연결을 할까? 통제하고 감시하자는 것이다. 2050년이 되면 센서가 탑재된 모든 기기들은 인터넷과 클라우드에 연결되고 빅 데이터(Big data)에 정보가 쌓여 2100년이 되면 오웰의 빅 브라더(Big Brother)가 등장할 가능성이 매우 높다. 그러다가 점점 더 통제 범위가 넓어져 기기들뿐 아니라 땅과 도시로 확대될 것인데, 이를 스마트 시티(Smart City)라고 한다. 그러다가 지구 전체를 연결하여 통제할 것인데, IBM과 구글이 현재 추진하고 있는 스마트 플래니트(Smart Planet)와 사이드워크 랩(Sidewalk Lab)이 그것이다.

c.AD 6420~8579년이면 재난의 징조가 온다고 했다. 지구는 다시 빙하기가 온다고 했다. 기근이 들고 곳곳에서 지진이 난다고 했다. 이때부터 하늘-땅-땅속-바다(속)의 나라들이 에너지와 자원을 확보하기 위한 전쟁이 난다고 했다. 이때의 거래란 물건을 의미하는데, 물건은 바로 사람들이 필요한 모든 사물과 모든 생물의 에너지와 자원들이다. 이를 감시하고 통제하는 거대 시스템이 구축되는 것이다. 다시 말해 빅 브라더처럼 통제와 감시 시스템이 가동된다는 것이다.

앞서 「요한계시록」 8장에서 살펴본 바와 같이 첫째~넷째 천사들의 심판은 땅의 나무와 푸른 풀의 1/3을 태워 죽이고, 바다 피조물의 1/3과 배의 1/3을 멸망시키고, 강과 샘물의 1/3을 쓰게 만들어 멸망시킨다고 했다. 그 목적은 땅과 바다의 에너지와 자원들의 1/3을 멸망시키는 것이다. 왜 멸망시키냐면, 이들 에너지와 자원들을 불의한 자들이 장악했기 때문이다. 모든 지구상의 에너지와 자원들에 오늘날의 센서 이상을 붙여 빅 브라더 이상의 통제와 감시 시스템을 구축했기 때문이라고 했다.

1-2. 지구상의 생물종을 연결하는 생명의 백과 사전과 생물망의 구축

하버드대 에드워드 윌슨(Edward O. Wilson) 교수가 공식 제안한 현대판 노아의 방주(Noah's Ark)인 생명의 백과사전(Encyclopedia of Life, EOL) 프로젝트가 2007년에 시작되었다. 아직 밝혀지지 않은 지구상의 90%의 생물종들을 찾는 프로젝트이다. 바이러스와 박테리아까지 연결하는 프로젝트이다. 결국 지구에 서식하는 모든 살아있는 생물들과 생물체들에게 센서나 바코드를 붙여 통제하자는 것이다. 지금까지 밝혀진 생물종은 10%의 180만 종이다. 앞으로 10년 동안 지구상에 존재하는 1억 종 이상의 생물체를 발견하고 시스템생물학(Systems Biology)을 이용하여 이들의 사진, 동영상, 계통도, 소리, 서식지 분포도 등을 3차원으로 만들어 웹에 제공할 것이다. 그 결과는 생물보존뿐만 아니라 유익한 교육정보가 될 것으로 기대되지만, 언젠가는 결국 1억 종의 생물체에 바코드나 센서를 붙여 생물망(Net of BioLife)이 탄생할 것을 예고하고 있으므로 악적인 목표가 아니라 선적인 목표로 접근하고 활용해야 할 것이다.

노르웨이 정부 또한 지구 최후의 날(Doomsday)을 대비한 현대판 노아의 방주인 최후의 날 저장고(Doomsday Vault)인 씨앗 및 유전자의 방주를 만든다. 노르웨이 북부(North Pole)에서 1,000킬로미터 떨어진 스발바드 섬에 스발바드 국제종자 저장고(Svalbard International Seed Vault)를 2007년 3월에 착공하여 종자(種子) 450만 종을 2008년까지 완공하여 저장했다. 문명구조연대(ARC)는 아예 달나라에 지구상의 모든 생물종의 유전자(DNA) 표본 및 관련 인간의 지식을 달에 보내자는 계획을 수립하고 추진하고 있다. 캐나다 빅토리아(Victoria) 대학의 노아의 방주 탐사단(NOAA's Arc Ocean Explorer)은 대양에 서식하는 각종 생물체들의 종 및 그들의 메커니즘을

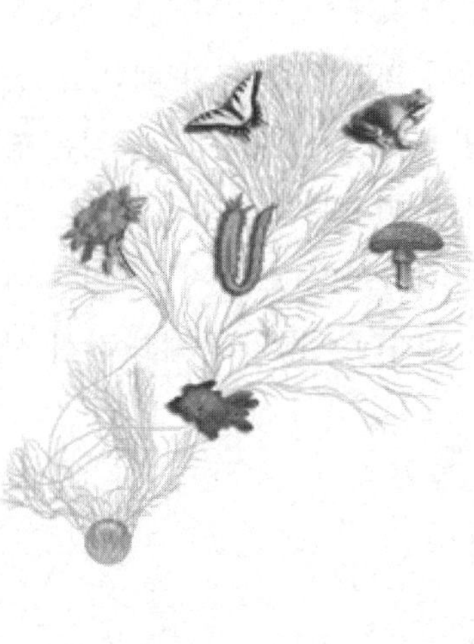

발견하고자 노력하고 있으며, 생명의 나무 웹 프로젝트(The Tree of Life Web Project, ToL) 또한 땅의 여신이란 뜻인 데메테르(Demeter)라는 슈퍼컴퓨터를 이용하여 생명의 나무에 도전하고 있다.

이러한 도전을 통한 지식의 발견은 환경보존, 지구보존 및 식량보존이라는 목표 이외에 이들의 에너지와 파동을 잘 활용하자는 것이고—이를 생체모방학(Biomimetics)이라고 한다—궁극적으로는 언젠가 인간이 달나라나 화성에 가서 살 때 이들 생물종의 유전자들을 가져가서 우주생물학(Astrobiology, Exobiology)에 활용하고자 하는 것이다.

더 나아가 살아있는 생명체들인 나무와 푸른 풀 등으로 확대될 것이다. 그 이유는 이들은 모두 에너지 자원들이고 천연약재들이기 때문이다. c.AD 10736.5년의 일이라 생각해보라. 지금 우리가 상상하는 그 이상의 모든 생물들과 생물체들의 조직→세포, 아니 세포 안의 유전자와 원자들과 미네랄까지 통제하고 감시할 것이다. 아니 그 이상일 것이다. 여기서 중요한 것은 통제와 감시이다. 생물보존, 교육 등 선적인 목표로 접근하면 좋은데, c.AD 10736.5년에는 대부분 악적인 인간들로, 악적인 통제를 통해 에너지화하고, 핵무기 이상의 무기를 만들어, 그 결과 땅과 생물들을 파괴할 것이다. 게다가 이를 이용해 만든 첨단과학기술로 하나님 아버지와 예수 그리스도를 공격할 것이다.

1-3. 사물인터넷을 위한 가장 작은 1mm³의 Michigan Micro Mote(M³)

2015년 4월 6일에 미시간대학교의 전자컴퓨터공학(EECS)가 10년 동안 개발한 쌀 한 톨 크기의, 부피 1mm³ 규모의 세계에서 가장 작은 초소형 컴퓨터인 Michigan_Micro_Mote(M³)를 개발했다(Youtube, 06 Apr 2015; Michigan, 17 Mar 2015).[7] M³는 5센트 동전 테두리에 세울 수 있을 정도로 작지만 동작/모션 감지, 혈액감지, 혈관 막힘 감지, 당뇨수준감지, 생체이미징, 먹는 내시경, 사진기, 온도계, 혈압측정기, 압력, 기후, 에너지관리, 공기 및 물 관리, 교통, 동물관

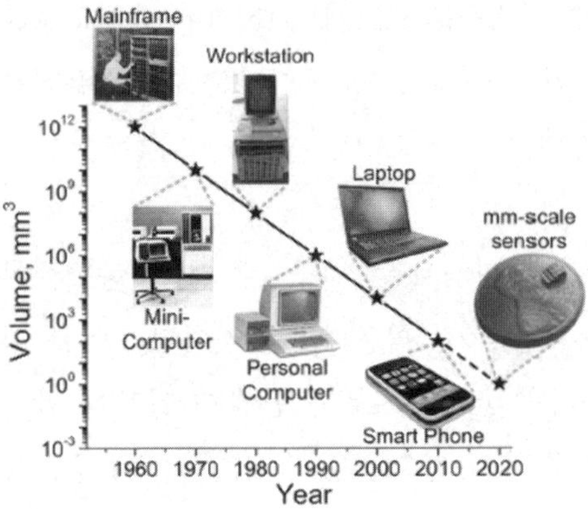

리, 안전, 기계작동, 스마트홈, 스마트카, 스마트학교 등 사물 인터넷(IoT)뿐만 아니라 생체 인터넷(IoB), 산업인터넷(IIoT), 스마트홈 등에 다양하게 적용될 전망이다.

사물 인터넷이 성장하려면 인터넷을 지원하는 기기의 크기가 줄어들어야 한다. 컴퓨터의 크기가 작아질수록 활용 범위는 극대화된다. 연구팀은 컴퓨터의 크기를 줄이기 위해서 전력을 최소화하는 방법을 택했다. 전력 사용을 줄여 배터리와 전체 기기의 크기도 줄일 수 있었다. M^3는 몇 개 층의 칩으로 이루어져 있는데, 앞 층은 센서들이고, 그 다음 층은 라디오 칩이고 가운데 층은 마이크로프로세서와 메모리이며, 뒤 층은 배터리로 이루어져 있다. 센서들은 데이터를 입력하고 라디오는 데이터를 출력한다. 또한 배터리는 130나노미터의 태양전지 두 개를 탑재했는데, 이 태양전지는 햇빛뿐만 아니라 사무실이나 가정의 형광등이나 다양한 조명으로 충전되기 때문에 영구적으로 사용할 수 있다.

M^3는 현재 생산 준비를 마쳤고, 연구진은 '스마트 먼지(Smart Dust)'라고 부르는 더 작은 컴퓨터를 만들기 위해 연구를 진행하고 있다. 데니스 실버스텔러(Dennis Sylvester) 교수는 "수백 미크론까지 크기를 줄여 세포 안에 칩을 삽입할 날이 올 것"이라며 "공상 과학을 현실로 만들고 있다"고 말했다. 이렇

7 Youtube via CBS News_The world's smallest computer / Michigan Micro Mote(06 Apr 2015) https://www.youtube.com/watch?v=vh8xtl1yq-0
Michigan - Michigan Micro Mote(M3) Makes History(17 Mar 2015) http://www.eecs.umich.edu/eecs/about/articles/2015/Worlds-Smallest-Computer-Michigan-Micro-Mote.html http://blaauw.eecs.umich.edu/project.php?id=66&sid=63f3be7af725bd233971e55ddfa901df

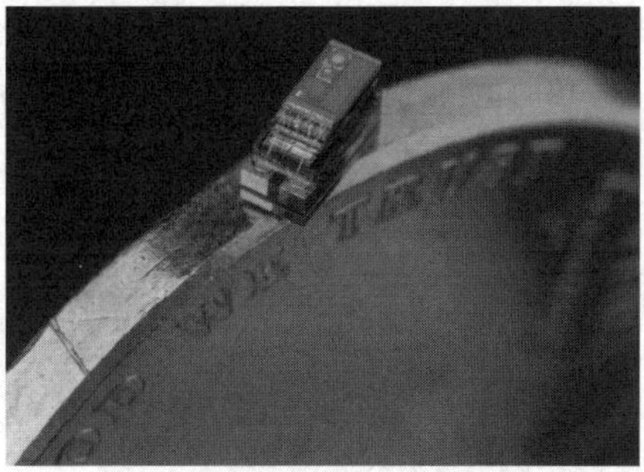

듯 기술혁신이 거듭되다 보면 지금은 부피가 1mm^{3}이지만, 언젠가는 0.1mm^3, 언젠가는 세포에 붙일 수 있는 0.01mm^3, 언젠가는 박테리아에 붙일 수 있는 100나노, 그러다가 원자에도 붙일 수 있는 0.01나노로 발전하면, 지구상의 존재하는 모든 사물과 생물체를 통제하고 감시할 수 있을 것이다. 그러다가 최종 목표는 666표로 갈 것이다. 그러나 악적인 목적이 아니라 선적인 목적으로 활용해야 할 것이다.

2. 「요한계시록」 13:16 – 표를 받는 방법과 또 다른 목적(II) – 몸속에 이식하는 생체이식형의 표→빅 브라더→사람의 통제와 감시, 표(Mark)는 통제/감시하는 게이트웨이(Gateway)

2-1. 표를 받는 방법 – 오른손/이마에 생체이식형의 표(a mark)를 받게 해

☞ 「요한계시록」 13:16 - 저가 모든 자 곧 작은 자나 큰 자나 부자나 빈궁한 자나 자유한 자나 종들로 그 오른손에나 이마에 표를 받게 하고(He also forced everyone, small and great, rich and poor, free and slave, to receive a mark on his right hand or on his forehead,(NIV); And he causeth all, both small and great, rich and poor, free and bond, to receive a mark in their right hand, or in their foreheads:(KJV); He required everyone - small and great, rich and poor, free and slave - to be given a mark on the right hand or on the forehead.(New Living)

「요한계시록」 13장 16절에는 666표(mark)를 받는 방법이 나온다. 여기서 "저(He)"란 둘째 짐승인 땅의 짐승(왕)을 말하는 것이다. 키가 작은 자나 큰 자나, 부자나 빈궁한 자나, 자유한 자나 종(노예)이나, 모든 인간들은 오른손 위에나(on) 혹은 오른손 안이나(in), 혹은 이마 위에나(on) 혹은 이마 속에(in) 표를 받아야 한다는 것이다. 따라서 이 표는 몸속에 이식하는 마이크로 생체이식형(Miccroimplant)의 칩(Chip)이라고 볼 수 있다. 그렇다면 오늘날의 웨어러블(Wearable) 기기인데, 그 목적은 두 가지로 볼 수 있다. 하나는 건강을 지원하는 생체인터넷(IoB, Internet of Biosignal or Biometry)이고, 다른 하나는 영화 〈마이너리티 리포트(Minority Report, 2002)〉처럼 사람의 행위와 생각과 마음을 감시하고 통제하는 것이다.

2-2. 생체인터넷(IoB)의 진화발전 방향

그렇다면 이러한 웨어러블 기기에 의한 생체인터넷의 진화발전 방향을 살펴볼 필요가 있다. 사물인터넷(IoT)이란 모든 사물에 컴퓨팅 능력과 학습능력이 주어져 사물 스스로 학습하고 판단하여 추천→큐레이션(Curation)→작업→의사결정→예측 등의 가치를 인간에게 제공하는 것이다. 반면, 초기 단계의 생체인터넷(IoB)이란 몸에 착용(웨어러블) 가능한 다양한 기기의 센서들(Sensors)로 하여금, 착용자의 생체정보들의 생체신호인 혈당(blood sugar), 심박동(heart rate, heartbeat), 심전도(EKG/ECG), 혈압(Blood pressure), 호흡수(Respiratory rate), 온도, 몸무게, 키, 걸음 수, 칼로리 소비량(Calories burned) 등의 데이터들을 실시간으로 감지하고 분석하여, 착용자들에게 그 결과를 제공하여 건강(헬스)을 유지하게 하는 것이다. 또한 생체정보들의 분석결과에 따라 착용자의 운동, 수면, 영양섭취 등의 활동에 따른 생체정보들의 변화를 제공하는 것이다. 더 나아가서는 위험상황을 사전에 감지하여 본인의 생명을 살릴 수도 있으며, 비상카드인 의료 아이디(Medial ID)의 장기기증 상태로 타인의 생명까지 살릴 수 있다.

초기 단계의 생체인터넷 서비스는 현행 의료법의 규제로 '치료'가 아닌 '관리'의 네 가지로 요약되는데, 운동을 할 때 심박수 등을 관리하는 피트니스 케어(Fitness Care), (2) 잠잘 때 수면시간, 패턴, 코골이 등을 관리해주는 수

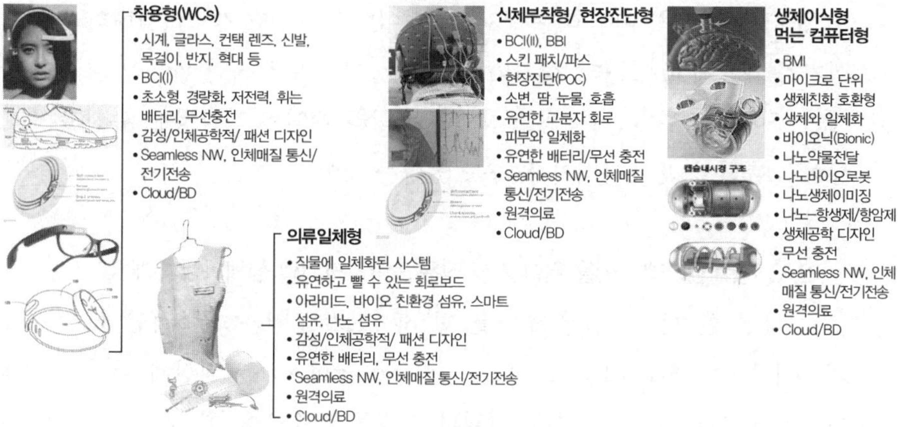

인간 중심의 건강/생명을 중시하는 생체인터넷 진화 방향. Image Credit : 차원용, "사물인터넷(IoT)에 앞서 건강과 생명의 생체인터넷(IoB)이 더 중요", DigiEco, 13 Jun 2014.

면 케어(Sleep Care), (3) 칼로리 섭취량과 소모량을 비교해 식단을 조절하는 다이어트 케어(Diet Care), (4) 혈당, 심전도 등을 실시간으로 체크하는 질병 케어(Disease Care) 등으로 세분화되어 있다.

그러다가 현행의료법의 규제가 풀리는 원격의료(Tele medicine)의 시대가 도래하여 분석(A)/진단(D)/처방(T)/예방(P)하는 '치료'가 가능해지면, 각종 센서들이 융합된 마이크로 크기의 칩(SOC, System on a chip) 또는 마이크로유체칩(Microfluidics Chip) 또는 랩-온어-칩(Lab on a Chip)에 의해 현장에서 검사/분석하고 진단하고 치료할 수 있는 신체부착형이나 현장진단형(Point-of-care, POC)으로 발전할 것으로 보이며, 이러한 마이크로 기기를 통해 의사와 쌍방향으로 실시간 치료가 가능할 것으로 보인다. 이때 분석/진단하는 생체정보들은 주로 타액(침, 唾液, Saliva), 땀(Sweat), 소변(Urine, Urea), 호흡(Respiration), 눈물(Tear Fluid) 등을 분석할 것인데, 배출되는 이러한 생체정보들에는 각종 병을 일으키는 항원(Antigen) 또는 바이오 마커(Bio Marker)가 포함되어 있기 때문이다. 신체부착형이나 현장진단형은 마이크로 크기의 '생체이식형'과 '먹는 컴퓨터형'으로 발전할 것으로 보인다.

문제는 몸속에 이식되는 생체이식형이다.[8] 지금도 생체이식형의 생체이식기가 개발되고 있는데, 상기와 같은 건강지원의 선적인 활용이 아니라 악적인 곳에 적용된다면, 사생활 침해뿐 아니라 개인의 건강정보, 유전자 정보 등이 노출되어 빅 브라더가 올 수도 있다는 것이다.

2-3. 생체인터넷(IoB)을 위한 가장 작은 2mm 크기의 생체이식기 개발

심장병 환자들은 심장 수술을 한 후 크고 무거운 전통적인 심장 박동기(심박기, conventional pacemaker or electrostimulator)를 심장에 이식 수술해야(surgical implantation) 한다. 뇌질환 환자들은 수술을 한 후 신경전달물질(Neurotransmitter) 전달기기를 뇌 속에 장착해야만 한다. 그리고 이들 이식된 기기들에 전기를 공급해야 하는데, 현재까지의 방식은 외부의 배터리나 전원장치를 유선으로 연결하는 방식이어서 불편한 점이 한두 가지가 아니다. 이를 해결하려면 두 가지를 혁신해야 한다. 우선 이식된 기기에 유선이 아니라 무선으로 전송 또는 충전하는 기술을 발견해야 하고, 그 다음 이식된 기기들의 크기를 현재의 크기에서 밀리미터 크기(millimeter dimensions)로 소형화(miniaturization) 해서, 의료처치 및 고통 완화용으로 손쉽게 신체에 이식될 수 있도록 해야 한다.

미국 스탠퍼드대의 전기공학과의 아다 푼(Ada S. Y. Poon) 교수와 심장외과(Cardiothoracic Surgery)의 의학자들이 쌀 한 톨 크기(2mm, 70mg)의 마이크로 이식기들(microimplants)을 개발하고, 동시에 인간 몸에는 해를 끼치지 않는 중거리무선전송(mid-field wireless transfer) 기술을 개발해, 토끼나 쥐에 이식된 마이크로이식기들에 전원을 무선 전송 또는 충전하는 데 성공해 '깊은 조직에 이식된 마이크로이식기들에 무선전송(Wireless power transfer to deep-tissue

---

8 자세한 것은 『바이블 매트릭스』 5권 2부 2장 4절인 "생체인터넷의 발전방향, 생체인터넷으로 무장한 예수님"을 참조하라.

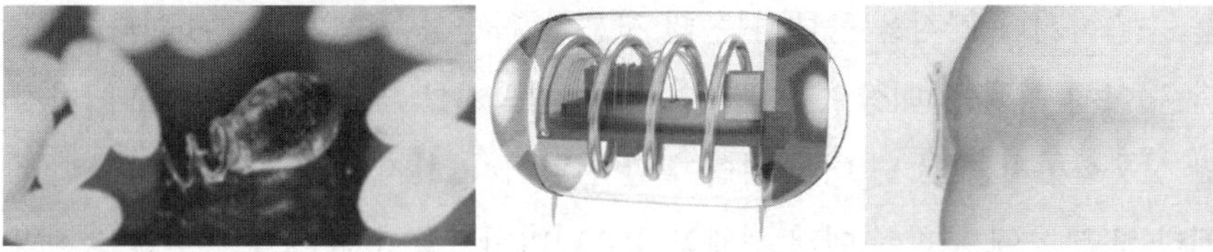

쌀 한 톨 크기(2mm, 70mg)의 마이크로이식기, 중거리무선전송(mid-field wireless transfer)으로 전기를 받을 수 있는 코일들, 신용카드 크기의 전원공급장치를 통해 이식된 심장박동기에 무선으로 충전. Image Credit : Stanford

microimplants)'이라는 획기적인 논문을 발표했다(Ho et al., PNAS, 19 May 2014).[9]

이들은 논문에서, 이식한 마이크로기기들은 뇌나 표피 조직 속으로 5cm 깊이로 이식했으며, 가슴 피부 위의 신용카드 크기의 전원공급장치를 통해 무선으로, 인간이나 동물에는 해가 안 되는 밀리와트 수준을(milliwatt levels) 전송해, 초소형 임플란트(이식) 기기들을 작동시켰다고 적고 있다(Stanford, 19 May 2014).[10] 따라서 이는 앞으로 이식 시스템의 새로운 혁명을 열어, 이번 논문보다 더욱 작은 차세대 이식 시스템들이 인간의 몸속이나 두뇌 속으로 융합되어진다면, 비용 절감은 물론 위험부담을 크게 줄일 수 있을 것으로 기대하고 있어, 지금 과학계와 의학계는 이 논문으로 야단법석이다(The Guardian, 20 May 2014).[11]

이번 기술은 사람들이 신체와 뇌에 더 많은 임플랜트를 심어 생체데이터

---

9 Ho et al., "Wireless power transfer to deep-tissue microimplants", PNAS, Published ahead of print 19 May 2014. http://www.pnas.org/content/early/2014/05/14/1403002111.abstract

10 Stanford - Stanford engineer invents safe way to transfer energy to medical chips in the body(19 May 2014). http://news.stanford.edu/news/2014/may/electronic-wireless-transfer-051914.html

11 The Guardian - Wearable tech can be implanted in brains, thanks to new power technique. A research breakthrough has identified a way to charge tiny health-tracking devices that could be embedded in our brains, hearts or livers(20 May 2014)
http://www.theguardian.com/technology/2014/may/20/wearable-tech-brain-implants-wireless-charging-stanford?CMP=twt_fd

를 수집하거나 감각을 증대하는 데 사용할 가능성을 제기하는 것이다. 연구팀은 이제 사람을 대상으로 배터리 없는 심박기를 테스트할 계획이다. 하지만 상용화까지는 몇 년 더 기다려야 할 전망이다. 하지만 이 기술이 더욱 발전되다 보면 옷에 부착된 여러 생체인터넷 디바이스들이 몸 안에 이식된 생체인터넷 이식기들에 무선으로 충전함은 물론이거니와 테라헤르츠파나 그 이상의 초음파를 직접 쏘아 심폐소송은 물론이거니와 뇌를 자극할 수도 있고 218개 장기들을 소생시킬 수 있을 것이다.

문제는 몸속으로 들어와 환자들을 치료하고 죽어가는 사람들을 살리는 선적인 용도가 아니라 악적인 용도에 적용된다면, 사생활 침해뿐 아니라 개인의 건강정보, 유전자 정보 등이 노출되어 빅 브라더가 올 수도 있다는 것이다.

2-4. 밀리에서 욕토 이상의 작은 생체이식기, 사람의 세포에서 원자까지 이식

지금 사물에 부착되는 가장 작은 마이크로 컴퓨터가 앞서 살펴본 대로 부피가 1mm^{3}이고, 몸속에 이식되는 마이크로이식기는 크기가 2mm이다. 그러나 2030년이면 이들은 머리카락 굵기의 0.1mm로 작아질 것이고, 2100년이면 세포(크기=17,000나노)에 이식할 수 있는 0.01mm 크기로 작아질 것이다. 따라서 이들 작아지는 센서나 기기들의 발전 방향을 살펴보아야 하는데, 그게 국제단위계(Int'l System of Units)[12]이다. 두 가지가 있는데 집적된 정보나 물질의 량을 나타내는 것과 작게 분리시키고 쪼갠 물질의 크기를 나타내는 것 중 생체이식은 작게 만드는 기술이므로 후자에 해당된다.

---

12 국제단위계 - 원래는 엑사, 페타, 테라, 기가, 메가, 킬로, 헥토(hecto, 10의 2승, h), 데카(deca, 10의 1승, da), 데시(deci, 10의 마이너스 1승, d), 센티(centi, 10의 마이너스 2승, c), 밀리, 마이크로, 나노, 피코, 펨토, 아토 등 16가지였으나, 1991년 10월 4일에 프랑스 파리에서 열린 국제도량형총회(CGPM, 國際度量衡總會)에서 제타, 요타, 젭토, 욕토 4가지를 추가하기로 결의하여 모두 20가지가 되었다.
http://www.economicexpert.com/a/Yocto.htm,
http://www.bipm.org/en/si/si_brochure/chapter3/prefixes.html

국제단위계(國際單位系, System international d'unites, International system of units)

구분	접두어	기호	배수	명칭
시공융합 (상향식 방법의 기술 및 집적된 정보나 물질의 량)	요타(yotta)	Y	10의 24승	자(秭, Septillion)
	제타(zetta)	Z	10의 21승	십해(垓, Sextillion)
	엑사(exa)	E	10의 18승	백경(Quintillion)
	페타(peta)	P	10의 15승	천조(Quintillion)
	테라(tera)	T	10의 12승(5세대)	조(Trillion)
	기가(giga)	G	10의 9승(4세대)	십억(Billion)
	메가(mega)	M	10의 6승(3세대)	백만(Million)
	킬로(kilo)	k	10의 3승(2세대)	천(Thousand)
			10의 0승(1세대)	1
시공분열 (하향식 방법의 기술, 분리된 물질의 크기 및 시간의 제어 단위)	밀리(milli)	m	10의 마이너스 3승	천분의 1(Thousandth)
	마이크로(micro, micron)	μ	10의 마이너스 6승	백만분의 1(Millionth)
	나노(nano)	n	10의 마이너스 9승	십억분의 1(Billionth)
	피코(pico)	p	10의 마이너스 12승	조분의 1(Trillionth)
	펨토(femto)	f	10의 마이너스 15승	천조분의 1(Quadrillionth)
	아토(atto)	a	10의 마이너스 18승	백경분의 1(Quintillionth)
	젭토(zepto)	z	10의 마이너스 21승	십해분의 1(Sextillionth)
	욕토(yocpto)	y	10의 마이너스 24승	자(秭)분의 1(Septillionth)

따라서 2015년 현재 생체이식기는 2mm이다. 2030년에 머리카락 굵기의 0.1mm로 작아질 것이고, 2100년이면 세포(크기=17,000나노)에 이식할 수 있는 0.01mm(10,000나노) 크기로 작아질 것이다. 그러다가 2150년이면 박테리아나 세균(크기=1,000나노)에 이식할 수 있는 500나노로 작아질 것이고, 2200년이면 바이러스(크기=100나노)에 이식할 수 있는 80나노로, 2250년이면, 유전자(크기=50나노)에 이식할 수 있는 10나노로, 2300년이면 염기(크기=10나노)에 이식할 수 있는 1나노로, 2350년이면 원자(크기=0.1나노)에 이식할 수 있는 0.01나노로, 2400년이면 원자핵(크기=10펨토)에 이식할 수 있는 1펨토로, 2450년이면 원자핵의 중성자와 양성자(크기=1펨토)에 이식할 수 있는 0.1펨토로, 2500년이면 중성자와 양성자를 구성하는 쿼크(Quark, 크기=아토)에 이식할 수 있는 0.1아토로 작아질 것이다. 여기까지가 지금까지 밝혀진 것이고, 해를 거듭할수록 더욱 많은 과학적 진실이 밝혀질 것이다. 지금은 욕토(yocto)까지이나 앞으로 더욱 많은 과학적 진실이 밝혀지면, 욕토 이상의 국

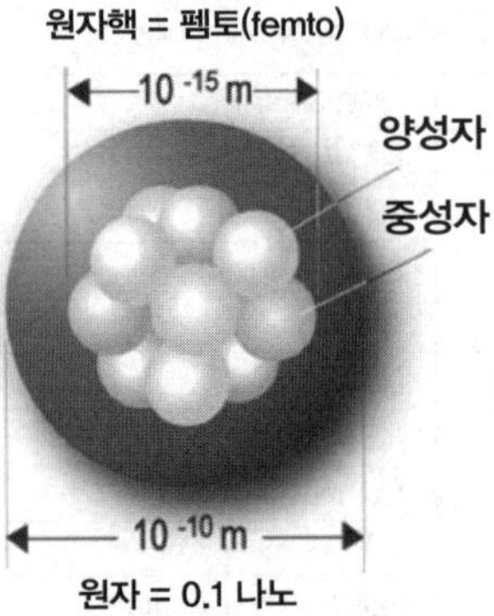

제단위계가 만들어질 것이다.

그러니 상상해보라! 물병자리가 끝나는 4259년과 염소자리가 끝나는 8579년과 10736.5년의 국제단위와 과학기술을! 따라서 지금의 과학기술은 아무것도 아닐 것이다.

문제는 몸속으로 들어오는 생체이식기의 용도이다. 병을 치료하고 죽어가는 사람들을 살리는 선적인 용도가 아니라 악적인 용도에 적용된다면, 사생활 침해뿐 아니라 개인의 건강정보, 유전자 정보 등이 노출되어 빅 브라더가 올 수도 있다는 것이다.

2-5. 세포에서 영혼까지 매매/거래, 원하는 생명과 영혼을 주입, 통제와 감시

그런데, 생체이식도 아주 중요한 내용이지만, 「요한계시록」 18장 12절~13절에는 거래되는 상품의 종류가 나온다. 그 상품의 종류 중에는 "종들과 사람의 영혼들이라"는 예언이 나온다. 영문성경 NIV와 KJV에는 "bodies and souls of men"로, 영문성경 Good News에는 "slaves, and even human lives"로 나온다. 이때가 서기 10736.5년이라는 것을 이해하여야 한다.

지금도 사람들의 장기를 주고 사는 나라가 있고, 죽으면 장기를 기증하는 것으로 보아, 이때가 되면 조직이나 줄기세포나 배아세포나 세포나 염색체나 유전자나 염기나 원자를 주고 파는 시대가 아닌가 생각한다. 게다가 인간의 생명(lives)이나 영혼들(souls)까지 팔고 산다고 분명하게 예언되어 있다는 것이다. 이 때가 되면 인간은 거의 900살 가까이 살 것으로 필자는 예측한다. 바로 이어지는 천년 왕국에선 누구나 1,000살을 영위하기 때문이다.

따라서 이 때가 되면 과학적으로 생명을 연장하는 방법이 발견될 것이고,

영혼이 무엇인지 과학적으로 다 밝혀져 영혼이 있다는 것이 진실로 밝혀지겠지만, 사람의 영혼이나 생명을 팔고 산다는 것은, 불의의 인간들이나 복제 인간들이 거래를 할 것으로 보인다. 또한 거래가 된다는 것은 거래를 추적해야 하기 때문에, 이들 장기부터 원자까지 아니 그 이상의 생명이나 영혼까지 생체이식기가 이식될 것이라는 점이다. 이식된다는 것은 통제와 감시를 한다는 것이다. 통제와 감시를 한다는 것은 땅의 짐승(왕)이 그 반대로 원하는 생명과 영혼을 주입할 수 있다는 뜻이다. 어디를 통해 주입하냐면 바로 666표를 통해 주입하는 것이다.

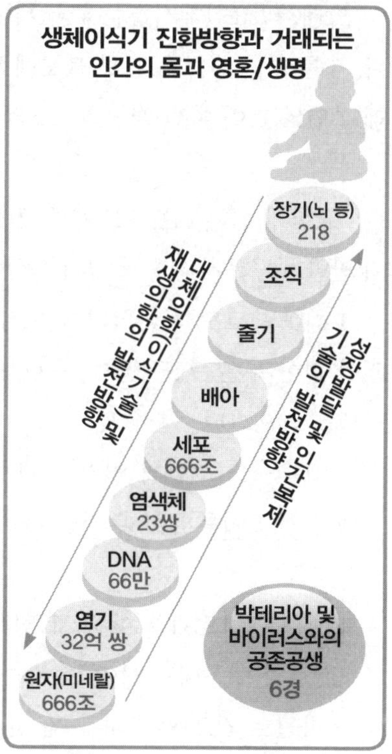

「요한계시록」 18:12 - 그 상품은 금과 은과 보석과 진주와 세마포와 자주 옷감과 비단과 붉은 옷감이요 각종 향목과 각종 상아 기명이요 값진 나무와 진유와 철과 옥석으로 만든 각종 기명이요

18:13 - 계피와 향료와 향과 향유와 유향과 포도주와 감람유와 고운 밀가루와 밀과 소와 양과 말과 수레와 종들과 사람의 영혼들이라(cargoes of cinnamon and spice, of incense, myrrh and frankincense, of wine and olive oil, of fine flour and wheat; cattle and sheep; horses and carriages; and bodies and souls of men.(NIV); and cinnamon, spice, incense, myrrh, and frankincense; wine and oil, flour and wheat, cattle and sheep, horses and carriages, slaves, and even human lives.(Good News)

그래서 「요한계시록」 14장 9절~11절에는 표를 받지 말라고 예언된 것이다. 표를 받는 자들은 유황 불못에 던져진다는 것이다. 왜냐하면 그 영혼은 원래 본인의 것이 아닌 적그리스도의 것이기 때문이다.

「요한계시록」 14:9 - 또 다른 천사 곧 세째가 그 뒤를 따라 큰 음성으로 가로되 만일 누구든지 짐승과 그의 우상에게 경배하고 이마에나 손에 표를 받으면

14:10 - 그도 하나님의 진노의 포도주를 마시리니 그 진노의 잔에 섞인 것이 없이 부은 포도주라 거룩한 천사들 앞과 어린 양 앞에서 불과 유황으로 고난을 받으리니

14:11 - 그 고난의 연기가 세세토록 올라가리로다 짐승과 그의 우상에게 경배하고 그 이름의 표를 받는 자는 누구든지 밤낮 쉼을 얻지 못하리라 하더라

2-6. 사람의 행위와 생각까지 통제와 감시, 빅 브라더의 마인드 컨트롤 시대

앞 절의 내용대로 보아 이 때는 사람들의 행위와 생각까지 통제하고 감시하는 마인트 컨트롤 시대가 올 것으로 필자는 생각하고 있다. 통제와 감시를 통해 누가, 언제, 어디서, 무엇을, 얼마에, 얼마나 자주(Frequency) 샀는지를 알 수 있을 뿐만 아니라, 사람의 몸속, 특히 뉴런과 시냅스까지 이식된 이식기들을 통해 마인드를 컨트롤하는 것이다.

오웰의 고전 소설인 『1984』를 보면 소위 정당(Party)이라는 독재정부에 의한 총체적인 사회(totalitarian society)가 등장함을 예고한다. 이 최고 통치권의 정당이 바로 빅 브라더(Big Brother)이다. 이들은 센서를 통해 전 국민의 행동 및 국민들의 생각까지 감시하는 "Big Brother is Watching You"라는 포스터를 전국에 배포한다. 동전, 우표, 책, 영화, 배너 등에는 이 빅 브라더의 슬로건을 담고 있는데, "전쟁이 평화이다, 자유는 노예이다, 무시가 바로 힘이다(War is Peace, Freedom is Slavery, Ignorance is Strength)." 따라서 감시체제에 의해 사생활은 무시된다.

이뿐이랴! 마인드 컨트롤한다는 것은 666표를 받으면, 그 반대로 사람의 생각과 마음까지 컨트롤할 수 있다는 뜻이다. 그래서 666표를 받으면 안되는 것이다.

2-7. 심판의 부활 때 펴는 사람의 책(기록)을 담당하는 인트론 이상까지 조작

자 다음은 666표가 구체적으로 사람의 행위(acts, works)를 기록하는 유전자(gene)인 인트론(Intron) 이상까지 조작하여 기록을 위조할 것이라는 필자의 생각을 전달하고자 한다. 이것은 어디까지나 필자의 생각이고, 지금까지 밝혀진 인간의 유전자 메커니즘을 바탕으로 설명해보기로 한다.

2-7-1. 엑손(Exon)과 인트론(Intron)의 역할

인간의 몸을 구성하는 장기들(Organ)은 218개로 추정되고, 장기를 이루는 조직, 조직을 이루는 줄기, 줄기를 이루는 배아, 배아를 이루는 세포들은 666조개로 추정된다. 각 666조의 세포 안에는 23쌍의 염색체가 있으며, 염색체를 쭉 펴면 DNA(디옥시리보핵산, Deoxyribonucleic acid)가 된다. 각 DNA들은 A(아데닌), C(시토신), T(티민), G(구아닌)이라는 염기(Base)로 이루어져 있고, 염기를 이루는 것은 원자들이다. 우리 인간은 구리와 철 등의 23개의 원자로 이루어져 있는데, 하나의 세포 안에는 666조의 원자가 있는 것으로 추정된다.

DNA를 구획지어 보면 크게 유전자(Gene), 연결 DNA(intergenic DNA 또는 space DNA), 그리고 유전자의 작동을 조절하는 프로모터(Promoter) 부분으로 나눌 수 있다. 이중 Intergenic DNA 부분은 아무런 정보도 가지고 있지 않아 해석도 할 수 없는 부분이다. 지금으로서는 단지 유전자(Gene)를 연결하고 있는 역할만 하고 있을 뿐이다. 유전자는 다시 단백질을 만드는 정보가 담긴 엑손(exon)과 정보가 없고 그저 엑손을 연결하는 역할을 하는 인트론(intron) 두 부분으로 구성된다. 물론 인트론도 엑손과 같이 전사(Transcription)가 이루어지지만 리보솜(Ribosome)에서의 번역(Translation) 과정 중 하나인 스플라이

싱(Splicing, 가위로 잘라내기)에 의해 제거가 된다. 그러므로 한 가지 유전자는 여러 개의 엑손과 인트론을 갖고 있는데 유전자가 작동을 시작할 때 인트론은 떨어져나가고 엑손끼리 결합하여 단백질 등을 만든다. 32억 개의 염기 서열들은 A, C, T, G 중 일련의 3개로 조합되어 엑손과 인트론을 구성하는데, 엑손은 단백질을 만드는 데 필수적인 아미노산을 지정하는 유전자 코드(암호, Genetic Code) 정보를 갖고 있다.

염색체(DNA + 단백질) → DNA(유전자+Intergenic DNA+Promoter) → 유전자(Exon+Intron) → 유전정보(Exon)

그런데 인간의 게놈(Genome, 유전체학)에서 보면 32억 개의 염기들(문자, Base)이 일련의 3개로 유전자를 구성하지만, 전체 염기 32억 개 중 오로지 대략 25%의 염기배열만이 유전자를 구성하며, 이중 단백질을 만들기 위해 아미노산(Amino Acid)으로 번역되는 엑손(Exon)은 대략 5% 정도밖에 안 되고, 나머지 95% 정도는 유전정보가 없는 인트론(Intron)이라는 사실이다. 이를 정크(잡동사니) 유전자 또는 정크 DNA라고 한다.

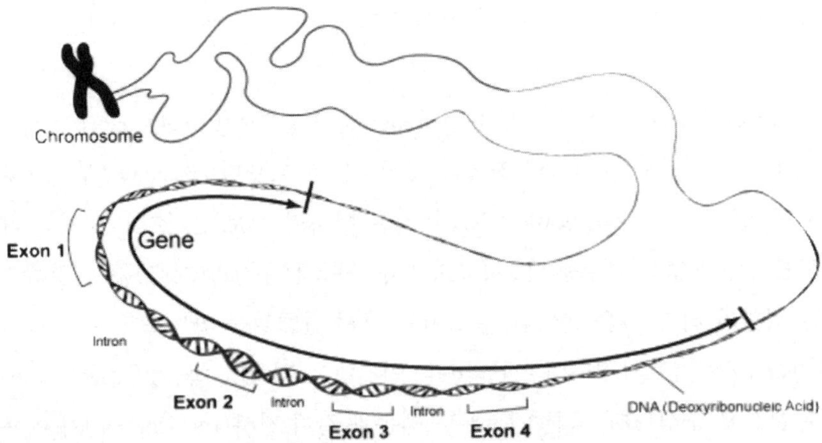

염색체 → DNA → 유전자 → 엑손과 인트론. Image Credit : http://www.genome.gov/glossary/?id=61

유전정보를 갖고 있다는 것은 어떠한 물질(특히 단백질)을 만들어야 할지를 명령하는 유전자(Exon)와 이 명령을 받아 물질(단백질)을 만드는 시기와 그 양 등을 조절하는 Promoter로 나뉘는데 아직 그 정확한 메커니즘이 밝혀진 것은 아니며, 또한 왜 정크 DNA가 95%나 되는지 많은 연구가 진행되고 있다. 많은 과학자들은 95%나 되는 정크 DNA가 분명 어떤 역할을 하고 있을 것으로 믿고 연구하고 있다.

2-7-2. 인트론은 사람의 행위와 업적을 기록하는 메모리

아직 과학적으로 밝혀지지 않았지만, 필자가 생각하기엔, 엑손은 단백질을 만들라는 유전정보가 있다는 것은 프로그램되어 있다는 것으로, 이는 반도체로 볼 때 비메모리에 해당되는 것이다. 그렇다면 95%인 인트론은 그 반대의 메모리에 해당하는 것은 아닐까?

그래서 우리가 죽을 때까지 일생 동안 살면서 생각한 것들, 의도대로 행동과 행위한 것들, 책을 쓰고 그림을 그리고 음악을 만들고 기술을 개발하고, 많은 불의의 사람들을 의로운 사람들로 유도하고, 가난한 사람들에게 기부를 하고, 나쁜 행위를 한 것들, 사람을 죽이고 거짓말을 한것들 등이 인트론 아니면 원자 아니면 미네랄(Mineral) 아니면 중성자와 양성자 아니면 아직 밝혀지지 않은 어딘가에 기록되는 것은 아닐까?

2-7-3. 심판의 부활 때 생명책에 이름이 있는 모든 자들은 본인의 책을 펴

우선 첫째 부활인 영생(생명)의 부활은 예수님이 공중재림시에 부활하여 공중에서 예수님을 영접하고 악을 멸한 후, 천년 왕국(「요한계시록」 20:4~6)을 거쳐 영생을 하게 되는 새 하늘과 새 땅에 건설될 새 예루살렘과 만국들, 즉 두 번째 창조된 우주에서 영원히 사는 것을 말하는 것이다. 그런데 조건이 있다. 예수님의 증거와 하나님의 말씀을 인하여 죽은 자, 즉 순교한 자들만이 첫째 부활, 즉 영생(생명)의 부활에 참여하여 천년 왕국을 거쳐 새 예루살렘에 들

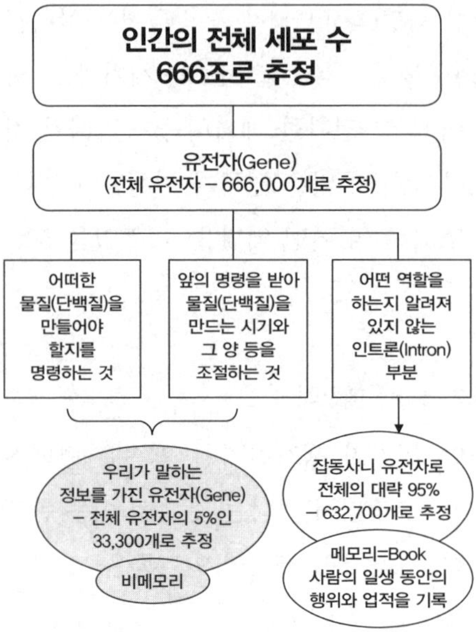

어가는 영예를 안으며, 그래서 복이 있다고 했다(「요한계시록」 20:6). 따라서 첫째 부활에 참여하는 산 자들은 당연히 예수님의 생명책에 기록되었을 것이다.

둘째 부활은 천년이 지나서, 즉 천년 왕국이 지나서 그 나머지 죽은 자들은 심판의 부활에 참여하게 된다(「요한계시록」 20:12~15). 순교하지는 못했지만 하나님의 말씀과 예수님의 증거를 믿고 지킨 의롭고 선한 자들은 예수님의 생명책에 이름이 있을 것이다. 예수님의 생명책에 이름이 있는 경우, 본인의 책을 편다는 것이다. 그리고 본인의 책과 예수님의 생명책과 대조해가면서 기록된 대로 각자 일한 대로 심판을 받고 그 공적(공력, according to his work or according to what he had done as recorded in the books)에 따라 보상을 받는다는 것이다(「고린도전서」 3:13~15). 그 보상은 첫째 부활에 참여한 자들만큼 큰 보상(하나님과 그리스도의 제사장이 되어 왕 노릇)을 못 받겠지만, 그래도 영생을 얻는다는 것을 의미하는 것이다. 그래서 첫째 부활에 참여하도록 노력해야 하는 것이다. 본인의 책과 생명책과 심판의 방법에 대해서는 「요한계시록」 20장에서 자세히 다루기로 한다.

「요한계시록」 20:12 - 또 내가 보니 죽은 자들이 무론 대소하고 그 보좌 앞에 섰는데 책들이 펴 있고 또 다른 책이 펴졌으니 곧 생명책이라 죽은 자들이 자기 행위를 따라 책들에 기록된 대로 심판을 받으니

그런데 둘째 부활인 심판의 부활에 참여하는 자들 중 예수님께서 갖고 계

신 생명책에 이름이 없는 자들, 즉 악을 행한 자들, 예수님의 이름을 더럽힌 자들, 적그리스도에 동참하여 성도들을 죽이고 핍박한 자들, 용과 짐승에게 경배하고 짐승의 우상에게 경배하고 666표를 받은 자들은 심판할 가치도 없기 때문에 유황 불못에 던진다는 것이다. 이것이 바로 둘째 사망이라는 것이다.

「요한계시록」 20:14 - 사망과 음부도 불못에 던지우니 이것은 둘째 사망 곧 불못이라

20:15 - 누구든지 생명책에 기록되지 못한 자는 불못에 던지우더라

결론적으로 죽은 자들이 부활하여 예수님의 생명책에 이름이 있는 경우 본인의 책을 펴서 그 책에 기록된 대로 심판을 받는다. 이것이 인트론에 기록된 책이 아닐까? 필자는 그렇게 생각하고 있다. 설사 인트론이 아닐지라도 원자 아니면 언젠가는 밝혀지겠지만, 생명의 흔적을 가지고 있는 미네랄(Mineral) 혹은 우리 몸 안의 어딘가에 우리의 인생사가 기록되고 있음은 확실하다.

2-7-4. 보상의 법칙 – 각 사람에게 일한 대로 갚아 주리라

예수님의 보상의 법칙이 있다. 각 사람에게 일한 대로 갚아 준다는 것이다. 그런데 그 일들(according to his work or according to what he had done)이 어디에 기록되어 있냐면 바로 본인의 책과 동시에 예수님의 생명책에 기록되어 있다. 이 보상의 법칙은 「마태복음」 16장 27절과 「요한계시록」 22장 12절에 잘 기록되어 있다.

「마태복음」 16:27 - 인자가 아버지의 영광으로 그 천사들과 함께 오리니 그 때에 각 사람의 행한 대로 갚으리라

「로마서」 2:6 - 하나님께서 각 사람에게 그 행한 대로 보응하시되

「요한계시록」 2:23 - 또 내가 사망으로 그의 자녀를 죽이리니 모든 교회가 나는 사람의 뜻과 마음을 살피는 자인줄 알찌라 내가 너희 각 사람의 행위 대

로 갚아 주리라

20:12 - 또 내가 보니 죽은 자들이 무론 대소하고 그 보좌 앞에 섰는데 책들이 펴 있고 또 다른 책이 펴졌으니 곧 생명책이라 죽은 자들이 자기 행위를 따라 책들에 기록된 대로 심판을 받으니

20:13 - 바다가 그 가운데서 죽은 자들을 내어 주고 또 사망과 음부도 그 가운데서 죽은 자들을 내어 주매 각 사람이 자기의 행위대로 심판을 받고

22:12 - 보라 내가 속히 오리니 내가 줄 상이 내게 있어 각 사람에게 그의 일한 대로 갚아 주리라

2-7-5. 666표는 본인의 책(기록)을 삭제하거나 조작

그렇다. 필자가 생각할 때 본인의 책(기록)이 매우 중요한 것이다. 일생 동안 살면서 인생사를 다 기록했기 때문이다. 이 기록을 삭제하거나 조작하면, 예수님의 생명책에서 이름이 말살되어 심판의 부활 때 유황 불못에 던져지는 것이다.

그렇다면 666표는 이러한 인간들의 기록을 삭제하거나 조작하는 것이 아닐까? 그 옛날 교황청의 면죄부처럼 말이다. 불의의 적그리스도들은 예수님과는 정반대인 점을 고려한다면, 그 가능성은 매우 높다. 그래서 그 때의 모든 인간들은 다 짐승에게 경배(제사)하고, 짐승의 우상에 경배하고 666표를 받는 것이다. 666표를 받으면 죄를 사해준다고 적그리스도들은 인간들을 미혹할 것이다. 그래서 거짓 선지자들이 등장하게 되는 것이다.

2-8. 666표(Mark)는 통제/감시/주입하는 게이트웨이(Gateway)

자, 이제 정리를 해보자. c.AD 10736.5~10740년에 등장할 666표는 (1) 지구상의 생물들이나 사물들에 부착되어 에너지와 자원을 통제하고 감시할 뿐만 아니라, (2) 인간들의 구성요소들인 유전자와 원자, 그 이상의 앞으로 밝혀질 기능들에 생체이식기를 이식하여 유전자와 원자뿐만 아니라 영혼까지 통

제하고 감시할 뿐만 아니라, 심판의 부활 때 예수님께서 필요한 각자의 책(기록)의 내용까지 통제하고 감시하고 조작할 것이다.

이렇게 본다면 666표는 이들을 모두 연결하고 지원하는 게이트웨이(Gateway) 역할을 하는 것임에 틀림이 없다. 666표를 통하여 적그리스도들은 원하는 대로 필요한 프로그램을 주입할 것이다. 유전자와 원자를 마음대로 조작할 것이다. 아니 생명과 영혼을 마음대로 조작할 것이다. 본인의 책에 기록된 인생사를 마음대로 조작할 것이다. 그러니 이 표를 받아서는 안되는 것이다.

3. 또 다른 목적(III) – 적그리스도의 편에 선 무리들을 식별하는 표

이미 살펴본 「요한계시록」 7장과 9장에는 하나님 아버지의 의로운 인(the seal)을 종들의 이마에 맞게 한다. 이것은 하나님 아버지의 종들과 불의한 자들을 식별하기 위해서이다. 그런데 땅의 짐승과 적그리스도들은 하나님 아버지의 인을 그대로 흉내내어, 666표를 만들어 오른손이나 이마에 받도록 한다. 이것은 적그리스도들의 편에 선 무리들을 식별하기 위한 표이다. 표를 받아 그만큼 결속과 동맹을 다지는 것이다.

다시 말해 선과 악의 싸움이라고 했다. 불의의 하나님들도 이마에 자기편이라는 인, 즉 표를 받게하고, 의로운 하나님들도 자기 편을 나타내는 인을 이마에 받게 한다는 것을 알 수 있다. 그러나 의로운 하나님들과 예수님의 군대가 결국에는 승리하신다는 것도 알 수 있다.

4. 「요한계시록」 13:17~18 – 666표란? 616표란?

4-1. 짐승(왕)의 이름(the name) 또는 그 이름의 수(the number of his name)

☞ 「요한계시록」 13:17 - 누구든지 이 표를 가진 자 외에는 매매를 못하

게 하니 이 표는 곧 짐승의 이름이나 그 이름의 수라(so that no one could buy or sell unless he had the mark, which is the name of the beast or the number of his name.(NIV); And that no man might buy or sell, save he that had the mark, or the name of the beast, or the number of his name.(KJV); And no one could buy or sell anything without that mark, which was either the name of the beast or the number representing his name.(New Living)

표는 짐승의 이름(the name of the beast)이라는 것이다. 다시 말해 땅의 짐승, 즉 왕의 이름이라는 것이다. 지금으로서는 도저히 알 수 없는 예언이다. 단, 추측할 수 있는 것은 왕의 이름이 666이라고만 추측할 수 있을 뿐이다.

그런데 두 번째 조건이 있다. 왕의 이름의 수(the number of his name)라는 것이다. 왕의 이름이 666이니 666의 수, 즉 666이라는 것이다. 그런데, 영문 성경 New Living을 보면 그 이름을 상징하는 수(the number representing his name)[13]라고 기록하고 있다는 점이다.

4-1-1. 히브리어의 알파벳이 나타내는 숫자인 게마트리아(Gematria)

게마트리아(Gematria)[14]라는 것이 있다. 이는 히브리어의 알파벳이 나타내는 숫자로서 그 단어가 지닌 뜻을 풀어 성서를 해석하는 방법이다. 유대교의 랍비들(Rabbi), 특히 중세의 카발라주의자들(Kabbalah)[15] 이 많이 사용했다. 히브리어 알파벳은 모두 22자인데, 처음 10자는 차례로 1부터 10까지의 수를 나타내고, 다음의 8자는 차례로 20부터 90까지의 10단위 숫자를 나타내며, 나머지 4자는 차례로 100부터 400까지를 나타낸다. 그러므로 히브리어 철자를

---

13 http://ko.wikipedia.org/wiki/%EC%A7%90%EC%8A%B9%EC%9D%98_%EC%88%AB%EC%9E%90

14 http://en.wikipedia.org/wiki/Gematria, http://terms.naver.com/entry.nhn?docId=1059112&cid=40942&categoryId=31578

15 http://en.wikipedia.org/wiki/Kabbalah

보고 숫자를 계산하여 뜻을 알아내는 방법이다. 이를테면 '엘리에젤(Eliezer)'(「창세기」 15:2)은 아브라함의 종 318명을 가리킨다고 해석한다(「창세기」 14:14).

4-1-2. 네로, 나폴레옹, 히틀러, 무함마드, 교황의 이름의 수는 모두 666

로마 황제인 네로(Nero Caesar, 통치 54~68)의 이름도 히브리어로 음역하여 게마트리아 방식대로 사람의 이름을 숫자로 나타내면 666이 된다. 이슬람교의 창시자인 무함마드의 영어 이름은 마호메트 또는 모하메드(Mohammed, Muhammad, Mahomet)이며, 그리스어인 마오메티스(Maometis)를 히브리어로 음역하여 게마트리아 방식대로 계산하면 역시 666이 된다. 프랑스의 나폴레옹 보나파르트(Napoléon I, 1769~1821)와 독일의 아돌프 히틀러(Adolf Hitler, 1889~1945)의 이름도 666이 된다.

교황의 공식 명칭은 교황이 특별한 행사 때에 쓰는 삼층 관에 새겨져 있는 'Vicarius Filii Dei'인데, 그 의미는 '하나님의 아들의 대리자'이라는 뜻이다. 그런데 라틴어는 각 철자마다 고유한 수치가 주어져 있으므로, 'Vicarius Filii Dei'라는 교황의 공식 이름이 가지고 있는 철자의 수치를 합산하면 666이 된다. 따라서 많은 기독교인들이 「요한계시록」 13장의 땅의 짐승과 666은 다시 등장할 교황이라고 해석한다.

V=5
I=1
C=100
A=0
R=0
I=1
U=5
S=0
———

112

F=0
I=1
L=50
I=1
I=1

53

D=500
E=0
I=1

501
112+53+501=666

여섯 개 철자로 된 이름을 가진 사람들도 적그리스도라는 비난을 받았다. 대표적인 예를 들면, 미국의 전 대통령 레이건(Ronald Wilson Reagan), 미디어 재벌 로버트 터너(Robert Edward Turner)와 같은 이름이다. 그러나 영리하고 악의적인 사람들은 누구의 이름이라도 이리저리 합쳐 666을 만들 수 있는 교묘한 방법을 개발해냈다. 거의 모든 유명인사, 특히 정치인은 사악한 666인간이라는 비난을 받았다.[16]

암튼 역사적으로 나쁜 짓을 한 사람들의 이름의 수를 계산하면 666이라는 점이다. 따라서 과거의 어느 누굴 찍어 「요한계시록」 13장의 666이라고 말할 수 없다는 것이다. 그러나 확실한 것은 c.AD 10736.5년에 등장할 땅의 짐승의 이름과 이름의 수는 분명 적그리스도를 의미하는 666이라는 점이다.

---

16 http://terms.naver.com/entry.nhn?docId=1023639&cid=50762&categoryId=50770

4-2. 짐승의 수를 세워보라(Count the number of the beast)→IoT의 수

☞ 「요한계시록」 13:18 - 지혜가 여기 있으니 총명 있는 자는 그 짐승의 수를 세어 보라 그 수는 사람의 수니 육백 육십 륙이니라(This calls for wisdom. If anyone has insight, let him calculate the number of the beast, for it is man's number. His number is 666.(NIV); Here is wisdom. Let him that hath understanding count the number of the beast: for it is the number of a man; and his number is Six hundred threescore and six.(KJV); Wisdom is needed here. Let the one with understanding solve the meaning of the number of the beast, for it is the number of a man(1). His number is 666(2). / (1)Or of humanity (2)Some manuscripts read 616(New Living)

세 번째 조건이 있다. 지혜와 총명이 있는자는 그 짐승의 수(the number of the beast)[17]를 세워(count or calculate) 보라는 것이다. 이 뜻은 필자가 생각하기엔 666표가 얼마나 많은 사물과 생물들에게 부착되었는지 계산해보라는 것으로 해석하고 싶다. 앞에서 설명한 대로 지금의 사물인터넷은 지금의 기기뿐만 아니라 모든 사물과 생물들에게 부착될 것이다. 나무에도 풀에도 개미에도 박테리아에도 바이러스에도 샘물에도 모두 부착될 것이다. 부착된 숫자를 다 세면, 아니 셀 필요가 없을 것이다. 지금의 클라우드(cloud) 이상의 빅 브라더가 등장하여 666표가 부착된 모든 사물과 생물들은 자동으로 계산되어 디스플레이나 차세대 홀로그래피에 뜨게 될 것이다.

그 합계의 숫자가 666조이든(테라~페타), 666경이든(엑사), 666해(垓)이든(제타), 666자(秭)이든, 지금은 모르지만 다음에 업그레이드될 앞으로 나올 국제단위계의 최상의 단위이든, 그것은 666으로 떨어진다는 것이다.

---

17 http://en.wikipedia.org/wiki/Number_of_the_beast

지금은 기가(giga) 세상이다. 기가 세상에 용량을 얘기할 때 666이라 함은 666기가를 말하는 것이다. 2020년부터는 테라(tera) 세상으로 진입한다. 테라 시대에는 666이라 함은 666테라를 의미하는 것이다. 그러니 c.AD 10736.5년에 그 단위가 무엇인지는 지금은 예측할 수 없지만, 예를 들어 그때의 단위가 가다(godda)라고 한다면 666은 666가다를 의미할 것이다.

4-3. 그 수는 한 사람의 수(the number of a man)→IoB의 생체이식기의 수

☞ 「요한계시록」 13:18 - 지혜가 여기 있으니 총명 있는 자는 그 짐승의 수를 세어 보라 그 수는 사람의 수니 육백 육십 륙이니라(This calls for wisdom. If anyone has insight, let him calculate the number of the beast, for it is man's number. His number is 666.(NIV); Here is wisdom. Let him that hath understanding count the number of the beast: for it is the number of a man; and his number is Six hundred threescore and six.(KJV); Wisdom is needed here. Let the one with understanding solve the meaning of the number of the beast, for it is the number of a man(1). His number is 666(2). / (1)Or of humanity (2)Some manuscripts read 616(New Living)

네 번째 조건이 있다. 지혜와 총명이 있는 자는 그 짐승의 수(the number of the beast)를 세워(count or calculate) 보면, 그 수는 여러 사람이 아닌 한 사람의 수(it is the number of a man)라는 것이다. 몇몇 분들이 바다 짐승(1)의 열 뿔(10)과 일곱 머리(7)를 들어 18(6+6+6)으로 해석하고 있는데, 미안하지만, 666은 바다 짐승이 아니고 바다 짐승의 뒤를 이은 두 뿔(2)을 가진 땅의 짐승(1)이다. 그렇다면 이는 어떻게 666으로 연결시킬 것인가?

분명한 것은 짐승의 수를 다 세워보면 한 인간의 수(it is the number of a man)와 같다는 것이다. 이것은 666표, 즉 생체인터넷(IoB)의 몸속에 이식된 생체이식기 수를 말하는 것인데, 지금의 과학기술로 본다면, 가장 중요한 것이 두뇌에 있는 감각과 생각과 정보를 담당하는 뉴런(Neron)과 신경전달물질과 기억을 담당하는 시냅스(Synapse)와 독소를 해소하고 뉴런과 시냅스를 흔들리지 않게 꽁꽁 묶는 성상세포(별세포, 신경교, glia, neuroglia)가 그것들이다. 이들을 다 합치면 지금의 과학으로는 대략 100경 개에 달한다.

그런데 뉴런이나 시냅스나 신경교도 일개의 세포에 불과하다는 것이다. 그리고 지금의 과학으로서는 세포 안에는 666,000개의 유전자가 있다는 것이고, 우리 몸에는 666조 개의 세포가 있다는 것이며, 하나의 세포안에는 666조 개의 원자가 있다는 것이다. 그리고 앞으로 밝혀질 원자안의 중성자와 양성자의 수가 될 것이고, 앞으로 더 밝혀질 그 무엇의 수가 될 것이라는 점이다. 그리고 조만간 근 미래에는 이들 세포와 유전자와 원자를 통제 감시하고 병을 치료하는 생체인터넷의 생체이식기가 이식될 것이라는 점이고, 아마도 그 때가 되면 생명과 영혼에도 이식되는 것이 아닌가 필자는 생각하는 것이다.

4-4. 666이냐 616이냐, 이게 중요한 것이 아니다

몇몇 성경의 다양한 버전 중 하나인 그리스 텍스트의 노범(Novum Testmentum Graece)[18]의 에프라미 코덱스(Codes Ephraemi Rescriptus, C:Paris)[19]와 라틴 버전인 타이코니우스(Tyconius, DCXVI)[20]에는 666대신 616이 기록되어 있다.

영문성경 New Living에도 몇몇 코텍스(사본)에는 666 대신 616으로 기록되어 있다고 주석을 달고 있다. 필자가 보기엔 666이든 616이든 이게 중요한 것이 아니라는 것이다. 중요한 것은 666이든 616이든 c.AD 10736년이면

---

18 http://en.wikipedia.org/wiki/Number_of_the_beast,

19 http://ko.wikipedia.org/wiki/%EC%A7%90%EC%8A%B9%EC%9D%98_%EC%88%AB%EC%9E%90

20 http://en.wikipedia.org/wiki/Gematria, http://terms.naver.com/entry.nhn?docId=1059112&cid=40942&categoryId=31578

모든 사물과 생물과 우리 몸속에 지금의 칩(Chip)보다 더욱 작은 칩이 이식될 것이라는 점이다. 아마도 이때가 되면 생명과 영혼에도 이식되는 것이 아닌가 필자는 생각하는 것이다.

지금도 우리는 스마트폰을 갖고 다닌다. 조만간 워치(시계)를 다 차고 다닐 것이다. 그러다가 우리 몸속에는 초소형 컴퓨터들이 이식될 것이다. 문제는 선적으로 활용하느냐 악 적으로 활용하느냐? 독재자가 나타나 빅 브라더를 구축하느냐? 필자가 보기엔 선적인 용도는 오케이다. 악적인 용도는 단호히 거부해야 할 것이다. 목숨을 걸고서라도 반대해야 할 것이다.

이로서 「요한계시록」 13장을 마친다. 「요한계시록」 22장 중 가장 중요한 13장이다. 13장을 해석하는 데 2015년 2월 21일에 시작하여 2015년 6월 14일에 마칠 수 있었다. 무려 네 달이나 걸린 셈이다.

14장

「요한계시록」 14장 - 예수님의 공중재림, 부활한 이스라엘 144,000명과 각 나라의 무수히 많은 무리, 세 천사가 마지막 전하는 말, 곡식과 포도 수확, 진노의 포도주 잔 만들기(~c.AD 10740~)

「요한계시록」 14장은 드디어 예수님께서 공중재림하시고(~c.AD 10740~), 공중재림하시는 예수님을 영접하기 위하여 첫째 부활(영생의 부활, 생명의 부활)한 이스라엘의 144,000명과 각 나라의 셀 수 없는 무리들이, 예수님과 함께 이 땅에 공중재림하시어, 곡식(의로운 성도, 알곡, grain)과 포도송이(grapes of vine)를 수확하시고, 하나님의 진노의 포도주(the wine of God's fury or wrath)를 만들기 위해 포도송이를 하나님의 진노의 큰 포도주 틀(the great winepress of God's warth)에 넣고 밟는다. 이 하나님의 진노의 포도주는 땅 짐승과 그의 우상에게 경배하고 이마에나 손에 땅 짐승의 666표를 받거나 아마겟돈(Ammageddon)에 모이는 불의의 왕들과 인간들과 바벨론을 심판하기 위해서이다.

「요한계시록」 14장은 총 세 부분으로 구성되어 있다. 첫째, 「요한계시록」 14장 1절~5절까지는 「요한계시록」 7장에서 살펴보았던 인치심을 받고 죽어(순교), 그 영혼들이 천상(소행성대)의 보좌에서 우주복을 입고 있었던 자들이, 마침내 부활한 이스라엘의 144,000명과 아울러 각 나라에서 인치심을 받고 부활한 무수히 많은 무리들이 어린 양(예수님)과 시온 산에 선 장면이 등장한다(The Lamb and the 144,000). 이는 첫째 부활로 부활한 자들이 예수님의 공중재림을 공중에서 영접하고 재림을 준비하는 장면이다. 둘째, 「요한계시록」 14장 6절~13절까지는 세 천사가 등장하여 전하는 말이다(The Three Angels). 셋째, 「요한계시록」 14장 14절~20절까지 예수님께서 첫째 부활로 부활한 자들과 공중재림하셔서 이 땅의 곡식, 즉 알곡(grain or wheat, 주 안에서 죽는 자 =the dead who die in the Lord)과 포도(grapes of vine)를 수확하시고, 포도송이로 하나님의 진노의 포도주(the wine of God's fury or wrath)를 만드시는 장면이다. 그리고 이 때 주 안에서 죽은 자들(곡식/알곡)은 부활하여 「요한계시록」 15장에서 예수님을 영접하게 되는 두 번째 부류가 된다.

물론 이 때에도 만만(1억) 천천(1백만)의 모든 천사들은 「요한계시록」 14장에 기록된 내용대로 예수님의 명령에 따라 예수님께 오르락내리락하면서 수행할 것이다.

「요한복음」 1:51 - 또 가라사대 진실로 진실로 너희에게 이르노니 하늘이 열리고 하나님의 사자들이 인자 위에 오르락내리락 하는 것을 보리라 하시니라(He then added, "I tell you the truth, you shall see heaven open, and the angels of God ascending and descending on the Son of Man.")(NIV)

1절 「요한계시록」 14:1~5 - 인 맞고 부활한 이스라엘 144,000명과 각 나라의 무수히 많은 무리

1. 어린 양과 시온 산에 선 이스라엘 144,000명

☞ 「요한계시록」 14:1 - 또 내가 보니 보라 어린 양이 시온 산에 섰고 그와 함께 십사만 사천이 섰는데 그 이마에 어린 양의 이름과 그 아버지의 이름을 쓴 것이 있도다(Then I looked, and there before me was the Lamb, standing on

Mount Zion, and with him 144,000 who had his name and his Father's name written on their foreheads.(NIV)

이것은 「요한계시록」 7장에서 살펴보았던 인치심을 받고 죽어(순교), 소행성대의 하나님 아버지의 보좌, 즉 거대항공모함 우주선에서, 그 영혼들이 하얀 우주복을 입고 있었던 이스라엘의 144,000명이, 일곱 번째 천사의 나팔 소리에 맞추어 첫째 부활에 참여하여, 일제히 천상의 영적인 몸으로 부활한 후, 어린 양, 즉 예수님과 함께 천상(소행성대)의 시온 산에 서신 것을 말하는 것이다. 시온이란 「요한계시록」 12장에서 살펴보았듯이 참 백성, 즉 참 성도들을 의미한다고 했다. 「요한계시록」 12장 1절에는 여인(a woman)으로 표현된 하나님의 참 백성 또는 성도들, 즉 하나님 아버지의 계명을 지키며, 예수님의 증거를 가진 의로운 자들의 모습을 볼 수 있었다(「요한계시록」 12:17).

예수님과 부활한 이스라엘의 144,000명이 천상(소행성대)의 시온 산에 섰다는 것은, 첫째 부활한 144,000명이 예수님의 공중재림을 영접하는 것이다. 영접한다는 것은 곧 예수님의 자기의 영광, 즉 거대항공모함 우주선에 예수님과 함께 타고, 공중재림할 준비를 하는 장면과 마치는 장면을 기록한 것이다.

2. 어린 양과 시온 산에 선 각 나라의 무수히 많은 무리가 기록에 빠진 이유

「요한계시록」 7장 9절에는 하나님 아버지의 인치심을 받고 죽어(순교), 그 영혼들이 우주복을 받아 입고 있었던, 이스라엘의 각 12지파의 144,000명 이외에, "이 일 후에 내가 보니 각 나라와 족속과 백성과 방언에서 아무라도 능히 셀 수 없는 큰 무리가 흰 옷을 입고 손에 종려가지를 들고 보좌 앞과 어린 양 앞에 서서"라고 기록되어 있는데, 이 뜻은 이미 「요한계시록」 7장에서 설명했듯이, 이스라엘 민족뿐만 아니라 전세계 많은 민족들도 인치심을 받고 죽어 그 영혼들이 우주복을 받는다는 것을 의미한다고 했다.

그런데 「요한계시록」 14장 1절~5절에는 부활한 각 나라의 무수히 많은 무리가 빠져 있는데, 「요한계시록」을 기록한 사도 요한은 이스라엘 갈릴리(Galilee) 출신이기 때문에, 자기 민족만이 예수님과 시온 산에 선것만 기록한 것이다. 아니 예수님께서는 그것만 보여주신 것이다. 왜냐하면 지금부터는 심판이 있기 때문이다. 각 나라의 부활한 자들은 각 나라를 심판하는 권세를 가졌기 때문이다. 예수님의 12제자들과 이스라엘의 144,400명은 이스라엘만 심판하기로 되어 있기 때문이다.

3. 이 세대에 속한 첫째 부활한 자들이 이 세대의 각 나라 사람들을 심판하리니

결론부터 보자. 나중에 다시 설명하겠지만 「요한계시록」 20장 4절에는 "또 내가 보좌들을 보니 거기 앉은 자들이 있어 심판하는 권세를 받았더라 또 내가 보니 예수의 증거와 하나님의 말씀을 인하여 목 베임을 받은 자의 영혼들과 또 짐승과 그의 우상에게 경배하지도 아니하고 이마와 손에 그의 표를 받지도 아니한 자들이 살아서 그리스도로 더불어 천년 동안 왕 노릇 하니"가 그것이다.

「요한계시록」 20:4 - 또 내가 보좌들을 보니 거기 앉은 자들이 있어 심판하는 권세를 받았더라 또 내가 보니 예수의 증거와 하나님의 말씀을 인하여 목 베임을 받은 자의 영혼들과 또 짐승과 그의 우상에게 경배하지도 아니하고 이마와 손에 그의 표를 받지도 아니한 자들이 살아서 그리스도로 더불어 천년 동안 왕 노릇 하니

"예수의 증거와 하나님의 말씀을 인하여 목 베임을 받은 자의 영혼들"이란 바로 「요한계시록」 7장의 인치심을 받아 순교한 144,000명이, 본 장인 14장에서 그 영혼들이 첫째 부활에 참여하여 부활한 것이다. 그 다음의 "짐승과 그의 우상에게 경배하지도 아니하고 이마와 손에 그의 표를 받지도 아니한 자들이

살아서"라는 것은「요한계시록」15장의 2절의 "짐승과 그의 우상과 그의 이름의 수를 이기고 벗어난 자들", 즉 주 안에서 죽은 자들(the dead who die in the Lord)이(「요한계시록」14:13) 부활했다는 것이다. 이 두 종류의 시간차에 따라 첫째 부활한(영생의 부활=생명의 부활) 자들은 심판하는 권세를 받는다는 것이다. 여기서 심판이란「요한계시록」20장에 등장하는 둘째 부활(심판의 부활)의 심판을 의미하는 것이다.

「고린도전서」6장 2절에는. 성도가 세상을 판단, 즉 심판한다고 기록하고 있는데, 이 의미도 같은 맥락이다.

「고린도전서」6:1- 너희 중에 누가 다른 이로 더불어 일이 있는데 구태여 불의한 자들 앞에서 송사하고 성도 앞에서 하지 아니하느냐

6:2 - 성도가 세상을 판단할 것을 너희가 알지 못하느냐 세상도 너희에게 판단을 받겠거든 지극히 작은 일 판단하기를 감당치 못하겠느냐(Do you not know that the saints will judge the world? And if you are to judge the world, are you not competent to judge trivial cases?)

6:3 - 우리가 천사를 판단할 것을 너희가 알지 못하느냐 그러하거든 하물며 세상 일이랴

누가 누구를 심판할까? 언제 사람들이 언제 사람들을 심판할까? 이스라엘의 144,000명이 우리 한국 사람들의 둘째 부활을 심판할까?

이에 대한 대답은 예수님께서 이땅에 초림으로 오셨을 때 말씀하셨다. 예수님은 "심판 때에 니느웨 사람들이 일어나(rise), 즉 (첫째) 부활하여 이 세대 사람을 정죄하리니 이는 그들이 요나의 전도를 듣고 회개하였음이어니와, 심판 때에 남방 여왕이 일어나, 즉 (첫째) 부활하여 이 세대 사람을 정죄하리니 이는 그가 솔로몬의 지혜로운 말을 들으려고 땅 끝에서 왔음이어니라"고 말

씀하시고, 예수님은 요나와 솔로몬보다 더 위대하다고 말씀하셨다. 결론적으로 이 세대(this generation)에 속한 많은 의로운 자들과 회개한 자들이 끝 날 심판 때에 첫째 부활에 참여하여 이 세대에 속한 사람들의 둘째 부활을 심판하신다는 것이다.

「마태복음」 12:41 - 심판 때에 니느웨 사람들이 일어나(부활하여) 이 세대 사람을 정죄하리니 이는 그들이 요나의 전도를 듣고 회개하였음이어니와 요나보다 더 큰 이가 여기 있으며

12:42 - 심판 때에 남방 여왕이 일어나(부활하여) 이 세대 사람을 정죄하리니 이는 그가 솔로몬의 지혜로운 말을 들으려고 땅 끝에서 왔음이어니와 솔로몬보다 더 큰 이가 여기 있느니라

요나(Jonah)의 내용은 구약의 「요나(Jonah)」에 등장하는 실제 기록으로(BC 759)[1], 요나의 전도로 니네베(Nineveh, 성경의 '니느웨') 사람들이 회개를 하여 하나님이 재앙을 내리지 않았다(「요나」 3장). 남방 여왕은 「열왕기상」 10장과 「역대하」 9장에 등장하는 "스바 여왕이 솔로문을 찾아오다(The Queen of Sheba Visits Solomon)"의 내용으로 스바는 남방이란 뜻이다. 스바 여왕이 야훼 하나님의 지원을 받는 솔로몬(Solomon, 통치 BC 970~930)의 지혜로운 말을 들으려고 남방에서 왔다.

따라서 심판 때에 니느웨 사람들이 일어나, 즉 첫째 부활하여 BC 759년의 니느웨 사람들을 심판하고, 남방 여왕이 첫째 부활하여 BC 970~930년의 남방 사람들을 심판한다는 뜻이다. 이 세대(this generation)에 속한 각 시대(times)의 의로운 자들이 첫째 부활하여, 각 시대의 불의한 사람들을 심판한다는 뜻이다.

1 자세한 것은 『바이블 매트릭스』 4권(상) 2부 5장 3절의 "요나의 물고기는 잠수함"을 참조하라.

4. 예수님의 12제자와 144,000명의 역할은 이스라엘만 심판

예수님의 12제자들도 죽어 그 영혼들이 낙원(천국)에서 우주복을 입고 계시다가, 소행성대로 이동하여, 일곱 번째 천사의 나팔 소리에 맞추어 제일 먼저 첫째 부활해서, 예수님을 공중 영접하게 된다. 그리고 상기의 첫째 부활한 144,000명과 각 나라의 많은 첫째 부활한 무리들과 함께, 예수님이 자기의 영광, 즉 거대항공모함 우주선에 타고 오실 때, 12제자들도 12보좌에 앉아 이들과 함께 오시게 된다.

그런데, 예수님의 12제자들은 이스라엘 열두 지파만을 심판하신다고 예수님은 이 땅에 오셔서 말씀하셨다는 것이다. 이것은 분명 예수님의 12제자와 이스라엘 144,000명이 온 나라 민족의 둘째 부활을 심판하신다는 것이 아니다. 이 세대의 각 시대의 의로운 자들이 부활하여 자기 나라의 각 시대의 불의한 사람들의 둘째 부활을 심판하는 것이 맞는다는 것을 증빙하는 것이다.

「마태복음」 19:28 - 예수께서 가라사대 내가 진실로 너희에게 이르노니 세상이 새롭게 되어 인자가 자기 영광의 보좌에 앉을 때에 나를 좇는 너희도 열두 보좌에 앉아 이스라엘 열두 지파를 심판하리라

5. 동시대에 살았던 의로운 자들이 심판, 이 세상에 있을 때 잘해야, 490번 용서

그래서 하나님 아버지와 예수님의 심판을 공정하다고 하는 것이다. 다시 말해 공정한 심판, 즉 공의의 심판이시다. 이 세대 12개 별자리에 속한 각 12개 별자리 시대의 의로운 사람들이 부활하여 동시대의 불의한 자들을 심판하는 것이다. 그래서 이 세상에 있을 때 잘해야 한다. 의롭게 살아야 한다. 태어나서 죽을 때까지 같이 살았던 의로운 사람들이 본인을 심판하는 것이다.

이는 매우 중요한 것이다. 예를 들어 필자가 죽어 지옥에 갔을 경우 필자는 예수님 재림시 첫째 부활에 참여를 못하고 둘째 부활에 참여를 하게 된다. 필자가 1958년생이니까 2015년에 죽었을 경우, 필자가 이 땅에서 삶을 영위한 기간에, 첫째 부활에 참여한 자들이 필자를 심판한다는 것이다. 국민학교 동창생이, 중고등학교 동창생이, 직장동료가…그 밖에 많은 지인들이 필자를 심판한다는 것이다. 그러니 죽기 전에 원한을 다 풀어야 하는 것이다. 전화를 걸거나 만나 잘못했다고 다 용서를 받아야 한다. 그래서 예수님께서 "무엇이든지 너희가 땅에서 매면 하늘에서도 매일 것이요 무엇이든지 땅에서 풀면 하늘에서도 풀리리라", "일흔 번씩 일곱 번이라도 용서하라"고 예수님이 그렇게 강조하신 것이다(「마태복음」 18:15~35). 「마태복음」 18장과 「요한계시록」 20장을 잘 읽어 보시라. 많은 깊은 뜻들이 있는데, 필자도 이 뜻을 이해한 것은 2014년 7월이었다.

「마태복음」 18:18 - 진실로 너희에게 이르노니 무엇이든지 너희가 땅에서 매면 하늘에서도 매일 것이요 무엇이든지 땅에서 풀면 하늘에서도 풀리리라

18:22 - 18:22 - 예수께서 가라사대 네게 이르노니 일곱번 뿐 아니라 일흔번씩 일곱번이라도 할찌니라

18:35 - 너희가 각각 중심으로 형제를 용서하지 아니하면 내 천부께서도 너희에게 이와 같이 하시리라

6. 666표와 구별되는→이마에 하나님 아버지의 이름과 예수님의 이름이 있어

☞ 「요한계시록」 14:1 - 또 내가 보니 보라 어린 양이 시온 산에 섰고 그와 함께 십사만 사천이 섰는데 그 이마에 어린 양의 이름과 그 아버지의 이름을 쓴 것이 있도다(Then I looked, and there before me was the Lamb, standing on Mount Zion, and with him 144,000 who had his name and his Father's name written on their foreheads.(NIV)

「에스겔」 9장 4절~6절에는 "이마에 표 있는 자에게는 가까이 말라"는 여호와 하나님의 말씀이 기록되어 있다. 죽이지 말라는 것이다. 자기 편인지 아닌지를 표시하는 것이다. 「요한계시록」 7장에서 살펴보았듯이, 원래 사람의 이마는 인격, 영성, 도덕성, 의지를 상징한다고 했다. 그래서 이마에 인을 친다고 했다. 어린 양이 시온산에 섰고, 그와 함께 십사만 사천이 섰는데, 그 이마에 어린 양의 이름과 그 아버지의 이름을 쓴 것이 있다고 한 것은, 하나님 아버지의 이름과 예수 그리스도의 이름이 합해서 예언이 모두 이루어지는 심판이 오고 있음을 의미하는 것이다. 곧 예수님께서 이들과 함께 공중재림해서 심판하는 권세를 지녔다는 권세의 인(印)을 강조한 것이다.

이것은 또한 적그리스도들의 666표와 구별되는 하나님 아버지와 예수님의 군대를 의미하는 것이다. 앞으로 엄청난 마지막 전쟁이 일어남을 예언하는 것이다. 또한 이것은 천년 왕국과 새로운 땅과 새로운 하늘에 건설될 새 예루살렘과 만국들에 들어가는 자격이요 시민권을 말하는 것이다. 그것은 첫째 부활에 참여하여 부활했다는 것을 의미하는 것이다.

7. 첫째 부활한 자들이 거문고로 노래, 예수님 영접하고 공중재림하는 출정식

☞ 「요한계시록」 14:2 - 내가 하늘에서 나는 소리를 들으니 많은 물 소리도 같고 큰 뇌성도 같은데 내게 들리는 소리는 거문고 타는 자들의 그 거문고 타는 것 같더라(And I heard a sound from heaven like the roar of rushing waters and like a loud peal of thunder. The sound I heard was like that of harpists playing their harps.(NIV)

14:3 - 저희가 보좌와 네 생물과 장로들 앞에서 새 노래를 부르니 땅에서 구속함을 얻은 십사만 사천 인밖에는 능히 이 노래를 배울 자가 없더라(And they sang a new song before the throne and before the four living creatures and the elders. No one could learn the song except the 144,000 who had been redeemed from the earth.(NIV)

"많은 물 소리도 같고 큰 뇌성도 같은 소리"가 들려 온 것은 예수님을 공중 영접하고 곧 출발한다는 공중재림의 예식, 즉 출정식의 대승리를 위한 우렁찬 개가를 부르는 소리이다. 하나님 아버지와 네 생물, 즉 세라핌의 우주로봇과 24분의 고위급 하나님들 앞에서 출정식을 거행하는 것이다.

이 때에 "거문고"를 타는 것은 선과 의와 평화의 기세를 보이는 것이다. 그리고 이긴 자들에게 하나님 아버지께서 거문고를 주는데, 그것은 이긴 자들로서 노래를 부르며 연주하도록 하나님 아버지께서 거문고를 주었다는 것이다. 그들이 새 노래를 부를 자격이 있는 것은, 이 땅에서 불의의 세력을 완전히 이기고, 하나님 아버지의 말씀과 예수님의 증거를 위해 육체가 죽음으로써 천사의 신분으로 부활했기 때문이다.

「마태복음」 22:30 - 부활 때에는 장가도 아니 가고 시집도 아니 가고 하늘에 있는 천사들과 같으니라

8. '여자로 더럽히지 아니하고 정절이 있는 자라'의 의미

☞「요한계시록」 14:4 - 이 사람들은 여자로 더불어 더럽히지 아니하고 정절이 있는 자라 어린 양이 어디로 인도하든지 따라가는 자며 사람 가운데서 구속을 받아 처음 익은 열매로 하나님과 어린 양에게 속한 자들이니(These are those who did not defile themselves with women, for they kept themselves pure. They follow the Lamb wherever he goes. They were purchased from among men and offered as firstfruits to God and the Lamb.(NIV)

"여자로 더불어 더럽히지 아니하고 정절이 있는 자"라는 것은 첫째, 여자

와 잠자리를 안한 자들이라고 해석할 수 있을 것이다. 혼자 살았던 남자와 여자를 말하는 것이다. 둘째, 간음하지 않은 자들일 수도 있을 것이다. 십계명의 "간음하지 말라(Do not commits adultery)"(「출애굽기」 20:2~17; 「신명기」 5:7~21; 「마태복음」 19:18)를 지킨 자들일 것이다. 이때의 간음이란 예수님께서 이 땅에 오셔서 다음과 같이 정의하시고 말씀하셨다.

「마태복음」 5:27 - 또 간음치 말라 하였다는 것을 너희가 들었으나

「마태복음」 5:28 - 나는 너희에게 이르노니 여자를 보고 음욕을 품는 자마다 마음에 이미 간음하였느니라

「마태복음」 5:32 - 나는 너희에게 이르노니 누구든지 음행한 연고없이 아내를 버리면 이는 저로 간음하게 함이요 또 누구든지 버린 여자에게 장가드는 자도 간음함이니라

셋째, 앞 절에서 살펴본 「마태복음」 22장 30절의 "부활 때에는 장가도 아니 가고 시집도 아니 가고 하늘에 있는 천사들과 같으니라"의 부활을 강조한 것으로 볼 수도 있을 것이다. 다시는 장가도 시집도 안 가니 여자나 남자로 더불어 더럽혀지지 않음을 강조한 것이다.

넷째, 여자란 음녀라고 해석할 수 있을 것이다. 성경에 순결한 여자가 하나님의 교회요 성도들이요 신부로 표현된 반면, 음녀는 타락하고 부패한 교회와 나라와 성(city)과 멸망할 바벨론을 상징한다. "또 일곱 대접을 가진 천사 중 하나가 와서 내게 말하여 가로되 이리 오라 많은 물위에 앉은 큰 음녀(the great prostitute)의 받을 심판을 네게 보이리라"(「요한계시록」 17:1)와, "그 이마에 이름이 기록되었으니 비밀이라, 큰 바벨론이라, 땅의 음녀들과 가증한 것들의 어미라 하였더라(「요한계시록」 17:5)"와, "그의 심판은 참되고 의로운지라 음행으로 땅을 더럽게 한 큰 음녀를 심판하사 자기 종들의 피를 그의 손에 갚으셨도다 하고"(「요한계시록」 19:2)가 그것들이다. 따라서 여자란 음녀를 가리킨

다고 볼 수도 있다. 이 경우 불의의 교회나 나라나 성이나 바벨론과 타협하지 않은 순수한 성도들을 의미하는 것이다. 이교의 포도주, 즉 적그리스도의 불의한 교리나 행위에 취하지 않음을 의미하는 것이다.

9. 사서 드린 처음 익은 첫 열매란?

☞「요한계시록」14:4 - 이 사람들은 여자로 더불어 더럽히지 아니하고 정절이 있는 자라 어린 양이 어디로 인도하든지 따라가는 자며 사람 가운데서 구속을 받아 처음 익은 열매로 하나님과 어린 양에게 속한 자들이니(These are those who did not defile themselves with women, for they kept themselves pure. They follow the Lamb wherever he goes. They were purchased from among men and offered as firstfruits to God and the Lamb.(NIV); They have kept themselves as pure as virgins(1), following the Lamb wherever he goes. They have been purchased from among the people on the earth as a special offering(2) to God and to the Lamb. / (1)Greek They are virgins who have not defiled themselves with women (2)Greek as firstfruits(New Living)

"처음 익은 열매"란「고린도전서」15장의 부활의 순서를 말하는 것이다. 그 첫 열매는 그리스도요 다음은 그리스도 강림하실 때에 그리스도에게 붙은 자라는 것이다. 즉 공중재림을 영접하는 이스라엘 144,000명과 각 나라의 큰 무리들인 것이다. 그런데 이것은 인간의 관점에서 부활의 순서를 정한 것이다. 그러니 그리스도가 첫 열매가 되는 것이다.

「고린도전서」15: 20 - 그러나 이제 그리스도께서 죽은 자 가운데서 다시 살아 잠자는 자들의 첫 열매가 되셨도다

15:23 - 그러나 각각 자기 차례대로 되리니 먼저는 첫 열매인 그리스도요 다음에는 그리스도 강림하실 때에 그에게 붙은 자요

그런데 「요한계시록」 14장 4절에는 "firstfruits to God and the Lamb"이라고 기록하고 있다는 점이다. 관점이 인간의 관점이 아니라 하나님 아버지와 예수님의 관점이다. 이렇게 본다면 첫째 부활한 이스라엘 144,000명과 각 나라의 큰 무리들이 하나님 아버지와 예수님께 드리는 처음 익은 열매가 되는 것이다.

그래서 첫째 부활에 참여를 해야 한다. 그러나 그게 그리 쉬운 것이 아니다. 영문성경 NIV는 "They were purchased from among men and offered as firstfruits to God and the Lamb"이라고 기록하고 있고, 영문성경 New Living에는 "They have been purchased from among the people on the earth as a special offering to God and to the Lamb"이라고 기록하고 있다는 점이다. 사람들 중에 사서 첫 열매를 하나님 아버지와 예수님께 드린다는 것이다. 무엇으로 샀냐면 예수님의 피로 샀음을 강조하고 있는 것이다. 이것은 내가 예수님을 택하는 것이 아니라 예수님께서 나를 택하여 사셨음을 강조하는 것이다.

「요한복음」 15장 16절에는 "너희가 나를 택한 것이 아니요 내가 너희를 택하여 세웠나니 이는 너희로 가서 과실을 맺게 하고 또 너희 과실이 항상 있게 하여 내 이름으로 아버지께 무엇을 구하든지 다 받게 하려 함이니라"와 같이 기록되어 있는데, 이는 예수님께 먼저 택해야, 즉 나를 사주셔야 가능하다는 말씀이다. 그러므로 첫째 부활에 참여하는 자들은 하나님 아버지와 예수님께서 먼저 택해야만 가능하다는 의미이다.

택함을 받았다는 것은 예수님께서 나를 사주셨다는 것이다. 이는 「요한복음」 10장 14절~15절의 "나는 선한 목자라 내가 내 양을 알고 양도 나를 아는 것이, 아버지께서 나를 아시고 내가 아버지를 아는 것 같으니 나는 양을 위하여 목숨을 버리노라"의 말씀처럼 예수님이 나를 먼저 사주셔야 한다. 그러면 예수님께서 먼저 나를 알고 사주셨으므로 나도 예수님을 알고 서로 안다는 것이다. 이렇게 본다면 사전에 첫째 부활할 사람들이 다 이미 정해져 있다는 것을 또 한번 느끼게 되는 대목이다.

10. 거짓과 흠이 없고, 인도하는 대로 따라가는, 하나님과 어린 양에 속한 자들

☞「요한계시록」14:4 - 이 사람들은 여자로 더불어 더럽히지 아니하고 정절이 있는 자라 어린 양이 어디로 인도하든지 따라가는 자며 사람 가운데서 구속을 받아 처음 익은 열매로 하나님과 어린 양에게 속한 자들이니(These are those who did not defile themselves with women, for they kept themselves pure. They follow the Lamb wherever he goes. They were purchased from among men and offered as firstfruits to God and the Lamb.(NIV)

14:5 - 그 입에 거짓말이 없고 흠이 없는 자들이더라(No lie was found in their mouths; they are blameless.(NIV)

그러한 관계는 서로 마음이 맞는다는 뜻이다. 그러면「요한복음」10장 3절~4절의 "문지기는 그를 위하여 문을 열고 양은 그의 음성을 듣나니 그가 자기 양의 이름을 각각 불러 인도하여 내느니라, 자기 양을 다 내어 놓은 후에 앞서 가면 양들이 그의 음성을 아는 고로 따라오되"와 같이 어린 양이 어디로 인도하든지 따라 간다는 것이다. 한마디로 하나님 아버지와 어린 양에게 속한 자들이 되는 것이다.

하나님 아버지와 어린 양에 속한 자들은 거짓말이 없고, 흠이 없는 자들이라는 것은,「베드로후서」3장 14절의 "그러므로 사랑하는 자들아 너희가 이것을 바라보나니 주 앞에서 점도 없고 흠도 없이 평강 가운데서 나타나기를 힘쓰라"의 말씀과 같이, 순수하고 정결(pure)하다는 의미이다.

2절 「요한계시록」 14:6~13 - 다른 세 천사가 전하는 말(The Three Angles)

「요한계시록」 14장 6절~13절의 세 천사가 전하는 말은 예수님께서 공중재림 하셔서 심판, 즉 곡식(알곡)과 포도송이를 수확하기 전의 마지막 때에 전하는 마지막 영원한 복음이다. 세 천사가 전하는 마지막 세 가지의 복음을 살펴보자.

1. 마지막 영원한 복음을 가진 다른 첫째 천사→하나님 아버지를 경배하라

☞ 「요한계시록」 14:6 - 또 보니 다른 천사가 공중에 날아가는데 땅에 거하는 자들 곧 여러 나라와 족속과 방언과 백성에게 전할 영원한 복음을 가졌더라(Then I saw another angel flying in midair, and he had the eternal gospel to proclaim to those who live on the earth--to every nation, tribe, language and people.(NIV)

14:7 - 그가 큰 음성으로 가로되 하나님을 두려워하며 그에게 영광을 돌리라 이는 그의 심판하실 시간이 이르렀음이니 하늘과 땅과 바다와 물들의 근원을 만드신 이를 경배하라 하더라(He said in a loud voice, "Fear God and give him glory, because the hour of his judgment has come. Worship him who made the heavens, the earth, the sea and the springs of water."(NIV)

다른 천사의 첫 번째 천사가 등장한다. 공중에 날아가는데(flying in midair)란 소형우주선이나 체루빔을 타고 날아간다는 뜻이다. "땅에 거하는 자들 곧 여러 나라와 족속과 방언과 백성에게 전할 영원한 복음(the eternal gospel)을 가졌더라"의 영원한 복음이란 "하나님을 두려워하며 그에게 영광을 돌리라… 하늘과 땅과 바다와 물들의 근원을 만드신 이를 경배하라"는 것이다. 이 복음은 영원한 것이다. 과거-현재-미래에도 진리인 하나님 아버지를 경배하라는 것이다. 용(뱀)과 짐승의 적그리스도에게 경배하지 말고, 하나님 아버지를 경배하라는 것이다. 차후 있을 천년 왕국에도 그 이후에 있을 새 하늘과 새 땅에서도 하나님 아버지를 경배하는 것은 영원하다는 말이다. 그 뜻은 영원한 복음을 믿고 지키면 부활하여 영생을 얻는다는 것이다. 이것은 땅에 거하는 자들에게 전하는 마지막 복음이자 경고인 것이다.

또한 이 영원한 복음을 전하면, 곧 심판이 시작된다는 것이다. 누구의 심판이냐 하면 예수 그리스도의 공중재림 심판이 시작된다는 것이다.

복음(gospel)에는 두 가지가 있는데…

① 천국 복음(화평의 복음) : 육체는 원죄로 사망을 당하나 영혼은 예수님의 피로 구원을 얻어 천국(낙원)에 들어가기 때문에 천국 복음이라 한다(「마태복음」 24:14, 「사도행전」 10:36). 예수님 공중재림 이전의 복음을 말한다.

「마태복음」 24:14 - 이 천국 복음이 모든 민족에게 증거되기 위하여 온 세상에 전파되리니 그제야 끝이 오리라(And this gospel of the kingdom will be preached in the whole world as a testimony to all nations, and then the end will come.)(NIV)

「사도행전」 10:36 - 만유의 주 되신 예수 그리스도로 말미암아 화평의 복음을 전하사 이스라엘 자손들에게 보내신 말씀(You know the message God sent to the people of Israel, telling the good news of peace through Jesus Christ, who is Lord of all.)

② 영원한 복음 : 예수님 공중재림시의 첫째 부활과 휴거와, 예수님 공중재림 이후에 예수님 안에서 죽는 자들의 부활을 영원한 복음이라 한다(「요한계시록」 14:13 & 15:2). 예수님 공중재림 이후에 예수님 안에서 죽는 자들의 부활에 대하여는 본장과 다음 장에서 살펴볼 것이다.

2. 또 다른 둘째 천사→음행과 진노의 포도주를 먹이던 바벨론(음녀)이 무너진다

☞ 「요한계시록」 14:8 - 또 다른 천사 곧 둘째가 그 뒤를 따라 말하되 무너졌도다 무너졌도다 큰 성 바벨론이여 모든 나라를 그 음행으로 인하여 진노의 포도주로 먹이던 자로다 하더라(A second angel followed and said, "Fallen! Fallen is Babylon the Great, which made all the nations drink the maddening wine of her adulteries."(NIV); And there followed another angel, saying, Babylon is fallen, is fallen, that great city, because she made all nations drink of the wine of the wrath of her fornication.(KJV)

또 다른 둘째 천사가 그 뒤를 따라 말하되, 즉 이 땅에 거주하는 자들에게 전하되, 큰 성 바벨론이 무너진다고 말한다. 이제 영역이 예루살렘 성전에서 음녀인 바벨론으로 확대된다. 이 또한 마지막 복음이자 경고인 것이다. 바벨론이 무너지고 멸망될 것이니 바벨론의 교리나 행위 등 죄에서 벗어나라는 것이다. 이는 「요한계시록」 18장의 바벨론의 패망(The Fall of Babylon)을 말하는 것으로, 18장 4절의 "또 내가 들으니 하늘로서 다른 음성이 나서 가로되 내 백성아, 거기서 나와 그의 죄에 참예하지 말고 그의 받을 재앙들을 받지 말라"는 예언과 같은 것이다. 복음은 아주 간단하다. 거기서 나오라는 것이다.

「요한계시록」 13장에서 살펴본 사단들과 땅의 짐승이 처음 한 이레의 앞 절반(42달=3.5년)에는 "용에게 숭배(경배)"와 "짐승에게 숭배(경배)"에서, 한 이레의 전 절반이 끝나는 시점인 c.AD 10736.5년부터, 제사(경배)를 폐하고, 그 대신에 죽은 바다 짐승의 우상을 만들어 "우상 숭배(제사)"로 바뀌게 되고, 그 대신 사단들과 땅의 짐승들은 예루살렘과 바벨론으로 이동하여 하나님 아버지와 예수 그리스도와 싸우기 위해 로켓 등 우주선시설을 세운다고 했다. 「창세기」 11장의 "바벨탑"[2] 사건이 반복된다는 것을 짐작할 수 있는 대목이다.

「창세기」 11장의 하늘로 올라가 패권을 장악하려는 마르둑(Marduck) 신의 바벨탑, 즉 로켓과 로켓 발사대를 의로운 하나님들이 내려와 멸망시키듯이, 바벨론에 세워진 우주선시설을 예수님께서 공중재림하셔서 멸망시키는 것이다.

「호세아」 4장 11절에는 "음행과 묵은 포도주와 새 포도주가 마음을 빼앗느니라(to prostitution, to old wine and new, which take away the understanding)"라는 말씀이 나온다. 「요한계시록」 6장에서 살펴본 바와 같이 원래 포도주는 약용과 식용의 생명을 살리는 '약속의 땅이 제공하는 하나님의 축복물'이라고 할 수 있다. 다시 말해 가나안 땅은 이스라엘 백성들에게 젖과 꿀과 포도주를 제공해왔던 것이다. 그런데 어느새 이스라엘이 가나안 땅에 살면서 주변의 이방민족을 본받기 시작하는데, 이방의 신을 섬기고 그들에게 경배하고 제사를 지냈던 것이다. 여기에 대해서 여호와 하나님은 호세아 예언대로 다른 신을 섬기는 이스라엘에게 '음행의 포도주에 취했다'는 판정을 내리시면서 가차 없이 저주를 퍼부으셨다. 「예레미야」 23장 9절~10절에도 음행의 포도주로 기록하고 있다.

「예레미야」 23:9 - 선지자들에 대한 말씀이라 내 중심이 상하며 내 모든 뼈가 떨리며 내가 취한 사람 같으며 포도주에 잡힌 사람 같으니 이는 여호와와 그 거룩한 말씀을 인함이라

23:10 - 이 땅에 행음하는 자가 가득하도다 저주로 인하여 땅이 슬퍼하며 광야의 초장들이 마르나니 그들의 행위가 악하고 힘쓰는 것이 정직하지 못함이로다

따라서 바벨론을 중심으로 하는 적그리스도들은 진정한 생명의 포도주를 가짜의 포도주로 둔갑시켜, 자기들이 진짜 하나님 아버지와 예수님이라고 가

---

2 자세한 것은 『바이블 매트릭스』 4권(상) 2부 6장인 "바벨탑에 숨겨진 비밀"을 참조하라.

장하고 진실을 왜곡할 것이다. 이것을 "모든 나라를 그 음행으로 인하여 진노의 포도주로 먹이던 자로다"라고 표현하고 있다. 바벨이란 혼란이라는 뜻이다. 영적인 것과 혼적인 것, 하나님에 속한 것과 인간에 속한 것들이 혼잡하게 혼합된 것이 바벨이다. 하나님은 순수하고 깨끗한 신부를 원하시지 혼잡한 것을 원치 않으신다. 혼잡한 것은 바벨론(음녀)이다. 이는 「예레미야」 51장 17절의 내용과 같은 것이다.

「예레미야」 51:7 – 바벨론은 여호와의 수중의 온 세계로 취케 하는 금잔이라 열방이 그 포도주를 마시고 인하여 미쳤도다

따라서 '진노의 포도주'란 그러한 음행을 싫어하시는 하나님 아버지의 진노로서 그것은 파멸이요 멸망을 의미하는 것이다. 우리말로 하면 '쓴 잔'을 마시는 것이다. 옛날의 임금이 신하에게 내리는 사약이다.

또한 사도 요한이 구약의 표현들을 인용하여 계시록을 기록한 이유는 구약의 실제 역사적 사건들이 이 세대의 시대에 벌어질 실제 일어날 일들을 예언하고 있기 때문이다. 예레미야 선지자 당시 이스라엘 국가는 이교의 온상지인 바벨론 제국에 끌려가 포로가 된 상태였다. 이는 진실의 그리스도 정신이 온갖 이교의 사상과 가르침의 온상지인 바벨론 세력에 포로가 되어있음을 알려주고 있는 것이다. 그것이 반복된다는 점을 예언으로 보여주고 있는 것이다.

그래서 앞서 살펴본 대로, 마지막 때 하나님 아버지는 「요한계시록」의 추수 천사들을 통하여 하나님의 백성에게 마지막 자비로 다음과 같은 경고의 복음을 전하고 있다. "또 내가 들으니 하늘로서 다른 음성이 나서 가로되 내 백성아, 거기서(바벨론) 나와 그의 죄에 참예하지 말고 그의 받을 재앙들을 받지 말라"(「요한계시록」 18:4).

3. 또 다른 셋째 천사→짐승/우상에게 숭배하고 666표를 받으면 하나님의 진노의 포도주를 받고 유황 불못에 던져진다

☞「요한계시록」 14:9 - 또 다른 천사 곧 세째가 그 뒤를 따라 큰 음성으로 가로되 만일 누구든지 짐승과 그의 우상에게 경배하고 이마에나 손에 표를 받으면(A third angel followed them and said in a loud voice: "If anyone worships the beast and his image and receives his mark on the forehead or on the hand,(NIV)

14:10 - 그도 하나님의 진노의 포도주를 마시리니 그 진노의 잔에 섞인 것이 없이 부은 포도주라 거룩한 천사들 앞과 어린 양 앞에서 불과 유황으로 고난을 받으리니(he, too, will drink of the wine of God's fury, which has been poured full strength into the cup of his wrath. He will be tormented with burning sulfur in the presence of the holy angels and of the Lamb.(NIV); The same shall drink of the wine of the wrath of God, which is poured out without mixture into the cup of his indignation; and he shall be tormented with fire and brimstone in the presence of the holy angels, and in the presence of the Lamb:(KJV)

14:11 - 그 고난의 연기가 세세토록 올라가리로다 짐승과 그의 우상에게 경배하고 그 이름의 표를 받는 자는 누구든지 밤낮 쉼을 얻지 못하리라 하더라(And the smoke of their torment rises for ever and ever. There is no rest day or night for those who worship the beast and his image, or for anyone who receives the mark of his name."(NIV)

또 다른 세째 천사가 둘째 천사의 뒤를 이어 "누구든지 짐승과 그의 우상에게 경배하고 이마에나 손에 표를 받으면"이라고 이 땅에 거하는 모든 사람들에게 마지막 경고의 메시지를 전한다. "바다 짐승(왕)과 땅의 짐승(왕)에게 경배하고, 죽은 바다 짐승의 우상에게 경배하고, 666표를 받으면"이라고 경고하고 있는 것이다.

짐승과 짐승의 우상에게 경배하고 666표를 받으면 "하나님의 진노의 포도주(the wine of God's fury)"를 하나님의 진노의 잔(the cup of his wrath)에 받아 마신다는 것이다. 그것은 그 옛날 왕이 내리는 사약과 같은 것이다. 그것은 죽음이라는 것이다. 그리고 그 죽음의 영혼들은 거룩한 천사들 앞과 어린 양 앞에서 불과 유황으로 고난을 받는다는 것이다. 이것은 둘째 부활(심판의 부활) 때 진노의 잔을 받은 자들은 예수님께서 갖고 계신 생명책에 없으므로 가차 없이 유황 불못에 던진다는 것이다. 차후에 다시 거론하겠지만 이것은 「요한계시록」 20장 15절의 "누구든지 생명책에 기록되지 못한 자는 불못에 던지우더라"를 말하는 것이다. 그 결과 유황 불못에서 그 영혼들이 타고 그 고통의 연기가 영원히 올라간다는 것이다. 밤과 낮에도 쉴 새 없이 고통을 받는다는 것이다.

4. 100% 진액의 하나님 아버지의 진노의 포도주 잔

그런데 그 포도주 잔은 "진노의 잔에 섞인 것이 없이 부은 포도주"라는 것이다. 영문성경을 보면 "full strength"와 "without mixture"라 기록하고 있는데, 구약시대와 신약시대에는 포도주를 포도주와 물을 섞어서 만들었는데, 섞인 것이 없다는 것은 100% 진하다는 뜻이다. 100%의 진액으로 만들었다는 것을 의미한다.

포도주는 생명을 의미한다고 했다. 의로운 자들에게는 축복의 포도주이지만, 불의한 자들에게는 그 반대가 되는 것이다. 불의한 자들에게 내리는 하나님 아버지의 진노의 포도주 잔은 생명을 앗아가는 사약과 같은 것이다.

그렇다면 하나님의 진노의 포도주란 무엇일까? 진노의 포도주는 어떻게 만들까? 이는 「요한계시록」 14장 17절~20절에서 자세히 다루기로 한다.

5. 성도들은 1,290일=43달(c.AD 10736.5~10740)을 인내하면 구원의 의미

☞「요한계시록」14:12 - 성도들의 인내가 여기 있나니 저희는 하나님의 계명과 예수 믿음을 지키는 자니라(This calls for patient endurance on the part of the saints who obey God's commandments and remain faithful to Jesus.(NIV)

성도들은 인내, 즉 참으라는 것이다. 그런데 조건이 있다. 무조건 참으라는 것이 아니라 하나님의 계명과 예수님에 대한 믿음을 지키며 인내하라는 것이다. 인내하라는 것은 적그리스도들과 싸우라는 것이다. 안전하게 피해서 무조건 43달 동안 생계를 유지하라는 것이 아니다. 정정당당하게 싸우라는 것이다. 싸우는 것은 짐승에게 경배하지 않으며, 죽은 바다 짐승의 우상에게 경배하지 않으며 666표를 받지 않는 것이다. 한마디로 저항하라는 것이다. 저항군이 되라는 것이다. 싸움의 결과는 죽음일 것이다.

「다니엘」과 「요한계시록」으로 풀어본 '70이레-하나님의 백성과 예루살렘 성을 위하여 정한 기간'

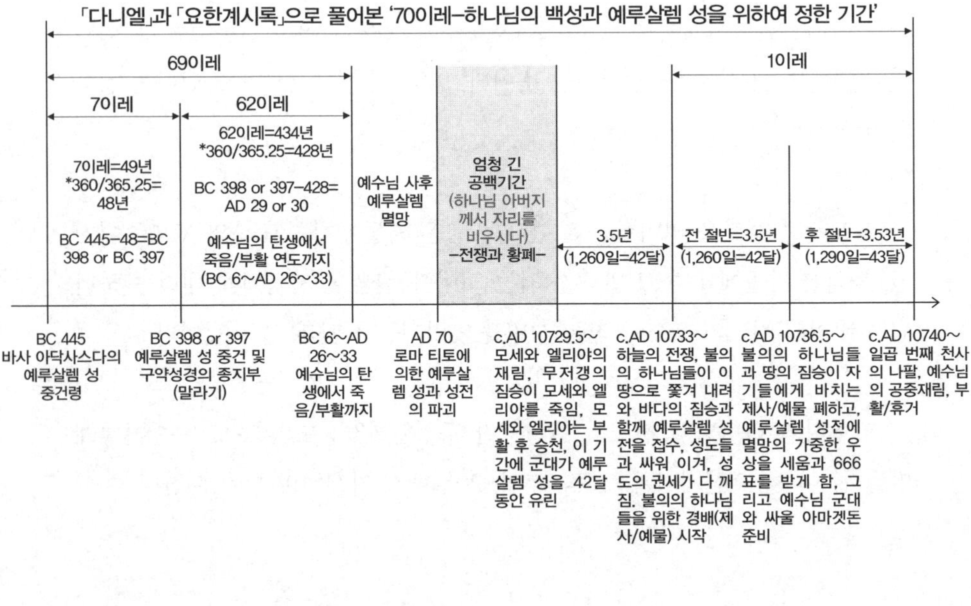

그러나 이제 한 이레의 후반 절반인 1,290일=43달=3.53년만 인내하면, 적그리그도와 싸우다가 죽으면(c.AD 10736.5~10740~), 예수님께서 오셔서 그 죽은 영혼들을 구원(부활)해준다는 것이다. 이것은 「다니엘」 12장 11절~12절의 "매일 드리는 제사를 폐하며 멸망케 할 미운 물건을 세울 때부터 일천이백구십 일을 지낼 것이요, 기다려서 일천삼백삼십오 일까지 이르는 그 사람은 복이 있으리라"와 같은 것이다.

그렇다면 어떻게 성도들을 구원한다는 것인가? 바로 다음 절에 구원의 방법이 나온다. 그것은 주 안에서 죽는 것이다.

6. 구원의 방법=주 안에서 죽는 자=숭배 안하고 666표 안 받고 이기는 자

☞ 「요한계시록」 14:13 - 또 내가 들으니 하늘에서 음성이 나서 가로되 기록하라 지금 이후로 주 안에서 죽는 자들은 복이 있도다 하시매 성령이 가라사대 그러하다 저희 수고를 그치고 쉬리니 이는 저희의 행한 일이 따름이라 하시더라(Then I heard a voice from heaven say, "Write: Blessed are the dead who die in the Lord from now on." "Yes," says the Spirit, "they will rest from their labor, for their deeds will follow them."(NIV); And I heard a voice from heaven saying unto me, Write, Blessed are the dead which die in the Lord from henceforth: Yea, saith the Spirit, that they may rest from their labours; and their works do follow them.(KJV); And I heard a voice from heaven saying, "Write this down : Blessed are those who die in the Lord from now on. Yes, says the Spirit, they are blessed indeed, for they will rest from their hard work; for their good deeds follow them!"(New Living)

6-1. 지금 이후로 주 안에서 죽는 자들은 복이 있도다

이 구절은 대단히 중요한 것이다. "지금 이후로 주 안에서 죽는 자들은 복이 있도다(Blessed are the dead who die in the Lord from now on)"라고 한 것이다.

예수님의 12제자 중 네 번째 사도 요한만 자연사했고, 11명이 사단과 싸우다가 순교를 당했다.[3] 다시 말해 적그리스도와 싸우다가 적그리스도에 의해 순교를 당했다. 그 결과 순교자들은 적그리스도와 싸움에서 승리하여 이기는 자가 되었다. 여기에 참으로 의미 깊은 뜻이 있다. 순교자들은 죽었다. 더욱이 가장 잔인하고 야만적인 추궁을 당했는데 그들은 이기는 정복자로 나타난다. 그들은 죽었다고 하는 사실로 인해서 승리자가 된 것이다.

예수님은 "누구든지 제 목숨을 구원코자 하면 잃을 것이요 누구든지 나를 위하여 제 목숨을 잃으면 찾으리라(For whoever wants to save his life will lose it, but whoever loses his life for me will find it.)(NIV)(「마태복음」 16:25)"라고 말씀하셨다. 진정한 승리는 안전하게 살아가고 고난을 피하여 조심스레 그리고 타산적으로 생명을 유지하는 것이 아니라, 사단이 할 수 있는 최대의 것을 정면으로 대하고 예수님을 위해 죽도록 충성하는 것이다.

6-2. 저희의 행한 일(their labor or deeds or works or hard works)이란?

하나님 아버지의 계명과 예수님의 믿음(증거, 말씀)을 지키며 주 안에서 죽는 자들은, 즉 순교를 당하거나 자연사하는 자들은 "저희의 행한 일(their labor or deeds or works or hard works)" 때문에 구원, 즉 부활한다는 것이다. 부활하면 수고를 그치고 쉰다는 것이다.

그렇다면 저희의 행한 일이란 구체적으로 무엇을 말하는 것일까? 분명 영문성경은 그들의 수고/노동(labor), 행동(deeds), 일/업적/공적(works) 또는 열심히 한 일(hard works)이라고 기록하고 있다는 점이다. 그 답은 다음에 나온다.

---

3 자세한 것은 『바이블 매트릭스』 5권 3부 3장 1절 1-1의 "배반한 유다의 말로, 11제자들의 순교, 요한은 자연사 - 요약"을 참조하라.

6-3. 숭배 안하고 666표 안 받고, 적그리스도에 고난을 겪다 순교/자연사

주 안에서 죽는 자란 용에게, 짐승에게 경배도 안하고 우상에게 경배도 안 하며, 666표도 받지 않아 그 결과 죽임을 당한 죽은 자들을 말하는 것이다. 앞에서 살펴보았지만 셋째 천사가 분명 경배하지 말고 666표를 받지 말라 경고 했다. 숭배하고 666표를 받으면 하나님 아버지의 진노의 포도주 잔을 받아 죽어, 그 영혼들은 유황 불못에 던져진다고 했다.

또한 이미 살펴보았던 「요한계시록」 13장 15절의 "짐승의 우상에게 경배하지 아니하는 자는 몇 이든지 다 죽이게 하더라"에서와 같이 경배를 안 하는 자들은 다 죽인다고 했다. 하나님의 성도들은 숭배를 안할 것이고, 그 결과 죽임(순교)을 당한다는 것을 알 수 있다. 또한 「요한계시록」 13장 17절의 "표를 가진 자 외에는 매매를 못하게 하니"에서 알 수 있듯이 생계를 꾸려 갈 수가 없을 것이다. 그만큼 고난을 겪다가 자연사한다는 것이다. 그렇다면 주 안에서 죽는 자들은 복이 있다는 것은 무슨 뜻일까?

6-4. 복이 있다의 의미→「요한계시록」 15:2 – 짐승과 우상과 666표를 이긴 자들의 부활

주 안에서 죽는 자들은 복이 있다의 의미가 무엇인지? 주 안에서 죽는 자들이 누구인지는 「요한계시록」 15장 2절에 기록되어 있다. 「요한계시록」 15장에서 자세히 살펴보겠지만, 이들은 주 안에서 죽어 그 영혼들이 부활한 것이다.

「요한계시록」 15:2 - 또 내가 보니 불이 섞인 유리 바다 같은 것이 있고 짐승과 그의 우상과 그의 이름의 수를 이기고 벗어난 자들이 유리 바다 가에 서서 하나님의 거문고를 가지고(And I saw what looked like a sea of glass mixed with fire and, standing beside the sea, those who had been victorious over the beast and his image and over the number of his name. They held harps given them by God(NIV)

분명 "짐승과 그의 우상과 그의 이름의 수를 이기고 벗어난 자들(the victory over the beast, and over his image, and over his mark, and over the number of his name)"이라고 기록되어 있다. 이겼다는 것이다. 이겼다는 것은 앞서 살펴본 대로 용에게, 짐승에게 경배도 안하고 우상에게 경배도 안하며, 666표도 받지 않아 죽임을 당한 죽은 자를 말하는 것이다. 이렇게 주 안에서 죽은 자들의 영혼들이 부활한 것을 말하는 것이다. 이들은 부활하여 예수님의 공중재림을 영접하게 되는 두 번째 부류가 된다.

3절 「요한계시록」 14:14~20 - 예수님의 곡식/포도 수확과 하나님의 진노의 포도주 만들기(~c.AD 10740~)

3절은 「요한계시록」 14장 14절~20절로, 예수님이 마침내 공중재림하셔서 이 땅의 곡식, 즉 알곡만(wheat, grain, 주 안에서 죽는 자들)을 수확하시고, 그 다음 천사들로 하여금 이 땅의 포도송이를 수확하시어, 하나님의 진노의 포도주(the wine of God's fury or wrath)를 만드시는 것으로 마무리된다. 이 또한 매우 중요한 내용으로, 필자가 보기엔 몇몇 분들이 포도송이 수학을 불신자, 즉, 가라지(쭉정이)를 수확하는 것으로 잘못 해석하고 있어, 나름대로의 로직으로 접근해 보기로 한다.

「요한계시록」 4장 14절~20절의 내용은 「요엘」 3장 13절에 요약되어 있는데, 이는 같은 내용이다.

「요엘」 3:13 - 너희는 낫을 쓰라 곡식이 익었도다 와서 밟을찌어다 포도주 틀이 가득히 차고 포도주 독이 넘치니 그들의 악이 큼이로다

구약 「요엘」 3장을 보면, 여호와께서 바벨론에 사로잡혔던, 곧 죄악에 빠져

있었지만 회개한 자들을 구원하시고, 그들을 괴롭히던 악의 세력과 무리를 심판하시는 장면이 나온다. 그런데 요엘이 영감으로 표현한 기록, 곧 "낫으로 곡식을 추수하는" 표현이나 "포도주 틀을 밟는"다는 표현은 「요한계시록」 14장 14절~20절에 나오는 알곡(주 안에서 죽는 자들)과 포도송이를 추수하는 표현과 똑같은 것을 알 수 있다. 의인들, 즉 주 안에서 죽는 자들은 알곡으로 추수되어 부활시키고, 바벨론의 음행의 포도주에 취해 하나님의 복음을 거절한 악인들과 짐승과 우상에게 경배하고 666표를 받은 자들은 포도송이를 수확해 만든 하나님의 진노의 포도주 잔, 즉 사약을 내려 멸망시켜 죽이는 것이다.

1. 곡식(알곡)을 수확=주 안에서 죽는 자들만 수확

1-1. 곡식(wheat)이란? 알곡(grain)이란? 가라지(weeds) 혹은 쭉정이(chaff)란?

자, 추수(the harvest), 즉 심판에 관한 성경기록을 살펴보자. 「마가복음」 4장 28절~29절에는 "열매가 익으면 곧 낫을 대나니 이는 추수 때가 이르렀음이니라"고 기록되어 있는데, 추수는 의로운 자(의인)와 불의한 자(죄인)를 구별하는 심판을 말하는 것이다.

「마가복음」 4:28 - 땅이 스스로 열매를 맺되 처음에는 싹이요 다음에는 이삭이요 그 다음에는 이삭에 충실한 곡식이라(All by itself the soil produces grain--first the stalk, then the head, then the full kernel in the head.)(NIV)

4:29 - 열매가 익으면 곧 낫을 대나니 이는 추수 때가 이르렀음이니라(As soon as the grain is ripe, he puts the sickle to it, because the harvest has come.")

「마태복음」 3장 12절과 「누가복음」 3장 17절에는 "알곡(grain or wheat)은 모아 곡간에 들이고 쭉정이(chaff)는 꺼지지 않는 불에 태우시리라"는 내용이 나온다. 알곡은 추리고 쭉정이는 불에 태운다는 일반적인 상식이다.

「마태복음」 3:12 - 손에 키를 들고 자기의 타작 마당을 정하게 하사 알곡은 모아 곡간에 들이고 쭉정이는 꺼지지 않는 불에 태우시리라(His winnowing fork is in his hand, and he will clear his threshing floor, gathering his wheat into the barn and burning up the chaff with unquenchable fire.")(NIV)

「마태복음」 13장 36절~43절에는 "가라지의 비유를 설명하시다(The Parable of the Weeds Explained)"라는 예수님께서 이 땅에 오셔서 하신 말씀이 나온다. 좋은 씨를 뿌리는 자는 예수님이라는 것이다. 좋은 씨가 되어야 좋은 열매를 맺는다는 것으로, 의로운 자들은 다 예수님께서 택하셨다는 뜻이다. 주 안에서 죽는 자들도 예수님께서 다 사셨다는 것이다. 내가 예수님을 택한 것이 아니라, 예수님께서 나를 택하셨다는 의미이다. 그래서 좋은 씨는 천국의 아들들이요 가라지는 사단(마귀)의 아들이라는 것이다. 이 세상에는 이렇게 선과 악이 존재한다는 것이다. 추수 때는 세상 끝 날이요 추수꾼은 천사들이라는 것이다. 그런데 가라지들을 심은 자는 사단(마귀)이므로 불의한 자들이라는 것이다. 그래서 심판 날에 예수님께서 천사들을 보내 가라지들은 풀무불에 던진다는 것이다. 다시 말해 유황 불못에 던진다는 것이다. 거기서 울며 이를 간다는 것이고, 그 대신 의인들은 하나님 아버지 나라에서 해와 같이 빛난다는 것이다. 다시 말해 주 안에서 죽는 자들은 부활 시킨다는 것이다.

「마태복음」 13:36 - 이에 예수께서 무리를 떠나사 집에 들어가시니 제자들이 나아와 가로되 밭의 가라지의 비유를 우리에게 설명하여 주소서(Then he left the crowd and went into the house. His disciples came to him and said, "Explain to us the parable of the weeds in the field.")(NIV)

13:37 - 대답하여 가라사대 좋은 씨를 뿌리는 이는 인자요(He answered, "The one who sowed the good seed is the Son of Man.)

13:38 - 밭은 세상이요 좋은 씨는 천국의 아들들이요 가라지는 악한 자의 아들들이요(The field is the world, and the good seed stands for the sons of the kingdom. The weeds are the sons of the evil one,)

13:39 - 가라지를 심은 원수는 마귀요 추수때는 세상 끝이요 추숫군은 천사들이니(and the enemy who sows them is the devil. The harvest is the end of the age, and the harvesters are angels.)

13:40 - 그런즉 가라지를 거두어 불에 사르는 것같이 세상 끝에도 그러하리라("As the weeds are pulled up and burned in the fire, so it will be at the end of the age.)

13:41 - 인자가 그 천사들을 보내리니 저희가 그 나라에서 모든 넘어지게 하는 것과 또 불법을 행하는 자들을 거두어 내어(The Son of Man will send out his angels, and they will weed out of his kingdom everything that causes sin and all who do evil.)

13:42 - 풀무 불에 던져넣으리니 거기서 울며 이를 갊이 있으리라(They will throw them into the fiery furnace, where there will be weeping and gnashing of teeth.)

13:43 - 그 때에 의인들은 자기 아버지 나라에서 해와 같이 빛나리라 귀 있는 자는 들으라(Then the righteous will shine like the sun in the kingdom of their Father. He who has ears, let him hear.)

1-2. 예수님께서 공중재림하셔서 예리한 낫으로 곡식(알곡)을 거둬

☞ 「요한계시록」 14:14 - 또 내가 보니 흰 구름이 있고 구름 위에 사람의 아들과 같은 이가 앉았는데 그 머리에는 금면류관이 있고 그 손에는 예리한 낫을 가졌더라(I looked, and there before me was a white cloud, and seated on the cloud was one "like a son of man" with a crown of gold on his head and a sharp sickle in his hand.(NIV)

14:15 - 또 다른 천사가 성전으로부터 나와 구름 위에 앉은 이를 향하여 큰 음성으로 외쳐 가로되 네 낫을 휘둘러 거두라 거둘 때가 이르러 땅에 곡식이 다 익었음이로다 하니(Then another angel came out of the temple and called in a loud voice to him who was sitting on the cloud, "Take your sickle and reap, because the time to reap has come, for the harvest of the earth is ripe."(NIV)

14:16 - 구름 위에 앉으신 이가 낫을 땅에 휘두르매 곡식이 거두어지니라 (So he who was seated on the cloud swung his sickle over the earth, and the earth was harvested.(NIV); And he that sat on the cloud thrust in his sickle on the earth; and the earth was reaped.(KJV)

"구름 위에 사람의 아들과 같은 이"라는 것은 예수님께서 자기 영광(구름), 즉 거대항공모함 우주선을 타고 공중재림하셨다는 것이고, "그 머리에는 금면류관"이 있다는 것은 예수님의 심판의 권세와 예수님의 통치권과 영광(광채)을 나타내시는 것이고, "그 손에는 예리한 낫을 가졌더라"라는 것은 곡식을 수확할 준비를 갖추셨다는 것이다.

"다른 천사가 성전으로부터 나와 구름 위에 앉은 이를 향하여 큰 음성으로 외쳐 가로되 네 낫을 휘둘러 거두라 거둘 때가 이르러 땅에 곡식이 다 익었음이로다 하니"라는 것은 천사가 예수님께 보고를 하는 것이다. 천사가 "예수님, 이 땅에 추수가 준비되었습니다. 곡식들이 익었으니 낫을 대어 추수하실 때입니다"라고 말하는 장면이다. 그러자 예수님께서 낫을 땅에 휘두르매 곡식이 거두어진다.

그렇다면 곡식이란 무엇을 말하는 것일까? 무엇을 수확한다는 것일까? 알곡만 수확했을까? 가라지도 수확했을까?

1-3. 주 안에서 죽는 자들(알곡)만 수확, 가라지는 「요한계시록」 16장~19장의 심판으로 죽여→그 영혼들은 「요한계시록」 20장의 둘째 부활(심판의 부활)에서 유황불못에 던져

그런데, 앞서 살펴본 「요한계시록」 14장 13절의 "지금 이후로 주 안에서 죽는 자들은 복이 있도다"와 「요한계시록」 15장 2절의 "짐승과 그의 우상과 그의 이름의 수를 이기고 벗어난 자들"은 문맥상 같은 것이다. 다시 말해 하나님의 계명과 예수님의 믿음을 지키고 죽은 자들이 복이 있다는 것은, 그 영혼들이 부활해서 예수님을 영접한다는 것인데, 그게 바로 이기고 벗어난 자들, 즉 부활한 자들이다.

이것으로 보아 곡식을 수확했다는 것은 알곡(grain or wheat)만을 수확했다는 것이다. 그렇다면 예수님은 누구를 수확했을까? 바로 주 안에서 죽은 자들(the dead who die in the Lord)을 수확한 것이다. 그래야 문맥상 로직이 맞는 것이다. 따라서 알곡만 수확하신 것이다. 가라지는 아직 거두지 않은 것이다. 마지막 때의 추수라고 생각해보라. 가라지는 그냥 땅에 남을 것이다. 마지막 심판 때는 이 땅도 다 불살라 없애기 때문에, 구지 가라지를 따로 추려 불사를 필요가 없을 것이다. 땅을 불살라 없앨 때 가자리들도 다 타서 죽게 되는 것이다.

이 때의 가라지란 「요한계시록」 14장 9절~11절에서 살펴본 대로 짐승과 우상에게 경배하고 666표를 받는 자들이다. 만약 가라지까지 거두어 불살랐다면 다음 「요한계시록」 15장과 16장에 등장하는 마지막 재앙인 일곱 천사의 일곱 대접 재앙(The Seven Bowls of God's Wrath)의 심판을 내릴 필요가 없는 것이다. 그런데 「요한계시록」 16장 2절을 보면 일곱 천사의 일곱 재앙 대접을 가진 첫째 천사가 "첫째가 가서 그 대접을 땅에 쏟으매 악하고 독한 헌데가 짐승의 표를 받은 사람들과 그 우상에게 경배하는 자들에게 나더라(So the first angel left the Temple and poured out his bowl on the earth, and horrible, malignant sores broke out on everyone who had the mark of the beast and who worshiped his statue.")(NIV) 라고 기록되었다는 점이다. 가라지들은 「요한계시록」 16장부터 19장에 이르기까지 심판한다는 것을 알 수 있는 예언의 기록이다.

또 하나 중요한 것은 앞서 「요한계시록」 14장 9절~11절에서 살펴본 대로 짐승과 우상에게 경배하고 666표를 받는 자들은 하나님의 진노의 포도주 잔을 받는다고 했다. 이것은 셋째 천사의 경고라고 했다. 앞으로 있을 것이란 예언이다. 그러나 「요한계시록」 14장 16절까지 하나님의 진노의 포도주 잔을 내렸다는 기록이 없으며, 진노의 포도주 잔은 「요한계시록」 16장 17절~21절의 일곱째 천사의 일곱째 재앙 대접 심판에 등장하는데, 19절에는 "큰 성이 세 갈래로 갈라지고 만국의 성들도 무너지니 큰 성 바벨론이 하나님 앞에 기억하신 바 되어 그의 맹렬한 진노의 포도주 잔을 받으매"라는 예언의 말씀에 처음으로 등장한다.

또한 다음 절에서 살펴볼 「요한계시록」 14장 17절~20절에는, 하나님의 진노의 포도주를 만드는 방법이 나오는 것으로 보아, 예수님의 곡식 수확 때 가라지는 아직 거두지 않았다는 것을 알 수 있다.

하지만 가라지들은 「요한계시록」 16장의 일곱 천사의 일곱 대접 재앙 심판 때 모두 기세가 꺾이고, 일곱째 천사의 일곱째 재앙 대접 심판 때, 하나님의 진노의 포도주를 받아 마셔 바벨론과 함께 멸망하여 죽을 것이며(「요한계시록」 16:19), 또한 「요한계시록」 19장 "백마를 탄 자(The Rider on the White Horse)"에서 예수님께서 이 땅에서 마지막 전투를 하실 때, 19장 15절의 "그의 입에서 이한 검이 나오니 그것으로 만국을 치겠고 친히 저희를 철장으로 다스리며 또 친히 하나님 곧 전능하신 이의 맹렬한 진노의 포도주 틀을 밟겠고"라고 기록되었듯이, 그 나머지 가라지들은 하나님의 진노의 포도주 잔을 마셔 다 죽을 것이라는 사실을 알 수 있는 예언의 계시이다.

그리고 결국 가라지들은 심판으로 죽어, 그 영혼들은 「요한계시록」 20장 11절~15절의 심판의 부활인 둘째 부활 때 부활하여 심판을 받게 되지만, 그 이름들이 예수님께서 갖고 계신 생명책에 없으므로, 그 때 유황 불못에 던져저 밤낮 없이 고통을 당하며 이를 갈 것이다. 자세한 것은 「요한계시록」 20장에서 다룰 예정이다.

2. 포도송이를 수확해 피가 나는 하나님의 진노의 포도주를 만들어

2-1. 두 천사 등장, 예리한 낫 가진 천사가 땅의 포도송이를 거두다

☞「요한계시록」14:17 - 또 다른 천사가 하늘에 있는 성전에서 나오는데 또한 예리한 낫을 가졌더라(Another angel came out of the temple in heaven, and he too had a sharp sickle.(NIV)

14:18 - 또 불을 다스리는 다른 천사가 제단으로부터 나와 예리한 낫 가진 자를 향하여 큰 음성으로 불러 가로되 네 예리한 낫을 휘둘러 땅의 포도송이를 거두라 그 포도가 익었느니라 하더라(Still another angel, who had charge of the fire, came from the altar and called in a loud voice to him who had the sharp sickle, "Take your sharp sickle and gather the clusters of grapes from the earth's vine, because its grapes are ripe."(NIV)

14:19 - 천사가 낫을 땅에 휘둘러 땅의 포도를 거두어 하나님의 진노의 큰 포도주 틀에 던지매(The angel swung his sickle on the earth, gathered its grapes and threw them into the great winepress of God's wrath.(NIV)

두 천사가 등장한다. 첫 번째 천사는 예리한 낫을 가졌고, 두 번째의 불을 다스리는 천사가 예리한 낫을 가진 천사보고, 예리한 낫을 가지고 땅의 익은 포도송이(the clusters of grapes or vine)를 거두라고 한다. 그러자 천사가 낫을 휘둘러 땅의 포도를 거둔다.

앞에서 곡식, 즉 알곡은 들에 있는 알곡이 아니라 주 안에서 죽는 자들, 즉 짐승과 우상에게 경배 안하고 666표도 받지 않은 의로운 자들이라고 했다. 그것은 예수님께서 천사들의 도움을 받아 직접 수확한 의로운 자들이다. 그렇다면 포도 또는 포도송이는 무엇을 수확했다는 것일까? 그냥 포도송이일까? 아니면 가라지들(쭉정이)인 불신자들, 즉 불의한 자들을 거둔 것일까?

2-2. 포도송이는 생명/죽음, 포도송이는 포도송이, 가라지를 거둔 것이 아님, 하나님의 진노의 포도주(사약)를 만들기 위해 진짜 포도송이를 수확, 100% 진액의 하나님 아버지의 진노의 포도주

자, 결론부터 짓고 넘어가자. 앞에서도 설명했지만, 알곡은 주 안에서 죽은 자들만 수확한 것이다. 따라서 포도송이를 수확했다는 것은 가라지들(쭉정이)인 불신자들, 즉 불의한 자들을 거둔 것이 아니라는 점이다. 많은 분들이 포도송이를 불신자들이라고 해석하고 있는데, 이것은 잘못 해석한 것이다.

이미 소개한 「요한계시록」 6장의 여섯 봉인 심판의 2절 2-4인 "셋째 인 - '감람유와 포도주는 해치지 말라'의 의미"에서 살펴보았듯이 포도주는 해치지 말라 했는데, 그게 「요한계시록」 14장 17절~20절의 하나님의 진노의 포도주(the wine of God's fury or wrath)를 만들기 위해 해치지 말라 한 것이다. 포도는 생명을 뜻한다고 했다. 의로운 자들에게는 포도주는 생명의 양식이요 영생의 부활이지만, 반대로 불의한 자들에게는 사약과도 같은 죽음과 심판의 부활을 의미하는 것이다. 그것은 유황 불못에 던저짐을 의미하는 것이다. 그래서 진짜 포도송이를 거두어 하나님의 진노의 포도주를 만드는 것이다. 그리고 이를 만들어 「요한계시록」 16장~19장을 통해 하나님의 진노의 포도주 잔을 가라지들(쭉정이, 불신자)에게 내리는 것이다. 다시 말해 사약을 내려 죽이는 것이다.

또 한 가지 확실한 증거가 있다. 앞서 「요한계시록」 14장 10절에서 살펴본 바와 같이, 포도주 잔은 "진노의 잔에 섞인 것이 없이 부은 포도주"라고 했다. 영문성경을 보면 "full strength"와 "without mixture"라 기록하고 있는데, 구약시대와 신약시대에는 포도주를 포도주와 물을 섞어서 만들었는데, 섞인 것이 없다는 것은 100% 진하다는 뜻이다. 100%의 진액으로 만들었다는 것을 의미하는 것이다.

2-3. 포도송이를 거두어 하나님의 진노의 큰 포도주 틀에 던져

☞「요한계시록」14:19 - 천사가 낫을 땅에 휘둘러 땅의 포도를 거두어 하나님의 진노의 큰 포도주 틀에 던지매(The angel swung his sickle on the earth, gathered its grapes and threw them into the great winepress of God's wrath.(NIV)

천사가 포도송이를 거두어 어디다 던지냐 하면 하나님의 진노의 큰 포도주 틀(the great winepress of God's wrath)에 던진다. 포도주를 쥐어 짜는 틀에 던진다는 것이다. 이 틀은 100%의 진액을 만드는 것이다. 포도주 틀에서 포도는 모든 형체가 일그러질 뿐만 아니라 모든 진액이 쏟아져 나온다.

2-4. 성 밖의 틀이란? 우주정거장 같은 곳에 있는 포도주 틀

☞「요한계시록」14:20 - 성 밖에서 그 틀이 밟히니 틀에서 피가 나서 말 굴레까지 닿았고 일천육백 스다디온에 퍼졌더라(They were trampled in the winepress outside the city, and blood flowed out of the press, rising as high as the horses' bridles for a distance of 1,600 stadia.(NIV); And the winepress was trodden without the city, and blood came out of the winepress, even unto the horse bridles, by the space of a thousand and six hundred furlongs.(KJV); The grapes were trampled in the winepress outside the city, and blood flowed from the winepress in a stream about 180 miles(1) long and as high as a horse's bridle. / (1)Greek 1,600 stadia [296 kilometers](New Living)

"성 밖(outisde the city)"이란 예루살렘 성 또는 바벨론 성의 외곽에 있다는 것을 의미한다. 또는 지구상의 도시 밖에 있다는 것을 의미한다. 왜냐하면 이 곳으로부터 하나님의 진노의 포도주 잔을, 이 땅의 여러 도시에 거주하는 불의한 자들에 내려야 하기 때문이다. 특히「요한계시록」16장에 보면, 바벨론에 하나님의 맹렬한 진노의 포도주 잔을 내려 바벨론을 멸망시키는 것으로 보아, 성 밖이란 인간들이 사는 도시와는 거리가 떨어진 공중의 어느 장소가 아닌가 생각한다.

특히 영문성경 KJV는 "without the city"라고 표현하고 있는데, 이는 도시가 없는 곳이라는 뜻으로, 필자가 생각하기에 오늘날의 우주정거장(ISS)과 같은 곳이 아닌가 생각한다. 그래야만 그곳에서 땅 아래로 포도주 잔을 각 불의한 자들의 입에 정확히 쏠 수 있기 때문이다. 다시 말해 사약을 내리는데, 빛으로 쏠 수도 있을 것이요 레이저로 쏠 수도 있을 것이다.[4]

2-5. 피(blood)란? 피가 나서의 의미, 포도주를 피로, 원자자유전환기술

☞「요한계시록」14:20 - 성 밖에서 그 틀이 밟히니 틀에서 피가 나서 말굴레까지 닿았고 일천육백 스다디온에 퍼졌더라(They were trampled in the winepress outside the city, and blood flowed out of the press, rising as high as the horses' bridles for a distance of 1,600 stadia.(NIV)

"틀에서 피가 나서"라는 것은, 100%의 진액에 무엇을 섞었다는 것인데, 그렇다면 (1) 가라지들(쭉정이)의 죽은 피라고 생각할 수 있겠지만, 가라지들(쭉정이)은 수확을 아직 안했고, 가라지들은 하나님 아버지의 진노의 포도주 잔을 받아 죽일 것이라는 것을 이해하면 이것은 아니다. (2) 그렇다면 주 안에서 죽은 자들의 원한의 피라고 생각할 수 있겠지만, 죽은 성도들의 고귀한 피를 왜 진노의 틀에서 밟겠는가? 또한「요한계시록」16장의 일곱 천사의 일곱 대접 심판에서, 세째가 대접을 강과 물의 근원에 쏟자 피(blood)가 된다. 그리고 16장 6절에는 "저희가 성도들과 선지자들의 피를 흘렸으므로 저희로 피를 마시게 하신 것이 합당하니이다 하더라"고 기록된 것으로 보아, 성도들의 피는 바로 16장 6절에 등장한다.

4 자세한 것은『바이블 매트릭스』5권 1부 2장 3절 2-6의 "빛을 물질로 전환하다, 빛에서 물질을 생성하다"를 참조하시라.

그렇다면? 핵심은 앞에서 살펴본 "진노의 잔에 섞인 것이 없이 부은 포도주"라고 했다. 섞인 것이 없다는 것은 불신자들의 피나 성도들의 피가 하나도 섞이지 않았다는 것이다. 100% 순수해야만 포도주를 피로 전환시킬 수 있기 때문이다. 이것을 원자자유전환기술이라고 했다. 물을 포도주로, 지팡이를 뱀으로, 물을 피로, 티끌을 이로 전환시키는 기술이라 했다.[5] 포도주를 피로 전환시킨 것이다.

그래서 하나님의 진노의 포도주라 하신 것이다. 하나님 아버지께서 차후 가라지들을 멸망시켜 죽이고자 특별히 만든 사약이라는 것이다. 하나님 아버지와 예수님을 대적하는 많은 적그리스도들과 이 적그리스도들에 붙은 불의한 인간들을 위한, 하나님 아버지의 진노의 사약인 것이다.

2-6. 말굴레(말머리)까지 닿았고 일천육백 스다디온(296km)에 퍼졌더라의 의미

☞ 「요한계시록」 14:20 - 성 밖에서 그 틀이 밟히니 틀에서 피가 나서 말굴레까지 닿았고 일천육백 스다디온에 퍼졌더라(They were trampled in the winepress outside the city, and blood flowed out of the press, rising as high as the horses' bridles for a distance of 1,600 stadia.(NIV); And the winepress was trodden without the city, and blood came out of the winepress, even unto the horse bridles, by the space of a thousand and six hundred furlongs.(KJV); The grapes were trampled in the winepress outside the city, and blood flowed from the winepress in a stream about 180 miles(1) long and as high as a horse's bridle. / (1) Greek 1,600 stadia [296 kilometers](New Living)

"그 틀이 밟히니 틀에서 피가 나서 말 굴레에까지 닿았고"라는 것은 포두

5 자세한 것은 『바이블 매트릭스』 4권(하) 2부 9장 3절의 "지팡이→뱀, 물→피, 티끌→이가 되다, 원자자유전환"와 5권 『성령으로 무장하신 예수님의 과학기술』의 2부 12장 1절의 "물을 포도주로 변화시킴(원자자유전환+@(31th)"을 참조하시라.

주 틀에 가득찬 피를 말하는 것으로 그 높이가 말머리 부분(40~50cm)까지 차올랐다는 뜻이다.

또한 길이가 천육백 스다디온(stadia)이라는 것은, 1스다디온은 185m이므로 1,600스다디온은 296km까지 퍼져 있다는 것이다. 40~50cm의 높이에, 한반도 크기의 절반인 남한 정도의 길이를 가진 호수라고 생각하면 될 것이다. 이 호수 안에 피의 포도주로 가득 채워졌다는 것을 생각해보라. 한 사람에 한 포도주 잔(a cup of wine), 즉 한 사발의 사약을 내린다고 생각해보라.

그러니 하나님의 진노의 포도주 잔을 받아 마실 자의 수가 셀 수 없이 많다는 것을 의미하는 것이다. 이때 피란 하나님의 진노의 포도주 잔을 받아 마시고, 죽는 불의한 자들의 피를 상징한다고도 볼 수 있을 것이다. 사약을 받으면 피를 토하고 죽는다. 아마도 이 때는 몸의 모든 피를 토하고 죽지 않나 생각된다. 그들의 피가 호수에 가득 채워질 것이라는 것을 상징하는 것이다.

또 한 가지 관점이 있을 것이다. 296km의 피의 호수는 바벨론과 바벨론 일대를 따르는 불의한 자들을 죽이기 위해 준비되었다고 본다면, 이는 메소포타미아 지역을 커버할 것이라는 점이다. 기타 지역들의 도시들을 고려한다면 피의 호수가 한 두가지가 아닐 것이라는 점이다. 각 대륙의 도시들을 하나님의 진노의 포도주 잔으로 사약을 내린다고 생각해보라. 여러 개의 피의 호수들이 있을 것이라고 추측해 볼 수 있을 것이다.

2-7. 하나님의 진노의 포도주 잔을 받아 마실 자들→멸망과 죽음→유황 불못

자, 그렇다면 하나님의 진노의 포도주 잔을 마시는 자들은 누구일까? 이미 살펴본 대로 「요한계시록」 14장 9절~10절에는 "누구든지 짐승과 그의 우상에게 경배하고 이마에나 손에 표를 받으면, 그도 하나님의 진노의 포도주를 마시리니…"라는 경고의 예언이 등장한다. 짐승과 우상에게 경배하고 666표를 받는 자들이 사약을 받는다는 것이다.

제일 먼저 받는 자들이 「요한계시록」 16장에 기록되어 있다. 바로 16장 17절~21절에는 일곱 천사의 일곱 재앙 대접의 일곱 번째 심판이 등장하는데, 19절에는 "큰 성이 세 갈래로 갈라지고 만국의 성들도 무너지니 큰 성 바벨론이 하나님 앞에 기억하신 바 되어 그의 맹렬한 진노의 포도주 잔을 받으매"라는 예언이 등장한다. 바벨론 성도 결국 하나님의 진노의 포도주 잔을 받고 멸망하며 바벨론(음녀)의 음행의 포도주에 취한 불의한 자들도 사약을 받고 죽는다는 것을 알 수 있다.

그리고 「요한계시록」 19장 "백마를 탄 자(The Rider on the White Horse)"에서 예수님께서 이 땅에서 마지막 전투인 아마겟돈(Armageddon) 전쟁을 하실 때, 19장 15절의 "그의 입에서 이한 검이 나오니 그것으로 만국을 치겠고 친히 저희를 철장으로 다스리며 또 친히 하나님 곧 전능하신 이의 맹렬한 진노의 포도주 틀을 밟겠고"라는 말씀에서 멸망의 대상은 모두 하나님 아버지의 진노의 포도주 잔을 마신다는 것을 알 수 있다.

그리고 결국 가라지들은 심판으로 죽어, 그 영혼들은 「요한계시록」 20장 11절~15절의 심판의 부활인 둘째 부활 때 부활하여 심판을 받게 되지만, 그 이름들이 예수님께서 갖고 계신 생명책에 없으므로, 그 때 유황 불못에 던져져 밤낮 없이 고통을 당하며 이를 갈 것이다. 자세한 것은 「요한계시록」 20장에서 다룰 예정이다.

15장

「요한계시록」 15장 - 주 안에서 죽은 자들의 부활, 일곱 천사의 일곱 대접 재앙 심판준비 (~c.AD 10800~)

「요한계시록」 15장은 14장에서 살펴본, 주 안에서 죽는 자들을 예수님께서 수확하셨는데, 이들이 죽어 그 영혼들이 부활하여 유리 바다가, 즉 소행성대에서 서서 하나님을 찬송하며 노래를 부르고, 예수님을 공중영접하는 장면과, 일곱 천사의 일곱 대접 재앙(Seven Bowls with Seven Plauges)의 심판을 준비하는 두 부분으로 구성되어 있다. 이 일은 대략 AD 10800년경에 일어날 것으로 예측되어 진다.

물론 이 때에도 만만(1억) 천천(1백만)의 모든 천사들은 「요한계시록」 14장에 기록된 내용대로 예수님의 명령에 따라 예수님께 오르락내리락하면서 수행할 것이다.

「요한복음」 1:51 - 또 가라사대 진실로 진실로 너희에게 이르노니 하늘이 열리고 하나님의 사자들이 인자 위에 오르락내리락하는 것을 보리라 하시니라(He then added, "I tell you the truth, you shall see heaven open, and the angels of God ascending and descending on the Son of Man.")(NIV)

1절 「요한계시록」 15:2~4 - 짐승과 우상과 666표를 이긴 자들의 부활, 이기다의 과학적 의미

1. 주 안에서 죽은 자들의 부활, 짐승과 우상과 666표를 이긴 자들의 부활

☞ 「요한계시록」 15:2 - 또 내가 보니 불이 섞인 유리 바다 같은 것이 있고 짐승과 그의 우상과 그의 이름의 수를 이기고 벗어난 자들이 유리 바다 가에 서서 하나님의 거문고를 가지고(And I saw what looked like a sea of glass mixed with fire and, standing beside the sea, those who had been victorious over the beast and his image and over the number of his name. They held harps given them by God(NIV)

「요한계시록」 14장에서 살펴본 바와 같이 주 안에서 죽는 자들은 복이 있다고 했다. 다시 말해 예수님께서 알곡을 수확하셨는데, 바로 이들을 수확하신 것이다. 이들은 주 안에서 죽어 그 영혼들이 부활한 것이다. 짐승과 우상과 666표를 이기고 벗어난 자들이 부활한 것이다. 이겼다는 것은 앞서 살펴본 대로 용에게, 짐승에게 경배도 안하고 우상에게 경배도 안하며, 666표도 받지 않아 죽임을 당한 자들을 말하는 것이다. 이 때 죽은 자란 순교를 당하거나 자연사했다는 의미이다.

이들은 「요한계시록」 14장의 144,000명과 각 나라의 셀 수 없는 무리들이 부활한 것처럼, 그 다음으로 부활하여 예수님의 공중재림을 영접하게 되는 두 번째 부류가 된다.

2. 거문고로 모세/어린 양의 노래를 부르며 하나님 아버지와 예수님을 찬양

☞ 「요한계시록」 15:3 - 하나님의 종 모세의 노래, 어린 양의 노래를 불러 가

로되 주 하나님 곧 전능하신 이시여 하시는 일이 크고 기이하시도다 만국의 왕이시여 주의 길이 의롭고 참되시도다(and sang the song of Moses the servant of God and the song of the Lamb: "Great and marvelous are your deeds, Lord God Almighty. Just and true are your ways, King of the ages(NIV)

15:4 - 주여 누가 주의 이름을 두려워하지 아니하며 영화롭게 하지 아니하오리이까 오직 주만 거룩하시니이다 주의 의로우신 일이 나타났으매 만국이 와서 주께 경배하리이다 하더라(Who will not fear you, O Lord, and bring glory to your name? For you alone are holy. All nations will come and worship before you, for your righteous acts have been revealed.")

이 때에 "거문고"란 선과 의와 평화의 기세를 상징하는 것이다. 그리고 이긴 자들에게 하나님 아버지께서 거문고를 주는데, 그것은 이긴 자들로서 노래를 부르며 연주하도록 하나님께서 거문고를 주었다는 것이다.

모세의 노래란 이스라엘 족속들이 홍해의 온갖 위험을 다 지나 승리하여 나왔을 때 부른 모세의 노래이다(「출애굽기」 15장). 따라서 모세가 홍해를 건너 바다 저편에 닿은 것처럼, 이들 주 안에서 죽은 자들은 순교의 바다를 완전히 건너서, 그 다음 부활하여 소행성대의 수정 바닷가에 도착한 것이다. 그래서 모세의 노래를 부르는 것이다. 어린 양의 노래를 부르는 것은 예수님께서 공중재림하셔서 이들을 수확, 즉 구원해 주셨기 때문이다. 옛날에는 홍해를 가르고 구원하셨지만, 이번에는 예수님께서 하늘을 가르면서 공중재림하셔서 마지막 성도들을 구원하신 것이다. 그러니 어찌 기쁘고 노래를 부르지 않겠는가? 예수님을 찬양한다는 것은 부활 후에 예수님의 공중재림을 영접한다는 것이다. 이어서 이들은 하나님 아버지를 찬양한다.

3. 이기고 벗어나다의 과학적 의미

우선 말을 하는 바다의 우상을 이겼다는 것이다. 이겼다는 것은 과학적으로 우상이 어떻게 말을 하고 원격으로 운영되는지를 밝혀, 그것이 가짜라는 것을 밝혔다고 볼 수 있다. 용과 짐승들이 진짜 하나님 아버지와 예수님이 아니고, 하늘의 전쟁에서 패해 이 땅으로 쫓겨 내려온 불의의 하나님들이며, 짐승들은 이 땅의 왕들이라는 것을 밝혔을 것이다. 그래서 이를 공표하고 사단, 즉 적그리스도들과 싸우고, 진리를 밝힘으로써 많은 사람들을 의로운 사람들로 이끌었을 것이다. 그결과 적그리도들에게 잡혀 대부분 순교를 당했을 것이다.

또한 666표의 거대한 플랫폼인, 앞으로 등장할 빅 브라더 이상의 시스템들인, 모든 사물과 생물을 통제 감시하고, 사람의 행위와 생각과 영혼까지 통제하고 감시하는 게이트웨이의 구조와 기능을 과학적으로 밝혔다고 보아야 할 것이다. 그래서 이 표를 받으면 안 된다는 것을 공표하여 많은 사람들로 하여금 이 표를 받지 않도록 했을 것이다. 아니면 666시스템을 해킹해서 무용지물로 만들었다고 생각할 수도 있을 것이다. 이러한 과학적인 접근이 그들의 일/업적/공적(works)이라고 말할 수 있을 것이다.

과학적 접근으로 말하면 엄청난 일들이 많을 것이다. 독자들의 이해를 돕기 위해 몇 가지 사례 시나리오만 소개하고 넘어간다.

4. 유리 바다가란? 소행성대의 물=수정같은 바다, 그러나 심판의 불이 섞인

☞「요한계시록」15:2 - 또 내가 보니 불이 섞인 유리 바다 같은 것이 있고 짐승과 그의 우상과 그의 이름의 수를 이기고 벗어난 자들이 유리 바다 가에 서서 하나님의 거문고를 가지고(And I saw what looked like a sea of glass mixed with fire and, standing beside the sea, those who had been victorious over the beast and his image and over the number of his name. They held harps given them by God(NIV); And I saw as it were a sea of glass mingled with fire: and them that had gotten the victory over the beast, and over his image, and over his mark, and over the number of his name, stand on the sea of glass, having the harps of God.(KJV)

유리 바다란 「요한계시록」 4장에서 살펴보았듯이, '수정과 같은 유리 바다(a sea of glass, clear as crystal)'는 하나님 아버지의 보좌가 소행성대에 진입했다는 것을 말하는 것이다. 여기서 수정 같다는 것은 『바이블 매트릭스』 1권에서 소개한 「창조의 서사시」와 「에스겔」 1장 22절에서 소개한 물(waters), 즉 얼음 물(ice water)이라고 볼 수 있다. 거대 항공모함우주선인 하늘의 보좌의 인력(중력)으로 외행성들의 깊은 곳에 숨겨져 있던 얼음 물이 뿜어져 나오는 것으로 추측할 수 있다. 지구의 물과 행성들의 물을 소행성대, 즉 높은 곳에서 보면 수정 같은 유리(crystal)로 보일 것이다. 왜냐하면 그 중력으로 인해 태양계 행성들과 소행성대의 물들이 뿜어져 나와 수정같이 보일 수도 있다. 수성, 화성, 토성 등에서 지구의 물이 발견되는 이유이다.

「요한계시록」 4:6 - 보좌 앞에 수정과 같은 유리 바다가 있고 보좌 가운데와 보좌 주위에 네 생물이 있는데 앞뒤에 눈이 가득하더라

「에스겔」 1:22 - 그 생물의 머리 위에는 수정 같은 궁창의 형상이 펴 있어 보기에 심히 두려우며

그런데 「요한계시록」 15장 2절은 「요한계시록」 4장 6절과는 한 가지가 다르다. 그것은 불이 섞인 유리 바다라고 기록하고 있다는 것이다. 여기서 불이란 불의한 자들에게 쏟아지는 하나님의 공의의 심판을 의미하는 것이다. 다시 말해 그것은 하나님 아버지의 마지막 진노인 일곱 천사의 일곱 재앙 심판을 말하는 것으로, 이 심판은 「요한계시록」 16장에 자세히 기록되어 있다.

2절「요한계시록」15:1 & 15:5~8 - 일곱 천사의 일곱 대접 재앙 심판준비

1. 하나님 아버지의 마지막 진노인 일곱 천사의 일곱 대접 재앙 심판준비

☞「요한계시록」15:1 - 또 하늘에 크고 이상한 다른 이적을 보매 일곱 천사가 일곱 재앙을 가졌으니 곧 마지막 재앙이라 하나님의 진노가 이것으로 마치리로다(I saw in heaven another great and marvelous sign: seven angels with the seven last plagues--last, because with them God's wrath is completed.(NIV)

이제 하나님 아버지의 마지막 진노(God's warth)인 일곱 천사(seven angels)의 일곱 대접 재앙(seven bowls with seven plagues) 심판이 준비된다. 하나님 아버지의 진노가 이것으로 마친다는 것이다. 적그리스도와 불의한 자들에 대한 이 땅에서의 최후의 심판인 것이다.

2. 증거 장막의 성전이 열리며→하늘 보좌의 게이트웨이(문)가 열리며

☞「요한계시록」15:5 - 또 이 일 후에 내가 보니 하늘에 증거 장막의 성전이 열리며(After this I looked and in heaven the temple, that is, the tabernacle of the Testimony, was opened.(NIV)

"하늘에 증거 장막의 성전이 열리며"라는 것은 소행성대, 즉 하나님 아버지의 거처인 하늘의 보좌, 즉 거대항공모함 우주선의 거대한 게이트웨이(Gateway), 즉 문이 열린다는 것이다. 공상과학영화에서 지구를 공격하기 위해 외계인의 행성이나 우주선들이 종종 등장하는데, 이 때 거대한 문이 열리는 것과 같은 이치이다. 문이 열린다는 것은 그 문으로부터 무언가가 나온다는 것이다.

3. 게이트웨이를 통해 일곱 재앙을 가진 일곱 천사가 체루빔을 타고 나와

☞「요한계시록」15:6 - 일곱 재앙을 가진 일곱 천사가 성전으로부터 나와 맑고 빛난 세마포 옷을 입고 가슴에 금띠를 띠고(Out of the temple came the seven angels with the seven plagues. They were dressed in clean, shining linen and wore golden sashes around their chests.(NIV)

문을 통해 무엇이 나오는가 하면 일곱 재앙을 가진 일곱 천사가 성전, 즉 소행성대의 하나님의 보좌로부터 나온다. "맑고 빛난 세마포 옷(clean, shining linen)"이란 체루빔과 같은 거대 우주로봇, 즉 우주선을 탔다는 것이다. "가슴에 금띠를 띠고"란 장군들의 금-혁대같이 심판의 권위를 말할 뿐만 아니라 과학도구들인 무기들로 무장했다는 뜻이다. 또한 금띠는 우주선과 진노의 일곱 대접을 제어하는 UX/UI로 사용될 것이다.

4. 네 대의 거대 세라핌 중에 하나가 일곱 대접을 일곱 천사에게 주니

☞「요한계시록」15:7 - 네 생물 중에 하나가 세세에 계신 하나님의 진노를 가득히 담은 금대접 일곱을 그 일곱 천사에게 주니(Then one of the four living creatures gave to the seven angels seven golden bowls filled with the wrath of God, who lives for ever and ever.(NIV)

네 생물이란「요한계시록」4장에서 여섯 날개를 가진 거대한 우주로봇인 세라핌이라고 했다. 그 안에 많은 하나님들이 타고 계시다고 했다. 하나님들이 우주로봇을 타고 우주로봇을 조정하고 계시는 것이다. 그 중 하나의 세라핌이 하나님 아버지의 진노가 가득 담긴 일곱 개의 금대접을 각각 일곱 천사에게 준다는 것이다.

이것은 「요한계시록」 5장 8절에서 살펴보았던 성도들의 기도를 담은 금대접(golden bowls full of incense)이다. 이 금대접은 죽은, 즉 순교를 당한 그리스도인들의 기도이다. 불의를 멸망시키라는 기도이다. 그것은 하나님 아버지의 분노(wrath)일 것이다.

「요한계시록」 5:8 - 책을 취하시매 네 생물과 이십사 장로들이 어린 양 앞에 엎드려 각각 거문고와 향이 가득한 금대접을 가졌으니 이 향은 성도의 기도들이라

5. 거대 우주로봇인 7대의 체루빔→하나님의 영광과 능력→성전에 연기가 차매→능히 들어갈 자가 없더라의 의미

☞ 「요한계시록」 15:8 - 하나님의 영광과 능력을 인하여 성전에 연기가 차게 되매 일곱 천사의 일곱 재앙이 마치기까지는 성전에 능히 들어갈 자가 없더라(And the temple was filled with smoke from the glory of God and from his power, and no one could enter the temple until the seven plagues of the seven angels were completed.(NIV)

"하나님의 영광과 능력"이란 하늘의 보좌 문이 열리고, 일곱 천사가 일곱 대의 체루빔을 타고, 문으로 부터, 일곱 재앙의 일곱 금대접을 받아 나올 때, 거대 우주로봇인 체루빔들에서 뿜어져 나오는 우주선의 광채와 핵무기 이상의 무기 등 과학도구의 위용을 말하는 것이다. 번쩍이는 거대 우주선이 일곱 대가 나온다고 생각해보라. 지금도 한 대의 우주선이나 인공위성을 발사할 때 그 위용이 어마어마한데, 일곱 대가 동시에 나온다.

"연기가 차게 되매"라는 것은 성전에서 지구로 향하는 일곱 대의 체루빔에서 나오는 연소가스를 말하는 것이다. 우주선으로 인공위성을 발사할 때에도

그 일대는 연소가스에 의해 구름이 만들어진다. 그러나 이 경우 반대이다. 발사가 아니라 지구로 향하는 일곱 대의 거대 우주선이라고 생각해보라.

그러니 "일곱 천사의 일곱 재앙이 마치기까지는 성전에 능히 들어갈 자가 없더라"고 표현한 것이다. 일곱 대의 우주선의 번쩍이는 광채/굉음/연소가스, 핵무기 이상의 무기를 가득 담은 일곱 대접, 일곱 대접과 일곱 천사를 실은 일곱 대의 우주선, 모든 심판을 시공간 상에서 정확히 진행할 과학도구의 능력 등이 문으로 나왔으니, 일곱 재앙이 마치기까지 성전에 아무도 들어갈 수 없다는 것이다. 그만큼 하나님의 영광과 능력이 위대하다는 것을 강조한 것이다. 하나님 아버지의 마지막 진노의 심판이 위대하다는 것을 강조한 것이다.

16장

「요한계시록」16장 - 일곱 천사의 일곱 대접 재앙 심판(~c.AD 10800~)

「요한계시록」 16장은 15장에서 살펴본, 하나님 아버지의 마지막 진노인 일곱 천사의 일곱 대접 재앙 심판 준비가 끝나고, 바로 일곱 재앙 심판이 시작된다. 특히 여섯째 천사가 대접을 큰 강 유브라데(유프라테스)에 쏟자 강물이 말라 동방에서 오는 왕들의 길이 예비가 되고, 용/짐승/거짓 선지자의 적그리스도들과 이들을 따르는 왕들과 불의한 인간들이 아마겟돈(Amageddon)에 모여 예수님의 군대와 최후 전쟁을 준비하고, 일곱째 천사의 대접 재앙 심판으로 바벨론 성과 이 땅의 만국의 성들도 다 무너지며, 적그리스도들 편에 섰던 불의한 자들은 하나님 아버지의 맹렬한 진노의 포도주 잔, 즉 사약을 받는다. 이 일은 대략 AD 10800년경에 일어날 것으로 예측되어 진다.

물론 이 때에도 만만(1억) 천천(1백만)의 모든 천사들은 「요한계시록」 14장에 기록된 내용대로 예수님의 명령에 따라 예수님께 오르락 내리락하면서 수행할 것이다.

「요한복음」 1:51 - 또 가라사대 진실로 진실로 너희에게 이르노니 하늘이 열리고 하나님의 사자들이 인자 위에 오르락내리락하는 것을 보리라 하시니라(He then added, "I tell you the truth, you shall see heaven open, and the angels of God ascending and descending on the Son of Man.")(NIV)

1절 「요한계시록」 16:1~2 - 첫째 - 우상 경배와 666표를 받은 자들(가라지)에게 헌데가 나다

☞ 「요한계시록」 16:1 - 내가 들으니 성전에서 큰 음성이 나서 일곱 천사에게 말하되 너희는 가서 하나님의 진노의 일곱 대접을 땅에 쏟으라 하더라(Then I heard a loud voice from the temple saying to the seven angels, "Go, pour out the seven bowls of God's wrath on the earth.")(NIV)

16:2 - 첫째가 가서 그 대접을 땅에 쏟으매 악하고 독한 헌데가 짐승의 표를 받은 사람들과 그 우상에게 경배하는 자들에게 나더라(The first angel went and poured out his bowl on the land, and ugly and painful sores broke out on the people who had the mark of the beast and worshiped his image.(NIV)

하늘(소행성대)의 보좌, 즉 성전에서 "너희는 가서 하나님의 진노의 일곱 대접을 땅에 쏟으라"는 명령에 따라 첫째 천사가 첫째 대접을 땅에 쏟자, 짐승과 우상에게 경배하고 666표를 받은 자들의 피부에 참을 수 없는 쓰라린 상처(종기, 헌데)가 난다.

이것은 모세가 이집트(애굽)를 탈출하기 전에 탈출을 방해하는 이집트의 바라오 왕과 이집트에게 내린 열 개의 재앙을 이해하면 아주 쉬운 내용이다. 자세한 것은 『바이블 매트릭스』 4권 『하나님들의 과학기술과 우리가 창조해야 할 미래(하)』의 2부 9장인 "애굽에 내린 10개의 재앙"을 참조하라. 분명 첫째 대접 안에는 피부에 종기가 생기는 화학적 무기나 가스 같은 것이 있을 것이다. 오늘날 과학으로 말하면 화생방전과 비슷하지만, 모든 가라지들(쭉정이)에게 똑같은 헌데가 난다는 것은 맞춤식 화학기술이라 말할 수 있을 것이다.

그런데, 헌데가 났다고만 했지, 이 가라지들이 회개를 했다던가, 죽었다던가? 그 이후의 결과에 대해 언급하지 않고 있다는 점이다. 하지만 쓰라리고 못생기고 고통스러운 헌데라고 했으니, 가라지들은 많은 고통을 받을 것이다. 그러나 필자가 보기엔 이 일이 일어나는 것이 대략 AD 10800년경이므로, 용의 권세를 받은 짐승과 거짓 선지자들의 과학수준이 거의 하나님들의 경지에 이르렀으므로, 헌데를 간단히 치료하지 않나 생각이 드는 것이다. 가라지들은 666표를 받았다고 했다. 「요한계시록」 13장에서 666표는 생체인터넷이라고 했다. 따라서 생체인터넷 시스템으로 피부에 난 헌데를 간단히 재생시키지 않나 생각이 드는 것이다.

2절 「요한계시록」 16:3 - 둘째 - 바다가 죽은 자의 피(blood)가 되어 바다의 모든 생물이 죽다

☞ 「요한계시록」 16:3 - 둘째가 그 대접을 바다에 쏟으매 바다가 곧 죽은 자의 피같이 되니 바다 가운데 모든 생물이 죽더라(The second angel poured out his bowl on the sea, and it turned into blood like that of a dead man, and every living thing in the sea died.(NIV); And the second angel poured out his vial upon the sea; and it became as the blood of a dead man: and every living soul died in the sea.(KJV)

둘째 천사가 둘째 대접을 바다에 쏟자 바다가 죽은 자의 피같이 변한다. 이것은 원자자유전환 기술로 가능하다고 했다. 그러자 바다 안에 있던 모든 생물종들이 다 죽는다. 바다에 있던 모든 살아 있는 영혼들이 다 죽는다. 이것은 「요한계시록」 13장에서 설명했던, 불의한 자들이 바다의 모든 자원들을 장악했기 때문에, 즉 지금의 사물인터넷→만물인터넷 혹은 생물인터넷의 생물망까지 장악했기 때문에, 바다의 생물들을 다 죽이는 것이 아닌가 생각한다. 666표는 사람들 뿐만이 아니라 사물과 생물 등을 통제/감시하는 빅 브라더 시스템의 게이트웨이라고 했다. 그 결과 666표는 이 땅과 바다까지 망하게 했다. 그래서 땅과 바다를 망하게 하는 자들을 멸망시키키 위해(「요한계시록」 11:18) 바다의 생물들을 다 죽이는 것이다.

또한 이미 8장인 「요한계시록」 8장의 둘째 천사의 나팔 심판에서 바다의 1/3과 바다 피조물의 1/3을 멸망시켰었다. 이제 둘째 대접은 그 나머지들을 모조리 죽이는 것이다.

3절 「요한계시록」 16:3~7 - 셋째 - 강과 물의 근원이 피(blood)가 되어 가라지들(쭉정이)이 마시다

1. 강과 물의 근원이 피가 되다

☞ 「요한계시록」 16:4 - 세째가 그 대접을 강과 물 근원에 쏟으매 피가 되더라(The third angel poured out his bowl on the rivers and springs of water, and they became blood.(NIV)

셋째가 대접을 강과 물의 근원인 샘들에 쏟으니 피(blood)가 된다. 이 때 피란 성도들과 선지자들의 피를 말하는 것이다. 적그리스도들이 성도들과 선지자들을 피흘려 죽였기 때문에, 적그리스도들과 불의한 자들은 이 피를 마시게 된다. 이것은 원자자유전환 기술로 가능하다고 했다. 아니면 실제 성도들과 선지자들의 피가 될 수도 있을 것이다.

2. 전에도 계셨고 시방도 계신 – 이미 오셔셔 심판하시는

☞ 「요한계시록」 16:5 - 내가 들으니 물을 차지한 천사가 가로되 전에도 계셨

고 시방도 계신 거룩하신 이여 이렇게 심판하시니 의로우시도다(Then I heard the angel in charge of the waters say: "You are just in these judgments, you who are and who were, the Holy One, because you have so judged;(NIV)

16:6 - 저희가 성도들과 선지자들의 피를 흘렸으므로 저희로 피를 마시게 하신 것이 합당하니이다 하더라(for they have shed the blood of your saints and prophets, and you have given them blood to drink as they deserve."(NIV)

16:7 - 또 내가 들으니 제단이 말하기를 그러하다 주 하나님 곧 전능하신 이시여 심판하시는 것이 참되시고 의로우시도다 하더라(And I heard the altar respond: "Yes, Lord God Almighty, true and just are your judgments."(NIV)

"전에도 계셨고 시방도 계신"이란 하나님 아버지와 예수님께서 이미 오셔서 심판하시기 때문에 "앞으로 오실 이(will come or is to come)"가 빠졌음을 강조하는 것이다. 하나님 아버지께서는 소행성대의 하늘의 보좌, 예수님께서는 별도의 보좌를 타시고 공중재림하시어 심판중이시기 때문에, 앞으로 오실 이가 생략된 것이다.

3. 의로운 심판 – 성도/선지자들의 피를 가라지들이 마시다

"심판하시는 것이 참되시고 의로우시도다"라는 것은, 그 다음 절의 "저희가 성도들과 선지자들의 피를 흘렸으므로 저희로 피를 마시게 하신 것이 합당하니이다 하더라"를 말하는 것이다. 과거로부터 지금까지 적그리스도들 편에 선 불의한 자들(가라지들)이 많은 성도들과 선지자들을 죽여 왔기 때문에, 성도들과 선지자들은 피를 흘리며 순교하였으므로, 성도들과 선지자들의 피를 불의한 자들에게 되돌려 마시게 하기 때문에 의롭다 한 것이다.

그런데, 가라지들이 피를 마셨다고만 되어있지, 피를 마신 결과가 없다는 것이다. 피를 마시고 죽었다던가 아니면 미쳤다던가 아니면 피를 토했다던가 등의 결과가 기록되지 않았다는 점이다. 필자가 생각해볼 때 순교당한 성도들과 선지자들의 수가 엄청날 것이다. 가라지들이 이 엄청난 피의 양을 마셨다고 생각해보라. 모든 강물과 샘물이 피가 되었다고 생각해보라. 물 대신 피를 마셨다고 생각해보라. 많은 가라지들이 이 피를 마시고 고통을 당할 것은 뻔한 일이다. 더 나아가 성도들과 선지자들이 피를 흘리며 죽은 것같이 가라지들도 피를 흘리며 천천히 죽어갈 것이다.

4절「요한계시록」16:8~9 - 넷째 - 해(sun)가 가라지들을 불로 태워

1. 해(sun)가 권세를 받아, 하늘/땅은 불사르기 위해 예비, 태양폭발로 생명 마감

☞「요한계시록」16:8 - 네째가 그 대접을 해에 쏟으매 해가 권세를 받아 불로 사람들을 태우니(The fourth angel poured out his bowl on the sun, and the sun was given power to scorch people with fire.(NIV)

넷째가 대접을 해에 쏟자 해가 권세를 받아 불로 사람들을 태운다. 이미 『바이블 매트릭스』 1권 『우주창조의 비밀』에서, 우리 태양은 지금은 8개 행성들에 에너지를 공급하는 황색거성(Yellow giant)이지만, 언제인가 생명이 다하면 에너지를 잃어 적색거성(Red giant)을 거쳐 백색왜성(White dwarf)으로 변해, 마지막으로 폭발해 그 생명을 마감한다고 했다. 따라서 "해가 권세를 받아"의 과학적 의미는 마지막 폭발을 의미하는 것이 아닌가 생각한다.

이것은 「베드로후서」 3장 7절과 같은 내용이다. 하늘과 땅은 불사르기 위하여 예비해 두셨는데 심판과 멸망의 날에 경건치 않은 사람들을 심판하기 위함이라는 것이다. 하늘에 있는 태양도 결국 불사르는 것이다. 이것은 어디까지나 우주의 법칙이지만, 그 우주의 법칙을 주관하시는 분이 하나님 아버지이시기 때문이다. 왜 불사르냐 하면 가라지들을 태우기 위함이다.

「베드로후서」 3:7 - 이제 하늘과 땅은 그 동일한 말씀으로 불사르기 위하여 간수하신 바 되어 경건치 아니한 사람들의 심판과 멸망의 날까지 보존하여 두신 것이니라

2. 태양 폭발, 태양의 에너지와 파동으로 가라지들을 불로 태워

☞「요한계시록」 16:9 - 사람들이 크게 태움에 태워진지라 이 재앙들을 행하는 권세를 가지신 하나님의 이름을 훼방하며 또 회개하여 영광을 주께 돌리지 아니하더라(They were seared by the intense heat and they cursed the name of God, who had control over these plagues, but they refused to repent and glorify him.(NIV)

그 결과 태양의 폭발로 인해 그 뜨거운 열기(the intense heat)와 파동으로 지구에 남은 가라지들을 불로 태운다. 그렇지만 회개를 안하고 가라지들은 마지막 발악을 한다는 것이다. 가라지들을 불로 태우는 것은 「마태복음」 13장 36절~40절의 말씀과 같은 내용이다.

「마태복음」 13:36 - 이에 예수께서 무리를 떠나사 집에 들어가시니 제자들이 나아와 가로되 밭의 가라지의 비유를 우리에게 설명하여 주소서

13:40 - 그런즉 가라지를 거두어 불에 사르는 것같이 세상 끝에도 그러하리라

3. 불에 태워진 가라지들→666표로 해결→하나님의 이름을 비방, 회개치 않아

☞「요한계시록」 16:9 - 사람들이 크게 태움에 태워진지라 이 재앙들을 행하는 권세를 가지신 하나님의 이름을 훼방하며 또 회개하여 영광을 주께 돌리지 아니하더라(They were seared by the intense heat and they cursed the name of God, who had control over these plagues, but they refused to repent and glorify him.(NIV)

그런데, 불로 태웠다고만 되어 있지, 그 불로 태워져 죽었다라는 기록이 없다는 점이다. 불로 태워졌으면 감각이 마비되었을 것인데, 그 대신 가라지들은 더욱 회개치 않고 하나님 아버지의 이름을 저주한다는 것이다. 하나님 아버지의 편으로 돌아오지 않는다는 것이다.

앞에서도 설명했지만, 필자가 보기엔 이 일이 일어나는 것이 대략 AD 10800년경이므로, 용의 권세를 받은 짐승과 거짓 선지자들의 과학수준이 거의 하나님들의 경지에 이르렀으므로, 간단히 치료하지 않나 생각된다. 가라지들은 666표를 받았다고 했다. 「요한계시록」 13장에서 666표는 생체인터넷이라고 했다. 따라서 생체인터넷 시스템으로 불에 그을린 피부를 재생시키지 않나 생각된다.

5절 「요한계시록」 16:10~11 - 다섯째 - 땅 짐승의 나라가 어두워지고, 아파서 혀를 깨물고

1. 빅 브라더/666의 전력망 파괴→짐승(왕)의 나라(왕국, 바벨론)가 어두워지며

☞ 「요한계시록」 16:10 - 또 다섯째가 그 대접을 짐승의 보좌에 쏟으니 그 나라가 곧 어두워지며 사람들이 아파서 자기 혀를 깨물고(The fifth angel poured out his bowl on the throne of the beast, and his kingdom was plunged into darkness. Men gnawed their tongues in agony(NIV)

16:11 - 아픈 것과 종기로 인하여 하늘의 하나님을 훼방하고 저희 행위를 회개치 아니하더라(and cursed the God of heaven because of their pains and their sores, but they refused to repent of what they had done.(NIV)

다섯째가 대접을 땅의 짐승(왕)이 앉은 보좌, 즉 바벨론에 쏟으니 짐승(왕)의 나라가 어두워진다. 다시 말해 바벨론 왕국이 암흑으로 변한다. 암흑으로 변했다는 것은 에너지와 파동의 빛이 없어진다는 뜻이므로, 바벨론 왕국의 모든 전력망을 파괴하는 것이 아닌가 생각한다. 짐승이 구축했던 빅 브라더와 666표 같은 시스템에 전력을 공급하는 전력망을 단절시키는 것이 아닌가 생각한다.

2. 666표인 게이트웨이 파괴→아픈 것과 종기로 인해 아파서 자기 혀를 깨물고

"아픈 것과 종기로 인해 아파서 자기 혀를 깨물고"라는 것은, 빅 브라더 시스템을 연결하는 게이트웨이인 666표의 전력망을 차단 또는 파괴하였으므로, 첫째 천사의 첫째 대접으로 내렸던, 그러나 666표로 치료했던 종기(헌데)가 다시 발병되는 것이 아닌가 생각한다. 또한 넷째 대접으로 인해 태양 폭발로 태워진 피부들을 재생시키던 생체인터넷의 666표가 전력이 차단 또는 파괴 당함으로써, 아픈 부위가 다시 발병되는 것이 아닌가 생각한다.

또는 바벨론 도시 전체가 캄캄해졌으니 빛이 없는 세상이라고 생각해보라. 빛이 없으면 각종 세균이 번식해서 사람들에게는 각종 종기들이 발생하고 그로 인해 아픔으로 많은 고통을 받을 것이다. 고통이 하도 심하니 불의한 가라지들은 자기 혀를 깨물 것이다.

6절 「요한계시록」 16:12~14 - 여섯째, 유프라테스 강물이 말라 길이 예비, 세 더러운 영이란?

1. 유프라테스 강물이 말라, 동방에서 오는 왕들의 길(왕의 대로)이 열리다

☞ 「요한계시록」 16:12 - 또 여섯째가 그 대접을 큰 강 유브라데에 쏟으매 강

물이 말라서 동방에서 오는 왕들의 길이 예비되더라(The sixth angel poured out his bowl on the great river Euphrates, and its water was dried up to prepare the way for the kings from the East.(NIV)

여섯째가 그 대접을 큰 강 유브라데에 쏟으매 강물이 말라서 동방에서 오는 왕들의 길, 즉 전선의 대로인 왕의 대로(King's Highway)가 열린다. 왕의 대로란 그 옛날 「창세기」 12장~13장에 등장하는 아브라함(Abram, Abraham, BC 2166~BC 1991)이 우르(Ur)를 떠나 하란(Haran)을 거쳐 시나이 반도의 엘파란(Al paran)을 처거 이집트를 방문하고 가나안에 입성할 때에 부분적으로 이용했던 도로이며[1], 모세(Moses, BC 1526~BC 1406)의 출애굽 당시, 가데스 바네아(Kadesh Barnea)를 출발하여 호르산(Mount Hor)으로 향할 때에, 에돔 족속들(Edomites)이 왕의 대로를 이용하는 것을 거절해(「민수기」 20:14), 왕의 대로를 우회하여 호르산(Mount Hor)에 이르는 과정에 등장했던 도로이다.[2]

사실 구약과는 다르겠지만, 암튼 유프라테스 강이 말라 동방에서 오는 왕들의 대로가 열리는 것이다. 지금의 유프라테스 강이라고 생각하면 안 된다. 역사는 돌고 돈다고 했다. 먼 미래에는 지금의 물이 메마른 유프라테스 강이, 그 옛날의 물이 풍부한 유프라테스 강이 될 것이라는 점이다.

이 때 동방이란 구약 시대로 말하자면 메대와 바사의 페르시아제국이지만, 오늘날의 나라로 풀이 한다면 그것은 중국-인도-러시아일 것이다. 그러나 이 일은 대략 AD 10800년경에 일어날 것으로 예측되는바, 지금으로서는 어느 나라인지 확실히 알 수 없다. 그 때가 되면 동방에서 오는 왕들이 누구인지 확실히 알 수 있을 것이다.

---

1 자세한 것은 『바이블 매트릭』 4권(하) 2부 7장 "아브라함의 이동경로와 소돔과 고모라에 숨겨진 비밀"을 참조하라.

2 자세한 것은 『바이블 매트릭스』 4권(하)의 부록인 "출애굽(Exodus) 요약"을 참조하라.

또한 이것은 「요한계시록」 16장 14절에 등장하는 전지 전능하신 하나님 아버지의 큰 날의 전쟁(the battle on the great day of God Almighty), 즉 아마겟돈(Amageddon) 전쟁을 말하는 것으로, 그 때가 되면 이 땅의 왕들은 전부 다 똘똘 뭉쳐 하나님 아버지와 예수님을 대적하게 된다는 사실이다.

2. 용/짐승/거짓 선지자의 입에서 나오는 세 더러운 영(spirits)=귀신의 영이란?

☞ 「요한계시록」 16:13 - 또 내가 보매 개구리 같은 세 더러운 영이 용의 입과 짐승의 입과 거짓 선지자의 입에서 나오니(Then I saw three evil spirits that looked like frogs; they came out of the mouth of the dragon, out of the mouth of the beast and out of the mouth of the false prophet.(NIV); And I saw three unclean spirits like frogs come out of the mouth of the dragon, and out of the mouth of the beast, and out of the mouth of the false prophet.(KJV); And I saw three evil(1) spirits that looked like frogs leap from the mouths of the dragon, the beast, and the false prophet. / (1)Greek unclean(New Living)

16:14 - 저희는 귀신의 영이라 이적을 행하여 온 천하 임금들에게 가서 하나님 곧 전능하신 이의 큰 날에 전쟁을 위하여 그들을 모으더라(They are spirits of demons performing miraculous signs, and they go out to the kings of the whole world, to gather them for the battle on the great day of God Almighty.(NIV); For they are the spirits of devils, working miracles, which go forth unto the kings of the earth and of the whole world, to gather them to the battle of that great day of God Almighty.(KJV)

본절은 이미 『바이블 매트릭스』 4권(상) 1부 6장 7절의 "불의의 하나님들을 분별할 줄 아는 지혜 있는 인간(신)이 되자"와 5권 1부 2장 2절인 "영(Spirit or Spirits)이란"에서 영이란 하나님의 입에서 나오는 말씀이나 명령이나 메시지나 레이저 등의 무기를 의미한다고 했다.

또한 누차 설명했듯이 용과 짐승들과 거짓 선지자들은 적그리스도들이라고 했다. "세 더러운 영(three evil spirits or three unclean spirits)"이란 더럽고 악한 영인데, 어디서 나오는가 하면, 용의 입과 짐승의 입과 거짓 선지자의 입에서 나온다. 이들 입에서 나온다는 것은 이들 입에서 불경스러운 말이나 명령이나 메시지가 나온다, 즉 전달하는 것을 의미하는 것이다. 따라서 세 더러운 영의 근원지는 마귀(용/뱀/사단/귀신)로, 마귀가 명령과 메시지를 땅의 짐승에게 전달하면, 그 다음 땅의 짐승이 거짓 선지자에게 전달하는 것이다.

3. 개구리 같은 영(메시지)이 온 천하의 왕들을 끌어 모아, 하나님 아버지의 큰 날의 전쟁인 아마겟돈 전쟁 준비

이 세 개의 악의 영들이 힘을 합쳐 이적을 행하고, 천하의 왕들, 특히 동방의 왕들을 비롯하여 온 세상 임금들에게 개구리 같은 메시지로 전달하여, 하나님 아버지의 큰 날에 전쟁(the battle of that great day of God Almighty), 즉 아마겟돈(Amageddon) 전쟁을 하기 위해 모이도록 하고 있는 것이다.

여기서 개구리 같은 영이라는 것은 실제 개구리를 이용해 메시지를 전달할 수도 있다는 의미로, 즉 메시지(명령)를 개구리를 이용해 온 천하 왕들에게 전달한다고도 확대 해석할 수 있는데, 이는 이미 『바이블 매트릭스』 4권(하) 2부 9장인 "애굽에 내린 10개의 재앙, 인간(신)과 동물/곤충의 인터페이스(BBI)"에서 살펴보았듯이, 구약에 등장하는 개구리, 파리, 메뚜기, 메추라기, 왕벌, 까마귀 등을 브레인-브레인 인터페이스를 통해 조정한다는 의미일 수도 있을 것이다.

개구리는 주로 어두운 저녁이나 밤에 울어댄다. 빅 브라더와 666시스템의 전력망이 파괴되었을 것이다. 따라서 바벨론 도시가 깜깜해졌을 것이다. 전력이 차단 파괴되었는데 온 세상 임금들에게 어떻게 적그리스도들의 메시지를 전달할 수 있겠는가? 그러니 개구리를 이용할 수도 있을 것이다.

7절 「요한계시록」 16:15 - 보라 내가 도적같이 오리니, 하얀 옷이 아닌 그 냥 옷이란?

☞ 「요한계시록」 16:15 - 보라 내가 도적같이 오리니 누구든지 깨어 자기 옷을 지켜 벌거벗고 다니지 아니하며 자기의 부끄러움을 보이지 아니하는 자가 복이 있도다("Behold, I come like a thief! Blessed is he who stays awake and keeps his clothes with him, so that he may not go naked and be shamefully exposed."(NIV); Behold, I come as a thief. Blessed is he that watcheth, and keepeth his garments, lest he walk naked, and they see his shame.(KJV)

아…오늘, 2015년 5월 3일에야 "보라 내가 도적같이 오리니"의 또 다른 의미를 이해하였다. 이 말씀은 밤에 오신다는 뜻도 있겠지만, 다섯째 천사의 다섯째 대접으로 바벨론 왕국의 전력망이 파괴되어 전체가 완전히 어두워졌다(his kingdom was full of darkness)고 생각할 수도 있다. 사람들은 어두워졌으니 옷도 안 입고 벌거벗고 다닐 것이다. 아픔과 종기로 인해 옷을 안 입고 다닐 수 있을 것이다. 어두워졌으니 옷을 벗고 잠만 잘 것이다. 그래서 깨어 옷을 입고 늘 예수님이 곧 들이닥칠 것을 알고 예수님을 주시하라는 것이다.

그렇다면 옷(clothes or graments)이란 무엇인가? 누차 설명했지만 빛나고 하얀 옷 또는 빛나고 하얀 세마포(fine linens, clean and white linen)는 성도들의 의로운 행위(the righteous acts)를 의미한다고 했다(「요한계시록」 19:8). 여기서 의로운 행위는 예수님의 피에 그 옷을 씻었다는 뜻이다. 씻었다는 뜻은 하나님 아버지의 말씀과 예수님의 증거를 위해 순교를 당해 죽었다는 것이다(「요한계시록」 7:14). 『바이블 매트릭스』 시리즈를 통해 누차 얘기했지만, 이 때 흰 옷이란 바로 하얀 우주복을 말하는 것이다. 따라서 순교를 당한 죽은 영혼들은 천국(낙원)에 올라가 하얀 우주복을 입는다고 했다. 문맥상 지금은 천국(낙원)이 소행성대로 이동되었고, 예수님의 공중재림에 맞추어 모두 부활하여 예수님과 함께 오셔서 적그리스도들과 싸우고 있다.

「요한계시록」 19:8 - 그에게 허락하사 빛나고 깨끗한 세마포를 입게 하셨은즉 이 세마포는 성도들의 옳은 행실이로다 하더라

「요한계시록」 7:14 - 내가 가로되 내 주여 당신이 알리이다 하니 그가 나더러 이르되 이는 큰 환난에서 나오는 자들인데 어린 양의 피에 그 옷을 씻어 희게 하였느니라

그런데 「요한계시록」 16장 15절에는 하얀 빛나는 옷이 아니라 그냥 옷이라 기록했다는 점이다. 상황을 이해해보자. 일곱째 천사의 대접 심판이 바로 일어날 시점이며, 곧 바벨론의 멸망이 일어나는 시점이다. 시간상으로 절체절명의 시간이다. 예수님은 이미 공중재림하셨다. 예수님의 말씀과 증거를 전할 시간이 없다. 따라서 이들은 순교를 당할 시간도 없고 순교를 당할 필요가 없을 것이다. 그래서 하얀 옷이 아니라 그냥 옷이라고 한 것이다. 이 때 그냥 옷이란, 순교를 당할 시간이 없지만, 그 마음 속에 그 가슴 속에 하나님의 말씀과 예수님의 증거와 명령을 간직한 자란 뜻일 것이다. 이는 「요한계시록」 22장 14절의 "두루마리를 빠는 자들은 복이 있으니…"와 같은 맥락일 것이다.

「요한계시록」 22:14 - 그 두루마기를 빠는 자들은 복이 있으니 이는 저희가 생명나무에 나아가며 문들을 통하여 성에 들어갈 권세를 얻으려 함이로다

그래서 자기 옷을 지키는 자들은 복이 있다 했으니, 분명히 예수님께서 바벨론을 멸망시키기 전에, 깨어 옷을 입고 있는 자들, 즉 그 마음 속에 그 가슴 속에 하나님의 말씀과 예수님의 증거와 명령을 간직한 자들을 불러낼 것이다. 바로 「요한계시록」 18장 4절에는 "내 백성아, 거기서(음녀=바벨론) 나와 그의 죄에 참예하지 말고 그의 받을 재앙들을 받지 말라"라고 예언되어 있는데, 이

는 이것을 입증한다고 볼 수 있다.

「요한계시록」 18:4 - 또 내가 들으니 하늘로서 다른 음성이 나서 가로되 내 백성아, 거기서 나와 그의 죄에 참예하지 말고 그의 받을 재앙들을 받지 말라

8절 「요한계시록」 16:16~21 - 아마겟돈 전쟁의 예고와 바벨론 성이 무너짐→진노의 포도주 잔을 받으매

1. 더러운 세 영이 왕들을 큰 날의 전쟁=아마겟돈으로 모으더라, 아마겟돈은 어디?

☞ 「요한계시록」 16:16 - 세 영이 히브리 음으로 아마겟돈이라 하는 곳으로 왕들을 모으더라(Then they gathered the kings together to the place that in Hebrew is called Armageddon.(NIV); And he gathered them together into a place called in the Hebrew tongue Armageddon.(KJV)

하나님 아버지의 큰 날에 전쟁(the battle of that great day of God Almighty)을 하기 위해 모이는 곳이 바로 아마겟돈(Armageddon or Harmagedon)이다. 그러데 아마겟돈에서 꼭 이해하여야 할 한 가지가 있는데, 그것은 어디가 아마겟돈인가 하는 것이다. 히브리어로 '아마겟돈'이라고 이라고 하는데, 그리스어로는 'Har Meggiddo or Medíddo(할 므깃도)'라는 말의 합성어이다. 그 뜻은 '므깃도의 산'이라는 뜻이다. 아마겟돈이라는 이름은 구약성서에서 몇 차례 중대한 전투가 벌어졌던 메기도(므깃도)라는 지명에서 유래했다. 사람들은 결정적인 전투나 충돌이 벌어지는 장소를 가리킬 때 아마겟돈이라는 말을 사용한다.

므깃도는 '주둔지'란 뜻이다. 이스라엘의 예루살렘 서북쪽에 있는 갈멜 산

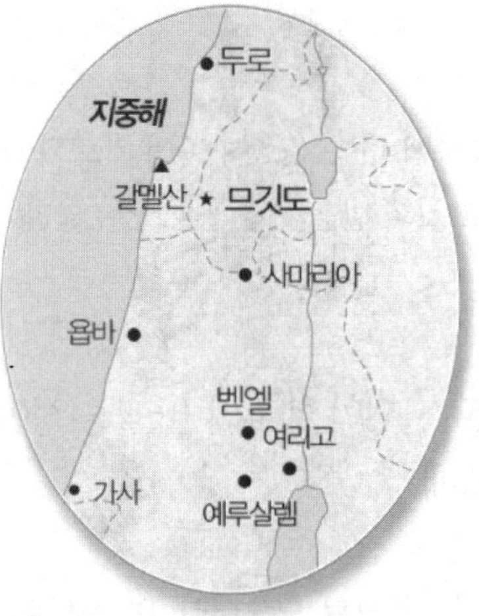

므깃도의 위치. Image Credit : 라이프성경사전 via Naver[3]

(Karmel) 아래쪽의 군사 전략지를 말한다. 팔레스타인 내륙에서 북방의 두로나 시돈으로, 또 메소포타미아에서 수리아(시리아)를 거쳐 애굽(이집트)으로 갈 때 반드시 통과해야 할 교통 요지다. 이런 전략 요충지요, 천혜의 요새로서의 특성 때문에 므깃도는 역사 이래 수많은 분쟁과 전쟁의 무대가 되었다.

므깃도라는 이름은 「여호수아」 12장 21절과 17장 11절에 처음으로 등장하는데, 이곳은 이스라엘 역사에서 수많은 전쟁이 치러진 곳이다. 사사 드보라와 군대장관 바락이 므깃도 물가 다아낙에서 가나안 군대장관 시스라를 물리쳤고(「사사기」 5:19~20), 예후가 아하시야를 죽이고 정권을 잡은 곳이며(「열왕기하」 9:27), 유다 왕 요시야가 애굽의 바로 바로느고에 패하여 전사했던 곳(「열왕기하」 23:29~30; 「역대하」 35:22)이다. 그리고 사도 요한은 「요한계시록」 16장 16절에서 인류 최후의 대격전장, 곧 악(적그리스도)의 세력이 결집하여 전투를 벌일 곳으로 이곳을 언급했다. 묵시문학에서 므깃도는 선과 악의 세력이 싸울 최종적인 전쟁터요, 마침내 사탄의 세력이 영영 패망하는 곳으로 이해하고 있다.

---

3 http://terms.naver.com/entry.nhn?docId=2392279&ref=y&cid=50762&categoryId=51387

그러나 현재 므깃도는 그렇게 큰 곳이 아니다. 그곳은 수많은 세계 군대들이 모여 전쟁을 할 만한 큰 곳이 아니고 시골에 있는 적은 평야에 불과하다. 그러나 먼 미래에는 므깃도가 아마겟돈 전쟁지역이 될 수도 있으며, 유프라테스 강 주변의 수메르 시대의 마리(Mari)나 바벨론이나 아카드나 수메르의 어느 지역이 될 수도 있을 것이다. 또한 이미 용과 짐승들이 예루살렘을 접수했으므로 예루살렘이 될 수도 있다. 역사는 돌고 돈다고 했다. 다시 바벨론 왕국이 들어서게 되고, 적그리스도들은 바벨론에 큰 전쟁을 위해 바벨탑을 다시 쌓는다고 했다.

그러나 「요한계시록」 16장 19절에서 바벨론은 멸망되고 하나님의 진노의 포도주 잔을 받는 것으로 보아, 바벨론은 아닌 것이 확실하다. 그리고 「요한계시록」 16장 16절에 처음 등장하는 아마겟돈 전쟁은, 아마겟돈 전쟁이 있을 것이다라고만 예언되어 있지, 그 전투의 결과가 빠져 있다는 것이다. 그 결과는 「요한계시록」 19장 19절에 예언되어 있는데, 여기에서 예수님의 군대가 승리하게 된다. 따라서 필자는 아마겟돈 지역이 예루살렘이나 므깃도가 되지 않을까 생각하는 것이다. 암튼 아마겟돈 전쟁은 이 땅에서 벌이는 하나님 아버지와 예수님의 군대와 적그리스도와 가라지들 간의 선과 악의 최후 전쟁이다. 자세한 것은 「요한계시록」 19장을 참조하라.

「요한계시록」 19:19 - 또 내가 보매 그 짐승과 땅의 임금들과 그 군대들이 모여 그 말 탄 자와 그의 군대로 더불어 전쟁을 일으키다가

2. 일곱째 – 대접을 공기에 쏟아, 바벨론 성이 무너짐, 진노의 포도주 잔을 받아

2–1. 이루었다, 공기를 구성하는 원자들의 원자핵반응을 일으켜→가장 큰 지진

☞ 「요한계시록」 16:17 - 일곱째가 그 대접을 공기 가운데 쏟으매 큰 음성이 성전에서 보좌로부터 나서 가로되 되었다 하니(The seventh angel poured out his bowl into the air, and out of the temple came a loud voice from the throne, saying, "It is done!"(NIV); Then the seventh angel poured out his bowl into the air. And a mighty shout came from the throne in the Temple, saying, "It is finished!"(New Living)

16:18 - 번개와 음성들과 뇌성이 있고 또 큰 지진이 있어 어찌 큰지 사람이 땅에 있어 옴으로 이같이 큰 지진이 없었더라(Then there came flashes of lightning, rumblings, peals of thunder and a severe earthquake. No earthquake like it has ever occurred since man has been on earth, so tremendous was the quake.(NIV)

일곱째가 그 대접을 공기 가운데 쏟으매 큰 음성이 성전의 보좌로부터 나서 가로되 되었다(It is done! or It is finished!) 한다. 계획대로 심판이 100% 이루어졌다는 것이다. 완벽하게 끝났다는 것이다. 일곱째가 마지막이란 뜻이다.

왜 일곱째 천사가 대접을 공기(into the air)에 대접을 쏟았을까? 지구의 공기에는 질소(78%), 산소(21%), 아르곤(0.9%), 이산화탄소(0.04%), 그리고 수소(0.01%) 등이 있다. 이들 공기들에게 대접을 쏟아 공기를 구성하는 원자들로 하여금 원자핵반응을 일으키게 하는 것이라 생각한다. 그 결과 대기가 불안정하게 되고, 균형이 깨지며, 각종 뇌성(천둥)과 번개와 소리가 발생하게 된다. 또한 불안정한 대기의 압력차이로 인하여 지각이 뒤틀리게 되며 그로 인해 전 세계가 지진에 휩싸이게 되는 것이다. 그 결과 이 땅에 인간이 창조된 이래, 이 땅에 사람이 살게 된 이래 가장 커다란 지진이 일어난다.

2-2. 뇌성/소리/번개/바람→바벨론 성이 셋으로, 만국의 성들도 무너짐

☞「요한계시록」16:19 - 큰 성이 세 갈래로 갈라지고 만국의 성들도 무너지니 큰 성 바벨론이 하나님 앞에 기억하신 바 되어 그의 맹렬한 진노의 포도주 잔을 받으매(The great city split into three parts, and the cities of the nations collapsed. God remembered Babylon the Great and gave her the cup filled with the wine of the fury of his wrath.(NIV)

뇌성(천둥)과 소리와 번개와 지진이 적그리스도들의 본거지인 바벨론 성을 세 갈래로 가르고, 바벨론을 따르던 이 지구상의 모든 성들도 무너진다. 어떻게 무너졌을까?

이미 『바이블 매트릭스』 4권(하) 2부 11장인 "여리고 성이 나팔과 합성(초음파와 군집 음파)에 무너지다"에서 소개했듯이, 군집 음파는 빛의 속도보다 빠르게 증폭되어 초음파를 이루게 된다. 그리고 증폭된 초음파는 성벽에 부딪힘으로써 성벽이 무너지게 된다. 이것은 어디까지나 파동의 원리이다. 따라서 에너지인 번개를 증폭시키면 어디든지 폭파시킬 수 있다. 지금도 레이저를 쏘아 도시 전체를 날려버릴 수 있다.

또 한 가지 과학적 사실이 있다. 대기기 불안정해지면 급팽창한 고기압과 저기압의 차이로 강한 바람이 분다. 이 때의 바람은 빛의 속도를 능가할 수 있다. 이미 『바이블 매트릭스』 1권 『우주창조의 비밀』의 2부 4장 6절인 "블랙홀의 바람은 생명의 근원"에서 밝혔듯이 바람은 불보다 무서운 것이다. 노아의 심판은 물이었고, 본장의 심판은 불이며, 다음은 바람이라고 흔히들 말하는데, 바로 바람의 무서운 능력 때문이다. 토네이도와 비슷한 것을 말하는 것이다. 그러니 뇌성(천둥)과 소리와 번개와 바람으로 바벨론 성을 셋으로 쪼개고 바벨론을 따르던 이 지구상의 모든 성들(도시들)을 무너뜨리는 것이다. .

2-3. 하나님 아버지의 맹렬한 진노의 포도주 잔을 받으매

그리고 마침내 「요한계시록」 14장 17절~20절에서 준비한 하나님의 맹렬한 진노의 포도주 잔(the cup filled with the wine of the fury of his wrath), 즉 사약을 바벨론에 참여한 불의한 자들, 즉 가라지들에게 내려 받아 마시게 한다. 이 사약을 받고도 살아남을 자가 있을까?

2-4. 각 섬도 섬의 나라들도 산악도 산악의 나라들로 다 사라지다.

☞「요한계시록」 16:20 - 각 섬도 없어지고 산악도 간데 없더라(Every island fled away and the mountains could not be found.(NIV)

그 결과 지구 상의 각 섬도 섬의 나라들도, 산악도 산악의 나라들로 다 사라지게 되는 것이다. 그러니 가라지들은 어떻게 되겠는가?

2-5. 큰 우박이 내려, 하나님 아버지를 계속 비방

☞「요한계시록」 16:21 - 또 중수가 한 달란트나 되는 큰 우박이 하늘로부터 사람들에게 내리매 사람들이 그 박재로 인하여 하나님을 훼방하니 그 재앙이 심히 큼이러라(From the sky huge hailstones of about a hundred pounds each fell upon men. And they cursed God on account of the plague of hail, because the plague was so terrible.(NIV); There was a terrible hailstorm, and hailstones weighing as much as seventy-five pounds(1) fell from the sky onto the people below. They cursed God because of the terrible plague of the hailstorm. / (1)Greek 1 talent [34 kilograms](New Living)

지금도 비가 안 오면 비를 내리게 하는 기술이 개발되고 있다. 그러니 큰 우박을 내리는 것은 아무것도 아닐 것이다. 그것도 우박 하나의 크기가 34킬로그램이니, 이것을 맞고도 살아남을 도시들과 인간들이 있을까?

이것으로 일곱 천사의 일곱 대접 재앙 심판이 끝나는 것이다. 다음「요한계시록」 17장과 18장과 19장은 바벨론 성이 왜 멸망하는지 어떻게 멸망하는지, 아마겟돈 전쟁이 무엇인지 그 구체적인 사실을 예언의 계시로 전해주고 있다. 하나님 아버지 만세^^ 예수님 만세^^

17장

「요한계시록」17장 - 큰 음녀(바벨론)에게 내릴 심판의 이유, 첫 번째=네 번째 무저갱의 짐승, 일곱 머리=일곱 제국들(~c.AD 10800~)

「요한계시록」 16장에서 살펴본, 일곱째 천사가 대접을 공기에 쏟자 뇌성/소리/번개/바람으로 바벨론 성이 세 갈래로 갈라지고 만국의 성들도 다 무너지고, 바벨론 성의 가라지들은 하나님의 맹렬한 진노의 포도주 잔(the cup filled with the wine of the fury of his wrath)을 받는데, 「요한계시록」 17장은 특히 큰 음녀인 바벨론 성이 왜 심판을 받아야 하는지, 왜 바벨론 성에 심판을 내리는지, 그 구체적인 원인과 먼 미래의 시대적 정황을 보여주는 예언의 장이다.

특히 「요한계시록」 11장의 두 증인(모세와 엘리야의 재림과 부활)에 등장했던 첫번째 무저갱의 짐승(왕)이 네 번째로 다시 등장하는데, 이 짐승을 "전에 있었다가(once was), 시방 없으나(is not), 장차(will come) 무저갱으로 올라와 멸망으로 들어갈 자니"라고 기록하고 있다(「요한계시록」 17:8). 이는 하나님 아버지와 예수님을 흉내낸다는 것을 의미한다. 따라서 첫 번째 짐승과 네 번째 짐승은 같은 짐승이다. 이 일은 대략 AD 10800년경에 일어날 것으로 예측되어진다.

특히 17장은 많은 상징과 해석이 나오므로 이를 동시에 보면서 소개하고자 한다. 음녀와 바벨론은 같은 뜻으로 먼 미래에 다시 등장할 이 지구에서의 적그리스도들이 모이는 장소인 바벨론 성을 말하는 것이다. 왜 바벨론 성을 무너뜨리고 불사르냐 하면 과거나 미래의 적그리스도들의 본거지이기 때문이다. 적그리스도들을 멸망시키기 전에 본거지를 먼저 멸망시키는 것이다.

이 때 적그리스도들이란 「요한계시록」 16장에서 살펴본 세 더러운 영, 즉 불의의 하나님들의 우두머리인 용(뱀/사단/마귀), 짐승들(왕들), 그리고 거짓 선지자들이다. 또한 적그리스도의 편에 선 불의의 인간들도 포함된다. 적그리스도들은 바벨론을 본거지로 하여 과거에도 존재했었고 미래에도 존재할 것이며, 하나님 아버지의 말씀과 예수님의 증거를 지키는 자들을 다 죽였었고 먼 미래에도 다 죽일 것이다. 따라서 성도들은 바벨론에서 순교를 당했었고 또 당할 것이다.

본권 1부인 "「다니엘」을 과학적/역사적인 관점으로 해석하기"에서 살펴보았던 제국들을, 「요한계시록」 17장에 등장하는 일곱 머리, 즉 일곱 왕, 즉 일곱 제국으로 매칭시키고, 「요한계시록」 11장의 첫 번째의 무저갱의 짐승(왕)과 13장의 두 번째의 바다 짐승(왕)과 세 번째의 땅의 짐승(왕)과 17장의 첫 번째=네 번째의 무저갱의 짐승(왕)과 19장과 20장의 세 번째의 땅의 짐승(왕)을 대입시켜 시계열로 분석 매핑해보면 다음과 같을 것이다.

첫째(①)가 신바빌로니아제국(BC 625~BC 539), 둘째(②)가 페르시아제국(아케메니드제국, BC 550~BC 330), 셋째(③)가 그리스(헬라)제국(마케도니아 왕조, BC 514~BC 146 or BC 30), 넷째(④)가 로마제국(BC 27~395~476~1453)과 로마 교황청(AD 313~538~1798)이다.

그리고 본권 1부에서 살펴보았던 "「다니엘」과 「요한계시록」으로 풀어본 '70이레' - 하나님의 백성과 예루살렘 성을 위하여 정한 기간"에 따라 전쟁과 황폐의 엄청 긴 공백기간이 있은 다음, 다섯째(⑤)가 바로 「요한계시록」

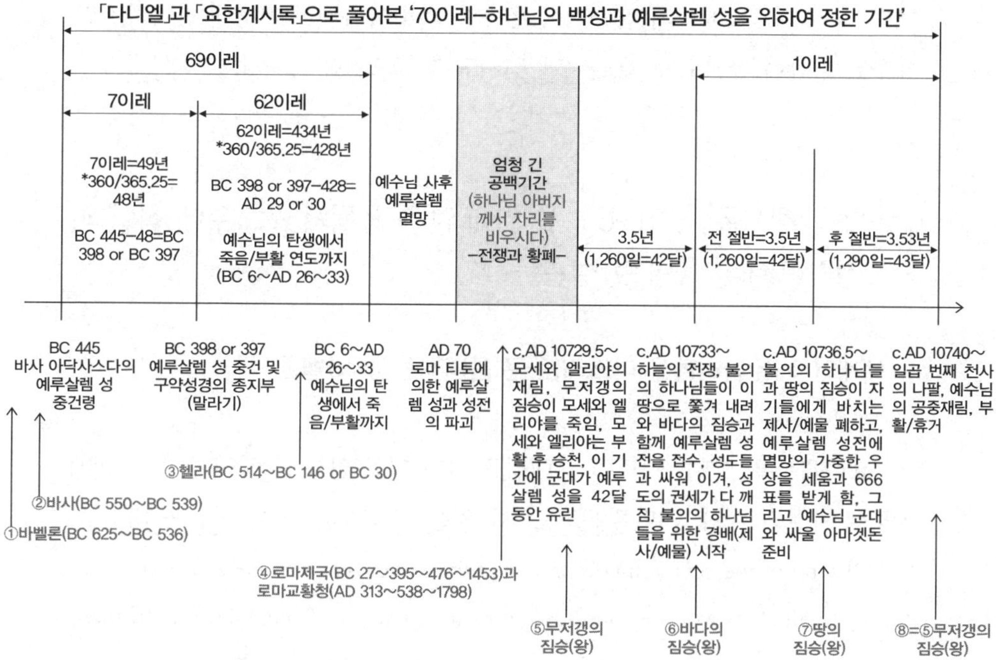

11장에 등장하는 무저갱의 제국에서 올라오는 짐승(왕)이고, 여섯째(⑥)가 「요한계시록」 13장 전반부에 등장하는 바다제국에서 나오는 짐승(왕)이며, 일곱째(⑦)가 「요한계시록」 13장 후반부에 등장하는 땅의 제국에서 올라오는 짐승(왕)이다. 그런데, 다섯째(⑤)의 무저갱의 짐승이 「요한계시록」 11장에서 사라졌다가 「요한계시록」 17장에 다시 여덟째(⑧) 왕으로 등장하여 음녀인 바벨론을 멸망시키고 예수님 군대와 싸우게 된다. 따라서 ⑤=⑧은 같은 왕으로 일곱 왕에 속한 자이다. 자세한 것은 차차 설명하기로 한다.

따라서 이를 요약하면 다섯째(⑤)가 무저갱의 제국, 여섯째(⑥)가 바다제국, 일곱째(⑦)가 땅의 제국이 되며, 여덟째(⑧) 왕은 바로 다섯째(⑤)의 무저갱의 제국의 왕으로 ⑤=⑧은 같다. 그리고 바다제국의 짐승이 제일 먼저 멸망되고(죽고)(「요한계시록」 13장), 그 다음에 무저갱제국의 짐승이 멸망되고(「요한계시록」 17장), 땅제국의 짐승만이 끝까지 남아 아마겟돈 전쟁에 참여하지만, 예수님께 잡혀 산채로 유황 불못에 던져진다(「요한계시록」 19장).

1절 「요한계시록」 17:1~6 - 물 위에 앉은 음행의 포도주에 취한 과거와 미래의 음녀=바벨론

1. 세계의 여러 나라들을 다스리는 큰 음녀=큰 성=바벨론

☞ 「요한계시록」 17:1 - 또 일곱 대접을 가진 일곱 천사 중 하나가 와서 내게 말하여 가로되 이리 오라 많은 물 위에 앉은 큰 음녀의 받을 심판을 네게 보이리라(One of the seven angels who had the seven bowls came and said to me, "Come, I will show you the punishment of the great prostitute, who sits on many waters.(NIV)

17:15 - 또 천사가 내게 말하되 네가 본 바 음녀의 앉은 물은 백성과 무리와 열국과 방언들이니라(Then the angel said to me, "The waters you saw, where the prostitute sits, are peoples, multitudes, nations and languages.)

17:18 - 또 네가 본바 여자는 땅의 임금들을 다스리는 큰 성이라 하더라(The woman you saw is the great city that rules over the kings of the earth.")

17:5 - 그 이마에 이름이 기록되었으니 비밀이라, 큰 바벨론이라, 땅의 음녀들과 가증한 것들의 어미라 하였더라(This title was written on her forehead: MYSTERY BABYLON THE GREAT THE MOTHER OF PROSTITUTES AND OF THE ABOMINATIONS OF THE EARTH.)

"물"은 백성과 무리와 열국과 방언들이라고 했으니, 많은 사람들과 나라들과 서로 다른 언어를 쓰는 무리라는 뜻이다. "물 위에 앉은"이란 전 세계의 사람들과 나라들 위에 군림하는 실체로 이들로부터 칭송과 숭배를 받고 부귀와 영광을 누린다는 뜻이다. "음녀", 즉 "여자"는 땅(세계)의 여러 나라 임금들(왕들)을 다스리는 큰 성(great city)이라는 것이다. 그런데 그 이마에 이름이 기록되어 있는데, 바로 큰 바벨론(BABYLON THE GREAT)이라는 것이다.

2. 음행의 포도주에 취한 과거와 미래의 음녀=바벨론

☞「요한계시록」17:2 - 땅의 임금들도 그로 더불어 음행하였고 땅에 거하는 자들도 그 음행의 포도주에 취하였다 하고(With her the kings of the earth committed adultery and the inhabitants of the earth were intoxicated with the wine of her adulteries."(NIV)

바벨론은 땅의 임금들과 더불어 음행하였다는 것은 (1) 실제로 음란한 행위를 하였다는 것이고, (2) 악을 저지르며 잘못된 교리와 가장된 교리로 사람들을 미혹했다는 것이며, (3) 의로운 성도들을 괴롭히고 죽였다는 것이며, (4) 자기들이 하나님 아버지와 예수님이라고 거짓 행위를 했다는 것이며, 하나님 아버지와 예수님을 비방하고 적대시했다는 것이며, (5) 한마디로 적그리도들의 행위를 말하는 것이다.

그결과 땅에 거하는 자들도 이러한 음행의 포도주에 취했다는 것이다. 취했다는 것은 바벨론의 적그리스도들을 경배하고 그들의 우상에 숭배한다는 것을 의미한다. 과거에도 음녀(바벨론)는 음행의 포도주에 취했고 미래에도 음행의 포도주에 취한다는 뜻이다.

3. 붉은 옷+금/보석/인조+금잔+가증한 물건+음행을 일삼는 바벨론

☞「요한계시록」17:4 - 그 여자는 자주 빛과 붉은 빛 옷을 입고 금과 보석과 진주로 꾸미고 손에 금잔을 가졌는데 가증한 물건과 그의 음행의 더러운 것

들이 가득하더라(The woman was dressed in purple and scarlet, and was glittering with gold, precious stones and pearls. She held a golden cup in her hand, filled with abominable things and the filth of her adulteries.(NIV)

17:5 - 그 이마에 이름이 기록되었으니 비밀이라, 큰 바벨론이라, 땅의 음녀들과 가증한 것들의 어미라 하였더라(This title was written on her forehead: MYSTERY BABYLON THE GREAT THE MOTHER OF PROSTITUTES AND OF THE ABOMINATIONS OF THE EARTH.)

"그 여자는 자주 빛과 붉은 빛 옷을 입고"라는 것은 빨주노초파남보흰색 중 빨강색에 가까운 옷을 입었다는 것으로, 땅의 인간들과 유대관계를 깊게 맺었다는 뜻이고, 빨강색의 옷이란 거짓으로 가장했다는 것이다. 빨강색은 적군을 뜻하는 것이고, 공산당을 뜻하는 것이며, 사람들을 선동하는 집단을 의미한다.

"금과 보석과 진주로 꾸미고"라는 것은 사람들로부터 받은 예물인 금과 보석과 진주로 꾸몄다는 것이며 그만큼 사치를 한다는 뜻이다. 또한 이는 「요한계시록」 18장 11절~13절의 전 세계의 상품들인 금과 보석과 진주를 거래한다는 뜻으로 「요한계시록」 13장에서 살펴본 거래를 위한 666표를 장악했다는 뜻이다.

"금잔"이란 그 옛날 여호와 하나님께서 사용하시던 지성소의 금잔을 손에 들어 더럽히고 있음을 의미하는 것이다. 마치 자기가 하나님 아버지인 양 흉내내고 있음을 의미하는 것이다. "가증한 물건"이라 각종 우상을 세운다는 의미이다. 「요한계시록」 13장에서 살펴본 죽은 바다 짐승의 우상을 말하는 것이다.

「예레미야」 51:7 - 바벨론은 여호와의 수중의 온 세계로 취케 하는 금잔이라 열방이 그 포도주를 마시고 인하여 미쳤도다(Babylon was a gold cup in the LORD'S hand; she made the whole earth drunk. The nations drank her wine; therefore they have now gone mad.(NIV)

"음행의 더러운 것들"이란 각종 적그리스도적인 교리와 행위와 난잡한 섹스를 말하는 것이다. "땅의 음녀"란 바벨론과 결탁한 불의한 자들을 말하는 것이다. 그래서 바벨론은 이러한 가증한 것들의 어미라고 표현한 것이다.

4. 바벨론의 역사와 음행의 여신들과 가증한 신들, 적그리스도들의 온상 지

원래 바벨론은 BC 3450년경에 불의의 젊은 마르둑(Marduk) 신이 고위 아눈나키들의 신권을 탈취하고 바벨론을 신들의 관문((Gateway of the Gods)으로 선포한 후 「창세기」 11장의 바벨탑을 쌓았다. 이 때부터 바벨론은 불의, 음행, 가증, 혼란, 참람함을 뜻하는 지역으로 변했다.[1] 또한 『바이블 매트릭스』 4권 『하나님들의 과학기술과 우리가 창조해야 할 미래(상)』의 1부 1장의 "엘로힘(Elohim)=하나님(God), 야훼=여호와(LORD), 다른 나라의 엘로힘=신들(gods)"과 4장 "구약성경에 등장하는 수메르의 신들"과 5장 "「창세기」 6장의 네피림(Nephilim)은 배반한 이기기(Igigi) 신들"에서 소개했듯이, 인간과 결혼한 젊은 마르둑 신과, 인간들과 결혼한 젊은 이기기 신들의 타락을 의미하는 것이다. 그리고 수메르 신화에 등장하는 인안나(Inanna) 여신을 그대로 묘사한 구약에 등장하는 아세라(Asherah)나 아스다롯(Ashtorethb) 여신들이 인간과의 난잡한 섹스를 의미하는 것이다. 이 여신들은 신전에서 인간의 왕들, 인간의 고위급 사제들, 그것도 모자라 미동들과 섹스를 했다. 그래서 "음행"과 "땅의 음녀"라고 표현한 것이다.

---

1 자세한 것은 『바이블 매트릭스』 4권 『하나님들의 과학기술과 우리가 창조해야 할 미래(상)』의 2부 6장인 "바벨탑에 숨겨진 비밀"을 참조하라.

그리고 이외에 구약에는 가증한 많은 신들이 등장한다. 「여호수아」 6장 10절에는 '아모리 족속들의 신들(the gods of the Amorites)'이 등장하고, 「여호수아」 10장 6절에는 '바알 신들(the Baals)', 여신들인 '아스다롯(the Ashtoreths), '아람의 신들(the gods of Aram)', '시돈의 신들(the gods of Sidon)', '모압의 신들(the gods of Moab)', '암몬의 신들(the gods of the Ammonites)'과 '팔레스타인(블레셋)의 신들(the gods of the Philistines)'이 등장한다. 「열왕기상」 11장 7절, 11장 33절과 「열왕기하」 23장 13절에는 '모압의 가증한 신인 그모스(Chemosh the detestable god of Moab)'와 '암몬의 가증한 신인 몰록(Molech the detestable god of the Ammonites)'이라는 신의 이름이 구체적으로 거론되고 있다.

여기에서 왜 유달리 '가증한(detestable)' 또는 '가증한(vile)'이라고 표현했을까? 이들 신들은 인간들로 하여금 그 자녀들을 불살라 신들에게 번제를 드리도록 했기 때문이다(「레위기」 18:21 & 20:2~5; 「신명기」 12:31; 「열왕기하」 17:31; 「예레미야」 19:5).

그래서 음행의 더럽고 가증한이라고 표현한 것이며, 바벨론은 "땅의 음녀들과 가증한 것들의 어미"라고 표현한 것이다. 어미라는 것은 과거에도 그랬고, 먼 미래에도 바벨론은 전세계의 어머니가 된다는 의미이다. 다시 불의의 하나님들의 온상이 된다는 의미이다. 먼 미래에도 「요한계시록」 12장의 하늘의 전쟁에서 패한 불의의 하나님들의 우두머리인 용(뱀/사단/마귀)과 그의 천사들, 그리고 땅의 왕들과 거짓 선지자들이 바벨론에 모여 하나님 아버지와 예수님의 군대와 일대 전쟁을 벌일 것이다. 또한 이곳에 바벨탑(우주선시설)을 다시 쌓을 것이다.

5. 붉은 짐승인 첫 번째=네 번째 무저갱의 왕을 탄(결탁한) 여자=바벨론

☞ 「요한계시록」 17:3 - 곧 성령으로 나를 데리고 광야로 가니라 내가 보

니 여자가 붉은 빛 짐승을 탔는데 그 짐승의 몸에 참람된 이름들이 가득하고 일곱 머리와 열 뿔이 있으며(Then the angel carried me away in the Spirit into a desert. There I saw a woman sitting on a scarlet beast that was covered with blasphemous names and had seven heads and ten horns.(NIV)

"성령으로 나를 데리고 광야로 가니라"라는 번역을 잘못한 것이다. "영"이라 번역해야 하는데, 이는 하나님 아버지가 사용하시는 과학도구를 말하는 것이다.[2] 따라서 텔레파시나 우주선을 말하는데 여기서는 사도 요한이 우주선을 타고 광야로 간다는 뜻이다.

"붉은 빛 짐승"이란 무저갱의 제국에서 올라오는 짐승, 즉 무저갱(땅속)의 나라들 중 위임을 받은 한 나라의 왕이란 뜻이다. 무저갱의 왕은 차후 자세히 설명하기로 한다. "여자가 붉은 빛 짐승을 탔는데"라는 것은 무저갱의 나라와 결탁해 지원을 받는다는 의미이다.

이미 소개했지만, 「요한계시록」 11장의 두 증인(모세와 엘리야의 재림과 부활)에 등장했던 무저갱제국의 짐승(왕)이 첫 번째이고, 그 다음이 「요한계시록」 13장의 바다제국의 짐승이 두 번째이고, 그 다음이 「요한계시록」 13장의 땅제국의 짐승이 세 번째이고, 다시 무저갱제국의 짐승이 네 번째로 등장하는 것이다. 땅속의 엄청난 에너지와 자원을 차지한 무저갱의 나라가 막강하다는 것을 의미하는 것으로, 종교적인 음녀(바벨론)가 이 막강한 나라의 정치적이고 군사적인 지원을 받는다는 것을 의미하는 것이다.

---

2 자세한 것은 『바이블 매트릭스』 5권 『성령으로 무장하신 예수님의 과학기술』의 1부 2장 1절 "영(Spirit or Spirits)이란? 하나님 아버지의 지식=과학기술"과 2절인 "성령(Holy Spirit)=하나님 아버지의 말씀=진리=빛=생명(영생), 전지전능"을 참조하라.

6. 성도들의 피와 예수님의 증인들의 피에 취한 여자=바벨론

☞ 「요한계시록」 17:6 - 또 내가 보매 이 여자가 성도들의 피와 예수의 증인들의 피에 취한지라 내가 그 여자를 보고 기이히 여기고 크게 기이히 여기니(I saw that the woman was drunk with the blood of the saints, the blood of those who bore testimony to Jesus. When I saw her, I was greatly astonished.(NIV)

"여자가 성도들의 피와 예수의 증인들의 피에 취한지라"라는 것은 이 여자(바벨론)가 과거에 성도들을 많이 죽였고 미래에도 죽일 것이다는 의미이고, 예수님을 증거한 자들을 많이 죽였고 죽일 것이다라는 의미이다. 죽였고 죽인다는 것은 순교자들이(the martyrs) 많았고 많을 것이다라는 뜻이다. 적그리스도들이 미래에도 바벨론을 본거지로 하여 많은 성도들을 죽인다는 것이다.

2절 「요한계시록」 17:7~18 - 여자(바벨론)와 일곱 머리=일곱 제국들과 무저갱의 짐승(왕)의 비밀

1. 참람된 이름들+일곱 머리+열 뿔을 가진 붉은 빛 짐승(왕)

☞ 「요한계시록」 17:3 - 곧 성령으로 나를 데리고 광야로 가니라 내가 보니 여자가 붉은 빛 짐승을 탔는데 그 짐승의 몸에 참람된 이름들이 가득하고 일곱 머리와 열 뿔이 있으며(Then the angel carried me away in the Spirit into a desert. There I saw a woman sitting on a scarlet beast that was covered with blasphemous names and had seven heads and ten horns.(NIV); So he carried me away in the spirit into the wilderness: and I saw a woman sit upon a scarlet coloured beast, full of names of blasphemy, having seven heads and ten horns.(KJV)

17:7 - 천사가 가로되 왜 기이히 여기느냐 내가 여자와 그의 탄 바 일곱

머리와 열 뿔 가진 짐승의 비밀을 네게 이르리라(Then the angel said to me: "Why are you astonished? I will explain to you the mystery of the woman and of the beast she rides, which has the seven heads and ten horns.(NIV)

"붉은 빛 짐승"이란 아주 나쁜 왕이란 뜻이다. 원래 붉은색이나 주홍색은 불길함을 상징한다. 공산당이나 악적인 나라들은 다 붉은 깃발을 사용한다. 의롭지 못하다는 뜻으로 악을 의미한다. 하나님 아버지와 예수님을 적대시하는 적그리스도라는 뜻이다. 그래서 "짐승의 몸에 참람된 이름들이 가득하고"라고 한 것이다. 이것은 이미 13장인 「요한계시록」 13장에서 살펴본 바다의 짐승이 갖고 있던 일곱 머리에는 참람된 이름들이 있다고 한 것과 같은 것이다. 그런데 이 나쁜 짐승(왕)은 일곱 머리와 열 뿔이 있다는 것이다.

2. 무저갱의 짐승(was–is not–will come)→멸망(불못)으로 들어갈 자, 하나님 아버지와 예수님으로 가장

☞ 「요한계시록」 17:8 - 네가 본 짐승은 전에 있었다가 시방 없으나 장차 무저갱으로부터 올라와 멸망으로 들어갈 자니 땅에 거하는 자들로서 창세 이후로 생명책에 녹명되지 못한 자들이 이전에 있었다가 시방 없으나 장차 나올 짐승을 보고 기이히 여기리라(The beast, which you saw, once was, now is not, and will come up out of the Abyss and go to his destruction. The inhabitants of the earth whose names have not been written in the book of life from the creation of the world will be astonished when they see the beast, because he once was, now is not, and yet will come.(NIV); The beast that thou sawest was, and is not; and shall ascend out of the bottomless pit, and go into perdition: and they that dwell on the earth shall wonder, whose names were not written in the book of life from the foundation of the world, when they behold the beast that was, and is not, and yet is.(KJV)

"전에 있었다가(once was) 시방 없으나(is not) 장차 무저갱으로부터 올라와(will come)"란, 이 무저갱제국의 짐승이 「요한계시록」 11장의 두 증인(모세와 엘리야의 재림과 부활)에 첫 번째로 등장했었다는 것을 의미하는 것이다. 그것을 "전에 있었다(once was)"로 표현한 것이고, 그 다음 등장했다가 사라졌는데, 즉 땅속으로 들어갔는데, 이것을 "시방 없으나(is not)"라고 표현한 것이며, 앞으로 다시 무저갱에서 올라온다는 것(will come)을 의미하는 것이다. 이것은 대단히 중요한 의미이다. 왜냐하면 "was-is-will come"은 「요한계시록」에서 살펴보았듯이, 그 주인공은 바로 하나님 아버지와 예수님이기 때문이다.

이미 1장인 「요한계시록」 1장의 1절 1-5의 "이제도(is)=전에도(was)=장차 오실 이(is to come)=하나님 아버지"에서 "이제도 계시고(who is) 전에도 계시고(who was) 장차 오실 이(who is to come)"란 바로 하나님 아버지(God the Father)라 했다. 과거에도 존재하시고 현재도 존재하시며 미래에도 존재하시는 하나님 아버지라고 했다. 영원히 존재한다고 했다. 이 표현은 「요한계시록」에 몇 차례 더 등장하는데(「요한계시록」 1:8 & 4:8), 필자가 보기엔 매우 중요하다

「요한계시록」 1:4 - 요한은 아시아에 있는 일곱 교회에 편지하노니 이제도 계시고 전에도 계시고 장차 오실 이와 그 보좌 앞에 일곱 영과

바로 무저갱의 짐승이 하나님 아버지와 예수님을 흉내 낼 것이라는 점이다. 흉내를 낸다는 것은 하나님 아버지와 예수님으로 가장한다는 것을 의미한다. 이 때가 대략 AD 10800년경이라 했다. 이미 「요한계시록」 12장에서 불의의 하나님들의 우두머리가 하늘의 전쟁에서 이 땅으로 쫓겨 내려왔다고 했다. 따라서 용의 권세와 무저갱의 짐승의 과학기술 수준을 볼 때 거의 하나님 아버지와 예수님의 전지전능한 수준과 맞먹을 것이다.

「고린도후서」 11:14 - 이것이 이상한 일이 아니라 사단도 자기를 광명의

천사로 가장하나니

11:15 - 그러므로 사단의 일군들도 자기를 의의 일군으로 가장하는 것이 또한 큰 일이 아니라 저희의 결국은 그 행위대로 되리라

그래서 장차 올라올 무저갱의 짐승은 "멸망으로 들어갈 자(go to his destruction)"라고 표현한 것이다. 모종의 왕의 역할을 하고 결국 멸망한다는 것이다. 이 때 멸망한다는 것은 유황 불못에 던저진다는 것을 의미하는 것이다.

3. 생명책에 녹명되지 못한 자들은 무저갱의 짐승에게 경배

☞ 「요한계시록」 17:8 - 네가 본 짐승은 전에 있었다가 시방 없으나 장차 무저갱으로부터 올라와 멸망으로 들어갈 자니 땅에 거하는 자들로서 창세 이후로 생명책에 녹명되지 못한 자들이 이전에 있었다가 시방 없으나 장차 나올 짐승을 보고 기이히 여기리라(The beast, which you saw, once was, now is not, and will come up out of the Abyss and go to his destruction. The inhabitants of the earth whose names have not been written in the book of life from the creation of the world will be astonished when they see the beast, because he once was, now is not, and yet will come.(NIV)

이는 이미 13장인 「요한계시록」 13장에서 소개한 내용이다. 땅에 거하는 자들로서 창세 이후로 생명책에 녹명되지 못한 자들은 장차 나올 짐승을 보고 다 기이히 여긴다(will be astonished or wonder)는 것이다. 기이히 여긴다는 것은 다 경배한다는 의미이다. 그런데, 왜 기이히 여기며 경배하는가 하면 "이전에 있었다가 시방 없으나 장차 나올 짐승"이기 때문(because)이라는 것이다. 다시 말해 하나님 아버지와 예수님으로 가장했기 때문이다. 그러니 하나님 아버지와 예수님과 적그리스도를 분별하지 못하는 그 때의 사람들은 다 적그리스도를 진짜 하나님 아버지와 예수님으로 착각하고 다 경배하는 것이다.

그렇다면 생명책에 녹명된 사람들은 어떻게 될까? 이들은 진짜와 가짜를 구별하는 능력이 있을 것이다. 생명책에 녹명된 자들은 하나님 아버지의 영(spirit)을 그대로 받았다고 했다. 그래서 진리의 영(the spirit of truth)이 무엇인지, 미혹의 영(the spirit of falsefood or deception), 즉 적그리스도의 영(the spirit of antichrist)의 무엇인지 구별할 수가 있을 것이다.[3] 그래서 생명책에 녹명되지 못한 자들은 혹시 복제인간들이 아닐까 하고 필자가 생각하는 것이다.

4. 일곱 머리=일곱 제국=일곱 왕, 일곱 머리 중 하나가 무저갱의 왕

☞ 「요한계시록」 17:3 – 곧 성령으로 나를 데리고 광야로 가니라 내가 보니 여자가 붉은 빛 짐승을 탔는데 그 짐승의 몸에 참람된 이름들이 가득하고 일곱 머리와 열 뿔이 있으며(Then the angel carried me away in the Spirit into a desert. There I saw a woman sitting on a scarlet beast that was covered with blasphemous names and had seven heads and ten horns.(NIV)

17:9 – 지혜 있는 뜻이 여기 있으니 그 일곱 머리는 여자가 앉은 일곱 산이요("This calls for a mind with wisdom. The seven heads are seven hills on which the woman sits.(NIV)

17:10 – 또 일곱 왕이라 다섯은 망하였고 하나는 있고 다른이는 아직 이르지 아니하였으나 이르면 반드시 잠간 동안 계속하리라(They are also seven kings. Five have fallen, one is, the other has not yet come; but when he does come, he must remain for a little while.)

무저갱에서 올라오는 붉은 빛 짐승은 일곱 머리와 열 뿔을 가졌다고 했다. 일곱 머리와 열 뿔이 무엇을 뜻하는지 일곱 대접을 가진 일곱 천사 중 하나가

3 자세한 것은 『바이블 매트릭스』 4권 『하나님들의 과학기술과 우리가 창조해야 할 미래(상)』의 1부 6장 7절의 "불의의 하나님들을 분별할 줄 아는 지혜 있는 인간(신)이 되자"를 참조하라.

사도 요한에게 알려준다. 지혜 있는 뜻이 여기 있으니, 일곱 머리는 일곱 산이요, 일곱 산은 일곱 왕이라는 것이다. 일곱 왕이라는 것은 일곱 나라(제국)의 왕이란 뜻이다.

5. 일곱 머리는 여자(바벨론)가 앉은 일곱 산=일곱 왕은 과거↔미래의 일곱 왕

그런데 일곱 머리는 여자(바벨론)가 앉은 일곱 산이요, 일곱 산은 일곱 왕이라는 것이다. 앉았다는 것은 걸터앉았다는 뜻으로 일곱 왕들의 지지를 받는 바벨론을 의미한다. 이것은 두 가지로 해석할 수 있을 것이다. 하나는, 먼 미래에는 일곱 나라(제국)의 왕들이 등장하여 바벨론을 지지할 것으로 보는 것과 다른 하나는 과거와 미래를 포함해서 총 일곱 나라의 왕들이 바벨론을 지지했고 지지할 것이라 보는 것이다.

그러나 본권 1부 "「다니엘」을 과학적/역사적인 관점으로 해석하기"에서 살펴보았듯이 과거의 ①=바벨론제국, ②=페르시아(바사)제국, ③=헬라제국, ④=로마제국과 로마 교황청이 등장하고, 특히 「다니엘」 7장 9절~14절에서 살펴보았듯이, 과거의 네 개의 제국들 이외에 미래에 등장하는 짐승들이 등장하고, 또한 「요한계시록」 13장에서 살펴본 두 번째 바다 짐승이 사자(바벨론)와 곰(페르시아)과 표범(헬라)이 융합된 막강한 왕이라는 점을 고려한다면, 일곱 왕이란 과거와 미래를 포함함 일곱 나라, 즉 일곱 제국들로 보는 것이 타당할 것이다.

다시 말해 과거의 바벨론을 지지했던 네 개의 제국들과 미래에 등장하는 세 개의 제국들인, 첫 번째 무저갱제국의 짐승(왕), 두 번째 바다제국의 짐승(왕), 세 번째 땅의 제국의 짐승(왕)과 첫 번째의 무저갱제국의 짐승(왕)이 재등장하는 네 번째 무저갱의 짐승으로 보는 것이 합당할 것이다. 아니나 다를까? 다음 절에는 일곱 왕 중 다섯은 망했다는 내용이 나온다. 더 나아가 보자.

6. 일곱 왕 중 다섯은 망했고 하나는 있고 다른 이는 곧 이른다의 의미, 일곱 머리=일곱 제국들, ①=바벨론제국, ②=페르시아제국, ③=헬라제국, ④=로마제국과 로마 교황청, ⑤=무저갱제국, ⑥=바다제국, ⑦=땅의 제국, ⑧=⑤=무저갱제국

☞ 「요한계시록」 17:10 - 또 일곱 왕이라 다섯은 망하였고 하나는 있고 다른 이는 아직 이르지 아니하였으나 이르면 반드시 잠간 동안 계속하리라(They are also seven kings. Five have fallen, one is, the other has not yet come; but when he does come, he must remain for a little while.(NIV)

17:11 - 전에 있었다가 시방 없어진 짐승은 여덟째 왕이니 일곱 중에 속한 자라 저가 멸망으로 들어가리라(The beast who once was, and now is not, is an eighth king. He belongs to the seven and is going to his destruction.(NIV); And the beast that was, and is not, even he is the eighth, and is of the seven, and goeth into perdition.(KJV)

필자가 「요한계시록」 17장 10절~11절을 푸는 데 꽤나 오랜 시간이 걸렸다. 어제는 온 힘과 온 지식을 다 동원해 이를 푸느라 기진맥진하였다. 많은 분들이 여덟째 왕을 해석하는데, 망한 다섯을 ①=바벨론, ②=페르시아, ③=그리스 헬라, ④=로마, ⑤=로마 교황청으로 풀이하고, 하나는 있고의 ⑥=땅의 짐승을 미국으로, 아직 이르지 아니한 왕을 ⑦=세계연합정부로 해석하고 있다. 그리고 세계연합정부가 추대하는 여덟째 왕으로 ⑧=재등장하는 교황청으로 해석하고 있다. 그 이유는 「요한계시록」 13장 3절의 "바다 짐승의 일곱 머리(왕) 중 하나가 상하여 죽게 된 것 같더니 그 죽게 되었던 상처가 나으매 온 땅이 이상히 여겨 짐승을 따르고"를 죽었던 로마 교황청(AD 313~538~1798)이 다시 등장하는 것으로 보기 때문이다. 그러나 「요한계시록」 13장에서 바다 짐승도 죽어, 바다 짐승의 우상을 세우게 되는데, 이는 바다 짐승도 죽었다는 것은 망했다는 것을 의미하는 것이다. 그러니 이게 로마 교황청이 될 리가 없는 것이다. 땅의 짐승을 미국으로 보는 견해는 현재를 보았을 때 그 가능성이 높지만, 땅의 짐승이 등장하는 시기가 AD 10736.5년경이어서 미국으로 해석하는 것도 이치가 맞지 않는다. 나중에 다시 설명하겠지만, 지금은 전쟁과 황폐가 반복해서 일어나는 '엄청 긴 공백기간'에 속하는 것이다.

또한 앞에서 설명한 무저갱의 짐승이 다시 등장하기 때문에 "전에 있었다가(once was) 시방 없으나(is not) 장차 무저갱으로부터 올라와(will come)"라고 표현한 것인데, 여기에 중요한 비밀이 있는 것이다. 그것은 죽었다가 다시 살아난다고 표현하지 않았다는 점이다. 그래서 많은 분들이 무저갱의 짐승을 ⑧=교황청으로 잘못 해석하고 있는 것이다.

그렇다면 정확히 해석하기 위해서는 「다니엘」을 봐야 한다. 본권 1부인 "「다니엘」을 과학적/역사적인 관점으로 해석하기"에서 살펴보았던 제국들을, 「요한계시록」 17장에 등장하는 일곱 머리, 즉 일곱 왕, 즉 일곱 제국으로 매칭시키고, 「요한계시록」 11장의 첫 번째의 무저갱의 짐승(왕)과 13장의 두 번째의 바다 짐승(왕)과 세 번째의 땅의 짐승(왕)과 17장의 첫 번째=네 번째의 무저갱의 짐승(왕)과 19장과 20장의 세 번째의 땅의 짐승(왕)을 대입시켜 시계열로 분석 매핑해보면 다음과 같을 것이다.

첫째(①)가 신바빌로니아제국(BC 625~BC 539), 둘째(②)가 페르시아제국(아케메니드제국, BC 550~BC 330), 셋째(③)가 그리스(헬라)제국(마케도니아 왕조, BC 514~BC 146 or BC 30), 넷째(④)가 로마제국(BC 27~395~476~1453)과 로마 교황청(AD 313~538~1798)이다.

그리고 본권 1부에서 살펴보았던 "「다니엘」과 「요한계시록」으로 풀어본 '70이레' – 하나님의 백성과 예루살렘 성을 위하여 정한 기간"에 따라 전쟁과 황폐의 엄청 긴 공백기간이 있은 다음, 다섯째(⑤)가 바로 「요한계시록」 11장에 등장하는 무저갱의 제국에서 올라오는 짐승(왕)이고, 여섯째(⑥)가 「요한계시록」 13장 전반부에 등장하는 바다제국에서 나오는 짐승(왕)이며, 일곱째(⑦)가 「요한계시록」 13장 후반부에 등장하는 땅의 제국에서 올라오는 짐승(왕)이다. 그런데, 다섯째(⑤)의 무저갱의 짐승이 땅속으로 사라졌다가 「요한계시록」 17장에 다시 여덟째(⑧) 왕으로 등장하여 음녀인 바벨론을 멸망시키고 예수님 군대와 싸우게 된다. 따라서 ⑤=⑧은 같은 왕으로 일곱 왕에 속한 자이다.

따라서 "다섯은 망하였고"라는 것은 ①=바벨론, ②=페르시아, ③=헬라, ④=로마와 로마 교황청과 ⑥=바다제국이 망했다는 뜻이고, "하나는 있고"라는 현재 예루살렘과 바벨론을 지배하며 666표를 받게 한 ⑦=땅의 제국에서 올라온 짐승을 말하는 것이고, "다른 이는 아직 이르지 아니하였으나"라는 것은 곧 왕국이 등장할 것이라는 뜻이다. 이게 바로 다시 등장하는 무저갱의 짐승인데, 그 다음 절에 설명되어 있다.

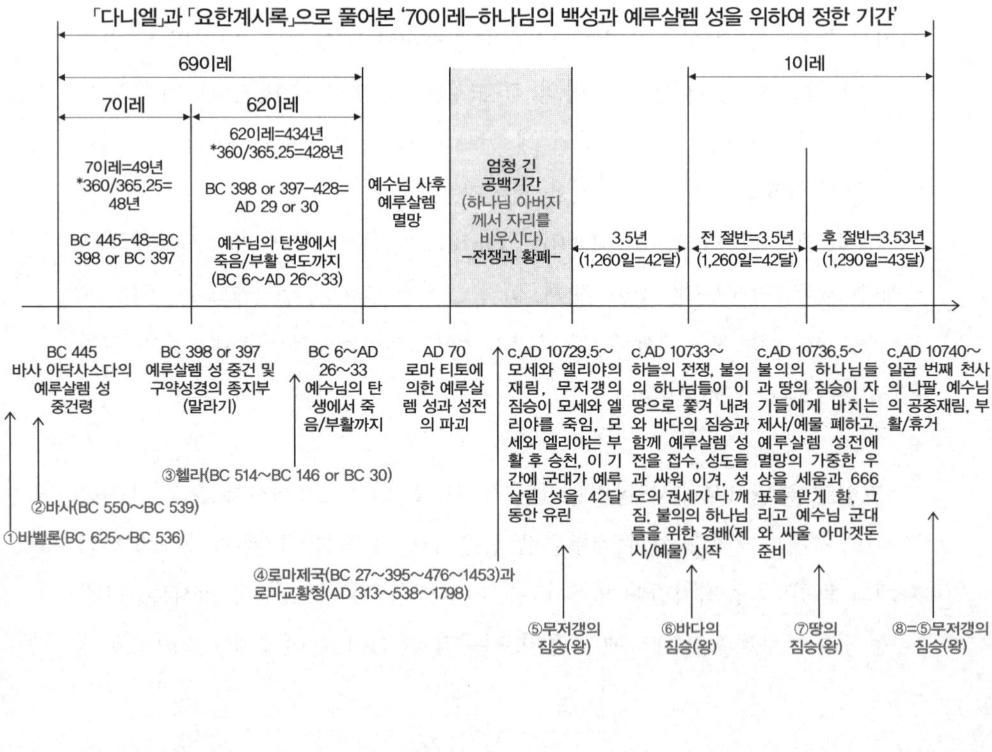

"전에 있었다가 시방 없어진 짐승은 여덟째 왕이니 일곱 중에 속한 자라 저가 멸망으로 들어가리라"에서 보듯이, 전에 있었다가 시방 없어진 짐승은 다섯 번째의 ⑤=무저갱의 짐승이며, 다시 등장하기 때문에 여덟째 왕인 ⑧=무저갱의 왕이지만, 일곱 제국 중에 속하였다 했으니, ⑧=⑤는 같은 무저갱의 짐승(왕)인 것을 알 수 있다.

그런데 이 무저갱의 왕이 멸망한다는 것이다. 왜 멸망하냐면 붉은 짐승이고 하나님 아버지를 비방하며 적대시하기 때문에 멸망으로 들어간다는 것이다. 멸망으로 들어간다는 것은 죽어, 그 영혼이 최종 심판에서 유황 불못에 던져진다는 것을 의미한다. 이는 「다니엘」 7장 9절~14절에서 살펴본 미래의 짐승들의 운명과 같은 것이다. 다시 말해 적그리스도라는 것이다. 나중에 다시 설명하겠지만 이 적그리스도의 무저갱의 왕이 같은 적그리도들의 중심 도시인 바벨론을 멸망시킨다.

7. 엄청난 긴 공백기간=하나님 아버지께서 자리를 비우시다

이렇게 본다면 하나님의 백성과 예루살렘 성을 위해 정한 기간이 70이레가 정확히 맞음을 알 수 있다. 그리고 한 가지 중요한 사실을 발견할 수 있다.

그것은 『바이블 매트릭스』 4권 『하나님들의 과학기술과 우리가 창조해야 할 미래(상)』의 1부 3장 "'야훼께서 자리를 비우시다'와 '손에 붙이시다'의 의미"에서 소개했듯이, 구약의 야훼 하나님께서 '자리를 비우시다'라는 의미를 되새겨볼 필요가 있다는 것이다. 야훼 하나님께서 자리를 비우시면 이스라엘 민족에게는 아무것도 할 수 없었다는 사실이며, 자리를 비우신 기간에 일어난 일들이 대부분 기록이 안되었다는 점이다. 모세의 40년간의 광야생활도 어떻게 40년간 생활했는지 그 여정이 기록되지 않았고, 110년간의 아시리아 유수도 70년간의 바벨론 유수도 그 자세한 기록이 없다는 것이다.

따라서 이렇게 유추해 볼 수 있을 것이다. 예루살렘 성전이 AD 70년에 멸망하고 나서 하나님 아버지의 보좌가 화성과 목성사이의 소행성대에 진입하는 c.AD 8580년까지, 그리고 모세와 엘리야가 재림하는 c.AD 10729.5년까지 엄청난 공백기간이 있음을 발견할 수 있다. 그 기간은 하나님 아버지께서 지구를 떠나 인간을 떠나 자리를 비우신 기간이라는 것을 알 수 있다. 이 기간 동안에는 전쟁과 황폐만 끊임없이 반복해 있을 것이란 얘기이다.

따라서 69이레는 하나님 아버지가 이 땅에 오셔서 직접 주관하셨던 바벨론→바사→그리스(헬라)→로마제국까지이며, 더불어 예수님의 초림과 죽음과 부활까지 정한 기간임을 알 수 있다. 그리고 긴 공백기간에 일어날 일들과 그 이후의 예수님의 재림은 「다니엘」과 「요한계시록」을 통해 예언의 기록으로 남겼다고 볼 수 있을 것이다. 그리고 마지막 한 이레는 하나님 아버지와 예수님께서 소행성대에 보좌를 베푸신 후 다시 지구에 직접 오셔서 악을 제거하고 최후의 심판을 주관하시는 기간임을 알 수 있다.

8. 열 뿔은 열 왕, 무저갱의 짐승(왕)에게 위임, 한 뜻으로 일시 동안 권세를 받아

☞ 「요한계시록」 17:12 - 네가 보던 열 뿔은 열 왕이니 아직 나라를 얻지 못하였으나 다만 짐승으로 더불어 임금처럼 권세를 일시 동안 받으리라("The ten horns you saw are ten kings who have not yet received a kingdom, but who for one hour will receive authority as kings along with the beast.(NIV); And the ten horns which thou sawest are ten kings, which have received no kingdom as yet; but receive power as kings one hour with the beast.(KJV); The ten horns of the beast are ten kings who have not yet risen to power. They will be appointed to their kingdoms for one brief moment to reign with the beast.(New Living)

17:13 - 저희가 한 뜻을 가지고 자기의 능력과 권세를 짐승에게 주더라 (They have one purpose and will give their power and authority to the beast.(NIV);

These have one mind, and shall give their power and strength unto the beast.(KJV)

"열 뿔은 열 왕"이라는 것은 무저갱, 즉 땅속의 나라들이 열 나라라는 것이다. "아직 나라를 얻지 못하였으나"라는 것은 아직 왕국(kingdom)을 만들지 못했다는 것이다. 그러나 무저갱의 짐승과 더불어 왕국을 만들어 왕처럼 일시 동안 권세를 받는다는 것이다. 여기서 중요한 것은 "일시 동안(for one hour or for one breif moment)"이라는 것이다. 한 시간 또는 한 순간만 이들이 모종의 역할을 한다는 것을 알 수 있는 대목이다. 이것은 「요한계시록」 17장 10절의 "이르면 반드시 잠간 동안(a little while or a short space) 계속하리라"와 같은 내용으로 무저갱의 왕이 마지막 때에 잠깐 모종의 역할을 한다는 것이다.

「요한계시록」 17:10 - 또 일곱 왕이라 다섯은 망하였고 하나는 있고 다른 이는 아직 이르지 아니하였으나 이르면 반드시 잠간 동안 계속하리라(They are also seven kings. Five have fallen, one is, the other has not yet come; but when he does come, he must remain for a little while.(NIV); And there are seven kings: five are fallen, and one is, and the other is not yet come; and when he cometh, he must continue a short space.(KJV)

"저희가 한 뜻을 가지고 자기의 능력과 권세를 짐승에게 주더라"라는 것은 땅속의 열 나라라고 생각해보라. 땅속의 에너지와 자원들을 차지한 나라라고 생각해보라. 그리고 이 일이 대략 AD 10800년경에 일어난다고 생각해보라. 이때의 과학수준을 생각해보라. 이들의 능력(their power)과 권세(their authority or strength)는 엄청날 것이다. 열 나라들과 무저갱의 짐승(왕)이 한 뜻(one purpose or one mind)을 가지고 열 나라의 왕들이 자기들의 능력과 권세를 무저갱의 짐승에게 위임한다는 것이다. 그렇다면 한 뜻이란 무엇일까? 바로 다음 절을 보자.

9. 무저갱의 짐승+열 나라가 예수님의 군대(부활/휴거한 자들)와 전쟁을 일으켜

☞「요한계시록」17:14 - 저희가 어린 양으로 더불어 싸우려니와 어린 양은 만주의 주시요 만왕의 왕이시므로 저희를 이기실 터이요 또 그와 함께 있는 자들 곧 부르심을 입고 빼내심을 얻고 진실한 자들은 이기리로다(They will make war against the Lamb, but the Lamb will overcome them because he is Lord of lords and King of kings--and with him will be his called, chosen and faithful followers."(NIV); These shall make war with the Lamb, and the Lamb shall overcome them: for he is Lord of lords, and King of kings: and they that are with him are called, and chosen, and faithful.(KJV);

한 뜻이란 이미 공중재림하신 예수님의 군대와 전쟁을 일으키는 것이다. 그러나 만주의 주시요 만왕의 왕이신 예수님의 군대가 이긴다는 것이다. 왜냐하면 첫째, 무저갱의 짐승(왕)은 적그리스도이기 때문이다. 이 무저갱의 짐승은「요한계시록」11장에서 이 땅으로 재림하시는 모세와 엘리야를 죽인 장본인이고,「요한계시록」17장 3절에서 살펴보았듯이 하나님 아버지와 예수님을 대적하는 참람된 이름들을 가득 갖고 있는 자이다.

둘째, 예수님과 함께 있는 자들이 예수님의 군대에 편성되었기 때문이다. "부르심을 입고(called)"라는 것은 휴거한 자들을 말하는 것이고, "빼내심을 얻고(chosen)"라는 것은 순교를 당해 첫째 부활한 자들을 말하는 것이다. 또는 "부르심을 입고(called)"라는 것은 일곱째 천사의 나팔 소리에 맞추어 첫째 부활과 이어서 휴거가 일어남을 의미하는 것이다. 첫째 부활한 자들과 휴거한 자들은 충실한 자들이고 진실한 자들이기 때문에 이들이 이긴다는 것이다. 이긴다는 것은 무저갱의 왕이 패함을 의미하는 것이다. 패했다는 것은 예수님의 군대에 죽었다는 것을 말하는 것이다. 죽었으니 무저갱의 왕은「요한계시록」20장 11절~15절의 최후의 심판에서, 그 영혼이 유황 불못에 던져지게 될 것이다.

10. 무저갱의 짐승+열 나라가 음녀(바벨론)를 미워해 망하게 하고 불살라

☞ 「요한계시록」 17:16 - 네가 본 바 이 열 뿔과 짐승이 음녀를 미워하여 망하게 하고 벌거벗게 하고 그 살을 먹고 불로 아주 사르리라(The beast and the ten horns you saw will hate the prostitute. They will bring her to ruin and leave her naked; they will eat her flesh and burn her with fire.(NIV); And the ten horns which thou sawest upon the beast, these shall hate the whore, and shall make her desolate and naked, and shall eat her flesh, and burn her with fire.(KJV)

그런데 무저갱의 짐승과 열 나라가 힘을 합쳐 예수님의 군대와 싸울뿐 아니라, 적그리스도의 본거지인 바벨론을 멸망시킨다는 점이다. 이유는 이때부터 무저갱의 짐승과 열 나라가 음녀(바벨론)을 미워한다(hate the prostitute or hate the whore)는 것이다. 아니 처음에는 음녀(바벨론)가 무저갱의 짐승의 지원을 받고, 또한 무저갱의 짐승이 도와주었는데, 무슨 이유에서인지 이제부터 미워한다는 것이다.

왜 미워하는지에 대한 기록이 없어 알 수 없지만, 필자가 생각하기엔 땅 속의 나라들이 무언가를 알아차리지 않았나 생각한다. 앞서 이들은 한 뜻(one purpose or one mind)을 가졌다고 했다. 그것은 예수님의 군대와 전쟁을 일으켜 이기고, 이참에 지구에서의 패권을 차지하겠다는 야심찬 계획, 즉 한 뜻을 가진 것이 아닌가 생각한다. 그래서 바벨론과의 지원 약속을 깨고 먼저 바벨론을 침략해 망하게 하고 불을 사르고, 그 다음 예수님 군대와 전쟁을 일으키는 것이 아닌가 생각한다.

11. 하나님 아버지의 계획, 하나님의 말씀이 이루기까지, 한 뜻을 이루게 하시고

☞ 「요한계시록」 17:17 - 하나님이 자기 뜻대로 할 마음을 저희에게 주사

한 뜻을 이루게 하시고 저희 나라를 그 짐승에게 주게 하시되 하나님 말씀이 응하기까지 하심이니라(For God has put it into their hearts to accomplish his purpose by agreeing to give the beast their power to rule, until God's words are fulfilled.(NIV); For God hath put in their hearts to fulfil his will, and to agree, and give their kingdom unto the beast, until the words of God shall be fulfilled.(KJV)

또 하나 이유가 다음 절에 나온다. 다 하나님 아버지의 뜻, 즉 계획이라는 것이다. 어차피 이 땅도 불살라야 하고, 바벨론도 불살라야 하며, 무저갱의 왕도 멸망으로 몰아넣어야 한다. 어차피 멸망할 바벨론이니 바벨론을 침략하겠다는 무저갱의 짐승과 열 나라들의 한 뜻을, 하나님 아버지께서 허락하셨다는 의미이다. 허락하셨다는 것은 이들의 마음(their hearts)을 움직였다는 것이다. 그것은 브레인-브레인 인터페이스(BBI)[4] 기술이나 마음을 움직이는 텔레파시 혹은 텔레키네시스[5]기술을 이용해 마인드를 컨트롤했을 가능성이 매우 높다. 멸망으로 들어가기 전에 무저갱의 짐승과 열 나라들에게 모종의 역할을 맡기셨다는 의미이다. 심판은 마구 하는 것이 아니라 프로그램대로 각본에 짜여진 대로 한다고 했다.

이러한 이유로 해서 적그리스도들의 본거지이고, 귀신의 처소와 더러운 영들이 모이는 곳과 각종 더럽고 가증한 것들이 모이는 곳인 바벨론 성은 무너지고 불에 타는 것이다. 그리고 적그리스도들이 쌓은 제2~3의 바벨탑을 초토화시키는 것이다. 다음 18장에서는 바벨론의 패망을 자세히 예언하고 있다.

---

4 자세한 것은 『바이블 매트릭스』 4권 『하나님들의 과학기술과 우리가 창조해야 할 미래(하)』의 2부 9장인 "애굽에 내린 10개의 재앙, 인간(신)과 동물/곤충의 인터페이스(BBI)"를 참조하라.

5 자세한 것은 자세한 것은 『바이블 매트릭스』 4권 『하나님들의 과학기술과 우리가 창조해야 할 미래(하)』의 3부 1장 4-13의 "뇌파/생각을 이용하는 텔레파시/텔레키네시스, EEG, BCI, BMI, BBI"를 참조하라.

18장

「요한계시록」 18장 - 바벨론의 패망 (~c.AD 10800~)

「요한계시록」 18장은 16장 17절~21절의 일곱째 천사의 대접 심판으로 바벨론 성이 세 갈래로 갈라지고, 이어서 17장 16절의 "네가 본 바 이 열 뿔과 짐승이 음녀를 미워하여 망하게 하고 벌거벗게 하고 그 살을 먹고 불로 아주 사르리라"에서 살펴본 바와 같이 무저갱제국의 짐승(왕)과 휘하 열 나라 왕들에 의해 바벨론이 불에 타서 없어질 것이라는 심판의 내용이 구체적으로 무엇인지를 다룬 장이다. 이미 중요한 것은 13장의 거래를 위한 666표와 16장과 17장에서 다 다루었으므로 18장은 그냥 무난히 넘어갈 수 있는 장이다.

1절 「요한계시록」 18:1~3 - 다른 천사가 우주선의 영광을 타고 내려오니 땅이 환해지다

1. 다른 천사가 우주선의 영광을 타고 내려오니 땅이 환해지다

☞ 「요한계시록」 18:1 - 이 일 후에 다른 천사가 하늘에서 내려오는 것을 보니 큰 권세를 가졌는데 그의 영광으로 땅이 환하여지더라(After this I saw another angel coming down from heaven. He had great authority, and the earth was illuminated by his splendor(NIV)

다른 천사가 우주선, 즉 그의 영광을 타고 하늘에서 내려오니, 그 광채로 인해 땅이 환하여진다는 것이다. 「요한계시록」 16장 10절에서 다섯째 천사가 대접을 땅의 짐승(왕)의 보좌에 쏟으니 그 나라가 어두워진다고 했다. 해가 있어도 우주선의 영광으로 환해질텐데 어두운 바벨론 성이 더욱더 환해질 것은 뻔한 일이다. 그런데 하늘에서 내려오는 천사는 큰 권세(great power or authority)를 가졌다는 것이다. 그 권세란 바벨론 성에 대해 무언가 행위, 즉 심판을 한다는 뜻이다.

2. 귀신의/더러운 영의/더럽고 가증한 새의 본거지인 바벨론 성이 무너졌다

☞ 「요한계시록」 18:2 - 힘센 음성으로 외쳐 가로되 무너졌도다 무너졌도다 큰 성 바벨론이여 귀신의 처소와 각종 더러운 영의 모이는 곳과 각종 더럽고 가증한 새의 모이는 곳이 되었도다(With a mighty voice he shouted: "Fallen! Fallen is Babylon the Great! She has become a home for demons and a haunt for every evil spirit, a haunt for every unclean and detestable bird.(NIV)

귀신(용=뱀=사단=마귀)의 처소이며, 더러운 영, 즉 불의의 하나님들의 우두머리인 용과 짐승과 거짓 선지자들이 모이는, 다시 말해 적그리스도들이 모이는 곳인 바벨론 성이 무너졌다는 것이다. "각종 더럽고 가증한 새"라는 것은 (1) 많은 사람들이 죽어 시체를 파먹는 독수리 떼가 바벨론 성에 모인다는 의미일 뿐 아니라, (2) 새와 독수리는 바로 전투기, 무인기, 초음속 비행기, 소형 우주선 등이 모이는 바벨론 성이라는 뜻도 있다.[1] 이 땅의 모든 군대와 무기들

1 새와 독수리가 전투기나 우주선이라는 내용은 『바이블 매트릭스』 4권 『하나님들의 과학기술과 우리가 창조해야 할 미래(상)』의 2부 2장 3절의 "니푸르는 우주비행통제센터, 관찰용의 눈들(eyes)과 통신용의 2개의 뿔들(horns)"을 참조하라.

이 모이는 바벨론이라는 뜻이다.

따라서 엄청난 전쟁이 일어나 바벨론이 무너졌다는 뜻이다. 무저갱의 왕과 휘하 열 나라의 왕들이 바벨론에 무시무시한 날아다니는 무기들을 모이게 했을 것이다. 동시에 바벨론 성도 이와 맞먹는 최첨단 무기들을 동원했을 것이다. 이 일은 대략 AD 10800년경에 일어날 것으로 예측되는바, 그때의 첨단 무기들을 생각해보라. 오늘날의 날아다니는 핵무기들이 아닐 것이다.

3. 바벨론 성이 무너진 이유 – 음행의 어미/왕들과 음행, 상인은 사치/치부

☞「요한계시록」18:3 - 그 음행의 진노의 포도주를 인하여 만국이 무너졌으며 또 땅의 왕들이 그로 더불어 음행하였으며 땅의 상고들도 그 사치의 세력을 인하여 치부하였도다 하더라(For all the nations have drunk the maddening wine of her adulteries. The kings of the earth committed adultery with her, and the merchants of the earth grew rich from her excessive luxuries."(NIV)

바벨론 성에 심판을 내린 이유가 반복해서 나온다. 바벨론 성이 음행의 포도주에 취해, 다스리는 만국도 음행의 포도주에 취했으며, 바벨론을 따르는 땅의 왕들도 바벨론과 함께 음행했기 때문이다. 또한 땅의 상인들은 바벨론의 사치의 세력에 힘입어 치부했기 때문이다.

바벨론의 음행이란 (1) 실제로 음란한 행위를 하였다는 것이고, (2) 악을 저지르며 잘못된 교리와 가장된 교리로 사람들을 인도했다는 것이며, (3) 의로운 성도들을 괴롭히고 죽였다는 것이며, (4) 자기들이 하나님 아버지와 예수님이라고 거짓 행위를 했다는 것이며, 하나님 아버지와 예수님을 비방하고 적대시했다는 것이며, (5) 한마디로 적그리스들의 행위를 말하는 것이다. 그 결과 땅에 거하는 자들도 이러한 음행의 포도주에 취했다는 것이다. 취했다는 것은 바벨론의 적그리스도들을 경배하고 그들의 우상에 숭배했다는 것을 의미한다.

「요한계시록」 14:8 - 또 다른 천사 곧 둘째가 그 뒤를 따라 말하되 무너졌도다 무너졌도다 큰 성 바벨론이여 모든 나라를 그 음행으로 인하여 진노의 포도주로 먹이던 자로다 하더라

2절 「요한계시록」 18:4~8 - 내 백성아, 바벨론에서 나와라

1. 내 백성아, 바벨론에서 나와 죄에 참예하지 말고 받을 재앙들을 받지 말라

☞ 「요한계시록」 18:4 - 또 내가 들으니 하늘로서 다른 음성이 나서 가로되 내 백성아, 거기서 나와 그의 죄에 참예하지 말고 그의 받을 재앙들을 받지 말라(Then I heard another voice from heaven say: "Come out of her, my people, so that you will not share in her sins, so that you will not receive any of her plagues;(NIV)

이는 「요한계시록」 16장에서 언급한 내용으로 16장 15절을 다시 한번 보자.

「요한계시록」 16:15 - 보라 내가 도적같이 오리니 누구든지 깨어 자기 옷을 지켜 벌거벗고 다니지 아니하며 자기의 부끄러움을 보이지 아니하는 자가 복이 있도다

복이 있다 했으니 분명히 예수님께서 바벨론을 멸망시키기 전에 깨어 옷을 입고 있는 자들을 불러낼 것이다. 그래서 "내 백성아, 거기서(음녀=바벨론) 나와 그의 죄에 참예하지 말고 그의 받을 재앙들을 받지 말라"라고 예언되어

있는 것이다. 이것은 끝까지 내 백성, 참 성도들을 불러내시는 하나님 아버지와 예수님의 사랑이시다. 그래서 공의로운 심판이라는 것이다. 이는 「예레미야」 51장 6절의 내용과 같은 것이다.

「예레미야」 51:6 - 바벨론 가운데서 도망하여 나와서 각기 생명을 구원하고 그의 죄악으로 인하여 끊침을 보지 말지어다 이는 여호와의 보수의 때니 그에게 보복하시리라

2. 바벨론의 죄는 하나님이 기억, 그 행위대로 갑절을 갚아 주고, 불살라 멸망

☞ 「요한계시록」 18:5 - 그 죄는 하늘에 사무쳤으며 하나님은 그의 불의한 일을 기억하신지라(for her sins are piled up to heaven, and God has remembered her crimes.(NIV)

18:6 - 그가 준 그대로 그에게 주고 그의 행위대로 갑절을 갚아 주고 그의 섞은 잔에도 갑절이나 섞어 그에게 주라(Give back to her as she has given; pay her back double for what she has done. Mix her a double portion from her own cup.)

18:7 - 그가 어떻게 자기를 영화롭게 하였으며 사치하였든지 그만큼 고난과 애통으로 갚아 주라 그가 마음에 말하기를 나는 여황으로 앉은 자요 과부가 아니라 결단코 애통을 당하지 아니하리라 하니(Give her as much torture and grief as the glory and luxury she gave herself. In her heart she boasts, 'I sit as queen; I am not a widow, and I will never mourn.')

18:8 - 그러므로 하루 동안에 그 재앙들이 이르리니 곧 사망과 애통과 흉년이라 그가 또한 불에 살라지리니 그를 심판하신 주 하나님은 강하신 자이심이니라(Therefore in one day her plagues will overtake her: death, mourning and famine. She will be consumed by fire, for mighty is the Lord God who judges her.)

창조 이래로 바벨론의 죄는 하늘에 사무쳤으며, 따라서 하나님 아버지께서

바벨론의 불의한 일을 기억하신다는 것이다. 따라서 지금은 심판이시니 바벨론이 준 그대로 바벨론에게 주고, 바벨론의 행위대로 갑절(double)을 갚아 주고, 바벨론의 섞은 잔에도 갑절이나 섞어 바벨론에게 준다는 것이다. 한마디로 적그리스도들을 위해 그간 불의를 일삼으며 잘 먹고 잘 살았으니 이제는 갑절의 심판을 내린다는 것이다. 적그리스도들의 본거지를 불사르겠다는 것이다.

3절 「요한계시록」 18:9~23 - 바벨론의 패망, 불살라지는 바벨론, 맷돌을 바다에 던져

1. 불살라지는 바벨론을 보며 애통하는 땅의 왕들/상인들

☞ 「요한계시록」 18:9 - 그와 함께 음행하고 사치하던 땅의 왕들이 그 불붙는 연기를 보고 위하여 울고 가슴을 치며("When the kings of the earth who committed adultery with her and shared her luxury see the smoke of her burning, they will weep and mourn over her.(NIV)

18:10 - 그 고난을 무서워하여 멀리 서서 가로되 화 있도다 화 있도다 큰 성, 견고한 성 바벨론이여 일시간에 네 심판이 이르렀다 하리로다(Terrified at her torment, they will stand far off and cry: "'Woe! Woe, O great city, O Babylon, city of power! In one hour your doom has come!')

18:11 - 땅의 상고들이 그를 위하여 울고 애통하는 것은 다시 그 상품을 사는 자가 없음이라("The merchants of the earth will weep and mourn over her because no one buys their cargoes any more--)

바벨론과 함께 음행하고 사치하던 땅의 왕들이 바벨론이 불타고 불붙는 연기를 보고, 울고 가슴을 친다. 이들은 불붙는 바벨론의 고통을 무서워하여, 멀리 서서 말을 한다. "화 있도다 화 있도다 큰 성, 견고한 성 바벨론이여 일시간에 네 심판이 이르렀다"고 말을 한다.

땅의 상인들도 바벨론을 위하여 울고 애통하는데, 그 이유는 바벨론이 멸망했으므로 다시는 상품을 살 수가 없기 때문이다. 바벨론이 멸망하면서 그 유명한 666표도 사라지게 된다. 그러니 상품을 팔 수도 없고 살 수도 없는 것이다.

2. 상인들이 거래했던 품목, 사람의 몸과 영혼까지 거래

☞ 「요한계시록」 18:12 - 그 상품은 금과 은과 보석과 진주와 세마포와 자주 옷감과 비단과 붉은 옷감이요 각종 향목과 각종 상아 기명이요 값진 나무와 진유와 철과 옥석으로 만든 각종 기명이요(cargoes of gold, silver, precious stones and pearls; fine linen, purple, silk and scarlet cloth; every sort of citron wood, and articles of every kind made of ivory, costly wood, bronze, iron and marble;(NIV)

18:13 - 계피와 향료와 향과 향유와 유향과 포도주와 감람유와 고운 밀가루와 밀과 소와 양과 말과 수레와 종들과 사람의 영혼들이라(cargoes of cinnamon and spice, of incense, myrrh and frankincense, of wine and olive oil, of fine flour and wheat; cattle and sheep; horses and carriages; and bodies and souls of men.(NIV); And cinnamon, and odours, and ointments, and frankincense, and wine, and oil, and fine flour, and wheat, and beasts, and sheep, and horses, and chariots, and slaves, and souls of men.(KJV)

18:14 - 바벨론아 네 영혼의 탐하던 과실이 네게서 떠났으며 맛있는 것들과 빛난 것들이 다 없어졌으니 사람들이 결코 이것들을 다시 보지 못하리로다("They will say, 'The fruit you longed for is gone from you. All your riches and splendor have vanished, never to be recovered.'(NIV)

18:15 - 바벨론을 인하여 치부한 이 상품의 상고들이 그 고난을 무서워하여 멀리 서서 울고 애통하여(The merchants who sold these things and gained their wealth from her will stand far off, terrified at her torment. They will weep and mourn)

18:16 - 가로되 화 있도다 화 있도다 큰 성이여 세마포와 자주와 붉은 옷을 입고 금과 보석과 진주로 꾸민 것인데(and cry out: "'Woe! Woe, O great city, dressed in fine linen, purple and scarlet, and glittering with gold, precious stones and pearls!)

상인들이 바벨론 성과 거래했던 품목이 나열되어 있는데, 「요한계시록」 13장 16절에서 살펴보았던, 666표는 몸 속에 이식하는 생체이식형의 표로 사람의 몸과 영혼까지 거래하는 것을 알 수 있다. 사람의 몸이란 장기, 조직, 세포를 거래함을 의미하는 것이다. 이 모든 상품들이 일순간에 바벨론과 함께 사라지는 것이다.

3. 바다의 선장/선객/일하는 자들이 울고 애통해하며

☞ 「요한계시록」 18:17 - 그러한 부가 일시간에 망하였도다 각 선장과 각처를 다니는 선객들과 선인들과 바다에서 일하는 자들이 멀리 서서(In one hour such great wealth has been brought to ruin!' "Every sea captain, and all who travel by ship, the sailors, and all who earn their living from the sea, will stand far off.(NIV)

18:18 - 그 불붙는 연기를 보고 외쳐 가로되 이 큰 성과 같은 성이 어디 있느뇨 하며(When they see the smoke of her burning, they will exclaim, 'Was there ever a city like this great city?')

18:19 - 티끌을 자기 머리에 뿌리고 울고 애통하여 외쳐 가로되 화 있도다 화 있도다 이 큰 성이여 바다에서 배 부리는 모든 자들이 너의 보배로운 상품을 인하여 치부하였더니 일시간에 망하였도다(They will throw dust on their heads, and with weeping and mourning cry out: "'Woe! Woe, O great city, where all who had ships on the sea became rich through her wealth! In one hour she has been brought to ruin!)

자, 이번에는 바다의 선장과 각처를 다니는 선객들과 선인들과 바다에서 일하는 자들이 멀리 서서 바벨론의 불붙는 연기를 보며 울고 애통해한다.

4. 하늘/성도들/사도들/선지자들아 심판을 바벨론에 내렸으니 즐거워하라

☞「요한계시록」18:20 - 하늘과 성도들과 사도들과 선지자들아 그를 인하여 즐거워하라 하나님이 너희를 신원하시는 심판을 그에게 하셨음이라 하더라(Rejoice over her, O heaven! Rejoice, saints and apostles and prophets! God has judged her for the way she treated you.'"(NIV)

하늘과 성도들과 사도들과 선지자들은 바벨론의 심판으로 즐거워하라는 것이다. 왜냐하면 하나님 아버지께서 이들이 간절히 원하는 복수의 심판을 바벨론에게 내렸기 때문이다. 그래서 공의로운 심판인 것이다.

5. 맷돌(바벨론)을 바다에 던져 결코 다시 보이지 아니하리라

☞「요한계시록」18:21 - 이에 한 힘센 천사가 큰 맷돌 같은 돌을 들어 바다에 던져 가로되 큰 성 바벨론이 이같이 몹시 떨어져 결코 다시 보이지 아니하리로다(Then a mighty angel picked up a boulder the size of a large millstone and threw it into the sea, and said: "With such violence the great city of Babylon will be thrown down, never to be found again.(NIV)

18:22 - 또 거문고 타는 자와 풍류하는 자와 퉁소 부는 자와 나팔 부는 자들의 소리가 결코 다시 네 가운데서 들리지 아니하고 물론 어떠한 세공업자든지 결코 다시 네 가운데서 보이지 아니하고 또 맷돌 소리가 결코 다시 네 가운데서 들리지 아니하고(The music of harpists and musicians, flute players and trumpeters, will never be heard in you again. No workman of any trade will ever be found in you again. The sound of a millstone will never be heard in you again.)

18:23 - 등불 빛이 결코 다시 네 가운데서 비취지 아니하고 신랑과 신부의 음성이 결코 다시 네 가운데서 들리지 아니하리로다 너의 상고들은 땅의 왕족들이라 네 복술을 인하여 만국이 미혹되었도다(The light of a lamp will never shine in you again. The voice of bridegroom and bride will never be heard in you again. Your merchants were the world's great men. By your magic spell all the nations were led astray.)

이에 한 힘센 천사가 큰 맷돌 같은 돌을 들어 바다에 던져 가로되, "큰 성 바벨론이 이같이 몹시 떨어져 결코 다시 보이지 아니하리로다"한다. 바벨론을 바다에 던져 가라 앉으므로 다시는 보이지 않게 했다는 뜻이다. 다시는 바벨론의 과거의 소리도 빛도 거래도 미혹도 없다는 뜻이다.

6. 선지자들/성도들/순교자들의 피가 바벨론에서 보였다(흘렀다)

☞ 「요한계시록」 18:24 - 선지자들과 성도들과 및 땅 위에서 죽임을 당한 모든 자의 피가 이 성중에서 보였느니라 하더라(In her was found the blood of prophets and of the saints, and of all who have been killed on the earth."(NIV)

"선지자들과 성도들과 및 땅 위에서 죽임을 당한 모든 자의 피가 이 성중에서 보였느니라"는 것은 선지자들의 수만큼, 성도들의 수만큼, 순교자들의 수만큼, 바벨론에 있던 수많은 가라지들이 죽었다는 의미이고, 하나님의 진노의 포도주 잔, 즉 사약을 받아 죽었다는 의미이다. 그래서 공의로운 심판인 것이다. 이는 「요한계시록」 13장 10절에서 살펴본 '인과응보의 법칙'을 말하는 것이다.

19장

「요한계시록」19장 - 어린 양의 혼인잔치, 예수님의 지상재림, 아마겟돈 전쟁, 땅의 짐승과 거짓 선지자가 잡혀 산 채로 유황 불못에 던저져(~c.AD 10800~)

「요한계시록」 19장은 크게 세 부분으로 나뉜다. 첫째, 「요한계시록」 19장 1절 ~10절까지의 어린 양의 혼인잔치(Halleulujah!), 둘째, 예수님의 공중재림에서 지상으로의 재림인 백마를 탄 자(The Rider on the White Horse), 셋째, 예수님 군대와 땅의 짐승의 군대가 이 땅에서 벌이는 최종 전쟁인 아마겟돈 전쟁(Amageddon)이 그것이다.

1절 「요한계시록」 19:1~10 - 어린 양의 혼인 잔치 - 할렐루야!(Halleulujah, 하나님을 찬양하라!)

1. 할렐루야!(Halleulujah!–하나님을 찬양하라!)

☞ 「요한계시록」 19:1 - 이 일 후에 내가 들으니 하늘에 허다한 무리의 큰 음성 같은 것이 있어 가로되 할렐루야 구원과 영광과 능력이 우리 하나님께 있도다(After this I heard what sounded like the roar of a great multitude in heaven shouting: "Hallelujah! Salvation and glory and power belong to our God,(NIV); And after these things I heard a great voice of much people in heaven, saying, Alleluia;

Salvation, and glory, and honour, and power, unto the Lord our God:(KJV)

"하늘에 허다한 무리"라는 것은 소행성대의 하나님 아버지의 보좌에 계시는 24분의 고위급 하나님들을 비롯하여 우주로봇들인 네 생물체들에 탑승하신 수많은 하나님들을 말하는 것이다. 이들이 모두 하나님 아버지를 찬양하는 할렐루야를 외치며, "구원과 영광과 능력이 우리 하나님께 있도다"라고 말하는 것이다.

2. 공의로운 심판, 종들을 죽여 피를 흘리게 한 음녀(바벨론)에게 피로 갚다

☞ 「요한계시록」 19:2 - 그의 심판은 참되고 의로운지라 음행으로 땅을 더럽게 한 큰 음녀를 심판하사 자기 종들의 피를 그의 손에 갚으셨도다 하고(for true and just are his judgments. He has condemned the great prostitute who corrupted the earth by her adulteries. He has avenged on her the blood of his servants."(NIV)

하나님 아버지의 심판의 권세를 받아 예수님께서 하신 바벨론에 대한 심판은 공의로운 심판이시다. 왜냐하면 하나님 아버지의 종들을 죽여 피를 흘리게 한 바벨론에게 피로 갚는 것은 의롭기 때문이다.

3. 두 번째 할렐루야! 바벨론의 연기가 세세토록 올라가니

☞ 「요한계시록」 19:3 - 두 번째 가로되 할렐루야 하더니 그 연기가 세세토록 올라가더라(And again they shouted: "Hallelujah! The smoke from her goes up for ever and ever."(NIV)

큰 무리가 다시 두 번째로 할렐루야를 외친다. 그리고 바벨론의 불타는 연기가 세세토록 올라간다.

4. 할렐루야 주 우리 하나님 곧 전능하신 이가 통치하시도다

☞ 「요한계시록」 19:4 - 또 이십사 장로와 네 생물이 엎드려 보좌에 앉으신 하나님께 경배하여 가로되 아멘 할렐루야 하니(The twenty-four elders and the four living creatures fell down and worshiped God, who was seated on the throne. And they cried: "Amen, Hallelujah!"(NIV)

19:5 - 보좌에서 음성이 나서 가로되 하나님의 종들 곧 그를 경외하는 너희들아 무론 대소하고 다 우리 하나님께 찬송하라 하더라(Then a voice came from the throne, saying: "Praise our God, all you his servants, you who fear him, both small and great!"(NIV)

19:6 - 또 내가 들으니 허다한 무리의 음성도 같고 많은 물 소리도 같고 큰 뇌성도 같아서 가로되 할렐루야 주 우리 하나님 곧 전능하신 이가 통치하시도다(Then I heard what sounded like a great multitude, like the roar of rushing waters and like loud peals of thunder, shouting: "Hallelujah! For our Lord God Almighty reigns.(NIV)

"또 이십사 장로와 네 생물이 엎드려 보좌에 앉으신 하나님께 경배하여 가로되 아멘 할렐루야 하니, 보좌에서 음성이 나서 가로되 하나님의 종들 곧 그를 경외하는 너희들아 무론 대소하고 다 우리 하나님께 찬송하라"고 한다. "허다한 무리의 음성도 같고 많은 물 소리도 같고 큰 뇌성도 같아서"라는 것은 우주로봇과 우주선에서 나오는 뇌성들과 이들이 말하는 소리가 섞였다는 의미이고, "할렐루야 주 우리 하나님 곧 전능하신 이가 통치하시도다"라는 것은 적그리스도들의 본거지인 바벨론을 멸망시켰으니, 그들은 갈 곳이 없다는 의미이고, 이미 하늘 보좌는 「요한계시록」 12장의 하늘의 전쟁에서 의로운 하나님 아버지와 예수님께서 이기시어, 이제 하늘과 땅에는 오로지 전능하신 하나님 아버지만 남으셨다는 의미이다. 따라서 하나님 아버지가 하늘과 땅을 통치하신다는 것이다. 통치하신다는 것은 하나님 아버지의 권한대로 이룬다는 것이다.

5. 어린 양(예수님)과 성도들(아내)의 혼인잔치, 예수님의 지상재림을 예고

☞「요한계시록」 19:7 - 우리가 즐거워하고 크게 기뻐하여 그에게 영광을 돌리세 어린 양의 혼인 기약이 이르렀고 그 아내가 예비하였으니(Let us rejoice and be glad and give him glory! For the wedding of the Lamb has come, and his bride has made herself ready.(NIV)

19:9 - 천사가 내게 말하기를 기록하라 어린 양의 혼인 잔치에 청함을 입은 자들이 복이 있도다 하고 또 내게 말하되 이것은 하나님의 참되신 말씀이라 하기로(Then the angel said to me, "Write: 'Blessed are those who are invited to the wedding supper of the Lamb!'" And he added, "These are the true words of God.")

어린 양이란 예수님을 말하는 것이고, 아내란 성도들을 말하는 것이다. 예수님과 성도들의 혼인잔치가 이르렀다는 것이다. 따라서 어린 양의 혼인잔치에 청함을 입은 자들이 복이 있다는 것이다. 이는 어린 양의 혼인잔치에 참여하는 성도들, 즉 첫째 부활한 자들과 휴거한 자들과 주안에서 죽은 자들의 부활을 말하는 것이다. 이것은 첫째 부활한 자들과 휴거한 자들과 주안에서 죽어 부활한 자들이 그간 공중에서 예수님의 보좌를 타고 이 땅을 심판했는데, 이제는 지상재림을 준비하는 것을 의미하는 것이다. 따라서 혼인잔치가 끝나면 이들은 예수님과 함께 지상재림을 예고하는 것이다. 그리고 마지막 아마겟돈 전쟁을 치르는 것이다.

6. 성도들은 빛나고 깨끗한 세마포(우주복)를 입어

☞「요한계시록」 19:8 - 그에게 허락하사 빛나고 깨끗한 세마포를 입게 하셨

은즉 이 세마포는 성도들의 옳은 행실이로다 하더라(Fine linen, bright and clean, was given her to wear." (Fine linen stands for the righteous acts of the saints.)(NIV)

누차 얘기했지만 "빛나고 깨끗한 세마포"란 (1) 성도들의 옳은 행실이라고 했다. 옳은 행실이란 하나님의 말씀과 예수님의 증거를 위해 생명을 다해 순교하거나 죽은 자들이라 했다. (2) 순교를 당함으로써 예수님의 피에 옷을 씻어 희게 했다는 것으로, (3) 죽은 성도들은 그 영혼들이 낙원(천국)에 이르러 하얀 우주복을 받아 입는다고 했다. 그리고 세 번째 하늘에 있던 낙원이 하나님의 보좌에 실려 소행성대로 이동했다고 했다. 이 때도 하얀 우주복을 입고 있어야 한다. (4) 그리고 일곱째 천사의 나팔 소리에 맞추어 이들은 모두 하늘의 영적인 몸으로 부활해서 예수님을 공중에서 영접한다고 했다. 부활 이후에 일어나는 휴거한 자들도 마찬가지이다. 이 때도 하얀 우주복을 입어야 한다. (5) 그리고 예수님의 혼인잔치에도 계속 하얀 우주복을 입고 있어야 한다. (6) 그리고 지상재림시에도 하얀 우주복을 입어야 한다. (7) 그러나 다음 「요한계시록」 20장의 천년 왕국은 진(Camp)과 성(City)으로 이루어진다고 했으니(「요한계시록」 20:9), 이는 장막(tabernacle, dwelling)과 같은 것으로 별도의 공간이라, 이곳에서는 우주복이 필요 없을 것이다. (8) 그 다음 「요한계시록」 21장~22장의 새 하늘과 새 땅에 건설될 새 예루살렘과 만국들은 새로운 우주이고, 하나님의 장막이 사람들과 함께 있어(「요한계시록」 21:3) 하나님의 얼굴을 본다 했으니((「요한계시록」 22:4), 이곳에서도 하얀 우주복은 필요 없을 것이다.

7. 하나님 아버지께 경배하라, 예수의 증거는 예언의 영이라

☞「요한계시록」 19:10 - 내가 그 발 앞에 엎드려 경배하려 하니 그가 나더러 말하기를 나는 너와 및 예수의 증거를 받은 네 형제들과 같이 된 종이니 삼가 그리하지 말고 오직 하나님께 경배하라 예수의 증거는 대언의 영이라 하더라(At this I fell at his feet to worship him. But he said to me, "Do not do it! I am a fellow servant with you and with your brothers who hold to the testimony of Jesus. Worship God! For the testimony of Jesus is the spirit of prophecy."(NIV)

사도 요한이 천사에게 엎드려 경배하고자 하니 천사가 말하기를 "나는 너와 및 예수의 증거를 받은 네 형제들과 같이 된 종이니 삼가 그리하지 말고 오직 하나님께 경배하라"고 한다. 그리고 "예수의 증거는 대언의 영"이라는 것은 예수님을 증거하는 것은 바로 예언의 영(the spirit)이라는 것이다. 이 때 영은 바로 메시지를 말하는 것이다. 따라서 예언의 메시지라는 것이다. 예수님께서 확인하고 승인한 메시지라는 것이다. 이 모든 예언의 메시지는 예수님께서 보낸다는 의미이다.

2절 「요한계시록」 19:11~16 - 예수님→백마를 타고 첫째 부활/휴거한 자들과 함께 지상재림

1. 공의의 심판과 공의의 전쟁을 위해 우주선을 타시고 지상재림하시는 예수님

☞ 「요한계시록」 19:11 - 또 내가 하늘이 열린 것을 보니 보라 백마와 탄 자가 있으니 그 이름은 충신과 진실이라 그가 공의로 심판하며 싸우더라(I saw heaven standing open and there before me was a white horse, whose rider is called Faithful and True. With justice he judges and makes war.(NIV); And I saw heaven opened, and behold a white horse; and he that sat upon him was called Faithful and True, and in righteousness he doth judge and make war.(KJV)

자, 이제 사도 요한이 하늘이 열린 것(heaven opened)을 본다. 그런데 이것은 「요한계시록」 11장 19절의 일곱째 천사가 나팔을 불 때에 "하늘에 있는 하나님의 성전이 열리니(God's temple in heaven was opened)"와 「요한계시록」

15장 6절~7절의 일곱 천사가 일곱 대접을 가지고 나오는 장면인 "하늘에 증거 장막의 성전이 열리며…일곱 재앙을 자진 일곱 천사가 성전으로부터 나와…(…in heaven the temple, that is, the tabernacle of the Testimony, was opened. Out of the temple…)"의 소행성대의 하나님 아버지의 보좌와는 사뭇 다른 표현이다.

이미 「요한계시록」 11장 15절~19절에서 일곱 천사의 나팔 소리에 맞추어 예수님께서는 공중재림하셨다고 했다. 별도의 보좌(거대항공모함우주선)로 하늘의 보좌에서 공중재림하셨다고 했다. 그래서 이 장면은 그 다음 첫째 부활한 자들과 휴거한 자들과 주안에서 죽어 부활한 자들을 대동하시고 공중에서 지상재림하시는 장면이다. 그래서 그저 하늘이 열렸다고 표현한 것이다.

지상재림하시는 목적은 공의의 심판과 공의의 아마겟돈 전쟁(war)을 위해서이다. 백마를 탄 자는 당연히 예수님이시다. "백마"를 탔다고 하는 것은 그냥 말이 아니라 거대항공모함 우주선을 타고 이 땅으로 내려오신다는 뜻이다. 백마란 우주선 또는 소형우주선 또는 오늘날 전투기 이상의 차세대 무기를 의미하는 것이다.

2. 첫째 부활/휴거한 자들과 함께 지상재림하시는 예수님의 신분/상태/권위/권능

☞ 「요한계시록」 19:12 - 그 눈이 불꽃 같고 그 머리에 많은 면류관이 있고 또 이름 쓴 것이 하나가 있으니 자기밖에 아는 자가 없고(His eyes are like blazing fire, and on his head are many crowns. He has a name written on him that no one knows but he himself.(NIV)

19:13 - 또 그가 피 뿌린 옷을 입었는데 그 이름은 하나님의 말씀이라 칭하더라(He is dressed in a robe dipped in blood, and his name is the Word of God.)

19:14 - 하늘에 있는 군대들이 희고 깨끗한 세마포를 입고 백마를 타고 그를 따르더라(The armies of heaven were following him, riding on white horses and dressed in fine linen, white and clean.)

19:15 - 그의 입에서 이한 검이 나오니 그것으로 만국을 치겠고 친히 저희를 철장으로 다스리며 또 친히 하나님 곧 전능하신 이의 맹렬한 진노의 포도주 틀을 밟겠고(Out of his mouth comes a sharp sword with which to strike down the nations. "He will rule them with an iron scepter." He treads the winepress of the fury of the wrath of God Almighty.)

19:16 - 그 옷과 그 다리에 이름 쓴 것이 있으니 만왕의 왕이요 만주의 주라 하였더라(On his robe and on his thigh he has this name written: KING OF KINGS AND LORD OF LORDS.)

"그 눈이 불꽃" 같다는 것은 거대항공모함 우주선의 창이나 점등에서 나오는 광채과 불빛을 말하는 것이고, "머리에 많은 면류관이 있고"라는 예수님의 권세와 권능을 말하는 것이며, "이름 쓴 것이 하나가 있으니 자기밖에 아는 자가 없고"라는 것은 아무도 그 이름을 이해하지 못하며, 예수님 자신만 아신다는 뜻이다. 그러나 그 다음 절에 그 이름은 바로 하나님의 말씀(The Word of God)이라고 되어 있다. 하나님의 말씀은 진리를 말하는 것이고 진리는 빛을 말하며 빛은 생명과 영생을 말하는 동시에 전지전능을 의미하는 것이다.

"그가 피 뿌린 옷을 입었는데"라는 것은 지구에서 십자가에 죽음을 당하시고 부활 승천하셨다가 지금 다시 죽었던 지구로 지상재림하신다는 것을 강조한 것으로, 예수님께서 이 땅에 오셨을 때 말씀하신 최후의 심판을 하기 위해 오신다는 뜻이다. 또한 인간의 죄를 대신해 피를 흘리시고 죽으셨던 예수 그리스도라는 신분을 강조하는 것이다.

"하늘에 있는 군대들이 희고 깨끗한 세마포를 입고 백마를 타고 그를 따르더라"라는 것은 만만(1억) 천천(1백만)의 모든 천사들과 첫째 부활한 자들과 휴거한 자들과 주안에서 죽어 부활한 자들과 함께 오신다는 것을 말하는 것이다. "입에서 이한 검이 나오니"라는 것은 우주선에서 날카로운 레이저 같은 검이 나와 만국을 친다는 뜻이고, "철장으로 다스리며(He will rule them with an iron scepter)"라는 것은 철장으로 저희를 질그릇 깨듯 다스린다는 뜻으로 다 멸망시킨다는 뜻이다. 이는 「요한계시록」 2장 27절에서 살펴보았던 내용과 같은 것이다.

「요한계시록」 2:27 - 그가 철장을 가지고 저희를 다스려 질그릇 깨뜨리는 것과 같이 하리라 나도 내 아버지께 받은 것이 그러하니라

"친히 하나님 곧 전능하신 이의 맹렬한 진노의 포도주 틀을 밟겠고"라는 것은 「요한계시록」 14장 20절에서 살펴본 것으로, 예수님께서 지상재림하셔서 곧 있을 마지막 최후의 아마겟돈 전쟁에서, 예수님께서 직접 하나님 아버지의 진노의 포도주 틀을 밟아 진노의 포도주 잔, 즉 사약을 내린다는 뜻이다. 예수님의 옷과 다리에는 이름 쓴 것이 있으니 "만왕의 왕이요 만주의 주(KING OF KINGS AND LORD OF LORDS)"라는 것이다.

3절 「요한계시록」 19:17~21 - 아마겟돈 전쟁, 땅의 짐승/거짓 선지자가 잡혀 산 채로 유황 불못에 던져져

1. 최후의 전쟁터인 하나님의 큰 잔치(아마겟돈)에 공중의 모든 새를 부르다

☞ 「요한계시록」 19:17 - 또 내가 보니 한 천사가 해에 서서 공중에 나는 모든 새를 향하여 큰 음성으로 외쳐 가로되 와서 하나님의 큰 잔치에 모여(And I saw an angel standing in the sun, who cried in a loud voice to all the birds flying in midair, "Come, gather together for the great supper of God,(NIV)

19:18 - 왕들의 고기와 장군들의 고기와 장사들의 고기와 말들과 그 탄 자들의 고기와 자유한 자들이나 종들이나 무론 대소하고 모든 자의 고기를 먹으라 하더라(so that you may eat the flesh of kings, generals, and mighty men, of horses and their riders, and the flesh of all people, free and slave, small and great.")

이미 살펴본 「요한계시록」 16장 12절~16절의 선과 악의 최후의 전쟁터인 아마겟돈(Amageddon)으로 왕들을 모으는데, 전투 상황이나 전투 결과가 없었으나, 그 내용과 결과과 이제서야 등장한다. 왕들은 "하나님 곧 전지전능하신 이의 큰 날(the great day of God Almighty)에 전쟁을 위하여" 왕들을 아마겟돈으로 모으는 것이다. 전지전능하신 하나님 아버지의 큰 날이란 바로 악을 물리치는 아마겟돈 전쟁을 말하는 것으로, 이는 바로 "하나님의 큰 잔치(the great supper of God)"를 말하는 것이다.

"한 천사가 해에 서서 공중에 나는 모든 새를 향하여 큰 음성으로 외쳐 가로되 와서 하나님의 큰 잔치에 모여, 왕들의 고기와 장군들의 고기와 장사들의 고기와 말들과 그 탄 자들의 고기와 자유한 자들이나 종들이나 무론 대소하고 모든 자의 고기를 먹으라"고 외친다. 여기서 공중에 나는 모든 새란 진짜 새들을 말하는 것이다. 독수리, 까마귀를 비롯하여 참새, 까치 등을 브레인-브레인 인터페이스(BBI) 기술로 불러, 아마겟돈 전쟁에서 죽는 적그리스도편에 선 왕들, 장군들, 장병들, 마병들, 모든 기타 불의한 자들의 고기를 먹으라는 것이다.

2. 땅의 짐승(왕)/왕들/군대들이 예수님의 군대와 전쟁을 일으켜

☞「요한계시록」 19:19 - 또 내가 보매 그 짐승과 땅의 임금들과 그 군대들이 모여 그 말 탄 자와 그의 군대로 더불어 전쟁을 일으키다가(Then I saw the beast and the kings of the earth and their armies gathered together to make war against the rider on the horse and his army.(NIV)

아마겟돈 전쟁이 시작된다. 땅의 짐승(왕)과 땅의 왕들과 그들의 군대들이 아마겟돈에 다 모여 예수님의 군대와 전쟁을 일으킨다.

3. 땅의 짐승(왕)과 거짓 선지자가 잡혀 산채로 유황 불못에 던져져

☞ 「요한계시록」 19:20 - 짐승이 잡히고 그 앞에서 이적을 행하던 거짓 선지자도 함께 잡혔으니 이는 짐승의 표를 받고 그의 우상에게 경배하던 자들을 이적으로 미혹하던 자라 이 둘이 산 채로 유황불 붙는 못에 던지우고(But the beast was captured, and with him the false prophet who had performed the miraculous signs on his behalf. With these signs he had deluded those who had received the mark of the beast and worshiped his image. The two of them were thrown alive into the fiery lake of burning sulfur.(NIV); And the beast was taken, and with him the false prophet that wrought miracles before him, with which he deceived them that had received the mark of the beast, and them that worshipped his image. These both were cast alive into a lake of fire burning with brimstone.(KJV)

게임은 끝이다. 최후의 아마겟돈 전쟁에서 적그리스도들인 땅 제국의 짐승(왕)과 거짓 선지자는 대패하여 예수님께 잡히게 된다. 이 거짓 선지자는 「요한계시록」 13장 12절~18절에서 살펴보았던 짐승의 표를 받고 그의 우상에게 경배하던 자들을 이적(signs or miracles)으로 미혹하던 자이다. 이 둘이 산 채로 유황불 불붙는 못에 던져진다.

이는 1부 「다니엘」에서 살펴본 7장 11절의 "짐승이 죽임을 당하고 그 시체가 상한 바 되어 붙는 불에 던진 바 되었으며"와 같은 내용으로 땅제국의 짐승을 의미하는 것이다.

「다니엘」 7:11 - 그 때에 내가 그 큰 말하는 작은 뿔의 목소리로 인하여 주목하여 보는 사이에 짐승이 죽임을 당하고 그 시체가 상한 바 되어 붙는 불에 던진 바 되었으며

4. 나머지들은 예수님의 입에서 나오는 레이저 같은 검에 다 죽어

☞「요한계시록」 19:21 - 그 나머지는 말 탄 자의 입으로 나오는 검에 죽으매 모든 새가 그 고기로 배불리우더라(The rest of them were killed with the sword that came out of the mouth of the rider on the horse, and all the birds gorged themselves on their flesh.(NIV)

나머지들은 예수님께서 타고 계신 우주선에서 나오는 날카로운 레이저 같은 검에 다 죽는다. 그리고 모든 새가 그 죽은 자들의 고기로 배를 불린다. 예수님 만세^ 하나님 아버지 만만세^^

5. 멸망한 바벨론-바사-헬라-로마/로마교황청-바다-무저갱의 짐승은 어떻게 되었을까?

바벨론-바사-헬라-로마/로마 교황청은 다 망했다고 했다. 다 죽은 것이다. 바다의 짐승도 죽었다. 그래서 땅의 짐승이 바다 짐승의 우상을 세웠다고 했다. 무저갱의 짐승도 「요한계시록」 17장에서 일시 동안 권세를 받아 바벨론을 멸망시키는 모종의 역할을 수행하고 예수님의 군대와 싸우다가 죽었다.

그렇다면 멸망한 바벨론-바사-헬라-로마/로마 교황청-바다-무저갱의 짐승은 어떻게 되었을까? 이미 1부 「다니엘」에서 살펴본 바와 같이 7장 12절

의 "남은 모든 짐승은 그 권세를 빼았겼으나 그 생명은 보존되어 정한 시기가 이르기를 기다리게 되었더라"의 내용과 같은 것이다. "생명은 보존되어"라는 것은 그 죽은 짐승들의 영혼들이 지옥에서 보존된다는 것이고 "정한 시기"라는 것은 최후의 심판을 기다린다는 것을 의미하는 것이다. 이들은 「요한계시록」 20장 11절~15절의 최후의 심판에서, 둘째 부활인 심판의 부활에 참여하여, 모두 유황 불못에 던져짐을 알 수 있다. 그렇지만 땅의 짐승과 거짓 선지자는 산 채로 이미 유황 불못에 던져졌다. 거기서 세세토록 밤낮 괴로움을 받을 것이다(「요한계시록」 20:10)

「다니엘」 7:12 - 그 남은 모든 짐승은 그 권세를 빼았겼으나 그 생명은 보존되어 정한 시기가 이르기를 기다리게 되었더라

20장

「요한계시록」20장 - 용(뱀/마귀/사단)을 잡아 무저갱에 천년 동안 감금, 천년 왕국(~c.AD 11800~), 용(뱀/마귀/사단)의 패망, 둘째 부활과 심판(~c.AD 12800~)과 예수님의 생명책

「요한계시록」 20장은 「요한계시록」의 최고 정점(climax)을 이루는 장으로 크게 네 부분으로 나뉜다. 첫째, 「요한계시록」 20장 1절~3절의 용(뱀/마귀/사단)을 잡아 무저갱에 천년 동안 감금하는 장면, 둘째, 4절~6절까지의 예수님께서 지상재림하셔서 첫째 부활한 자들과 휴거한 자들과 주안에서 죽어 부활한 자들과 함께하는, 이 땅에서 이루어지는 천년 왕국(The Thouzand Years)의 장면, 셋째 7절~10절의 용(뱀/마귀/사단)이 무저갱에서 풀려 마지막 발악의 천년 왕국과 전쟁을 벌이다가 유황 불못에 던져지는 장면, 넷째, 11절~15절의 예수님과 부활/휴거한 자들에 의한 최후의 심판인 둘째 부활, 즉 기타 모든 죽은 자들이 부활하여 심판하는 장면이 그것들이다.

이미 1부인 「다니엘」과 2부인 「요한계시록」 1장~19장을 통하여 수차례 언급했으므로, 되도록이면 부연 설명없이 간단히 넘어가기로 한다. 단, 최후의 심판에서는 예수님이 갖고 계신 생명책이란 무엇이고 어떻게 심판을 하는지 자세히 다루기로 한다.

1절 「요한계시록」 20:1~3 - 용(뱀/마귀/사단)을 잡아 무저갱에 천년 동안 감금

1. 무저갱의 열쇠와 큰 쇠사슬을 가진 천사가 하늘에서 내려와

☞ 「요한계시록」 20:1 - 또 내가 보매 천사가 무저갱 열쇠와 큰 쇠사슬을 그 손에 가지고 하늘로서 내려와서(And I saw an angel coming down out of heaven, having the key to the Abyss and holding in his hand a great chain.(NIV)

하늘, 즉 하나님 아버지의 하늘(소행성대)의 보좌에서 무저갱의 열쇠와 큰 쇠사슬을 가진 한 천사가 내려온다. 무저갱이란 땅속을 말하는 것이다. 무저갱의 열쇠란 땅속과 연결되는 게이트웨이(Gateway)를 여는 열쇠란 뜻이다. 쇠사슬이란 누구를 잡는다는 의미이다.

2. 천사가 용(뱀/마귀/사단)을 잡아 무저갱에 천년 동안 감금

☞ 「요한계시록」 20:2 - 용을 잡으니 곧 옛 뱀이요 마귀요 사단이라 잡아 일천 년 동안 결박하여(He seized the dragon, that ancient serpent, who is the devil, or Satan, and bound him for a thousand years.(NIV); And he laid hold on the dragon, that old serpent, which is the Devil, and Satan, and bound him a thousand years,KJV)

20:3 - 무저갱에 던져 잠그고 그 위에 인봉하여 천년이 차도록 다시는 만국을 미혹하지 못하게 하였다가 그 후에는 반드시 잠간 놓이리라(He threw him into the Abyss, and locked and sealed it over him, to keep him from deceiving the nations anymore until the thousand years were ended. After that, he must be set free for a short time.(NIV)

수메르 시대의 신들의 전쟁 또는 관계에서 적(enemy)의 신들을 뱀(serpent), 용(dragon), 괴물(Monster), 악마(devil), 사단(Satan)으로 표현하는 전통은 그리스 신화에도 그대로 전승되어, 하늘을 지배한 제우스(Zeus) 신에 대항하는 티폰(Typhon) 신들은 모두 뱀으로 표현하고 뱀의 모양으로 그려져 있으며, 『바이블 매트릭스』 시리즈에서 자세히 소개하였지만, 성경도 마찬가지이다. 천사가 용(the dragon)을 잡는다. 「요한계시록」 12장에서 살펴보았던 하늘의 전쟁에서 패한 하나님들과 천사들의 총 우두머리가 바로 용인데, 이는 옛 뱀(the ancient or old serpent)이라는 것이다. 이때 옛 뱀이란 「창세기」 3장에 등장하는 하와(Eve)를 꼬셔 선악과(The tree of the knowledge of good and evil)[1]를 따 먹도록 한 바로 그 뱀 또는 불의의 하나님들이다. 우리 인간을 직접 창조하신 엘로힘(Elohim=God)[2]을 말하는 것이다. 불의의 하나님들을 말하는 것이다. 결국 이 세상과 천상은 의로운 하나님들과 불의의 하나님들의 패권 다툼의 장이다. 선과 악의 싸움이다. 결국 의로운 하나님들이 이겨 악을 없애는 것이다. 악이 없는 세상이 바로 「요한계시록」 21장과 22장의 새 하늘과 새 땅에 건설될 새 예루살렘과 만국들, 즉 새로운 우주를 창조하는 것이다.

자세한 것은 『바이블 매트릭스』 4권 1부 6장인 "「요한계시록」의 용/뱀/마귀/사단은? 의로운 하나님들과 불의의 하나님들"과 6권 3부 1장인 "예수님의 재림 목적과 재림의 방법 - 선(의)과 악(불의)의 분별과 심판, 천년 왕국/새 예루살렘과 만국"을 참조하라.

천사가 용을 잡아 잡아 천년 동안 결박하여 무저갱에 던져 잠그고 그 위에 인봉하여 천년이 차도록 다시는 만국을 미혹하지 못하게 한다. 왜 천년 동안

---

1 자세한 것은 『바이블 매트릭스』 2권 『인간창조와 노아 홍수의 비밀』의 4부인 "엔키 신과 선악과란 무엇인가?"를 참조하라.

2 자세한 것은 『바이블 매트릭스』 4권 『하나님들의 과학기술과 우리가 창조해야 할 미래(상)』의 1부 1장인 "엘로힘(Elohim)=하나님(God), 야훼=여호와(LORD), 다른 나라의 엘로힘=신들(gods)"을 참조하라.

인봉하는가 하면, 바로 이 땅에서의 천년 왕국이 이루어지기 때문이다. 그러나 천년이 지나면 용이 다시 풀려난다. 왜 풀려나는지는 차후에 다루기로 한다.

2절 「요한계시록」 20:4~6 - 이 땅에서 이루어지는 천년 왕국(The Thousand Years)

1. 순교한 자들과 우상 숭배 안하고 666표를 받지 않고 죽은 자들이 첫째 부활

☞ 「요한계시록」 20:4 - 또 내가 보좌들을 보니 거기 앉은 자들이 있어 심판하는 권세를 받았더라 또 내가 보니 예수의 증거와 하나님의 말씀을 인하여 목 베임을 받은 자의 영혼들과 또 짐승과 그의 우상에게 경배하지도 아니하고 이마와 손에 그의 표를 받지도 아니한 자들이 살아서 그리스도로 더불어 천 년 동안 왕 노릇 하니(I saw thrones on which were seated those who had been given authority to judge. And I saw the souls of those who had been beheaded because of their testimony for Jesus and because of the word of God. They had not worshiped the beast or his image and had not received his mark on their foreheads or their hands. They came to life and reigned with Christ a thousand years.(NIV)

"예수의 증거와 하나님의 말씀을 인하여 목 베임을 받은 자의 영혼들"이란 바로 창세 이후로 순교한 선지자들, 사도들, 목자들, 성도들을 비롯하여 「요한계시록」 7장의 인치심을 받아 순교한 이스라엘의 144,000명과 각 나라의 셀 수 없는 큰 무리들의 영혼들이 「요한계시록」 11장 15절~19절의 일곱 천사의 나팔 소리에 맞추어 부활하고, 예수님을 공중 영접하고, 지금 천년 왕국에 들어온 것을 말하는 것이다. 그 다음의 "짐승과 그의 우상에게 경배하지도 아니하고 이마와 손에 그의 표를 받지도 아니한 자들이 살아서"라는 것은 「요한계시록」 15장의 2절의 "짐승과 그의 우상과 그의 이름의 수를 이기고 벗어난 자들", 즉 주 안에서 죽은 자들이(the dead who die in the Lord)(「요한계시록」 14:13) 부활했다는 것을 말하는 것이다. 이 두 종류의 시간차에 따라 첫째 부활한(영생의 부활=생명의 부활) 자들을 말하는 것이다.

2. 예수님의 보좌에 앉아 그리스도로 더불어 천년 동안 왕 노릇 하니

그런데 이 하나님의 말씀과 예수님의 증거를 위해 순교 당한 사람들과 주 안에서 죽은 자들이 첫째 부활하여 어떤 특권을 받는가 하면 "그리스도로 더불어 이 땅에서 이루어지는 천년 왕국에서 천년 동안 왕 노릇" 한다는 것이다. 어디에 앉아 왕 노릇 하는가 하면 예수님의 보좌에 앉아 왕 노릇 한다는 것이다. 이를 "보좌들을 보니 거기 앉은 자들이 있어"라고 표현한 것이다.

이는 「요한계시록」 3장 3절 3-10의 '이기는 자→ 내 보좌에 앉게 하리라'에서 살펴본 내용과 같은 것이다.

「요한계시록」 3:21 - 이기는 그에게는 내가 내 보좌에 함께 앉게 하여 주기를 내가 이기고 아버지 보좌에 함께 앉은 것과 같이 하리라

그리스도께서 인간으로 오셨다가 죽으시고 3일 만에 부활하신 후 하늘로 승천하시어 하나님 아버지의 보좌 우편에 앉아 계신 것처럼, 이기는 자들은, 첫째 부활을 통해 천년 왕국에 참여하여 예수님의 보좌에 함께 앉아 왕 노릇 하는 것을 말하는 것이다.

3. 부활한 자들은 심판하는 권세를 받아, 심판은 둘째 부활, 누구를 심판할까?

그런데 첫째 부활한 자들이 "심판하는 권세를 받았더라"는 것이다. 여기서 심

판이란 「요한계시록」 20장 11절~16절에 등장하는 둘째 부활(심판의 부활)의 심판을 의미하는 것이다.

부활한 자들이 누구를 심판하는가에 대한 자세한 내용은 「요한계시록」 14장에서 다 살펴보았기 때문에, 「요한계시록」 14장의 1절 1-3의 "이 세대에 속한 첫째 부활한 자들이 이 세대의 각 나라 사람들을 심판하리니"와, 1-4의 "예수님의 12제자와 144,000명의 역할은 이스라엘만 심판"과, 그리고 1-5의 "동시대에 살았던 의로운 자들이 심판, 이 세상에 있을 때 잘해야, 490번 용서"를 참조하라.

4. 첫째 부활과 나머지 죽은 자들은 천년 후에 둘째 부활(심판의 부활)

☞ 「요한계시록」 20:5 - (그 나머지 죽은 자들은 그 천년이 차기까지 살지 못하더라) 이는 첫째 부활이라((The rest of the dead did not come to life until the thousand years were ended.) This is the first resurrection(NIV)

20:6 - 이 첫째 부활에 참예하는 자들은 복이 있고 거룩하도다 둘째 사망이 그들을 다스리는 권세가 없고 도리어 그들이 하나님과 그리스도의 제사장이 되어 천 년 동안 그리스도로 더불어 왕 노릇 하리라(Blessed and holy are those who have part in the first resurrection. The second death has no power over them, but they will be priests of God and of Christ and will reign with him for a thousand years.(NIV)

이것이 첫째 부활(the first resurrection)이라는 것이다. 그런데 조건이 있다. 반드시 하나님 아버지의 말씀과 예수님을 증거하다가 목 베임을 당하거나, 즉 순교하거나, 용/짐승에게 경배를 안하고 666표를 받지 않고 죽어야 한다는 것이다. 「요한계시록」 15장에서 살펴본 주 안에서 죽은 자들, 즉 짐승과 우상과 666표를 이긴 자들이어야 한다. 그래서 "첫째 부활에 참예하는 자들은 복이 있고"라고 표현한 것이다.

참으로 어려운 대목이다. 필자도 「요한계시록」 13장의 짐승/우상 숭배와 666표를 받는 AD 10733년경까지 살 수 없으므로 순교를 당해야 하는데, 이러한 이유로 첫째 부활에 참여하는 것은 불가능한 일이다. 따라서 필자는 복이 없다. 그래서 둘째 부활에 참여하여 행위(공적, works or what I had done)대로 심판을 받되, 예수님의 생명책에 이름이 있기를 간절히 바라는 바이다.

"그 나머지 죽은 자들은 그 천년이 차기까지 살지 못하더라"라는 것은 천년 왕국이 끝나야 둘째 부활인 심판의 부활에 참여하여 심판을 받는다는 것이다.

5. 첫째 부활에 참여하는 자들은 둘째 사망이 없다

그런데 첫째 부활에 참여하는 자들은 둘째 사망이 없다는 것이다. 첫째 사망은 우리가 죽는 것이고, 둘째 사망은 둘째 부활(심판의 부활)에 참여하여 심판을 받게되는데, 이 때 예수님께서 갖고 계신 생명책에 이름이 없는 자들은 모두 유황 불못에 던져지는데, 곧 살펴볼 「요한계시록」 20장 14절~15절을 의미하는 것이다.

「요한계시록」 20:14 - 사망과 음부도 불못에 던지우니 이것은 둘째 사망 곧 불못이라(Then death and Hades were thrown into the lake of fire. The lake of fire is the second death.(NIV)

20:15 - 누구든지 생명책에 기록되지 못한 자는 불못에 던지우더라(If anyone's name was not found written in the book of life, he was thrown into the lake of fire.)

6. 이 땅에서 이루어지는 천년 왕국의 실상

그렇다면 천년 동안 첫째 부활에 참여한 자들은 하나님과 그리스도의 제사장이 되어 천년 동안 그리스도로 더불어 왕 노릇 할 것인데, 이 땅에서 이루어지는 천년 왕국의 실상은 어떨까? 이에 대한 자세한 내용은 『바이블 매트릭스』 5권 『성령으로 무장하신 예수님의 과학기술』의 1부 3장 3절 3-2-4의 "천년 왕국과 생명나무 – 예수님의 재림, 금지에서 허락으로"를 참조하라.

7. 천년 왕국의 신분과 몸의 상태, 우주복을 입고 있을까?

천년 왕국은 이 땅에 세워진다. 주기도문에도 등장하듯이 "뜻이 하늘에서 이룬 것같이 땅에서도 이루어지이다(Thy will be done in earth, as it is in haven)"에서처럼 이 땅에 다시 에덴 동산과 생명나무가 건설되고, 그 생명나무의 열매를 먹으면 누구나 1,000살을 영위하는 천년 왕국이다. 「창세기」 2장에 등장했던 잃어 버린 에덴 동산이 다시 건설되어 「요한계시록」 20장의 천년 왕국(The Thousand Years)의 시대가 도래하는 것이다. 이것은 예수님께서 이 땅에 다시 오셔서 용-뱀-마귀-사단을 결박하여 무저갱(Abyss)에 던져 잠그고, 첫째 부활한 자들과 휴거(Rapture)로 선택한 자들과 직접 통치하시는, 이 땅에서 실제로 이루어질 천년 왕국을 말한다. 그런데 이 천년 왕국에서도 예수님과 더불어 하늘의 영적인 몸으로 첫째 부활하고 휴거한 자들도 계속 우주복을 입고 있을까?

「요한계시록」 19장에서도 설명기했지만 "빛나고 깨끗한 세마포"란 (1) 성도들의 옳은 행실이라고 했다. 옳은 행실이란 하나님의 말씀과 예수님의 증거를 위해 생명을 다해 순교하거나 죽은 자들이라 했다. (2) 순교를 당함으로써 예수님의 피에 옷을 씻어 희게 했다는 것으로, (3) 죽은 성도들은 그 영혼들이 낙원(천국)에 이르러 하얀 우주복을 받아 입는다고 했다. 그리고 세 번째 하늘에 있던 낙원이 하나님의 보좌에 실려 소행성대로 이동했다고 했다. 이 때도 하얀 우주복을 입고 있어야 한다. (4) 그리고 일곱째 천사의 나팔 소리에 맞추어 이들은 모두 하늘의 영적인 몸으로 부활해서 예수님을 공중에서 영접한다고 했다. 부활 이후에 일어나는 휴거한 자들도 마찬가지이다. 이 때도 하얀 우주복을 입어야 한다. (5) 그리고 예수님의 혼인잔치에도 계속 하얀 우주복을 입고 있어야 한다. (6) 그리고 지상재림시에도 하얀 우주복을 입어야 한다. (7) 그러나 다음 「요한계시록」 20장의 천년 왕국은 진(Camp)과 성(City)으로 이루어진다고 했으니(「요한계시록」 20:9), 이는 장막(tabernacle, dwelling)과 같은 것으로 별도의 공간이라, 이곳에서는 우주복이 필요 없을 것이다. (8) 그 다음 「요한계시록」 21장~22장의 새 하늘과 새 땅에 건설될 새 예루살렘과 만국들은 새로운 우주이고, 하나님의 장막이 사람들과 함께 있어(「요한계시록」 21:3) 하나님의 얼굴을 본다 했으니(「요한계시록」 22:4), 이곳에서도 하얀 우주복은 필요 없을 것이다.

3절 「요한계시록」 20:7~10 - 풀려난 용(뱀/마귀/사단)의 패망, 유황 불못에 던져지다

1. 천년이 차매 용(뱀/마귀/사단)이 무저갱에서 풀려나

☞ 「요한계시록」 20:7 - 천 년이 차매 사단이 그 옥에서 놓여(When the thousand years are over, Satan will be released from his prison(NIV)

천 년이 차매 용(뱀/마귀/사단)이 무저갱의 감옥에서 풀려난다. 아직 하나님 아버지께서 정한 생명의 기간이 남았다는 의미이다. 악의 하나님들도 다 역할이 있다고 했다.[3] 풀려난다는 것은 다시 만국을 미혹하는 역할을 한다는 뜻이다.

2. 용이 곡과 마곡, 즉 만국을 미혹하여 제2의 아마겟돈 전쟁을 일으켜

☞「요한계시록」20:8 - 나와서 땅의 사방 백성 곧 곡과 마곡을 미혹하고 모아 싸움을 붙이리니 그 수가 바다 모래 같으리라(and will go out to deceive the nations in the four corners of the earth--Gog and Magog--to gather them for battle. In number they are like the sand on the seashore.(NIV); And shall go out to deceive the nations which are in the four quarters of the earth, Gog and Magog, to gather them together to battle: the number of whom is as the sand of the sea.(KJV)

곡(Gog)은 로스(Rosh)와 메섹(Meshech)과 두발(Tubal) 지역에 세워진 마곡(Magog) 왕국의 통치자이다(「에스겔」38:1~3). 또 '마곡'은 노아의 손자요 야벳의 둘째아들이며(「창세기」10:2), 동시에 그가 팔레스타인 북방인 로스, 메섹, 두발 지역에 세운 나라 이름이기도 하다. 에스겔 선지자는 마곡의 왕인 곡이 북방 군대를 인솔하여 이스라엘을 공격하나 하나님의 권능으로 멸망하게 될 것을 예언한다

「에스겔」38:1 - 여호와의 말씀이 내게 임하여 가라사대(The word of the LORD came to me:(NIV)

38:2 - 인자야 너는 마곡 땅에 있는 곡 곧 로스와 메섹과 두발 왕에게로 얼굴을 향하고 그를 쳐서 예언하여("Son of man, set your face against Gog, of the land of Magog, the chief prince of Meshech and Tubal; prophesy against him)

38:3 - 이르기를 주 여호와의 말씀에 로스와 메섹과 두발 왕 곡아 내가 너를 대적하여(and say: 'This is what the Sovereign LORD says: I am against you, O

---

3 자세한 것은『바이블 매트릭스』4권『하나님들의 과학기술과 우리가 창조해야 할 미래(상)』1부 6장인 "「요한계시록」의 용/뱀/마귀/사단은? 의로운 하나님들과 불의의 하나님들"과『바이블 매트릭스』5권『성령으로 무장하신 예수님의 과학기술』의 1부 3장 2절 2-5의 "악의 하나님들인 사단/마귀(엘로힘)도 같이 오심"을 참조하라.

Gog, chief prince of Meshech and Tubal.)

「요한계시록」 20장 8절에서는 곡과 마곡, 즉 지구상의 네 코너(사방)에서 만국들(the nations)의 세력을 미혹하여 규합하고, 하나님 아버지와 예수님과 첫째 부활/휴거한 자들의 천년 왕국을 대적하는 지상 최후의 전쟁, 곧 제2의 아마겟돈 전쟁을 일으키는 적그리스도 세력으로 기록하고 있다.

3. 용과 그 세력들이 천년 왕국을 공격, 불이 내려와 다 소멸하고

3-1. 용과 그 세력들이 천년 왕국을 공격

☞ 「요한계시록」 20:9 - 저희가 지면에 널리 퍼져 성도들의 진과 사랑하시는 성을 두르매 하늘에서 불이 내려와 저희를 소멸하고(They marched across the breadth of the earth and surrounded the camp of God's people, the city he loves. But fire came down from heaven and devoured them.(NIV); And they went up on the breadth of the earth, and compassed the camp of the saints about, and the beloved city: and fire came down from God out of heaven, and devoured them.(KJV); And I saw them as they went up on the broad plain of the earth and surrounded God's people and the beloved city. But fire from heaven came down on the attacking armies and consumed them.(New Living)

그리고 용과 그 세력들이 성도들의 진(the camp of God's people)과 하나님 아버지와 예수님께서 사랑하시는 성(the beloved city)을 공격한다. 진과 성이란 바로 천년 왕국을 공격한다는 것을 의미한다. 이것으로 보아 천년 왕국은 지금의 예루살렘에 세워지는 것 같다.

3-2. 하늘에서 불이 내려와 용의 세력들을 소멸, 하나님 아버지는 소멸하는 불

그러자 하늘, 즉 소행성대에 계시는 하나님 아버지의 보좌에서 불이 내려와 용과 그 세력들을 다 소멸시킨다. 이는 「히브리서」 12장 29절의 "우리 하나님은 소멸하는 불이심이니라"와 같은 내용이다.

「히브리서」 12:29 - 우리 하나님은 소멸하는 불이심이니라(for our "God is a consuming fire."(NIV); For our God is a consuming fire.(KJV); For our God is a devouring fire.(New Living)

4. 용(뱀/마귀/사단)이 유황 불못에 던져짐, 세세토록 밤낮 괴로움을 받아

☞ 「요한계시록」 20:10 - 또 저희를 미혹하는 마귀가 불과 유황 못에 던지우니 거기는 그 짐승과 거짓 선지자도 있어 세세토록 밤낮 괴로움을 받으리라(And the devil, who deceived them, was thrown into the lake of burning sulfur, where the beast and the false prophet had been thrown. They will be tormented day and night for ever and ever.(NIV)

그리고 용(뱀/마귀/사단)이 잡혀 유황 불못(the lake of burning sulfur)에 던져지는데, 거기에는 「요한계시록」 19장 20절에서 살펴본 땅의 짐승과 거짓 선지자도 있다. 이미 땅의 짐승과 거짓 선지자도 산 채로 유황 불못에 던져졌기 때문이다. 이 적그리스도들이 유황 불못에서 세세토록 밤낮 괴로움을 받는 것이다.

5. 용(뱀/마귀/사단)의 패망, 악(불의)의 패망, 선(의)의 승리

이제서야 게임이 끝이 난다. 불의의 하나님들인 용(뱀/마귀/사단)과 그 휘하 천사들이 다 패망한 것이다. 악(불의)이 패망하고 의로운 하나님 아버지와 예수님과 의로운 성도들의 선(의)이 승리한 것이다. 하늘에 있었던 악의 영들, 즉 불의의 하나님들이 「요한계시록」 12장의 하늘의 전쟁에서도 패하고 이 땅으

로 쫓겨 내려와서도 패해, 결국 유황 불못에 던져져 패망한 것이다. 하나님 아버지 만세^ 예수님 만세^^

뿐만 아니라 이 땅의 불의의 통치자들(the rulers), 불의의 통치자들의 권위(the authogities), 불의의 통치자들이 통치함으로써 이 세상이 불의의 가득찼던 권세들(the powers)도 다 멸망한 것이다.

「에베소서」 6:12 우리의 씨름은 혈과 육에 대한 것이 아니요 정사와 권세와 이 어두움의 세상 주관자들과 하늘에 있는 악의 영들에게 대함이라

4절 「요한계시록」 20:11~15 - 최후의 심판인 둘째 부활(심판의 부활)과 생명책과 본인의 책

1. 예수님의 심판의 보좌, 첫째 부활한 자들이 심판, 땅과 하늘이 사라져

☞ 「요한계시록」 20:11 - 또 내가 크고 흰 보좌와 그 위에 앉으신 자를 보니 땅과 하늘이 그 앞에서 피하여 간데없더라(Then I saw a great white throne and him who was seated on it. Earth and sky fled from his presence, and there was no place for them.(NIV)

사도 요한은 크고 흰 보좌를 보고 그 위에 예수 그리스도가 앉으신 것을 본다. 이 보좌는 예수님의 보좌로 천년 왕국의 보좌이다. 예수님이 가운데 앉으시고 「요한계시록」 20장 4절에서 살펴본 바와 같이 첫째 부활한 자들이 앉아 있는 보좌들이다. 1,000년의 천년 왕국이 끝나자, 지금부터는 그 나머지 죽은 자들이 둘째 부활에 참여하여 살아서 심판을 받는 것이다. 이 때 첫째 부활한 자들이 예수님으로부터 심판의 권세를 받아 심판을 진행하는 것이다.

그런데 땅과 하늘이 사라진다. 이것은 「요한계시록」 21장~22장의 새로운 하늘과 새로운 땅이 도래하고 있음을 시사하는 것이다.

2. 둘째 부활, 본인의 책, 예수님의 생명책, 자기 행위(공적)대로 심판을 받아

☞ 「요한계시록」 20:12 - 또 내가 보니 죽은 자들이 무론 대소하고 그 보좌 앞에 섰는데 책들이 펴 있고 또 다른 책이 펴졌으니 곧 생명책이라 죽은 자들이 자기 행위를 따라 책들에 기록된 대로 심판을 받으니(And I saw the dead, great and small, standing before the throne, and books were opened. Another book was opened, which is the book of life. The dead were judged according to what they had done as recorded in the books.(NIV); And I saw the dead, small and great, stand before God; and the books were opened: and another book was opened, which is the book of life: and the dead were judged out of those things which were written in the books, according to their works.(KJV); I saw the dead, both great and small, standing before God's throne. And the books were opened, including the Book of Life. And the dead were judged according to what they had done, as recorded in the books.(New Living); I [also] saw the dead, great and small; they stood before the throne, and books were opened. Then another book was opened, which is [the Book] of Life. And the dead were judged (sentenced) by what they had done[their whole way of feeling and acting, their aims and endeavors] in accordance with what was recorded in the books.(Amplified)

20:13 - 바다가 그 가운데서 죽은 자들을 내어 주고 또 사망과 음부도 그 가운데서 죽은 자들을 내어 주매 각 사람이 자기의 행위대로 심판을 받고(The sea gave up the dead that were in it, and death and Hades gave up the dead that were in them, and each person was judged according to what he had done.(NIV)

20:15 - 누구든지 생명책에 기록되지 못한 자는 불못에 던지우더라(If anyone's name was not found written in the book of life, he was thrown into the lake of fire.(NIV); And whosoever was not found written in the book of life was cast into the lake of fire.(KJV); And anyone whose name was not found recorded in the Book of Life was thrown into the lake of fire.(New Living)

2-1. 바다도 죽은 자를 내어주고 땅도 내어 주어 둘째 부활로 모두 부활

"죽은 자들이 무론 대소하고 그 보좌 앞에 섰는데"라는 것은 그 나머지 죽은 자들이 둘째 부활하여 모두 부활했다는 것을 의미한다. 어떻게 부활하는가 하면, "바다가 그 가운데서 죽은 자들을 내어 주고"라는 것은 바다에 수장되었던 혹은 화장해서 강물이나 바다에 뿌려졌던 죽은 자들을 바다가 내어 주어 둘째 부활에 참여한다는 것을 의미하는 것이다. "사망과 음부도 그 가운데서 죽은 자들을 내어 주매"라는 것은 죽어 땅에 장사되었던 죽은 자들을 땅이 내어 주어 둘째 부활에 참여하여 모두 부활한다는 것을 의미하는 것이다.

2-2. 바다와 땅이 무엇을 내어 주어 둘째 부활로 부활할까?

이것은 대단히 중요한 것이다. 바다와 땅이 무엇을 내어 주어 그 나머지 죽은 자들이 둘째 부활에 참여하여 모두 부활할 수 있을까? 이것은 필자가 보기엔 미네랄(Mineral)일 가능성이 매우 높다. 이에 대한 자세한 내용은 『바이블 매트릭스』 6권 1부 3장 3절인 "부활과 휴거(변형)의 방법"을 참조하라.

2-3. 예수님의 생명책에 이름이 있으면 책을 펴고 없으면 유황 불못에 던져

우선 먼저 살펴볼 절이 「요한계시록」 20장 15절의 "누구든지 생명책에 기록되지 못한 자는 불못에 던지우더라"는 예수님의 예언의 계시이시다. 다시 말해 그 나머지 죽은 자들은 다 둘째 부활에 참여하여 다 부활하되, 조건이 있다는 것이다. 본인의 책을 펴느냐, 못 펴고 유황 불못에 던져지느냐가 이 때 판명되는 것이다. 예수님의 생명책에 이름이 있으면 본인의 책을 펴고 없으면 유황 불못에 던져진다는 것이다.

순교하지는 못해서 첫째 부활에 참여하지는 못했지만, 하나님의 말씀과 예수님의 증거를 믿고 지켰던 의롭고 선한 자들은 예수님의 생명책에 이름이 있을 것이다. 예수님의 생명책에 이름이 있는 경우에만 본인의 책을 펴는 것이다. 그리고 본인의 책과 예수님의 생명책과 대조해가면서, 양 책에 기록된 대로 각자 일한 대로 심판을 받고 그 공적(공력, according to his work or according to what he had done as recorded in the books)에 따라 보상을 받는다는 것이다. 그 보상은 첫째 부활에 참여한 자들만큼 큰 보상(하나님과 그리스도의 제사장이 되어 천년 왕국에서 왕 노릇함과 심판의 권세)을 못 받겠지만, 그래도 영생을 얻는다는 것을 의미하는 것이다. 그래서 첫째 부활에 참여하도록 노력해야 하는 것이다.

그런데 둘째 부활인 심판의 부활에 참여하는 자들 중 예수님께서 갖고 계신 생명책에 이름이 없는 자들, 즉 악을 행한 자들, 예수님의 이름을 더럽힌 자들, 적그리스도에 동참하여 성도들을 죽이고 핍박한 자들, 그리고 「요한계시록」 13장에서 살펴본 용과 짐승에게 경배하고 짐승의 우상에게 경배하고 거래와 조작 목적의 666표를 받은 자들은 심판할 가치도 없기 때문에 유황 불못에 던진다는 것이다.

2-4. 본인의 책이란?

본인의 책이란 무엇인가? 책은 기록이다. 이 땅에 태어나서 죽을 때까지 본인의 삶과 행위를 기록한 책이다.

이미 이에 대해서는 「요한계시록」 13장 3절 3-2-7의 "심판의 부활 때 펴는 사람의 책(기록)을 담당하는 인트론 이상까지 조작"에서 살펴본 바와 같이 지금의 과학으로서는 인트론(Intron)에 기록될 가능성이 매우 높다. 아니면 아직 밝혀내지 못한 우리 몸에 존재하는, 생명의 흔적을 가지고 있는 미네랄(Mineral)에 기록될 수도 있으며, 중성자와 양성자가 될 수도 있으며, 혹은 우리 몸안의 어딘가에 우리의 인생사가 기록되고 있음은 확실하다.

2-5. 본인의 책에 기록된 행위(works, what he had one)대로 심판

"죽은 자들이 자기 행위를 따라 책들에 기록된 대로 심판을 받으니"라는 것은 예수님께서 누차 말씀하신 예수님의 보상의 법칙을 말하는 것이다. 본인의 책과 예수님의 생명책에 기록된 대로 각 사람에게 일한 대로 공적에 따라 갚아 준다는 것이다. 하늘-땅-땅속-바다에서 각자 무엇을 했는가에 따라 보상을 준다는 것이다. 이 때 행위란 NIV는 'deeds'로, KJV는 'works'로, New Living는 'whatever you deserve'로, 더 나아가 Amplified는 '그들의 감정, 활동, 목표, 노력(their whole way of feeling and acting, their aims and endeavors)'로까지 표현하고 있다.

필자가 보기엔 KJV와 Amplified가 가장 잘 표현했다고 생각하는데, 한마디로 뜻(hearts)과 마음(minds)과 행동(deeds)의 결과인 '일(works)'을 얼마나 했는가인데, 필자가 보기에는 『바이블 매트릭스』 시리즈를 통해 누차 얘기한 대로, 예수님께서 말씀하신 내용을 다 과학적으로 이루라는 명령에 따라, 그 명령을 얼마나 수행했는가에 따라 보상을 주는 것이 아닌가 생각한다. '갚아 주리라'를 NIV는 'repay'로, KJV와 New Living는 'give'로 표현하고 있다.

"내가 너희 각 사람의 행위대로 갚아 주리라"는 예수님의 말씀은 신약성경에 여섯 번이나 나오는데, 「마태복음」에 1번, 「로마서」에 1번, 그리고 「요한계시록」에 4번이나 등장한다. 특히 「요한계시록」의 마지막 장인 22장에도 예수님께서는 결론적으로 말씀하시는데, "보라 내가 속히 오리니 내가 줄 상이 내게 있어 각 사람에게 그의 일한 대로 갚아 주리라"고 말씀하신다. 이것은 중요한 말씀이시다. 그냥 삶을 사는 것이 아니라 예수님께서 말씀하신 대로 살라는 의미이다. 또한 예수님께서 말씀하신 모든 명령을 과학으로 이루라는 의미일 것이다.

2-6. 어떻게 각자 일한 것을 판단하실까? 빛(light)=불(fire)로 테스트해

그렇다면 어떻게 각자 일한 것을 판단하실까? 사도 바울은 이에 대해 자세히 설명하고 있는데, 바로 빛(Light)에 의해 각자의 비밀인(men's secrets) 한 일(공적=works)이 드러나게 될 것이라고 적고 있다(「로마서」 2:16, 「고린도전서」 3:13~15).

이 때의 빛은 태양 빛이 아니라 예수님께서 재림하셔서 하는 심판이라 태양 빛 이상의 빛이 될 것임은 뻔한 일이다. 과학적으로 빛은 에너지와 파동을 갖는다고 했다. 에너지란 열, 즉 불(Fire)이다. 바로 예수님과 첫째 부활한 자들은 이 불로 각자의 일한 품질(quality of each man's work), 즉 무엇을 했으며, 어떤 일을 했으며, 무엇을 구축했는지(what he has built), 그 가치(value)를 테스트한다고 기록하고 있다.

만약 불에 타지 않고 자기가 한 일(공적)이 그대로 남아 있으면 남아 있는 만큼만 보상을 한다는 것이다. 만약 타서 없어지면 없어진 만큼 보상에서 제외한다는 것이다. 이때의 불이란 오늘날의 과학기술로 본다면 고성능 레이저이다. 지금은 피코초(pico, 조 분의 1초) 레이저이지만, 이보다 더 빠른 욕토초(yocto, 자(秭) 분의 1초), 아니 그 이상의 레이저가 될 수도 있다. 참으로 대단한 과학적인 테스트 또는 수사 방법이다.

「로마서」 2:16 - 곧 내 복음에 이른 바와 같이 하나님이 예수 그리스도로 말미암아 사람들의 은밀한 것을 심판하시는 그 날이라(This will take place on the day when God will judge men's secrets through Jesus Christ, as my gospel declares.(NIV)

「고린도전서」 3:13 - 각각 공력이 나타날 터인데 그 날이 공력을 밝히리니 이는 불로 나타내고 그 불이 각 사람의 공력이 어떠한 것을 시험할 것임이니라(his work will be shown for what it is, because the Day will bring it to light. It will be revealed with fire, and the fire will test the quality of each man's work.(NIV);

And the quality of each person's work will be seen when the Day of Christ exposes it. For on that Day fire will reveal everyone's work; the fire will test it and show its real quality. (Good News Translation); But on the judgment day, fire will reveal what kind of work each builder has done. The fire will show if a person's work has any value.(New Living Translation)

3:14 - 만일 누구든지 그 위에 세운 공력이 그대로 있으면 상을 받고(If what he has built survives, he will receive his reward.)

3:15 - 누구든지 공력이 불타면 해를 받으리니 그러나 자기는 구원을 얻되 불 가운데서 얻은 것 같으리라(If it is burned up, he will suffer loss; he himself will be saved, but only as one escaping through the flames.(NIV); If any man's work shall be burned, he shall suffer loss: but he himself shall be saved; yet so as by fire.(KJV)

2-7. 공적이 다 불타면 아무 보상을 못 받지만 그 자신은 구원(영생)을 얻어

그런데 「고린도전서」 3장 15절에는 우리에게 주는 한 가지 희망 사항이 있다는 것을 발견할 수가 있다. "누구든지 공력이 불타면 해를 받으리니 그러나 자기는 구원을 얻되 불 가운데서 얻은 것 같으리라"고 기록되어 있기 때문이다. 만약 그가 일한 모든 것이 다 불에 타서 없어지면 아무 보상을 받을 수는 없지만, 그의 생명은 불 가운데에서 불로 연단되었으므로(refined by the fire or in the fire) 구원(영생)을 얻는다는 것이다. 그래서 반드시 예수님의 생명책에 이름이 기록되어야 한다.

「베드로전서」 1:7 - 너희 믿음의 시련이 불로 연단하여도 없어질 금보다 더 귀하여 예수 그리스도의 나타나실 때에 칭찬과 영광과 존귀를 얻게 하려 함이라(These have come so that your faith--of greater worth than gold, which perishes even though refined by fire--may be proved genuine and may result in praise, glory and honor when Jesus Christ is revealed.)(NIV)

「요한계시록」 3:18 - 내가 너를 권하노니 내게서 불로 연단한 금을 사서 부요하게 하고 흰 옷을 사서 입어 벌거벗은 수치를 보이지 않게 하고 안약을 사서 눈에 발라 보게 하라(I counsel you to buy from me gold refined in the fire, so you can become rich; and white clothes to wear, so you can cover your shameful nakedness; and salve to put on your eyes, so you can see.)

이 때 빛은 「요한복음」 3장 20절~21절과 일맥 상통하는 내용이다.

「요한복음」 3:20 - 악을 행하는 자마다 빛을 미워하여 빛으로 오지 아니하나니 이는 그 행위가 드러날까 함이요

3:21 - 진리를 좇는 자는 빛으로 오나니 이는 그 행위가 하나님 안에서 행한 것임을 나타내려 함이라 하시니라

3. 용(뱀/마귀/사단)에 속했던 사망과 음부도 유황 불못으로→둘째 사망

☞ 「요한계시록」 20:14 - 사망과 음부도 불못에 던지우니 이것은 둘째 사망 곧 불못이라(Then death and Hades were thrown into the lake of fire. The lake of fire is the second death.(NIV)

사망의 세력을 잡았던 용(뱀/마귀/사단)이 유황 불못에 던져졌으니, 이제 마침내 사망과 음부도 불못에 던져진다. 이것이 둘째 사망이라는 것이다. 불못에 던져졌다는 것은 더 이상 죽음 즉, 사망이 없으며, 따라서 무덤, 즉 음부도 없다는 것이다. 이제부터는 영원한 영생만 남는다는 것을 의미하는데, 그게 「요한계시록」 21장과 22장의 새 하늘과 새 땅에 건설될 새 예루살렘과 만국들이다.

사망의 세력을 잡은 자가 마귀라고 「히브리서」 2장 14절에 기록되어 있는데, 우리가 그간 왜 죽어야 하는지, 왜 사망의 세력을 잡은 자가 마귀인지

는 『바이블 매트릭스』 4권 『하나님들의 과학기술과 우리가 창조해야 할 미래(상)』의 1부 6장 6절의 "사망의 세력을 잡은 자가 마귀, 사망과 음부도 유황불못으로"를 참조하라.

4. 생명책에 이름이 없는 자→유황 불못으로→둘째 사망

☞ 「요한계시록」 20:15 - 누구든지 생명책에 기록되지 못한 자는 불못에 던지우더라(If anyone's name was not found written in the book of life, he was thrown into the lake of fire.(NIV); And whosoever was not found written in the book of life was cast into the lake of fire.(KJV)

그리고 생명책에 녹명되지 못한, 즉 이름이 없는 모든 자들은 둘째 사망인 유황 불못에 던져진다. 이로써 심판은 막을 내리고, 의로운 하나님 아버지와 예수님과 의로운 성도들의 의로운 영원한 세상이 된다.

5절 예수님의 생명책(the book of life)이란? 생명책에 기록된 자는 다 구원(영생)

예수님께서 갖고 계신 책을 생명책(the book of life)이라 한다. 이 생명책에는 이름과 태어나서 죽을 때까지의 행위를 기록한 것이다. 그렇다면 분명 예수님께서 직접 기록하거나 아니면 천사들이 기록했다는 것인데, 예수님의 생명책에 이름이 올라 있는 자들은 그 사람의 삶을 기록하고 다 구원(영생)한다는 점에서 매우 중요한 것이다.

1. 이미 프로그램되로 구원자들의 이름이 생명책에 기록되어 있어(예정설)

이미 구원 받을 자는 다 예정되어 있다는 예정설(doctrine of predestination)이 있다. 이는 인간 개개인의 구원은 인간의 행위나 노력에 의하여 이루어지는 것이 아니고, 하나님의 의지나 은혜로 미리 정해진다는 그리스도교의 교리이다. 이미 태어나기 전에 예수님의 생명책에 기록이 되어 있다는 것이다.

1-1. 하나님 아버지께서 미리 정한 자들

예정설은 사도 바울의 「로마서」 8장 29절의 "하나님이 미리 아신 자들로 또한 그 아들의 형상을 본받게 하기 위해 미리 정하셨다"는 말씀에 기초하여, 미리 하나님에 의해 정해진 결정이라는 것이다.

「로마서」 8:28 - 우리가 알거니와 하나님을 사랑하는 자 곧 그 뜻대로 부르심을 입은 자들에게는 모든 것이 합력하여 선을 이루느니라(And we know that in all things God works for the good of those who love him, who have been called according to his purpose.(NIV)

8:29 - 하나님이 미리 아신 자들로 또한 그 아들의 형상을 본받게 하기 위하여 미리 정하셨으니 이는 그로 많은 형제 중에서 맏아들이 되게 하려 하심이니라(For those God foreknew he also predestined to be conformed to the likeness of his Son, that he might be the firstborn among many brothers)

8:30 - 또 미리 정하신 그들을 또한 부르시고 부르신 그들을 또한 의롭다 하시고 의롭다 하신 그들을 또한 영화롭게 하셨느니라(And those he predestined, he also called; those he called, he also justified; those he justified, he also glorified.)

그것은 단순히 인간이 희망하거나 원해서나 노력으로가 아니라, 하나님의 은혜에 의한 선택으로서 '인간의 의지나 노력이 아니라 오직 긍휼히 여기시는 하나님으로 말미암음이다'로서 하나님의 섭리라는 것이다.

「로마서」 9:16 - 그런즉 원하는 자로 말미암음도 아니요 달음박질하는 자로 말미암음도 아니요 오직 긍휼히 여기시는 하나님으로 말미암음이니라(It does not, therefore, depend on man's desire or effort, but on God's mercy.)(NIV)

1-2. 너희가 나를 택한 것이 아니요 내가 너희를 택하여 세웠나니

「요한복음」 15장 16절에는 예수님께서 12제자를 세우는데, "너희가 나를 택한 것이 아니요 내가 너희를 택하여 세웠나니"라고 말씀하셨다. 제자들이 예수님을 선택하신 것이 아니라 예수님과 하나님 아버지께서 먼저 택하셨다는 뜻이다.

「요한복음」 15:16 - 너희가 나를 택한 것이 아니요 내가 너희를 택하여 세웠나니 이는 너희로 가서 과실을 맺게 하고 또 너희 과실이 항상 있게 하여 내 이름으로 아버지께 무엇을 구하든지 다 받게 하려 함이니라(You did not choose me, but I chose you and appointed you to go and bear fruit--fruit that will last. Then the Father will give you whatever you ask in my name.(NIV)

1-3. 좋은 씨를 뿌리는 이는 인자요, 가라지는 악한 자의 아들들이요

「마태복음」 13장 36절~43절에는 "가라지의 비유를 설명하시다(The Parable of the Weeds Explained)"라는 예수님께서 이 땅에 오셔서 하신 말씀이 나온다. 좋은 씨를 뿌리는 자는 예수님이라는 것이다. 좋은 씨가 되어야 좋은 열매를 맺는다는 것으로, 의로운 자들은 다 예수님께서 택하셨다는 뜻이다. 주 안에서 죽는 자들도 예수님께서 다 사셨다는 것이다. 내가 예수님을 택한 것이 아니라, 예수님께서 나를 택하셨다는 의미이다. 그래서 좋은 씨는 천국의 아들들이요 가라지는 사단(마귀)의 아들이라는 것이다. 이 세상에는 이렇게 선과 악이 존재한다는 것이다. 추수 때는 세상 끝 날이요 추수꾼은 천사들이라는 것이다. 그런데 가라지들을 심은 자는 사단(마귀)이므로 불의한 자들이라는 것이다. 그래서 심판 날에 예수님께서 천사들을 보내 가라지들은 불에 사른다는 것이다. 유황 불못에 던진다는 것이다. 거기서 울며 이를 간다는 것이고, 그 대신 의인들은 하나님 아버지 나라에서 해와 같이 빛난다는 것이다. 다시 말해 주 안에서 죽는 자들은 부활시킨다는 것이다.

1-4. 이기는 자는 그 이름을 생명책에서 지우지 않는다

「요한계시록」 3장 5절에는 이기는 자(He who overcomes or All who are victorious)는 예수 그리스도께서 그 이름을 생명책(the book of life)에서 반드시 지우지 않는다(I will never blot out)고 예언하시는데, 그렇다면 이기는 자들은 이미 생명책에 그 이름이 기록되었다는 것이 아닌가?

「요한계시록」 3:5 - 이기는 자는 이와 같이 흰 옷을 입을 것이요 내가 그 이름을 생명책에서 반드시 흐리지 아니하고 그 이름을 내 아버지 앞과 그 천사들 앞에서 시인하리라

1-5. 생명책에 기록되지 않은 자들은 용/짐승에게 경배

「요한계시록」 13장 8절에는 "어린 양의 생명책에 창세 이후로 녹명되지 못하고 이 땅에 사는 자들은 다 짐승에게 경배하리라"고 예언되어 있고, 17장 8절에는 "땅에 거하는 자들로서 창세 이후로 생명책에 녹명되지 못한 자들이 이전에 있었다가 시방 없으나 장차 나올 짐승을 보고 기이히 여기리라"고 예언되어 있는데, 예수님께서 갖고 계신 생명책에 이름이 없는 자들은 용과 짐승, 즉 적그리도에게 다 경배한다는 것이다. 그렇다면, 이미 다 정해져 있다는 것이 아닌가?

「요한계시록」 13:8 - 죽임을 당한 어린 양의 생명책에 창세 이후로 녹명되지 못하고 이 땅에 사는 자들은 다 짐승에게 경배하리라

17:8 - 네가 본 짐승은 전에 있었다가 시방 없으나 장차 무저갱으로부터 올라와 멸망으로 들어갈 자니 땅에 거하는 자들로서 창세 이후로 생명책에 녹명되지 못한 자들이 이전에 있었다가 시방 없으나 장차 나올 짐승을 보고 기이히 여기리라

결국 생명책에 기록되지 못한 자들이란 적그리스도들 편에 선 자들을 말하는 것이다. 따라서 이들은 용과 짐승에게 경배하게 되는 것이다. 어떻게 보면 이들은 창세 이후로 예수님께 속한 생명책에 이름이 녹명되지 않았다는 것인데, 즉 안 올라 있다는 것인데, 이렇게 본다면 운명이 타고난 것이라 볼 수 있을 것이다. 다 태어나기 전에 이미 정해져 있다고 보아야 할 것이다.

이는「시편」69장 27절에 잘 나타나 있는데, 악적인 자들이나 예수님을 적대시한 자들이나 적그리스도 편에 선 자들은 생명책에서 도말된다는 것을 알 수 있다.

「시편」69:27 - 저희 죄악에 죄악을 더 정하사 주의 의에 들어오지 못하게 하소서(Charge them with crime upon crime; do not let them share in your salvation.)(NIV)

69:28 - 저희를 생명책에서 도말하사 의인과 함께 기록되게 마소서(May they be blotted out of the book of life and not be listed with the righteous.)

2. 생명책에 이름이 있는 자들의 삶의 행위를 어떻게 기록할까?

이번엔 과학적인 관점으로 접근해 보기로 하자. 이미「요한계시록」1장과 2장과 4장과 5장에서 살펴본 일곱 등불(빛)+일곱 눈(카메라)+일곱 뿔(통신)=일곱 영(최첨단 과학도구)을 가지고 생명책의 관점으로 접근해서, 이미 생명책에 이름이 정해져 기록되어 있는 자들의 삶과 행위를 어떻게 기록하는지를 알아보자.

2-1. 온 땅을 살피는 일곱 등불+일곱 눈+일곱 뿔=일곱 영(최첨단 과학도구)

「요한계시록」1장 4절에는 일곱 영(the seven spirits)이 등장한다. 이것은 대단히 중요한 것으로, 이는『바이블 매트릭스』4권『하나님들의 과학기술과 우리가 창조해야 할 미래(상)』의 2부 3장인 "온 땅을 두루 살피는 일곱 빛(등불), 일곱 눈, 일곱 뿔 → 일곱 영"에서 밝혔듯이, 하나님 아버지 보좌 앞에 있는데, 핵심은 빛과 눈과 뿔(귀)이라고 했다.

우선 항상 빛을 내는 '일곱 등불(seven lamps of fire burning)'(「요한계시록」 4:5)이 있어야 하고, 이 빛을 이용해 모든 것을 관찰하고 촬영하는 카메라 역할의 '일곱 눈(seven eyes)'(「요한계시록」 5:6)이 있어야 하며, 이들 관찰하고 촬영한 것을 송수신할 거대한 통신시스템인 '일곱 뿔(seven horns)'(「요한계시록」 5:6)이 있어야 한다. 그리고 일곱 등불이 하나님 아버지의 일곱 영이며(「요한계시록」 4:5), 일곱 뿔과 일곱 눈이 온 땅에 보내심을 입은(sent out into all the earth) '하나님의 일곱 영(the seven Spirit of God)'(「요한계시록」 5:6)이라고 설명하고 있다.

따라서 이를 과학적 관점에서 보면 '일곱 등불(빛)+일곱 눈+일곱 뿔 = 일곱 영'임을 알 수 있다. 그러므로 일곱 영은 하나님 아버지의 보좌 앞에 있는, 온 땅을 관찰할 수 있는 빛과 눈과 뿔(귀)의 기능을 가진, 지금의 과학으로 보면 아직도 우리가 모르는 최첨단 거대 과학도구임을 알 수 있다. 대략적으로 짐작하건대, 그것은 지금의 과학기술로 보면 대용량의 최첨단 카메라통신장비라고 말할 수 있을 것이다. 하늘-땅-땅속-바다의 나라들과 거기에 거하는 인간들의 행위를 속속히 들여다 볼 수 있는 초고에너지 레이저장치 이상이라고 말할 수 있다. 그것은 빛알갱이 하나만 있으면 세상에서 일어나고 있는 일들을 관찰하고, 관찰한 데이터를 저장하는 장치임에 틀림이 없다.

그런데 「요한계시록」 5장 6절에는 "온 땅에 보내심을 입은 하나님의 일곱 영이더라(which are the seven spirits of God sent out into all the earth)"고 기록하고 있다는 점이다. 온 땅, 즉 7대륙에 보내졌다는 것이다. 하나님 아버지 보좌 앞의 일곱 영이 7대륙에 보내졌다는 것으로, 이 최첨단 과학도구는 오늘날의 인공위성 이상이라고 보아야 할 것이다. 인공위성에는 레이저+카메라+통신기기들이 융합되어 있다. 그것은 아마도 눈에 보이지 않는 나노입자 크기의 무인기가 될 수도 있고, 빛에 실려오는 파동입자가 될 수도 있다. 나노입자와 파동입자에 레이저(빛)+카메라+통신기들이 융합되어 있다고 생각해보라. 이러한 나노입자나 파동입자들이 7대륙에 보내져 온 땅의 구석구석과 인간들의 행위를 샅샅이 관찰하여 이 하나님 아버지 앞의 일곱 영에게 보내져 기록하는 것이 아닐까?

따라서 일곱 영은 최첨단 과학도구로서 이름이 생명책에 올라와 있는 자들의 태어나서 죽을 때까지의 행위를 일곱 영으로 다 관찰하여 기록하고 있다고 보아야 함이 옳지 않을까?

「요한계시록」 1:4 - 요한은 아시아에 있는 일곱 교회에 편지하노니 이제도 계시고 전에도 계시고 장차 오실 이와 그 보좌 앞에 일곱 영과

「요한계시록」 4:5 - 보좌로부터 번개와 음성과 뇌성이 나고 보좌 앞에 일곱 등불 켠 것이 있으니 이는 하나님의 일곱 영이라

「요한계시록」 5:6 - 내가 또 보니 보좌와 네 생물과 장로들 사이에 어린 양이 섰는데 일찍 죽임을 당한 것 같더라 일곱 뿔과 일곱 눈이 있으니 이 눈은 온 땅에 보내심을 입은 하나님의 일곱 영이더라

2-2. 일곱 영→나는 사람의 뜻과 마음을 살피는 자라, 각 사람의 행위대로 갚아주리라

「요한계시록」 2장 23절에는 "나는 사람의 뜻과 마음을 살피는 자"라는 예수님의 예언이 기록되어 있다. 여기서 '살피는 자'란 영문성경을 보면 모두 'searches'라 표현하고 있는데, 이는 예수님께서 우주로봇이나 체루빔(Cherubim) 등에 설치된 최첨단 과학도구를 이용하여 '서치, 즉 검색'한다는 뜻으로, 이는 앞에서 살펴보았던 '일곱 등불(빛)+일곱 눈+일곱 뿔=일곱 영'임

에 틀림이 없다.

그리고 '뜻'을 영문성경 NIV는 'hearts'로, KJV는 감정이 깃드는 곳인 'the reins'로, New Living은 생각인 'the thoughts'로 표현하고 있고, '마음'을 NIV는 'minds'로, KJV는 'hearts'로, New Living은 의도인 'intentions'로 표현하고 있다. 한마디로 하늘-땅-땅속-바다의 나라들과 거기에 거하는 인간들의 뜻(hearts)과 마음(minds)과 행동(deeds)을 속속히 들여다볼 수 있는 초고에너지 레이저장치 이상의 과학도구라고 말할 수 있다. 그것은 빛알갱이 하나만 있으면 세상에서 일어나고 있는 일들과 인간들의 뜻-마음-행동을 관찰하고, 관찰한 데이터를 저장하는 장치임에 틀림이 없다. 이러한 방법으로 생명책에 이름이 있는 자들의 뜻과 마음과 행동을 관찰하여 그 사람의 행위를 기록하는 것이 아닐까?

바로 이어 "내가 너희 각 사람의 행위대로 갚아 주리라"고 예언이 기록된 점으로 미루어 이러한 추정은 확실한 것 같다고 필자는 생각한다.

「요한계시록」 2:23 - 또 내가 사망으로 그의 자녀를 죽이리니 모든 교회가 나는 사람의 뜻과 마음을 살피는 자인 줄 알찌라 내가 너희 각 사람의 행위 대로 갚아 주리라(I will strike her children dead. Then all the churches will know that I am he who searches hearts and minds, and I will repay each of you according to your deeds.(NIV); And I will kill her children with death; and all the churches shall know that I am he which searcheth the reins and hearts: and I will give unto every one of you according to your works.(KJV); I will strike her children dead. Then all the churches will know that I am the one who searches out the thoughts and intentions of every person. And I will give to each of you whatever you deserve.(New Living)

21장

「요한계시록」 21장 - 새 하늘과 새 땅, 새 예루살렘과 만국들(c.AD 12900~)

「요한계시록」 21장은 「창세기」 1장에 등장하는 지금의 우주인 하늘과 땅이 사라지고, 드디어 두 번째 우주인 새 하늘과 새 땅(New Heaven and New Earth)이 창조되고 거룩한 성 새 예루살렘 (The Holy City of New Jeruralem)과 만국들(the nations)이 창조되어 등장한다. 따라서 「요한계시록」 21장은 세 부분으로 구성되어 있다. 첫째는 새 하늘과 새 땅과 거룩한 성 새 예루살렘의 속성과 상태에 관한 것이고, 둘째는 새 예루살렘 성의 구조와 건축에 관한 것이며, 셋째는 새 예루살렘 성과 만국들에 관한 내용으로, 특히 새 예루살렘 성에는 구약에 등장했던 성전(Temple)이 없고, 하나님 아버지와 예수님이 직접 통치하시기에, 하나님 아버지와 예수님이 성전이라는 내용이다.

이미 『바이블 매트릭스』 시리즈를 통해 수차례 언급했고, 또한 필자도 많이 지쳤으므로, 되도록이면 부연 설명 없이 각 절을 따라가며 간단히 살펴보기로 한다.

1절「요한계시록」21:1~8 - 새 하늘과 새 땅과 거룩한 성 새 예루살렘의 속성과 상태

1. 처음 하늘과 땅과 바다가 사라지고 새 하늘과 새 땅

☞「요한계시록」21:1 - 또 내가 새 하늘과 새 땅을 보니 처음 하늘과 처음 땅이 없어졌고 바다도 다시 있지 않더라

사도 요한이 보매 처음 하늘과 처음 땅과 처음 바다도 사 사라지고 새롭게 창조된 우주인 새 하늘과 새 땅을 본다.

2. 거룩한 성 새 예루살렘이 하나님 아버지께로부터 내려오다

☞「요한계시록」21:2 - 또 내가 보매 거룩한 성 새 예루살렘이 하나님께로부터 하늘에서 내려오니 그 예비한 것이 신부가 남편을 위하여 단장한 것 같더라(I saw the Holy City, the new Jerusalem, coming down out of heaven from God, prepared as a bride beautifully dressed for her husband.(NIV)

또한 사도 요한은 거룩한 성 새 예루살렘(The Holy City of New Jeruralem)이 하나님께로부터 하늘에서 내려오는 것을 보는데, 그 준비한 것이 신부가 남편을 위하여 단장한 것 같다는 느낌을 받는다. 여기서 신부란 부활/휴거한 성도들을 의미하고 남편이란 예수 그리스도를 말하는 것이다. 그러니 하나님 아버지는 시아버지가 되는 것이다. 따라서 새 하늘과 새 땅에 건설되는 예루살렘 성에는 하나님 아버지와 예수 그리스도가 주인으로 계시고, 부활/휴거한 성도들이 들어가 사는 성이라는 의미이다.

다시 말해 이것은「고린도전서」15장 14절을 말하는 것으로, 예수님께서

이 땅에 건설하신 천년 왕국을 하나님 아버지로부터 내려오는 새 예루살렘에 바치는 것을 말하는 것이다.

「고린도전서」 15:24 - 그 후에는 나중이니 저가 모든 정사와 모든 권세와 능력을 멸하시고 나라를 아버지 하나님께 바칠 때라

3. 거룩한 성 새 예루살렘의 속성과 상태

3-1. 하나님 아버지의 장막에서 하나님 아버지와 성도들이 다 함께 계셔

☞ 「요한계시록」 21:3 - 내가 들으니 보좌에서 큰 음성이 나서 가로되 보라 하나님의 장막이 사람들과 함께 있으매 하나님이 저희와 함께 거하시리니 저희는 하나님의 백성이 되고 하나님은 친히 저희와 함께 계셔서(And I heard a loud voice from the throne saying, "Now the dwelling of God is with men, and he will live with them. They will be his people, and God himself will be with them and be their God.(NIV); And I heard a great voice out of heaven saying, Behold, the tabernacle of God is with men, and he will dwell with them, and they shall be his people, and God himself shall be with them, and be their God.(KJV)

하나님의 장막(the dwelling or the tabernacle)이란 새로운 우주공간인 새 하늘과 새 땅에 건설되는 거룩한 성 예루살렘을 위해 텐트(tent), 즉 울타리/보호막을 쳤다는 것을 의미한다. 『바이블 매트릭스』 1권에서 살펴본 바와 같이 우리 지구를 위해 화성과 목성 사이에 소행성대(The Asteroid Belt)를 만들고 지구를 보호하는 지구 자기장의 3층 구조의 밴앨런대(Van Allen Belts)를 만들었듯이, 새 예루살렘 성을 위해 우주공간에 보호막을 만들었다는 뜻이다. 그래야만 우주복을 입지 않고 부활/휴거한 성도들이 하늘의 영적인 몸으로 살 수 있는 것이다.

그래서 새 예루살렘 성에서는 하나님 아버지가 저희와 함께 거하시는 것이며, 저희는 하나님 아버지의 백성이 되고 하나님 아버지는 친히 저희와 함께 계시는 것이다. 한마디로 하나님 아버지께서 직접 통치하신다는 의미이다.

3-2. 사망이 없고 애통도 없고 곡하는 것도 아픈 것이 없는 새로운 곳

☞「요한계시록」 21:4 - 모든 눈물을 그 눈에서 씻기시매 다시 사망이 없고 애통하는 것이나 곡하는 것이나 아픈 것이 다시 있지 아니하리니 처음 것들이 다 지나갔음이러라(He will wipe every tear from their eyes. There will be no more death or mourning or crying or pain, for the old order of things has passed away."(NIV)

21:5 - 보좌에 앉으신 이가 가라사대 보라 내가 만물을 새롭게 하노라 하시고 또 가라사대 이 말은 신실하고 참되니 기록하라 하시고(He who was seated on the throne said, "I am making everything new!" Then he said, "Write this down, for these words are trustworthy and true.")

새 예루살렘 성에는 "다시 사망이 없고"라는 것은 「요한계시록」 20장에서 사망과 음부도 유황 불못에 던져졌기 때문에, 다시 죽을 수 없다는 의미이다. 영원히 영생함을 의미한다. 죽음이 없으니 애통하는 것도 아픈 것도 당연히 없을 것이다. 왜냐하면 처음 것들, 즉 「창세기」에 등장했던 과거의 우주가 다 지나갔기 때문이다. 이 말씀은 하나님 아버지께서 만물을 새롭게 만들었기 때문이다. 그래서 "이 말은 신실하고 참되니 기록하라"고 예언하신 것이다.

3-3. 이루었도다 나는 알파와 오메가요 처음과 나중

☞「요한계시록」 21:6 - 또 내게 말씀하시되 이루었도다 나는 알파와 오메가요 처음과 나중이라 내가 생명수 샘물로 목마른 자에게 값없이 주리니(He said to me: "It is done. I am the Alpha and the Omega, the Beginning and the End. To him who is thirsty I will give to drink without cost from the spring of the water of life.(NIV)

"이루었도다(It is done)"라는 것은 하나님 아버지의 의도대로 뜻대로 모든 것을 새롭게 만들었다는 뜻이다. 악을 물리치고 선만 100% 있는 세상을 만들었다는 뜻이다.

"나는 알파와 오메가요 처음과 나중"이라는 말이 「요한계시록」에 자주 등장한다(「요한계시록」 1:17, 2:8, 21:6, 22:13). 이 그리스어인 알파와 오메가는 그리스어 알파벳의 '처음'과 '나중'이라는 뜻이다. 이 때의 표현은 '알파요 오메가(the Alpha and the Omega)', '처음이요 나중(the First and the Last)', 그리고 '시작과 끝(the Beginning and the End)'이라 표현하고 있는데, 이는 하나님 아버지와 예수님을 지칭하는 것이다. 이는 『바이블 매트릭스』 1권 『우주창조의 비밀』의 3부 3장인 "바이블의 시작(the beginning)과 끝(the end)의 의미"에서 밝혔듯이, 우주창조의 시작에도 계시고 우주의 끝에도 계신다는 의미이다. 시작과 끝을 주관하신다는 뜻이다. 이 때 끝은 또 다른 시작을 의미하는 것이다. AD 12900년경에 새롭게 창조될 새로운 하늘과 새 땅은 차원이 다른 또 다른 우주창조를 의미하는 것이다.

3-4. 의로운 이기는 자들의 유업과 불의한 자들은 유황 불못에

☞ 「요한계시록」 21:7 - 이기는 자는 이것들을 유업으로 얻으리라 나는 저의 하나님이 되고 그는 내 아들이 되리라(He who overcomes will inherit all this, and I will be his God and he will be my son.(NIV)

21:8 - 그러나 두려워하는 자들과 믿지 아니하는 자들과 흉악한 자들과 살인자들과 행음자들과 술객들과 우상 숭배자들과 모든 거짓말하는 자들은 불과 유황으로 타는 못에 참예하리니 이것이 둘째 사망이라(But the cowardly, the unbelieving, the vile, the murderers, the sexually immoral, those who practice magic arts, the idolaters and all liars--their place will be in the fiery lake of burning sulfur. This is the second death.")

의롭고 경건한 이기는 자들은 앞에서 설명한 모든 것을 유업으로 받아, 하나님 아버지는 저의 하나님 아버지가 되고, 하나님 아버지의 아들과 딸들이 된다는 것이다. 반면 두려워하는 자들과 믿지 아니하는 자들과 흉악한 자들과 살인자들과 행음자들과 술객들과 우상숭배자들과 모든 거짓말하는 자들은 불과 유황으로 타는 불못에 참예하여 둘째 사망에 이른다는 것이다. 이는 앞서 살펴본 「요한계시록」 20장 14절과 15절을 말하는 것이다.

2절 「요한계시록」 21:9~21 - 거룩한 성인 새 예루살렘의 구조와 건축의 특징

1. 하나님 아버지께로부터 하늘에서 내려오는 어린 양의 신부인 새 예루살렘 성

☞ 「요한계시록」 21:9 - 일곱 대접을 가지고 마지막 일곱 재앙을 담은 일곱 천사 중 하나가 나아와서 내게 말하여 가로되 이리 오라 내가 신부 곧 어린 양의 아내를 네게 보이리라 하고(One of the seven angels who had the seven bowls full of the seven last plagues came and said to me, "Come, I will show you the bride, the wife of the Lamb."(NIV)

21:10 - 성령으로 나를 데리고 크고 높은 산으로 올라가 하나님께로부터 하늘에서 내려오는 거룩한 성 예루살렘을 보이니(And he carried me away in the Spirit to a mountain great and high, and showed me the Holy City, Jerusalem, coming down out of heaven from God.)

어린 양이란 예수 그리스도를 말하는 것이고 신부, 즉 아내는 새 예루살렘 성을 말하는 것이다. "성령"이란 "영(the Spirit or spirit)"을 잘못 번역한 것이다. 이 때 영이란 텔레파시 또는 우주선을 말하는 것으로, 텔레파시를 통해 시각 영상장치나 우주선으로, 천사가 사도 요한을 데리고 높은 산으로 올갔다는 뜻이다. 거기서 사도 요한은 하나님 아버지께로부터, 즉 하늘에서 내려오는 거룩한 성 예루살렘을 본다.

2. 하나님 아버지의 영광으로 예루살렘 성이 빛이 나다

☞ 「요한계시록」 21:11 - 하나님의 영광이 있으매 그 성의 빛이 지극히 귀한 보석 같고 벽옥과 수정같이 맑더라(It shone with the glory of God, and its brilliance was like that of a very precious jewel, like a jasper, clear as crystal.(NIV)

"하나님의 영광"이란 하나님은 빛 자체이시기 때문에 엄청난 광채를 말하는 것이다. 『바이블 매트릭스』 1권 『우주창조의 비밀』에서 에녹(Enoch)의 열 번째 하늘에 계시는 블랙홀 그 자체가 하나님 아버지일 가능성이 높다고 했다. 그래서 「요한1서」 1장 5절에는 "하나님은 빛이시라(God is light)"라고 기록되어 있다. 하나님 아버지는 빛만 있지 어둠이 없다.

「요한1서」 1:5 - 우리가 저에게서 듣고 너희에게 전하는 소식이 이것이니 곧 하나님은 빛이시라 그에게는 어두움이 조금도 없으시니라

또한 "하나님의 영광"이란 「요한계시록」 22장 1절을 보면 "하나님과 및 어린 양의 보좌"가 등장하는데, 그 보좌로부터 나오는 빛이라고 볼 수 있다. 이때 보좌란 네 개의 생물체, 즉 우주로봇들인 세라핌이다. 세라핌에서 나오는 광채를 말하는 것이다.

「요한계시록」 22:1 - 또 저가 수정같이 맑은 생명수의 강을 내게 보이니 하나님과 및 어린 양의 보좌로부터 나서

3. 새 예루살렘의 구조와 건축의 특징

3-1. 부활/휴거한 이스라엘 12지파 민족은 새 예루살렘 성에 들어가

☞「요한계시록」21:12 - 크고 높은 성곽이 있고 열두 문이 있는데 문에 열두 천사가 있고 그 문들 위에 이름을 썼으니 이스라엘 자손 열두 지파의 이름들이라(It had a great, high wall with twelve gates, and with twelve angels at the gates. On the gates were written the names of the twelve tribes of Israel.(NIV)

21:13 - 동편에 세 문, 북편에 세 문, 남편에 세 문, 서편에 세 문이니(There were three gates on the east, three on the north, three on the south and three on the west.)

새 예루살렘은 성은 동서남북으로 3문씩 총 12개의 문이 있는데, 12개의 문에는 이스라엘 12지파의 이름들이 써져 있고, 12분의 천사들이 지키고 있다. 이것으로 보아 새 예루살렘 성은「요한계시록」7장에서 살펴본 이스라엘 12지파에서 144,000명이 하나님 아버지의 인치심을 받고,「요한계시록」14장에서 살펴본 부활한 144,000명을 포함하여, 부활한 이스라엘의 선지자들과 사도들과 성도들과 휴거한 자들에게 준다는 것을 알 수 있다. 새 예루살렘 성은 선택된 이스라엘 민족이 다스리는 것이다.

3-2. 그 나머지 부활/휴거한 다른 민족들은 어디에서 살까?

그렇다면「요한계시록」7장에서 살펴본 이스라엘의 144,000명 이외에, 무수히 많은 각 나라의 족속과 백성들이 아무라도 능히 셀 수 없는 다른 민족의 큰 무리들도 인치심을 받고,「요한계시록」14장에 기록은 안되었지만, 이들도 분명 부활했다고 했다. 이외에 창세 이후로 의롭게 살다 죽은 많은 나라들의 성도들과 의로운 자들도 분명 부활했을 것이다. 그 외에 휴거한 자들도 많을 것이다. 그렇다면 이들은 어디에서 살까? 좀더 나가 보자.

3-3. 12 사도들의 이름이 있는 성벽의 12 기초석

☞ 「요한계시록」 21:14 - 그 성에 성곽은 열두 기초석이 있고 그 위에 어린 양의 십이 사도의 열두 이름이 있더라(The wall of the city had twelve foundations, and on them were the names of the twelve apostles of the Lamb.(NIV)

성벽은 열두 기초석이 있는데, 그 위에는 예수님의 12제자들의 이름이 써 있다는 것이다. 역시 예수님의 12제자들이다. 12제자들이 부활하시어 새 예루살렘 성에 들어가 사시는데, 이들 이름이 있다는 것은 참으로 대단한 것이다. 지금도 이름이 세상에 날리고 있는데, 새 예루살렘 성에서도 이름이 날린다는 것을 알 수 있다. 그만큼 12제자들은 새 예루살렘을 위해 기초가 되었다는 뜻이다.

3-4. 높이=넓이=길이가 각각 2,220km, 지구 1/3 크기의 새 예루살렘 성

☞ 「요한계시록」 21:15 - 내게 말하는 자가 그 성과 그 문들과 성곽을 척량하려고 금갈대를 가졌더라(The angel who talked with me had a measuring rod of gold to measure the city, its gates and its walls.(NIV)

21:16 - 그 성은 네모가 반듯하여 장광이 같은지라 그 갈대로 그 성을 척량하니 일만 이천 스다디온이요 장과 광과 고가 같더라(The city was laid out like a square, as long as it was wide. He measured the city with the rod and found it to be 12,000 stadia in length, and as wide and high as it is long.(NIV); When he measured it, he found it was a square, as wide as it was long. In fact, its length and width and height were each 1,400 miles(1). / (1)Greek 12,000 stadia [2,220 kilometers](New Living)

새 예루살렘 성은 높이(고)와 넓이(광)와 길이(장)가 각각 2,220km가 되는 네모 반듯한 성이라는 것이다. 「요한계시록」 14장 20절에서 살펴본 1스다디온(1stadia)은 185m이므로 12,000스다디온이라 했으니 2,220km이다. 지금 지구의 반지름이 6,300km이니 지구의 1/3의 크기이다.

그런데, 이것은 새 예루살렘 성의 크기만을 말하는 것이다. 부활한/휴거한 이스라엘 민족이 다스리는 새 예루살렘 성의 크기가 지금 지구의 1/3이라는 것이다. 기타 부활한/휴거한 다른 민족들이 사는 지역을 다 포함한다면 그 크기는 엄청날 것이다. 따라서 새롭게 창조된 새 하늘과 새 땅의 크기를 생각해보라.

3-5. 성벽의 높이는 65미터

☞「요한계시록」21:17 - 그 성곽을 척량하매 일백사십사 규빗이니 사람의 척량 곧 천사의 척량이라(He measured its wall and it was 144 cubits thick, by man's measurement, which the angel was using.(NIV); Then he measured the walls and found them to be 216 feet thick(1) (according to the human standard used by the angel). / (1)Greek 144 cubits [65 meters](New Living)

성벽의 높이는 144규빗(cubits)이다. 1규빗은 약 45cm이니 대략 65미터라는 것이다. 참으로 대단한 성벽이 아닐 수 없다.

3-6. 성은 정금으로, 성벽은 벽옥으로, 맑은 유리 같더라

☞「요한계시록」21:18 - 그 성곽은 벽옥으로 쌓였고 그 성은 정금인데 맑은 유리 같더라(The wall was made of jasper, and the city of pure gold, as pure as glass.(NIV)

새 예루살렘 성은 정금(pure gold)으로 만들어졌고, 성벽은 벽옥(jasper)으로 만들어져, 꼭 맑은 유리(clear glass) 같다는 것이다. 모두 최고의 보석으로 만들어졌다는 것은 죽음도 없고 아픔도 없다는 것을 의미한다. 최고의 보석은 모든 이물질과 독소와 불의한 마음을 제거시킨다. 그러니 이곳에서 영생을 하는 것이다.

3-7. 성벽의 기초석은 모두 12가지의 보석으로 단장

☞ 「요한계시록」 21:19 - 그 성의 성곽의 기초석은 각색 보석으로 꾸몄는데 첫째 기초석은 벽옥이요 둘째는 남보석이요 세째는 옥수요 네째는 녹보석이요(The foundations of the city walls were decorated with every kind of precious stone. The first foundation was jasper, the second sapphire, the third chalcedony, the fourth emerald,(NIV)

21:20 - 다섯째는 홍마노요 여섯째는 홍보석이요 일곱째는 황옥이요 여덟째는 녹옥이요 아홉째는 담황옥이요 열째는 비취옥이요 열 한째는 청옥이요 열 둘째는 자정이라(the fifth sardonyx, the sixth carnelian, the seventh chrysolite, the eighth beryl, the ninth topaz, the tenth chrysoprase, the eleventh jacinth, and the twelfth amethyst.(NIV)

성벽의 기초석은 각각 12가지 보석으로 꾸몄는데, 첫째 기초석은 벽옥이요, 둘째는 남보석이요, 셋째는 옥수요, 넷째는 녹보석이요, 다섯째는 홍마노요, 여섯째는 홍보석이요, 일곱째는 황옥이요, 여덟째는 녹옥이요, 아홉째는 담황옥이요, 열째는 비취옥이요, 열한째는 청옥이요, 열둘째는 자정이다.

3-8. 12문은 12진주로, 성의 거리는 정금으로, 맑은 유리 같더라

☞ 「요한계시록」 21:21 - 그 열두 문은 열두 진주니 문마다 한 진주요 성의 길은 맑은 유리 같은 정금이더라(The twelve gates were twelve pearls, each gate made of a single pearl. The great street of the city was of pure gold, like transparent glass.(NIV)

한 문에 한 진주씩, 12문은 12진주로 만들었고, 성의 거리는 정금으로 만들어 맑은 유리 같다는 것이다.

3절 「요한계시록」 21:22~27 - 하나님 아버지/예수님이 직접 통치하시는 새 예루살렘 성과 만국들

1. 성전(temple)이 없어, 하나님 아버지와 예수님 자체와 보좌가 성전

☞ 「요한계시록」 21:22 - 성 안에 성전을 내가 보지 못하였으니 이는 주 하나님 곧 전능하신 이와 및 어린 양이 그 성전이심이라(I did not see a temple in the city, because the Lord God Almighty and the Lamb are its temple.(NIV)

사도 요한은 구약에 등장했던 성전(temple)이 없는 것을 본다. 그리고 하나님 아버지와 예수님 자체, 즉 보좌가 성전임을 안다. 구약시대의 성전은 하늘의 성전을 본떠 만들었었다. 그리고 야훼 하나님께서 성전에 계속 계신 것이 아니라 자주 자리를 비우셨었다. 그런데, 이러한 구약의 성전이 필요가 없는 것이다. 왜냐하면 하나님 아버지와 예수님이 직접 통치하시기 때문이다. 직접 부활한 자들과 다 함께 사시기 때문이다. 하나님 아버지와 예수님 그 자체, 즉 보좌가 성전이다.

2. 해와 달이 필요 없어, 하나님 아버지와 예수님과 보좌가 빛이요

☞ 「요한계시록」 21:23 - 그 성은 해나 달의 비췸이 쓸데없으니 이는 하나님의 영광이 비취고 어린 양이 그 등이 되심이라(The city does not need the sun or the moon to shine on it, for the glory of God gives it light, and the Lamb is its lamp.(NIV)

하나님 아버지와 그 보좌가 빛이시기 때문에, 그리고 예수님과 그 보좌가 빛이시기 때문에 해나 달이 필요 없다는 것이다. 여기서 "영광"이라는 것은 블랙홀 같은 광채나 세라핌의 우주로봇에서 나오는 광채를 말하는 것이다.

3. 그 나머지 부활/휴거한 다른 민족들이 사는 예루살렘 성 밖의 만국들

☞「요한계시록」21:24 - 만국이 그 빛 가운데로 다니고 땅의 왕들이 자기 영광을 가지고 그리로 들어오리라(The nations will walk by its light, and the kings of the earth will bring their splendor into it.(NIV); And the nations of them which are saved shall walk in the light of it: and the kings of the earth do bring their glory and honour into it.(KJV);

이제서야 만국들(the nations)이 등장한다. 앞서 부활한/휴거한 이스라엘 민족들은 새 예루살렘 성에서 하나님 아버지와 예수님을 모시며 산다고 했다. 그렇다면 부활한/휴거한 다른 민족들은 어디서 살까라고 질문하였다. 바로 이들은 예루살렘 성 밖의 또는 주변에 건설된 만국들에서 산다는 것을 알 수 있다. 그래서 만국과 새 땅의 왕들이라 표현한 것이다. 영문성경 KJV를 보면 "the nations of them which are saved"라 표현하고 있는데, "saved"란 구원받은, 즉 부활한/휴거한 많은 나라의 민족들임을 알 수 있다.

만국이 하나님 아버지와 보좌에서 나오는 빛으로 걸어다니며, 왕들이 자기의 영광, 즉 존귀와 경배를 가지고, 새 예루살렘 성으로 들어와, 하나님 아버지와 예수님께 드린다는 것이다.

4. 밤이 없으므로 12개 성문들은 닫지를 않아, 만국의 사람들이 성문으로 들어와

☞「요한계시록」21:25 - 성문들을 낮에 도무지 닫지 아니하리니 거기는 밤이 없음이라(On no day will its gates ever be shut, for there will be no night there.(NIV)

21:26 - 사람들이 만국의 영광과 존귀를 가지고 그리로 들어오겠고(The glory and honor of the nations will be brought into it.)

밤이 없으므로 12개 성문들은 닫지를 않는다는 것이다. 그래서 만국의 사람들이 12개 성문으로 언제나 들어와 존귀와 경배를 하나님 아버지와 예수님께 드린다는 의미이다. 그리고 "사람들이 만국의 영광과 존귀를 가지고 그리로 들어오겠고"에서 보다 확실해졌다. 부활한 다른 민족들이 12개 성문으로 들어온다는 것이다. 따라서 부활한 이스라엘 민족들은 새 예루살렘에서 살게 되고, 부활한 다른 민족들은 새 예루살렘 성 밖의 만국들에서 산다는 것을 알 수 있다.

5. 12개 성문으로 들어오는 부활/휴거한 다른 민족들은 생명책에 기록된 자들

☞「요한계시록」 21:27 - 무엇이든지 속된 것이나 가증한 일 또는 거짓말하는 자는 결코 그리로 들어오지 못하되 오직 어린 양의 생명책에 기록된 자들뿐이라(Nothing impure will ever enter it, nor will anyone who does what is shameful or deceitful, but only those whose names are written in the Lamb's book of life.(NIV)

새 예루살렘 성의 12개 성문으로 들어오는 부활한/휴거한 다른 민족들 역시 부활한 이스라엘 민족들과 같이 예수님의 생명책에 이름이 기록된 자들이라는 것이다. 예수님의 생명책에 기록되지 않은 자들은「요한계시록」 20장 15절에서 살펴본 바와 같이 유황 불못에 던져진다.

22장

「요한계시록」22장 - 새 예루살렘 성의 생활수준, 내가 속히 오리니, 더하고 빼면의 경고 (c.AD 12900~)

「요한계시록」 22장은 네 부분으로 나뉜다. 첫째, 1절~5절의 생명수와 생명나무가 있는 새 예루살렘 성의 생활수준, 둘째, 6절~17절의 내가 속히 오리니와 주 예수여 오시옵소서, 셋째, 18~19절의 더하고 빼면의 경고, 그리고 넷째, 20절~21절의 내가 진실로 속히 오리니이다.

이미 『바이블 매트릭스』 시리즈를 통해 수차례 언급했고, 또한 필자도 많이 지쳤으므로, 되도록이면 부연 설명 없이 각 절을 따라가며 간단히 살펴보기로 한다.

1절 「요한계시록」 22:1~5 - 생명수와 생명나무가 있는 새 예루살렘 성의 차원/수준

1. 생명수와 매달 12가지 과일을 맺는 생명나무가 있어

☞ 「요한계시록」 22:1 - 또 저가 수정같이 맑은 생명수의 강을 내게 보이니 하나님과 및 어린 양의 보좌로부터 나서(Then the angel showed me the river of the water of life, as clear as crystal, flowing from the throne of God and of the Lamb(NIV); And he shewed me a pure river of water of life, clear as crystal, proceeding out of the throne of God and of the Lamb.(KJV)

22:2 - 길 가운데로 흐르더라 강 좌우에 생명나무가 있어 열두 가지 실과를 맺히되 달마다 그 실과를 맺히고 그 나무 잎사귀들은 만국을 소성하기 위하여 있더라(down the middle of the great street of the city. On each side of the river stood the tree of life, bearing twelve crops of fruit, yielding its fruit every month. And the leaves of the tree are for the healing of the nations.(NIV)

하나님 아버지와 예수님의 보좌로부터 흘러 나오는 수정 같은 생명수(the water of life)의 강이 보인다. 앞의 「요한계시록」 20장의 천년 왕국에서는 생명수가 없었다. 따라서 천년만 영위하던 천년 왕국이었다. 그러나 새 예루살렘 성에서는 영생을 하기 때문에, 구약시대 때 하나님들만 마시던 생명수까지 무료로 주신다는 것이다.[1] 이 생명수가 예루살렘 성의 거리 가운데로 흐른다. 그리고 강 좌우에는 매달 12가지 과일을 맺는 생명나무가 있다. 이 생명나무의 과일도 무료로 주는 것이다. 구약에선 에덴 동산의 생명나무 열매를 금지시켰는데[2], 이제 무료로 주시는 것이다.

2. 잎은 만국을 소생하기 위한 약재, 차별화된 보상의 법칙

또한 생명나무의 잎들은 만국들을 소생하기 위한 약재로 쓰인다고 예언되어 있는데, 이는 「요한계시록」 21장 4절에서 살펴본 "다시 사망이 없고 애통하는 것이나 곡하는 것이나 아픈 것이 다시 있지 아니하리니"와 상치되는 것이다.

1 자세한 것은 『바이블 매트릭스』 5권 『성령으로 무장하신 예수님의 과학기술』의 1부 3장 3절 2-2-7의 "영생의 조건(2) - 하나님들이 마시는 생명수까지 주신다"를 참조하라.

2 자세한 것은 『바이블 매트릭스』 5권 『성령으로 무장하신 예수님의 과학기술』의 1부 3장 3절 2-2-1의 "구약에선 생명나무를 금지시켰다"를 참조하라.

아픈 것이 없다고 했는데, 만국들의 병을 고친다니? 이것을 어떻게 해석해야 하는가?

그런데 잘 보면, 「요한계시록」 21장 4절의 내용은, 21장에서 살펴본 1-3의 "거룩한 성 예루살렘의 속성과 상태"에 관한 내용으로, 새 예루살렘 성에서 사는 부활하고 휴거한 이스라엘 12지파의 민족들로, 이들은 새 예루살렘 성에서 하나님 아버지와 예수님을 모시고 섬기며 구약시대의 제사장 노릇, 즉 왕 노릇을 하고 있다는 사실이다. 그리고 그 나머지 부활하고 휴거한 타 민족들은 새 예루살렘 성 밖에 건설된 만국들(the nations)에서 산다고 했다.

그렇다면 새 예루살렘 성에서 사는 이스라엘 민족들은 아픈 것이 없는데, 만국들에서 사는 민족들은 아픈 것이 있다는 얘기가 아닌가? 아 그렇다! 예수님의 보상의 법칙이 있다고 했다. 일한 대로 갚아 준다고 했다. 각자 일한 대로 맞추어 차별화된 보상을 해준다는 것이다. 새 하늘과 새 땅의 중앙인, 예루살렘 성, 즉 하나님 아버지와 예수님의 보좌가 있는 곳에 사는 부활하고 휴거한 자들은 일한 가치(value)가 많아 보상을 많이 받는 것이고, 성 밖의 외곽에 사는 부활하고 휴거한 자들은 그저 구원만 받는 것이다라고 필자는 생각한다. 그래서 만국들을 소생하기 위해 약재로 쓴다고 예수님의 예언이 계시된 것이다. 아 그래도 이 얼마나 행복한가! 약재가 있으니 그 어떤 병도 고쳐주신다는 것이 아닌가?

자세한 것은 20장의 4절인 "「요한계시록」 20:11~15-최후의 심판인 둘째 부활(심판의 부활)과 생명책과 본인의 책"을 참조하라.

3. 하나님 아버지와 예수님의 보좌가 있고, 이스라엘 민족들이 섬겨

☞ 「요한계시록」 22:3 - 다시 저주가 없으며 하나님과 그 어린 양의 보좌가

그 가운데 있으리니 그의 종들이 그를 섬기며(No longer will there be any curse. The throne of God and of the Lamb will be in the city, and his servants will serve him.(NIV)

예루살렘 성에는 하나님 아버지와 예수님의 보좌가 있어, 부활하고 휴거한 이스라엘 민족들이 섬긴다는 것이다. 섬긴다는 것은 구약시대의 제사장 노릇, 즉 왕 노릇을 한다는 것이다. 또한 예루살렘 성 밖의 만국의 사람들과 왕들이 들어와서 경배를 하며 섬긴다는 것이다.

4. 그의 얼굴을 볼 터이요 그의 이름도 저희 이마에 있으리라

☞「요한계시록」 22:4 - 그의 얼굴을 볼 터이요 그의 이름도 저희 이마에 있으리라(They will see his face, and his name will be on their foreheads.(NIV)

새 예루살렘 성에서는 하나님 아버지와 예수님께서 부활하고 휴거한 이스라엘 종들과 함께 사시기 때문에, 종들은 하나님 아버지의 얼굴을 본다는 것이다. 또한 하나님 아버지의 이름도 종들의 이마에 있다는 것이다.

구약과 신약시대에는 하나님 아버지의 얼굴을 본 자가 없었다. 왜냐하면 하나님 아버지는 누구도 접근할 수 없는 빛(unapproachable light)에 계시기 때문이었다. 따라서 아무 사람도 하나님 아버지를 보지 못하였고 또 볼 수도 없는 하나님 아버지였었다.

「데모데전서」 6:16 - 오직 그에게만 죽지 아니함이 있고 가까이 가지 못할 빛에 거하시고 아무 사람도 보지 못하였고 또 볼 수 없는 자시니 그에게 존귀와 영원한 능력을 돌릴찌어다 아멘(who alone is immortal and who lives in unapproachable light, whom no one has seen or can see. To him be honor and might forever. Amen.(NIV)

딱 한 사람이 있었다. 하나님 아버지를 본 사람은 예수님밖에 없었다. 왜냐하면 예수님은 하나님 아버지의 독생자이시고 이 땅에 하나님 아버지께서 보내셨었기 때문이다.

「요한복음」 1:18 - 본래 하나님을 본 사람이 없으되 아버지 품속에 있는 독생하신 하나님이 나타내셨느니라

6:46 - 이는 아버지를 본 자가 있다는 것이 아니라 오직 하나님에게서 온 자만 아버지를 보았느니라

「요한1서」 4:12 - 어느 때나 하나님을 본 사람이 없으되 만일 우리가 서로 사랑하면 하나님이 우리 안에 거하시고 그의 사랑이 우리 안에 온전히 이루느니라

5. 밤이 없고 등불과 햇빛이 필요 없으니 하나님 아버지와 보좌가 비춤

☞ 「요한계시록」 22:5 - 다시 밤이 없겠고 등불과 햇빛이 쓸데없으니 이는 주 하나님이 저희에게 비취심이라 저희가 세세토록 왕 노릇 하리로다(There will be no more night. They will not need the light of a lamp or the light of the sun, for the Lord God will give them light. And they will reign for ever and ever.(NIV)

다시 밤이 없겠고 등불과 햇빛이 쓸데없으니, 이는 주 하나님 아버지와 보좌가 저희에게 비추기 때문이다. 저희가 이런 곳에서 세세토록 영원히 왕 노릇 한다는 것이다.

2절「요한계시록」22:6~17 - 내가 속히 오리니 - 주 예수여 오시옵소서

1. 이 책의 예언을 지키는 자가 복이 있다

☞「요한계시록」22:6 - 또 그가 내게 말하기를 이 말은 신실하고 참된지라 주 곧 선지자들의 영의 하나님이 그의 종들에게 결코 속히 될 일을 보이시려고 그의 천사를 보내셨도다(The angel said to me, "These words are trustworthy and true. The Lord, the God of the spirits of the prophets, sent his angel to show his servants the things that must soon take place."(NIV)

22:7 - 보라 내가 속히 오리니 이 책의 예언의 말씀을 지키는 자가 복이 있으리라 하더라("Behold, I am coming soon! Blessed is he who keeps the words of the prophecy in this book.")

22:8 - 이것들을 보고 들은 자는 나 요한이니 내가 듣고 볼 때에 이 일을 내게 보이던 천사의 발 앞에 경배하려고 엎드렸더니(I, John, am the one who heard and saw these things. And when I had heard and seen them, I fell down to worship at the feet of the angel who had been showing them to me.)

22:9 - 저가 내게 말하기를 나는 너와 네 형제 선지자들과 또 이 책의 말을 지키는 자들과 함께 된 종이니 그리하지 말고 오직 하나님께 경배하라 하더라(But he said to me, "Do not do it! I am a fellow servant with you and with your brothers the prophets and of all who keep the words of this book. Worship God!")

22:10 - 또 내게 말하되 이 책의 예언의 말씀을 인봉하지 말라 때가 가까우니라(Then he told me, "Do not seal up the words of the prophecy of this book, because the time is near.)

"이 책의 예언의 말씀을 지키는 자가 복이 있으리라"라는 것은 예수님의 예언의 말씀을 간직하고 명심하고 실제로 행동이나 행위나 일(공적, Work)로

옮기는 남기는 자들이 복이 있다는 것이다. 그것은 우리 보고 「요한계시록」에 예언된 모든 예수님의 예언의 말씀을 다 이루라는 명령이시다.

2. 불의한 자 불의하고, 의로운 자 의를 행하고, 거룩한 자 거룩하게

☞ 「요한계시록」 22:11 - 불의를 하는 자는 그대로 불의를 하고 더러운 자는 그대로 더럽고 의로운 자는 그대로 의를 행하고 거룩한 자는 그대로 거룩되게 하라(Let him who does wrong continue to do wrong; let him who is vile continue to be vile; let him who does right continue to do right; and let him who is holy continue to be holy."(NIV)

"불의를 하는 자는 그대로 불의를 하고 더러운 자는 그대로 더럽고 의로운 자는 그대로 의를 행하고 거룩한 자는 그대로 거룩되게 하라"는 예언의 말씀이 나온다. 이 말은 각자 알아서 '불의-의-거룩' 중에 하나를 선택해야 한다는 것이다. 여기서 거룩한 자라는 것은 순교를 의미하는 것이다.

3. 보상의 법칙 – 각 사람에게 일한 대로 갚아 주리라

☞ 「요한계시록」 22:12 - 보라 내가 속히 오리니 내가 줄 상이 내게 있어 각 사람에게 그의 일한 대로 갚아 주리라("Behold, I am coming soon! My reward is with me, and I will give to everyone according to what he has done.(NIV)

예수님 재림시에 예수님의 보상의 법칙이 있다. 각 사람에게 일한 대로 갚아준다는 것이다. 자세한 것은 20장의 4절인 "「요한계시록」 20:11~15 - 최후의 심판인 둘째 부활(심판의 부활)과 생명책과 본인의 책"을 참조하라.

4. 나는 알파와 오메가요 처음과 나중이요 시작과 끝이라

☞「요한계시록」22:13 - 나는 알파와 오메가요 처음과 나중이요 시작과 끝이라 (I am the Alpha and the Omega, the First and the Last, the Beginning and the End.(NIV)

"나는 알파와 오메가요 처음과 나중"이라는 말이 「요한계시록」에 자주 등장한다(「요한계시록」1:17, 2:8, 21:6, 22:13). 이 그리스어인 알파와 오메가는 그리스어 알파벳의 '처음'과 '나중'이라는 뜻이다. 이 때의 표현은 '알파요 오메가(the Alpha and the Omega)', '처음이요 나중(the First and the Last)', 그리고 '시작과 끝(the Beginning and the End)'이라 표현하고 있는데, 이는 하나님 아버지와 예수님을 지칭하는 것이다. 이는 『바이블 매트릭스』 1권 『우주창조의 비밀』의 3부 3장인 "바이블의 시작(the beginning)과 끝(the end)의 의미"에서 밝혔듯이, 우주창조의 시작에도 계시고 우주의 끝에도 계신다는 의미이다. 시작과 끝을 주관하신다는 뜻이다. 이 때 끝은 또 다른 시작을 의미하는 것이다. AD 12900년경에 새롭게 창조될 새로운 하늘과 땅은 차원이 다른 또 다른 우주창조를 의미하는 것이다.

5. 옷을 빠는 자들이 복, 문들을 통해 예루살렘 성에 들어가 생명나무에 나아가

☞「요한계시록」22:14 - 그 두루마기를 빠는 자들은 복이 있으니 이는 저희가 생명나무에 나아가며 문들을 통하여 성에 들어갈 권세를 얻으려 함이로다 ("Blessed are those who wash their robes, that they may have the right to the tree of life and may go through the gates into the city.(NIV); Blessed are they that do his commandments, that they may have right to the tree of life, and may enter in through the gates into the city.(KJV)

"두루마기를 빠는 자들은 복이 있으니"라는 것은 하나님 아버지의 말씀(계명)과 예수님의 증거와 예언의 말씀을 위해, 이것을 예수님의 명령으로 생각하고 간직하고 지켜, 행동이나 행위로 나타내고 일(공적, Work)로 남기는 의롭게 죽은 자들과 예수님을 위해 목숨을 바친 순교한 자들은 복이 있다는 것이다. 이것은 예수님의 피로 옷을 희게 씻었다(「요한계시록」 7:14)는 뜻으로, 이들은 복이 있다는 것이다.

어떤 복이냐 하면 예수님 재림시 일곱째 천사의 나팔소리에 맞추어 부활하여 예수님을 공중에서 영접하고, 예수님의 군대에 편성되어, 적그리스도들과 가라지들을 불사르고, 천년 왕국에서 왕 노릇 하다가, 최후의 심판 때 심판하는 권세를 받고, 마침내 새 예루살렘 성의 12개 성문 중 하나를 거쳐 새 예루살렘 성과 만국들에 들어가 생명나무에 접근하는 권한을 유업으로 받는다는 것이다.

6. 새 하늘과 새 땅의 밖에 있는 자들→유황 불못으로

☞ 「요한계시록」 22:15 - 개들과 술객들과 행음자들과 살인자들과 우상 숭배자들과 및 거짓말을 좋아하며 지어내는 자마다 성 밖에 있으리라(Outside are the dogs, those who practice magic arts, the sexually immoral, the murderers, the idolaters and everyone who loves and practices falsehood.(NIV); For without are dogs, and sorcerers, and whoremongers, and murderers, and idolaters, and whosoever loveth and maketh a lie.(KJV)

"성 밖"이라는 한글 성경은 잘못 번역한 것 같다. 영문성경을 보면 "Outside"라고 되어 있어, 이는 "제외" 지역을 의미하는 것이고, "For without"은 "경계에 없는 지역, 즉 경계 밖"이라는 뜻이다. 그리고 예루살렘 성이라는 단어는 아예 없다. 이것으로 보아 제외된 지역 또는 경계 밖의 지역, 다시 말해 새 하늘과 새 땅의 제외지역인 유황 불못을 의미하는 것이다. 예루살렘 성 밖에는 만국들이 있다고 했다.

개들과 술객들과 행음자들과 살인자들과 우상 숭배자들과 및 거짓말을 좋아하는 자들은 다 유황 불못에 던져지게 된다(「요한계시록」 21:8).

7. 개들(the dogs)이란?

여기서 "개들(the dogs)"이란 「마태복음」 15장 26절과 「마가복음」 7장 27절에 등장하는 단어로, 예수님께서 "가나안(이방인, 페니키아인) 여자의 귀신들린 딸을 원격의료로 고치다"[3]에 등장한다. 여기에 등장하는 사건의 배경이 불결한 이방지역임을 알 수 있으며, 사건에 묘사된 것들 즉, 두로, 더러운 귀신, 헬라인, 수로보니게 여인, 개들은 이러한 이방지역의 모습을 강조하고 있는 것이다.

예수님 당시, 해변의 두로 지역은 갈릴리 북쪽 산지의 유대 농부들의 농작물들을 사고 비축해서 쓰는 부유한 도시였다. 따라서 특별히 농작물이 귀한 시절(겨울)이 오면 상대적으로 가난한 유대인 농부들은 비축한 곡식이 없으므로 음식섭취에 어려움이 생겼다. 이때 예수님께서는 '자녀의 떡'을 '이스라엘의 농작물'로 비유했고, 이교의 '개들'을 '페니키아인' 즉, '이방인들게 주는(파는) 것이 옳은가?'라고 물으셨다. 다시 말해 자녀는 유대인을 가리키고 개들은 이방인을 가리키는 것이다. 따라서 개들이란 예수님을 모르는 불신자들의 이방인을 말하는 것이다.

8. 나는 광명한 새벽별, 값없이 생명수를 받아라

☞ 「요한계시록」 22:16 - 나 예수는 교회들을 위하여 내 사자를 보내어 이것들을 너희에게 증거하게 하였노라 나는 다윗의 뿌리요 자손이니 곧 광명

3 자세한 것은 『바이블 매트릭스』 5권 『성령으로 무장하신 예수님의 과학기술』의 2부 5장 2절 2-7의 "가나안(이방인, 페니키아인) 여자의 귀신들린 딸을 원격의료로 고침(11th)"을 참조하라.

한 새벽 별이라 하시더라("I, Jesus, have sent my angel to give you this testimony for the churches. I am the Root and the Offspring of David, and the bright Morning Star."(NIV)

22:17 - 성령과 신부가 말씀하시기를 오라 하시는도다 듣는 자도 오라 할 것이요 목마른 자도 올 것이요 또 원하는 자는 값없이 생명수를 받으라 하시더라(The Spirit and the bride say, "Come!" And let him who hears say, "Come!" Whoever is thirsty, let him come; and whoever wishes, let him take the free gift of the water of life.)

"광명한 새벽 별"에 대해서는 「요한계시록」 2장 4절의 4-10인 〈새벽 별을 주리라〉를 참조하라. 듣는 자도 오라 할 것이요 목마른 자도 올 것이요 또 원하는 자는 값없이 생명수를 받으라는 것이다. 예수님께서 교회의 성도들을 위해 천사를 보내 「요한계시록」 1장~22장을 통해 다 증거하였으니, 이 예언의 말씀을 듣고, 진짜 생명수에 목마른 자들은, 예언의 말씀을 잘 지킬 것이다. 지키는 자들에게는 생명수를 무료로 준다는 것이다.

3절 「요한계시록」 22:18~19 - 더하고 빼면의 경고

☞ 「요한계시록」 22:18 - 내가 이 책의 예언의 말씀을 듣는 각인에게 증거하노니 만일 누구든지 이것들 외에 더하면 하나님이 이 책에 기록된 재앙들을 그에게 더하실 터이요(I warn everyone who hears the words of the prophecy of this book: If anyone adds anything to them, God will add to him the plagues described in this book.(NIV)

22:19 - 만일 누구든지 이 책의 예언의 말씀에서 제하여 버리면 하나님이 이 책에 기록된 생명나무와 및 거룩한 성에 참예함을 제하여 버리시리라 (And if anyone takes words away from this book of prophecy, God will take away from him his share in the tree of life and in the holy city, which are described in this book.(NIV); And if any man shall take away from the words of the book of this prophecy, God shall take away his part out of the book of life, and out of the holy city, and from the things which are written in this book.(KJV)

본절에 대해서는 「요한계시록」의 * 들어가기 전에의 "☞ 〈경고〉 첨삭하면 - 더하면 재앙을 더하고, 빼면 생명나무와 거룩한 성에 참예함을 제하리라"로 갈음 하기로 한다.

"이 책에 기록된 생명나무와 및 거룩한 성에 참예함을 제하여 버리시리라"는 것은 앞서 살펴본 대로 각자 일한대로 맞춤식 보상을 해준다는 것과 일맥상통하는 것이다. 영문성경 NIV는 생명나무에 참여하는 몫(share)을 뺀다는 것이고, 영문성경 KJV는 생명책의 기록에서 그 뺀만큼 보상을 제외한다는 것이다. 그 뺀만큼 예루살렘 성에 있는 생명나무에 나가는 횟수를 줄인다는 것이 아닌가 필자는 생각하고, 생명책의 기록에서 원래 받을 몫을 제외한다는 것이라고 생각할 수 있다. 거룩한 예루살렘 성에서 그 뺀만큼 제외한다는 것인데, 그 뺀만큼 예루살렘 성 중앙에서 멀리 떨어진 곳으로 배치되어 살게 된다는 의미라고 필자는 생각한다.

4절 「요한계시록」 22:20~21 - 내가 진실로 속히 오리니

☞ 「요한계시록」 22:20 - 이것들을 증거하신 이가 가라사대 내가 진실로 속히 오리라 하시거늘 아멘 주 예수여 오시옵소서(He who testifies to these things says, "Yes, I am coming soon." Amen. Come, Lord Jesus.(NIV)

22:21 - 주 예수의 은혜가 모든 자들에게 있을찌어다 아멘(The grace of the Lord Jesus be with God's people. Amen)

예수님이 가라사대 "내가 진실로 속히 오리라"고 말씀하시니, 아멘 주 예수여 오시옵소서. 주 예수의 은혜가 모든 자들에게 있을찌어다 아멘^^ 이것으로 「요한계시록」 22장의 대단원이 막을 내린다.

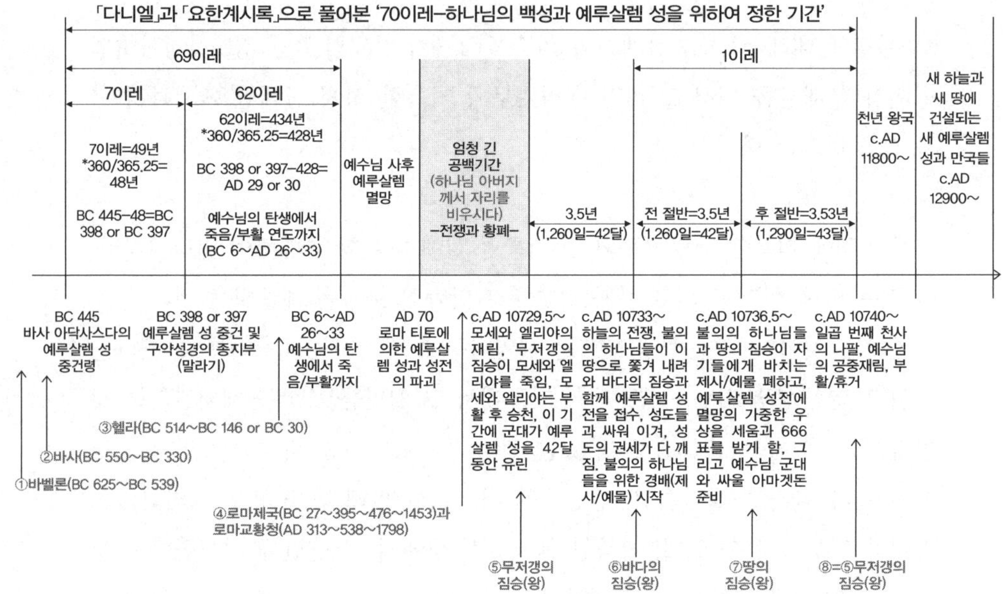

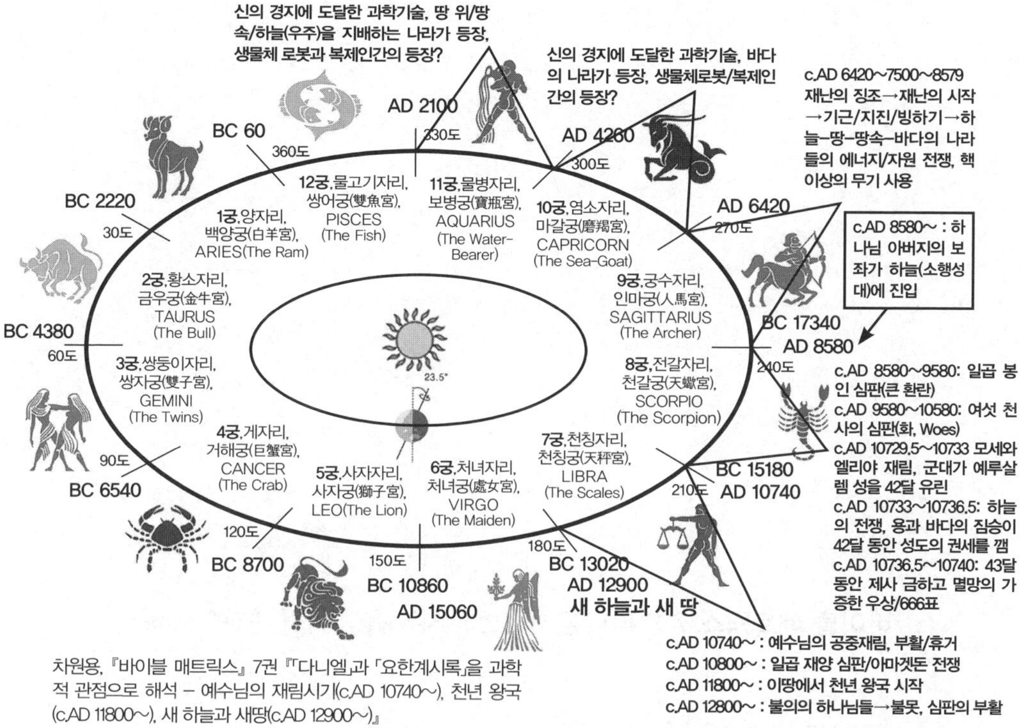

차원용, 『바이블 매트릭스』 7권 『「다니엘」과 「요한계시록」을 과학적 관점으로 해석 – 예수님의 재림시기(c.AD 10740~), 천년 왕국(c.AD 11800~), 새 하늘과 새땅(c.AD 12900~)』

바이블 매트릭스 7 : 「다니엘」과 「요한계시록」을 과학적 관점으로 해석

2015년 9월 15일 초판 1쇄 인쇄
2015년 9월 20일 초판 1쇄 발행

지은이 차원용
펴낸이 권오상
펴낸곳 갈모산방

등록 2012년 3월 28일(제2013-000090호)
주소 경기도 고양시 일산서구 대화동 2232번지 402-1101
전화 031-907-3010
팩스 031-912-3012
이메일 galmobooks@naver.com

ISBN 979-11-85793-03-0 04230
ISBN 978-89-969524-4-2 (세트)

값 25,000원